2020年版　論点別★重要度順

中小企業
診断士試験

過去問
完全マスター

企業経営理論

過去問完全マスター製作委員会[編]

3

同友館

はじめに

1. 中小企業診断士試験が受験生に求めているもの

　中小企業診断士試験は，受験生に対して中小企業診断士として活動するための基礎的能力を持っているかを問う試験である。

　1次試験では，考える力の土台となる幅広い知識を一定水準で持っているかを問い，2次試験では，企業を実際に診断・助言する上で必要になる情報整理力（読む力）・情報分析・考察力（考える力）・社長にわかりやすく伝える力（書く力・話す力）を持っているかを問うている。

　これらは表面上で問われている能力であるが，実はあと2つの隠れた能力を問われている。

　それは，「計画立案・実行能力」と「要点把握力」である。

　中小企業診断士には，一定の期限までにその企業を分析・診断し，効果的な助言を行うことが求められる。

　そのためには，診断助言計画を立案した上で，実行し，その結果を検証し，改善策を立案・実行する能力が必要である（計画立案・実行能力）。

　また，自分にとって未知の業種・業態の企業を診断・助言する際には，できるだけ短期間でその企業に関する専門知識を得て，社長とある程度対等に論議できるように準備する能力も必要である（要点把握力）。

　したがって，中小企業診断士試験では，1次試験で多岐にわたる領域を短期間で要領よく要点を把握し合格レベルに近づける力が問われており，試験制度全体では1年に1回しか実施しないことで，学習計画を立て効果的に学習を進める能力を問うているといえる。

2. 本書の特徴

　本書は，中小企業診断士試験の1次試験受験生に対して，上述した「計画立案・実行能力」と「要点把握力」向上をサポートするためのツールである。

　1次試験は7科目の幅広い領域から出題され，合格には平均6割以上の得点が求められるが，1年間で1次試験・2次試験の両方の勉強をするためには最大でも8か月くらいしか1次試験に時間を割くことはできないため，すべての科目のすべての領域

を勉強することは非効率である。

　したがって，受験生はいかに早く出題傾向を把握し，頻出な論点を繰り返し解くことができるかが重要となる。

　では，出題傾向や重要な論点はどのように把握すればよいのか？

　そのためには，過去問題を複数年度確認する必要がある。

　しかし，これまでの市販や受験予備校の過去問題集は年度別に編集されているので，同一論点の一覧性を確保したい場合や論点別に繰り返し解くツールが欲しい場合は，受験生自身が過去問題を出題項目ごとに並べ替えたツールを自ら作成する必要があった。

　これには時間も労力もかかるため，「市販の問題集で論点別にまとめたものがあったらいいのに…」と考える受験生も多かった。

　本書はそのようなニーズに対して応えたものである。

　平成22年度から令和元年度までの1次試験過去問題を収録し，中小企業診断協会の1次試験出題要項を参考にして並べ替えたことで，受験生が短期間に頻出の論点を容易に把握し，繰り返し解き，自分の苦手な論点を徹底的に克服することができるよう工夫した。なお，**問題ランク（頻出度）Cの問題と解説については**，電子ファイルで「過去問完全マスター」のホームページからダウンロードできる。（最初に，簡単なアンケートがあります。URL：https://jissen-c.jp/）

　受験生の皆さんは，本書を活用して1次試験を効率よく突破し，2次試験のための勉強に最大限時間を確保してもらいたいというのが，本プロジェクトメンバーの願いである。

本書の使い方

1. 全体の出題傾向を把握する

　巻末に経年の出題傾向を俯瞰して把握できるよう，「**出題範囲と過去問題の出題実績対比**」を添付した。

　問題を解く前にこの一覧表で頻出論点を把握し，頻出な部分から取り組むことをお勧めする。

　また，実際に問題に取り組んでいく際，各章ごとに「**取組状況チェックリスト**」に日付と出来栄えを記入し，苦手論点を把握・克服する方法を推奨するが，出題領域のどの部分が苦手なのかという全体感の把握には活用できない。

　したがって，この一覧表をコピーし，自分が苦手な論点をマーカーなどでマークし

ておけば，苦手論点の全体把握ができるようになる。

2．各章の冒頭部分を読む

　以下のような各章の冒頭部分に，出題項目ごとの頻出論点に関するポイントと出題傾向を記載している。まずは，この部分を読み，頻出論点の内容と傾向を把握してほしい。

> # 1．国民所得概念と国民経済計算
>
> ## 1－①　国民所得概念と国民経済計算
>
> ### ▶▶ 出題項目のポイント
>
> 　この項目では，診断先企業を取り巻く環境の1つである経済環境のうち，一国の経済の規模を把握するための指標の基礎についての理解を問われる。
> 　一国の経済を測定する国民経済計算とその構成要素の1つである国民所得勘定，そして，国民所得勘定の三面等価の原則，GDPを中心とした国民所得指標に関する知

3．問題を解く

　各章の論点別に問題を解き，解説や各章の冒頭部分の説明を読み，論点別に理解を深める。取り組む優先順位がわかるように，各問題の冒頭には「頻出度」をベースに執筆者が「重要度」を加味して設定した**「問題ランク」**をA～Cで記載している。
　「頻出度」は，原則として平成22年度から令和元年度の過去10年間で3回以上出題されている論点はA，2回出題されている論点はB，1回しか出題されていない論点をCとしている。ただし，平成13年度からの出題回数も一部加味している場合もある。
　また，「重要度」は，論点の基礎となる問題や良問と判断した問題ほど重要であるとしている。取り組む順番はAから始めてB，Cと進めることが最も効率よく得点水準を高めることになる。

4．解説を読む・参考書を調べる

　頻出論点の問題を解き，解説を読むことを繰り返していくと，類似した内容を何度も読むことになる。結果，その内容が頭に定着しやすくなる。これが本書の目指すと

3

ところである。

　解説については，初学者にもわかりやすいように配慮しているが，市販や受験予備校の参考書のような丁寧さは紙面の都合上，実現することができない。また，本書の解説についてはわかりやすさを優先しているため，厳密さにはこだわっていない。

　なかなか理解が進まない場合もあるかもしれないが，そのような場合は，自分がわからない言葉や論点がわかりやすく書いてある受験予備校や市販の参考書を読んで理解を深めることも必要になる。

　この「興味を持って調べる」という行為が脳に知識を定着させることにもなるので，ぜひ，積極的に調べるという行為を行ってほしい。調べた内容は，本書の解説ページの余白などにメモしておけば，本書をサブノート化することができ，再び調べるという手間を省略できる。

5. 取組状況チェックリストを活用する

　各章の冒頭部分に，「取組状況チェックリスト」を挿入してある。これは，何月何日に取り組んだのかを記載し，その時の結果を記しておくことで，自分がどの論点を苦手としているのかを一覧するためのツールである。結果は各自の基準で設定してよいが，たとえば，「解答の根拠を説明できるレベル＝◎」「選択肢の選択だけは正解したレベル＝△」「正解できないレベル＝×」という基準を推奨する。

　何度解いても◎となる論点や問題は頭に定着しているので試験直前に見直すだけでよい。複数回解いて△な論点は本番までに◎に引き上げる。何度解いても×な論点は試験直前までに△に引き上げるという取組目安になる。

　時間がない場合は，問題ランクがCやBで×の論点は思い切って捨てるという選択をすることも重要である。逆にランクがAなのに×や△の論点は試験直前まで徹底的に取り組み，水準を上げておく必要がある。

■取組状況チェックリスト（例）

1. 国民所得概念と国民経済計算								
問題番号	ランク	1回目		2回目		3回目	
令和元年度 第1問	A	1／1	×	2／2	△	3／3	◎

目　　次

Ⅰ. 経営戦略論

第 1 章　経営計画と経営管理……………………………… 9

第 2 章　企業戦略……………………………………………… 17

第 3 章　成長戦略……………………………………………… 45

第 4 章　経営資源戦略………………………………………… 75

第 5 章　競争戦略……………………………………………… 113

第 6 章　技術経営（MOT）…………………………………… 165

第 7 章　国際経営（グローバル戦略）……………………… 239

第 8 章　企業の社会的責任（CSR）………………………… 261

第 9 章　その他経営戦略論に関する事項…………………… 269

Ⅱ. 組織論

第 1 章　経営組織の形態と構造 ……………………………… 293

第 2 章　経営組織の運営 ……………………………………… 319

第 3 章　人的資源管理 ………………………………………… 449

Ⅲ．マーケティング論

第 **1** 章　マーケティングの基礎概念 ……………………… 517

第 **2** 章　マーケティング計画と市場調査……………………… 527

第 **3** 章　消費者行動 ……………………………………… 565

第 **4** 章　製品計画……………………………………………… 619

第 **5** 章　製品開発……………………………………………… 659

第 **6** 章　価格計画……………………………………………… 677

第 **7** 章　流通チャネルと物流………………………………… 703

第 **8** 章　プロモーション …………………………………… 725

第 **9** 章　応用マーケティング………………………………… 757

第 **10** 章　その他マーケティング論に関する事項 ……… 795

■企業経営理論　出題範囲と過去問題の出題実績対比 …………… 802

Ⅰ．経営戦略論

第1章

経営計画と経営管理

第 1 章　経営計画と経営管理

▶▶出題項目のポイント

この項目では，経営計画や意思決定プロセスについて問われる。企業が目標を達成するためには経営計画の立案が必要となる。計画がないと，どこに向かって進むのかや，今どれだけ進んだかの把握ができないためである。計画を立てることで，誰が，何を，いつまでに行うのかといった会社や個人の責任が明確になる。こういった経営計画の意義を把握しておいてほしい。

経営計画の種類としては，会社全体の計画を表す全社計画，会社の中の一部門の計画を表す部門計画がある。本社で全体の計画を立案して，それに基づいて各部門で計画を立案する。

また，計画には期間があり，3〜5年の長期計画，2〜3年の中期計画，1年もしくは，より短い短期計画である。経営環境が激しく変化する現代において，長期の計画を立てっぱなしでは環境変化に対応できない。そのため，毎年の短期計画を立案するとともに，ローリングプランとして中長期の計画も見直していく必要がある。さらに，企業の業績に大きな影響を与える不測の事態を想定しておき，その内容を具体化するコンティンジェンシープランも用意しておくべきであろう。

▶▶出題の傾向と勉強の方向性

企業経営理論の冒頭の定番であった経営計画に関する出題は，平成25年度を最後に，途絶えている。一方で，意思決定プロセスについては令和に入り14年ぶりに出題された。ただし，難問ではなく，社会人としての経験から対応できる問題であった。

勉強の方向性としては，引き続き，管理技法を押さえておく必要があるが，さらに知識ベースの出題より，事例ベースの出題になったときにも対応できるようにしておきたい。なぜなら，PDCAや，バランス・スコアカード，目標管理や，ローリングプラン，コンティンジェンシープランなど，基本的な管理技法が一通り出題されたからである。基本知識の充当とともに，日々のニュースにも目を通して，事例への対応力を高めておきたい。

なお平成20年度の出題では，ABM，DCF，線形計画法，待ち行列理論，ガントチャートなど細かい個別の計画技法，管理技法が問われていた。財務・会計，運営管理，経営情報システムの項目が含まれており，企業経営理論は全科目の上位概念の科目であることを意識しておかねばならない。こういった科目またぎの出題にあわてないようにしてほしい。

11

Ⅰ．経営戦略論

■取組状況チェックリスト

1. 経営計画						
問題番号	ランク	1回目		2回目		3回目
平成25年度 第1問	A	／		／		／
2. 意思決定プロセス						
問題番号	ランク	1回目		2回目		3回目
令和元年度 第3問	A	／		／		／

第1章　経営計画と経営管理

経営計画	ランク	1回目		2回目		3回目	
	A	／		／		／	

■平成25年度　第1問

　経営計画の策定と実行について留意すべき点に関する記述として，最も適切なものはどれか。

　ア　経営計画策定時に用いられる業績に関する定量的なデータを収集して分析することによって，新機軸の戦略を構築することができる。

　イ　経営計画になかった機会や脅威から生まれてくる新規な戦略要素を取り入れていくには，計画遂行プロセスで学習が起こることが重要になる。

　ウ　経営計画に盛り込まれた戦略ビジョンは，予算計画や下位レベルのアクション・プランと連動させるとコントロール指針として機能するようになり，戦略行動の柔軟性を失わせる。

　エ　経営計画の策定に際して，将来の様々な場合を想定した複数のシナリオを描いて分析することによって，起こりそうな未来を確定することができる。

　オ　経営計画の進行を本社の計画部門と事業部門が双方向的にコントロールすることは，事業の機会や脅威の発見には無効であるが，部門間の離齬（そご）を把握するには有効である。

13

Ⅰ．経営戦略論

解答	イ

■解説

　経営計画の策定と実行の問題である。経営計画の立て方に完璧な正解はないため，計画を立案したら実行したままにするのではなく，選択肢イのように学習しながら変更していくことも重要になる。

　　ア：不適切である。経営計画策定時には，さまざまなデータを収集・分析をしていく。この場合の業績に関する定量的なデータとは，財務データなど過去の結果を表すものであると考えられる。そのため過去のデータからだけでは新機軸の戦略を構築することは難しいと考えられるため，不適切である。

　　イ：適切である。経営計画になかった機会や脅威は常に発生し続ける。計画時点の外部環境が変化しないことはありえないため，環境変化に対応した新しい戦略要素を計画遂行プロセスで学習して取り入れていくことが重要である。

　　ウ：不適切である。上位概念である戦略ビジョンに基づいて，下位の予算計画やアクションは実行される必要がある。そのため，戦略ビジョンは，下位レベルのアクション・プランと連動させるべきで，そのために柔軟性を失うとはいえないので，不適切である。

　　エ：不適切である。経営計画の策定時には，外部環境が自社に有利に進むパターンから，不利に進むパターンの両面で検討していく必要がある。しかし，未来の環境を確定することはできないため，不適切である。

　　オ：不適切である。経営計画の進行を本社の計画部門だけでコントロールすると，事業部門という現場の情報が伝わらず，事業の機会や脅威の発見を逃すことになりかねない。そのため，双方向的にコントロールすることは有効であるため，不適切である。

　よって，イが正解である。

第1章　経営計画と経営管理

意思決定	ランク	1回目		2回目		3回目	
	A	/		/		/	

■**令和元年度　第3問**

次の文中の空欄A～Dに入る用語の組み合わせとして，最も適切なものを下記の解答群から選べ。

アンゾフは，環境変化が激しく，企業が決定すべき選択肢の評価基準も与えられていない高度に不確実な状況を，　A　という概念で捉え，　A　の状況下において，企業が取り組むべき問題を確定させ，その問題解決の方向性を探求することを経営戦略論の固有の課題と示した。

その上で，企業が行っている意思決定を，　B　的意思決定，　C　的意思決定，そして　D　的意思決定に分類した。　B　的意思決定は，現の業務の収益性の最大化を目的とするもの，　C　的意思決定は，最大の業績が生み出せるように企業の資源を組織化するもの，　D　的意思決定は，将来どのような業種に進出すべきかなどに関するものである。

〔解答群〕

ア　A：非対称情報　B：業務　C：組織　D：戦略

イ　A：非対称情報　B：日常　C：管理　D：計画

ウ　A：非対称情報　B：日常　C：組織　D：長期

エ　A：部分的無知　B：業務　C：管理　D：戦略

オ　A：部分的無知　B：業務　C：戦略　D：長期

15

Ⅰ. 経営戦略論

| 解答 | エ |

■解説

意思決定に関する出題である。サイモンはビジネスにおける意思決定の種類を「定型的意思決定」と「非定型的意思決定」に分けた。一方、アンゾフは意思決定の種類を、ビジネスの階層別に「戦略的意思決定」「管理的意思決定」「業務的意思決定」に分けた。

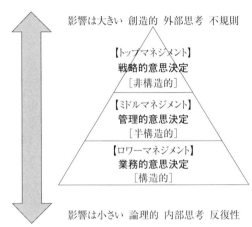

管理的意思決定や業務的意思決定と比較して、戦略的意思決定はより不確実性を許容している。

経営者は、こうした意思決定に際して、万全の準備や努力をしても不確定要素はどうしても残ってしまう。つまり、「部分的には無知」である状態で臨まなければならないとアンゾフは述べている。選択肢Aは部分的無知になり、その不確実性を前提とした体系的かつ戦略的な計画や意思決定が必要となる。Bはロワーマネジメントで、現業の意思決定つまり業務的意思決定となり、Cはミドルマネジメントの管理的意思決定、Dは企業の将来を決定するトップマネジメントであり戦略的意思決定である。

よって、エが正解である。

第 2 章

企業戦略

第2章　企業戦略

▶▶出題項目のポイント

　この項目では，環境分析，ドメイン，組織と戦略といった，企業戦略立案の流れを理解しているかがポイントとなる。直接的に，企業戦略の知識が問われるような出題数は多くない。しかし他の分野においても，さらには他の科目においても重要となる出題領域である。

　環境分析には PEST 分析や，SWOT 分析などの手法が挙げられる。特に SWOT 分析は，2次試験の学習の際に何度も活用するために，十分な理解が必要である。なお，中小企業は，経営資源も少なく，外部環境に対する影響力，交渉力も少ないため，外部より，内部の資源に着目しようという考え方が主流になっている。「第4章　経営資源戦略」で学習するリソース・ベースドビューの考え方と本章の学習内容を十分に把握し，2次試験で活用できる知識の習得を心がけていただきたい。

　ドメインは，「誰に，何を，どのように」を企業の内外において明確にして，自社の進んでいくべき方向を明らかにするものである。ドメインも，経営計画と同じく不変のものであってはならず，また，大きすぎても小さすぎてもいけない。ドメインを変更したり，広げたり絞ったりするときには，環境分析を行い，顧客からそっぽを向かれないか，従業員も合意しているかなどの内外両面からの視点を持っておきたい。

▶▶出題の傾向と勉強の方向性

　ドメインについては，「顧客層」「顧客機能」「技術」という基本定義のほか，ドメインを再定義する際の注意点が問われていた。この範囲は平成27，28，29年と令和元年に出題されており，1次試験の知識問題で着実に得点を稼ぐとともに，2次試験の解答でも使いこなせるようにしておきたい範囲である。

　特に，企業ドメインと事業ドメインの違いについては，近年繰り返し問われている。中小企業も単一事業だけの展開ではなく，複数の事業を持つ場合も増えており，事業ドメインを取りまとめる企業ドメインの意義も把握しておきたい。

19

Ⅰ．経営戦略論

■取組状況チェックリスト

1. 環境分析

問題番号	ランク	1回目		2回目		3回目	
平成23年度 第3問	B	／		／		／	

2. ドメイン

問題番号	ランク	1回目		2回目		3回目	
令和元年度 第1問	A	／		／		／	
平成29年度 第1問	A	／		／		／	
平成28年度 第1問	A	／		／		／	
平成27年度 第2問	A	／		／		／	
平成25年度 第5問	A	／		／		／	
平成24年度 第1問	A	／		／		／	
平成23年度 第1問	B	／		／		／	

3. 組織と戦略

問題番号	ランク	1回目		2回目		3回目	
平成29年度 第5問	A	／		／		／	
平成26年度 第5問	A	／		／		／	
平成25年度 第3問	B	／		／		／	
平成24年度 第8問	B	／		／		／	

第 2 章　企業戦略

環境分析	ランク	1回目		2回目		3回目	
	B	／		／		／	

■平成 23 年度　第 3 問

　企業の強みと弱みに関する分析フレームワークについての記述として，最も不適切なものはどれか。

　　ア　経営資源の模倣には直接的な複製だけではなく，競争優位にある企業が保有する経営資源を別の経営資源で代替することによる模倣もある。

　　イ　経営資源やケイパビリティが競争優位を生じさせており，企業の内部者にとって競争優位の源泉との関係が理解できない場合，経路依存性による模倣困難が生じている。

　　ウ　経営資源やケイパビリティに経済価値があり，他の競合企業や潜在的な競合企業が保持していないものである場合，希少性に基づく競争優位の源泉となりうる。

　　エ　経済価値のない経営資源やケイパビリティしか保持していない企業は，経済価値を有するものを新たに獲得するか，これまで有してきた強みをまったく新しい方法で活用し直すかの選択を迫られる。

　　オ　成功している企業の経営資源を競合企業が模倣する場合にコスト上の不利を被るのであれば，少なくとも一定期間の持続的な競争優位が得られる。

21

Ⅰ．経営戦略論

解答	イ

■解説

　企業の強みと弱みに関する分析フレームワークについての出題である。

　経営資源の有効性を分析する VRIO 分析は，企業の経営資源の経済価値（value），希少性（rarity），模倣困難性（inimitability），組織（organization）を分析することで，企業の経営資源が競争優位をどれだけ持っているのかを把握するものである。

　ア：適切である。ヒト，モノ，カネ，ノウハウといった経営資源を直接的に模倣するのではなく，別の経営資源で代替できることがある。たとえば，先発企業が高いノウハウを生かして先行した場合，カネやヒトをかけて，同等の価値の製品を作って後続企業が追随することも可能である。

　イ：不適切である。VRIO フレームワークでは，模倣するコスト上の不利をもたらす要因として，独自の歴史的条件，因果関係不明性，社会的複雑性，特許の４つが挙げられている。ここで競争優位の源泉との関係が理解できない場合は，因果関係不明性であって，経路依存性ではないため不適切である。なお，経路依存性とは，同水準の成果を上げるためには長い時間をかけて，同じような構築プロセスをたどらなければならない場合を意味している。

　ウ：適切である。経営資源やケイパビリティが希少な場合，当然，他社はそれらの資源を入手することが困難になるため，競争優位の源泉になりうる。

　エ：適切である。保有する経営資源に経済価値（V）がない企業は，既存の経営資源では競争優位は構築できない。そのため，新しく経済価値を生み出す経営資源を獲得する必要が出てくる。

　オ：適切である。模倣するコストが高いため，一定期間の持続的な競争優位は得られると考えられる。

　よって，イが正解である。

第 2 章　企業戦略

	ランク	1回目	2回目	3回目
ドメイン	A	／	／	／

■令和元年度　第1問

多角化して複数の事業を営む企業の企業ドメインと事業ドメインの決定に関する記述として，最も適切なものはどれか。

ア　企業ドメインの決定は，個々の事業の定義を足し合わせるのではなく，外部の利害関係者との間のさまざまな相互作用の範囲を反映し，事業の定義を見直す契機となる。

イ　企業ドメインの決定は，新規事業進出分野の中心となる顧客セグメント選択の判断に影響し，競争戦略策定の出発点として差別化の基本方針を提供する。

ウ　事業ドメインの決定は，将来手がける事業をどう定義するかの決定であり，日常のオペレーションに直接関連し，全社戦略策定の第一歩として競争戦略に結び付ける役割を果たす。

エ　事業ドメインの決定は，多角化の広がりの程度を決め，部門横断的な活動や製品・事業分野との関連性とともに，将来の企業のあるべき姿や経営理念を包含している存続領域を示す。

オ　事業ドメインの決定は，特定市場での競争戦略に影響を受け，将来の事業領域の範囲をどう定義するかについて，企業が自らの相互作用の対象として選択した事業ポートフォリオの決定である。

Ⅰ. 経営戦略論

解答	ア

■**解説**

　企業ドメインと事業ドメインに関する出題である。事業ごとに設定する事業ドメインに対し，企業ドメインは複数の事業を合わせた企業全体が対象となる。そのため，企業ドメインでは，事業ポートフォリオや多角化を踏まえて考えることが求められる。また，事業ドメインについては，エーベルが「顧客層」「顧客機能」「技術」の3つの軸で考えることを提示している。

　　ア：適切である。企業ドメインの役割は事業ポートフォリオを決定することになる。ポートフォリオは事業の単純な足し合わせではなく，組み合わせや相性を踏まえたシナジーを考え，外部の利害関係者との関係も考慮していくことが必要であり，適切である。

　　イ：不適切である。選択肢の内容は事業ドメインであり，不適切である。上記の事業ドメインの「顧客層」を考える内容である。

　　ウ：不適切である。全社戦略策定の第一歩として競争戦略に結び付ける役割は企業ドメインであり，不適切である。さらに，事業ドメインは，将来手がける事業をどう定義するかの決定ではなく，現状の事業の内容であるため日常のオペレーションに直接関連する。

　　エ：不適切である。多角化の広がりの程度を決め，部門横断的な活動や製品・事業分野との関連性とともに，将来の企業のあるべき姿や経営理念を包含している存続領域を示すのは，まさに企業ドメインの役割であり，不適切である。

　　オ：不適切である。事業ポートフォリオの決定は企業ドメインの役割であり，不適切である。なお，前半の特定市場での競争戦略に影響を受け，現状の事業領域を決めていくのは事業ドメインの役割であるが，競争戦略の結果，多角化に乗り出すのであれば企業ドメインの役割であるといえる。

　よって，アが正解である。

第 2 章　企業戦略

ドメインと事業ポートフォリオの決定	ランク	1回目		2回目		3回目	
	A	／		／		／	

■平成 29 年度　第 1 問

多角化した企業のドメインと事業ポートフォリオの決定に関する記述として，最も適切なものはどれか。

ア　多角化した企業の経営者にとって，事業ドメインの決定は，企業の基本的性格を決めてアイデンティティを確立するという問題である。

イ　多角化した企業の経営者にとって，事業ドメインの決定は，現在の活動領域や製品分野との関連性を示し，将来の企業のあるべき姿や方向性を明示した展開領域を示す。

ウ　多角化した事業間の関連性を考える経営者にとって，企業ドメインの決定は，多角化の広がりの程度と個別事業の競争力とを決める問題である。

エ　多角化した事業間の関連性を考える経営者にとって，事業ドメインの決定は，全社戦略の策定と企業アイデンティティ確立のための指針として，外部の多様な利害関係者との間のさまざまな相互作用を規定する。

オ　多角化を一層進めようとする経営者は，事業間の関連性パターンが集約型の場合，範囲の経済を重視した資源の有効利用を考える。

Ⅰ．経営戦略論

解答	オ

■解説

　企業のドメインと事業ポートフォリオの決定に関する出題である。ドメインはここ7年のうち6年出題されている（平成29年時点）。基本的なドメインの知識を確実に押さえていてほしい。本問では特に，企業全体としての事業領域である企業ドメインと，特定事業に対する事業領域である事業ドメインの役割の違いについての理解が必要である。

- ア：不適切である。多角化した企業の経営者にとって，企業ドメインの決定は，企業の基本的性格を決めてアイデンティティを確立する問題であるため，不適切である。事業ドメインではなく，企業全体の内容であり，企業ドメインを説明している内容である。
- イ：不適切である。選択肢アと同じく，企業ドメインの説明内容である。企業ドメインは，複数存在する活動領域との関連性を示し，将来の企業のあるべき姿や方向性を明示するものである。
- ウ：不適切である。企業ドメインの決定は，多角化した事業間の関連性を考え，多角化の広がりの程度の検討には必要だが，個別事業の競争力を決めるのは事業ドメインであるため，不適切である。
- エ：不適切である。選択肢ア・イと同じく，企業ドメインの説明内容である。企業ドメインの決定は，全社戦略の策定と企業アイデンティティ確立のための指針として，外部の多様な利害関係者との間のさまざまな相互作用を規定することになる。
- オ：適切である。範囲の経済は，同一企業が異なる複数の事業を経営することが，別々の企業が独立して行うよりもコスト上有利になる現象のことである。事業間の関連性パターンが集約型の企業は，複数の事業で経営資源を多重利用するように多角化してきている。つまり範囲の経済を重視した資源の有効利用を重視しているため，適切である。

　よって，オが正解である。

第 2 章　企業戦略

ドメインの定義	ランク	1回目	2回目	3回目
	A	／	／	／

■平成 28 年度　第 1 問

　ドメインの定義，および企業ドメインと事業ドメインの決定に関する記述として，最も適切なものはどれか。

　　ア　事業ドメインに関する企業内の関係者間での合意を「ドメイン・コンセンサス」と呼び，その形成には，トップマネジメントが周年記念の場などで，企業のあり方を簡潔に情報発信する必要がある。

　　イ　多角化している企業では，企業ドメインの決定は，競争戦略として差別化の方針を提供し，日常のオペレーションに直接関連する。

　　ウ　多角化せずに単一の事業を営む企業では，企業ドメインと事業ドメインは同義であり，全社戦略と競争戦略は一体化して策定できる。

　　エ　ドメインの定義における機能的定義は，エーベルの 3 次元の顧客層に相当する顧客ニーズと，それに対して自社の提供するサービス内容で定義する方法である。

　　オ　ドメインの定義における物理的定義は，エーベルの 3 次元の技術ではなく，物理的存在である製品によってドメインを定義する。

27

Ⅰ. 経営戦略論

解答	ウ

■解説

　ドメインに関する出題は過去6年で5度出題されており外せない問題である。選択肢エ・オに登場したエーベルの3次元の定義も押さえておく必要がある。エーベルは，顧客層（事業の対象となる顧客），顧客機能（満たされるべき顧客ニーズ），技術（ニーズを満たすための技術）の3つを考慮してドメインを決定するべきとした。

　ア：不適切である。ドメイン・コンセンサスは事業ドメインの合意ではなく企業ドメインに関するものである。また，企業内の関係者間の合意ではなく，企業内外の関係者（ステークホルダー）と合意が必要である。なお，周年記念の場で発信することも必要であるが，ステークホルダーによっては，簡易な情報発信で済ますのではなく，しっかりと説明して企業ドメインに，コンセンサス（同意）してもらう必要がある。

　イ：不適切である。多角化している企業には複数の事業があり，複数の事業ドメインが存在する。企業ドメインと事業ドメインの整合性を取りつつも，企業ドメインでは各事業の日常のオペレーションに直接関係するほどブレークダウンはされない。また，差別化の方針を提供するのは事業ドメインのほうであるため，不適切である。

　ウ：適切である。単一事業を営む企業は，事業が1つなので企業ドメインと事業ドメインは同じものとなり，全社の戦略と事業の競争戦略は一体化して策定できるため，適切である。

　エ：不適切である。ドメインの機能的定義とは，顧客が求める機能によってドメインを表す方法で，たとえば鉄道業界を「輸送サービス」と定義するものである。つまり，エーベルの3次元の顧客機能（満たされるべき顧客ニーズ）の内容であって，顧客層（事業の対象となる顧客）ではないので，不適切である。

　オ：不適切である。ドメインの物理的定義とは，製品・サービスそのものの物理的な面で定義する方法で，鉄道業界を「鉄道」と定義するものである。つまり，エーベルの3次元の技術（ニーズを満たすための技術）に当てはまるため，不適切である。

　よって，ウが正解である。

第2章 企業戦略

ドメイン	ランク	1回目		2回目		3回目	
	A	/		/		/	

■平成 27 年度　第 2 問

　複数事業を営む企業の企業ドメインおよび事業ドメインの決定に関する記述として，最も不適切なものはどれか。

　　ア　企業ドメインの決定は，現在の活動領域や製品・事業分野との関連性とともに，将来の企業のあるべき姿を包含して経営理念を反映している。

　　イ　企業ドメインの決定は，全社戦略策定の第一歩として自社の存続のために外部の多様な利害関係者との間の様々な相互作用の範囲を反映している。

　　ウ　企業ドメインの決定は，多角化した企業において個々の事業の定義を足し合わせることではなく，企業ドメインに合わせて事業の定義を見直すことが重要である。

　　エ　事業ドメインの決定は，将来の事業領域の範囲をどう定義するかについて，企業が自らの相互作用の対象として選択した事業ポートフォリオの決定であり，特定の市場での競争戦略に影響を受ける。

　　オ　事業ドメインの決定は，日常的なオペレーションがルーティン化していたとしても，競争優位を持続するためには必要である。

29

Ⅰ．経営戦略論

解答	エ

■解説

　ドメインに関する問題である。企業ドメインとは，企業活動の範囲のことであり，どのように定義するかで，その企業の方向性や発展の在り方が決定づけられる。ドメインには，全社の「企業ドメイン」や，事業ごとの「事業ドメイン」に分けられるが，企業ドメインの方向性と整合性を保った事業ドメインの定義が求められる。ドメインに関する問題も継続的に出題されており，2次対策にもなるため，理解を深めておきたい。

　　ア：適切である。企業ドメインは企業の活動領域であり，まさに現在の活動領域や製品・事業分野との関連性を考慮し，将来の企業のあるべき姿を示すものである。また，経営理念を実現するためにドメインを定義するので，適切である。

　　イ：適切である。企業ドメインの決定は，企業の活動領域を定義するものであり，その活動領域での顧客や，仕入先，社員や金融機関といった利害関係者（ステークホルダー）とどのよう範囲でどのような関係を築いていくかは，ドメインに反映される。

　　ウ：適切である。多角化した企業はさまざまな事業を保有しているが，これらの事業ドメインを足しあわせると，企業ドメインが不明確になりがちである。そのため，企業ドメインにもとづいて事業ドメインを定義することが求められる。

　　エ：不適切である。事業ポートフォリオの決定につながるのが企業ドメインであり，事業ドメインではないため，不適切である。なお，事業ドメインが特定市場での競争戦略に影響を受けるのは適切である。

　　オ：適切である。日常的なオペレーションがルーティン化していたとしても競争優位を持続するためにはドメインの定義は必要である。たとえば鉄道事業にドメインを定義して，鉄道の運行事業がルーティン化したとしても，輸送業とドメインを再定義すれば，新しく実施すべき施策が見えてくるはずである。

　よって，エが正解である。

第 2 章　企業戦略

ドメイン	ランク	1回目		2回目		3回目	
	A	／		／		／	

■平成 25 年度　第 5 問

　A 社は医療分野での先端的な製品開発を通じて社会に貢献するという理念の下で，現在の医療機器事業に加えて新薬開発の支援や再生医療の分野を包含した将来的なドメインの定義を企図している。企業ドメインと事業ドメインの決定に関する記述として，最も適切なものはどれか。

ア　企業ドメインの決定は，現状追認ではなく将来の方向性を明示しているが，注意の焦点を絞り込んで資源分散を防止するのには適さない。

イ　企業ドメインの決定は，差別化の基本方針を提供し，新たに進出する事業の中心となる顧客セグメントの選択の判断に影響する。

ウ　企業ドメインの決定は，将来の企業のあるべき姿や経営理念を包含している生存領域を示すが，現在の生存領域や事業分野との関連性は示していない。

エ　事業ドメインの決定は，将来手がける事業をどう定義するかの決定であり，企業戦略策定の第一歩として競争戦略を結びつける役割を果たす。

オ　事業ドメインは，全社的な資源配分に影響を受けるため，企業ドメインの決定に合わせて見直すこともありうる。

31

Ⅰ. 経営戦略論

解答	オ

■解説

　ドメインの問題である。企業が存続していくには限られた経営資源を有効に分配しながら競争に勝ち抜いていくことが求められる。そのためには事業ドメインを明確にして，必要な領域に最適な資源を投入することが重要となる。

　　ア：不適切である。企業ドメインの決定は，進むべき方向性の提示とともに，経営資源の分散を防止するために，参入しない事業分野を明確にする目的があるため，不適切である。

　　イ：不適切である。事業ドメインの内容であるため，不適切である。事業ドメインは「顧客層，顧客機能，技術」という3次元で定義される。この選択肢では，まさに事業ドメインである顧客層の選択をしている。

　　ウ：不適切である。企業ドメインは将来の進むべき方向性を提示するが，現在からその将来に向けての方向性を提示するのであり，現在の生存領域や事業分野との関連性がないのは，不適切である。

　　エ：不適切である。企業ドメインの内容であるため，不適切である。

　　オ：適切である。事業ドメインは企業ドメインの決定に影響を受けるため，適切である。

　よって，オが正解である。

第2章　企業戦略

ドメイン	ランク	1回目	2回目	3回目
	A	/	/	/

■平成24年度　第1問

複数事業を営む企業における企業ドメインと事業ドメインならびに事業ポートフォリオの決定に関する記述として，最も適切なものはどれか。

ア　企業ドメインの決定は，通常，新たに進出する事業における自社の競争力と当該事業の発展性を判断基準とし，当該事業の他事業への波及効果は個別事業選択の判断基準として考慮されていない。

イ　企業ドメインの決定は，通常，企業にとって多角化の広がりの程度を決め，個別事業の競争力を決める問題である。

ウ　企業ドメインの決定は，通常，多角化した複数事業間の関連性のあり方に影響するが，集約型の事業間関連性パターンでは規模の経済を重視して資源を有効利用しようとする。

エ　事業ドメインの決定は，通常，企業のビジョンの枠を超えて企業のアイデンティティの確立を規定し，企業の境界を決める。

オ　事業ドメインの決定は，通常，設定された領域の中で事業マネジャーにオペレーションを行う自律性を与える。

33

Ⅰ．経営戦略論

解答	オ

■解説

　企業ドメインと事業ドメインの違いに関する出題である。

　ドメインには，企業の全社レベルの「企業ドメイン」と，事業ごとの「事業ドメイン」がある。企業が複数事業を展開する場合は，複数の事業ドメインから企業ドメインが構成される。

　　　ア：不適切である。企業は，事業ドメインを決定する際に，自社の競争力を判断
　　　　　基準にして，その領域で生き残っていけるかを検討し，当該領域の発展領域
　　　　　を考慮し，十分にその領域で稼いでいけるかを検討する。企業ドメインは複
　　　　　数の事業ドメインから構成されるため，企業ドメインを決定する際には，各
　　　　　事業が他事業に波及効果をもたらすかを当然考慮する。

　　　イ：不適切である。企業ドメインの決定は，企業にとって多角化の広がりの程度
　　　　　を決める。しかし，個別事業の競争力を決定するのは事業ドメインである。

　　　ウ：不適切である。前半は適切であるが，後半の集約型の事業間関連性パターン
　　　　　では，「規模の経済」ではなく，「範囲の経済」が重視されることになる。

　　　エ：不適切である。事業ドメインは企業のビジョンの枠を超えるものではないた
　　　　　め，不適切である。企業ドメインは，事業ドメインの枠を超えて企業のアイ
　　　　　デンティティの確立を規定する。

　　　オ：適切である。事業マネジャーは事業の責任者であり，設定された事業領域の
　　　　　中で自律的にオペレーションを行う権限を保有する。

　よって，オが正解である。

第 2 章　企業戦略

ドメイン	ランク	1 回目		2 回目		3 回目	
	B	/		/		/	

■平成 23 年度　第 1 問

　ドメインは全社レベルと事業レベルに分けて考えられるが，ドメインの定義ならびに再定義に関する記述として，最も不適切なものはどれか。

　　ア　D. エーベル（Abell）の「顧客層」「顧客機能」「技術」という 3 次元による事業ドメインの定義では，各次元の「広がり」と「差別化」によってドメインの再定義の選択ができる。

　　イ　事業ドメインは将来の事業展開をにらんだ研究開発分野のように，企業の活動の成果が外部からは見えず，潜在的な状態にとどまっている範囲も指す。

　　ウ　自社の製品ラインの範囲で示すような事業ドメインの物理的定義では，事業領域や範囲が狭くなって T. レビット（Levitt）のいう「近視眼的」な定義に陥ってしまうことがしばしば起こる。

　　エ　全社ドメインの定義によって企業の基本的な性格を確立できるが，製品やサービスで競争者と競う範囲は特定できない。

　　オ　単一事業を営む場合には製品ラインの広狭にかかわらず事業レベルの定義がそのまま全社レベルの定義となるが，企業環境が変化するためにドメインも一定不変ではない。

35

Ⅰ．経営戦略論

解答	エ

■解説

ドメインないし事業の定義と再定義に関する出題である。

ア：適切である。D. エーベルによって，事業ドメインは「顧客層」「顧客機能」
「技術」の3次元に定義された。これは，各々，「誰に」「何を」「どのよう
に」を定義することになる。各次元を広げるのか狭めるのか，どのようにライ
バルと差をつけるのかを定義することによって，ドメインが再定義される
ことになる。

イ：適切である。ドメインを定義する際の要件としては，「過度の分散化を避け
た適度な広がり，将来の発展方向を視野に入れた，自社が形成すべき中核と
なる能力を規定し，企業内外と人々の共感を得られる納得性を有する」，が
挙げられる。よって，成果が企業の外部からは見えず，潜在的な状態にとど
まっている範囲もドメインといえる。

ウ：適切である。マーケティング戦略上の近視眼的な経営をT. レビットは「マ
ーケティングマイオピア」と呼んだ。例として挙げられるのが，アメリカの
鉄道事業が同業同士の競争にあけくれ，自らを「鉄道事業」と定義し，「輸
送産業」と定義せずに自動車産業や航空産業の発展で衰退したというもので
ある。ドメインを物理的な定義のみで見ている，このように，顧客が別のも
のを求めているのに，気がつかないことになるので，顧客ニーズ視点を持っ
た機能的定義も必要となる。

エ：不適切である。ドメインは会社全体の定義と，その下位で事業も定義する。
そのため，製品やサービスで競争者と競う範囲も特定することになる。

オ：適切である。ドメインは一定不変ではなく，環境に応じて変更される。ドメ
インの再定義が必要になる場合，3つの次元の広がりと差別化をどのように
規定するかが，ドメインの再定義に際して重要になる。

よって，エが正解である。

第 2 章　企業戦略

カンパニー制と 持株会社	ランク	1回目	2回目	3回目
	A	／	／	／

■平成 29 年度　第 5 問

　日本企業には，社内分社化であるカンパニー制や持株会社を導入して戦略性を一層高めようとした企業が見られる。カンパニー制と持株会社に関する記述として，最も適切なものはどれか。

ア　カンパニー制は，企業グループ内の個々の業態ごとに採用できるが，同一業界でのカンパニーごとの個別最適を許容すればカニバリゼーションの助長につながりうる。

イ　カンパニー制は，主要な事業の特定製品やブランドについての管理者をおき，その製品やブランドに関する戦略を策定し，販売活動を調整して統合する機能を持つ。

ウ　カンパニー制は，通常，多角化戦略によって事業領域を拡大する際，不確実性の高い新事業を切り離して法人格を持つ別会社として制度的に独立させ，本業や既存事業におよぼすリスクを軽減する。

エ　純粋持株会社は，株式の所有対象としている企業グループ全体の戦略策定と個々の事業の運営を統合して行えるメリットがあり，傘下の企業の経営戦略を標準化し，集中的に管理する制度である。

オ　純粋持株会社は，通常，企業グループ全体の効率的な資源配分が可能となり，雇用形態や労働条件の設定を標準化する機能を持つ。

37

Ⅰ．経営戦略論

解答	ア

■解説

　カンパニー制と持株会社に関する出題である。カンパニー制は以前に比べると導入されるシーンは減ってきているが，最近（平成29年）でも，事業再生中の，液晶メーカーの「ジャパンディスプレイ」は，事業部門ごとに経営を独立させるために導入している。

　　ア：適切である。各カンパニーの個別最適を許容すれば，各カンパニーは儲かる事業を各自始める可能性があり，同じ会社なのに，共食い，つまりカニバリゼーションを助長する可能性がある。

　　イ：不適切である。主要な事業の特定製品やブランドについての管理者をおき，その製品やブランドに関する戦略を策定し，販売活動を調整して統合する機能を持つのは，カンパニー制というわけでなく，むしろ事業部制に近いため，不適切である。カンパニー制であれば，さらに独立採算の色が強く，事業ごとの販売活動の調整機能は低下するであろう。

　　ウ：不適切である。カンパニー制ではなく，持株会社の仕組みの説明である。不確実性の高い新事業をカンパニー制で分けても，切り離したことにならず，法人格を持つ別会社として制度的に独立するわけではないので，不適切である。

　　エ：不適切である。純粋持株会社の前半部分の説明は適切である。つまり，企業グループ全体の戦略策定と個々の事業の運営を統合して行えるメリットがある。しかし，傘下の企業の経営戦略を標準化するのではなく，各社の多様性を活かすことが目的であるため，不適切である。

　　オ：不適切である。選択肢エと同じく，前半は適切，後半は不適切である。効率的な資源配分を目指す一方，雇用形態や労働条件を標準化するものではなく，不適切である。

　　よって，アが正解である。

第 2 章　企業戦略

組織と戦略	ランク	1回目	2回目	3回目
	A	／	／	／

■平成 26 年度　第 5 問

シナジー効果に関する記述として，最も適切なものはどれか。

　ア　動的なシナジーよりも静的なシナジーをつくり出せるような事業の組み合わせの方が望ましい。

　イ　範囲の経済の効果とは別個に発生し，複数事業の組み合わせによる費用の低下を生じさせる。

　ウ　複数事業の組み合わせによる情報的資源の同時多重利用によって発生する効果を指す。

　エ　複数の製品分野での事業が互いに足りない部分を補い合うことで，企業全体として売上の季節変動などを平準化できる。

39

Ⅰ．経営戦略論

解答	ウ

■解説

　シナジー効果に関する問題である。シナジー効果とは，相乗効果のことである。複数の企業が協働することによって1社で展開するより成果が得られる場合や，1つの企業内の別々の事業部門が協働することで，単一部門で提供するより，効果が出る場合のことを指す。

　　ア：不適切である。経験が活かされ，組織の学習効果によって，時間とともにシナジー効果が大きくなるものを，動的なシナジー効果と呼ぶ。一方で，時間の概念がないものを静的なシナジー効果と呼ぶ。動的なシナジー効果のほうが時間とともに効果を発揮できるため，静的なシナジーより，動的なシナジーを創りだすことを企業は目指すべきであろう。そのため，不適切である。

　　イ：不適切である。範囲の経済効果とは，複数の事業を別々の企業が行った場合の総費用よりも，多角化した企業の内部で行った場合の総費用が低くなることである。そのため，シナジー効果と別個に発生するわけではないので，不適切である。

　　ウ：適切である。複数事業の組み合わせによってシナジー効果が発揮される。その中でも情報的資源の同時多重利用によってシナジー効果は大きくなる。なお情報的資源とは，顧客の信用，ブランドの知名度，技術力，生産ノウハウ，組織風土など，眼に見えない資源のことである。

　　エ：不適切である。需要のある時期が異なる複数の事業を展開することで，複数の製品分野での事業が互いに足りない部分を補い合い，企業全体として売上の季節変動などを平準化できる。これは，相乗効果（シナジー効果）ではなく，相補効果（コンプリメント効果）となるため，不適切である。

　よって，ウが正解である。

第 2 章　企業戦略

組織と戦略	ランク	1回目		2回目		3回目	
	B	／		／		／	

■平成 25 年度　第 3 問

　企業は収益を確保するべく，活動（オペレーション）の効率を高めようとする。オペレーション効率の特徴に関する記述として，最も適切なものはどれか。

　　ア　オペレーション効率とは，ライバル企業と異なる活動を効率的な方法で行うことである。

　　イ　オペレーション効率における競争は，生産性を改善しながら，優れた収益性を長期にわたって企業にもたらす。

　　ウ　オペレーション効率の差異がもたらす収益性は，企業間の差別化のレベルに直接的に影響を与えることはないが，コスト優位に影響を与える。

　　エ　オペレーション効率は，企業が投入した資源を有効に活用できるような活動のすべてを指している。

　　オ　オペレーション効率を改善するべく，他社をベンチマークするほど，企業の活動は似通ってくるので，両社の戦略の差異はなくなる。

41

Ⅰ．経営戦略論

解答	工

■解説

　オペレーション効率の問題である。マイケル・E・ポーターは『日本の競争戦略』（ダイヤモンド社）の中で，「企業がすぐれた業績を達成し続けるためには「戦略」と「オペレーション効率」の両方が不可欠である。オペレーション効率は，企業が卓越した業績を追求する2つの方法の1つでしかない。もう1つは戦略である」としている。オペレーション効率とは，同じかあるいは似通った活動を競合他社「よりもうまく」行うことを意味し，戦略の中核は，事業で競争する上で必要な活動を競合他社とは「異なるやり方で」行うことにあるとしている。

ア：不適切である。ライバル企業と異なる活動を行うことは戦略である。オペレーション効率は，同じ活動を効率的に実施することのため，不適切である。

イ：不適切である。オペレーション効率における競争は，効率の追求であり，行き着くところまで行くと価格競争にたどりつきがちである。高度成長時代の日本はオペレーション効率を高めることで収益率を高めたが，長期的な維持は難しく，優れた収益性を長期にわたって企業にもたらすとはいえないため，不適切である。

ウ：不適切である。オペレーション効率の差異はコスト優位に影響を与える。また，企業間の差別化のレベルに直接的に影響を与えることは無いとはいえない。選択肢イのように長期的に維持することは困難であるが，高度成長時代の日本のように効率化が企業の差別化にもつながっていたため，不適切である。

エ：適切である。オペレーション効率は，企業活動を「よりうまく行う」ことであり，企業が投入した資源を効率的に活用するための活動であり，適切である。

オ：不適切である。冒頭に記述したとおり，ポーターは，異なる活動をすることが戦略であるとしている。そのため，オペレーション効率の改善で他社をベンチマークしても，両社の戦略の差異がなくなるとはいえないため，不適切である。

　よって，エが正解である。

組織と戦略	ランク	1回目	2回目	3回目
	B	/	/	/

■平成 24 年度　第 8 問

社内ベンチャーは，新事業の創造のために組織化されてきた。社内ベンチャーに関する記述として，最も不適切なものはどれか。

ア　社内ベンチャーは，社内に独立性の高い集団を設けて小さな独立した企業のように運営させるが，新しい事業領域での学習のための装置としても適切な組織である。

イ　社内ベンチャーは，新事業の運営について自律感を高め，新事業の推進に必要な心理的エネルギーを生み出す組織としての役割を果たすことができる。

ウ　社内ベンチャーは，新事業の運営について，本業や既存事業からの過剰な介入や悪影響を排し，トップダウン型の思考様式から乖離した発想を生み出すことができる。

エ　社内ベンチャーは，ハンズオン型のベンチャーキャピタルに比べ，新事業に対して親企業の関与する程度は低くなる。

オ　社内ベンチャーは，本業や既存事業とは異なった事業分野への進出や根本的に異質な製品開発を目的として設置されることが多い。

Ⅰ．経営戦略論

| 解答 | エ |

■解説

社内ベンチャーに関する出題である。

社内ベンチャーは，大企業内であたかも独立企業のように新規事業を実施する部門や組織集団を作り，その自主的な新事業創造の活動を，本社が全面的にバックアップしていく形態のことである。

ア：適切である。社内ベンチャーは，社内に独立性の高い集団を設けて小さな独立した企業のように運営させる。そのため，新しい事業領域での学習のための装置としても適切な組織である。本格的に全社で取り組むよりも小さな規模で迅速に取り組めるからである。

イ：適切である。既存の企業の枠組みで実施すると企業の本業の権益との調整が必要になり，自律的な運営が行えない場合がある。そこで社内ベンチャーとして既存組織と切り離すことで，自律的な運営の実現と，メンバーの参加者意識やコミットメントを高めることが可能である。

ウ：適切である。新事業の運営について，本業や既存事業からの過剰な介入や悪影響を排除することが，企業内ベンチャー創設の目的の１つである。またトップダウン型の思考様式から脱却し，新事業の現場のメンバーによるボトムアップによる発想を生み出すことができる。

エ：不適切である。ハンズオン型のベンチャーキャピタルとは，出資先のベンチャー企業の経営に深く関与するベンチャーキャピタルである。一方で，社内ベンチャーはあくまで親企業内における存在であり，プロジェクトの評価や撤退判断などに親企業が深く関与するのが一般的である。そのため，ハンズオン型のベンチャーキャピタルに比べ，社内ベンチャーの親企業の関与する程度は低くなるとはいえない。

オ：適切である。本業と同分野事業の進出であれば，既存事業内で行うことができる。社内ベンチャーは既存事業とは異なった事業分野への進出などを目的として設置されることが多い。

よって，エが正解である。

第3章

成長戦略

第3章 成長戦略

1. 経済性

▶▶出題項目のポイント

まずは，規模の経済性についての理解が必要である。生産量が大きくなると，経験曲線効果に応じて単位当たりの生産コストが低下する効果である。次に，規模の経済性と対比して，範囲の経済性についても把握しておく必要がある。範囲の経済性は，複数の事業を持つことによって，おのおの単独で事業を行う以上の価値を出せることを指し，シナジーの実現がポイントになる。規模の経済性が単一事業の生産拡大による平均費用の低下を意味するのに対し，範囲の経済性は複数事業による平均費用の低下を意味する。

▶▶出題の傾向と勉強の方向性

経済性の種類とその内容について対応できるようにしてほしい。それぞれの経済性において，費用（総費用，共通費用）が，生産量が変わることで，どのような変化をするのか，グラフでイメージをつかんでおきたい。経済学と関連させて学習することが有効であろう。

2. 多角化とM&A

▶▶出題項目のポイント

範囲の経済性から発展して，多角化やM&Aについての分野である。中小企業は経営資源の乏しさから，単一事業を行っていることが多かった。しかし，単一事業では，最終的には規模の経済性により勝敗が明確につきやすい。そのため，中小企業といえども多角化を図ったり，外部と連携する事例が増えている。

また，平成29年度は，M&AやMBOなど2問出題された。平成30年度も，事業再編と買収が出題された。これは，中小企業施策が事業承継にフォーカスをあてているためで，今後もしばらく同様の傾向が続くものと考えられる。

▶▶出題の傾向と勉強の方向性

多角化を図ることやM&Aの手法とともに，実施することによるメリット・デメリットについて，確実に押さえておく必要がある。また，多角化によって，どういっ

47

Ⅰ．経営戦略論

たシナジーを発揮するのかについても（販売シナジー，生産シナジー，投資シナジー，
管理シナジー）確認しておいてほしい。

■取組状況チェックリスト

1．経済性				
問題番号	ランク	1回目	2回目	3回目
令和元年度 第7問	A	/	/	/
平成29年度 第8問	A	/	/	/
平成26年度 第7問	A	/	/	/
平成23年度 第7問（設問1）	C*	/	/	/
平成23年度 第7問（設問2）	A	/	/	/

2．多角化とM&A				
問題番号	ランク	1回目	2回目	3回目
令和元年度 第5問	A	/	/	/
平成30年度 第1問	A	/	/	/
平成30年度 第4問	B	/	/	/
平成29年度 第4問	A	/	/	/
平成29年度 第6問	A	/	/	/
平成26年度 第4問	A	/	/	/
平成25年度 第4問	A	/	/	/
平成24年度 第2問	C*	/	/	/
平成23年度 第2問（設問1）	B	/	/	/
平成23年度 第2問（設問2）	A	/	/	/

＊ランクCの問題と解説は，「過去問完全マスター」のHP（https://jissen-c.jp/）よりダウンロードできます。

第3章　成長戦略

規模の経済	ランク	1回目	2回目	3回目
	A	/	/	/

■令和元年度　第7問

経験効果や規模の経済に関する記述として，最も適切なものはどれか。

ア　経験効果に基づくコスト優位を享受するためには，競合企業を上回る市場シェアを継続的に獲得することが，有効な手段となり得る。

イ　経験効果は，ある一時点での規模の大きさから生じるコスト優位として定義されることから，経験効果が生じる基本的なメカニズムは，規模の経済と同じである。

ウ　生産工程を保有しないサービス業では，経験効果は競争優位の源泉にならない。

エ　中小企業では，企業規模が小さいことから，規模の経済に基づく競争優位を求めることはできない。

オ　同一企業が複数の事業を展開することから生じる「シナジー効果」は，規模の経済を構成する中心的な要素の1つである。

49

Ⅰ．経営戦略論

| 解答 | ア |

■解説

規模の経済に関する出題である。

規模の経済は生産量が増えると、1個当たりの生産コストが下がる状態を指す。作れば作るほど原価が下がっていくのは、経験効果が発揮されるためである。何度も同じものを作ることによって、慣れて作業速度が上がったり、失敗による廃棄が減ったりするためである。経験効果が発揮されるためには、累積の生産量の増大が必要である。

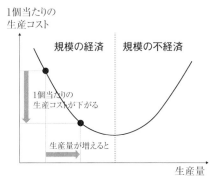

ア：適切である。経験効果を得るためには累積の生産量が必要であり、累積生産量で競合企業を上回るためには、継続的に市場シェアでも競合企業を上回る必要があるため、適切である。

イ：不適切である。経験効果は、ある一時点での規模の大きさから生じるコスト優位ではなく、累積の生産量の増大によるものである。つまり、経験効果が生じる基本的なメカニズムと、規模の経済は同じではないため、不適切である。

ウ：不適切である。サービス業でも経験により作業速度は上昇する。つまり、サービス業でも経験効果は競争優位の源泉になるため、不適切である。

エ：不適切である。中小企業は大企業に比べて規模が小さいため、規模の経済だけに競争優位を求めるべきではないだろう。しかしコストを抑えていくためにも規模の経済を求めることが必要な場合もあり、競争優位を求めることができないとまではいえないため、不適切である。

オ：不適切である。複数の事業を展開することで、経営資源を共有でき、有効に活用できることでシナジー効果が発揮されるが、「範囲の経済」の内容であり、不適切である。

よって、アが正解である。

第 3 章 成長戦略

規模の経済	ランク	1回目		2回目		3回目	
	A	/		/		/	

■平成 29 年度　第 8 問
　規模の経済は，モノづくりをする企業にとって重要である。規模の経済を説明する
記述として，最も適切なものはどれか。

ア　売り上げの増大をもたらすように複数の製品を組み合わせて生産するように
　　する。

イ　買い手にとって購入価値が高まれば販売数が増大するので，製品の普及度に
　　注目してクリティカルマスを超えるようにマーケティング組織の規模を維持
　　する。

ウ　現有製品の特性を分析し直し，製品の構成要素の機能や性能を向上させて，
　　新たな経済価値を付与した製品の生産を行う。

エ　産出量の増大に伴って，単位当たりの製品を産出する平均費用を低下させる
　　べく，一度に数多くのアウトプットを産出するようにする。

オ　累積生産量を増やして単位当たりのコストを下げるようにする。

Ⅰ．経営戦略論

解答	エ

■解説

　同じ製品や事業では，生産量や営業量の大きいほうが，単位当たりのコスト（平均費用）が低くなる，規模の経済に関する出題である。

ア：不適切である。複数の製品を組み合わせて生産するより，一品だけを作ったほうが規模の経済のメリットを享受できるため，不適切である。

イ：不適切である。クリティカルマスとは，ある商品やサービスの普及率が一気に跳ね上がる分岐点のことである。買い手にとって購入価値が高まれば，当然販売数が増大する。そのためには，マーケティング組織も拡大していく必要があり，不適切である。

ウ：不適切である。現有製品を分析して，機能等を改善することは重要であるが，規模の経済とは関連がないため，不適切である。

エ：適切である。産出量の増大に伴って，単位当たりの製品を産出する平均費用を低下させるべく，一度に数多くのアウトプットを産出するようにするのは，まさに規模の経済の拡大であるため，適切である。

オ：不適切である。累積生産量を増やして単位当たりのコストを下げるのは，経験曲線効果を発揮するためであり，不適切である。規模の経済を得るために，設備投資をすると，結果としてより早く経験曲線効果が発揮できるが，単に累積生産量を増やす行為は規模の経済に当たらない。規模を拡大しなくても，時間とともに累積生産量は増加するためである。

　よって，エが正解である。

第 3 章　成長戦略

経済性	ランク	1回目	2回目	3回目
	A	／	／	／

■平成 26 年度　第 7 問

　規模の経済と経験曲線および経験効果に関する記述として，最も不適切なものはどれか。

　　ア　規模の経済と経験効果は連続的に生じ，コスト低下の効果が生じない停滞期
　　　　間が存在することは少ないが，物理的な特性が効率性の向上の水準を制限す
　　　　る場合もある。

　　イ　規模の経済の追求には相当額の投資が必要であり，多くの場合，特殊化した
　　　　資産が投資対象となって長期間にわたって実現されるコストの減少を通じた
　　　　投資回収を目指す。

　　ウ　規模の経済は，ある一定程度の総生産量が増加することによるコストの低下
　　　　を指し，大規模な工場施設の建設などで模倣することはできるが，経験効果
　　　　の構築にはある程度の時間を必要とする。

　　エ　規模の経済は，業界内において利益をあげられる企業数の上限を決定する一
　　　　因となり，市場規模に対する生産の最小効率規模が大きいほど，当該業界に
　　　　存在できる企業数は少なくなる。

　　オ　経験曲線は累積生産量の増加に伴ってコストが低下することを表し，累積生
　　　　産量に対応する技術の進歩や改善等の要因からも生じるが，生産機能におい
　　　　て生じる経験効果に限定されない。

Ⅰ．経営戦略論

解答	ア

■解説

　規模の経済と経験曲線効果の問題である。規模の経済とは，より大きな規模で生産するほど製品1個当たりの費用が低下することである。また，経験曲線効果とは，ある製品の累積生産量が増加するにつれて，生産の経験が累積され，その製品の単位当たりのコストが低減することである。

ア：不適切である。経験効果は，経験を積むほど発生するため，連続的に生じるといえる。一方で規模の経済は連続的に生じるといえないため，不適切である。たとえば規模の経済を得るために，工場設備投資を行うが，連続的に投資できるわけではない。そのため，コスト低下効果が生じない停滞期間が存在する。

イ：適切である。規模の経済は，大規模な装置を導入し，多数製造することで，コストが下がる。そのため，相当額の投資が必要であるといえる。相当額の投資を，規模の経済によって得られた効果で長期間にわたって回収することになる。

ウ：適切である。規模の経済は，大規模な工場施設を建設することで得ることができる。しかし，経験曲線効果は，経験を得る時間が必要なため，ある程度の時間が必要になる。

エ：適切である。規模の経済が必要になる業界は，大きな設備投資が必要なため，業界に参入する企業の数を抑制することになる。また，市場規模に対する生産の最小効率規模が大きいほど，大きな設備投資が必要であるため，業界に参入できる企業数は少なくなる。

オ：適切である。設問文のとおり，経験曲線は累積生産量の増加に伴ってコストが低下する。なお，経験曲線効果は，生産設備の改善などの生産機能においてだけ発生するものではなく，作業者の作業への慣れなど，特定の専門作業だけに従事することによる効率のアップで得られる効果もある。

　よって，アが正解である。

第 3 章　成長戦略

経済性	ランク	1 回目		2 回目		3 回目	
	A	／		／		／	

■平成 23 年度　第 7 問（設問 2）

次の文章を読んで，下記の設問に答えよ。

　単一の事業を営む企業が多角化によって事業構造を変革し，持続的な成長を実現する行動は，「範囲の経済」の視点から説明できる。「範囲の経済」が存在すれば，企業が複数の事業を展開することによって，それぞれの事業を独立に営むときよりも，より経済的な事業運営が可能になる。

文中の下線部に関する記述として，最も不適切なものはどれか。

　　ア　2 つの事業がお互いに補い合って 1 つの物的資源をより完全に利用して生まれる効果は，範囲の経済の効果である。

　　イ　2 つの事業がお互いに情報的資源を使い合うと，資源の特質から使用量の限界がなく他の分野で同時多重利用できるため，物的資源を使い合うよりも効率性の高い範囲の経済を生み出せる。

　　ウ　合成繊維企業が蓄積した自らの化学技術を使用し，本業の補完・関連分野の事業に進出するのは範囲の経済の例である。

　　エ　範囲の経済が生まれるのは，基本的には未利用資源の活用が原因であり，企業規模が大きいほど経済効率が良くなることを意味する。

　　オ　範囲の経済は，多角化が進みすぎると新たに進出した事業と企業の保持しているコア・コンピタンスとの関連性が希薄になって生じなくなる。

55

Ⅰ．経営戦略論

解答	エ

■解説

　引き続き，範囲の経済についての出題であるが，他の種類の経済性が混じっている
タイプの正誤問題が多い。本問では，規模の経済が混在している。

ア：適切である。範囲の経済は複数事業を運営することによる，「共通費用の節
　　約」がポイントであり，「2つの事業がお互いに補い合って1つの物的資源
　　をより完全に利用」という記述が共通費用の節約に適合する。

イ：適切である。情報的資源は，複数人が同時に利用可能，使っても減らないと
　　いった特徴があるため，他の経営資源に比べてより範囲の経済性効果が高く
　　なる。

ウ：適切である。自らの化学技術を使用して関連分野に進出しており，選択肢イ
　　にも登場する情報的資源を活用しているといえる。そのため，範囲の経済に
　　ついての記述になっている。

エ：不適切である。範囲の経済は複数事業を運営することによる，「共通費用の
　　節約」が主なメリットである。未利用資源（スラック）の活用は，範囲の経
　　済ではない。さらに，範囲の経済は，規模が大きいほど経済効率が大きくな
　　るものではなく，規模の経済についての記述になっている。

オ：適切である。多角化が進展しすぎ，コア・コンピタンスとの関連性が希薄に
　　なると，経営資源，特に情報的資源を多重利用する効果が薄れるため，範囲
　　の経済の効果も低下するといえる。

　よって，エが正解である。

第3章 成長戦略

戦略的提携	ランク	1回目	2回目	3回目
	A	／	／	／

■令和元年度　第5問

戦略的提携に関する記述として，最も適切なものはどれか。

　ア　戦略的提携では，大学や政府機関が参加することはないが，同一の業種で競
　　　争関係にある企業間よりも異業種の企業間での提携が多く，継続的な関係の
　　　構築が図られる。

　イ　戦略的提携は，共同開発や合弁事業設立のように，企業が独立性を維持して
　　　緩やかな結びつきを構築するが，資本参加や当該企業同士の組織的な統合を
　　　通じて経営資源の合体を図る。

　ウ　戦略的提携は，提携による協力で得られる恩恵を最大限享受できる組織的な
　　　統合を図り，業界内の新しいセグメントや新たな業界への低コストでの参入
　　　と経営資源の補完を主な目的とする。

　エ　戦略的提携は，当事者間での裏切りのリスクを内包するが，その回避のため
　　　に，企業には互いの独立性を維持しつつも，階層関係を構築して関係の固定
　　　化を図ることが求められる。

　オ　戦略的提携は，範囲の経済を利用できる内部開発によるコストよりも，共同
　　　開発のような提携によるコストが小さい場合，内部開発に代わって選択され
　　　る。

57

Ⅰ. 経営戦略論

解答	オ

■解説

　戦略的提携に関する出題である。戦略的提携とは，対等的・自律的・互恵的な関係性が存在し，柔軟性に富んだ緩やかな連結関係を持ち，一定の期間に限定される企業間の同盟関係であり，外部資源の活用が大きな目標となる。

　　ア：不適切である。戦略的提携は基本的には，複数の企業が提携するものだが，大学や政府機関が参加することもある。また，異業種提携もあれば同業種提携もある。さらに，常に継続的な関係が構築されるわけでなく解消される場合もあることから，不適切である。

　　イ：不適切である。前文のように，戦略的提携は緩やかな連結関係を指す。そのため，共同開発や合弁事業設立のように，企業が独立性を維持した提携は戦略的提携に含まれるが，資本参加や当該企業同士の組織的な統合といった強固な関係は含まれないため，不適切である。

　　ウ：不適切である。選択肢イと同様に，戦略的提携は組織的な統合までは含まれないため，不適切である。なお，外部資源を活用し，経営資源の補完を目的とするのは，正しい。

　　エ：不適切である。戦略的提携は緩やかな関係であり，裏切りのリスクを内包するという記述は正しい。しかし，そのリスクを回避するために，組織の階層関係を構築して，関係を固定化してしまっては，もはや戦略的提携と呼べないため，不適切である。

　　オ：適切である。社内で複数の事業を展開し，範囲の経済を発揮してコスト削減を図るが，それよりも外部と提携することでコストが抑えられるのであれば，戦略的提携を選択するため，適切である。

　よって，オが正解である。

第3章　成長戦略

企業の多角化	ランク	1回目	2回目	3回目
	A	／	／	／

■平成30年度　第1問

　企業の多角化に関する記述として，最も適切なものはどれか。

　　ア　外的な成長誘引は，企業を新たな事業へと参入させる外部環境の条件である
　　　が，主要な既存事業の市場の需要低下という脅威は，新規事業への参入の誘
　　　引となりうる。

　　イ　企業の多角化による効果には，特定の事業の組み合わせで発生する相補効果
　　　と，各製品市場分野での需要変動や資源制約に対応し，費用の低下に結びつ
　　　く相乗効果がある。

　　ウ　企業の本業や既存事業の市場が成熟・衰退期に入って何らかの新規事業を進
　　　める場合，非関連型の多角化は，本業や既存事業の技術が新規事業に適合す
　　　ると判断した場合に行われる。

　　エ　事業拡大への誘引と障害は，企業の多角化の形態や将来の収益性の基盤にま
　　　で影響するが，非関連型の多角化では，既存事業の市場シェアが新規事業の
　　　市場シェアに大きく影響する。

　　オ　内的な成長誘引は，企業を多角化へと向かわせる企業内部の条件であり，既
　　　存事業の資源を最大限転用して相乗効果を期待したいという非関連型多角化
　　　に対する希求から生じることが多い。

59

Ⅰ. 経営戦略論

解答	ア

■解説

　企業の多角化に関する出題である。多角化は，アンゾフの事業拡大マトリクスによると，新規市場に新規製品を投入する戦略である。

　多角化の目的として，経営資源の有効活用とリスクの分散が挙げられる。外的・内的誘引については，平成24年度の第2問も参考にしてほしい。

アソゾフの事業拡大マトリクス

	【製品軸】	
	既存製品	新規製品
既存市場	市場浸透	新製品開発
新規市場	新市場開拓	多角化

【市場軸】

　ア：適切である。外的な成長誘引とは，有望な市場機会を認識し，企業が新規事業へ進出する原因となりうる。さらに，主要な既存事業の市場ニーズが低下すれば新規事業への参入を考えるため，適切である。

　イ：不適切である。前半の特定の事業の組み合わせで発生するのは相乗効果であるため，不適切である。なお，相補効果は，複数の事業を持つことで，お互いの足りない部分を補い合うことをいう。相補効果が発揮されれば，各製品市場分野で需要変動等や資源制約が起きれば，費用は低下する。

　ウ：不適切である。本業や既存事業の技術が新規事業に適合する場合は，非関連型ではなく関連型の多角化であり，不適切である。

　エ：不適切である。選択肢ウと同様に，既存事業の市場シェアが新規市場のシェアに大きく影響するには，非関連型ではなく関連型の多角化であり，不適切である。

　オ：不適切である。選択肢ウ・エと同様に，既存事業の資源を最大限転用して相乗効果を期待したいのは非関連型ではなく関連型の多角化であり，不適切である。なお，内的な成長誘引とは，その企業が有する強み，コアコンピタンス等でいまだに発揮されていないものをいう。これは自社の内部資源を最大限に活用したいという企業の欲求から生じるので多角化へ向かわせる。一方，外的な成長誘引とは，有望な市場機会を認識し，企業が新規事業へ進出する原因となりうる。

　よって，アが正解である。

第 3 章　成長戦略

企業の事業再編と買収	ランク	1回目	2回目	3回目
	B	／	／	／

■平成 30 年度　第 4 問

　企業の事業再編と買収の戦略に関する記述として，最も適切なものはどれか。

　　ア　企業の一部門を買収するタイプの買収は，通常，狭義のレバレッジド・バイ
　　　　アウトと呼ばれ，もともとは経営資源の拡大を意図したが，マネジメント・
　　　　バイアウトやエンプロイー・バイアウトとは異なる範疇の手法である。

　　イ　事業規模の縮小は，通常，売却，企業の一部門の分離独立であるスピンオフ，
　　　　企業の中核事業に関連しない部門の廃止などの手法を指し，事業ポートフォ
　　　　リオを変えて短期的には負債の削減につながる。

　　ウ　事業範囲の縮小は，企業買収によって期待した価値を実現できない際の買収
　　　　見直しに用いられ，通常，従業員数や事業部門数の削減を伴い，事業規模の
　　　　縮小と同様に事業ポートフォリオを変えることになる。

　　エ　自社資産を担保に調達した資金によって，オーナーではない経営者が自社を
　　　　買収するタイプの買収は広義のレバレッジド・バイアウトの一形態であり，
　　　　通常，買収後には経営の自由裁量の確保や敵対的買収に対する防衛などのた
　　　　めに株式を非公開とする。

　　オ　プライベート・エクイテイ投資会社が，企業の資産の大部分を買い取って当
　　　　該企業を非上場化するレバレッジド・バイアウトでは，通常，当該企業の業
　　　　務を維持し，資産の売却は長期的な計画の下で行う。

61

Ⅰ．経営戦略論

解答	エ

■解説

　企業の事業再編と買収に関する出題である。中小企業の事業承継は喫緊の課題とされており，その手法の１つとしてM&Aは平成29年度に引き続き出題されている。

・MBO（Management Buy-Out）は，会社の経営陣が株主より自社の株式を譲り受けたり，あるいは会社の事業部門のトップが当該事業部門の事業譲渡を受けたりすることで，文字どおりオーナー経営者として独立することである。
・MBI（Management Buy-In）は，業績の低迷している企業を買収した投資家や投資ファンドが，買収先の企業に外部から経営者を送り込んで改善を行い，企業価値を高めて，最終的には株式売却などで利益を得ることである。
・EBO（Employee Buy-Out）は，会社の従業員がその会社の事業を買収したり経営権を取得したりすることである。
・LBO（Leveraged Buy-Out）は，借入金を活用した企業／事業買収のことである。一定のキャッシュフローを生み出す事業を，借入金を活用して買収することで，買い手は少ない資金で事業・企業を買収することができる。

　　　ア：不適切である。どの手法も買収により経営資源の拡大を図るという意味では同じ範疇の手法であり，不適切である。また，LBOは企業の一部門を買収するという概念でもないため，不適切である。

　　　イ：不適切である。企業の中核事業に関連しない部門を廃止して，事業ポートフォリオを変えても，コストの削減にはつながるが，負債の削減につながるとはいえないため，不適切である。また，事業規模の縮小イコール，スピンオフでもないため，不適切である。

　　　ウ：不適切である。事業範囲を縮小しても，たとえば選択と集中を図った場合は，従業員数の削減を伴うとは限らないため，不適切である。

　　　エ：適切である。自社資産を担保に調達した資金によって買収する場合，通常，買収後には経営の自由裁量の確保や敵対的買収に対する防衛などのために株式を非公開とするため，適切である。

　　　オ：不適切である。なお，プライベートエクイティ（PE）とは，非上場企業の未公開株式のことで，PE投資とは未公開株式に投資することであり，非上場化するのではなく，もとから非上場のため，不適切である。さらに，当該企業の業務を維持し，企業価値の向上を図っていくことから，必ずしも資産の売却が計画に入っているとはいえないため，不適切である。

　よって，エが正解である。

第3章 成長戦略

M&A と戦略的提携	ランク	1回目	2回目	3回目
	A	/	/	/

■平成29年度　第4問

　日本企業は戦略的にM&Aを活用するようになっているが，M&Aよりも戦略的提携を選択する企業も多い。M&Aには，契約成立前の準備段階と交渉段階，成立後の統合段階でのさまざまな留意点がある。

　日本企業のM&Aと戦略的提携に関する記述として，最も適切なものはどれか。

ア　M&Aの準備段階では，当事者の持つ研究開発，生産，販売などの重複部分や競合関係の明確化が重要であり，統合段階でデューデリジェンス（due diligence）を開始して機能統合していく。

イ　異業種のM&Aには，基本的には，規模の経済と取引交渉力の増大というメリットがあり，業績不振の立て直しはできないが，自社の必要としない資源までも獲得してしまう恐れはない。

ウ　企業の独立性を維持できる戦略的提携は，パートナーが提携関係を裏切る可能性を最小化しつつ，提携による協力から得られる恩恵を最大限享受することが主な目的であり，企業の評判に悪影響が起こる可能性は，戦略的提携における裏切りのインセンティブを抑制できない。

エ　戦略的提携の目的が経済的な価値と希少性の追求にあっても，持続的な競争優位をもたらすとは限らないが，提携による業界内の新しいセグメントへの低コストでの参入は企業間の強みを補完する試みとなりうる。

オ　同業種のM&Aには，基本的には，範囲の経済と習熟効果の実現というメリットがあり，組織文化の調整のコストは必要であるが，統合のコストはかからない。

63

Ⅰ. 経営戦略論

解答	エ

■解説

　M&Aと戦略的提携に関する出題である。M&Aには，契約成立前の準備段階と交渉段階，成立後の統合段階と，それぞれに留意点がある。

　　ア：不適切である。デューデリジェンスは，買収・売却の対象となる企業や事業の価値を，収益性やリスクの面から詳細に審査することであり，統合段階ではなく，交渉段階で行っておく必要があり，不適切である。準備段階では，相手先企業から情報開示がされていないため，実施できたとしても簡易のデューデリジェンスとなってしまう。

　　イ：不適切である。異業種のM&Aでは，規模の経済ではなく，範囲の経済の増大メリットがあるため，不適切である。規模の経済が獲得できるのは同業種のM&Aである。ただ，異業種M&Aでも，会社全体としては，業績不振の立て直しは可能であろう。しかし，自社に必要としない資源まで獲得してしまう可能性はあるため，やはり，不適切である。

　　ウ：不適切である。戦略的提携を裏切ることで企業の評判に悪影響が起こる場合は，裏切るのを思い留まることがある。つまり裏切りのインセンティブを抑制できるため，不適切である。

　　エ：適切である。経済的な「価値」と「希少性」が獲得できても，「模倣困難性」が低く，「組織」として活用できなければ，持続的競争優位は獲得できない可能性がある。（VRIO分析）ただし，自社にない資源を獲得することで，新しいセグメントに低コストでの参入は可能なため，適切である。

　　オ：不適切である。同業種のM&Aには「範囲」ではなく「規模」の経済のメリットがあるため不適切である。また，当然，統合のコストもかかるため，不適切である。

　よって，エが正解である。

第 3 章　成長戦略

MBO（マネジメント・バイアウト）	ランク	1回目		2回目		3回目	
	A	／		／		／	

■平成 29 年度　第 6 問

　オーナー社長が経営する企業の事業承継の方法として MBO（management buy-out）がある。MBO に関する記述として，最も適切なものはどれか。

ア　オーナー社長は，外部の投資ファンドに株式を売却して，役員を刷新して経営を引き継がせる。

イ　オーナー社長は，勤務経験が長いベテランで役員ではない企画部長と営業課長に株式を売却して，経営を引き継がせる。

ウ　オーナー社長は，社外の第三者に株式を売却して，役員ではない従業員に経営を引き継がせる。

エ　財務担当役員と同僚の役員は，投資ファンドの支援を受けることなどを通じてオーナー社長から株式を買い取り，経営を引き継ぐ。

オ　役員ではない企画部長と営業課長は，金融機関から融資を受けてオーナー社長から株式を買い取り，役員と従業員を刷新して経営を引き継ぐ。

65

Ⅰ. 経営戦略論

解答	エ

■解説

　企業買収の一形態であり，経営陣による株式の買い取りのことである MBO に関する出題である。いくつかの M&A の形態を説明する。MBO（Management Buy-Out）は，会社の経営陣が株主より自社の株式を譲り受けたり，あるいは会社の事業部門のトップが当該事業部門の事業譲渡を受けたりすることで，文字どおりのオーナー経営者として独立することである。MBI（Management Buy-In）は，業績の低迷している企業を買収した投資家や投資ファンドが，買収先の企業に外部から経営者を送り込んで改善を行い，企業価値を高めて，最終的には株式売却などで利益を得ることである。EBO（Employee Buy-Out）は，会社の従業員がその会社の事業を買収したり経営権を取得したりすることである。

　　ア：不適切である。MBI に近い内容の説明であり，MBO には当たらないため不適切である。なお，MBI の場合も，オーナー社長が役員を刷新して経営を引き継がせるのではなく，投資ファンドが中心となって経営者が送り込まれることになる。

　　イ：不適切である。役員ではない企画部長と営業課長は社員であり，経営層ではないので，MBO には当たらず，EBO の内容のため，不適切である。

　　ウ：不適切である。選択肢イと同じく，役員ではない従業員が事業を引き継ぐため，不適切である。なお，第三者に株式を売却するので，EBO にも当たらない。

　　エ：適切である。マネジメント層である役員が株式を買い取って経営を引き継ぐので，MBO である。なお，資金面では，投資ファンドの支援を受けることもあるため，やはり適切である。

　　オ：不適切である。選択肢イと同じく，役員ではない従業員が事業を引き継ぐため，EBO であり，不適切である。

　よって，エが正解である。

第 3 章　成長戦略

多角化と M&A	ランク	1回目	2回目	3回目
	A	／	／	／

■平成26年度　第4問

A社は，現社長が高齢化したために，家族や親族以外の者への事業承継をMBI（management buy-in）によって行うことを検討している。MBIに関する記述として，最も適切なものはどれか。

ア　現社長と役員は，投資ファンドから資金を調達し，現経営陣を支援してもらう。

イ　現社長は，社外の第三者に自社株式を買い取らせ，経営を引き継いでもらう。

ウ　現社長は，投資ファンドに自社株式を買い取ってもらい，経営を外部から監視してもらう。

エ　現社長は，長く勤めた営業部長に自社株式を買い取らせず，経営を引き継いでもらう。

オ　現社長は，長く勤めた営業部長や経理課長に自社株式を買い取らせ，営業部長に経営を引き継いでもらう。

Ⅰ. 経営戦略論

解答	イ

■解説

　MBI の問題である。マネジメント・バイ・イン（Management Buy In）は，投資家や投資ファンドなどの企業の買収者が，その企業に外部から経営陣を送り込み再建を行い，キャピタル・ゲインの獲得をねらう手法である。

　　ア：不適切である。マネジメント・バイ・イン（Management Buy In）は，投資家や投資ファンドなどの企業の買収者が，その企業に外部から経営陣を送り込み再建を行い，キャピタル・ゲインの獲得を狙う手法である。現経営陣を支援してもらうのではなく，経営陣は外部から送り込まれるため，不適切である。

　　イ：適切である。前文のとおりである。MBI は，社外の第三者に自社株式を買い取らせ，経営を引き継いでもらうため，適切である。

　　ウ：不適切である。選択肢アと同じく，経営を外部から監視してもらうのではなく，経営陣は新しく送り込まれるため，不適切である。

　　エ：不適切である。営業部長など，社内の従業員が経営を引き継ぐものではないため，不適切である。なお，経営陣ではなく従業員が株式を譲り受ける場合は EBO（Employee Buyout）となる。

　　オ：不適切である。選択肢エと同じく，営業部長や経理課長に経営を引き継がせるものではないため，不適切である。

　よって，イが正解である。

多角化と M&A	ランク	1回目		2回目		3回目	
	B	/		/		/	

■平成25年度　第4問

　他社と連携を考慮する企業にとって，企業としての独立性を維持し，企業間に緩やかで柔軟な結びつきをつくるには，戦略的提携が有効な戦略オプションのひとつである。戦略的提携に関する記述として，最も不適切なものはどれか。

　ア　企業の評判に悪影響が起こる可能性は，戦略的提携における裏切りのインセンティブを抑制する要素となる。

　イ　戦略的提携が希少性を有しても，低コストでの代替が可能であれば，その戦略的提携は持続的な競争優位をもたらさない。

　ウ　戦略的提携によって，新たな業界もしくは業界内の新しいセグメントへ低コストで参入しようとするのは，企業間のシナジーを活用する試みとなる。

　エ　戦略的提携を構築する際，その主要な課題はパートナーが提携関係を裏切る可能性を最小化しつつ，提携による協力から得られる恩恵を最大限に享受することである。

　オ　内部開発による範囲の経済を実現するコストが戦略的提携によるコストよりも小さい場合，内部開発は戦略的提携の代替とはならない。

Ⅰ. 経営戦略論

解答	オ

■解説

　戦略的提携の問題である。企業が，新規参入を実施するときの選択肢は，①内部開発（内部での開発，市場開拓），②M&A，③戦略的提携である。

　そのうち，戦略的提携は，2つもしくはそれ以上の独立した組織が，製品・サービスの開発，製造，販売などに関して協力する場合である。戦略的提携は，大きく分けて，①業務提携，②業務・資本提携，③ジョイント・ベンチャーに分類される。

　　ア：適切である。戦略提携の際には企業の信頼関係が必要になる。提携を裏切ることで短期的な収益を確保することができても，中長期的には，当該企業の評判に悪影響がでるため，裏切りのインセンティブを抑制する要素となりえる。

　　イ：適切である。希少性のある商品でも，低コストの代替品がある場合は，その商品は代替されることになる。戦略的提携も同様で，希少性を有しても，低コストで代替可能であれば，競争優位をもたらさないであろう。

　　ウ：適切である。企業が新しいセグメントへ参入する場合，通常多大なコストがかかる。そのため，戦略的提携によって，企業間のシナジーを働かせ，コストを抑えて新セグメントへ進出するのである。

　　エ：適切である。選択肢アのように，戦略的提携は裏切られるリスクがある。そのため，裏切る可能性を最小化し，提携による恩恵を最大化することは戦略的提携の主要な課題となる。

　　オ：不適切である。戦略的提携より，内部開発によって範囲の経済が実現できる場合は，選択肢ウの場合と異なり，新セグメントへの進出が低コストで実現できる。そのため，あえてリスクのある戦略的提携を選択しないので内部開発を行うため，不適切である。

　よって，オが正解である。

第3章　成長戦略

多角化と M&A	ランク	1回目	2回目	3回目
	B	/	/	/

■平成23年度　第2問（設問1）

次の M&A に関する文章を読んで，下記の設問に答えよ。

わが国では以前は欧米に比べて M&A が盛んに取り組まれたとは言い難かった。むしろわが国企業では，①M&A よりも内部成長方式による多角化を用いることが多かった。

しかし，近年わが国の企業の M&A は国内のみならず海外でも活発化している。そればかりか，それとは逆に海外企業によるわが国企業の M&A も多く見られるようになった。M&A の方式は多様であり，どのような M&A に取り組むかは，その目的や企業の戦略によって異なってくる。また，企業の業績に貢献する M&A であるためには，②M&A に関する経営上の課題に対処することが重要である。

（設問1）

文中の下線部①について，多角化と M&A に関する問題点の記述として，最も不適切なものはどれか。

ア　開発された技術をてこに新規事業が増えるにつれて，社内でシナジー効果を追求する機会が高まるが，シナジー効果が成長にうまく結び付かない場合，多角化を維持するための費用がかさんだり，多様な事業をマネジメントするコストが大きくなるという問題がある。

イ　グリーンメーラ的な投機的な投資家や企業価値の実現による配当を迫る投資ファンドの動きが活発になると，企業はそれらに狙われないように企業防衛の姿勢を強めようとするため，M&A も少なくなりがちである。

ウ　成長の牽引力となる技術が枯渇してくると，新規な技術による事業機会も少なくなりがちであり，技術イノベーションによる多角化戦略は困難になる。

エ　長期雇用慣行等に支えられて従業員のみならず経営者も会社への一体感が強くなると，このような企業が M&A の対象になった場合，お家の一大事と受け止められ，会社ぐるみで M&A に抵抗する動きが生じやすい。

オ　貿易摩擦等の外圧に押されて企業の海外進出が活発になると，国内での生産技術開発や新製品開発が回避され，内部成長方式による多角化戦略は機能しなくなる。

71

Ⅰ. 経営戦略論

解答	オ

■解説

M&A に関する出題である。

外部成長方式としての M&A と，内部成長方式としての多角化に関する出題である。

ア：適切である。新規事業を始めて，関連多角化である方が，社内でシナジー効果を発揮しやすい。一方で，非関連多角化では，シナジー効果を発揮しづらく，マネジメントするコストは増大しがちである．

イ：適切である。グリーンメーラは，ブラックメーラ（恐喝者）をもじった表現であり，経営に参加する意思がないにもかかわらず，企業の株式を大量購入し，企業に高値での株式買い取りを要求することである。こういったグリーンメーラの敵対的買収のリスクに備えて，企業側も新株予約権の発行や，株式持ち合いなどの防衛策を実施するため，結果として M&A が減少することになる。

ウ：適切である。成長の牽引力となる技術が枯渇しているので，当然，技術イノベーションによる多角化は困難となる。

エ：適切である。日本型の長期雇用慣行等に支えられて，労使協調路線の企業では，組合や社員側も労働環境が変化することを恐れ，企業と一体になって会社ぐるみで M&A に抵抗する事例が存在する。

オ：不適切である。どんなに海外進出が活発になっても，わが国製造業にとって重要な機能である，国内での生産技術開発や新製品開発が回避されるわけではない。国内の研究所やマザー工場などでは，製品の開発を実施し，海外工場で製造を行うなどの役割分担が行われている。よって，「国内での生産技術開発や新製品開発が回避され，内部成長方式による多角化戦略は機能しなくなる」という記載が不適切である。

よって，オが正解である。

第3章　成長戦略

多角化とM&A	ランク	1回目	2回目	3回目
	A	／	／	／

■平成23年度　第2問（設問2）

次のM&Aに関する文章を読んで，下記の設問に答えよ。

わが国では以前は欧米に比べてM&Aが盛んに取り組まれたとは言い難かった。むしろわが国企業では，①M&Aよりも内部成長方式による多角化を用いることが多かった。

しかし，近年わが国の企業のM&Aは国内のみならず海外でも活発化している。そればかりか，それとは逆に海外企業によるわが国企業のM&Aも多く見られるようになった。M&Aの方式は多様であり，どのようなM&Aに取り組むかは，その目的や企業の戦略によって異なってくる。また，企業の業績に貢献するM&Aであるためには，②M&Aに関する経営上の課題に対処することが重要である。

（設問2）

文中の下線部②で指摘されているようなM&Aが成功するために注意すべき経営上の課題についての記述として，最も不適切なものはどれか。

ア　M&Aで企業規模が大きくなれば，獲得した規模の経済性や市場支配力の便益を上回る管理コストが発生する可能性が高まるので，管理コストの削減を図るとともに，そのことによって経営の柔軟性が失われないように注意する必要がある。

イ　企業間のベクトルをあわせて統合するには，それぞれの企業で培われてきた企業文化の衝突を避け，互いを尊重しつつ，1つの企業体に融合することを図ることが重要になる。

ウ　買収先の企業の主要なスタッフの離職が多くなると，マネジメント能力や専門的な知識や技能などの人的資源が損なわれて組織能力が弱くなるので，買収先の企業の従業員の賃金や待遇を手厚くすることを怠らないようにすることが必要である。

エ　買収戦略にのめりこむと，買収先企業を適切に評価することがおろそかになり，高いプレミアム価格を相手に支払ったり，高いコストの借り入れや格付けの低い社債の過度な発行などが起こりやすく，大きな負債が経営危機を招きやすくなることに注意が必要である。

オ　買収によって新規事業分野をすばやく手に入れることは，イノベーションによる内部成長方式の代替であるので，M&Aの成功が積み重なるにつれて，研究開発予算の削減や内部開発努力の軽視の傾向が強まり，イノベーション能力が劣化しやすくなることに注意が必要である。

73

Ⅰ．経営戦略論

解答	ウ

■解説

　M&A を成功させるための注意点に関する出題である。M&A のメリット・デメリットを整理して把握しておく必要がある。

　ア：適切である。M&A で企業規模が大きくなれば，管理コストが増大し，経営の柔軟性が失われる可能性は高い。企業の規模の拡大に応じて，総務や経理，人事などの管理部門の管理コストの削減策を実行したり，社内融和のための組織開発を行っていく必要がある。

　イ：適切である。企業文化の衝突を避け，1つの企業体に融合するというアフター・マージャーは重要な課題である。選択肢アの解説でも記載したように，新しい統一的な企業文化を醸成し，社内融和を図っていくための組織開発を行っていく必要がある。

　ウ：不適切である。買収先企業の従業員だけの賃金や待遇を手厚くすると買収企業側の従業員の不満が高まる可能性がある。また，M&A の際に離職が多くなるのは，賃金の不満といった衛生要因だけの問題ではなく，企業文化の違いや仕事のやりがいといった動機づけ要因に問題があることが多い。

　エ：適切である。買収に当たっては，企業価値を正しく算定することが重要であるが，実際には企業価値算定は難易度が高い。そのため，企業価値の過大評価を行ってしまい，結果として，大きな負債を抱え，経営危機を招く事例が見られた。

　オ：適切である。自社で内部開発をせず，外部成長方式としての M&A に頼りすぎると，市場参入の時間は短縮化されるが，イノベーション能力が劣化しやすくなる危険性がある。

　よって，ウが正解である。

第4章

経営資源戦略

第 4 章　経営資源戦略

▶▶出題項目のポイント

　経営資源の項目では，コア・コンピタンスや，リソース・ベースド・ビュー（RBV）
の理解がポイントとなる。コア・コンピタンスとは，経営資源を組み合わせて，企業
の独自性を生み出す組織能力である。RBV は，資源依存型戦略理論の 1 つである。
もともと，市場におけるポジショニングに軸足を置いたポーターの戦略論があり，
PPM（プロダクト・ポートフォリオ・マネジメント）も市場の状況を見ながら，自
社の資源をどこに投入していくかを考えるフレームワークであった。

　一方，それらとは対照的に，RBV は競争優位の源泉を企業の内部資源に求める戦
略理論である。RBV では，VRIO 分析が用いられる。経済価値があるのか（Value），
希少性があるか（Rarity），模倣されにくいか（Imitability），組織的に行われている
か（Organization）の 4 つの区分から，企業の経営資源が競争優位をどれだけ持って
いるのかを分析するのである。

▶▶出題の傾向と勉強の方向性

　平成 27 年度は，企業の経営資源と持続的な競争優位が問われた。王道の出題であ
り，2 次試験にもつながる考え方なため，必ず押さえておきたい。経営資源論は平成
27 年度から 4 年続けて出題されており，重点分野である。さらに，平成 30 年度は，
情報資源と VRIO フレームワークの 2 問が出題されている。また，平成 25 年度は
PPM が問われたが，「負け犬」事業だから，すぐに撤退を図るわけではない。古典的
な知識だけではなく，こういった戦略論が現在どのように変化を遂げているか，設問
文から読み取っていく必要がある。さらに，平成 26 年度には事業のライフサイクル
や撤退戦略が問われており，成熟化時代にどのように新陳代謝を図っていくべきかと
いう視点も求められている。

　経営資源戦略のキーワードなどの知識問題から，経営資源戦略を実施することで，
どういった競争優位が構築できるかの事例問題の出題が多くなっている。

　今後も本章は出題が増える可能性があるだろう。企業経営理論のどの範囲の対策を
とってもそうだが，ベースとなる知識を確実に押さえる知識力とともに，問題文や選
択肢の文章を読み解く読解力が求められるであろう。

77

Ⅰ．経営戦略論

■取組状況チェックリスト

1．経営資源

問題番号	ランク	1回目		2回目		3回目	
平成30年度 第2問	A	/		/		/	
平成30年度 第3問	A	/		/		/	
平成29年度 第3問	A	/		/		/	
平成28年度 第3問	A	/		/		/	
平成27年度 第3問	A	/		/		/	
平成24年度 第3問	A	/		/		/	
平成24年度 第4問	A	/		/		/	
平成22年度 第3問	B	/		/		/	

2．PPM（SBU，製品ライフサイクル，経験曲線，市場占有率　等）

問題番号	ランク	1回目		2回目		3回目	
令和元年度 第2問	A	/		/		/	
平成29年度 第2問	A	/		/		/	
平成28年度 第2問	A	/		/		/	
平成27年度 第1問	A	/		/		/	
平成26年度 第1問	A	/		/		/	
平成26年度 第3問	A	/		/		/	
平成26年度 第6問	A	/		/		/	
平成25年度 第2問	A	/		/		/	
平成24年度 第7問	A	/		/		/	

第4章　経営資源戦略

情報的経営資源	ランク	1回目		2回目		3回目	
	A	／		／		／	

■平成30年度　第2問

　経営資源の1つとして区別される情報的経営資源に関する記述として，最も適切なものはどれか。

　　ア　企業活動における仕事の手順や顧客の特徴のように，日常の業務活動を通じた経験的な効果として蓄積される経営資源は，情報的経営資源には含まれない。

　　イ　企業活動における詳細なマニュアルや設計図は，熟練やノウハウなどの情報的経営資源と比較して模倣困難性は高くない。

　　ウ　企業にとって模倣困難性の低い情報的経営資源が競争にとって重要ならば，特許や商標のような手段で法的に模倣のコストを高める必要性は高くない。

　　エ　企業の特定の事業分野における活動で蓄積された情報的経営資源は，その事業に補完的な事業分野でしか利用できない。

Ⅰ．経営戦略論

解答	イ

■解説

　情報的経営資源に関する出題である。情報的経営資源には，技術や，ノウハウ，顧客情報など企業内部に蓄積されるものと，ブランドロイヤルティや信用など企業外部に蓄積されるものがある。情報的経営資源の特徴として，日常的な事業活動を行っていれば自然に蓄積されることと，何度使っても減らないという多重利用可能性があること，が挙げられる。

　　ア：不適切である。冒頭の説明文のとおり，日常の業務活動を通じた経験的な効果として蓄積される経営資源も情報的経営資源に含まれるため，不適切である。

　　イ：適切である。詳細なマニュアルや設計図は，経営的情報資源そのものが見える化されており，熟練やノウハウに比べて模倣困難性は低いといえるため，適切である。そのため，外部への流出を防ぐなどの知財管理体制が求められる。

　　ウ：不適切である。企業にとって模倣困難性の低い，つまり模倣されやすい情報的経営資源が競争にとって重要ならば，模倣されないために，特許や商標のような手段で法的に模倣のコストを高める必要性は高いため，不適切である。

　　エ：不適切である。情報的経営資源が，企業の特定の事業分野における活動で蓄積されたとしても，その事業に補完的な事業分野でしか利用できないとはいえないため，不適切である。むしろ，多重利用の可能性があることが情報的経営資源の利点といえる。

　よって，イが正解である。

第 4 章　経営資源戦略

VRIO フレームワーク	ランク	1回目		2回目		3回目	
	A	／		／		／	

■平成 30 年度　第 3 問

　企業の経営資源に基づく競争優位を考察する VRIO フレームワークにおける模倣困難性は，持続的競争優位を獲得するために必要な条件とされている。この模倣困難性に関する記述として，最も適切なものはどれか。

　　ア　A 社が，模倣対象の B 社が保有する経営資源やケイパビリティと，B 社の競争優位の関係を理解しているか否かは，A 社が B 社の模倣を行う時のコストに影響を与える要因にならない。

　　イ　C 社が，新規事業に必要不可欠な経営資源を，その将来における最大価値を下回るコストで入手した場合，競合会社 D 社が，C 社より相当に高いコストでも同様の経営資源を獲得できる限り，C 社の経営資源に模倣困難性はない。

　　ウ　最先端の機械 E を使いこなすために熟練技能者同士の協力関係が必要であり，かつ，熟練技能者同士の協力関係の構築に相当な時間とコストを必要とする場合，最先端の機械 E を所有しているだけでは，模倣困難性による持続的競争優位の源泉にはならない。

　　エ　相当な時間を要して獲得した F 社のノウハウやネットワークが，優れた製品を生み出すための重要な要素で希少性もあり，また競合会社が短期間で獲得するにはコスト上の不利が働くとしても，F 社の模倣困難性を持つ経営資源にはなりえない。

81

Ⅰ. 経営戦略論

解答	ウ

■解説

　自社の内部資源に基づいて競争優位性を考察する VRIO フレームワークに関する
出題である。VRIO は近年，頻出されており，他年度の問題も確認してほしい。再掲
になるが，VRIO フレームワークは，経済価値（Value），希少性（Rarity），模倣困
難性（Imitability），組織（Organization）の 4 つの視点で，自社の経営資源を分析し
ていくものである。

　　ア：不適切である。ケイパビリティは，事業を遂行する際の「組織としての能
　　　　力」や，その組織が持つ独自の強みを指す。模倣対象となる B 社の組織と
　　　　しての能力と競争優位の関係を理解していなければ模倣は難しいだろう。競
　　　　争優位の戦略だけをまねても組織運用がついてこない。そのため模倣を行う
　　　　ときのコストは高くつくため，不適切である。

　　イ：不適切である。設問文は，D 社が C 社を模倣するには C 社が手に入れたと
　　　　きより，高いコストが掛かるという意味であり，D 社が C 社を模倣するの
　　　　はコスト的に困難であるといえるため，不適切である。

　　ウ：適切である。熟練者同士の協力関係が不可欠であり，機械 E があるだけで
　　　　は競争優位の源泉とはならない。また，協力関係の構築には時間とコストも
　　　　掛かるため，機械 E の所有だけでは，模倣困難性があるといえないため，
　　　　適切である。

　　エ：不適切である。F 社の経営資源が希少で，他社が習得するのに時間とコスト
　　　　が掛かるため，模倣は困難であるといえる。つまり，F 社の模倣困難性を持
　　　　つ経営資源になるため，不適切である。

　よって，ウが正解である。

第4章　経営資源戦略

経営資源を活用した戦略	ランク	1回目		2回目		3回目	
	A	／		／		／	

■平成 29 年度　第 3 問

　企業の経営資源に基づく競争優位性を考察する VRIO フレームワークに関する記述として，最も適切なものはどれか。

　　ア　外部環境の機会を適切に捉え脅威を無力化する経営資源は，業界内において希少でないときに，企業の一時的な競争優位の源泉となる。

　　イ　希少で価値がある経営資源を保有する企業は，他の企業がその経営資源を別の経営資源で代替するコストが小さい場合，持続的な競争優位を確立する。

　　ウ　組織内の事務作業を効率化する固有のノウハウは，業界内で希少でない場合，企業の一時的な競争優位の源泉となる。

　　エ　独自に長い年月をかけて開発した価値ある経営資源を保有する企業は，その資源が業界内で希少でないとき，資源をいかす組織の方針や体制が整わない中でも持続的な競争優位を確立する。

　　オ　予測が困難な環境変化が起きない場合は，希少で価値があり模倣が難しい経営資源は企業の持続的な競争優位の源泉となる。

83

Ⅰ. 経営戦略論

解答	オ

■解説

　自社の内部資源に基づいて競争優位性を考察する VRIO フレームワークに関する出題である。VRIO フレームワークは，経済価値（Value），希少性（Rarity），模倣困難性（Imitability），組織（Organization）の 4 つの視点で，自社の経営資源を分析していくものである。

　ア：不適切である。自社の内部資源が業界内で「希少性」がある場合は競争優位の源泉になりえるため，不適切である。たとえば，ウォルマートは他社に先駆けて POS データを活用することで，希少性を発揮し，競争優位を確立できた。

　イ：不適切である。「希少」で「価値」がある資源でも，他社が他の経営資源で代替できて，かつそのコストが小さければ，他社も代替資源で戦えるため，持続的な競争優位は構築できず，不適切である。たとえば，レアアースはまさに「希少」であったが，代替品が増加し，レアアースを保有しているだけでは競争優位を維持できなくなった。

　ウ：不適切である。業界内で希少でない組織内の事務作業を効率化する固有のノウハウは，他社も同様に効率化に使っていることが予想でき，競争優位の源泉とはならず，不適切である。

　エ：不適切である。独自に長い年月をかけて価値のある経営資源を構築できたとしても，その資源が「希少」ではなく，他社も活用しているのであれば，持続的な競争優位の源泉にはならないため，不適切である。また，「希少」な資源だったとしても，その資源を活用する「組織」体制が整わなければ，競争優位の源泉にはならないため，やはり不適切である。

　オ：適切である。「希少」で「価値」があり，「模倣困難」な経営資源があっても，予測困難な環境変化が起きれば，競争優位にならないこともある。つまり，予測困難な環境変化が起きなければ，持続的な競争優位は維持できるため，適切である。

　よって，オが正解である。

第4章　経営資源戦略

経営資源を活用した戦略	ランク	1回目		2回目		3回目	
	A	／		／		／	

■平成 28 年度　第 3 問

　近年，自社の経営資源を活用して成長を図る内部成長とともに，外部企業の経営資源を使用する権利を獲得するライセンシングや，外部企業の持つ経営資源を取得して成長を目指していく買収が活発になっている。これらの戦略に関する記述として，最も適切なものはどれか。

　ア　相手企業のコア・コンピタンスとなっている技術を自社に吸収し，自社の技術水準を上げていくためには，買収よりも独占的ライセンシングを活用する方が適している。

　イ　既存の事業が衰退期に入っている場合，当該業界における市場支配力を高めるには，既存の経営資源を活用するための投資を増強していく内部成長よりも，競合企業を買収する方が適している。

　ウ　国内で高価格な製品を製造・販売している企業が，新興国で新たに低価格製品を販売して短期間のうちに軌道に乗せるためには，現地の同業企業を買収するよりも，独自に販売ルートを開拓していく内部成長の方が適している。

　エ　製品メーカーが，稀少性の高い原材料メーカーとの取引を安定化し，取引費用の削減をしていくためには，買収によって自社に取り込むよりも，ライセンシングによって関係を構築する方が適している。

85

Ⅰ．経営戦略論

解答	イ

■解説

　外部企業の経営資源を使用する権利を獲得するライセンシングや，外部企業の持つ経営資源を取得して成長を目指していく買収に関する問題である。

　ア：不適切である。自社の技術水準を上げていくためには，ライセンシングで提供してもらうのではなく，買収によって自社に取り込むべきである。また，相手企業がコア・コンピタンスを独占的ライセンシングすることも考えにくいため不適切である。

　イ：適切である。既存事業が衰退期ということは，該当市場全体の成長性は低く，投資を増強して内部成長を図るのは困難である。そのため，競合を買収して市場の占有率を高め，市場支配力を高めるほうが適切である。

　ウ：不適切である。国内で高価格な製品を製造・販売しており，新興国では販売ルートもなく，低価格製品を販売するノウハウもない状態であると考えられる。そのため，独自ルートから開拓するより，現地の同業企業を買収したほうが，短期で軌道に乗せられるため不適切である。

　エ：不適切である。希少性の高い原材料メーカーは他社からも取引を求められることが考えられ，独占的にライセンシングされることはハードルが高い。そのため，買収によって自社に取り込みを考えるべきであり，不適切である。

よって，イが正解である。

第 4 章　経営資源戦略

経営資源	ランク	1回目		2回目		3回目	
	A	／		／		／	

■平成 27 年度　第 3 問

　企業の経営資源と持続的な競争優位に関する記述として，最も不適切なものはどれか。

ア　ある市場において，競合企業が業界のリーダーのもつ経営資源を複製する能力をもっていても，市場規模が限られていて複製を行わないような経済的抑止力のある状況では模倣しない傾向がある。

イ　競合企業に対する持続可能な競争優位の源泉となるためには，代替可能な経営資源の希少性が長期にわたって持続する必要がある。

ウ　時間の経過とともに形成され，その形成のスピードを速めることが難しく，時間をかけなければ獲得できない経営資源には経路依存性があり，模倣を遅らせることで先発者を保護する。

エ　代替製品の脅威は事業の収益性に影響を与えるが，競合企業は代替資源で同様の顧客ニーズを満たす製品を提供できる。

オ　独自能力の概念では，競争戦略の実行に不可欠な経営資源であっても，自社製品や事業のオペレーションを特徴づける独自なものでなければ，その資源は競争優位の源泉とはならない。

87

Ⅰ．経営戦略論

解答	イ

■解説

　経営資源と持続的な競争優位の問題である。代表的な経営資源論に，J.バーニーの内部資源理論（RBV）がある。バーニーは，競争優位を獲得するには稀少で，模倣にコストのかかる能力（ケイパビリティ）を装備し，それを通じて顧客ニーズに応える戦略を採ることである，としている。つまり競争戦略の実行に不可欠な価値のある経営資源に，希少性と模倣困難性が備わっていれば，継続的に競争優位の構築につながる。

ア：適切である。前文のとおり模倣にコストがかかる，つまり模倣困難なことは競争優位につながる。ただし，模倣が可能であっても，該当する市場規模が小さい場合は模倣しても得られるメリットが少ないため，経済的抑止力が働き，模倣されない場合が多い。

イ：不適切である。代替可能な経営資源の希少性が長期にわたって持続する場合，代替可能な経営資源を保有している企業が該当事業に進出した場合は模倣されにくい。つまり強い競合企業の存在を意味し，持続的な競争優位につながらないため，不適切である。

ウ：適切である。企業独自の歴史的要因や独自の発展経路でないと獲得できない経営資源がある場合，競合他社は模倣困難であるといえる。このことを経路依存性という。経路依存性が存在すれば，時間をかけなければ獲得できない経営資源が必要ということになり，模倣を遅らせ，先発者の保護につながるため，適切である。

エ：適切である。自社の製品にとって，代替可能な製品が登場すれば当然に競合し，脅威となり，事業の収益性に影響を与える。そして，顧客ニーズを満たしているから代替の製品を提供できるため，適切である。

オ：適切である。競争戦略の実行に不可欠な経営資源に独自性がなければ，競合企業は模倣可能であり，その経営資源は競争優位の源泉にならないため，適切である。

　よって，イが正解である。

第4章　経営資源戦略

	ランク	1回目	2回目	3回目
経営資源	A	／	／	／

■平成24年度　第3問

　現代の企業において，経営資源の利用と蓄積は，経営戦略の策定と実行にとって重要である。経営資源は，通常，人的資源，物的資源，資金，情報的資源に区別される。情報的資源に関する記述として，<u>最も不適切なもの</u>はどれか。

ア　企業活動における仕事の手順や顧客の特徴のように，情報的資源は日常の企業活動を通じて経験的な効果として蓄積される。

イ　企業活動における設計図やマニュアルのように言語や数値化されているような情報は，熟練やノウハウなどよりも模倣困難性が高くない。

ウ　企業にとって模倣困難性の低い情報的資源が競争にとって重要ならば，特許や商標のような手段で法的に模倣のコストを高める必要はない。

エ　企業の特定の事業分野における活動で蓄積された情報的資源の利用は，その事業に補完的な事業分野に限定されない。

オ　企業のブランドやノウハウのような情報的資源は，その特殊性が高いほど企業に競争優位をもたらす源泉となる。

89

Ⅰ．経営戦略論

解答	ウ

■解説

経営資源に関する出題である。

ヒト・モノ・カネ以外に，情報的資源の重要性が高まっている。情報的資源の特徴としては自然蓄積性，多重利用性，消去困難性が挙げられる。

ア：適切である。情報的資源の特徴には自然蓄積性がある。日常の企業活動を通じて，経験的な効果として自然と蓄積されるものであるため，模倣が難しいという特性がある。

イ：適切である。設計図やマニュアルのように，数値化や言語化されているような情報は，形式知されており，模倣は簡易である。

ウ：不適切である。模倣困難性が低いため，容易に模倣できる情報的経営資源ということになる。そのため，この経営資源が競争にとって重要な場合は，模倣を防ぐために，特許や商標のような知的財産権を確保しておく必要がある。

エ：適切である。情報的資源の特徴には，多重利用性がある。そのため蓄積された情報的資源は，さまざまな事業分野で多重利用が可能であり，その事業に補完的な事業分野に限定されるわけではない。

オ：適切である。企業のブランドやノウハウのような情報的資源の特殊性が高ければ，模倣は困難であり，企業として差別化が図れるため，競争優位の源泉になりうる。

よって，ウが正解である。

第4章　経営資源戦略

経営資源	ランク	1回目	2回目	3回目
	A	／	／	／

■平成24年度　第4問

いかに早く競争力のある製品を開発し，市場に供給するか，という時間をめぐる競争はタイムベース競争と呼ばれている。そのような競争をめぐる問題点や考慮すべき点に関する記述として，最も適切なものはどれか。

ア　商品購入時にユーザー登録をしてもらって利用特典を与える販売方式は，バージョンアップした自社商品への乗り換えを難しくするので，その企業の商品の普及スピードを鈍化させることになる。

イ　生産リードタイムの短縮によって，原材料の在庫の回転率があがるが，生産コストに変化はなく，収益も変わらない。

ウ　先発して市場に参入すれば，有利な立地や優秀な人材を先取りできるばかりではなく，市場動向に素早く対応して，売り上げが増大する可能性が高くなる。

エ　他社に先駆けて特許等で参入障壁を築いて防衛的地位を固めると，ニッチ市場に入り込んでしまい，市場の変化に取り残されてしまうことになる。

オ　他社の競合品よりも多くの量の自社製品をすばやく生産することを続けると，単位あたりコストが増大し，市場競争で劣位に立たされることになる。

91

Ⅰ. 経営戦略論

解答	ウ

■解説

タイムベース競争に関する出題である。

企業の競争戦略において「時間」が希少資源であると考え，時間短縮をもって競争優位を築こうとする企業間競争のことである。

ア：不適切である。商品購入時にユーザー登録をしてもらって利用特典を与える販売方式は，バージョンアップした自社商品への乗り換えを簡単にするため，誤りである。乗り換えを簡単にすることで，その商品の普及スピードを高める。

イ：不適切である。生産リードタイムの短縮化により，在庫の回転率が上がると，在庫保管量が下がり，在庫維持費用も下がる可能性があるため不適切である。

ウ：適切である。まさにタイムベース戦略そのものの内容である。希少資源である時間を，先発して市場に参入することで手に入れる。そうすることで，その業界において有利な立地や優秀な人材を先取りできるため，後発より市場動向に迅速に対応して，売上が増大する可能性は高まる。

エ：不適切である。他社に先駆けて，特許等で参入障壁を築いても，ニッチ市場に入り込むとは限らないため不適切である。また，他社に先駆けて参入障壁を築いて防御的地位を固めたとしても，市場の変化に取り残されるとは限らない。

オ：不適切である。タイムベース競争においては，他社の競合品よりも多くの量の自社製品を素早く生産し続けることで，経験曲線効果が発揮され，単位当たりのコストが低下し，市場競争で優位に立つことができる。

よって，ウが正解である。

第 4 章　経営資源戦略

経営資源	ランク	1回目		2回目		3回目	
	B	／		／		／	

■平成 22 年度　第 3 問

　企業に固有な能力は，自社独特の戦略展開を可能にするものとして重要である。企業が生産技術にかかわる固有能力を維持したり，構築しようとする試みに関する記述として最も適切なものはどれか。

ア　業界に普及している汎用設備の導入を進めて，資本装備率の向上を目指している。

イ　現場からの改善提案のうち，全社 QC 大会で表彰を受けたものだけを実行している。

ウ　現場への新人の投入時に技術指導を中心に導入教育に時間をかけている。

エ　自社の生産技術を守るべく，生産部門での人事異動も新規採用も行わないことにしている。

オ　他社の優れた生産技術を積極的に導入して自社技術を常に一新するようにしている。

93

Ⅰ．経営戦略論

解答	ウ

■解説

　企業が競争優位を持続するためのコア・コンピタンスに関する出題である。

　ア：不適切である。コア・コンピタンスは他の企業と違いがなくてはならない。
　　　業界に普及している汎用設備の導入を進めても，競合企業も同等の設備を導
　　　入できるため，企業の生産技術に関わる固有能力の維持や構築にはつながら
　　　ない，つまりコア・コンピタンスにはなり得ない。

　イ：不適切である。全社QC大会で表彰を受けたということは多くの提案の中か
　　　ら選ばれた優れた提案であるが，それだけを実施するのではなく，現場ごと
　　　の継続的改善のために，QC活動で提案された改善案も行うべきであろう。

　ウ：適切である。現場に新人を投入する際に技術指導を中心とした導入教育が不
　　　十分であると，現場ごとの暗黙知などは共有されず，固有のノウハウが継承
　　　されず，製品の品質が低下する恐れがある。よって，導入教育には十分な時
　　　間をかける必要がある。

　エ：不適切である。生産部門で人事異動も新規採用も行わなければ，技術流出は
　　　防げるが，一方で技術承継は望めない。

　オ：不適切である。他社の優れた生産技術を取り入れて，自社技術を陳腐化させ
　　　ないことは重要であり，否定されるものではない。しかし，常に一新する必
　　　要はないと考えられる。常に一新することで，固有能力は失われ，技術やノ
　　　ウハウの継続性が失われる可能性が高いためである。

　よって，ウが正解である。

第4章 経営資源戦略

	ランク	1回目	2回目	3回目
PPM	A	／	／	／

■令和元年度　第2問

プロダクト・ポートフォリオ・マネジメント（PPM）に関する記述として，最も適切なものはどれか。

　ア　プロダクト・ポートフォリオ・マネジメントでは，自社の事業の成長率と相対的な市場シェアとを基準として事業を分類し，戦略事業単位が他の戦略事業単位と製品や市場について相互に関連した統合的な戦略を持つ。

　イ　プロダクト・ポートフォリオ・マネジメントでは，成長市場で市場シェアを維持するために必要な再投資を大きく上回るキャッシュフローをもたらし，資金の 投入によって競争優位を維持する「花形」よりも，資金の流出を削減して競争優位を獲得できる「問題児」の選択が重要である。

　ウ　プロダクト・ポートフォリオ・マネジメントでは，「花形」は分野の将来性に大きな魅力があり，特定の事業に対する集中的な投資の主要な資金供給源としても 重要であり，「負け犬」からの撤退を支える役割を果たす。

　エ　プロダクト・ポートフォリオ・マネジメントは，事業間のマーケティングや技術に関するシナジーが考慮されていないが，外部技術の導入によって規模の経済を達成することで優位性を構築する事業にも適用できる。

　オ　プロダクト・ポートフォリオ・マネジメントは，全社的な資源配分の論理の1つとして位置づけられ，成長率の鈍化した業界の「花形」事業の大きな余剰資金 と「負け犬」を売却して得た資金を「金のなる木」に集中的に投入して競争優位を維持する。

95

Ⅰ．経営戦略論

| 解答 | エ |

■解説

プロダクト・ポートフォリオ・マネジメント（PPM）に関する出題である。PPMは，企業戦略における経営資源の最適配分を検討するための分析フレームワークである。市場占有率と市場成長率を軸にとり，4象限で分類し，その後の資源配分を決定していく。ただし，それぞれの事業のシナジーは検討されないため，必要な可能性がある負け犬事業も撤退に追い込まれるなどの問題がある。

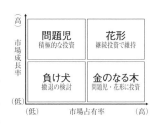

ア：不適切である。前述のとおり事業間のシナジーは検討しないため，製品や市場について相互に関連した統合的な戦略を持つわけではなく，不適切である。

イ：不適切である。「問題児」は，競争優位を獲得するためには資金投資が必要あるため，不適切である。なお，「花形」は，成長市場であり市場シェアを維持するために再投資が必要であるが，その投資額を大きく上回るキャッシュフローはもたらさないことが多い。

ウ：不適切である。前半の「花形」は分野の将来性に大きな魅力があるという点は正しい。ただし後半の，特定の事業に対する集中的な投資の主要な資金供給源にはならないため，不適切である。むしろ花形商品は，成長を期待するため積極的な投資が必要である。もちろん，「負け犬」からの撤退を支えない。

エ：適切である。マーケティングや技術に関するシナジーが考慮されていないのがPPMである。また，外部技術の導入によって規模の経済を達成できれば，優位性は構築可能であるため，適切である。ただし，規模の経済とPPMの関係性は明確ではなく，消去法的に正解だといえる。

オ：不適切である。成長率の鈍化した業界で余剰資金を生むのは，「花形」ではなく，「金のなる木」である。さらに事業の余剰資金の投資先は，「金のなる木」ではなく，「問題児」や「花形」になるため，不適切である。

よって，エが正解である。

第4章　経営資源戦略

PPM	ランク	1回目		2回目		3回目	
	A	/		/		/	

■平成29年度　第2問

　プロダクト・ポートフォリオ・マネジメント（PPM）に関する記述として，最も適切なものはどれか。

　ア　衰退期に入った業界の「金のなる木」事業と「負け犬」事業は可及的速やかに撤退し，成長率の鈍化した業界の「花形商品」事業の再活性化に多くのキャッシュを投入することが重要である。

　イ　成長市場で競争優位の実現を期待できる「問題児」の選択と，競争優位性を期待できないが資金流出の小さい「負け犬」事業の中で市場成長率が低くとも高収益事業を選別することは重要である。

　ウ　プロダクト・ポートフォリオ・マネジメントの考え方では，資金の流入は自社事業の成長率と市場の成長率，資金の流出は自社事業の競争上の地位相対的な市場シェアで決まる。

　エ　プロダクト・ポートフォリオ・マネジメントの考え方は，事業間のマーケティングや技術に関するシナジーを考慮して，複数事業に対して財務面を重視した資金の再配分のガイドラインとなる。

　オ　プロダクト・ポートフォリオ・マネジメントの考え方は，自社技術開発，外部技術の導入，外部資金の再配分により，範囲の経済を達成して競争優位性を構築する業界に適用できる。

97

Ⅰ．経営戦略論

解答	イ

■解説

　プロダクト・ポートフォリオ・マネジメント（PPM）に関する出題である。PPM
は，縦軸に市場成長率，横軸に相対的マーケットシェアをとって，商品のポートフォ
リオを分析していく手法である。

　　ア：不適切である。衰退期に入った業界の「金のなる木」事業は確実にキャッシュを稼いでいく事業であり，迅速に撤退はしないため，不適切である。「負け犬」事業は撤退も視野に入れて検討する必要はあるが，可及的速やかに撤退すべしとは言い切れない。さらに，今後も注力していかねばならない，「花形商品」事業へキャッシュを投入していくことが重要であるため，不適切である。

　　イ：適切である。今後，成長市場で「花形商品」に育てていくための「問題児」の選択は重要である。また，市場成長率も低く，相対的マーケットシェアも低い「負け犬」事業でも高収益が実現できているなら撤退しない選択をしていくこともあるため，適切である。

　　ウ：不適切である。PPMにおいては，資金の流入もしくは流出させるかを決めるのは，縦軸の市場の成長率と，横軸の相対的な市場シェアからであるため，不適切である。

　　エ：不適切である。PPMの一番の弱点は，事業間のマーケティングや技術に関するシナジーを考慮できないことであり，不適切である。

　　オ：不適切である。PPMでは，選択肢エのとおり事業間のシナジーを考慮できない。範囲の経済を検討するには，事業間のシナジー効果について考える必要があるが，PPMでは検討できないため，やはり不適切である。

　よって，イが正解である。

	ランク	1回目	2回目	3回目
PPM	A	／	／	／

■平成28年度　第2問

プロダクト・ポートフォリオ・マネジメントに関する記述として，最も適切なものはどれか。

ア　競争優位性のある「金のなる木」事業は，分野の将来性に大きな魅力はなく，さらなる資金投下には資金効率からの判断が必要である。

イ　市場成長率の高い「花形商品」事業からの大きな余剰資金と「問題児」事業の売却で得た資金は，衰退期に入った業界の「金のなる木」事業に集中的に投入して市場地位を維持することが重要である。

ウ　市場成長率の高い「花形商品」事業の生み出す余剰資金は大きいので，その資金を「問題児」事業に分散して投入を図ることが重要である。

エ　プロダクト・ポートフォリオ・マネジメントでは，事業への資金の投入量は自社の相対的な市場シェアで決まると考える。

オ　プロダクト・ポートフォリオ・マネジメントは，キャッシュフローの観点から企業の事業戦略の方向性を示し，事業間のキャッシュフローのアンバランスを許容している。

Ⅰ．経営戦略論

解答	ア

■解説

　プロダクト・ポートフォリオ・マネジメント（PPM）に関する問題である。成長のために大きな投資を必要とする「問題児」，自社シェアが高く成長率も高いので収入も見込めるが投資も多い「花形商品」，成長率は下がる分，投資は少なくキャッシュを確保できる「金のなる木」，自社シェアも成長率も低い「負け犬」の4象限を確実に押さえておきたい。象限の軸は縦軸が市場成長率，横軸が相対的マーケットシェア（自社のシェア）となる。

　ア：適切である。金のなる木は，市場成長率が低いので分野の将来性の魅力は低い。投資を抑えて着実にキャッシュを稼ぎたい分野であるため，積極的な資金投下は行われず，相対的シェアの維持のための投資になる。つまり，資金効率から判断する必要があるため，適切である。

　イ：不適切である。まず「花形事業」は広告費等の投資が多大にかかることもあり，余剰資金を多くは望めない。さらに，「金のなる木」で得たキャッシュを「問題児」に投入するため，前半部分も後半部分も不適切である。

　ウ：不適切である。花形商品は，収入も大きいが，今後の市場成長率が高いため，他者との競合も激しく，継続的に投資をしていく必要がある。そのため，余剰資金は大きくないため，不適切である。

　エ：不適切である。事業への資金の投入量は，横軸である自社の相対的な市場シェアではなくて，縦軸である市場成長率の観点が必要であり，不適切である。市場成長率の高い，問題児や花形商品に投資することになり，市場成長率の低い，金のなる木や負け犬には多くの投資は行わない。

　オ：不適切である。PPMは，収入と投資の視点でキャッシュフローの観点を持っており，各事業の投資や撤退の方向性は提示されるが，事業戦略自体の方向性（事業ドメインの中身）は提示されないため，不適切である。なお，問題児・花形商品に投資して，金のなる木・負け犬に投資しないといった，事業間のキャッシュフローのアンバランスは許容している。

　よって，アが正解である。

第 4 章　経営資源戦略

	ランク	1回目	2回目	3回目
PPM	A	／	／	／

■平成 27 年度　第 1 問

　プロダクト・ポートフォリオ・マネジメント（PPM）に関する記述として，最も
適切なものはどれか。

　　ア　競争優位性を期待できない「負け犬」事業からの撤退の検討に加え，資金投
　　　　入によって成長市場で競争優位の実現を期待できる「問題児」の選択が重要
　　　　である。

　　イ　競争優位性を期待できない「負け犬」事業からの撤退を進めるのに重要な資
　　　　金供給源は「花形商品」の事業である。

　　ウ　衰退期に入った業界の「花形商品」事業は，徐々に撤退してできるだけ多く
　　　　のキャッシュを生み出させることが重要である。

　　エ　プロダクト・ポートフォリオ・マネジメントの考え方では，資金の流入と流
　　　　出は市場と自社事業との成長率で決まる。

　　オ　プロダクト・ポートフォリオ・マネジメントの考え方は，外部からの資金調
　　　　達を考慮していないが，事業の財務面を重視して事業間のマーケティングや
　　　　技術に関するシナジーを考慮している。

101

Ⅰ．経営戦略論

解答	ア

■解説

　プロダクト・ポートフォリオ・マネジメント（PPM）の問題である。PPM は，ボストン・コンサルティング・グループが 1970 年代に提唱したマネジメント手法である。目的は，経営資源を最適に配分するために，縦軸に市場の成長率，横軸に自社の市場占有率をとったグラフで，問題児，花形，金のなる木，負け犬と事業をプロットし，各事業の方向性や経営資源配分の決定を行う。複数事業の経営判断がしやすい一方で，負け犬であっても，花形製品とシナジーを発揮する製品を区別できないなどの限界も見えている。しかし，1 次試験では継続的に出題されており，確実に押さえておきたい問題である。

　　ア：適切である。すべての事業にはライフサイクルがあり，「花形商品」や「金
　　　　のなる木」も永続できるわけではない。そのため，「問題児」に資金投入し
　　　　て，次の「花形商品」の育成をしていくことが必要である。
　　イ：不適切である。「負け犬」事業からの撤退が必要であるが，資金供給が最も
　　　　必要なのは，「問題児」であり，次の「花形商品」を育成していく必要があ
　　　　る。さらに，「花形商品」は資金流入も大きいが流出も多く資金供給源とは
　　　　なりにくい。「金のなる木」が資金供給源となるため，不適切である。
　　ウ：不適切である。「花形商品」は衰退期ではない。また，多くのキャッシュを
　　　　生み出させることが重要なのは「金のなる木」である。
　　エ：不適切である。PPM は，市場の成長率と自社の市場占有率で分析されるた
　　　　め，自社事業の成長率の視点は含まれず，不適切である。
　　オ：不適切である。外部からの資金調達を考慮しておらず，事業の財務面を重視
　　　　している点は適切である。ただし，前文のとおり，事業間のシナジーを分析
　　　　できないのが，まさに PPM の問題点であるため，不適切である。

　よって，アが正解である。

第 4 章　経営資源戦略

PPM	ランク	1回目	2回目	3回目
	A	／	／	／

■平成 26 年度　第 1 問

　市場の成熟期を迎えた製造業の企業は，これまでの経営戦略を見直し，成熟段階に
ふさわしい戦略をとることが重要になる。成熟期の戦略に関する記述として，最も適
切なものはどれか。

　　ア　買い慣れた顧客が増えて，市場シェアを巡る競争は緩和するので，ブランド
　　　　戦略を追求する。

　　イ　市場での競争が緩和するので，市場シェアの拡大のために生産や販売の分野
　　　　に積極的な追加投資をすることが効果的になる。

　　ウ　市場や技術はほぼ安定するので，競争の重点をコストとサービスに置くよう
　　　　にする。

　　エ　通常，成熟期に向かうにつれて流通業者のマージンが減少し，撤退する流通
　　　　業者が増えるので，製造業企業は強くなった交渉力を活かして流通支配力の
　　　　強化を図る戦略を狙う。

　　オ　転用のきかない経営資産は，帳簿価格が清算価値を上回っていれば売却して
　　　　キャッシュフローの増大を図る。

103

Ⅰ. 経営戦略論

解答	ウ

■解説

　企業のライフサイクルに応じた戦略の問題である。製品や企業にはライフサイクルがあり，導入期，成長期，成熟期，衰退期に区分される。本問は成熟期における戦略が問われた。

　ア：不適切である。成熟期になれば，買い慣れた顧客は増加する。そして市場の成長率は横ばいになる。そのため市場シェアをめぐる争いは緩和されるのではなく，激しくなるため，不適切である。なお，ブランド戦略を追求するのは適切である。製品の機能だけでは差別化できなくなっているので，それ以外の要素で差別化する必要があるためである。

　イ：不適切である。選択肢アでも触れたとおり，市場での競争は緩和するのではなく激化するため，不適切である。また，市場シェアの拡大は図るが，市場全体が低成長であるため，生産や販売の分野への積極的な追加投資は行われないであろう。

　ウ：適切である。成熟期には市場や技術が安定するため，製品そのもので差別化するのは難しくなる。その結果，消費者はコストやサービスを重視するようになり，企業側もコストやサービスに重点を置くようになるため，適切である。

　エ：不適切である。成熟期に向かうにつれて，市場シェアをめぐる争いは激化しマージンは減少する。しかし製造業企業が強くなって流通業者のマージンが減少するとはいえないため不適切である。成熟期で製品の差別化が難しくなれば，短納期や柔軟な配送など製品以外で差別化を図ることがある。こういった場合は流通業のほうが交渉力は強くなりがちである。

　オ：不適切である。売却してキャッシュフローの増大が図れるのは清算価格が帳簿価格を上回っている場合であり，不適切である。また，転用のきかない経営資源は売却が難しいため，簡単にキャッシュフローを上回るのは難しいであろう。

　よって，ウが正解である。

第 4 章 経営資源戦略

PPM	ランク	1回目		2回目		3回目	
	A	/		/		/	

■平成 26 年度　第 3 問

　業績が悪化している事業から撤退すべきであっても，なかなかそれができないのは，撤退を阻む障壁が存在するからである。そのような撤退障壁が生じている状況に関する記述として，最も不適切なものはどれか。

ア　自社の精神ともいうべき事業への創業者や従業員の思い入れが強く，現状で踏ん張らざるをえない。

イ　生産過剰で収益率が悪化しているが，業界秩序を守る協定が存在しているので同業者数に変化はなく，市場競争は平穏である。

ウ　撤退のための社内再配置等のコストがかさむので，撤退の判断が難しくなる。

エ　特定の業種にしか利用できない資産のために清算価値が低く，それを移動したり流用しようとすると，そのためのコスト負担が新たに大きくのしかかる。

オ　不採算に陥っている事業であっても，他の事業との関連性が強いために，撤退すると他の事業の不利益を招き，自社の戦略上の強みを失いかねない。

105

Ⅰ. 経営戦略論

解答	イ

■解説

　撤退障壁の問題である。撤退障壁とは，企業がその事業から撤退するためにクリアしなければならない条件が多くなり，当該分野からの撤退が難しくなることである。クリアしなければならない条件とは，「創業者の意思」「雇用者」「地域」「契約」などが挙げられる。

　　ア：適切である。創業者が，創業時に取り組んで思い入れのある事業の場合，事業の収益性が低下しても，その状況を冷静に見つめることができず，撤退に踏み切れないケースが多いため，適切である。

　　イ：不適切である。当該事業が生産過剰であれば収益率が悪化するであろう。そのため業界秩序を守る協定が存在していても，同業者数に変化がないとは考えにくい。さらに限られたパイの中で収益性が悪化して，参画する事業者数が変わらなければ，市場競争も激化するであろう。そのため不適切である。

　　ウ：適切である。撤退のための社内再配置等のコストがかさむ場合は撤退に踏み切りにくいため，適切である。当該事業から撤退することで，その事業分野の従業員を別部門に配置する必要があり，従業員の説得や，工場の廃止による地元の説得などの障壁が発生する。

　　エ：適切である。設備やノウハウなどが特定の事業にしか活用できないと，設備を売却しても特別損失が発生し，従業員の配置転換では新しく教育する必要がありコスト負担が大きくなる。そのため，撤退する際に清算価値は低くなり，適切である。

　　オ：適切である。当該事業が不採算であっても，他事業との関連がある場合，撤退すると他事業への影響も大きくなるため，撤退が難しくなる。そのため適切である。

　よって，イが正解である。

第4章　経営資源戦略

	ランク	1回目		2回目		3回目	
PPM	A	／		／		／	

■平成 26 年度　第 6 問

　プロダクト・ポートフォリオ・マネジメント（PPM）の考え方に関する記述として，最も適切なものはどれか。

ア　事業単位は他の事業単位と製品や市場について相互に関連した統合的戦略をもち，計画の範囲内で自由に対処する。

イ　資金の流出は市場での競争上の地位で決まると考える。

ウ　資金の流出量を削減して優位性を確保できる「問題児」の選択が重要である。

エ　自社の相対的な市場シェアと自社事業の成長率を基準として事業を分類する。

オ　全社的な資源配分のための論理のひとつとしての位置付けが重要であり，ドメインの定義と併せることで現実的な資源配分の指針となる。

107

Ⅰ．経営戦略論

解答	オ

■解説

PPM（プロダクト・ポートフォリオ・マネジメント）の問題である。PPMとは，ボストン・コンサルティング・グループが考案した事業や製品のポートフォリオを考えるフレームワークである。縦軸に市場成長率，横軸に相対的マーケットシェアを取り，事業や製品を以下の4つに分類する。

・問題児は，市場成長率は高いが，相対的市場占有率が低い事業である。将来的には期待できる事業であるが，成長させるためには資金がかかり，キャッシュフロー上はマイナスとなる。

・花形は，市場成長率・相対的市場占有率ともに高い事業であり，競合の参入が多く，営業や広告費用も多くかかるため，キャッシュフロー上では収入も支出も大きく，大幅な資金獲得は難しい。

・金のなる木は，市場成長率が低く，相対的市場占有率が高い事業である。競合が減少していくため，成長率は低いが，大きなキャッシュフローが獲得できる。

・負け犬は，市場成長率・相対的市場占有率ともに低い事業であり，早期に撤退を検討すべき事業である。

　　ア：不適切である。PPMの問題点は，製品や市場についての関連を分析できないことである。あくまで1つの製品・事業しか分析できないため，不適切である。

　　イ：不適切である。資金の流出は，市場の競争上の地位，相対的市場占有率で決まるわけではない。相対的市場占有率が高い花形事業も資金の流出は多いため，不適切である。

　　ウ：不適切である。問題児は，資金の流出量を削減するのではなく，相対的市場占有率を高めることが必要なため，むしろ資金の流出量は多くなる。そのため，不適切である。

　　エ：不適切である。自社の相対的な市場シェアと，市場成長率で事業を分類するため，不適切である。

　　オ：適切である。選択肢アの裏返しとなるが，全社的な資源配分の検討のためには，事業の位置付けや，ドメインの定義と併せて行うことが重要となる。

　よって，オが正解である。

第4章　経営資源戦略

PPM	ランク	1回目		2回目		3回目	
	A	／		／		／	

■平成25年度　第2問

　プロダクト・ポートフォリオ・マネジメントに関する記述として，最も適切なものはどれか。

　　ア　「金のなる木」の事業や資金流出の小さい「負け犬」事業の中には市場成長率が低くとも高収益事業がある。

　　イ　投資家の注目を集める「花形製品」の事業は，マーケットシェアの維持に要する再投資を上回るキャッシュフローをもたらし，「負け犬」事業からの撤退を支える。

　　ウ　プロダクト・ポートフォリオ・マネジメントの考え方は，外部からの技術導入と資金調達とによる規模の経済の達成で優位性を構築する業界にも適用できる。

　　エ　プロダクト・ポートフォリオ・マネジメントの考え方は，製品市場の定義とはかかわりなく，相対的なマーケットシェアが小さくとも大きなキャッシュフローを生み出すケースにも適用できる。

109

Ⅰ. 経営戦略論

解答	ア

■**解説**

PPM（Product Portfolio Management）の問題である。PPM は経営資源を最適に配分することを目的として，ボストン・コンサルティング・グループが 1970 年代に提唱したマネジメント手法である。図表の縦軸に市場成長率を，横軸に相対的マーケットシェア（市場占有率）を置いて，現在の自社の事業や商品・サービスが図のどこに位置するかを分析して，その結果をもとに，各事業の方向性と経営資源配分の重み付けを行うものである。

ア：適切である。「金のなる木」や「負け犬」は市場成長率が低い象限である。その中で「金のなる木」は相対的マーケットシェアが高く，高収益事業となる。一方で，「負け犬」事業はシェアが低いため，大きな売上を得ることは難しいが，多くの投資は必要が無いため利益率を高く確保することは可能な場合もある。

イ：不適切である。「花形製品」は投資家の注目を集める。しかし競合も激しく，マーケット拡大のためのキャッシュフローの流出は大きい。そのため，「負け犬」事業の分までのキャッシュを確保できるとはいえないため，不適切である。これは「金のなる木」の役割である。

ウ：不適切である。PPM は多く作れば安く作れるという経験曲線効果が前提である。企業内部での経験が企業の効率的な運営に寄与し，規模の経済性を発揮する。そのため，外部からの資金調達によって規模の経済を達成するという概念は含まれていないため，不適切である。

エ：不適切である。PPM ではマーケットシェアが小さい場合は「問題児」か「負け犬」の象限に位置づけられる。選択肢エのようなマーケットシェアが小さいが大きなキャッシュフローを生むようなケースには対応できないため，不適切である。

よって，アが正解である。

110

第4章　経営資源戦略

	ランク	1回目		2回目		3回目	
PPM	A	／		／		／	

■平成 24 年度　第 7 問

　戦略事業単位とプロダクト・ポートフォリオ・マトリックスに関する記述として，最も適切なものはどれか。

　　ア　資金の投入によって成長市場で競争優位の実現を期待できる「金のなる木」の選択は重要であり，競争優位性を期待できない「負け犬」事業からは事業担当者へのインセンティブを考慮して撤退を検討する必要がある。

　　イ　戦略事業単位の責任者は，当該事業の成功に必須の技術，製造，マーケティングに関して，計画の範囲内で自由に対処できる。

　　ウ　「花形商品」の事業は，「負け犬」ではなく「問題児」の中の特定の事業に対する集中的な投資の主要な資金供給源として重要である。

　　エ　プロダクト・ポートフォリオ・マトリックスの考え方は，外部からの資金調達を考慮して低コスト戦略を重視している。

　　オ　プロダクト・ポートフォリオ・マトリックスの考え方は，主として事業の財務面だけではなく，事業間のマーケティングや技術に関するシナジーも重視している。

111

Ⅰ．経営戦略論

解答	イ

■**解説**

PPM（プロダクト・ポートフォリオ・マトリックス）に関する出題である。

ア：不適切である。資金の投入によって成長市場で競争優位を実現できるのは，「問題児」である。「金のなる木」は，既に成長市場ではない。

イ：適切である。戦略事業単位（SBU：Strategic Business Unit）は，戦略を策定するための組織区分で，機能別の事業部や，市場別の事業部といった組織区分にかかわらず編成される。つまり，個別の事業を成功させるために，既存の組織の壁を超えて，必須の技術，製造，マーケティングに関して，計画の範囲内で自由に実施できる権限を与えられている。

ウ：不適切である。「問題児」の中の特定事業に対する集中的な投資の主要な資金供給源としては，「花形商品」ではなくて，「金のなる木」である。

エ：不適切である。外部からというのが誤りである。PPMでは，企業の内部でポートフォリオを形成し，「金のなる木」から「問題児」に資金調達の流れを作っていくことである。

オ：不適切である。PPMでは，事業の財務面を重視しており，事業間のマーケティングや技術に関するシナジーは考慮されないことが多い。

よって，イが正解である。

第 5 章

競争戦略

第5章 競争戦略

▶▶出題項目のポイント

業界構造の分析，競争回避の戦略，競争優位の戦略が問われる。業界構造分析では何といっても５フォースモデルによる５つの競争要因を理解しておく必要がある。

次に，競争回避の戦略では，障壁（参入障壁，移動障壁）の種類や，どうやって障壁を構築していくかについて把握しておく必要がある。

そして，競争優位の戦略では，ポーターの競争戦略（差別化，コストリーダーシップ，集中戦略），バリューチェーン，競争地位別戦略（リーダー，チャレンジャー，フォロワー，ニッチャー）のそれぞれの戦略の特徴とどういった優位性があるのか把握しておきたい。

いずれにしても，知識問題より，業界動向や，読解力，論理力をフル活動して対応していく必要がある範囲である。

▶▶出題の傾向と勉強の方向性

毎年３問前後が出題される競争戦略は，企業経営理論の戦略パートの前半の山場といってよいだろう。科目をまたぐような多種多様な問題が出題されている。たとえば，平成23年度の第５問では，経済学でよく出題されている情報の非対称性が出題された。また，単純な知識確認の問題は少なくなり，問題文や選択肢を読み解いて判断することが必要な問題が中心である。また平成27年度は，タイムベース戦略が出題されたが，事業展開におけるスピードの重要性は年々高まっており，こうした世相を反映するものであろう。平成28年度は競争戦略から４問も出題されており，どんな問題が来ても対応できるようにしておきたい範囲である。ただし，令和に入っても５フォース分析が出題されており，王道な出題範囲の問題も継続的に出されている。

一方で，各業界に関する事例の問題も多い。業界動向など，常に高いアンテナを張って，収集する必要がある。しかし，個別業界の細かい内容まで把握するのは現実的に難しい。そういったときは，業界知識問題として捉えるのではなく，問題文をじっくり読み解いていきたい。また，各選択肢だけで適・不適を見極めるのが難しい問題が増加しているので，選択肢に入る前の冒頭の問題文の制約を読み落とさないように，慎重に対処してほしい。

115

Ⅰ. 経営戦略論

■取組状況チェックリスト

1. 競争要因分析

問題番号	ランク	1回目		2回目		3回目	
令和元年度 第6問	A	/		/		/	
平成30年度 第5問	A	/		/		/	
平成30年度 第6問	A	/		/		/	
平成28年度 第8問	A	/		/		/	
平成27年度 第4問	A	/		/		/	
平成26年度 第2問	A	/		/		/	
平成25年度 第6問（設問1）	A	/		/		/	
平成25年度 第6問（設問2）	A	/		/		/	
平成24年度 第5問	A	/		/		/	
平成24年度 第6問	A	/		/		/	
平成23年度 第4問	A	/		/		/	
平成23年度 第8問	A	/		/		/	
平成22年度 第2問	A	/		/		/	
平成22年度 第9問	A	/		/		/	
平成22年度 第10問	A	/		/		/	

2. 競争優位の戦略

問題番号	ランク	1回目		2回目		3回目	
令和元年度 第4問	A	/		/		/	
平成30年度 第12問	A	/		/		/	
平成29年度 第7問	A	/		/		/	
平成28年度 第5問	A	/		/		/	
平成28年度 第6問	A	/		/		/	
平成28年度 第7問	A	/		/		/	
平成27年度 第5問	A	/		/		/	
平成23年度 第5問	A	/		/		/	
平成23年度 第6問	A	/		/		/	

第5章　競争戦略

業界の構造分析	ランク	1回目		2回目		3回目	
	A	／		／		／	

■令和元年度　第6問

「業界の構造分析」の枠組みに基づいて想定される，既存企業間での対抗度に関する予測として，最も適切なものはどれか。

ア　業界の成長率が高いと，製品市場での競合が激化して，業界全体の潜在的な収益性は低くなる。

イ　顧客側で生じるスイッチングコストが高い業界では，製品市場での競合が緩和されて，業界全体の潜在的な収益性は高くなる。

ウ　固定費が高い業界では，製品市場での競合が緩和されて，業界全体の潜在的な収益性は高くなる。

エ　事業戦略の方向性という点で，多様なバックグラウンドを有する企業が事業を展開する業界では，製品市場での競合が緩和されて，業界全体の潜在的な収益性は高くなる。

オ　退出障壁が高いと，製品市場での競合が緩和されて，業界全体の潜在的な収益性は高くなる。

117

Ⅰ. 経営戦略論

解答	イ

■**解説**

　業界の構造分析に関する出題である。業界の構造分析といえば，まずはマイケル・ポーターの「5フォース分析」であろう。5つの競争要因として，「新規参入の脅威」「既存競争業者の間の敵対関係の強さ」「代替製品からの圧力」「買い手の交渉力」「売り手の交渉力」が挙げられる。本設問は，その中の，「既存競争業者の間の敵対関係の強さ」について問われている。

ア：不適切である。製品市場での競合が激化して，業界全体の潜在的な収益性が低くなるのは，業界の成長率が<u>低い</u>場合であり，不適切である。

イ：適切である。顧客のスイッチングコストが高いということは，顧客は他社の製品へ簡単に切り替えられないことになる。そのため，製品市場での競合が緩和され，業界全体の潜在的な収益性は高くなり，適切である。

ウ：不適切である。固定費が高い業界では，固定費を回収するために販売数を増やしていく必要がある。販売数量が増加すると，製品1個当たりの原価が低減するためである。そのため，固定費の高い業界の製品市場の競合はむしろ激化し，業界全体の収益性は<u>低く</u>なりがちなため，不適切である。

エ：不適切である。多様なバックグラウンドを有する企業が事業を展開する業界では，さまざまな事業戦略が展開され，革新的な企業が登場することが多い。たとえばキャッシュレス業界では，金融，IT，通信業と多様なバックグラウンドの事業が参入し，熾烈な戦いを繰り広げている。そのため，競合はむしろ活性化され，潜在的な収益性も<u>低く</u>なりがちであるため，不適切である。

オ：不適切である。退出障壁が高いというのは，すでに投資した設備が他の事業への流用が難しく，該当業界でがんばり続けるしかない状態である。そのため，製品市場の競合はむしろ活性化され，潜在的な収益性も<u>低く</u>なるため，不適切である。

　よって，イが正解である。

第 5 章　競争戦略

業界の構造分析	ランク	1回目	2回目	3回目
	A	／	／	／

■平成 30 年度　第 5 問

マイケル・ポーターによる業界の構造分析に関する記述として，最も適切なものは
どれか。

　ア　価値連鎖（バリューチェーン）を構成する設計，製造，販売，流通，支援サ
　　　ービスなどの諸活動において規模の経済が働くかどうかは，その業界構造を
　　　決定する要因であり，多数乱戦（市場分散型）業界では，すべての諸活動に
　　　おいて規模の経済性が欠如している。

　イ　継続的に売り上げが減少している衰退業界においては，できるだけ早く投資
　　　を回収して撤退する戦略の他に，縮小した業界においてリーダーの地位を確
　　　保することも重要な戦略の 1 つである。

　ウ　成熟業界においては，新製品開発の可能性が少なく，成長が鈍化するために，
　　　多くの企業は，プロセス革新や現行製品の改良に力を入れるようになり，企
　　　業間のシェア争いは緩やかになる。

　エ　多数乱戦（市場分散型）業界は，ニーズが多様であること，人手によるサー
　　　ビスが中心であることが特徴なので，集約・統合戦略は，この業界には適さ
　　　ない戦略である。

119

Ⅰ．経営戦略論

解答	イ

■解説

　業界の構造分析に関する出題である。業界構造の分析では，マイケル・ポーターの5フォース分析（新規参入の脅威，既存競争業者の間の敵対関係の強さ，代替製品からの圧力，買い手の交渉力，売り手の交渉力）や，バリューチェーンが代表的な手法である。本設問では，成熟や衰退といった企業のライフサイクルに応じた視点や，市場の集約や分散といった視点が求められている。

ア：不適切である。市場分散型の業界とは，多数の中小企業が参入している状態のため，どのプレイヤーも規模の経済性が欠如しがちになるだろう。しかし，すべての諸活動において規模の経済性が欠如しているとはいえないため，不適切である。たとえば，多数乱戦の業界でも，多数の独立した小売事業者が連携・組織化しボランタリーチェーンを組んで，仕入れを共通化して規模の経済性の発揮を狙う場合が考えられる。なお，前半部分の業界構造の決定要因になるというのは適切である。

イ：適切である。選択肢のとおりである。衰退する業界からは撤退する同業が相次ぐため，そういった同業を買収して，縮小した業界でリーダーの地位を確保できれば，競合はほとんど存在せず，残存者利益で，事業が維持できる可能性がある。

ウ：不適切である。成熟業界では，新製品が生まれず，小手先の改良が中心になり，製品がより差別化できなくなる。結果として企業間のシェア争いは激化するため，不適切である。

エ：不適切である。選択肢アと同様の設問である。市場分散型の業界では，ニーズが多様で，人手によるサービス業であるため，確かに集約・統合戦略は取りづらい。ただし，その中で集約・統合に成功し，規模の経済を発揮している場合もあるため，不適切である。飲食やサービス業でも，フランチャイズによって規模の経済効果による成功を収めている事例も存在する。

　よって，イが正解である。

第5章　競争戦略

価値連鎖 （バリューチェーン）	ランク	1回目	2回目	3回目
	A	／	／	／

■平成 30 年度　第 6 問

　価値連鎖（バリューチェーン）のどれだけの活動を自社の中で行うかが，その企業
の垂直統合度を決めると言われている。自社の中で行う活動の数が多いほど，垂直統
合度が高く，その数が少ないほど垂直統合度が低いとした場合，ある部品メーカー
A 社が垂直統合度を高める理由として，最も適切なものはどれか。

　　ア　A 社の部品を使って完成品を製造している企業は多数存在しているが，い
　　　　ずれの企業も A 社の部品を仕入れることができないと，それぞれの完成品
　　　　を製造できない。

　　イ　A 社の部品を作るために必要な原材料については，優良な販売先が多数存
　　　　在しており，それらの企業から品質の良い原材料を低コストで仕入れること
　　　　が容易である。

　　ウ　A 社の部品を作るために必要な原材料を製造しているメーカーは，その原
　　　　材料を A 社以外に販売することはできない。

　　エ　A 社の部品を作るために必要な原材料を製造しているメーカーが少数であ
　　　　り，環境変化により，A 社はこれらの原材料の入手が困難となる。

　　オ　A 社は，A 社の部品を作るために必要な原材料を製造しているメーカーと
　　　　の間で，将来起こりうるすべての事態を想定し，かつそれらの事態に対して
　　　　A 社が不利にならないようなすべての条件を網羅した契約を交わすことが
　　　　できる。

Ⅰ．経営戦略論

解答	エ

■解説

　価値連鎖（バリューチェーン）に関する出題で，Ａ社が垂直統合度を高める理由が問われている。垂直統合とは，サプライチェーンの異なる段階の企業が統合して，業務内容を拡張することである。メーカーが販売チャネルを買収する「前方垂直統合」や，製品やサービスの最終顧客と遠ざかる方向に進む場合の「後方垂直統合」がある。

ア：不適切である。Ａ社の部品を使う企業は多数存在し，Ａ社の経営は安定している。そんな中，あえて垂直統合し完成品製造に進出しても既存のお客様と競合し，逆効果になる可能性が高く，不適切である。

イ：不適切である。正解選択肢エと逆の内容である。原材料の仕入先が多数あり，安定しているため，仕入の機能を内製化する必要はないだろう。そのためＡ社で垂直統合する必要はなく，不適切である。

ウ：不適切である。原材料メーカーとしては販売先がＡ社しかなく，経営の安定性に疑問が残るため，新しく販路を開拓したり，垂直統合を検討することも必要であろう。一方でＡ社は，原材料メーカーが他にないわけでもないため，安定して仕入れることができ，垂直統合に踏み出す必要性は低いため，不適切である。

エ：適切である。原材料を製造しているメーカーが少数であり，もしこのメーカーがなくなると，Ａ社の経営に大きな影響を与えるため，垂直統合して，原材料の製造を始め，仕入の安定化を図ることは十分に考えられ，適切である。

オ：不適切である。Ａ社は契約上のリスクを洗い出し原材料メーカーとの間で有利な契約を結んでいると考えられる。そのため，安定的な仕入が実現可能であり，垂直統合に踏み出す必要性は低いため，不適切である。

　よって，エが正解である。

第 5 章　競争戦略

バリュー・チェーン	ランク	1回目		2回目		3回目	
	A	／		／		／	

■平成 28 年度　第 8 問

　競争優位の源泉を分析するには，バリュー・チェーン（価値連鎖）という概念が有効である。バリュー・チェーンに関する記述として，最も適切なものはどれか。

　　ア　差別化の効果は，買い手が認める価値と，自社のバリュー・チェーンのなかで作り出した特異性を生み出すためのコストが同水準になった時に最大化する。

　　イ　バリュー・チェーン内で付加価値を生み出していない価値活動に関して，アウトソーシングなどによって外部企業に依存する場合，企業の競争力を弱めてしまう。

　　ウ　バリュー・チェーンの各々の価値活動とともに，それらの結び付き方は，企業の独特な経営資源やケイパビリティとして認識することができる。

　　エ　バリュー・チェーンの全体から生み出される付加価値は，個別の価値活動がそれぞれ生み出す付加価値の総和であり，各価値活動の部分最適化を図っていくことが，収益性を高める。

123

Ⅰ．経営戦略論

解答	ウ

■解説

　バリュー・チェーンに関する問題である。バリュー・チェーンは，原材料の調達か
ら製品・サービスが顧客に届くまでの企業活動を，一連の価値（バリュー）の連鎖
（チェーン）としてとらえる考え方である。企業の活動が最終的な価値にどのように
貢献するのかを検討するのに利用される。

　　ア：不適切である。買い手の価値と，バリュー・チェーンのコストが同じ場合は，
　　　　その製品は価値相当とみなされるため，差別化効果が最大化するとはいえな
　　　　いため，不適切である。買い手の価値がコストより大きくなる場合に，買い
　　　　手は差別化の効果を感じることになる。

　　イ：不適切である。バリュー・チェーン内で付加価値を生み出していない業務は，
　　　　むしろ積極的に外部企業にアウトソーシングすべき分野といえる。逆に，バ
　　　　リュー・チェーンで付加価値を生み出している分野をアウトソーシングする
　　　　と，企業の競争力を弱めてしまうため，不適切である。

　　ウ：適切である。ケイパビリティとは，企業が全体として持つ組織的な能力であ
　　　　る。選択肢エのように，各価値活動の個別最適ではなく，価値活動の結びつ
　　　　きによって全体最適を図る必要がある。つまり価値活動の結びつき方こそが，
　　　　企業の独特な経営資源やケイパビリティと認識できるため，適切である。

　　エ：不適切である。個別の価値活動の総和と，バリュー・チェーンの全体から生
　　　　み出される価値活動とイコールであれば，バリュー・チェーンの全体最適化
　　　　が図れていないといえる。各活動の部分最適を図るのではなく，バリュー・
　　　　チェーンの全体最適を図ることが必要なため，不適切である。

　よって，ウが正解である。

124

第 5 章　競争戦略

競争要因分析	ランク	1回目		2回目		3回目	
	A	／		／		／	

■平成 27 年度　第 4 問

　自社の仕入先および顧客に対する交渉力に関する記述として，最も適切なものはどれか。

　　ア　今まで仕入先から調達していた部品の内製の割合を高めていく場合は，自社の仕入先に対する交渉力は弱くなる。

　　イ　希少価値の高い原材料を仕入れている場合は，自社の仕入先に対する交渉力は強くなる。

　　ウ　顧客が他社製品へ乗り換える際に多大なコストが発生する場合は，自社の顧客に対する交渉力は強くなる。

　　エ　仕入先の売上高に占める自社の割合が高い場合は，自社の交渉力は弱くなる。

　　オ　自社が顧客の意思決定を左右できるような場合は，仕入先に対する交渉力は弱くなる。

125

Ⅰ．経営戦略論

解答	ウ

■解説

　5フォース分析の「売り手」や「買い手」に対する交渉力の問題である。5フォース分析は，業界の収益性を決める5つの競争要因から，業界の構造分析をおこなう手法で，「供給企業の交渉力」「買い手の交渉力」「競争企業間の敵対関係」という3つの内的要因と，「新規参入業者の脅威」「代替品の脅威」の2つの外的要因，合計5つの要因から業界全体の魅力度を測るものである。

　　ア：不適切である。内製品を増やすということは，仕入先から調達する部品を減らそうとするため，その際の仕入先に対する買い手の交渉力は強くなり，不適切である。なお，仕入量自体が，仕入先の売上の大半を占めるような場合も，常に買い手の交渉力が強い状態になりがちである。

　　イ：不適切である。希少価値の高い原材料を保有している仕入先は，代わりの仕入先が少ないため，自社の仕入先に対する交渉力は弱くなるため，不適切である。

　　ウ：適切である。顧客が他社製品へ乗り換える際に多大なコストが発生する場合は，顧客は他社製品への乗り換えを望まないであろう。そのため，自社の顧客に対する交渉力は強くなり，適切である。

　　エ：不適切である。仕入先の売上高に占める自社の割合が高い場合に，仕入先は自社との関係が悪化すると大幅に売上が減少するリスクがある。その結果，仕入先の交渉力が弱くなり，自社の交渉力は強くなるため，不適切である。

　　オ：不適切である。自社が顧客の意思決定を左右できるような場合とは，自社の製品力が強かったり，製品の希少性が高かったりする場合が考えられる。そうすると，この製品分野では自社の影響力が高く，仕入先の交渉力は弱くなりがちで，自社の交渉力は強くなるため，不適切である。

　よって，ウが正解である。

第 5 章　競争戦略

競争要因分析	ランク	1 回目		2 回目		3 回目	
	A	／		／		／	

■平成 26 年度　第 2 問

　産業内で他社との競争状態に影響を及ぼす要因に関する記述として，最も適切なものはどれか。

　　ア　企業数とともに産業内で企業の規模がどのように分布しているかは，企業間の競争と利益に影響を与える。

　　イ　企業の固定費や在庫費が高ければ，供給量の増加に伴う追加費用も相対的に大きく，競争は緩和しやすい。

　　ウ　産業からの撤退にあたって何らかの障害があれば，産業の成長が鈍化しても競争は緩和しやすい。

　　エ　漸進的な生産能力の拡張ができない場合には，生産設備の増強によって一時的に競争は緩和しやすい。

127

Ⅰ．経営戦略論

解答	ア

■解説

　競争要因分析の問題である。競争要因分析の手法として，マイケル・ポーターの5フォースモデルが挙げられる。5つの要因とは，競合を「新規参入業者」「代替品」「供給業者」「買い手」「競争業者」に分類するものである。本問では，業界内の競争業者の要因を分析するものである。業界内で競争が激しくなる業界の特徴としては，「同業者が多い」「成長の速度が遅い」「高コスト構造」「差別化しにくい」「生産能力の拡大が容易」「戦略のバラエティが豊富」「戦略と成果の因果関係が大きい」「撤退コストが大きい」などが挙げられる。

ア：適切である。前文のとおり，「同業者が多い」場合は，競争が激化する。つまり，企業数や産業内で企業の規模の分布は直接的に，企業間の競争と利益に影響するため，適切である。

イ：不適切である。企業の固定費が高ければ，供給量の増加に伴う追加費用は相対的に小さくなる。また，固定費が高ければ，固定費回収のために，競争は激化しやすい。さらに在庫費が高ければ，在庫を大量に保有したくないため，少しでも早く売ってしまおうと競争が激化しやすいであろう。そのため不適切である。

ウ：不適切である。産業からの撤退にあたって何らかの障害がある，すなわち撤退障壁がある場合，産業の成長が鈍化しても，企業は撤退するに撤退できない。そのため，競争が緩和するとはいえず，不適切である。

エ：不適切である。漸進的とは，順を追って徐々に目的を実現しようとすることである。斬新的な生産能力の拡張とは，需要の拡大に応じて徐々に生産能力を拡張することである。これができないということは柔軟な生産設備の増強ができないということであり，どうしても事前に過大な設備投資を行いがちになる。その結果，競争は激化しやすいため，不適切である。

　よって，アが正解である。

第5章　競争戦略

競争要因分析	ランク	1回目	2回目	3回目
	A	/	/	/

■平成 25 年度　第 6 問（設問 1）

次の文章を読んで，下記の設問に答えよ。

　①企業の価値連鎖の中の活動にどこまで携わるかによって，垂直統合の程度は異なる。垂直統合は，企業が経済的な取引を管理・統治する重要な方法であるが，企業によっては活用可能な管理・統治のための選択肢のひとつにすぎない。

　企業が経済的な取引を管理する際に実施する統治選択（governance choice）についてはオプションを持っているのが通常である。その内容を垂直統合か非垂直統合かによって大きく2つに分けた場合，非垂直統合による管理・統治の方法は，さらに逐次契約（sequential contracting），②完備契約（complete contingent claims contracts），スポット市場契約（spot-market contract）などに分類できる。

（設問 1）

　文中の下線部①に関する記述として，最も適切なものはどれか。

　　ア　企業が価値連鎖の中で携わる活動の数は一定で安定する必要があるが，価値連鎖上で高付加価値を生み出している活動は垂直統合に適している。

　　イ　企業が価値連鎖の中で携わる活動の数は一定で安定する必要があるが，清涼飲料水の生産者が独立したフランチャイジーだったボトラーと戦略的な提携を始めるように前方垂直統合を行う例もある。

　　ウ　企業が価値連鎖の中で携わる活動の数はその増減から垂直統合度は推測できないが，価値連鎖で統合されている活動に関する情報開示があれば垂直統合度のおおよその見当はつく。

　　エ　自社の境界外に当該事業にかかわる価値創出活動の多くを出している企業は売上高付加価値率が低く，垂直統合度は低いレベルにある。

129

Ⅰ．経営戦略論

解答	エ

■解説

　価値連鎖の問題である。価値連鎖は，製造業者において製品が消費者に届くまでの
付加価値を生み出す連続したプロセスのことで，バリューチェーンと呼ばれる。

　ア：不適切である。垂直統合は，自社の製品やサービスを市場に供給するための
　　　サプライチェーンに沿って，付加価値の源泉となる工程を企業グループ内で
　　　連携して，特定事業ドメインの上流から下流までを統合して競争力を強める
　　　ビジネスモデルのことである。そのため，価値連鎖上で高付加価値を生み出
　　　している活動は垂直統合に適しているといえる。しかし，価値連鎖の中で携
　　　わる活動の数が一定で安定する必要はない。高付加価値であれば活動数を増
　　　やしていくべきケースもあるため，不適切である。

　イ：不適切である。選択肢アと同じく，一定で安定する必要はないため，不適切
　　　である。なお，前方統合とは，川下を統合させ，チャネルを確保することで，
　　　コカ・コーラなどで見られる形態である。

　ウ：不適切である。企業が価値連鎖の中で携わる活動の数は，情報開示されてい
　　　れば把握できるし，開示がなくとも，価値連鎖において関連する企業などか
　　　ら推測することは可能であろう。そのため，推測できないという点が不適切
　　　である。

　エ：適切である。自社の境界外に当該事業にかかわる価値創出活動の多くを出し
　　　ている企業とは，自ら付加価値を生み出している量が少ない，つまり売上高
　　　付加価値率は低いといえる。また，選択肢アのように，価値連鎖上で高付加
　　　価値を生み出している活動は垂直統合に適しているといえるので，付加価値
　　　が低いということは垂直統合度が低いレベルであるといえる。

　よって，エが正解である。

第5章　競争戦略

競争要因分析	ランク	1回目		2回目		3回目	
	A	／		／		／	

■平成 25 年度　第 6 問（設問 2）
　次の文章を読んで，下記の設問に答えよ。

　①企業の価値連鎖の中の活動にどこまで携わるかによって，垂直統合の程度は異なる。垂直統合は，企業が経済的な取引を管理・統治する重要な方法であるが，企業によっては活用可能な管理・統治のための選択肢のひとつにすぎない。

　企業が経済的な取引を管理する際に実施する統治選択（governance choice）についてはオプションを持っているのが通常である。その内容を垂直統合か非垂直統合かによって大きく 2 つに分けた場合，非垂直統合による管理・統治の方法は，さらに逐次契約（sequential contracting），②完備契約（complete contingent claims contracts），スポット市場契約（spot-market contract）などに分類できる。

（設問 2）
　文中の下線部②の完備契約とスポット市場契約に関する記述として，最も適切なものはどれか。

　　ア　完備契約は，契約履行の詳細なモニタリングと，取引主体が契約上の義務を果たさない場合に法的な制裁が科されるという脅威で機会主義をコントロールできる。

　　イ　完備契約は，取引主体の権利と義務を詳細に特定している契約であるが，取引において将来いくつかの異なる展開を示す可能性は想定していない。

　　ウ　スポット市場契約では，複雑な契約書の作成や履行は必要がなく，多数の買い手と売り手が存在すれば機会主義の脅威が小さくなる。

　　エ　スポット市場契約は，市場で取引される製品やサービスの品質確認に大きなコストをかければ，機会主義的な行動の脅威は小さくなる。

　　オ　スポット市場契約は，市場で取引される製品やサービスの品質が低いコストで保証され，取引の相手が限られている場合には経済的な取引を管理・統治する適切な方法である。

131

Ⅰ．経営戦略論

解答	ア

■解説

非垂直統合における，完備契約とスポット市場契約の問題である。

ア：適切である。完備契約とは，取引を通してすべての起こりうる事象を予測して，各々の場合の当事者の権利と義務をすべて取り決めるもので，成立には厳しい条件がある。そのため契約履行に向けての詳細なモニタリングの実施や，契約上の義務を果たさない場合の制裁などを取り決めておくことでコントロールする。

イ：不適切である。完備契約は，選択肢アのとおり，取引を通してすべての起こりうる事象を予測する。つまり，取引において将来いくつかの異なる展開を示す可能性は想定するため，不適切である。

ウ：不適切である。スポットは現物，現場などを意味する。つまり，スポット市場契約とは，将来の一定の時期に売買対象となる商品の受渡しをする先物市場に対し，売買契約と同時に現物の受渡しをする市場をいう。そのためスポット市場契約が有効になるのは，市場が完全な競争状態の場合である。そして完全な競争市場では品質確認に大きなコストをかけなくても済むため，不適切である。

エ：不適切である。選択肢ウと同様に，品質確認に大きなコストはかけなくても済む市場で，つまり完全市場に近い市場でスポット市場契約は有効なため，不適切である。

オ：不適切である。選択肢ウと同様に，スポット市場契約は完全な競争市場で有効なため，取引相手が限られているというのが，不適切である。

よって，アが正解である。

第5章　競争戦略

競争要因分析	ランク	1回目		2回目		3回目	
	A	/		/		/	

■平成 24 年度　第 5 問

　差別化戦略は競争者に対抗するための基本的戦略の 1 つである。商品の属性と製品差別化に関する記述として，最も不適切なものはどれか。

　ア　売り手の信用をもとに安全性を確認するような信用的な属性については，物理的な差異による製品差別化よりも広告や宣伝活動による製品差別化が有効である。

　イ　購入前に調べてみれば分かるような探索的な属性については，広告や宣伝活動による製品差別化よりも物理的な差異による製品差別化が有効である。

　ウ　実際の消費経験から判断できるような経験的な属性については，物理的な差異による製品差別化よりも広告や宣伝活動による製品差別化が有効である。

　エ　製品差別化は特定の売り手の製品に関する買い手の主観的な判断をベースとしている。

133

Ⅰ．経営戦略論

解答	ウ

■解説

商品の属性と製品差別化戦略に関する出題である。

経済学の範囲になるが，消費者と企業の間で取引される財の質に関する情報量の違いは，情報の非対称性と呼ばれる。この非対称性の度合いに応じて，財は探索財（search goods），経験財（experience goods），そして信用財（credence goods）に分類される。

ア：適切である。売り手の信用をもとに安全性を確認するような信用的な属性の商品は，「信用財」である。信用財は，消費者は商品価値を判断する基準を商品では持てず，提供業者を信用できるかどうかで判断する。そのため，提供業者自体の広告や宣伝活動による差別化が有効である。

イ：適切である。購入前に調べてみればわかるような探索的属性を持つのは，「探索財」である。探索財は，消費者自身が購入前に商品の物理的差異を把握できるため，広告や宣伝活動にコストをかけるより，物理的な製品の価値を上げ，差別化を図っていくことが重要である。

ウ：不適切である。実際の消費経験から判断できるような経験的な属性のある商品は，「経験財」と呼ばれる。経験しないと物理的差異は判断できないので，物理的差異による差別化を行うより，無料体験や，サンプルの提供などに注力するのが有効である。広告，宣伝活動だけでは経験をさせられないので不適切である。

エ：適切である。製品差別化は売り手側の判断ではなく，消費者である買い手側の主観的な判断が重要である。

よって，ウが正解である。

第5章　競争戦略

競争要因分析	ランク	1回目	2回目	3回目
	A	／	／	／

■平成24年度　第6問

　企業は自社の業界における相対的な地位を踏まえて競争戦略を展開することが重要である。そのような競争戦略に関する記述として，最も適切なものはどれか。

　　ア　チャレンジャーは，リーダーの高い技術力が生み出した差別化された製品と同質な製品を販売し，リーダーの差別化効果を無効にすることを狙うべきである。

　　イ　ニッチャーは特定の市場セグメントで独自性を発揮できる戦略を遂行して，強い市場支配力を狙うことが必要である。

　　ウ　フォロワーは特定市場でリーダーの製品を模倣しつつ，非価格競争によって収益をあげることが基本戦略になる。

　　エ　ライバル企業に比べて技術力や生産能力に劣るニッチャーの場合，価格競争に重点をおいた販売戦略を幅広い市場で展開することが重要になる。

　　オ　リーダーは周辺の需要を拡大することによって，売り上げの増加や市場シェアの拡大を図ることができるが，その反面で新製品の投入を遅らせてしまうことになる。

135

Ⅰ. 経営戦略論

解答	イ

■解説

　競争地位別戦略に関する出題である。

　競争地位別戦略は，マーケットシェアの観点から企業を４つに類型化し（リーダー，チャレンジャー，フォロワー，ニッチャー），競争地位に応じた戦略目標を提示するものである。

　　ア：不適切である。同質な製品を提供して，チャレンジャーの特徴をなくしてしまうのが，リーダーの同質化戦略である。

　　イ：適切である。ニッチャーは特定の市場セグメントで独自性を発揮し，該当市場ではリーダーとして市場を支配する戦略である。

　　ウ：不適切である。フォロワーはリーダーの製品を模倣しつつ，低価格競争を行う企業である。

　　エ：不適切である。ニッチャーは，自社にとって有利な限定された市場で，非価格の競争を行う企業である。

　　オ：不適切である。前半部分は，周辺需要拡大の戦略を採っておりリーダーの戦略として適切であるが，周辺需要をとることは，必ずしも新製品の投入を遅らせることにつながるとは限らない。

　よって，イが正解である。

136

第 5 章　競争戦略

競争要因分析	ランク	1回目	2回目	3回目
	A	／	／	／

■平成 23 年度　第 4 問

　企業は環境の競争要因を分析して適切な戦略行動をとろうとする。その際の環境分析について考慮すべき点の記述として，最も不適切なものはどれか。

ア　コストに占める固定費の比率が高い製品の場合，企業は生産能力を最大限に活用しようとしがちであるため，業界は過剰生産に陥りやすいので，できるだけすばやくその製品を売り抜けて，業界からの撤退を図ることが重要になる。

イ　自社が必要とする部材の供給企業が減少すると，競合企業との競争のため調達価格がつりあがりやすいので，代替的な部材の調達や自社開発を検討することも視野に入れておくことが重要になる。

ウ　自社の製品やサービスと補完性のあるものを販売する企業と強いアライアンスがあると，顧客の望む価値を統合的に提供して競合他社にない競争優位を構築し得るので，このようなアライアンス相手を見出すことは重要になる。

エ　新規参入企業がもたらす追加的な生産能力は，消費者の購入コストの上昇を抑え，競合企業には売上の減少や収益性の低下をもたらすので，参入障壁の強固さや参入企業への業界の反撃能力を点検することが重要である。

オ　製品がコモディティ化すると，顧客のスイッチングコストが低下して，競合企業との価格競争が激化するので，差別化を目指すには一歩先んじた独自製品の開発とその販売を目指すことが重要である。

137

Ⅰ. 経営戦略論

解答	ア

■解説

競争要因分析，環境分析に関する出題である。

ア：不適切である。コストに占める固定費の比率が高い製品だからといって，業界からの撤退を図ることが重要とは限らないため不適切である。こういった業界は，高い操業度を維持する必要があり過剰生産になりがちである。しかし，製品の差別化を図ったり，コストリーダーシップを発揮できれば，業界から撤退する必要はないであろう。

イ：適切である。部材の供給企業が減少すると，需要と供給の関係から部材の調達価格は上がる可能性が高い。該当部材の寡占や独占が進むと考えられるからである。そのため，代替できる部材の調達ルートの確保や，内製化といった手段も検討しておく必要がある。

ウ：適切である。経済学でいうところの補完財は，たとえば，パンとバターのように，互いに補完しあって効用を得る。よって，補完性のあるものを販売する企業と連携することで，顧客に統合的に価値を提供できるため，競争優位を構築し得る。

エ：適切である。新規企業が参入した場合，その分，市場が成長しなければ，トータルでの供給量は過剰になるため，商品価格は低下し，結果として売上の減少や，収益性の低下をもたらす。そのため，既存の企業は，新規企業が参入した場合は，こちらも生産量を増やせるなどの反撃策を提示することで，参入障壁があることを示しておく必要がある。

オ：適切である。コモディティ化は，ある商品カテゴリーにおいて，競争商品間の機能や品質，ブランド力などの差別化特性が失われ，主に価格あるいは量を判断基準に売買が行われるようになることである。持続的に差別化を図り競争力を保つには，独自性のある製品開発が必要となる。

よって，アが正解である。

第 5 章　競争戦略

競争要因分析	ランク	1回目	2回目	3回目
	A	／	／	／

■平成 23 年度　第 8 問

　完成品メーカーと部品供給メーカーとの企業間の取引には，常に競争と協調の両面が存在する。そのような企業間の取引で発生する事態についての記述として，最も不適切なものはどれか。

　　ア　過剰な生産能力を持つ業界の部品メーカー A 社は，過小な生産能力の業界の部品メーカー B 社に比べて，高い利益率を獲得できる可能性は低くなる。

　　イ　部品メーカー C 社は，4 社の完成品メーカー各社に同じ量の部品を独占的に供給しているが，その部品の生産ラインにトラブルが発生したため，生産量を長期にわたって減らさざるを得なくなったにもかかわらず，利益率はむしろ増加傾向に転じた。

　　ウ　部品メーカー D 社は，供給先の完成品メーカー E 社との取引契約に，E 社が他の部品メーカーに乗り換える場合 D 社に打診するという条項を結んでいるので，値引き要求や競合他社との受注争奪で有利になる可能性が高くなった。

　　エ　部品メーカー F 社は，自社のみが生産できるある部品について取引の大きな完成品メーカー G 社と最も有利な条件を自動的に適用するという契約書を結んでいるが，このことが他の完成品メーカーにも知られた結果，各社の値引き要求に屈して利益が激減してしまった。

139

Ⅰ．経営戦略論

解答	エ

■解説

　企業間取引に関するゲーム理論に関する出題である。

　ゲーム理論は、「ある特定の条件で、お互いに影響を与え合う複数の主体の間で生じる戦略的な相互関係」を研究するもので、経済学分野での活用が進んでいる。

　　ア：適切である。平成23年度第4問と同じく、過剰な生産能力を持つ業界のメーカーは供給過剰になり、結果として収益性が低下する可能性が高い。企業が協力関係を結んで生産量を調整すれば各社が最適な利益を得られると認識はしていても、ライバルに出し抜かれるのを恐れて、供給量を増やしてしまう。

　　イ：適切である。独占的に供給できる部品を保有するC社が、結果的に供給量を減らすことになったため、供給不足に陥り、製品価格が上昇したと考えられる。その結果、利益率が増加した可能性がある。

　　ウ：適切である。D社の取引先E社が新しい提案や価格を提示された時に、E社はD社に打診しなければならない。そのためD社も新たな提案を実施するチャンスを持つため、競合会社との競争において有利になる可能性が高い。

　　エ：不適切である。F社は、自社のみが生産できるある部品という説明からして、極めて有利な独占的地位にあると考えられる。そのため、取引先各社の値引き要求に屈する必要はないであろう。よって利益が激減するとも考えにくく、不適切である。

　よって、エが正解である。

140

第5章　競争戦略

競争要因分析	ランク	1回目	2回目	3回目
	A	／	／	／

■平成 22 年度　第 2 問

どの業種にもいわゆる勝ち組と負け組が見られる。激しい競争にもかかわらず他社よりも優れた業績をあげている企業の特徴に関する記述として，<u>最も不適切なものはどれか</u>。

ア　ある通信機器メーカーでは，生産を国内工場に集約して生産現場で厳格な品質管理体制をとり，堅牢な機器と先進的なデータ処理を売りに，顧客の信頼を得ながら業界水準よりも高い価格で売り上げを伸ばしている。

イ　ある町工場では単品物の受注に特化しているが，熟練を活かした加工技術を武器に，あらゆる注文に応えられる受注生産体制を敷いて，特定業種にこだわらない受注先を確保している。

ウ　健康食品を製造販売しているある企業では，顧客からのダイレクトな注文や問い合わせに応えるべく，コールセンターの充実を図るとともに，それを基にした顧客データベースを活かして，逆に顧客への情報発信を行い，顧客との強い信頼関係の構築を目指している。

エ　創業間もない中小化粧品メーカーでは，肌に潤いを与える希少な天然素材を活用した高価な基礎化粧品に絞り込んで，全国的な広告宣伝と大手百貨店や量販店への出店を目指している。

オ　激しい価格競争と急激な利益率低下のため大手の電子機器メーカーが撤退した市場で，ある中堅メーカーでは海外企業からの低価格な中間財の調達と自社が得意とする実装技術を活かして，実用本位の機能に絞り込んだ低価格製品で安定した売り上げを確保している。

141

Ⅰ．経営戦略論

解答	エ

■解説

競争戦略に関する出題である。

ア：適切である。海外生産を展開する企業が増加する一方で，日本国内に戻って
工場を設立する例も散見されるようになってきた。これは，技術流出などの
懸念などが一因である。この場合の通信機器メーカーは，堅牢な機器と先進
的なデータ処理を売りに，国内で操業することで，顧客からの信頼を勝ち取
っていると考えられる。

イ：適切である。単品物に特化することで，自社の経営資源を集中させ，熟練加
工技術を活用し，業種にこだわらず，あらゆる注文に対応している。結果と
して，顧客にとっては機動的で柔軟な対応ができ，自社としては，技術力の
向上にもつながっているため，優れた業績をあげていると考えられる。

ウ：適切である。顧客からの注文や問い合わせに対応するために，コールセンタ
ーと顧客データベースを活用して注文や問い合わせを受け，情報発信を行い，
双方向性の対応で強い信頼関係を構築している。顧客からの信頼や，それを
支える組織対応能力は一朝一夕に構築できるものではなく，優れた業績につ
ながると考えられる。

エ：不適切である。希少な天然素材を活用した高価な基礎化粧品の提供に絞って，
集中戦略を採用し，商品や価格では他企業との差別化が図られていると考え
られる。しかし，高価な商品を販売するのに量販店をチャネルとするとブラ
ンド価値を低下させる恐れがある。また，創業間もない企業にとって全国的
な広告宣伝は資金などの経営資源の面でも負担が重いため，不適切であろう。

オ：適切である。海外企業から低価格な中間財を調達するルートを保有しており，
他の競合他社より低価格での提供が可能なバリューチェーンを構築できてい
る。さらに得意とする実装技術を活かしたうえで，実用本位の機能に絞り込
むようなVA（Value Analysis）を実施して，価値とコストのバランスを取
っているため，優れた業績につながると考えられる。

よって，エが正解である。

142

第 5 章　競争戦略

競争要因分析	ランク	1 回目	2 回目	3 回目
	A	／	／	／

■平成 22 年度　第 9 問

　企業は新規参入を阻止して競争激化を抑制しようとするが，他方では業界内部の類
似する戦略をとる企業の間で戦略グループが形成され，それが企業の自由な戦略行動
を抑制するように作用し始める。前者は参入障壁であり，後者は移動障壁である。こ
れらの障壁と戦略の関係に関する記述として，<u>最も不適切なものはどれか</u>。

　　ア　ある技術に基づいて生産し販売される製品分野は，ライバル企業の間で製品
　　　　の類似性が高くなるので，企業は顧客忠誠心やブランド力を高めてライバル
　　　　との差別化を図ることが重要になる。

　　イ　業界特有の販売チャネルや仕入れルートを同業者間で強化することは，他社
　　　　の参入を防ぐには有効である。

　　ウ　業界内の競争を通じて形成された事業システムやマネジメント方式は，企業
　　　　に戦略上の癖や慣性を生み出すので，企業が移動障壁に直面する事態にはな
　　　　らない。

　　エ　垂直統合や共同化は取引先への交渉力の強化や新たな技術の獲得には有効で
　　　　あるが，その縛りが強いと自社の戦略の成否が他社の戦略展開能力に影響さ
　　　　れるようになる。

　　オ　同業者間に共通する戦略課題について協調を維持すると，やがて戦略の類似
　　　　性が強まり，新規な戦略の展開が困難になる。

Ⅰ．経営戦略論

解答	ウ

■解説

競争戦略の参入障壁と移動障壁に関する出題である。

ア：適切である。同様の技術に基づいて生産される製品の類似性が高くなることはよくある。そのため，企業は製品自体ではなく，ブランド力によって，顧客のロイヤリティを高めることが重要になっている。

イ：適切である。販売チャネルや仕入ルートを同業者間で強化することによって，新規参入企業は仕入ルートや販売チャネルを自社で開拓しなければならなくなるため，参入の障壁は大きくなる。

ウ：不適切である。事業システムやマネジメント方式は，同じような事業を展開し続けると固定的になり，組織の慣性が働き，組織文化も固定的になりがちである。そのため，新しい事業展開が実施しにくいといった移動障壁となってしまう可能性がある。

エ：適切である。垂直統合は，製品やサービスを供給するためのバリューチェーンに沿って，付加価値の源泉となる工程を取り込むことである。垂直統合や共同化により，コストが削減でき，取引先への交渉力が強化される。一方で，連携の縛りが強いほど，買収先の企業や共同化を図った相手企業の影響を受けることになる。

オ：適切である。同業者間で共通する戦略課題について協調を維持することで，同じ戦略グループに属する。そこで，新規の戦略を展開するには，新しい戦略グループに移動する必要があり，そこには，移動障壁が存在することになる。

よって，ウが正解である。

競争要因分析

	ランク	1回目	2回目	3回目
	A	／	／	／

■平成22年度　第10問

マイケル・ポーターは，競争戦略を策定する際に考慮すべき産業の利益率や競争に影響を与える要因として，下図の5つを指摘している。この図に関する説明として，最も不適切なものを下記の解答群から選べ。

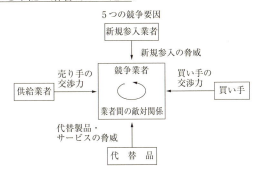

〔解答群〕

ア　買い手への対応は，消費者のクレームや消費者行動の変化に対処しつつ，高いマージンに結びつく市場との良好な関係を構築することが重要である。

イ　供給業者については，資金や原材料の供給先や労働市場との交渉力の保持が重要であるので，そのためには特定の資源の供給者に強く依存することなく，常に代替的な資源の開発に取り組むなど外部への依存性が強くならないようにしておくことが重要である。

ウ　競争業者との戦いは，マージンの高いドメインに自社を位置づけて，そこでの防衛的な地位を保つために，徹底した差別化戦略を展開することが第一に重要である。

エ　新規参入については，その可能性や参入を受けた場合の競争の変化を分析して，自社の市場への参入障壁をどのように築くことができるか，日ごろから注意しておかなければならない。

オ　代替品は，大きな技術の変化や消費者のニーズの変化によってこれまでにない新商品として登場し，既存の商品に取って代わる脅威になることがあるので，技術や市場のマクロなトレンドを見失わないように注意しなければならない。

Ⅰ．経営戦略論

解答	ウ

■解説

マイケル・ポーターの「5つの競争要因」に関する出題である。

ア：適切である。買い手ごとに購入ニーズが異なるため，交渉力も買い手ごとに
　　異なってくる。売り手側は買い手のスイッチングコストを高めて移動障壁を
　　築くことが重要である。そのためには消費者のクレームに迅速に対応するな
　　ど，市場や顧客と良好な関係を構築する必要がある。

イ：適切である。特定の資源供給先に強く依存した場合，自ら移動障壁を構築す
　　ることになり，売り手の交渉力は高まってしまう。そのため，常に特定の売
　　り手に依存せず，代替的資源の開発を行っていくことが重要である。

ウ：不適切である。5つの競争要因を回避するには，差別化戦略もあれば，コス
　　ト・リーダーシップ戦略を採ることもあり得る。そのため，競争業者間の戦
　　いでは，必ずしもマージンの高いドメインに自社を位置づけるとは限らない。

エ：適切である。参入障壁が高い場合は，新規参入の脅威は小さくなるため，既
　　存企業は日ごろから新規参入の可能性やその影響を分析し，参入障壁の構築
　　を行う必要がある。

オ：適切である。代替品が登場し，既存製品より効用が高ければ，既存の商品に
　　取って代わる脅威になりかねない。その場合は既存業界自体が縮退してしま
　　う恐れがあるので，企業は，ミクロ視点で直接の競合との戦いをしつつも，
　　市場をマクロな視点で分析し続けておく必要がある。

よって，ウが正解である。

コア・コンピタンス	ランク	1回目	2回目	3回目
	A	／	／	／

第5章 競争戦略

■令和元年度　第4問

　G. ハメルと C. K. プラハラードによるコア・コンピタンスに関する記述として，最も適切なものはどれか。

　ア　コア・コンピタンスは，企業内部で育成していくものであるため，コア・コンピタンスを構成するスキルや技術を使った製品やサービス間で競争が行われるものの，コア・コンピタンスの構成要素であるスキルや技術を獲得するプロセスで企業間の競争が起きることはない。

　イ　コア・コンピタンスは，企業の未来を切り拓くものであり，所有するスキルや技術が現在の製品やサービスの競争力を支えていることに加えて，そのスキルや技術は将来の新製品や新サービスの開発につながるようなものであることが必要である。

　ウ　コア・コンピタンスは，顧客が認知する価値を高めるスキルや技術の集合体であるから，その価値をもたらす個々のスキルや技術を顧客も理解していることが必要である。

　エ　コア・コンピタンスは，他の競争優位の源泉となり得る生産設備や特許権のような会計用語上の「資産」ではないので，貸借対照表上に表れることはなく，コア・コンピタンスの価値が減少することもない。

　オ　コア・コンピタンスは，ユニークな競争能力であり，個々のスキルや技術を束ねたものであるから，束ねられたスキルや技術を独占的に所有していることに加えて，競合会社の模倣を避けるために個々のスキルや技術も独占的に所有していることが必要である。

147

Ⅰ．経営戦略論

解答	イ

■解説

　コア・コンピタンスに関する出題である。G. ハメルと C. K. プラハラードは，コア・コンピタンスを，「顧客に特定の利益をもたらす技術，スキル，ノウハウの集合である」と説明している。そしてコア・コンピタンスの成立する 3 つの条件を，(1) 顧客に何らかの利益をもたらす，(2) 競合相手に真似されにくい，(3) 複数の商品・市場に推進できる，自社能力としている。

ア：不適切である。製品やサービス間で競争が起きるのと同様に，スキルや技術を獲得するプロセスでも企業間の競争は起こり得るため不適切である。

イ：適切である。前述のとおり，コア・コンピタンスは，(3) 複数の商品・市場に推進できる自社能力でなくてはならない。つまり，企業にとって，将来の新製品や新サービスの開発につながるようなものでなければならないため，適切である。

ウ：不適切である。コア・コンピタンスは，顧客が認知する価値を高めるスキルや技術の集合体であるという記述は正しい。しかし，顧客は提供される製品やサービスの価値を理解していればよく，その価値をもたらす個々のスキルや技術を理解している必要はないため，不適切である。

エ：不適切である。コア・コンピタンスは有形固定資産ではなく，スキルやノウハウ自体が貸借対照表に計上されるわけではないが，特許やのれんといった無形固定資産に含まれる場合もありうる。さらにコア・コンピタンスはそのスキルやノウハウの状況により価値が減少することは十分に考えられるため，不適切である。

オ：不適切である。コア・コンピタンスは，ユニークで，競合相手に真似されにくい競争能力であり，個々のスキルや技術を束ねたものであるから，束ねられたスキルや技術を独占的に所有していることは必要になるだろう。しかし，その構成要素である個々のスキルや技術も独占的に所有することまでは，必要ではないし，現実的でもないため，不適切である。

　よって，イが正解である。

第 5 章　競争戦略

参入障壁	ランク	1回目	2回目	3回目
	A	／	／	／

■平成30年度　第12問

　技術開発型ベンチャー企業が起業から事業展開で直面する障壁には，通常，以下の
【A欄】にあるダーウィンの海，デビルリバー（魔の川），デスバレー（死の谷）と
呼ばれるものがある。これらの障壁は【B欄】のように説明できるが，その回避には
【C欄】に例示したような対応策が求められる。【A欄】のa～cに示された障壁名，
【B欄】の①～③に示された障壁の内容，【C欄】のi～iiiに示された対応策の組み合
わせとして，最も適切なものを下記の解答群から選べ。

【A：障壁名】　a ダーウィンの海　　b デビルリバー　　　c デスバレー

【B：障壁の内容】

① 応用研究と商品開発ないし事業化との間に存在する資金や人材の不足などという障壁
② 開発商品を事業化して軌道に乗せる際，既存商品や他企業との激烈な競争に直面するという障壁
③ 技術シーズ志向の研究のような基礎研究からニーズ志向の応用（開発）研究に至る際の障壁

【C：対応策】

i 　大手企業とのアライアンスやファブレス生産に取り組み，生産，販売，マーケテ
　　ィング，アフターサービスが一体となった体制などによって回避を試みる。

ii 　基礎技術や高い要素技術を必要とする領域は大学に任せ，TLO を活用して連携
　　を積極的に行うことなどによって回避を試みる。

iii 　所有している特許権や意匠権などの知的所有権のうち，一部の専用実施権を第三
　　者企業に付与することや，社内プロジェクトメンバーについての担当の入れ替え，
　　メンバーの権限付与の見直しなどによって回避を試みる。

〔解答群〕

　　ア　a-①-ii　b-②-iii　c-③-i　　　　イ　a-②-i　b-③-ii　c-①-iii

　　ウ　a-②-iii　b-①-ii　c-③-i　　　　エ　a-③-ii　b-①-i　c-②-iii

　　オ　a-③-iii　b-②-i　c-①-ii

149

Ⅰ. 経営戦略論

解答	イ

■解説

　事業展開で直面する障壁に関する出題である。

　【a-②-i】ダーウィンの海は，事業化ステージと産業化ステージの間に存在する障壁である。事業を成功させるためには，競争優位性を構築し，多くのライバル企業との生き残り競争に勝つことが必要とされる。つまり，「②開発商品を事業化して軌道に乗せる際，既存商品や他企業との激烈な競争に直面するという障壁」が存在する。産業化していくためには，生産，販売，マーケティング，アフターサービスが一体となった体制を構築していくことが重要である。

　【b-③-ii】デビルリバー（魔の川）は，研究ステージと製品化に向けた開発ステージの間に存在する障壁である。研究を研究だけで終わらせないようにするためには，技術シーズを市場ニーズに結び付け，具体的なターゲット製品を構想する知恵が必要とされる。つまり，「③技術シーズ志向の研究のような基礎研究からニーズ志向の応用（開発）研究に至る際の障壁」が存在する。研究だけで終わらず，製品化に進むためには，基礎技術や高い要素技術を必要とする領域は大学に任せ，TLO などの外部連携を積極的に行うことが重要である。

　【c-①-iii】デスバレー（死の谷）は，開発ステージと事業化ステージの間に存在する障壁である。商品を製造・販売して売上にまでつなげていくためには，資金や人材などの経営資源を適切に調達することが必要とされる。つまり，「①応用研究と商品開発ないし事業化との間に存在する資金や人材の不足などという障壁」が存在する。資金不足については，所有している特許権や意匠権などの知的所有権のうち，一部の専用実施権を第三者企業に付与することで確保し，人材については，社内プロジェクトメンバーについての担当の入れ替え，メンバーの権限付与の見直しなどによって対応していくことが重要である。

　よって，イが正解である。

150

第 5 章　競争戦略

持続的な競争優位	ランク	1回目	2回目	3回目
	A	／	／	／

■平成 29 年度　第 7 問

　企業の競争戦略と持続的な競争優位に関する記述として，最も不適切なものはどれか。

　ア　競争戦略の実行に不可欠な独自の経営資源を持ち，製品市場における規模の経済を実現できれば，代替製品の脅威は事業の収益性に影響を与えず競争優位の源泉となる。

　イ　経路依存性のある経営資源は，模倣を遅らせることで市場における競争者の脅威から先発者を保護する。

　ウ　顧客からの強い支持を受ける製品差別化は，競合他社との間の競争に勝ち抜く手段である以上に，他社との競争を可能な限り回避できる自社市場構築の手段となる。

　エ　差別化した製品と標準的な製品の機能的な差が小さくなるほど，差別化した製品を選好する顧客の割合は低下するが，標準的な製品よりも高い価格を設定し，差別化した製品で高い収益性を確保しようとする場合，できるだけ多くの顧客を対象とすると戦略上の矛盾を生み出す。

　オ　スイッチング・コストの発生する状況では，買い手側は，現在使用する製品やサービスと他の代替的な製品・サービスと価格や機能が同じであったとしても，別のものとして見なす。

151

Ⅰ. 経営戦略論

解答	ア

■解説

企業の競争戦略と持続的な競争優位に関する出題である。

ア：不適切である。代替製品の脅威が登場するということは，不可欠な独自の経営資源の優位性が薄まることを意味するため，競争優位の源泉であり続けられず，不適切である。

イ：適切である。経路依存性のある経営資源とは，該当する経営資源が，企業独自の歴史的要因で成り立っていることである。つまり，歴史的要因がなければ得られない経営資源であるため，他社は模倣するのに時間がかかるので，競争者の脅威から先発者を保護できるため，適切である。

ウ：適切である。前半部分は間違いなく適切であろう。顧客の支持が強い製品差別化は，競争を勝ち抜く手段となる。後半部分は，結果論となるが，当社への支持が強ければ他社が該当分野に進出しない可能性が高く，適切である。

エ：適切である。標準的な製品の機能的な差が小さくなれば，当然，差別化できないため，顧客はライバル会社の製品を選択する割合も高まるであろう。また，差別化できている製品は高い単価で販売し，差別化集中戦略として利益を確保していくが，その場合は，価格で安いほうを選択する顧客もいるであろう。つまり差別化せずに，できるだけ多くの顧客を獲得したい戦略を立てているのであれば矛盾が発生するため，適切である。

オ：適切である。使っている商品を切り替えるスイッチング・コストが発生する場合，同等の代替品があっても，スイッチング・コストの分，切り替えのハードルは高くなり，同等品とは見なされないため，適切である。

よって，アが正解である。

競争戦略	ランク	1回目	2回目	3回目
	A	/	/	/

■平成 28 年度　第 5 問

　多数の競争相手が互いにしのぎを削る熾烈な競争を繰り広げている業界での，効果的な戦略対応に関する記述として，最も不適切なものはどれか。

　　ア　これまでの内部留保を活用して，同業他社との合併を進めることで市場シェアを拡大し，規模の経済や経験効果を高めて，コスト優位性を生み出して収益の拡大を図る。

　　イ　差別化が難しい汎用品による乱戦状況を改善するべく，加工の水準をあげて顧客の信頼を得たり，顧客に利便性の高いサービスを付け加えたりして，自社製品の付加価値を高めて，根強いロイヤルティをもつ顧客層の拡大を図る。

　　ウ　多種多様な顧客ニーズに対応するべくあらゆる製品を提供して，大量生産によるコスト優位による競争優位を確立する。

　　エ　多数の企業が乱立する原因である多様な市場ニーズに対応するべく，製品の設計を見直して生産コストを大幅に切り下げて，標準品が買い得であることを理解してもらい，規模の経済を基に競争優位をつくり出す。

Ⅰ．経営戦略論

解答	ウ

■解説

　企業間の競争戦略の問題である。製品の機能単体では差別化が難しくなり，サービスの付加や生産方法の見直しにより，競合企業との差別化を図るケースが増えている。

ア：適切である。同業他社との合併により市場シェアの拡大と規模の経済の発揮が期待できる。生産量が増加すれば累積生産量は増加し，生産の経験が蓄積され，経験曲線効果が発揮されることでコストの優位性を生み出すことができ，収益の拡大が図れるため，適切である。

イ：適切である。製品の3層モデルでは，製品の価値構造を中核と，製品の形態と，付随機能に分けることができる。中核で差別化できない汎用品であれば，加工の水準を上げることで，製品の形態である品質を高めたり，付随機能であるサービスの利便性を付け加えたりすることで，付加価値が上がり，顧客の忠誠心（ロイヤルティ）を獲得できる可能性があるため，適切である。

ウ：不適切である。多種多様な顧客ニーズに対応することは，製品の種類を増やすことになり，大量生産によるコスト優位性を失う可能性があるため，不適切である。なおマス・カスタマイゼーションは，顧客の個別要望に対して，カスタムメードやオーダーメードの特徴を，大量生産（マス生産）のコンセプトを取り入れながら低コストで実現しようとする考え方で，マス・カスタマイゼーションが実現できれば選択肢ウの内容も実現可能かもしれないが，一品種の大量生産に比べればコスト優位は得られにくいであろう。

エ：適切である。新しいニーズに順次対応して，追加で製品をカスタマイズしていくと，生産コストは上昇しがちである。そのため，製品の設計から見直し，多くのニーズを取り込んだ標準品が生産できれば，一品物に比べて規模の経済を発揮でき，低コストによる競争優位を実現可能なため，適切である。

　よって，ウが正解である。

第 5 章　競争戦略

コスト・リーダーシップ戦略	ランク	1回目		2回目		3回目	
	A	／		／		／	

■平成 28 年度　第 6 問

　企業が競争優位を獲得するための競争戦略のひとつであるコスト・リーダーシップ戦略に関する記述として，最も適切なものはどれか。

　　ア　コスト・リーダーシップ戦略では，継続的に自社製品を購入する顧客を確保するために，ブランド・ロイヤルティを高めることが課題となり，企業の提供する付加価値が明確になっている。

　　イ　コスト・リーダーシップ戦略は，市場成長率が安定してきて，製品ライフサイクルの成熟期以降に採用する戦略として適しており，企業が脱成熟をしていくうえで有益な戦略となる。

　　ウ　コスト・リーダーシップ戦略は，多角化した企業において，シナジーの創出によるコスト削減を目指していく戦略であるので，事業間の関連性が高い企業の方が，優位性を得やすくなる。

　　エ　コスト・リーダーシップ戦略を行う企業が，浸透価格政策をとると，自社の経験効果によるコスト低下のスピードは，競合他社よりもはやくなる。

　　オ　コスト・リーダーシップ戦略を行っている企業は，特定モデルの専用工場を建設し，生産性の高い設備を導入しており，新しい市場ニーズへも迅速に対応できる。

155

Ⅰ．経営戦略論

解答	エ

■解説

　マイケル・E・ポーターの3つの基本戦略に関する問題である。3つとは，（1）調達から設計，販売までの総合的なオペレーションを見直し，徹底的に低いコストを実現するコスト・リーダーシップ戦略と，（2）際立った特徴のある製品・サービスを提供することで，ブランドと顧客ロイヤルティを獲得する差別化戦略，（3）特定の市場セグメントにターゲットを絞り込む集中戦略，である。

　　ア：不適切である。前述のとおり，ブランドやロイヤルティを高めるのは差別化戦略であり不適切である。なお，コスト・リーダーシップ戦略では，低コストが企業の提供する価値となっている。

　　イ：不適切である。コスト・リーダーシップ戦略は成熟期において低価格競争のために実施されることはあるだろう。ただし，脱成熟を図れるわけではないため，不適切である。脱成熟を図るには，差別化戦略のほうが有用である。

　　ウ：不適切である。コスト・リーダーシップ戦略は複数の事業に取り組むより，単一事業で事業規模を拡大させたほうが効果を発揮しやすい戦略であり，不適切である。

　　エ：適切である。浸透価格政策は，価格を安く抑えてマーケットシェアの拡大を目指す手法である。シェアを取ることで，生産量は他社より多くなり，自社の経験効果が発揮されることで，コスト低下のスピードは，はやくなるため，適切である。

　　オ：不適切である。コスト・リーダーシップ戦略を行っている企業は，規模の経済を追求するために，特定モデルの専用工場を建設し，生産性を追求するであろう。そのため，新しい市場ニーズへの対応は遅くなるため，不適切である。

　よって，エが正解である。

第 5 章　競争戦略

競争地位別戦略	ランク	1回目	2回目	3回目
	A	/	/	/

■平成 28 年度　第 7 問

　業界での競争地位によって，企業はリーダー，チャレンジャー，フォロワー，ニッチャーに分類できる。そのなかで，チャレンジャーとニッチャーに関する記述として，最も適切なものはどれか。

ア　チャレンジャーは，業界で生き残ることを目標に，購買の動機として価格を重視するセグメントをターゲットにし，徹底的なコストダウンを行い，代替品を低価格で提供していく戦略を採る。

イ　チャレンジャーは，市場全体をターゲットとするフル・カバレッジにより，リーダーの製品を模倣していく戦略を採る。

ウ　チャレンジャーは，リーダーに対する価格・製品・プレイス・プロモーションという 4P の差別化よりも，ドメインの差別化を行う。

エ　ニッチャーは，狭いターゲットに対して，業界の価格競争には巻き込まれないように閉鎖型の販売チャネルを採用して，媒体を絞り込んだプロモーションを展開する。

オ　ニッチャーは，自社が属する業界のライフサイクルの導入期に活動が活発になり，他社の行動を追随する同質化を推進し，市場全体の規模を広げる役割を担っている。

157

Ⅰ. 経営戦略論

解答	エ

■解説

　競争地位別の戦略は，その地位によって，リーダー，チャレンジャー，フォロワー，ニッチャーの4つに分類される。リーダーは業界のトップであり，業界全体を牽引し，業界を拡大する立場の企業である。チャレンジャーは，リーダーに追いつけ追い越せを目指す企業であり，リーダーとの差別化を図って事業を展開する。フォロワーは，上位企業の模倣によって効率化を実現し，コストで勝負する企業である。ニッチャーは業界全体のシェアは小さいものの，独自の技術やブランドによって，特定市場におけるシェアを獲得する企業である。

　ア：不適切である。前述のとおり，選択肢はフォロワーの戦略であり不適切である。

　イ：不適切である。チャレンジャーはフル・カバレッジでリーダーを追い抜くことを目指すが，リーダーの模倣ではなく，差別化によって事業を展開する。

　ウ：不適切である。チャレンジャーはリーダーと同じ土俵で戦うため，ドメインは似たものになるであろう。一方で，価格・製品・プレイス・プロモーションの4Pでリーダーと差別化を図っていくため，不適切である。

　エ：適切である。ニッチャーは選択肢のとおり，狭いターゲット（すきま）に対して活動を行っていく。マスプロモーションを行ってみんなに伝えるのではなく，媒体を絞り込んで，すきまのユーザーに対してプロモーションを行っていくため，適切である。

　オ：不適切である。市場全体の規模を広げる役割を担っているのはリーダーの戦略であり，不適切である。なお，模倣するのはフォロワーの戦略であるが，リーダーがチャレンジャーの差別化に対抗して，模倣を図るケースも見られる。

　よって，エが正解である。

第 5 章 競争戦略

競争優位の戦略	ランク	1回目	2回目	3回目
	A	/	/	/

■平成 27 年度　第 5 問

　どのようにして早く競争力のある製品を開発し，市場に供給するか，という時間を
めぐる競争は「タイムベース競争」と呼ばれるが，タイムベース競争に関する記述と
して，最も不適切なものはどれか。

　　ア　製品開発では，最初に製品を生産・販売することにより，企業のブランドを
　　　　一般名詞のように使うことで顧客の頭の中に刷り込み，商品選択の際に有利
　　　　となるような先発者の優位性が生じる。

　　イ　製品開発では，最初に製品を生産・販売することで競合他社よりも早期に量
　　　　産化し，大規模生産による経験効果を連続的に享受できるような先発者の優
　　　　位性が生じる。

　　ウ　タイムベース競争の効果は，開発から生産・販売までのリードタイムの短縮
　　　　による販売上の機会損失の発生の防止にも現れる。

　　エ　タイムベース競争の効果は，工場での生産リードタイムの短縮による原材料
　　　　費の削減によって，原材料購入にかかわる金利の削減にも現れる。

　　オ　タイムベース競争の効果は，顧客ニーズに俊敏に対応することで価格差を克
　　　　服し，結果的に競合他社よりも高い利益率を実現することにも現れる。

Ⅰ．経営戦略論

解答	イ

■解説

　タイムベース競争に関する問題である。タイムベース競争とは，時間的な優位性をもって競争優位を築こうとする戦略のことで，ボストン・コンサルティング・グループによって提唱された。価格や商品の品質によって商品の差別化は図られるが，それに加えて時間も競争優位の源泉になるという考え方である。

- ア：適切である。製品開発では，最初に製品を生産・販売することにより，消費者にブランド名を認知させられる。「アスピリン」や「クラクション」のように商品名が後に普通名詞に近い形で利用されるケースである。
- イ：不適切である。製品開発で，最初に製品を生産・販売することで競合他社よりも早期に量産化することは可能であろう。そのため，先発社の優位性が発揮できる。しかし，経験曲線効果は学習効果に基づいてコストが削減されることがメインであり，必ずしも大規模生産が必要だとはいえないため，不適切である。
- ウ：適切である。時間を重視し，開発から生産・販売までのリードタイムを短縮することで，顧客が必要とするタイミングで必要な商品を提供できるため，機会損失だけではなく，過剰在庫の防止にもつながる。
- エ：適切である。工場での生産リードタイムを短縮できると，保有しておく在庫量も削減でき，原材料費の削減につながる。仕入にかかる金額自体が小さくなれば，もちろん仕入にかかわる金利の削減でも効果が出せる。
- オ：適切である。顧客ニーズに俊敏に対応することで価格差を克服できる場合もある。30分宅配ピザなどのケースが当てはまるであろう。そして，短時間で提供することに対して顧客が価値を感じるため，高い利益率を実現することもできる。

　よって，イが正解である。

第 5 章　競争戦略

競争優位の戦略	ランク	1回目	2回目	3回目
	A	／	／	／

■平成 23 年度　第 5 問

　企業の競争優位の源泉に関する記述として，最も不適切なものはどれか。

　　ア　企業と顧客の間で情報の非対称性が大きな製品・サービスでは，通常，ブラ
　　　　ンド・イメージや企業の評判のような客観的にとらえにくい要因に基づく差
　　　　別化の重要性が大きい。

　　イ　顧客が支払う意思のある価格の上限が顧客の支払い意欲を示すと考えると，
　　　　通常，差別化による優位は顧客が自社の製品を競合する製品よりも高く評価
　　　　しているという強みを持つことを意味する。

　　ウ　コスト優位は競合他社よりも低コストを実現できるため，通常，競合他社よ
　　　　りも低価格で製品販売しても利益を確保できる強みを意味する。

　　エ　コスト優位を確立した企業は，競合他社よりも常に製品 1 単位当たりのコス
　　　　トとそのコストの総額が低いため，低価格で製品・サービスを販売できる。

　　オ　どのような差別化による優位をつくるかを考える際には，通常，環境の変化
　　　　だけではなく自社の強みと顧客の範囲をどのようにとらえて定義するかが重
　　　　要である。

161

Ⅰ．経営戦略論

解答	エ

■解説

競争優位の源泉に関する出題である。

ア：適切である。「情報の非対称性」とは，企業が自社の製品・サービスに関して圧倒的な情報を保持しているのに対して，顧客側は相対的にわずかの情報しか持っていない状態を指している。そのため，顧客は製品の中身では良し悪しを判断できないため，ブランド・イメージや企業の評判で選定することになる。

イ：適切である。差別化による優位が自社にある場合は，当然顧客が自社製品を競合する製品より高く評価しているということになる。

ウ：適切である。競合よりコスト面で優位にあれば，競合より低価格を実現でき，同じ価格であれば，競合よりも利益が確保できるため，適切である。ただし，コスト優位があるからといって，必ず他社より低コストで提供する必要はない。あくまで競合との競争の中で優位に立てるということである。

エ：不適切である。コスト優位を確立した企業は，当然に，競合他社よりも常に製品1単位当たりのコストは低いであろう。しかし，コストの総額は，全体の生産量によるため，常に低いというわけではない。

オ：適切である。差別化により競争優位を構築するためには，他社が簡単に真似することができない，方法や戦略を実行する能力が必要となる。しかし，他社との比較論で優位を構築するのではなく，ターゲットとする顧客，つまり限定された顧客の範囲に対して，自社の強みを投入していくことが重要である。

よって，エが正解である。

第 5 章　競争戦略

競争優位の戦略	ランク	1回目		2回目		3回目	
	A	／		／		／	

■平成 23 年度　第 6 問

　中小企業ではニッチ市場に特化したり，特定の市場セグメントに自社の事業領域を絞り込んだりする集中戦略がとられることが多い。そのような集中戦略をとる企業の戦略対応として，最も不適切なものはどれか。

　　ア　自社が強みを発揮している市場セグメントに他社が参入してきた場合，自社のコンピタンスをより強力に発揮できるようにビジネスの仕組みを見直す。

　　イ　自社製品の特性を高く評価する顧客層に事業領域を絞り込むことによって，これまでの価格政策を見直し，プレミアム価格を設定して差別化戦略に取り組む。

　　ウ　自社の得意とする市場セグメントに事業領域を絞り込むことによって，業界大手の追随を振り切ることができるばかりか，好業績を長期に維持できる。

　　エ　絞り込みをかけた事業領域の顧客ニーズが，時間の経過とともに，業界全体のニーズと似通ったものにならないように監視するとともに，顧客が評価する独自な製品の提供を怠らないようにする。

　　オ　絞り込んだ事業領域で独自な戦略で業績を回復させることができたが，そのことによって自社技術も狭くなる可能性があるので，新製品の開発やそのための技術開発への投資を強めることを検討する。

163

Ⅰ．経営戦略論

解答	ウ

■解説

集中戦略の出題である。

ア：適切である。正解肢のウとも関連するが，自社が強みを発揮し好業績を維持
　　している業界には大手や競合の参入が予想される。参入してきた場合に，自
　　社はコア・コンピタンスを強力に発揮できるように，社内の教育を強化した
　　り，ビジネス・モデルを見直すなどしたりして，競合に対する参入障壁を高
　　める必要がある。

イ：適切である。自社製品の特性を高く評価する顧客層に事業領域を絞り込んで
　　おり，差別化集中戦略を採っている。顧客が高く自社を評価しているため，
　　プレミアム価格を設定することは可能であろう。

ウ：不適切である。自社の得意とする市場セグメントに絞り込むことは重要であ
　　る。しかし，好業績を「長期に」維持できるとはいいきれない。自社が好業
　　績を上げた市場セグメントには大手の参入も予想され，事業領域を絞り込む
　　だけでは，大手の追随を振り切れるとはいえない。

エ：適切である。顧客のニーズを絞り込んで独自の事業領域をに注力しても，時
　　代の流れとともに，顧客ニーズが変わったり，逆に独自の顧客ニーズが一般
　　的になったりすることもある。一般的なものになってしまうと，参入障壁が
　　下がり，競合他社の参入を招きやすい。そのため，顧客ニーズを監視しなが
　　ら，独自製品の提供を怠らないようにすることが必要である。

オ：適切である。事業の領域を絞り込むと，提供する製品が絞り込まれ，自社の
　　保有し活用する技術も狭くなる可能性がある。そのため，技術開発への投資
　　を強める必要がある。なお，MOT分野の解説になるが，技術開発への投資
　　を絞り込むに当たり，特定の技術と製品に絞り込むのではなく，継続的に製
　　品を生み出せる技術プラットフォームの構築を目指すべきであるというプラ
　　ットフォーム戦略の重要性が高まっている。

よって，ウが正解である。

第6章

技術経営（MOT）

Ⅰ．経営戦略論

▶▶出題項目のポイント

　この項目では，イノベーション，技術経営（MOT），ベンチャー企業マネジメント
が中心に出題される。平成18年の試験制度改定により，「新規事業開発」の科目がな
くなったため，当科目はイノベーションとの関連性が非常に深かった。企業経営理論
でも定期的に出題されている。内容はイノベーション自体の定義が問われたり，イノ
ベーションの類型（プロダクト，プロセスなど），イノベーションのジレンマなどの
用語についての理解が求められている。また，自社単独ではやりきれない場合，外部
の力も活用したオープンイノベーションにも注目が集まっている。

　技術経営では，2次試験の事例Ⅲにつながる範囲が多数出題されている。平成25
年度には，取引先との関係における技術戦略も問われている。さらにイノベーション
分野とも関連が深いが，研究開発のプロセスや，製品アーキテクチャ（電機業界のモ
ジュール型と，自動車業界のインテグラル型）の特徴，果ては，知財戦略まで含まれ
る。

　また，ベンチャー企業のマネジメントでは，企業の成長ライフサイクルにおいての
振る舞いや，ダーウィンの海や死の谷などの成長を阻害する要因なども把握しておく
必要がある。

▶▶出題の傾向と勉強の方向性

　電機・家電業界，自動車業界の事例が問題文とされるケースが多く，業界固有の設
問も散見されることから，基本的な業界知識は確認しておきたい。平成28年度も自
動車業界，電機業界からの出題があった。もちろん，MOTの基礎知識は必須といえ
る。コア技術戦略，プラットフォーム戦略などの重要用語を理解しておく必要がある。
また，イノベーションについても平成30年度で5年連続出題されている。

　難問も多いが，一方で，幸いなことに，問題文が長い出題が多い。問題文が長いと
読み込むのは大変になるが，その分，選択肢を選ぶ前にたくさんのヒントを出してく
れていると考えるべきである。たとえば，平成22年度第7問では，「科学的な基礎研
究が事業に直接に結びつくとは限らない。」という文面から問題文が始まる。そうす
ると，選択肢の中では，一番，事業から遠く，基礎研究に偏っているものが問題で不
適切であることがわかる。このように，知識が不足していても，現場対応できる問題
も多いので，問題文を大切にしながら取り組んでほしい。

　また，前述したが，2次試験の事例Ⅲが苦手な受験生は，ぜひこの範囲の知識を重
点的に確認しておいてほしい。

166

第6章 技術経営（MOT）

■取組状況チェックリスト

1. 技術戦略

問題番号	ランク	1回目		2回目		3回目	
令和元年度 第8問（設問1）	A	／		／		／	
令和元年度 第8問（設問2）	A	／		／		／	
令和元年度 第11問	A	／		／		／	
平成30年度 第7問	A	／		／		／	
平成30年度 第10問	B	／		／		／	
平成28年度 第11問（設問1）	A	／		／		／	
平成28年度 第11問（設問2）	A	／		／		／	
平成27年度 第6問	A	／		／		／	
平成27年度 第7問	A	／		／		／	
平成25年度 第7問（設問1）	A	／		／		／	
平成25年度 第7問（設問2）	A	／		／		／	
平成25年度 第8問	A	／		／		／	
平成22年度 第7問	A	／		／		／	
平成22年度 第8問（設問1/2）	A	／		／		／	
平成28年度 第10問	B	／		／		／	
平成26年度 第8問	B	／		／		／	
平成26年度 第11問	B	／		／		／	
平成23年度 第9問	B	／		／		／	

2. 研究開発管理

問題番号	ランク	1回目		2回目		3回目	
平成28年度 第4問（設問2）	B	／		／		／	
平成27年度 第8問（設問1）	B	／		／		／	
平成27年度 第8問（設問2）	B	／		／		／	
平成26年度 第9問	A	／		／		／	
平成22年度 第4問	B	／		／		／	
平成22年度 第6問	B	／		／		／	

Ⅰ．経営戦略論

3. イノベーションのマネジメント

問題番号	ランク	1回目		2回目		3回目	
令和元年度 第9問	A	／		／		／	
平成30年度 第8問	B	／		／		／	
平成30年度 第9問	B	／		／		／	
平成30年度 第20問	B	／		／		／	
平成29年度 第11問	A	／		／		／	
平成28年度 第4問（設問1）	B	／		／		／	
平成27年度 第9問	A	／		／		／	
平成26年度 第10問	A	／		／		／	
平成24年度 第11問	B	／		／		／	
平成23年度 第10問	B	／		／		／	

第 6 章　技術経営（MOT）

情報財	ランク	1回目	2回目	3回目
	A	／	／	／

■**令和元年度　第 8 問（設問 1）**

次の文章を読んで，下記の設問に答えよ。

　コンピュータのソフトウェアやコンテンツなどのデジタル化された情報財は，製品開発費などの固定費が占める比率が　A　く，製品 1 単位を追加的に生産するためにかかる費用が　B　い傾向があるという特性を有している。

　こうした情報財の特性は，製品市場での競争状況や，その状況に基づく競争戦略に影響を与える。特に重要なのは，複数の企業が同様の情報財を供給して，コモディティ化が生じる場合，たとえ当該市場が成長段階にあったとしても，企業間での競争が激化して，最終的には　C　の水準まで価格が低下してしまう点にある。

　そのために，デジタル化された情報財では，その特性を勘案した競争戦略によって，コストリーダーシップや製品差別化を実現することで，コモディティ化に伴う熾烈な価格競争を回避すべきだとされる。例えば，パソコンのオペレーティング・システム（OS）の場合，支配的な地位を確立した企業は，ユーザー数の多さが当該製品の便益の増大につながる　D　などを背景として，持続的な競争優位を獲得してきた。

（設問 1）

　文中の空欄 A ～ C に入る語句の組み合わせとして，最も適切なものはどれか。

　　ア　A：高　B：低　C：機会費用

　　イ　A：高　B：低　C：限界費用

　　ウ　A：高　B：低　C：固定費

　　エ　A：低　B：高　C：機会費用

　　オ　A：低　B：高　C：限界費用

169

Ⅰ．経営戦略論

解答	イ

■解説

　情報財に関する出題である。

　問題文をそのまま掲載するが，コンピュータのソフトウェアやコンテンツなどのデジタル化された情報財は，製品開発費などの固定費が占める比率が　A　高　く，製品1単位を追加的に生産するためにかかる費用が　B　低　い傾向があるという特性を有している。

　たとえば，音楽コンテンツであれば，演奏，撮影，デジタル化など最初の開発費がかかるが，その後の販売は，いくら売れても追加生産の費用はかからない。つまり固定費が高く，追加生産費用は低いといえる。

　特に重要なのは，複数の企業が同様の情報財を供給して，コモディティ化が生じる場合，たとえ当該市場が成長段階にあったとしても，企業間での競争が激化して，最終的には　C　限界費用　の水準まで価格が低下してしまう点にある。

　たとえば，シェアウェアでは，数多くの製作者が同じようなアプリを多数開発して販売していることがある。その結果，コモディティ化して限界費用の水準まで価格が低下してしまう。アプリ開発であれば，限界費用（1単位を生産する際の追加費用）は，ほぼゼロに近く，安価で販売されることになる。

　よって，イが正解である。

170

第6章　技術経営（MOT）

情報財	ランク	1回目	2回目	3回目
	A	/	/	/

■**令和元年度　第8問（設問2）**

次の文章を読んで，下記の設問に答えよ。

　コンピュータのソフトウェアやコンテンツなどのデジタル化された情報財は，製品
開発費などの固定費が占める比率が　A　く，製品1単位を追加的に生産するた
めにかかる費用が　B　い傾向があるという特性を有している。

　こうした情報財の特性は，製品市場での競争状況や，その状況に基づく競争戦略に
影響を与える。特に重要なのは，複数の企業が同様の情報財を供給して，コモディ
ティ化が生じる場合，たとえ当該市場が成長段階にあったとしても，企業間での競争が
激化して，最終的には　C　の水準まで価格が低下してしまう点にある。

　そのために，デジタル化された情報財では，その特性を勘案した競争戦略によって，
コストリーダーシップや製品差別化を実現することで，コモディティ化に伴う熾烈な
価格競争を回避すべきだとされる。例えば，パソコンのオペレーティング・システム
（OS）の場合，支配的な地位を確立した企業は，ユーザー数の多さが当該製品の便益
の増大につながる　D　などを背景として，持続的な競争優位を獲得してきた。

（設問2）

文中の空欄Dに入る語句として，最も適切なものはどれか。

　　ア　オープン・イノベーション
　　イ　デジュール標準
　　ウ　ネットワーク外部性
　　エ　リバース・イノベーション
　　オ　リバース・エンジニアリング

171

Ⅰ. 経営戦略論

解答	ウ

■解説

　情報財に関する出題である。

　問題文をそのまま掲載するが，デジタル化された情報財では，その特性を勘案した競争戦略によって，コストリーダーシップや製品差別化を実現することで，コモディティ化に伴う熾烈な価格競争を回避すべきだとされる。たとえば，パソコンのオペレーティング・システム（OS）の場合，支配的な地位を確立した企業は，ユーザー数の多さが当該製品の便益の増大につながる　D ネットワーク外部性　などを背景として，持続的な競争優位を獲得してきた。

　パソコンの OS の機能的な差はほとんどなくなってきている。さらにオープンソースとして無料で提供されているものも存在する。しかし，ネットワークの外部性が発揮できれば，コモディティ化されても持続的な競争優位を獲得できる。

　たとえば，マイクロソフトのウィンドウズは，利用している企業数が他の OS に比べて圧倒的に多い。そうすると企業同士がファイルのやりとりをするため，同じ OSを使ったほうが利便性は向上する。ネットワークの外部性とは，まさにある財・サービスの利用者が増加すると，その財・サービスの利便性や効用が増加することである。その結果，持続的な競争優位を維持してきた。

　なお，他の選択肢の内容については以下のとおりである。

　　ア：オープン・イノベーションは，社外から新たな技術やアイデアを募集・集約し，革新的な新製品（商品）・サービス，またはビジネスモデルを開発するイノベーションである。

　　イ：デジュール標準は，公的な機関が認証することにより規格となっている標準のことである。

　　エ：リバース・イノベーションは，新興国市場向けに開発した製品，経営のアイデアなどを先進国に導入して世界に普及させるという概念である。

　　オ：リバース・エンジニアリングは，ソフトウェア・ハードウェア製品の構造を分析し，製造方法や構成部品，動作やソースコードなどの技術情報を調査し明らかにすることである。

　よって，ウが正解である。

172

製品アーキテクチャ	ランク	1回目		2回目		3回目	
	A	/		/		/	

■令和元年度　第11問

製品アーキテクチャは，製品を構成する個々の部品や要素の間のつなぎ方や製品としてのまとめ方であり，部品（要素）間の相互依存性の程度によって，インテグラル型とモジュラー型の2つに分類される。

「a　乗用車」，「b　大型旅客機」，「c　デスクトップパソコン」，「d　業務用複合機（コピー機)」の4つの領域において，現在の市場で主に取引されている製品を想定した場合，それぞれインテグラル型，モジュラー型のいずれに該当するか。下記の解答群から，最も適切なものの組み合わせを選べ。

〔解答群〕

ア　a：インテグラル型　b：インテグラル型
　　c：インテグラル型　d：モジュラー型

イ　a：インテグラル型　b：インテグラル型
　　c：モジュラー型　　d：インテグラル型

ウ　a：モジュラー型　　b：インテグラル型
　　c：モジュラー型　　d：モジュラー型

エ　a：モジュラー型　　b：モジュラー型
　　c：インテグラル型　d：インテグラル型

オ　a：モジュラー型　　b：モジュラー型
　　c：モジュラー型　　d：インテグラル型

Ⅰ. 経営戦略論

解答	イ

■解説

　製品アーキテクチャに関する出題である。製品アーキテクチャには，モジュラー型とインテグラル型がある。同じ工業製品であっても，パソコンのように部品が規格化され，単純に組み立てるだけで作れるものと，自動車のように車体，エンジン，ブレーキ，タイヤ，電気系統などが，それぞれ走行性や加速性，乗り心地等に影響し合い，1つの要素を変更すると，他の要素との関係を調整する必要があるものがある。前者がモジュラー型で，後者がインテグラル型である。

　前述のとおり，「a　乗用車」がインテグラル型で，「c　デスクトップパソコン」がモジュラー型の代表格である。ただし，乗用車も電気自動車が増えてきており，モジュラー型の要素が増えつつある。

　「b　大型旅客機」は，乗用車よりさらに部品間の調整が必要であり，インテグラル型である。

　「d　業務用複合機（コピー機）」は，部品の組み合わせだけではなく，紙送りの装置部分などは調整が必要となるため，インテグラル型の要素のほうが強い。

　よって，イが正解である。

174

第 6 章　技術経営（MOT）

	ランク	1回目	2回目	3回目
取引関係	A	/	/	/

■平成 30 年度　第 7 問

　部品の開発や生産をめぐる完成品メーカーと部品メーカーの取引関係は多様である。そのような取引関係に関する記述として，最も適切なものはどれか。

　　ア　委託図方式では，部品メーカーが部品の詳細設計を行うので，図面の所有権は部品メーカーに帰属し，部品の品質保証責任は完成品メーカーが負うことになる。

　　イ　承認図方式では，発注側が準備した部品の詳細設計に基づいて製造できる能力やコストを評価して部品外注先が選ばれる。

　　ウ　承認図方式や委託図方式では，部品メーカーには製造能力ばかりでなく設計開発能力が要求される。

　　エ　貸与図方式では，発注側が提示した部品の基本的な要求仕様に対して，部品メーカーは部品の詳細設計を行い，部品を試作し性能評価をすることになる。

　　オ　デザインインでは，部品メーカーは当該部品の開発段階の参加と発注側作成の詳細設計に基づく生産能力が求められるが，設計の外注が発生しないのでコスト負担は軽減される。

175

Ⅰ．経営戦略論

解答	ウ

■解説

取引関係の中で，図面の方式に関する出題である。

ア：不適切である。委託図方式とは，発注側（完成品メーカー）が基本仕様を提示し，それに基づいて部品メーカーが詳細設計や開発を行うが，図面の権利や設計の特許権は，発注側が保有するため，不適切である。

イ：不適切である。承認図方式とは，発注側が基本仕様を提示し，それに基づいて部品メーカーが部品の詳細設計図を作成し，メーカーの承認を受け，部品を製造する方式である。発注側は詳細設計図を作らないため，不適切である。

ウ：適切である。選択肢イの説明のとおり，部品メーカーは製造能力だけではなく，発注先の仕様に応じた設計開発能力が求められるため，適切である。なお，図面や特許権などは基本的に部品メーカーが保有する。

エ：不適切である。貸与図方式は，発注側が設計・開発を担当し，部品メーカーに対しては，設計図を与えて製造させる方式である。部品メーカーは詳細設計を行わないため，不適切である。

オ：不適切である。デザインインとは，発注側が自社の取引先の部品メーカーと製品開発の段階から共同して連携開発していくことである。開発の詳細が早い段階から情報共有できるため，製品開発が効率化され生産性が向上する。そのため，部品メーカーには詳細設計に基づく生産能力だけではなく，設計能力自体も求められるため，不適切である。なお，設計の外注は発生しないが，コスト負担が軽減するわけでもないので，やはり不適切である。

よって，ウが正解である。

第6章　技術経営（MOT）

製品開発プロセス	ランク	1回目	2回目	3回目
	B	／	／	／

■平成 30 年度　第 10 問

　製品開発期間の短縮を図るために，製品開発のプロセスに注目して，いくつかの手法を体系的に組み合わせることが行われている。そのような手法に関する記述として，最も適切なものはどれか。

　ア　オーバーラップの開発手法では，開発プロセスの上流タスクの完了前に下流タスクを先行してスタートさせるので，事前に両タスクの内容を綿密に設計することが必要である。

　イ　オーバーラップの開発手法では，開発プロセスの上流タスクと下流タスクの相互信頼が強い場合に効果的であり，コミュニケーション頻度や相互の調整を著しく減少させることによって開発期間が短縮される。

　ウ　開発前半に速いスピードで解決できる問題を集中させて，開発後半で発生しやすく，時間や費用のかかる設計変更などの反復回数を減らすことは，開発期間の短縮に効果的である。

　エ　コンピューター支援エンジニアリング（CAE）が開発手法の根本的な変革として自動車開発で導入が進んでいるのは，コンピューター上でシミュレーションしながら製品の完成度を評価できるので，実物試作が不要になるからである。

　オ　フロントローディングでは，開発初期段階で開発に必要な経営資源の投入量が増加するので，開発後期での設計変更は不要になる。

Ⅰ．経営戦略論

解答	ウ

■解説

新製品開発プロセスに関する出題である。

ア：不適切である。オーバーラップの開発手法とは，開発のステップが終了する
　　ごとに次のステップに進むという手法に対して，ある程度進んだら次のステ
　　ップの作業も始めるというように，製品開発を重層的に進めていくやり方で
　　ある。そのため，事前に両タスクの内容を綿密に設計するのではなく，進捗
　　に合わせてタスクを設計するので，不適切である。

イ：不適切である。選択肢アのとおり，前工程と後工程がオーバーラップするた
　　め，コミュニケーション頻度や相互の調整を綿密に進める必要があり，不適
　　切である。

ウ：適切である。品質は前工程で作り込まれる。すなわち開発前半に資源を投入
　　しできる限り問題解決を図ることで，開発後半で発生する問題を減らすこと
　　ができる。その結果，設計変更なども減少し，開発期間の短縮にも効果があ
　　るため，適切である。

エ：不適切である。前半は選択肢のとおりである。CAE は実際に作ってから強
　　度を測定するより，コンピュータシミュレーションで評価できるために，自
　　動車開発等で導入が進んでいる。しかし，CAE で評価した後は，実物試作
　　をして評価を行うため，不適切である。

オ：不適切である。フロントローディングとは，序盤の工程に集中的に資源を投
　　下して完成度を高め，後工程の負荷を軽減する手法である。開発初期段階で
　　資源の投入量を増やして，後工程での設計変更を減らそうとするが，それで
　　も設計変更が不要になるとはいえないため，不適切である。

よって，ウが正解である。

第6章　技術経営（MOT）

エレクトロニクス メーカーの苦境	ランク	1回目	2回目	3回目
	A	／	／	／

■平成28年度　第11問　（設問1）

次の文章を読んで，下記の設問に答えよ。

ものづくりに強みをもつといわれているわが国の製造業であるが，近年大きな変化が見られるようになってきた。①エレクトロニクスメーカー各社の苦境が伝えられており，エレクトロニクスメーカー各社では，事業分野の再構築を図る動きが活発である。

自動車産業では，国内市場が縮小するなか，グローバルな競争に対応すべく生産拠点の海外移転や現地での研究開発の展開など大きな変化が見られる。また，②自動車のモジュール生産が本格化してきており，系列による垂直統合型の生産に変化が起こっている。さらに，環境対応技術や自動運転技術の開発が進むにつれて，自動車産業のサプライヤーにも技術の変化への対応が求められるようになっている。

（設問1）

文中の下線部①に記述されているエレクトロニクスメーカーの苦境の原因は多様である。そのような原因と考えられるエレクトロニクス産業の状況に関する記述として，最も不適切なものはどれか。

　ア　エレクトロニクス産業では，あらゆる分野の製品を生産し販売するという総花的な自前主義の戦略を見直して，事業分野の選択と集中を図り，電子部品サプライヤーとの垂直的統合を強化したため，事業分野の幅が狭くなり，グローバルな競争力が低下してきている。

　イ　エレクトロニクス産業では，安価な電子部品をグローバルに調達して，それらを組み合わせた製品が多くなるにつれて，部品から製品までの一貫生産がコスト競争のうえから不利になっている。

　ウ　エレクトロニクス産業では，競争優位の構築を目指しながらも，互いに同質的な戦略を展開しながら，技術進歩や製品開発を促進してきたが，電子技術を一方向に収斂させる傾向が強まり，多機能を搭載した類似製品の競争に陥りがちになっている。

　エ　エレクトロニクス産業では，先発企業が自社技術を武器に市場シェアを獲得していても，後発企業が安価な部材をグローバルに調達し，技術的にほぼ同等な製品で価格訴求力を武器に先発企業のシェアを奪うことが多くなっている。

179

Ⅰ．経営戦略論

解答	ア

■解説

エレクトロニクスメーカーの苦境の原因に関する問題である。

ア：不適切である。事業分野の選択と集中で事業分野の幅は狭くなるが，競争力
　　は強化され，特定分野で強いグローバル企業が存在する。ソフトバンクが
　　3.3兆円で買収したARM社もスマホの中核技術に特化し成功をおさめてき
　　た。一方で，日本企業は総花的な自前主義からの脱却が遅れ，グローバルの
　　競争に立ち遅れたといえるため，不適切である。スマホ事業を手放している
　　日本企業は多い。

イ：適切である。電子部品の組み合わせ点数が増加し，自社一貫生産で部品から
　　製造するのは難しくなってきている。設問2のようにモジュール生産で組み
　　合わせて完成製品を作るケースが増えており，部品に応じてグローバルで安
　　価に調達するほうが一貫生産より有利になることも増加しており，適切であ
　　る。

ウ：適切である。携帯電話業界の動向を表している。ライバル企業同士が，同質
　　的な戦略で，技術進歩を競い続けた結果，多機能搭載の類似商品が並び差別
　　化できない状態に陥ったため，適切である。

エ：適切である。グローバルな後発企業が安価に部材を調達し，先発企業とほぼ
　　同等な製品を安価に提供することで，後発企業がシェアを奪うケースがみら
　　れるため，適切である。これも，モジュール化の進展のため，後発企業が部
　　材を調達しやすくなっていることに起因する。

よって，アが正解である。

180

第6章　技術経営（MOT）

自動車のモジュール生産	ランク	1回目		2回目		3回目	
	A	/		/		/	

■平成28年度　第11問（設問2）

次の文章を読んで，下記の設問に答えよ。

　ものづくりに強みをもつといわれているわが国の製造業であるが，近年大きな変化が見られるようになってきた。①エレクトロニクスメーカー各社の苦境が伝えられており，エレクトロニクスメーカー各社では，事業分野の再構築を図る動きが活発である。

　自動車産業では，国内市場が縮小するなか，グローバルな競争に対応すべく生産拠点の海外移転や現地での研究開発の展開など大きな変化が見られる。また，②自動車のモジュール生産が本格化してきており，系列による垂直統合型の生産に変化が起こっている。さらに，環境対応技術や自動運転技術の開発が進むにつれて，自動車産業のサプライヤーにも技術の変化への対応が求められるようになっている。

（設問2）

　文中の下線部②のわが国における自動車のモジュール生産の進展とそれにともなう生産体制の変化に関する記述として，最も適切なものはどれか。

　　ア　モジュール生産の進展にともなって，アジア域内の現地中堅サプライヤーが生産するエンジンやパワートレイン等の大型のモジュール部品を一か所に集約して，そこからアジアの生産拠点に供給する配送システムが構築されている。

　　イ　モジュール生産の進展にともなって，車種間でのプラットフォームの統合を進めて，生産の規模の経済や部品や設備の共通化による生産コストの低減が行われるようになっているが，一次サプライヤーの供給する部品点数は変わらない。

　　ウ　モジュール生産の進展にともなって，車種間で共用化を進める基本部分と多様化のための可変的な部分を切り分ける生産体制がとられるようになるにつれて，サプライヤーはこのような生産体制に柔軟に対応する部品供給が求められるようになった。

　　エ　モジュール生産の進展にともなって，部品間の擦り合わせの頻度が高まってくるので，組立メーカーでは完成車組立工場の敷地内にサプライヤーを集積させたサプライヤー・パークを設ける例がみられるようになった。

181

Ⅰ．経営戦略論

解答	ウ

■解説

モジュール生産に関する問題である。

ア：不適切である。自動車業界のモジュール生産は進展しているが，選択肢のようにアジア域内の現地の中堅サプライヤーが生産するエンジンやパワートレイン等の大型モジュール部品を1か所に集約する配送システムまでは構築されておらず，不適切である。インテグラル型の代表である自動車業界のモジュール化は進展しているが，エレクトロニクス業界ほどはモジュール化が進展していないといえる。

イ：不適切である。開発コストを抑えるためにも，車種間でのプラットフォームの統合は進んでいる。その結果，一次サプライヤーの供給する部品点数は減少傾向にあるため，不適切である。

ウ：適切である。モジュール生産の進展にともなって車種間での共用化は進んでいる。ただし，すべてが共用になるわけではなく，多様化のために可変的な部分も存在する。そのため，サプライヤーには共用化と多様化を切り分けた生産体制へ対応することが求められるため，適切である。

エ：不適切である。モジュール生産の進展に伴って，部品間のすり合わせの頻度は下がるため，不適切である。後半のサプライヤー・パークの例は適切である。

よって，ウが正解である。

第 6 章　技術経営（MOT）

技術戦略	ランク	1回目		2回目		3回目	
	A	／		／		／	

■平成 27 年度　第 6 問

デファクト・スタンダードに関する記述として，最も不適切なものはどれか。

ア　自社規格がデファクト・スタンダードとなるためには，競合企業に対して規格をオープンにし，協定を締結することが必要となる。

イ　自社規格がデファクト・スタンダードとなるためには，公的な標準化機関の認定を必要としない。

ウ　デファクト・スタンダードとなる規格が登場することによって，多くの企業が同一規格の製品を販売し，機能面での差別化競争や安さを売りにした低価格競争が激化することがある。

エ　デファクト・スタンダードとなる規格の登場は，市場の導入期から成長期への移行を加速させる。

183

Ⅰ．経営戦略論

解答	ア

■解説

　デファクト・スタンダードに関する問題である。デファクト・スタンダードとは，業界の標準化団体や国際機関などの承認の有無に関わらず，市場動向や評価などにより事実上の標準規格として市場に広く受け入れられた規格のことである。ビデオテープ戦争では，さまざまな競争ポイントがあったが，後発の VHS は他社に規格をオープンにしたため，改良が進み，最終的には高画質のベータを破り，デファクト・スタンダードとなった。パソコンの OS でも先行する Mac に対し，Microsoft は IBM と手を組むことで成功した。デファクト・スタンダード化を図るには，1 社独走より，市場の他のプレーヤーと上手く連携することが 1 つのポイントであるといえる。

ア：不適切である。自社規格がデファクト・スタンダードとなるためには，競合企業に対して規格をオープンにしたほうが有利であろう。しかし，協定を締結することが必須なわけではなく，不適切である。

イ：適切である。ISO などの公的な標準化機関の認定された規格は，デジュリ・スタンダードと呼ばれる。デファクト・スタンダードでは認定を必要としない。

ウ：適切である。デファクト・スタンダードとなる規格が登場すると，その規格に従った製品が多数開発されるために，機能面での差別化が困難になり，低価格競争が激化しがちである。

エ：適切である。顧客の立場から，デファクト・スタンダードが定まっていない状態の製品は今後も提供し続けられるか不安なため，製品の購入をためらうケースがある。デファクト・スタンダードが定まることでユーザーの安心感が高まり，購買意欲も高まるため，市場の導入期から成長期への移行を加速させられる。

　よって，アが正解である。

第 6 章　技術経営（MOT）

技術戦略	ランク	1回目		2回目		3回目	
	A	／		／		／	

■平成 27 年度　第 7 問

　製品アーキテクチャがモジュール化するにつれて，技術戦略は変わってくる。その
ような変化がもたらす部品メーカーの状況や，部品メーカーの変化への対応に関する
記述として，最も適切なものはどれか。

　　ア　製品サブシステムのインターフェースが標準化されるにつれて，部品メーカ
　　　　ーは一定のデザインルールのもとで，独自に技術開発を進めることが可能に
　　　　なる。

　　イ　製品統合が容易になり，組立メーカーの製品が標準化されるにつれて，その
　　　　収益が低下するので，部品メーカーも収益が悪化する。

　　ウ　製品のサブシステム間の関係が簡素になるので，部品メーカーは部品生産技
　　　　術をめぐって，組立メーカーとの技術交流を緊密化することが重要になる。

　　エ　標準化された部品の生産プロセスにおける技術改良の余地がなくなり，価格
　　　　競争が激化するので，部品メーカーの収益は悪化する。

　　オ　部品メーカーにとっては，自社固有の独自技術を梃子にして新規なモジュー
　　　　ル部品を開発する必要性がなくなるので，これまで取引がなかった組立メー
　　　　カーにも販路を広げることが重要になる。

185

Ⅰ．経営戦略論

解答	ア

■解説

　製品アーキテクチャに関する問題である。製品アーキテクチャは，モジュール型と
インテグラル型に分類される。モジュール型は部品を組み合わせていくことで完成す
るのに対して，インテグラル型では，部品の組み合わせに調整が必要となる。モジュ
ール型は迅速な製品設計や製造が可能になるメリットがあるが，モジュール化が進む
と似たような製品が多くなり製品差別化が難しくなりがちである。

　　ア：適切である。モジュール化でインターフェースの共通化が進むと，そのイン
　　　　ターフェースに適合する部品の製品開発が進められることになり，適切であ
　　　　る。なお，モジュール化は部品が進化しなくなるわけではなく，インターフ
　　　　ェースの共通化など一定のルールのもと，独自に部品開発は進められる。
　　イ：不適切である。モジュール化が進むと，製品統合が容易になり，組立メーカ
　　　　ーの製品は標準化され，差別化が困難になり，収益が低下しがちである。し
　　　　かし，部品メーカーの収益が悪化するとはいえないため不適切である。パソ
　　　　コンメーカーの収益は悪化しても，その部品を提供するインテルは高い収益
　　　　率を維持してきている。
　　ウ：不適切である。製品のサブシステム間の関係が簡素になるので，部品間のす
　　　　り合わせのための調整は減少する。そのため，部品メーカーと組立メーカー
　　　　の技術交流はむしろ簡素化しがちであるため，不適切である。
　　エ：不適切である。まず，選択肢アと同様に，モジュール化が進むのは製品間の
　　　　インターフェースであり，部品の改良が進まないわけではない。次に，選択
　　　　肢イと同様に，モジュール化が進むと製品メーカーの収益は悪化しがちであ
　　　　るが，部品メーカーの収益は悪化するわけではないので，不適切である。
　　オ：不適切である。選択肢アと同様に，部品メーカーは，部品を開発する必要性
　　　　がなくなるわけではないので，不適切である。モジュール化が進むのは，あ
　　　　くまでインターフェースであり，部品自体の改良は進められる。

　よって，アが正解である。

第6章　技術経営（MOT）

技術戦略	ランク	1回目		2回目		3回目	
	A	/		/		/	

■平成25年度　第7問（設問1）

　完成品メーカーと部品メーカーの取引関係に関する次の文章を読んで，下記の設問に答えよ。

　①完成品メーカーと部品メーカーとの取引関係は，両社が属する業界の競争状況や為替相場などの影響を受けながら複雑に変化している。完成品メーカーがこれまでの取引関係を見直して，新たな部品メーカーとの取引を検討したり，あるいは完成品メーカーが外部に発注していた部品を内製化することは頻繁に起こることである。このような取引関係の変化に対応して，②部品メーカーは完成品メーカーに対して様々な手を打つことになる。

（設問1）

　文中の下線部①に関する記述として，最も適切なものはどれか。

　　ア　ある部品の発注先を分散することによって，特定の部品メーカーから大量に調達する場合よりも，部品メーカー1社当たりの生産負担が軽減され，部品コストが低下する。

　　イ　外注する部品について発注先を多様化して競わせることによって，部品メーカーの忠誠心を高め，納入部品の価格を低く抑えることができる。

　　ウ　業界共通の汎用部品の場合，専門部品メーカー数社に発注を集約すれば，そのメーカーに独自能力が蓄積され，完成品メーカーの交渉力が低下する。

　　エ　重要な部品について，完成品メーカーが発注先の部品メーカーを増やせば，調達部品の発注明細の標準化や取引条件の単純化が進み，調達の管理コストが下がる。

　　オ　重要な部品については複数の会社に分散発注することで，部品メーカーの競争による品質の向上が期待でき，不測の事態による供給不足にも対応できる。

187

Ⅰ．経営戦略論

解答	オ

■解説

完成品メーカーと部品メーカーの取引の問題である。

ア：不適切である。部品メーカー側から考えると，生産負担が軽減されるのは，
　　規模の経済が働く時，つまり発注量が多い時である。そのため，発注先を分
　　散することは，部品メーカー1社当たりの生産負担を軽減するわけではない
　　ため，不適切である。なお，発注先を分散させることで，競争が働き部品コ
　　ストが低下することは考えられる。

イ：不適切である。選択肢アと同様で，発注先を分散することで，忠誠心を高め
　　ることはできないため，不適切である。

ウ：不適切である。業界共通の汎用部品の発注を集約しても，そのメーカーに独
　　自能力が蓄積されるわけではないため，不適切である。

エ：不適切である。部品の発注明細の標準化や取引条件の単純化が進むのは，発
　　注先を集約した場合であるため，不適切である。

オ：適切である。重要な部品を1社に発注していると，その発注先への依存度が
　　高まり，交渉力の低下につながる。また，災害発生時のBCP対策としても
　　好ましくない。そのため，重要な部品については複数の会社に分散発注する
　　ことで，部品メーカーの競争による品質の向上を促し，不測の事態による供
　　給不足にも備えるべきである。

よって，オが正解である。

第6章　技術経営（MOT）

技術戦略	ランク	1回目	2回目	3回目
	A	／	／	／

■平成 25 年度　第 7 問（設問 2）

　完成品メーカーと部品メーカーの取引関係に関する次の文章を読んで，下記の設問に答えよ。

　①完成品メーカーと部品メーカーとの取引関係は，両社が属する業界の競争状況や為替相場などの影響を受けながら複雑に変化している。完成品メーカーがこれまでの取引関係を見直して，新たな部品メーカーとの取引を検討したり，あるいは完成品メーカーが外部に発注していた部品を内製化することは頻繁に起こることである。このような取引関係の変化に対応して，②部品メーカーは完成品メーカーに対して様々な手を打つことになる。

（設問 2）

　文中の下線部②に関する記述として，最も適切なものはどれか。

　　ア　完成品メーカーからの受注量を拡大して，現行の技術に依拠した生産の範囲の経済を発揮して，完成品メーカーへの交渉力を高める。

　　イ　完成品メーカー向けの部品の特殊な生産設備への投資によって，部品の値下げ圧力や取引先の切り替えに対抗する。

　　ウ　系列部品メーカーの場合，自社の生産技術やノウハウをブラックボックス化して，完成品メーカーの製品開発に積極的に参加する機会を増やす。

　　エ　自社の特殊な生産設備による部品が完成品の性能・機能にとって不可欠な役割を果たす場合，その生産能力増強については完成品メーカーからの投資負担を求めることができる。

　　オ　部品メーカーは，自社の設計による部品の生産納入を図る貸与図方式への転換を図ることで，継続的な取引を確保できるようになる。

Ⅰ．経営戦略論

解答	エ

■解説

完成品メーカーと部品メーカーの取引の問題である。（設問1）とは逆に部品メーカー側の立場の出題である。

ア：不適切である。完成品メーカーからの受注量を拡大して，現行の技術に依拠した（基づいた）生産を増加させることは，規模の経済の発揮につながるため，不適切である。

イ：不適切である。完成品メーカー向け部品の特殊な生産設備を備えた場合，他社への転用ができず，取引先の切り替えに対する交渉力が低くなるリスクがあるため，不適切である。

ウ：不適切である。自社の生産技術やノウハウをブラックボックス化することは，完成品メーカーの製品開発に積極的に参加する機会を増やしていることにならない。参加するためには情報を共有して両社で開発していくことなどが求められるため，不適切である。

エ：適切である。完成品の性能・機能にとって不可欠な役割を果たす部品を保有している場合，完成品メーカーが増産を望む場合は，投資負担を求めるのは十分に考えられるため，適切である。

オ：不適切である。完成品メーカーが，図面を貸与して部品メーカーに製造を依頼するのが，貸与図方式であり，部品メーカーが自社設計するわけではない。さらに設計を完成品メーカーに抑えられており，継続的取引より，むしろスイッチングコストが低くなるため，不適切である。

よって，エが正解である。

第6章 技術経営（MOT）

技術戦略	ランク	1回目		2回目		3回目	
	A	／		／		／	

■平成25年度　第8問

製品の設計が，部品間のインターフェースが単純なモジュラー的な場合と，複雑で調整が必要な擦り合わせ的な場合とで，製品開発や技術開発の進め方が異なる。モジュラー的な製品開発や技術開発に関する記述として，最も適切なものはどれか。

ア　モジュール部品を多様に組み合わせて得られる製品は，低価格・高機能を容易に実現でき，差別化による高い収益性を発揮できる。

イ　モジュラー化の進展によって，自社固有の技術開発余地が狭まり，標準部品を使った製品間の競争が激化し，価格競争が激しくなる。

ウ　モジュラー的な製品開発では，多様な部品を幅広く組み合わせるので，技術開発と製品開発が緊密に連携することが不可欠になる。

エ　モジュラー的な製品では，モジュール部品を広く外部から調達することが可能になるので，これまでの社内のモジュール部品の生産設備は埋没原価になる。

オ　モジュラー的な製品は，技術を持たない企業の参入可能性を高めるが，先発企業はシステム統合技術で先行するので，市場シェアには大きな影響を与えない。

Ⅰ．経営戦略論

解答	イ

■解説

　モジュール型とインテグラル型の問題である。モジュール型アーキテクチャは，交換可能な独立した機能を持つ部品同士で構成されるものである。一方，インテグラル型アーキテクチャは，システムの各機能が複数の部品にまたがって複雑に配分されており，すり合わせの調整が必要になる。

ア：不適切である。モジュール部品を組み合わせることで，低価格・高機能は実現できるが，差別化は困難になるため，不適切である。部品のインターフェースが標準化されることで，製品自体がコモディティ化してしまうためである。

イ：適切である。モジュラー化の進展によって，インターフェースが標準化されるため，自社固有の技術開発余地は狭まる。そのため，標準部品を使った製品間の競争は激化するが，差別化要因は少ないため，価格競争に陥りやすい。

ウ：不適切である。モジュラー的な製品開発では，多様な部品を幅広く組み合わせるが，部品の仕様は標準化されている。そのため，技術開発と製品開発の緊密な連携は，すり合わせの必要なインテグラル型に比べて少なく，不適切である。

エ：不適切である。モジュール部品は標準化されているため，広く外部から調達することは可能である。しかし，そのため社内のモジュール部品の生産設備が埋没原価になるとまではいえないので，不適切である。モジュール型部品は自社で利用しなくても外部に販売することも考えられるからである。

オ：不適切である。モジュラー的な製品は，技術を持たない企業の参入可能性を高めるため，後発企業も後からシェアを伸ばすことは可能であるため，不適切である。

　よって，イが正解である。

第 6 章　技術経営（MOT）

技術戦略	ランク	1回目		2回目		3回目	
	A	/		/		/	

■平成 22 年度　第 7 問
　科学的な基礎研究が事業に直接に結びつくとは限らない。また，事業化を目指して
開発研究を展開し，商品化に成功したからといって，その商品が期待したような成功
を収めるわけではない。自社技術の独自性を磨くことは大事であるが，それが企業の
技術競争力に結びつくとは限らない。このような技術開発への対応に関する記述とし
て，最も不適切なものはどれか。

　　ア　ある大手企業では中央研究所のあり方を見直し，研究者の一部を事業部門で
　　　　の応用技術研究に配属して，事業部門の研究開発力を強化することにした。

　　イ　ある耐久消費財メーカーでは，これまでのロット生産を廃止して，生産工程
　　　　では顧客の求める仕様を作り込むように生産計画を組んで，限りなく受注生
　　　　産に近い生産技術を開発して顧客ニーズに応えるようにした。

　　ウ　自社で行う研究分野を絞り込んで，集中的に研究者や資金を配分して，研究
　　　　のスピードアップを図っているが，どの分野に集中するかの目利きが難しい
　　　　ので，中央研究所のメンバーにより技術ロードマップを作成した。

　　エ　他社に先駆けて新技術の製品を発売するようにしているが，後発の他社にや
　　　　がてシェアを奪われてしまうので，開発段階に営業部門が参加し，市場のニ
　　　　ーズを活かした改良を加えて製品の独自性や魅力を高めるようにした。

193

Ⅰ．経営戦略論

解答	ウ

■解説

MOT 分野の技術開発への対応に関する出題である。

ア：適切である。中央研究所で，基礎研究のみを行っていると市場ニーズとかけ
　　離れた技術や製品の研究を行ってしまうことがある。そのため，中央研究所
　　で培った基礎技術を事業部門にも展開し，事業部門の市場情報と合わせるこ
　　とで，事業部門の研究開発力が強化されることになる。なお，短期的に製品
　　開発が求められるケースが増え，中央研究所のあり方自体を見直す企業も増
　　加している。

イ：適切である。ロット生産に受注形態の記載はないが，見込みのロット生産が
　　行われていた状況から，顧客の仕様を取り込めるように受注生産に近い生産
　　形態に変更している。これは，マス・カスタマイゼーションと呼ばれ，顧客
　　の個別要望に応えるカスタムメイドやオーダーメイドの特徴を，マスの大量
　　生産のコンセプトを取り入れながら低コストで実現しようとするものである。
　　より顧客接点を顧客側に持ってくることで，製品の成功率を高めようとして
　　いるのである。

ウ：不適切である。選択肢アのように，中央研究所だけでは市場の情報が不足し
　　ている可能性があり，どの分野に集中するかを中央研究所のメンバーだけで
　　選定すると，技術志向に陥り，顧客志向がとれない可能性がある。研究分野
　　を絞り込み，集中的に研究者や資金を配分することは重要であるが，どの分
　　野に集中するかの目利きを行うのに，中央研究所のメンバーがふさわしいと
　　はいえない。

エ：適切である。他社に先駆けた新技術の製品が発売できたとしても，やがて模
　　倣される危険はある。技術や機能面だけを強化するのではなく，営業部門が
　　参加することで，使い勝手などの顧客ニーズも取り入れられるため，市場ニ
　　ーズを活かした製品改良による，製品の魅力向上も必要である。

よって，ウが正解である。

技術戦略	ランク	1回目	2回目	3回目
	A	/	/	/

■平成 22 年度　第 8 問

　エレクトロニクス業界においては，自前で開発した技術にこだわる自社技術志向企業と，グローバルに中間財や他社技術を導入して対応しようとする国際水平分業志向企業とでは，製品のコモディティ化への対応が異なっている。

　下図は，2つの企業の市場シェアの変化をコモディティ化に関連づけてイメージ化したものである。この図を参考にしながら下記の設問に答えよ。

製品のコモディティ化と市場シェア

（設問 1）

　図のような現象に関連する状況についての記述として，最も不適切なものはどれか。

　　ア　国際市況価格で原材料やキーデバイスを仕入れても，同業者も同様に振る舞うことができる分野では，価格優位の長期の維持は難しく，収益低下によって誰もが儲からない競争になりがちである。

　　イ　国際水平分業志向企業は，グローバルに調達した安い原材料やキーデバイスで生産コストの安い国で生産を行いながら価格競争力を高めるのが合理的である。

Ⅰ．経営戦略論

ウ　自社技術志向企業が価格競争力を失うのは，自前主義で時間のかかる独自技術の開発を貫こうとするためなので，コモディティ化のスピードに遅れた自社技術は積極的に破棄してその市場からの撤退を進めなければならない。

エ　製品技術の優位性が薄らいでくると，国際的な中間財受託生産企業がキーデバイス等の供給を通じて，新規業者の参入を推し進めるので，急速に価格競争が激化する。

（設問2）

自社技術志向企業がコモディティ化に対応する戦略に関する記述として，最も不適切なものはどれか。

ア　新しい技術を加えた製品を次々に発売して，キーデバイス等の供給企業の追随を振り払う。

イ　技術の知的財産権を守り，急激なコモディティ化に歯止めをかけるように対応する。

ウ　国際水平分業志向企業に技術を供与して，低価格をとる企業の間のライバル競争を煽り，それら企業を採算割れに追い込む。

エ　国内や海外での市場を分析して，現地のニーズに合った製品の供給体制を構築する。

オ　自社技術を磨いて，新興工業国の国際水平分業志向企業が作れない高機能製品に生産販売を集中する。

第6章　技術経営（MOT）

（設問1）

解答	ウ

■解説

エレクトロニクス業界におけるコモディティ化に関する出題である。

ア：適切である。製品の競争力の源泉となるキーデバイスを外部から仕入れている場合は，競合企業も簡単にキーデバイスを仕入れて模倣できるため，価格優位の長期維持は難しい。

イ：適切である。選択肢アのように原材料やキーデバイスを仕入れて組立を行う場合，いずれは価格競争に陥ることになる。そのため，国際水平分業志向企業は，グローバルで安く調達できる仕組みを整えることで，コストを抑えて，価格競争力をより高めているのである。なお，製品のアーキテクチャー面から考えると，国際水平分業を志向する企業はモジュール型（組立）の企業に多いが，モジュール化が進展すると製品はコモディティ化が進む傾向にある。

ウ：不適切である。自社技術志向企業が自前主義で時間のかかる独自技術の開発を貫こうとした結果，価格競争力を失うのは，あり得ることである。しかし，コモディティ化のスピードに遅れた自社技術を積極的に破棄することには疑問が残る。むしろ技術を多様な製品に応用することでコア技術を鍛え，活用する必要がある。

エ：適切である。キーデバイスといえども，製品技術の優位性が薄らぐと，参入障壁が下がり，技術の模倣が可能になる。そのため，多くの新規参入業者が現れ，急速に価格競争が激化する。

よって，ウが正解である。

197

Ⅰ．経営戦略論

（設問2）

解答	ウ

■解説

コモディティ化に関する出題である。

ア：適切である。新しい技術を加えた製品を次々に発売することで，競合企業か
　　らの追随を許さない戦略である。

イ：適切である。技術の知的財産権を特許などで守ることで，自社技術の模倣を
　　防ぐことは重要である。特にエレクトロニクス業界は，自国だけではなく，
　　グローバルに展開することも多いために，国際的な知的財産権を確立するこ
　　とは必要である。ただし，特許は技術を公開するため，模倣のリスクを完全
　　に排除できるわけではないが，急激なコモディティ化の歯止めには有効であ
　　る。

ウ：不適切である。国際水平分業志向企業に自社の技術を供与して，自社の技術
　　のオープン化，デファクト・スタンダード化を図る戦略もあり得るだろう。
　　しかし，低価格をとる企業間のライバル競争を煽る必要はなく，それらの企
　　業を採算割れに追い込むということにもならないであろう。

エ：適切である。国内や海外の市場を分析して，現地ニーズに合った製品を提供
　　することは重要である。グローバルで同一の製品を提供するだけでは，国に
　　よって市場ニーズに適合していない製品を提供してしまうことになる。ただ
　　し，各国で製品だけではなく，技術も異なる製品を提供すると提供コストは
　　高くなるので，コアとなる技術を用いて，各国にニーズに合った製品提供を
　　心掛けるべきである。

オ：適切である。新興工業国の国際水平分業志向企業と価格競争では勝てないた
　　め，新興企業が作れないような製品を提供し続け，製品のコモディティ化を
　　防いで，収益を確保する戦略は考えられる。ただし，選択肢エと同様に，コ
　　ア技術を明確にしておかないと，技術志向に陥りかねない。

よって，ウが正解である。

198

第6章　技術経営（MOT）

知的資産経営	ランク	1回目	2回目	3回目
	B	／	／	／

■平成 28 年度　第 10 問

　技術志向の企業では，企業価値に占める無形資産の割合が有形資産のそれを大きく上回る企業が多く見られ，知的資産の戦略的経営が注目されている。特に特許は守るだけでなく，企業価値を高めるべくそれを他社と相互に活用したりすることも重要になっている。特許の戦略的運用に関する記述として，最も適切なものはどれか。

　　ア　特許をオープンライセンスすることは，ライセンスを許諾することによって
　　　　自社技術基盤の上に他社製品をのせて，他社の代替技術開発のモチベーショ
　　　　ンを下げる効果を期待できるが，ロイヤルティ収入は期待できなくなる。

　　イ　プロパテント戦略は特許侵害に対応すべく，訴訟に訴えて差止請求権や損害
　　　　賠償請求権などの法的手段で特許を守る戦略であり，知財戦略の基本をなす
　　　　ものである。

　　ウ　包括クロスライセンス契約では，特定分野についてリスト化された特許の範
　　　　囲で特許の相互利用が許されるが，その後成立した特定分野の特許について
　　　　はリストに加えることは法的に許されていない。

　　エ　包括クロスライセンス契約を結ぶのは，主として企業間で特許を相互に幅広
　　　　く利用するためであり，契約提携企業間での金銭の授受を伴うこともある。

199

Ⅰ. 経営戦略論

解答	エ

■解説

知的資産経営の，特許に関する問題である。

ア：不適切である。特許のオープンライセンスとは，自社が保有している特許利
用の権利を付与する用意があることであり，無料で提供することではない。
そのため，ロイヤルティの収入も期待できるため，不適切である。なお，特
許を公開することで，他社の代替技術開発のモチベーションが下がる部分は
適切である。

イ：不適切である。プロパテント戦略は特許権を含む知的財産権の保護を重視す
る戦略である。訴訟や損害賠償などの法的手段も活用するが，プロパテント
戦略が，法的手段そのものを指すわけではないため，不適切である。

ウ：不適切である。クロスライセンス契約とは，特許権の権者どうしが，お互い
の特許権を利用することができるように締結するライセンス契約のことであ
る。特定分野についてリスト化された特許の範囲だけではなく，その後成立
した特定分野の特許もリストに加えることが可能なため，不適切である。加
えるか否かは当事者間の契約する内容によって異なってくるであろう。

エ：適切である。包括クロスライセンス契約を結ぶのは，個別に結ぶより迅速に
活用でき，企業間でお互いの特許を幅広く利用できるため，適切である。ま
た，お互いのライセンスの価値が異なれば，契約の内容によっては，ライセ
ンス料などの金銭授受は発生する。

よって，エが正解である。

第 6 章　技術経営（MOT）

技術戦略	ランク	1回目	2回目	3回目
	B	／	／	／

■平成 26 年度　第 8 問
　自動車メーカーや電気・電子機器メーカーなどの大手企業と部品サプライヤーの中小企業との取引関係に関する記述として，最も適切なものはどれか。

ア　自動車メーカーが承認図方式をとるのは，自社技術がカバーしにくい領域の部品であり，第一次系列のサプライヤーに限られるので，中小企業が承認図部品の発注を受けることはない。

イ　自動車メーカーが複数発注をするのは重要な部品が中心であり，月間生産計画がほぼ固定された特定のサプライヤーに渡されて，貸与図による部品生産が行われる。

ウ　中小企業が優良外注先としての評価を高めるためには，通常好業績で高い生産能力をもつことが求められるが，大手企業側からみれば，そのような中小企業との取引を数多くもつことによって，生産全体に柔軟性を持たせることができる。

エ　電気・電子機器メーカーからの注文の契約期間は概して短期間であるが，発注量が安定しており，納入価格も明示されるので，自社の生産計画に合わせやすい。

オ　電気・電子機器メーカーからの発注品目は比較的標準的な部品ながら，持続的な系列取引が求められるので，自社の生産設備を更新する必要はほとんどない。

201

Ⅰ．経営戦略論

解答	ウ

■解説

大手企業と部品サプライヤーの取引に関する問題である。

ア：不適切である。承認図方式は，メーカーが基本的仕様を提示し，詳細設計は
部品メーカーに任せる開発方式である。自動車業界では，自社技術がカバー
しにくい領域の部品を，第一次系列のサプライヤーに依頼することが多い。
ただし，中小企業でも任せられるケースはあり，発注をしないとはいえない
ため，不適切である。

イ：不適切である。貸与図方式は，メーカー側が最終的な製品の仕様を決定し，
さらにその製品に必要な部品も設計を行い，その設計図を部品メーカーに提
供して，仕様どおりに部品を供給してもらう方式である。承認図方式に比べ
て貸与図方式の場合，部品メーカーは単なる製造能力の提供にとどまり，対
応する製品も汎用品などの重要度が低い部品で行われるため，不適切である。

ウ：適切である。大ヒットになったり，全く売れなかったりと，製品ごとの生産
量は変動する。そのため，大手企業は柔軟な生産体制を構築する必要があり，
本選択肢のような中小企業を取引先として多数確保しておきたいため，適切
である。

エ：不適切である。部品のライフサイクルが短くなり，電気・電子機器メーカー
からの注文の契約期間は概して短期間になりがちである。さらに，発注量が
安定しているとはいえない。製品の販売状況によっては，大きく生産量が変
動することもあり，自社の生産計画に合わせやすいとはいえないため，不適
切である。

オ：不適切である。電気・電子機器メーカーはモジュール型であるため，発注品
目は組み立てるだけの比較的標準的な部品であることが多い。一方で，標準
品であるため1社に発注し続ける理由は少なく持続的な系列取引が求められ
ているとはいえないので，不適切である。

よって，ウが正解である。

第6章 技術経営（MOT）

技術戦略	ランク	1回目	2回目	3回目
	B	／	／	／

■平成26年度　第11問

　スタートアップ段階のベンチャー企業A社は，将来の成長ステージについて段階を追って計画を立て，達成目標と時期を明確にしたマイルストーンの明示を真剣に考えている。同社は成果が出るまでに数年を要すると考えて，累積的なキャッシュフローはJカーブ曲線を描くと予想し，それを経営の根幹に位置付けて計画を検討している。累積的なキャッシュフローが描くJカーブ曲線に関する記述として，最も適切なものはどれか。

　　ア　新製品・サービスが意図した通りのプロセスで開発できるかどうかのリスクを示し，アイデアの創出から市場投入までの商業化段階での効果を指す。

　　イ　新製品・サービスが意図した通りのプロセスで開発できるかどうかのリスクを示し，市場投入前の先行投資であるサポートコストの影響を受ける。

　　ウ　新製品・サービスが顧客の望む数量や価格水準で受け入れられるかどうかのリスクを示し，市場投入後の再投資を含むスタートアップコストの影響も受ける。

　　エ　新製品・サービスの開発，生産，販売などを予想通り行えるかどうかのリスクを示し，商品の市場投入までの時間と量産までの時間の両方から影響を受ける。

203

Ⅰ．経営戦略論

解答	エ

■解説

Ｊカーブ効果に関する問題である。

Ｊカーブ効果とは，短期的には，最終的に予想される変化とは逆方向に変化をすることである。事例としてよく登場するのは，為替相場であり，自国の通貨が安くなった場合，最終的には輸出が増加し，貿易黒字は増加する。しかし安くなった直後には逆に貿易黒字が減少する。これは，たとえば円安になると，短期的には輸入のコストが高まり，輸入額が増加して，輸出額は逆に減少するため，貿易収支は一時的に悪化するのである。

ア：不適切である。スタートアップ段階のベンチャー企業の成長ステージとしては，製品を開発して，生産，販売が順調に進むようになるまでには時間がかかると考えられる。そのため，最初の数年の開発や生産の期間のキャッシュフローはマイナスから始まり，その後，販売が軌道に乗ればキャッシュフローが急拡大していくであろう。Ｊカーブの位置づけとしては，開発できるかどうかのリスクまでではなく，販売までを見越しているため，不適切である。

イ：不適切である。選択肢アと同様に，開発や市場投入前だけの内容ではないので不適切である。

ウ：不適切である。選択肢アと同様に，市場投入後の再投資を含むスタートアップコストの内容だけではないので不適切である。

エ：適切である。選択肢アの内容のとおり，新製品・サービスの開発，生産，販売までの内容であるため，適切である。

よって，エが正解である。

第6章　技術経営（MOT）

技術戦略	ランク	1回目	2回目	3回目
	B	／	／	／

■平成23年度　第9問

技術開発に必要な経営資源を「技術革新において中核となる技術上のノウハウ」とその「補完資産」とに分けて考えた場合，ハイテク・ベンチャー企業に関する記述として，<u>最も不適切なものはどれか</u>。

　ア　多くの顧客に対して販売促進活動を行い，顧客からの注文を受けて製品を届け，対価を受け取っている企業は，補完資産としての販売力を自社で保有している。

　イ　技術革新を商業化して経営成果として結実させるために必要なマーケティングやアフターサービスの活動に関する能力は補完資産として重要である。

　ウ　少数の特定の顧客企業が自社の大部分の製品を購入している場合，補完資産としての販売力を自社で保有している。

　エ　ハイテク・ベンチャー企業の「技術革新において中核となる技術上のノウハウ」は中核能力として位置づけられ，その獲得は技術革新実現の必要条件である。

　オ　ハイテク・ベンチャー企業の「技術革新において中核となる技術上のノウハウ」を価値連鎖として完結するために，補完資産の外部への依存を考慮することは重要である。

205

Ⅰ．経営戦略論

解答	ウ

■解説

　ハイテク・ベンチャー企業の中核となる技術上のノウハウとその補完資産に関する
出題である。

　ア：適切である。ハイテク・ベンチャー企業の中核となる技術上のノウハウ，つ
　　　まりコア・コンピタンスは技術革新の能力そのものになるだろう。そのため，
　　　技術革新の価値を顧客に伝える販売力は，補完資産となる。

　イ：適切である。選択肢アと同様である。技術革新自体が中核能力であるとして，
　　　マーケティングやアフターサービスの活動に関する能力は補完資産となる。

　ウ：不適切である。少数の特定の顧客企業が自社製品の大部分を購入している場
　　　合には，その大口顧客への依存度が極めて高く，補完資産としての販売力を
　　　保有しているのではなく，新規顧客開拓の必要性も低いことから販売力が強
　　　くはないといえる。

　エ：適切である。選択肢ア・イでの記載のように，ハイテク・ベンチャー企業の
　　　コア・コンピタンスは技術革新のノウハウであり，その獲得や維持は必要条
　　　件となる。

　オ：適切である。補完資産の外部への依存とは，自社は技術開発に特化し，販売
　　　等に関する補完資産は他社へのアウトソーシングで賄うことである。経営資
　　　源が十分でないハイテク・ベンチャー企業としては，必要な行動である。

　よって，ウが正解である。

第6章　技術経営（MOT）

外部組織との連携 〜大学との共同開発	ランク	1回目	2回目	3回目
	B	／	／	／

■平成28年度　第4問（設問2）

次の文章を読んで，下記の設問に答えよ。

現代の企業にとって，外部組織との連携の活用は，事業の競争力を構築するための主要な経営課題となっている。（中略）

①オープン・イノベーションにはメリットとデメリットがあり，オープン・イノベーションによる競争力の構築にあたっては，経営者の戦略的な判断が問われる。自動車産業での密接な企業間関係に見られるように，日本企業も企業外部の経営資源の活用に取り組んできた。近年では，②大学や公的研究所などの研究組織との共同開発に積極的な取り組みをする企業も増えている。

文中の下線部②にあるように，大学と共同で開発した成果を活用して，新たに起業する場合の問題に関する記述として，最も不適切なものはどれか。

ア　大学教員をパートナーに起業した場合には，営利取得の可能性があるために，当該教員が企業家活動から個人的利益を追求する利益相反を生み出すことがある。

イ　大学教員をパートナーに起業した場合には，大学の知的資源や労力を流用する際に，営利目的のために大学院生や学部学生を利用し，学部教育や大学院教育を弱体化させることがある。

ウ　大学教員をパートナーに起業した場合には，大学の発明に対して排他的な権利を保有したいと要望し，知識の流通を限定して潜在的に価値のある商業技術の普及を遅らせることがある。

エ　大学教員をパートナーに起業した場合には，利益相反の問題は大学やその事務職員の株式保有にかかわりなく，当該教員が研究を行う企業の株式を保有しているかどうかによって生じる。

207

Ⅰ．経営戦略論

解答	エ

■解説

　大学や公的研究所などの研究組織との共同開発に関する問題である。利益追求が目的の企業と，そうではない大学の連携により，選択肢ア・イ・ウのような問題は発生してしまうリスクがある。

ア：適切である。大学教員が個人の利益を追求すれば，企業との利益が異なることは当然考えられ，利益相反が発生してしまうことはある。また，大学教員と大学の利益相反の可能性も考えられるため，適切である。

イ：適切である。企業の利益追求のため，大学の知的資源や労力を活用することになるが，利益追求が過ぎると，学生を営利目的の業務にばかり携わらせたりすることが考えられる。そうすると，大学本来の教育が弱体化することが発生するため，適切である。

ウ：適切である。企業側が大学側の発明を活用する際にはライバル企業に当然使わせたくないため，排他的な権利を設定することが考えられる。その結果，発明などの知識の流通が限定的になり，日本全体で見ると商業技術の普及が遅れてしまうリスクは存在するため，適切である。

エ：不適切である。選択肢アのとおり，当該教員が研究を行う企業の株式を保有しているかどうかや，大学やその事務職員がその企業の株式保有にかかわらず，利益相反の問題は発生する可能性はあるため，不適切である。

　よって，エが正解である。

第6章 技術経営（MOT）

研究開発管理	ランク	1回目	2回目	3回目
	B	／	／	／

■**平成27年度　第8問（設問1）**

次の文章を読んで，下記の設問に答えよ。

技術開発型ベンチャー企業が自社開発の技術の成果を商品化していくプロセスは，いくつかの段階に分かれている。研究段階では研究開発チームなどでシーズを創出し，開発段階では研究から開発へと発想転換してマーケティングによる仕様の絞り込みで製品開発に取り組む。そのうえで，開発した製品を市場へ投入して事業化を成し遂げ，事業の拡大を意図した戦略をもとに生産・販売体制の確立を進めていく。しかし，段階を進めていく過程ではいくつかの障壁に直面し，その回避策を考える必要がある。研究段階から事業化に至るまでの障壁には，基礎研究で開発されたシーズの社会的な有用性が識別しにくいことによる①「デビルリバー（魔の川）」，応用研究と製品開発の間で十分な資金や人材などの資源を調達できない「デスバレー（死の谷）」があり，事業化を成し遂げた後にも，②市場で直面する激しい競争状況を意味する「ダーウィンの海」と呼ばれる障壁がある。

（設問1）

文中の下線部①の「デビルリバー（魔の川）」と「デスバレー（死の谷）」に関する記述として，最も適切なものはどれか。

ア　TLOなどを活用して大学の技術との連携を積極化するよりも，基礎技術や高い要素技術を必要とする領域に踏み込んで自社技術の開発に注力することが「デビルリバー」の回避につながる。

イ　技術シーズ志向の研究とニーズ志向の開発では，新たなシーズを絞り込む収束型作業から大きなニーズを見つける発散型作業へ切り替えができなければ，「デスバレー」を越えられずに資金的に行き詰まってしまう。

ウ　社内プロジェクトメンバーの担当を入れ替え，商品化や顧客マーケティングに近いメンバーに権限を持たせることは「デスバレー」の回避につながる。

エ　所有している特許権や意匠権などの産業財産権のうち，一部の専用実施権を第三者企業に付与するのを避けることで「デビルリバー」を超える時間の短縮につながる。

209

Ⅰ．経営戦略論

解答	ウ

■**解説**

デビルリバー（魔の川）とデスバレー（死の谷），ダーウィンの海に関する問題である。魔の川とは，基礎的な研究から，製品開発に進めるかどうかの関門である。死の谷とは，製品開発段階へと進んだ製品が，事業化段階へ進めるかどうかの関門である。なお，（設問2）のダーウィンの海とは，事業化されて市場で販売された製品が，市場で成功できるかどうかの関門である。

　ア：不適切である。基礎研究に踏み込んで没頭しているといつまでたっても製品開発に進めない。そのため，TLOなど外部との連携を活かして，製品開発に進むのは，魔の川を回避するのに有効である。

　イ：不適切である。死の谷を超えて事業化に進むには，発散型作業から収束型作業に切り替えていく必要があるため，不適切である。資金は無尽蔵ではないため，どこかで絞り込んでいかないと，行き詰まってしまう。

　ウ：適切である。研究開発部門のメンバーだけでなく，より顧客に近い，メンバーに権限を付与することで，製品化は進み，死の谷の回避につながると考えられるため，適切である。

　エ：不適切である。所有している特許権などの専用実施権を第三者に付与すると，当社でも活用できなくなるので，その特許が必須な開発は進みにくくなる。一方で，ライセンス収入などを得ることができる。魔の川を回避するためには資金調達も重要な視点になるため，一部の専用実施権を付与するのを避けずに実施することで資金調達し，時間の短縮につながる可能性はある。そのため，不適切である。

　よって，ウが正解である。

第 6 章　技術経営（MOT）

研究開発管理	ランク	1回目	2回目	3回目
	B	／	／	／

■平成 27 年度　第 8 問（設問 2）

次の文章を読んで，下記の設問に答えよ。

技術開発型ベンチャー企業が自社開発の技術の成果を商品化していくプロセスは，いくつかの段階に分かれている。研究段階では研究開発チームなどでシーズを創出し，開発段階では研究から開発へと発想転換してマーケティングによる仕様の絞り込みで製品開発に取り組む。そのうえで，開発した製品を市場へ投入して事業化を成し遂げ，事業の拡大を意図した戦略をもとに生産・販売体制の確立を進めていく。しかし，段階を進めていく過程ではいくつかの障壁に直面し，その回避策を考える必要がある。研究段階から事業化に至るまでの障壁には，基礎研究で開発されたシーズの社会的な有用性が識別しにくいことによる①「デビルリバー（魔の川）」，応用研究と製品開発の間で十分な資金や人材などの資源を調達できない「デスバレー（死の谷）」があり，事業化を成し遂げた後にも，②市場で直面する激しい競争状況を意味する「ダーウィンの海」と呼ばれる障壁がある。

（設問 2）

文中の下線部②の「ダーウィンの海」を回避するための方策に関する記述として，最も適切なものはどれか。

　　ア　研究開発段階で大手企業と共同開発をしていても，事業化以降はアライアンスの解消を進める。

　　イ　生産と販売・アフターサービスを分離して独立させた体制の構築を進める。

　　ウ　生産に伴う原材料の支払いサイトと製品販売後の回収サイトの時間差を短縮する。

　　エ　生産の外部委託を進め，製品企画と製品設計に注力する。

211

Ⅰ．経営戦略論

解答	エ

■解説

　ダーウィンの海に関する問題である。ダーウィンの海とは，事業化されて市場で販売された製品が，市場で成功できるかどうかの関門である。

　ア：不適切である。ダーウィンの海を回避するためには，市場で競争を乗り越え，売上を確保していく必要がある。そのため，事業化以降も大手企業とアライアンスを継続したほうが，早期に市場での成功を収められる可能性が高く，不適切である。

　イ：不適切である。顧客の声に応え，市場で成功していくためには，製品の良さだけではなく，サポート体制の良さも求められる。そのため，生産と販売・アフターサービスを一体化させたほうが，ダーウィンの海は回避しやすいため，不適切である。

　ウ：不適切である。支払いサイトと回収サイトの時間差を短縮することで，資金繰りは改善され，継続的な製品開発や販売には有利になる可能性はある。ただし，ダーウィンの海を回避するには，そもそも市場で受け入れられる必要があり，資金繰り以前の問題ともいえるため，不適切である。

　エ：適切である。ダーウィンの海を回避するためには，生産設備を充実させ，必要とされるときに迅速に製造し提供できる体制が望ましい。しかし，生産設備を充実するにはコストがかかるため，外部との連携も有効な施策である。いわゆるファブレス企業として，製品企画と製品設計に注力することで，回避できる可能性は高くなるといえるため，適切である。

　よって，エが正解である。

第6章　技術経営（MOT）

研究開発管理	ランク	1回目	2回目	3回目
	A	／	／	／

■平成 26 年度　第 9 問

研究開発に関する記述として，最も不適切なものはどれか。

ア　基礎研究から生み出された技術が成功するためには，その技術に基づく製品
　　が市場で勝ち抜くことを阻む「死の谷」と呼ばれる断絶を克服しなければな
　　らない。

イ　自社の技術だけで最終製品が生まれることはまれであり，関連する技術領域
　　を幅広く動員する技術の統合能力が製品開発には必要である。

ウ　市場ニーズをくみ上げて技術開発を進めるには，研究開発要員が日常的に市
　　場との対話の機会を持ったり，営業部門や生産部門との連携を保つことが重
　　要である。

エ　新規な技術が生まれにくくなるにつれて，顧客の感性に訴えるデザインや利
　　便性あるいは顧客の課題解決提案などの新たな視点による製品開発の例も生
　　まれている。

オ　模倣は，研究開発投資のコストや時間を節約できるばかりでなく，先発企業
　　の市場開拓に追随すればよいので，マーケティング・コストの負担も軽減で
　　きる可能性が高い。

213

Ⅰ．経営戦略論

解答	ア

■解説

研究開発に関する問題である。

ア：不適切である。技術経営の製品開発においては３つの関門がある。魔の川は，基礎研究から製品化を目指す開発へと進めるかどうかの関門である。死の谷とは，開発に進んだあと，実際の製品が作られるといった事業化へ進めるかどうかの関門である。ダーウィンの海とは，製品開発から市場化の間の障壁で，事業化された製品が，市場で競合と争ったうえで，認められるまでの関門である。つまり選択肢アの内容は，死の谷ではなく，ダーウィンの海である。

イ：適切である。選択肢のとおり，自社の技術だけで最終製品が生まれることはまれになっている。製品のモジュール化によって，他社部品を組み合わせたり，工程によって他社と連携したりと関連する技術領域を幅広く動員する技術の統合能力が必要になっている。

ウ：適切である。選択肢のとおり，技術開発を担当する研究開発部門も，市場に関心をもって，市場ニーズをくみ上げて技術開発を進めることが求められている。そのため，営業部門や生産部門との連携を保つことが重要となる。

エ：適切である。市場が成熟してくると，新しい技術が生まれなくなり，機能面では製品の差がつかなくなってくる。製品の３階層のレベルで考えると，製品の核では差別化できない。そのため，デザインやブランド名といった製品の形態や，配送やアフターサービスなどの製品の付随機能で差別化を図っていく必要がある。

オ：適切である。研究開発投資のコストや時間を節約のために模倣することも重要である。そのため，他社製品をバラして，リバースエンジニアリングによって模倣するケースが増えている。また先発企業が市場を切り開いてくれるので，後発企業はマーケティング・コストも抑制することができる。

よって，アが正解である。

第6章 技術経営（MOT）

研究開発管理	ランク	1回目	2回目	3回目
	B	／	／	／

■平成22年度　第4問

　企業は技術の発展にともなって，しばしば研究開発組織をダイナミックに組み替え
たり，研究開発の仕組みに工夫をしている。そのような状況に関する記述のうち，製
品開発戦略の展開に結びつく研究開発組織のあり方として，最も不適切なものはどれ
か。

　ア　技術ごとの機能分化が進み過ぎたので，市場が求める製品のニーズに沿って
　　　技術部門を再編するとともに，営業部門との協議を開くことにしている。

　イ　技術的に複雑な製品が増えてきたので，プロダクトチームのほかに技術分野
　　　ごとの機能別チームを再び編成し，開発段階に沿って機能別チームがプロダ
　　　クトチームと連携することにしている。

　ウ　製品開発のプロジェクトリーダーには，専門的な技術知識とともにチームを
　　　まとめるマネジメント能力や人間性を重視して任命している。

　エ　製品ごとに開発担当者をおき，その下に開発チームを編成し，開発が終わっ
　　　た段階で担当者およびチーム参加者は解散することにしている。

　オ　中央研究所を見直して担当を開発研究に絞り込み，外部と取引や技術交流の
　　　ある生産技術部門や営業部門に基礎研究を移管している。

215

Ⅰ．経営戦略論

解答	オ

■解説

製品開発組織のマネジメントに関する出題である。

ア：適切である。技術ごとの機能分化が進みすぎると，市場が求める製品ニーズ
　　に対応できなくなる可能性がある。そのため，技術軸の組織から，市場軸の
　　組織に再編されることは一般的に多い。

イ：適切である。技術的に複雑な製品が増えてきたので，製品チームのほかに技
　　術分野ごとの機能別チームを編成して連携を図るのは有効である。選択肢ア
　　のように，市場ニーズに応じて組織を再編した場合，複雑な技術が多いと，
　　各技術要素の担当を，新しい組織に取り込まねばならず，現実的ではない。
　　そこで，技術分野ごとのチームが開発の工程によって連携したり，すり合わ
　　せしたりしながら開発を進めていくのである。

ウ：適切である。製品開発のプロジェクトリーダーには，専門的な技術知識とと
　　もに，組織やチームをまとめるマネジメント能力や人間性が必要になる。特
　　に，選択肢イのように技術的に複雑な製品開発であれば，組織をまたいだ折
　　衝も数多く発生するため，重量級のプロジェクトリーダーが求められるであ
　　ろう。

エ：適切である。プロジェクト型の開発チームに関する記述である。プロジェク
　　トとは，本来有期のものであり，開発が終わった段階で参加者は解散するの
　　が正しい。ただし，ノウハウの共有や今後の展開については留意する必要が
　　ある。

オ：不適切である。基礎研究を行う中央研究所と生産技術部門や営業部門の人事
　　交流は有効であるが，基礎研究自体を生産技術部門や営業部門に移管するの
　　は，組織の目的が異なるため，製品開発戦略の展開に結び付かない可能性が
　　高い。

よって，オが正解である。

第6章　技術経営（MOT）

研究開発管理	ランク	1回目		2回目		3回目	
	B	/		/		/	

■平成 22 年度　第 6 問

　先端的な技術分野では，研究開発に要する資金が大きくなるにつれて，企業間の技術や部材の調達をめぐって，これまでにない提携関係が多く見られるようになってきた。そのような提携に関する記述として，最も不適切なものはどれか。

　ア　エレクトロニクス産業では，EMS と呼ばれる中間製品の安価な供給メーカーから，半導体や液晶ディスプレイなどを買い付けて，価格競争力を確保する動きが国際的に見られる。

　イ　カーエレクトロニクス化が進むにつれて，車載組み込みのソフトやハードの開発コストが膨大になっているので，ライバルメーカーが共同してその標準化に取り組む共同体が，欧州や日本に設立されている。

　ウ　技術が複雑多様化するにつれて，すべての技術を自前で持つことが不可能になったので，研究開発テーマによっては，異業種他社の参加を広範囲に求めることが多くなった。

　エ　技術規格が定まらない新規技術分野では，いくつかの企業が連携して技術規格の標準化を目指す動きが活発であるが，その帰趨は技術の優位性に依存している。

　オ　国際競争力を保つべく，同業者が連携して，規模の経済を狙って業界内でコアな標準部品の生産を特定企業に集中し，生産から撤退した企業はそこから供給を受ける仕組みが見られるようになった。

217

Ⅰ．経営戦略論

解答	エ

■解説

先端的な技術分野の企業間連携に関する出題である。

- ア：適切である。EMS（Electronics Manufacturing Service）とは，他メーカーから受注した電子機器の受託生産を専門に行う企業のことである。エレクトロニクス産業では，EMS企業から安価で中間製品を購入し，製品組み立てを行うことで価格競争力を確保している企業が多くなっている。
- イ：適切である。カーエレクトロニクス化にともなって，自動車の電子化は進展し，電子部品組み込みのためのソフトウェアの標準化が急がれている。たとえば，車載LANの「MOST（Media Oriented Systems Transport）」などの規格の制定や，トヨタなどがJASPAR，自動車向け共通基盤ソフトウェア開発事業を行ったりしている。
- ウ：適切である。技術が複雑多様化するにつれて，当然ながら，すべての技術を自社で取りそろえるのは不可能になった。そのため，異業種と連携して研究開発を進める事例も見られる。特に自動車分野は選択肢イのように電子化が進展しており，電気メーカーとの連携が盛んである。
- エ：不適切である。前半部分は適切である。複数の企業連携により技術規格の標準化，つまりデファクト・スタンダード化を目指す動きは活発である。しかし，その帰趨は技術の優位性ではなく，賛同する企業の多さや，顧客の支持の多さをいかに取り付けるかで決まってくる。
- オ：適切である。規模の経済を実現し，国際競争力を保つために，業界内でコアな標準部品の生産を特定企業に集中し，生産から撤退した企業はそこから供給を受ける仕組みが見られる。たとえば，半導体業界におけるエルピーダメモリがある。日立製作所と日本電気の統合で設立され，三菱電機などからDRAM事業を受け入れたりした。

よって，エが正解である。

第 6 章　技術経営（MOT）

	ランク	1回目	2回目	3回目
キャズム	A	／	／	／

■令和元年度　第9問

　新製品や新サービスを受け入れる市場が一様ではなく，いくつかの異なったグループによって構成されているとする考え方に，市場をマニア・マーケットと大衆マーケットとに分けて市場の顧客層の質的な違いに着目するキャズム（Chasm: 市場の断層）の理論がある。

　キャズムの理論に関する記述として，最も適切なものはどれか。

ア　キャズムの理論では，大衆マーケットにおける新製品や新サービスの急成長は，目利きの層（アーリー・アドプター）と流行を後追いする層（レイト・マジョリティー）に対し，並行的に受け入れられる必要がある。

イ　キャズムの理論では，大衆マーケットを構成する流行に敏感な層（アーリー・マジョリティー）にいかに受け入れられ，その需要を喚起するかが課題となる。

ウ　キャズムの理論では，大衆マーケットを構成する流行を後追いする層（レイト・マジョリティー）には受け入れられても，無関心の層（ラガード）に受け入れられるかどうかが問題となる。

エ　キャズムの理論では，まずマニア・マーケットを構成する新しいモノ好きの層（イノベーター）と無関心の層（ラガード）とに受け入れられることが必要である。オ　キャズムの理論では，マニア・マーケットを構成する新しいモノ好きの層（イノベーター）に受け入れられ，いかに目利きの層（アーリー・アドプター）の反応を推測するかが問題となる。

219

Ⅰ．経営戦略論

| 解答 | イ |

■解説

　キャズムに関する出題である。キャズム理論は，ジェフリー・ムーアが1991年に提唱したもので，革新的商品やサービスが市場でシェアを拡大する過程で，容易に超えがたい「溝」があるとするものである。顧客層全体を受容時期の早い順から5つの層に分け，このうち13.5％のアーリーアドプター（初期採用者）と34％のアーリーマジョリティ（前期追随者）の間の普及を阻む「溝」がキャズムである。

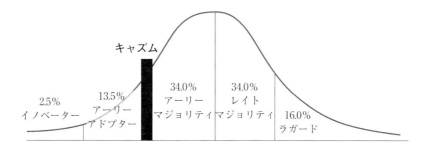

ア：不適切である。目利きの層（アーリー・アドプター）と流行を後追いする層（レイト・マジョリティ）で並行的に受け入れられることはないため，不適切である。

イ：適切である。キャズム理論では，普及のためには溝（キャズム）を越えて，アーリーマジョリティに受け入れられるための需要を喚起できるかが課題となるため，適切である。

ウ：不適切である。流行を後追いする層（レイト・マジョリティ）には受け入れられれば，採用遅滞者であるラガードにまで進む可能性が高いため，不適切である。

エ：不適切である。まずラガードに受けいれられることはない。さらにキャズム理論ではイノベーターではなく，アーリーマジョリティに受け入れられるかが重要であるため，不適切である。

　よって，イが正解である。

第6章　技術経営（MOT）

イノベーションと変革	ランク	1回目	2回目	3回目
	B	／	／	／

■平成30年度　第8問

　企業変革は，経営者にとって重要な戦略的課題である。企業におけるイノベーションと変革に関する記述として，最も適切なものはどれか。

ア　企業内起業家制度は，組織内で自律した位置づけと経営資源を与えられるベンチャー・チームを活用することがあり，イノベーションを生み出す企業家精神，哲学，組織構造を内部に発展させようとする試みである。

イ　企業の戦略的な優位を達成するために，製品・サービス，戦略と組織構造，組織文化，技術の変革に取り組む必要があるが，これらの個々の変革は他と切り離して実行でき，各々の変革の結果は相互に独立的である。

ウ　製品イノベーションを戦略的に達成するには，水平的連携が必要となるが，水平的連携は，新製品にかかわる各々の部門が外部環境における関連する領域と卓越した連携を持つことである。

エ　製品イノベーションを戦略的に達成するには，バウンダリー・スパンニングが必要となるが，バウンダリー・スパンニングは，技術，マーケティング，生産の各担当者が，互いにアイデアや情報を共有することである。

オ　リエンジニアリングは，事業プロセスの急激な設計変更に対応し，プロセスよりも職務を重視した部門の専門化の取り組みであり，組織文化，組織構造，情報技術に対して逐次的変化を引き起こすため，従業員が不安や怒りで反応する場合がある。

221

Ⅰ. 経営戦略論

解答	ア

■解説

イノベーションと変革に関する出題である。

- ア：適切である。企業内起業制度とは，通常のベンチャーと違って，組織内の自立した位置づけと与えられた経営資源のもとで，イノベーションを生み出す起業家精神を組織構造内でも持っていく試みであり，適切である。
- イ：不適切である。前半部分は適切である。企業の戦略的な優位を達成するために，製品・サービス，戦略と組織構造，組織文化，技術の変革に取り組む必要がある。ただし，これらの個々の変革を1つずつ切り離して別に実施するのは，不適切である。技術の変革でイノベーションを目指そうとしているのに，組織文化がそのままでは実現できないだろう。
- ウ：不適切である。イノベーション創出のためには，「水平的連携」のオープンイノベーションが必要になっている。アップル社のiPhoneはその代表例といえるだろう。デバイスの多くは日本等の中小企業が作っているが，iOS自体はアップルが中心で作っている。各々すべての部門が卓越した連携を持つのではなく，自社に足りない部分の連携が重要であり，不適切である。
- エ：不適切である。バウンダリー（境界線）・スパンニングは「組織の壁を超える」という意味合いになる。チェスター・バーナードは，「組織を人間の集合体ではなく協働システムと見なし，そこには従業員や投資家だけではなく，顧客も含めるべきである」といっており，選択肢の内容は，社内の各担当者だけの内容になっており，顧客等の視点が抜けているため，不適切である。
- オ：不適切である。リエンジニアリングとは，企業における既存の管理方法や業務プロセスを抜本的に見直し，変更することである。BPR（ビジネスプロセス・リエンジニアリング）の名称で使われることもある。組織文化，組織構造，情報技術に対して<u>逐次的変化</u>ではなく，<u>一度に変化</u>させるため従業員の不安を引き起こす可能性はあるため，不適切である。

よって，アが正解である。

第 6 章　技術経営（MOT）

イノベーションの進化	ランク	1回目		2回目		3回目	
	B	/		/		/	

■平成 30 年度　第 9 問

　技術のイノベーションは発生してから，いくつかの特徴的な変化のパターンをとりながら進化していく。イノベーションの進化に見られる特徴に関する記述として，最も不適切なものはどれか。

　ア　技術システムが均衡状態にあることが，技術開発への努力を導く不可欠な力になるので，技術間の依存関係や補完関係に注意することは重要である。

　イ　技術進歩のパターンが経時的にS字型の曲線をたどることがあるのは，時間の経過とともに基礎となる知識が蓄積され，資源投入の方向性が収斂するからである。

　ウ　優れた技術が事業の成功に結びつかない理由として，ある技術システムとそれを使用する社会との相互依存関係が，その後の技術発展の方向を制約するという経路依存性を挙げることができる。

　エ　製品の要素部品の進歩や使い手のレベルアップが，予測された技術の限界を克服したり，新規技術による製品の登場を遅らせることもある。

　オ　連続的なイノベーションが成功するのは，漸進的に積み上げられた技術進化の累積的効果が，技術の進歩や普及を促進するからである。

Ⅰ．経営戦略論

解答	ア

■解説

イノベーションの進化に関する出題である。

ア：不適切である。技術システムが均衡状態であれば，必死に新しい技術開発に
　　進む場合もあれば，どの技術システムに進むべきか見えていない場合もある
　　だろう。そのため，技術開発への努力を導く不可欠な力になるとはいえない
　　ため，不適切である。不均衡状態が，技術開発への努力を導くことになる。

イ：適切である。技術の発展と衰退は，Ｓ字曲線に沿っているとされ，技術誕生
　　の初期の段階は，費やした労力や時間に比べて，パフォーマンスは相対的に
　　上がらず成長は非常にゆっくりとする「黎明期」，一定の時点を超えたあた
　　りからパフォーマンスが急激に高まる「発展期」，やがてパフォーマンスが
　　低下する「衰退期」がある。時間の経過とともに知識が蓄積され，資源投入
　　の方向性が収斂することで，「発展期」を迎えるため，適切である。

ウ：適切である。経路依存性とは，過去の経緯や歴史により決まった制度や仕組
　　みに拘束される現象である。実話かはさておき，タイプライターが壊れるの
　　を防ぐため，キーボードを打ちにくくして，生まれたQWERTY配列がPC
　　のキーボードの配列になった例などが挙げられる。経路依存関係がその後の
　　方向を制約しているので，適切である。

エ：適切である。日本ではポケベル打ちをする人口が多かったため，スマホのフ
　　リック入力を生み出せなかったともいえるため，適切である。

オ：適切である。シュンペーターが，「いくら郵便馬車を列ねても，それによっ
　　て決して鉄道を得ることはできなかった」と言うとおり，イノベーションに
　　は非連続性が必要なものもあるが，一方で連続的な技術進化の累積によりイ
　　ノベーションを生むこともあるため，適切である。

よって，アが正解である。

第 6 章　技術経営（MOT）

オープン イノベーション	ランク	1回目	2回目	3回目
	B	／	／	／

■平成 30 年度　第 20 問

　イノベーションを起こすために必要な専門知識が社会に分散し，オープンイノベーションや企業間システムの重要性が高まるとともに，オープンイノベーションの解釈も広く多義的になってきている。

　チェスブローが提唱したオリジナルのオープンイノベーションや企業間システムに関する記述として，最も適切なものはどれか。

　　ア　オープンイノベーションは，基盤技術の開発などのコラボレーションというよりも，事業化レベルのコラボレーションを促進するという特徴がある。

　　イ　オープンイノベーションを促進するためには，ネットワーク外部性がある製品を開発している企業同士が共通の規格を採用する必要がある。

　　ウ　オープンイノベーションを通じて，自社内で技術開発投資を行う必要がなくなるため，コストやリスクを負担することなく，新製品を開発できるメリットがある。

　　エ　自社内の非効率な業務のアウトソースを通じて，オープンイノベーションを低コストで行うことができるようになる。

　　オ　製品アーキテクチャーがモジュラー化するほど垂直統合が進むため，企業間の水平的連携システムを通じたオープンイノベーションが重要になる。

Ⅰ. 経営戦略論

解答	ア

■解説

　オープンイノベーションには，アイデア等が外部から流れ込み，新たなビジネスモデルを創造する流れと，企業内部からあふれ出て，外部の知識や資金を得て新たな価値を生み出す，2つの流れがある。ヘンリー・チェスブローは後者の流れの重要性を提唱した。（参考：『OPEN INNOVATION』HenryChesbrough 著，大前恵一朗訳産業能率大学出版部）

　ア：適切である。オープンイノベーションで重要なのは，テクノロジーの開発だけでなく，商品化から流通までビジネスモデル化できてはじめてその付加価値を得られるとされる。つまり，基盤技術の開発などのコラボレーションというよりも，事業化レベルのコラボレーションを促進するという特徴がある。

　イ：不適切である。ネットワーク外部性とは電話などのネットワーク型サービスにおいて，加入者数が増えれば増えるほど一利用者の便益が増すという現象である。ネットワーク外部性がある製品を開発している企業同士が共通の規格を採用してもデファクトスタンダードが確立するだけで，新しい付加価値は生まれない。

　ウ：不適切である。オープンイノベーションは，自社の内部と外部のアイディアを有機的に結合する必要があるため，自社内で技術開発投資を行う必要がなくなるわけではない。

　エ：不適切である。アウトソーシングは，オープンイノベーションの中で行われることはあるが，自社内の非効率な業務のアウトソースがオープンイノベーションにつながるわけではない。自社の経営資源と外部（アウトソーサー）の経営資源が結合して新たな価値を生み出すことがオープンイノベーションにつながる。

　オ：不適切である。製品アーキテクチャーはモジュラー化するほど垂直統合が進むのではなく水平分業が進むことになる。そして，企業間の水平的連携システムを通じた外部リソースと自社リソースの有機的結合がオープンイノベーションにつながる。

　よって，アが正解である。

第6章　技術経営（MOT）

イノベーション	ランク	1回目		2回目		3回目	
	A	／		／		／	

■平成 29 年度　第 11 問

　製品のイノベーションを起こすには，企業の内外の知識や情報を動員し，それを有
効に活用することが重要である。イノベーションのタイプと知識の関係に関する記述
として，最も適切なものはどれか。

　　ア　アーキテクチャの構成要素の改善を積み重ねながら，製品を進化させるイノ
　　　　ベーションでは，システムの複雑性に対処するための専門横断的に共有され
　　　　る知識が重要になる。

　　イ　アーキテクチャの構成要素の組み合わせやつながり方を変えることによって
　　　　生み出されるイノベーションでは，専門領域に固有な知識がイノベーション
　　　　の機会を捉えるうえで重要な役割を担う。

　　ウ　アーキテクチャの構成要素を見直して，ユーザーの価値の変化に適応した製
　　　　品コンセプトを生み出すイノベーションでは，専門的な技術知識や経路依存
　　　　的に蓄積される知識が有効になる。

　　エ　アーキテクチャを変えることなく，構成要素のイノベーションを起こそうと
　　　　するモジュラー・イノベーションでは，その構成要素をめぐって培われた学
　　　　習や経験などのノウハウ的な知識を用いることが有効である。

　　オ　製品コンセプトを変えるようなラディカルなイノベーションでは，専門的な
　　　　技術知識を持たないユーザーからの製品価値評価を用いずに，研究開発部門
　　　　から生み出される専門知識を活用することが重要になる。

227

Ⅰ．経営戦略論

解答	ア

■解説

　製品のイノベーションのタイプと知識の関係に関する出題である。Henderson and Clark によって，以下の「イノベーション分析の枠組み」が提示されている。

		コアコンセプト（構成部品）の変化	
		強化される	転換される
構成部品間のつながりの変化	変化しない	① インクリメンタルイノベーション	② モジュラーイノベーション
	変化する	③ アーキテクチュラルイノベーション	④ ラディカルイノベーション

ア：適切である。①のインクリメンタル・イノベーションについての記載である。アーキテクチャの構成要素の改善を積み重ねながら，製品を進化させるため，システムの複雑性に対処するための専門横断的に共有される知識が重要になるため，適切である。

イ：不適切である。アーキテクチャの構成要素の組み合わせやつながり方を変えることによって生み出されるのは，③アーキテクチュラル・イノベーションである。つまり，コアコンセプトを転換できるような専門領域の固有な知識が必要なのではなく，構成部品間のつながりについての知識が重要となるので，不適切である。

ウ：不適切である。アーキテクチャの構成部品を見直すのは，②④である。そのうえで，ユーザーの価値の変化に適応した製品コンセプトを生み出すイノベーションには，専門的な技術知識や経路依存的に蓄積される知識といった過去に基づいた知識より，未来志向や，顧客のニーズの把握などが必要になるため，不適切である。

エ：不適切である。②「モジュラー・イノベーション」では，構成部品は変化していくため，その構成部品をめぐって培われた学習や経験などのノウハウ的な知識を用いるのは有効ではないため，不適切である。

オ：不適切である。④「ラディカル・イノベーション」では，研究開発部門から生み出される専門知識より，専門的な技術知識を持たないユーザーからの製品価値評価の重要性が高まるため，不適切である。

　よって，アが正解である。

第6章 技術経営（MOT）

外部組織との連携〜オープン・イノベーション	ランク	1回目	2回目	3回目
	B	/	/	/

■**平成 28 年度　第 4 問（設問 1）**

次の文章を読んで，下記の設問に答えよ。

現代の企業にとって，外部組織との連携の活用は，事業の競争力を構築するための主要な経営課題となっている。ヘンリー・チェスブロウは「企業内部と外部のアイデアを有機的に結合させ，価値を創造すること」をオープン・イノベーションと定義した。技術や市場の変化の激しい経営環境では，経営資源の制約のある中小企業にとっても，新商品開発でのオープン・イノベーションの必要性は小さくない。

①オープン・イノベーションにはメリットとデメリットがあり，オープン・イノベーションによる競争力の構築にあたっては，経営者の戦略的な判断が問われる。自動車産業での密接な企業間関係に見られるように，日本企業も企業外部の経営資源の活用に取り組んできた。近年では，②大学や公的研究所などの研究組織との共同開発に積極的な取り組みをする企業も増えている。

　文中の下線部①の「オープン・イノベーションにはメリット」があることに関する記述として，最も不適切なものはどれか。

ア　オープン・イノベーションは，企業外部の経営資源の探索プロセスにおいて，内部での商品開発に対する競争圧力が強くなり，組織の活性化につながる。

イ　オープン・イノベーションは，企業内部の優れた人材に限らず，企業外部の優秀な人材と共同で新商品開発を進めればよく，内部での開発コストの低減が期待できる。

ウ　オープン・イノベーションは，研究開発から事業化・収益化までのすべてのプロセスを企業内部で行う手法の延長上に位置付けられるが，企業内部の経営資源の見直しに左右されずに進捗する。

エ　オープン・イノベーションは，一般的により高い専門性をもつ企業との連携などによって新商品開発プロセスのスピードアップにつながる。

229

Ⅰ．経営戦略論

解答	ウ

■解説

　オープン・イノベーションに関する出題である。オープン・イノベーションは，設問中に，「企業内部と外部のアイデアを有機的に結合させ，価値を創造すること」と定義されている。特に経営資源の少ない中小企業こそ，オープン・イノベーションを積極的に活用していく必要がある。

　　ア：適切である。企業内部だけで商品開発に取り組むより，オープン・イノベーションにより，外部の資源の資源を活用できるか探索したほうが，全体としての競争圧力は強くなる。企業内の開発部門が企業外から刺激を受けるであろう。そのため，外部に負けないように企業内部も活性化すると考えられ，適切である。

　　イ：適切である。企業内部の限られた人材だけで商品開発を進めると，資源やアイデアが不足し，開発が長期化し，開発コストが膨らむことも考えられる。結果として外部の力を活用して，オープン・イノベーションに取り組んだほうが，開発コストの低減が期待できるため，適切である。

　　ウ：不適切である。オープン・イノベーションは，社外の技術，アイデアを活用するため，企業内部で行う手法の延長線上の進め方ではない。また，外部の活用により，当然に内部の経営資源の見直しも発生するため，不適切である。

　　エ：適切である。自社より専門性が低い企業と，オープン・イノベーションする必要はなく，より高い専門性を持つ企業と連携することで，新商品開発プロセスの迅速化が可能になるため，適切である。

　よって，ウが正解である。

第 6 章　技術経営（MOT）

イノベーションの マネジメント	ランク	1回目	2回目	3回目
	A	／	／	／

■平成 27 年度　第 9 問

　社外の企業や研究機関と連携して展開されるイノベーションが注目されている。そのようなイノベーションへの対応や課題に関する記述として，最も適切なものはどれか。

　　ア　NIH（Not Invented Here）現象と呼ばれる社外技術の活用への抵抗の主な
　　　　理由は，社外技術への不信感や予算削減への抵抗ではなく，自社技術への強
　　　　い自信にある。

　　イ　新しいモノ好きのリードユーザー（先端顧客）からの製品情報は，技術的な
　　　　裏付けを欠くので，イノベーションのアイデアとして評価するにとどめる。

　　ウ　自社の経営資源を社外に開放して活用することによって，知的財産権からの
　　　　収入やジョイントベンチャー設置による事業収入などの多様な収益源を確保
　　　　できる可能性が生まれる。

　　エ　製品が市場に出るまでの時間や製品のライフサイクルが短くなるにつれて，
　　　　研究開発部門への技術人材や資金の投入が効果的でなくなるので，他社との
　　　　オープンな技術交流による研究開発にそれらを集中的に投入しなければなら
　　　　ない。

231

Ⅰ. 経営戦略論

解答	ウ

■解説

　イノベーションに関する問題である。閉じた環境で研究を進めイノベーションを創
出するより，外部組織と連携することで生み出すほうがスピードがあり，内容も充実
することが多い。

　　ア：不適切である。NIH（Not Invented Here）現象は，「ここで発明したもので
　　　　はない」という意味で，既存の製品の研究や知識を自社で開発したものでは
　　　　ないという理由で利用・購入しない社会や企業や業界の風土・文化を指す。
　　　　社外技術への不信感や予算削減への抵抗ではなく，自社や自分たちが発明・
　　　　開発したものでないというだけで使いたがらないことを指すため，不適切で
　　　　ある。
　　イ：不適切である。リードユーザーとは，市場動向に関して大多数のユーザーに
　　　　先行しており，自らのニーズを満たすことで相対的に高い効用を得るユーザ
　　　　ー群のことである。そのため，リードユーザーは，ユーザーによるイノベー
　　　　ションの主体となる場合が多いため，不適切である。アイデアとして評価す
　　　　るに留めるのではなく，積極的に取り込んだほうがイノベーションに近づく
　　　　といえる。
　　ウ：適切である。自社の経営資源を社外に開放することで，知的財産権のライセ
　　　　ンスフィーを得たり，外部人材との交流で，新たなビジネスをジョイントベ
　　　　ンチャーで立ち上げたりすることも可能であろう。社内に閉じたイノベーシ
　　　　ョンより，連携で成果を出していくべきであり，適切だといえる。
　　エ：不適切である。製品が市場に出るまでの時間や製品のライフサイクルが短く
　　　　なれば，研究開発部門には迅速な開発が求められるため，むしろ，研究開発
　　　　部門への投資が求められるため不適切である。もちろん，他社との技術交流
　　　　も必要であるが，それらをもとに製品化していくためには投資がどうしても
　　　　必要になるであろう。

　よって，ウが正解である。

第 6 章　技術経営（MOT）

イノベーションの マネジメント	ランク	1回目	2回目	3回目
	A	／	／	／

■平成 26 年度　第 10 問

　創業間もないベンチャー企業は，新製品や新サービスを受け入れる市場が一様ではなく，いくつかの異なったグループによって構成されていることに着目する必要がある。新製品・サービスの販売に悪戦苦闘する場合にみられる「市場の断層（キャズム）」に関する記述として，最も適切なものはどれか。

ア　新しいモノ好きの層（イノベーター）や目利きの層（アーリー・アドプター）には受け入れられても，いかに流行に敏感な層（アーリー・マジョリティー）に受け入れられるかが課題である。

イ　新しいモノ好きの層（イノベーター）や流行に敏感な層（アーリー・マジョリティー）には受け入れられても，いかに無関心の層（ラガード）に受け入れられるかが課題である。

ウ　流行に敏感な層（アーリー・マジョリティー）には一時的に受け入れられても，新しいモノ好きの層（イノベーター）には受け入れられないという問題である。

エ　流行に敏感な層（アーリー・マジョリティー）の反応を見て，新しいモノ好きの層（イノベーター）や目利きの層（アーリー・アドプター）の反応を勘違いして判断してしまう問題である。

オ　流行に敏感な層（アーリー・マジョリティー）や流行を後追いする層（レイト・マジョリティー）には受け入れられても，いかに無関心の層（ラガード）に受け入れられるかが課題である。

233

Ⅰ. 経営戦略論

解答	ア

■解説

　キャズムに関する問題である。顧客のタイプは「イノベーター」「アーリー・アドプター」「アーリー・マジョリティ」「レイト・マジョリティ」「ラガード」の5つに分類される。そして「イノベーター」と「アーリー・アドプター」を合わせた層に普及させることで，急速に市場に広がっていくとされている。しかし実際は，「アーリー・アドプター」と「アーリー・マジョリティ」の間には深くて大きな溝があるとされ，これがキャズムと呼ばれる。つまり，「アーリー・マジョリティ」に受け入れられるかどうかが重要となってくるのである。

　　　ア：適切である。前文のとおり，いかに流行に敏感な「アーリー・マジョリティ」に受け入れられるかどうかが重要なため，適切である。

　　　イ：不適切である。「アーリー・マジョリティ」の層をクリアすると，時間はかかるが「ラガード」まで到達しやすくなるため，不適切である。

　　　ウ：不適切である。「アーリー・マジョリティ」より，「イノベーター」が先に採用するため，不適切である。

　　　エ：不適切である。「アーリー・マジョリティ」より，「イノベーター」「アーリー・アドプター」が先に採用するため，不適切である。

　　　オ：不適切である。「アーリー・マジョリティ」の層をクリアすると，時間はかかるが，「レイト・マジョリティ」「ラガード」まで到達しやすくなるため，不適切である。

　よって，アが正解である。

第 6 章　技術経営（MOT）

イノベーションの マネジメント	ランク	1回目	2回目	3回目
	B	／	／	／

■平成 24 年度　第 11 問

　グローバル化や技術イノベーションの進展は，サプライチェーンに新たな課題や可能性をもたらしている。このような状況下での中小企業をめぐるサプライチェーンの動向に関する記述として最も適切なものはどれか。

　　ア　アウトバウンドなサプライチェーンは，低価格な汎用部品では有利であるが，頻繁な設計や生産計画の変更に柔軟に対応する場合，外部企業との管理が複雑になりやすく，有利とは言えなくなる。

　　イ　オープンイノベーションが盛んになるにつれて，大企業間の技術提携が活発になり，技術開発力や特異な生産技術をもつ中小企業は次第に締め出される。

　　ウ　欧州ではソフトウェアのプラットフォームの国際標準化が活発化しており，わが国中小企業の多くはそのネットワークへ参加して，標準化適応部品の国際受注を増大させている。

　　エ　部品を特定の企業や生産地域に依存しすぎることから生じるリスクを回避する動きが強まっているため，地場産業は受注困難な状況に直面するようになった。

235

Ⅰ．経営戦略論

解答	ア

■解説

中小企業をめぐるサプライチェーンの動向に関する出題である。

ア：適切である。アウトバウンドなサプライチェーンとは，部品調達を外部から
　　行うことである。そのため，低価格な汎用品であれば有利であるが，頻繁な
　　設計変更など，常に調整が必要な調達は，外部ではなく内部で行うインバウ
　　ンドなサプライチェーンであるほうが有利である。

イ：不適切である。オープンイノベーションとは，新技術・新製品の開発に際し
　　て，企業や組織の枠組みを超え，広く知識・技術の結集を図ることである。
　　クローズドな企業系列の中で行うすり合わせ型アーキテクチャから，標準的
　　なインターフェースで組み合わせ型アーキテクチャが進展するにつれて，オ
　　ープンイノベーションも活発化している。こうした状況では，技術開発力に
　　強みがある中小企業は締め出されるのではなく，新規参入する機会でもある。

ウ：不適切である。欧州ではソフトウェアなどのプラットフォームの国際標準化
　　を活発に進めている。日本に先行して欧州発の標準化が進んでいる業界も多
　　くあり，日本の中小企業はその標準化の波に乗り遅れているケースが多いた
　　め，不適切である。

エ：不適切である。部品を特定の企業や生産地域に依存することで，2011年の
　　タイの大洪水や，2011年の東日本大震災の際に部品の調達先を失い，サプ
　　ライチェーンが回らなくなる事例が数多く存在した。そこで，事業継続計画
　　を立案し，リスクを分散して複数の地域，企業から調達を行う企業が増加し
　　ている。そのため，地場産業にとっても機会が増加した状況であるといえる。

よって，アが正解である。

第 6 章　技術経営（MOT）

イノベーションの マネジメント	ランク	1回目		2回目		3回目	
	B	/		/		/	

■平成 23 年度　第 10 問

　ベンチャー企業と大学や研究機関が連携を図り，イノベーションに取り組む動きが
多く見られるようになった。そのような状況や提携に際して考慮するべき問題点につ
いての記述として最も適切なものはどれか。

ア　オープン・イノベーションを推進するために，大学とベンチャー企業が連携
　　して，大学から独立した研究機関を設ける試みが行われているが，ベンチャ
　　ー企業の資金力が弱いので，そのような研究機関から技術イノベーションが
　　生まれることはほとんど見られない。

イ　行政による産業クラスター等の技術支援施策を受けて，わが国では大学や研
　　究機関の技術の民間への移転が活発であり，その結果株式公開に至るベン
　　チャー企業が多く生まれている。

ウ　国立大学法人が他機関との技術提携をする場合，知財本部や TLO を通じる
　　ことが義務づけられているため，技術提携コストや調整の負担がかさむこと
　　になるが，そのことがベンチャー企業の国立大学との連携を難しくしている。

エ　大学発ベンチャーが大学や研究機関と連携しながら，自前の技術を進化させ
　　たり，不足する技術力を補うことが行われているが，事業として発展するに
　　は企業者能力が重要になる。

オ　米国に比べてわが国では大学発ベンチャーはあまり成功していないが，その
　　理由として技術開発者の大学教員が経営に直接関与することが禁じられてい
　　ることを指摘できる。

Ⅰ. 経営戦略論

解答	エ

■解説

ベンチャー企業と大学や研究機関が連携を図るといった産学連携からの出題である。

ア：不適切である。大学とベンチャー企業の連携はハイテク分野や，バイオ分野
　　など数多く行われている。ベンチャー企業の資金力が弱いのは事実であるが，
　　そのために，技術イノベーションが生まれないということはなく，国などか
　　らの新事業創出の補助金などを活用しながら成果を出している研究機関も存
　　在する。

イ：不適切である。行政による産業クラスター等の技術支援により，大学や研究
　　機関の技術の民間移転が進んでいるが，株式公開まで順調に至るベンチャー
　　企業は少ない状況である。

ウ：不適切である。国立大学法人が他機関との技術提携時に，知財本部やTLO
　　を通すことは義務付けられていない。むしろ，TLOなどの存在により，技
　　術提携コストや調整の負担は下がっている。

エ：適切である。優れた技術を開発できたとしても，企業が成長できるとは限ら
　　ない。企業の成長には，マネジメントなど，ベンチャー企業の経営者の能力
　　も重要になる。

オ：不適切である。国立大学教官等の兼業規定は緩和され，技術開発者の大学教
　　員が経営に直接関与することが可能になった。

よって，エが正解である。

第7章

国際経営（グローバル戦略）

第7章　国際経営（グローバル戦略）

▶▶出題項目のポイント

　近年，出題が増える傾向にある。中小企業においても国際展開の重要性が高まっているため，今後も出題は増加すると考えられる。大企業の進出に伴って海外進出することが多かったが，近年では中小企業自らが海外進出するケースも目立っている。ただ，出題されている問題は，舞台が国際の場であるだけで，競争戦略の問題であったり，技術経営の問題であったりする。このように，複合的な視点が求められ，難易度が高い問題も多いが，戦略に関する総合力が問われていると思って対応してほしい。

　子設問が複数ある長文読解スタイルの問題も多いため，問題文を慎重に読み解いてほしい。

▶▶出題の傾向と勉強の方向性

　日本企業が国際進出において，現地でどのように合弁企業を作るのか，工場を建てるのか（平成23年度第11問／平成19年度第9問），他のグローバル企業とどのように戦うか（平成21年度第5問），中国市場の状況（平成20年度第6問）など，難易度も高く，対応するのは大変だが，子設問も多く，得点源としては無視できない。

　また，国際進出は，製造業が海外に工場を立てるといった内容ばかりではなく，平成27年度のように，現地の市場をどのように取り込んでいくかといった，現地化の視点も重要となっている。平成29年度，30年度も現地化の視点が問われていた。

　国際的な状況などのニュースを日常的に確認することが，まずはベースの知識になるであろう。ただし，前述のとおり，戦略論の基本的な知識を活用することで対応が可能な問題も多い。さらに，長文の問題文，設問文が多いため，読解力も重要となる。

　なお，余力のある受験生は，ものづくり白書などを一読しておくと，国際化動向が把握しやすい。

241

Ⅰ. 経営戦略論

■取組状況チェックリスト

1. 国際経営							
問題番号	ランク	1回目		2回目		3回目	
平成 30 年度 第 13 問	A	／		／		／	
平成 29 年度 第 13 問	A	／		／		／	
平成 27 年度 第 11 問（設問 1）	B	／		／		／	
平成 27 年度 第 11 問（設問 2）	B	／		／		／	
平成 26 年度 第 12 問	B	／		／		／	
平成 25 年度 第 9 問	B	／		／		／	
平成 24 年度 第 10 問（設問 1）	B	／		／		／	
平成 24 年度 第 10 問（設問 2）	B	／		／		／	
平成 23 年度 第 11 問	B	／		／		／	

第 7 章　国際経営（グローバル戦略）

新興国への進出戦略	ランク	1回目	2回目	3回目
	A	／	／	／

■平成 30 年度　第 13 問

　わが国の企業が東南アジアの新興国に進出する場合に考慮すべき戦略的な課題に関する記述として，最も適切なものはどれか。

　　ア　海外戦略の一環としてリバースイノベーションを展開するには，現地のニーズに適合的な製品の開発能力が鍵になるので，研究開発機能の本国への統合が必要である。

　　イ　現地市場のボリュームゾーンで，売上を伸ばしている模倣部品を組み込んだ現地企業の廉価品に対抗するためには，自社の高性能部品を組み込んだ高価格な高機能製品を現地生産しなければならない。

　　ウ　電子製品や自動車などでは現地生産の進展にともなって系列を超えた域内取引が拡大しているので，日系サプライヤーにとっては現地での開発力や柔軟な生産対応力の強化が重要になる。

　　エ　東南アジアへの進出では海外直接投資による資産の所有が市場の成長への対応を鈍くするので，現地生産による内部化を避けてライセンシングによる生産委託を選択しなければならない。

　　オ　輸出代替型の東南アジア進出では，現地子会社で売れ筋の量産品の生産能力を高めることができれば，顧客密着を狙ったマスカスタマイゼーションを実現できる。

243

Ⅰ．経営戦略論

解答	ウ

■解説

新興国への進出戦略に関する出題である。

ア：不適切である。リバースイノベーションは，新興国で生まれたイノベーションや，新興国市場向けに開発した製品，経営のアイデアなどを先進国に導入して世界に普及させるという概念である。現地のニーズに適合的な製品の開発能力が鍵になるので，本国ではなく，現地での対応を重視すべきであり，不適切である。

イ：不適切である。自社の高性能部品を組み込んだ高価格な高機能製品を現地生産しても，模倣部品を組み込んだ現地の廉価品には価格で競争できないため，不適切である。

ウ：適切である。選択肢のとおりである。電子製品や自動車などでは現地生産の進展にともなって，トヨタや日産といった系列を超えた域内取引が拡大している。そのため，日本国内のように，トヨタ系列はトヨタの仕事をするだけではなく，サプライヤーにとっては現地での開発力や柔軟な生産対応力の強化が重要になる。

エ：不適切である。東南アジアへの進出では，海外直接投資による資産の所有が市場の成長への対応を鈍くするのではなく，早くするため，不適切である。また現地の対応力を高めるにはライセンシングによる生産委託より，内部化のほうがふさわしい場合もある。

オ：不適切である。マスカスタマイゼーションとは，柔軟な製造システムで特注品を製造することで，低コストの大量生産プロセスと柔軟なパーソナライゼーションを組み合わせたシステムである。量産品の生産能力を高めてもマスカスタマイゼーションにつながるわけではないので，不適切である。

よって，ウが正解である。

第7章　国際経営（グローバル戦略）

多国籍企業の戦略	ランク	1回目	2回目	3回目
	A	／	／	／

■平成 29 年度　第 13 問

　世界的に展開する企業にとって，本国親会社と海外子会社との関係は重要となる。グローバルな統合の必要性と現地市場への適応の必要性を軸にした多国籍企業の戦略に関する記述として，最も適切なものはどれか。

　　ア　規模の経済が作用し，現地市場への適応の必要性が低い製品を提供する企業
　　　　では，通常，本国親会社のリーダーシップで，各国の子会社の能力を最大限
　　　　に発揮させ現地向けの製品を開発して全体の効率性を高める。

　　イ　グローバルな統合の必要性は低く，現地市場への適応の必要性は高い製品を
　　　　提供する企業では，通常，全社方針のもと複数の国に共通する製品需要を吸
　　　　い上げて集中的に生産拠点と販売拠点を整備し製品を供給する戦略をとる。

　　ウ　現地の習慣や文化への配慮の必要性は高く，グローバルな統合の必要性は低
　　　　い製品を取り扱う企業では，通常，海外子会社が独自に製品開発やマーケテ
　　　　ィングに取り組み，現地の需要の変化に即座に対応する戦略がとられる。

　　エ　製品開発の固定費が大きく，各国の認可と文化的理解の必要性が高い製品を
　　　　取り扱う企業では，通常，全社方針のもと集中的に生産拠点と販売拠点を整
　　　　備し製品を供給することで全体の生産性を高める。

　　オ　製品開発の固定費が大きく，現地の習慣や文化への配慮の必要性が低い製品
　　　　を取り扱う企業では，通常，国ごとに対応した製品開発，マーケティング，
　　　　生産の戦略をとることで，現地のニーズにきめ細かく対応する。

245

Ⅰ．経営戦略論

解答	ウ

■解説

多国籍企業の戦略に関する出題である。

ア：不適切である。規模の経済が作用し，現地市場への適応の必要性が低い製品を提供する企業では，現地向けの製品を開発するのではなく，グローバル共通の標準的な製品を提供するため，不適切である。

イ：不適切である。「グローバルな統合の必要性は低く，現地市場への適応の必要性は高い製品を提供する」のであれば，複数の国に共通する製品需要を吸い上げて集中的に生産するのでなく，各国ごとの需要に対応していく必要があり，生産や販売拠点も集中させないため，不適切である。

ウ：適切である。現地の習慣や文化への配慮の必要性が高い場合，現地の需要の変化に即座に対応する戦略がとられるため，適切である。

エ：不適切である。「製品開発の固定費が大きく，全社方針のもと集中的に生産拠点と販売拠点を整備し製品を供給することで全体の生産性を高める」のは，各国の認可と文化的理解の必要性が高い製品ではなく，低い製品でないと取れない戦略であるため，不適切である。

オ：不適切である。「製品開発の固定費が大きく，国ごとに対応した製品開発，マーケティング，生産の戦略をとることで，現地のニーズにきめ細かく対応する」のは，現地の習慣や文化への配慮の必要性が低い製品ではなく，高い製品であるため，不適切である。

よって，ウが正解である。

第7章　国際経営（グローバル戦略）

国際経営	ランク	1回目		2回目		3回目	
	B	/		/		/	

■平成 27 年度　第 11 問（設問 1）

次の文章を読んで，下記の設問に答えよ。

日本企業は，中国やアセアン諸国等の新興国に向けて，大企業のみならず中小中堅企業も数多く進出している。中小中堅企業は，大手取引先の海外生産拠点への部品供給や技術支援を目的に海外進出をする場合が多い。その一方で，近年，①小売業やサービス業分野はもとより一部の製造業でも現地市場への浸透を目指す海外進出が増加しており，成功事例も多くなっている。

他方，アジアでは自国の経済が発展するにつれて現地の有力企業が台頭し，海外企業と激しく競争する例がみられるようになった。わが国の多くの企業では高所得層のハイエンド市場に現地市場戦略の重心をシフトする例が少なくない。しかし，人口が多く，将来的に大きく成長する可能性のある②中所得層や低所得層の潜在的な市場への浸透を図ることも重要であることを看過してはならない。

（設問 1）

文中の下線部①で指摘されている現地市場への浸透の成功事例は，業種の特性や進出国の状況などによって多様である。成功している現地対応策に関する記述として，最も不適切なものはどれか。

ア　M&A をした企業の現地人材に自社のビジョンや戦略の理解を促し，現地に大幅な経営権限を与えて，現地に即した経営を展開して現地化を図る。

イ　アジアの新興国市場の発展可能性を評価して，新興国対応のために製品の企画から生産，販売までの事業単位を編成して，現地市場への対応強化を図る。

ウ　現地市場への浸透や市場の拡大のスピードを速めるためには，現地法人のガバナンスを強化して，派遣した日本人だけによる生産販売活動に切り換える。

エ　現地の市場で優位に立つのは，日本国内や海外のライバル企業であることも多いので，ライバル企業の戦略を分析して自社の現地優位性を確立することを重視する。

オ　新興国で小売や飲食サービスのチェーン展開を図るために，ブランドを重視して，事業コンセプトに沿った現地でのオペレーションを実施する。

247

Ⅰ．経営戦略論

解答	ウ

■解説

　海外進出の際の現地対応策に関する問題である。単に海外に工場をつくって輸出するのではなく，現地の市場での販売も重要になっている。そのため，いかに現地に溶け込んで，現地のニーズを取り込む現地化も海外進出には重要な課題となる。

ア：適切である。前文のとおり，現地化は重要な課題であるが，自社のビジョンや戦略の理解の上で進めるべきものであり，適切である。

イ：適切である。一口にアジアの新興国市場といっても発展の段階は国によって大きく異なるため，発展可能性を評価し，新興国の状況にあった製品企画・製造・販売が求められるため，適切である。

ウ：不適切である。現地法人のガバナンスを強化することは重要である。しかし，派遣した日本人だけによる生産販売活動では，いつまでも現地化できず，むしろ要員確保の面で，現地から採用しなければ事業拡大の制約になりかねないため，不適切である。

エ：適切である。タイに自動車工場があるのは日本のみならずドイツ，アメリカなど多数存在する。そして日本の各メーカーも進出している。このように，現地の市場で優位に立つのは，日本国内や海外のライバル企業に打ち勝っていく必要があるので，ライバル企業の戦略を分析して自社の現地優位性を確立することは重要であるといえる。

オ：適切である。日本においても，マクドナルドやスターバックスのブランド力は発揮され，浸透している。同じように今後発展する新興国でも，世界的に既知なブランド力は大きな力を発揮するであろう。ただし，現地に合った運営は求められるので，ブランドを重視しつつも，現地化も重要であるといえる。

　よって，ウが正解である。

第 7 章　国際経営（グローバル戦略）

国際経営	ランク	1回目	2回目	3回目
	B	／	／	／

■平成 27 年度　第 11 問（設問 2）

次の文章を読んで，下記の設問に答えよ。

日本企業は，中国やアセアン諸国等の新興国に向けて，大企業のみならず中小中堅企業も数多く進出している。中小中堅企業は，大手取引先の海外生産拠点への部品供給や技術支援を目的に海外進出をする場合が多い。その一方で，近年，①小売業やサービス業分野はもとより一部の製造業でも現地市場への浸透を目指す海外進出が増加しており，成功事例も多くなっている。

他方，アジアでは自国の経済が発展するにつれて現地の有力企業が台頭し，海外企業と激しく競争する例がみられるようになった。わが国の多くの企業では高所得層のハイエンド市場に現地市場戦略の重心をシフトする例が少なくない。しかし，人口が多く，将来的に大きく成長する可能性のある②中所得層や低所得層の潜在的な市場への浸透を図ることも重要であることを看過してはならない。

（設問 2）

文中の下線部②で指摘するような市場への浸透について注意すべきことに関する記述として，最も適切なものはどれか。

　ア　現地の大衆市場でコモディティ化が進行する製品分野では，改良型製品を次々に市場に投入するスピードを発揮できれば，価格競争を回避し得る。

　イ　現地の大衆市場では低価格を武器とする現地企業と競合して不採算に陥りやすいので，現地対応の低価格製品を日本国内の生産で供給する体制をとる。

　ウ　現地の大衆市場では薄利多売が有効であるが，損益分岐点が押し上げられるため，営業費用等の変動費を下げる必要がある。

　エ　現地の低所得層の市場では，商品配送に支障をもたらす道路事情や商品知識に乏しい顧客が散在しているなどのため，濃密でコストのかかる人的接触重視によるアプローチも求められることに注意しなければならない。

249

Ⅰ．経営戦略論

解答	エ

■解説

　海外進出での，中所得層や低所得層の潜在的な市場への浸透を図ることに関する問題である。

　　ア：不適切である。現地の大衆市場でコモディティ化が進行する製品分野ではすでに，価格競争が進んでいると考えられる。そのため，改良型製品を投入するスピードだけでは，価格競争を回避できないため，不適切である。

　　イ：不適切である。現地の大衆市場では低価格を武器とする現地企業と競合するであろう。しかし，現地対応を日本国内で実施するのは難しく，現地でこそ対応すべき課題であるため，不適切である。

　　ウ：不適切である。薄利多売であれば，損益分岐点は押し上げられ，利益を確保するのは難しくなっていく。いかに薄利多売から脱却するかが重要であるため，不適切である。

　　エ：適切である。広大な国土で，インフラが未整備な地域も多く，道路事情や商品知識に乏しい顧客は多いであろう。そのため，サポートが必要であり，現地での人的接触などのチャネルの確保を求められる可能性もあるので，適切である。

　よって，エが正解である。

第7章 国際経営（グローバル戦略）

国際経営	ランク	1回目	2回目	3回目
	B	／	／	／

■平成26年度　第12問

　中小企業が海外でモノづくりに取り組む際に注意すべき点や考慮すべき事項に関する記述として，最も不適切なものはどれか。

　　ア　海外でのトラブル対処には時間とコストがかかり，時には政治的な介入がありうる事を想定しておかなければならないので，国際弁護士や国内関係機関との連携を構築することも必要である。

　　イ　自社製品の海外拠点での生産販売を目指す場合，日本国内で現地人を採用し，日本語によるビジネス能力を育成し，彼らを責任者にした輸出から着手する方が回り道であるが，現地拠点とのビジネス・コミュニケーションが円滑になり，進出リスクを軽減できる可能性が高まる例がみられる。

　　ウ　単独出資での進出に制限がある場合，現地パートナーとの関係構築が重要になるので，現地操業後の管理運営について密接な情報交換と深い人間関係を通じた信頼の構築が難しい場合は，進出を中止することも選択肢になる。

　　エ　部品のサプライヤーとして進出する場合は，アセンブラーと連携を図るとともに，現地での販売先を確保できる見通しをつけておくことが必須になる。

251

Ⅰ．経営戦略論

解答	エ

■解説

　中小企業の海外でのモノづくりに関する問題である。自社１社だけで海外展開を成功させるのは難しく，現地でのさまざまなパートナーとの関係構築が重要となる。

　ア：適切である。海外では現地の法律での対応が必要となるため，トラブル対処には時間とコストがかかりがちである。とくに政治的な介入も考えられるので，元々の日本で依頼していた弁護士だけではなく，当該国に強い弁護士や関係する機関などとの連携が求められる。そのため，適切である。

　イ：適切である。海外拠点での生産販売を目指す場合は，コミュニケーション問題が重要になり，現地人の採用は有効な施策である。しかし語学ができるだけではなく，日本の会社の仕組みを把握したうえで，現地の状況に通じている人材が最も好ましいであろう。そのため，日本国内で現地人を採用し，日本語によるビジネス能力を育成し，彼らを責任者にした輸出から着手する方法は有効であるといえるため，適切である。

　ウ：適切である。海外進出においては当該国で，出資比率に制限のある場合が多い。そのため，出資する現地パートナーとの関係構築は重要になる。こういった関係が構築できない場合は，進出しても事業の成功は難しいため，進出中止も考える必要があるだろう。そのため，適切である。

　エ：不適切である。部品のサプライヤーとして進出する場合は，部品の組立先であるアセンブラーが取引先となり，連携は必須であろう。日本での元々の取引のあったアセンブラーが海外進出し，それに伴って，部品サプライヤーが進出する場合などである。一方で，アセンブラーの他にも現地での販売先が確保できるに越したことはないが，アセンブラーに比べて必須になるとまではいえないため，不適切である。

　よって，エが正解である。

第 7 章　国際経営（グローバル戦略）

国際経営	ランク	1 回目		2 回目		3 回目	
	B	／		／		／	

■平成 25 年度　第 9 問

産業の空洞化が進行したり，国内市場が縮小したために，国内にとどまる中小企業は販売の低迷に直面する例が多くなっている。他方，拡大するアジアの市場を目指して海外進出する企業にも数々の問題が発生している。このような状況に直面する中小企業の対応に関する記述として，最も不適切なものはどれか。

ア　アジアの進出予定国のカントリーリスクを分析するとともに，現地人の採用は生産現場の雇用期限付きの賃労働者に限定し，現地人の幹部や現場指導者の登用は能力と適性を見て判断する。

イ　親企業の要請に応えて海外進出する場合，親企業の指導や支援を受けることができることを前提に，外国企業向け工業団地に工場を設け，そこに償却済みの設備を持ち込んで，単純な工程からなる少数の生産品目から開始する。

ウ　海外から安価な原材料や部品を輸入して販売コストの低減を図るとともに，余剰人員の合理化による賃金コストの削減を図り，収益の改善を目指す。

エ　特定の工業部品の製造販売に特化していたために，その部品の売上が低迷した中小企業は，生産設備をすべて売却して，アジアの新興国で評判の汎用商品を輸入して流通市場に参入するという成長戦略を展開する。

253

Ⅰ．経営戦略論

解答	エ

■解説

企業の海外進出や縮小する国内市場の対応に関する問題である。

ア：適切である。海外進出は，まずカントリーリスクを勘案した上で行う必要が
　　ある。海外進出が成功するためには，現地人幹部の採用など，現地化を進め
　　る動きが活発になっている。しかし，進出当初は，自社の経営理念の浸透や
　　会社体制の整備も進んでいないことが考えられる。そのため，現地人の採用
　　は生産現場の雇用期限付きの賃労働者に限定して始めるなど，リスクを抑え
　　る工夫が必要である。

イ：適切である。親企業からの支援を受けることで海外進出のリスクを抑えるこ
　　とができる。さらに難しい工程を最初から持ち込むのではなく，単純な工程，
　　少ない品目でスモールスタートして，徐々に高度化，多品種化を図っていく
　　べきであろう。

ウ：適切である。海外進出ではなく，国内市場の内容となるが，縮小する国内市
　　場で確実に利益を出していくためにも，標準品などを中心に，安価な部品は
　　輸入したり，余剰人員を削減したりして，コスト削減していくことが求めら
　　れる。

エ：不適切である。特定の工業部品の製造販売に特化していた企業が，汎用部品
　　の輸入卸に新規参入するのは，業態が異なるため，リスクが高く，成長戦略
　　とは言いがたい。また，取扱品も汎用部品であり，商品が評判であっても，
　　差別化は難しく，成長につながりにくい。

よって，エが正解である。

第7章　国際経営（グローバル戦略）

国際経営	ランク	1回目	2回目	3回目
	B	/	/	/

■平成24年度　第10問（設問1）

　企業の海外進出とその戦略対応に関する次の文章を読んで，下記の設問に答えよ。

　アジアの途上国は次々に経済的に自立し，新興工業国としてめざましい発展を続けている国も少なくない。このようなアジアの経済成長に対応すべく，エレクトロニクス産業や自動車産業を中心に現地への進出が相次いでいる。とくに巨大な市場となった①中国では激烈な企業間競争が繰り広げられている。

　しかし，わが国のエレクトロニクス産業は劣勢に立たされることが多いのに対して，自動車産業は市場への浸透を高めている。そうしたなかで，近年，中国での成功事例を踏まえて，②リバースイノベーションの重要性が指摘されている。

（設問1）

　文中の下線部①のように中国市場の激しい競争のなかで，外資企業は成功をおさめる製品やサービスを輩出している。それらの企業の戦略行動には注目すべきいくつかの特徴が見られる。そのような特徴に関する記述として，最も不適切なものはどれか。

　　ア　合弁企業では現地のパートナー企業の中国人を董事長と総経理に登用して，本国からの社員の派遣を行わないことによって，中国社会や市場への浸透を図る例が多くなっている。

　　イ　富裕層をターゲットに先進国の高品質で高価格の製品を輸出して，ステイタス・シンボルに訴える顕示的な消費を促している。

　　ウ　ボリュームゾーンと呼ばれる巨大な大衆市場向けに，現地生産による低価格商品を投入して，価格競争を挑んでいる。

　　エ　有名ブランドながら，中国人好みのデザインや色彩，ネーミングにこだわったきめ細かい現地向けの商品政策を展開している。

　　オ　流通販売網を独自に整備し，現地の販売拠点に向けて魅力的な報償制度を設けたり，現地販売員に顧客志向のホスピタリティを訓練しながら売り上げを伸ばしている。

255

Ⅰ. 経営戦略論

解答	ア

■解説

中国市場の競争の中で成功している企業の戦略行動に関する出題である。

ア：不適切である。董事長とは中国における企業統治システムにおいて，意思決定および監視に関する責任を株主から受託する董事会の会長のことである。総経理は董事会で選任され，執行役の最高責任者のことである。これら会社の幹部に現地人を登用しても本国からの社員派遣なしでは，現地の様子もつかめず，中国社会への浸透は望めない。本国社員が現地の状況を把握し，現地での戦略を立案できるような現地化が必要である。

イ：適切である。一般庶民の所得は先進国に及ばないため，富裕層をターゲットにして，高品質・高価格の商品で勝負する事例は多い。

ウ：適切である。ボリュームゾーンは低所得ではあるが，圧倒的な人数が存在するために，現地生産による低コストを実現して参入する企業が増加している。

エ：適切である。中国だけではなく，新興国市場で成功するには現地の好みを反映した現地化が求められている。そのため，有名ブランドといえ，中国向けの商品政策を展開している事例は増加している。

オ：適切である。国土の広い中国では全国的な流通販売網の整備が遅れている。また，従来から顧客志向のホスピタリティも不足しているといわれている。そこでこの2点に注力することで，現地での差別化を図っている企業は多い。

よって，アが正解である。

256

第 7 章　国際経営（グローバル戦略）

国際経営	ランク	1回目	2回目	3回目
	B	／	／	／

■平成 24 年度　第 10 問（設問 2）
　企業の海外進出とその戦略対応に関する次の文章を読んで，下記の設問に答えよ。

　わが国のエレクトロニクス産業は劣勢に立たされることが多いのに対して，自動車産業は市場への浸透を高めている。そうしたなかで，近年，中国での成功事例を踏まえて，②リバースイノベーションの重要性が指摘されている。

（設問 2）
　文中の下線部②のリバースイノベーションに関する記述として最も適切なものはどれか。

　　ア　所得の高い先進国で先進的な技術の製品の普及を図り，その製品のライフサイクルにあわせて，次第に所得の低い途上国への輸出を行い，やがて現地生産に切り替えるイノベーション戦略である。

　　イ　先進国で開発された製品を，途上国の開発拠点で現地向けに開発し直し，現地の生産販売を図りつつ，それを先進国モデルへと進化させるイノベーション戦略である。

　　ウ　対抗機種の性能を分析したり，それを分解したりして，技術特性を調査することから着手するイノベーション戦略である。

　　エ　通常とは逆にサプライヤー側からの開発提案を受け入れて，アセンブラーがサプライヤーと共同で製品開発に取り組むイノベーション戦略である。

　　オ　本国の研究開発部門でユーザーフレンドリーな製品の開発を行い，それを現地に持ち込んで，グローバルにイノベーション成果の普及を図るイノベーション戦略である。

257

Ⅰ．経営戦略論

解答	イ

■**解説**

　リバースイノベーションに関する出題である。

　リバースイノベーション戦略とは，機能がシンプルで低価格の製品を新興国で開発し，新興国内だけでなく先進国にも事業展開する戦略を指す。先進国ではなく新興国でニーズを調べ，設計も行うことで，新たな視点でかつコストの安い製品を生み出していくのである。背景として，従来のグローカリゼーション戦略では，新興国で成長する中間層やBOP層が取り込めない点と「破壊的イノベーション」で台頭する新興国企業に勝つことができない点がある。新興国で自らも破壊的イノベーションを実現して，自国でのイノベーションにつなげていく。

　　ア：不適切である。以前から先進国が新興国に進出する際の戦略であり，リバースイノベーション戦略ではない。

　　イ：適切である。前述のとおり，リバースイノベーション戦略とは，機能がシンプルで低価格の製品を新興国で開発し，新興国内だけでなく先進国にも事業展開する戦略である。

　　ウ：不適切である。リバース・エンジニアリングの内容である。

　　エ：不適切である。リバースイノベーション戦略ではない。

　　オ：不適切である。リバースイノベーション戦略は，本国発ではなく，あくまで新興国の現地発の戦略である。

　よって，イが正解である。

第 7 章　国際経営（グローバル戦略）

国際経営	ランク	1回目	2回目	3回目
	B	/	/	/

■平成 23 年度　第 11 問

　グローバル化の進展とともに日本企業が海外に工場を開設する動きが活発化している。しかし，海外進出は国際化に必要な経営資源が不足する中小企業にとっては容易ではない。そのため中小企業では商社に仲介を受けながら，現地パートナーと合弁企業を営む例が見られる。そのような海外進出で考慮すべき点の記述として，<u>最も不適切なものはどれか</u>。

　ア　現地のパートナー企業の技術力が弱い場合，商社を介在して高品質の原材料を持ち込んだり，進出企業による現地での技術指導を通じて製品の品質が低下しないようにすることは重要な経営のポイントになる。

　イ　現地のパートナー企業や現地国はわが国の企業の進んだ技術の移転を求めているが，自社技術の保護の観点から，商社等に協力してもらって，合弁事業開始前に，守るべき技術や製品の模倣禁止等に関して詳細な規定を含む合弁事業契約をパートナー企業と締結しておくことが重要になる。

　ウ　合弁事業の出資割合は出資企業がその比率に応じて合弁事業の経営に努力を傾注する程度を示すが，商社や現地企業は概してその経営努力とは無関係に配当を要求することでトラブルになることに注意することが重要になる。

　エ　商社が，情報能力を活かして進出企業に現地の各種情報を伝えたり，現地の法務等の対応を図ってくれるので，進出企業は現地国で工場のオペレーションに経営努力を傾注できる利点がある。

　オ　パートナー企業の合弁事業以外での業務実態について見落とすと，守秘義務条項や競合禁止条項が破られ，製品の模倣が行われ，現地市場を失うばかりか，進出企業の信用を失墜しかねないので，現地駐在社員の現場の監視能力の向上を図ることが重要である。

Ⅰ．経営戦略論

解答	ウ

■解説

グローバル化に関して，合弁などによる海外進出の出題である。

ア：適切である。現地のパートナー企業の技術力が弱い場合，現地でも日本と同
　　様の品質を確保することが重要であり，そのために現地での技術指導が必要
　　になる。

イ：適切である。選択肢アのように現地のパートナー企業に技術移転をする必要
　　がある一方で，技術流出を防ぐことも課題である。そのため，模倣禁止など
　　を含めた契約は必須になる。

ウ：不適切である。出資比率が高ければ受け取るべき配当額が多くなるが，経営
　　に努力を傾注する程度に直結するものではないため，不適切である。また，
　　現地企業から経営努力と無関係に配当を要求されるトラブルも発生しうる。
　　一方で，商社は日本企業であることが多く，進出企業と一体的に活動をして
　　いるケースが多いので，配当に関するトラブルの事例は少ない。

エ：適切である。製造業だけではなく商社が参加することで商社の情報能力を活
　　用できるため，進出企業は現地国での工場オペレーションに傾注できる。

オ：適切である。選択肢ウと同様であるが，技術流出や，模倣品の防止のための
　　監視体制の構築は重要である。

よって，ウが正解である。

第 8 章
企業の社会的責任（CSR）

Ⅰ．経営戦略論

▶▶出題項目のポイント

　ここまで，企業は，内部の資源をどのように活用するか，競争相手とどのように戦うか，技術をどう生かすか，など，売上を上げて利益を確保するための戦略の出題が続いてきた。しかし，近年，企業の社会的責任の重要性が高まっているため，それに合わせて，CSR の出題頻度も高まっている。

　基本的な CSR の考え方を把握し，ディスクロージャーやインベスター・リレーションズといった情報公開の方法，コーポレートガバナンスの確立などの方法論も把握していただきたい。

▶▶出題の傾向と勉強の方向性

　クレーム対応（平成 22 年度第 1 問），社会的責任と経済活動について（平成 22 年度第 5 問），CSR の国際規格や，コンプライアンスについて（平成 21 年度第 1 問）出題されている。平成 26 年度には 3 年ぶりに出題され，CSR や ISO26000 が問われた。

　まずは，CSR の基本的な考え方とともに，ISO26000 シリーズなどの規格は押さえておきたい。

■取組状況チェックリスト

1．企業の社会的責任（CSR）							
問題番号	ランク	1 回目		2 回目		3 回目	
平成 26 年度　第 13 問	B	／		／		／	
平成 22 年度　第 1 問	B	／		／		／	
平成 22 年度　第 5 問	B	／		／		／	

第 8 章　企業の社会的責任（CSR）

企業の社会的責任 （CSR）	ランク	1回目	2回目	3回目
	B	／	／	／

■平成 26 年度　第 13 問

　企業は自己の利益を追求するばかりではなく，その活動が社会に与える影響について適切に対応するとともに，社会が企業に求める期待に応えることが要請されている。以下の記述のうち，<u>最も不適切なもの</u>はどれか。

　ア　意欲的な企業では NPO に金銭的な寄付のみならず，余剰の商品在庫を提供したり，従業員のボランティア派遣を行ったり，管理職が NPO の役員に就任したりして，NPO との連携で社会貢献を図ろうとする例がみられる。

　イ　偽装を取り締まる法律は通称 JAS 法しかなく，表示内容にあざむく意図がない場合は誤表示として扱われて，JAS 法の適用を免れるので，企業は偽装の疑いに対して誤表示と言い張る例が昨今多くなっている。

　ウ　国際標準化機構の社会的責任の国際規格 ISO26000 は，日本では JIS Z26000「社会的責任に関する手引」として普及が図られている。

　エ　社会的に批判を受けている一部の企業では，若年者の長時間労働とその使い捨て，各種のハラスメントの横行などがみられ，著しく離職率が高い特徴をもつ。

　オ　世界経済フォーラム発表の 2013 年のジェンダー・ギャップ指数で日本は136 カ国中 105 位と低く，欧米諸国に比べてわが国の企業では女性の管理職への登用や女性が働く職場環境の整備が進んでいない。

263

Ⅰ．経営戦略論

解答	イ

■解説

企業の社会的責任である CSR に関する問題である。

ア：適切である。企業の社会的貢献の形はさまざまであり，NPO へ金銭面だけ
　　の支援ではなく，要員の派遣なども含めて実施されているケースが増えてい
　　るため，適切である。

イ：不適切である。JAS 法とは，「農林物資の規格化及び品質表示の適正化に関
　　する法律」である。飲食料品等が一定の品質や特別な生産方法で作られてい
　　ることを保証する「JAS 規格制度（任意の制度）」と，原材料，原産地など
　　品質に関する一定の表示を義務付ける「品質表示基準制度」からなっている。
　　ただし，偽装を取り締まる法律は通称 JAS 法しかないわけではなく，「不正
　　競争防止法」でも規制されるため，不適切である。なお，平成 21 年 5 月に
　　食品の産地偽装に対する直罰規定が創設されている。直罰規定とは，違法行
　　為があった場合に，行政指導を出して自主的な改善を促す過程を経ず，即時
　　に罰則を適用することを定めた規定である。

ウ：適切である。ISO26000 は，組織の社会的責任に関する国際規格である。JIS
　　Z26000 は，対応国際規格である ISO26000 の国際一致規格として作成され，
　　「社会的責任に関する手引」として JIS 化された。

エ：適切である。ブラック企業問題に関する選択肢であり，若年者の長時間労働
　　とその使い捨て，各種のハラスメントの横行，著しく高い離職率など，多く
　　の問題が発生している。

オ：適切である。世界経済フォーラム発表の 2013 年のジェンダー・ギャップ指
　　数で日本は 136 カ国中 105 位と低い状態である。そのため，政府は女性が輝
　　く日本を目指した，人材の活躍強化の支援に取り組んでいる。具体的には，
　　従業員の子育てと仕事の両立や女性従業員の活躍を支援する企業へのインセ
　　ンティブや，育休期間中の給付金の増額などである。

よって，イが正解である。

第 8 章　企業の社会的責任（CSR）

企業の社会的責任 （CSR）	ランク	1回目	2回目	3回目
	B	／	／	／

■平成 22 年度　第 1 問

　これまで高い評判を受けていたメーカーの製品が，あるとき，急にその評判を落としてしまうことがある。評判を落とす直接的な原因は，顧客からのクレームの多発やクレーム対応のまずさなどであるが，クレームが発生するまでに，しばしば既に企業内部に幾多の問題が潜んでいることがある。また，問題が発生する状況は業種によって異なることが多い。次の記述のうち，クレームを発生させる可能性が最も高いものはどれか。

　　ア　ある家電メーカーでは，部品の標準化やモジュール化を徹底して製品の構造
　　　　設計の簡素化を推し進めながら，製品検査とクレーム対応の現地化を図るた
　　　　めに，海外の生産拠点での仕様の一部変更を認めるようにした。

　　イ　技術の分かるマネジャーによる市場対応を図るために，生産技術に支障がな
　　　　いように注意して，エンジニアリング部門から営業部門や事務部門への配置
　　　　転換を進めている。

　　ウ　これまでクレーム等の消費者対応はすべて本社での対応であったが，販売増
　　　　大とともに事務処理が滞るようになったので，クレーム情報は本社に報告す
　　　　るが，重大なクレーム以外の日常的な消費者対応は営業拠点に委ねることに
　　　　した。

　　エ　自社の清涼飲料水の売り上げが急拡大しているので，自動化ラインの工場を
　　　　立ち上げて，従業員を募って量産体制に入った。

　　オ　高い品質で知られる中堅部品メーカーでは，収益性をさらに高めるべく，手
　　　　間とコストのかかる品質検査を公的検査機関に依頼するとともに，賃金の高
　　　　い熟練技術者に代わって若手従業員を新規に雇用し，個々の業績評価を賃金
　　　　に連動させるように人的資源戦略を転換した。

Ⅰ. 経営戦略論

解答	オ

■解説

クレーム対応に関する出題である。

ア：クレームが発生する可能性は低い。部品の標準化やモジュール化を徹底しているため，現地のニーズに柔軟に対応するのは難しい状態である。そのため，製品検査やクレーム対応を現地で行い，海外拠点で仕様の一部を変更することを認めることで，現地の顧客ニーズに対応しているためクレームが発生する可能性は低い。（なお，拠点による仕様の違いなどでクレームが発生する可能性は否定できない。）

イ：クレームが発生する可能性は低い。技術のわかるマネジャーを営業部門や事務部門へ異動させており，技術部門と顧客部門の融合により，技術志向から顧客志向への転換を図っている。（なお，生産現場からマネジャーが抜けることから，品質の低下によりクレームが発生する可能性は否定できない。）

ウ：クレームが発生する可能性は低い。クレーム対応を本社対応から営業拠点に移管することで，顧客の要望に迅速に対応できるため，顧客の満足度は向上すると考えられる。さらに，重大なクレームは本社へエスカレーションしており，クレームを発生させる可能性が最も高いとはいえない。

エ：クレームが発生する可能性は低い。売上の急拡大に対応して自動化ラインを導入しているので，手作業より品質は向上すると考えられる。（なお，新規ライン・新規従業員のため，稼働当初は品質が安定せず，クレームが発生する可能性は否定できない。）

オ：クレームが発生する可能性が最も高い。高い品質で知られる中堅部品メーカーが品質検査をアウトソースすることで，品質低下を招くリスクがある。さらに，熟練技術者に代わって若手従業員を雇用したり，個々人の業績評価の割合を増やしたりしており，高い品質レベルを安定して提供できないリスクもある。

よって，オが正解である。

266

第 8 章　企業の社会的責任（CSR）

企業の社会的責任 (CSR)	ランク	1回目	2回目	3回目
	B	/	/	/

■平成 22 年度　第 5 問

　企業は経済社会の一員として多面的に社会的な責任や期待を負いつつ，経済活動を展開している。そのような社会的存在としての企業の経営行動に関する記述として最も適切なものはどれか。

　ア　企業価値は株式時価を中心に測定されるが，株価は企業が直接操作できない証券市場で形成されるため，企業価値は具体的な数値目標で表される目的にはなりにくいので，株価にとらわれない自社のビジョンに基づく経営を維持するべく上場を廃止する例が見られるようになった。

　イ　企業の利益極大化の追求は，納品業者や販売業者さらには労働者に厳しいコスト削減を強いることになるので，利益計画は公表しないことにしている。

　ウ　長期の不況の中で賃金コストの抑制が図られ，安価な労働力として非正規雇用が増えたが，企業は雇用不安を抑えるべく，近年ではワークシェアリングを盛んに導入している。

　エ　日本では同業者間で同質な技術や商品の開発競争が激化しやすく，その競争を一挙に海外でも展開する傾向があり，集中豪雨的な進出として批判されることがあるばかりか，技術力の低下が起こっている。

267

Ⅰ．経営戦略論

解答	ア

■解説

社会的存在としての企業の経営行動に関する出題である。

ア：適切である。株価は企業が直接操作できない証券市場で形成されるため，短期的な配当や株価で企業が評価されることになりがちである。そのため，長期的な自社ビジョンを実現するために，経営陣が自社株を買い付けて，MBO（マネジメントバイアウト）により上場を廃止するケースも散見される。

イ：不適切である。企業の利益極大化の追求は，納品業者や販売業者，労働者に厳しいコスト削減を強いることになるのは否定できない。しかし，企業が社会的責任を果たすためには，利益を上げていくことで企業を継続する必要もある。そのため，利益計画は公表しないことにしているのは行きすぎである。

ウ：不適切である。長期の不況の中で，賃金コストの抑制が図られ，安価な労働力として非正規雇用が増加した。しかし，ワークシェアリングの重要性は訴えられているものの，盛んに導入されるまでには至っていない。

エ：不適切である。日本企業は，その競争を一挙に海外でも展開する傾向があり，特定地域・産業に短期間に集中豪雨的に進出することを非難されたこともある。しかし，むしろ日本で洗練された生産管理システムを持ち込むことで，技術力の向上が予想される。

よって，アが正解である。

第9章

その他経営戦略論に関する事項

Ⅰ. 経営戦略論

▶▶出題の傾向と勉強の方向性

排出権取引，リサイクル法（平成 22 年度第 11 問），TLO（平成 20 年度第 5 問），産業集積（平成 18 年度第 8 問／平成 17 年度第 5 問），資金提供（平成 29 年度第 9 問），リーン・スタートアップ（令和元年度第 12 問）など，雑多な範囲になりがちである。排出権，リサイクル法，事業継続計画など，やはり，世の中の動向に応じて出題される傾向があるため，広い視野を持って，勉強を進めてほしい。

なお，戦略論の範囲は，上位レイヤーの概念に基づくものが多いだけに，古典的な戦略も取り上げられ続けている。一方で，今日的な課題への対応の問題も登場する。

事前の対策は難しい問題が続くが，常にアンテナを高く設置し，日本や世界の動向を把握できているかによって，対応できるかできないかが分かれてくるであろう。

■取組状況チェックリスト

1. その他経営戦略論に関する事項						
問題番号	ランク	1 回目		2 回目		3 回目
令和元年度 第 10 問	A	／		／		／
令和元年度 第 12 問	B	／		／		／
平成 30 年度 第 11 問	B	／		／		／
平成 29 年度 第 9 問	B	／		／		／
平成 29 年度 第 10 問	B	／		／		／
平成 29 年度 第 12 問	B	／		／		／
平成 28 年度 第 9 問	B	／		／		／
平成 27 年度 第 10 問	B	／		／		／
平成 24 年度 第 9 問（設問 1）	B	／		／		／
平成 24 年度 第 9 問（設問 2）	B	／		／		／
平成 22 年度 第 11 問（設問 1）	C＊	／		／		／
平成 22 年度 第 11 問（設問 2）	C＊	／		／		／
平成 22 年度 第 11 問（設問 3）	C＊	／		／		／

＊ランク C の問題と解説は，「過去問完全マスター」の HP（https://jissen-c.jp/）よりダウンロードできます。

第9章　その他経営戦略論に関する事項

社内ベンチャー	ランク	1回目	2回目	3回目
	A	/	/	/

■令和元年度　第10問

社内ベンチャーに関する記述として，最も適切なものはどれか。

ア　社内ベンチャーは，新規事業に関する「学習装置」としての機能は果たせないが，新規事業の推進と運営に必要な情報的資源を獲得して蓄積し，新規事業に挑戦する心理的エネルギーを生み出す。

イ　社内ベンチャーは，新規事業の推進と運営について，本業や既存事業からの適切な支援を得て，本業や既存事業の思考様式の枠組みの中で事業を推進するための組織である。

ウ　社内ベンチャーは，小さな独立企業のような運営を目的とするが，社内の他部門の支援を得るために自律性よりも社内の意思決定プロセスとの整合性を重視する。

エ　社内ベンチャーは，プロジェクトチームやタスクフォースとして編成されることは少ないが，その運営ではハンズオフ型のベンチャーキャピタルに比べ，親企業の関与の程度は低い。

オ　社内ベンチャーは，本業や既存事業の思考様式にとらわれない発想を生み出し，本業や既存事業と異なった事業への進出や根本的に異質な製品開発を目的として設置されることが多い。

271

Ⅰ．経営戦略論

解答	オ

■解説

　社内ベンチャーに関する出題である。社内ベンチャー制度は，企業が新事業や新製品を作り出すために，社内に独立した組織をつくる仕組みである。

　　ア：不適切である。新規事業の推進と運営を行うことで，必要な情報的資源を獲得・蓄積することが可能なため，新規事業に関する「学習装置」としての機能は果たせるため，不適切である。

　　イ：不適切である。新規事業の推進と運営のために，会社からの適切な支援は必要であろう。ただし，既存事業の思考様式の枠組みの中で進めるのであれば，社内ベンチャー化する理由がなくなるため，不適切である。

　　ウ：不適切である。社内ベンチャーは小さな独立企業のような運営となる。そのため，社内の意思決定プロセスとの整合性を重視するのではなく自律性を重視すべきであり，不適切である。

　　エ：不適切である。社内ベンチャーは，プロジェクトチームやタスクフォースとして編成されることのほうが多い。さらにハンズオフ型のベンチャーキャピタルより親企業の関与度は高いため，不適切である。なお，ハンズオフ型とは資金は出すが経営に口を出さないタイプのベンチャーキャピタルである。

　　オ：適切である。選択肢のとおりである。本業や既存事業の思考様式にとらわれているのであれば，社内ベンチャーでなくて，社内の一組織として運営されるべきであろう。自律性を発揮して，根本的に異質な製品開発を目的として設置されるのが通常である。

　よって，オが正解である。

リーン・ スタートアップ	ランク	1回目	2回目	3回目
	B	/	/	/

■令和元年度　第12問

　S. G. ブランクが構築した「顧客開発」モデルは，顧客ニーズの把握が不十分，かつ顧客の特定化が困難な場合に，仮説の検証を素早く繰り返すことによって，学習を通して，新しいビジネスの成功率を高めようとするモデルであり，それを発展させたものが，E. リースによって提唱された「リーン・スタートアップ」モデルである。「リーン・スタートアップ」に関する記述として，最も適切なものはどれか。

　ア　リーン・スタートアップでは，戦略を検証する実験によって，その実験段階の製品やサービスが失敗に終わった場合，ビジョンを実現するためには，それまでの開発コストが無駄になっても，戦略の方向転換（ピボット）が必要であるとしている。

　イ　リーン・スタートアップでは，不確実な状態で新しい製品やサービスを創り出すスタートアップのプロセスを，戦略を検証する実験の連続と捉えており，その実験回数をあらかじめ制限しておくことが，成功の鍵と捉えている。

　ウ　リーン・スタートアップは，①顧客ニーズにかかる「仮説」を立てること，②顧客ニーズを満たすアイデアを「製品化」すること，③製品化したものを消費者に「提供」すること，④新たな顧客を次々に「開拓」することの4つのプロセスを直線的に進めていくものである。

　エ　リーン・スタートアップは，新規事業の製品やサービス，対象となる顧客，販売方法などが詳細に記述されたビジネス・プランを構築し，そのビジネス・プランに従って新規事業を進めていくプロセスである。

Ⅰ．経営戦略論

解答	ア

■解説

リーン・スタートアップに関する出題である。

リーン・スタートアップは，エリック・リースが自らの起業経験と，アントレプレナーとしての経験からまとめ上げた知識で，5つの原則からなっている。（アントレプレナーはあらゆるところにいる。起業とはマネジメントである。検証による学び。構築—計測—学習。革新会計。）

特に，アイデアを製品にする，顧客の反応を計測する，そして，方向転換するか辛抱するかを判断することを，スタートアップの基本とした。スタートアップを成功させるためには，このフィードバックループを順調に回すように社内の仕組みを調整しなければならないと述べている。

リーン・スタートアップでは，①構築，②計測，③学習（方向変換）の3つのプロセスで進められる。①構築では，アーリーアドプターに向けて，完璧でもない製品でも早く提示し，彼らの評価を得ていく。②計測では，現状を的確に計測し，評価で明らかになった厳しい現実を直視し，事業計画に記された理想に現実の数字を近づける方法が学べる実験を考案していく。③学習（方向変換）では，アーリーアドプターの反応や評価を踏まえ，製品の改良を進めたり，方向性も変換すべきか考えていく。

ア：適切である。前述のとおり，ユーザーの評価によってはピボットと呼ぶ戦略の方向転換が必要になるため，適切である。

イ：不適切である。不確実な状態で新しい製品やサービスを創り出すスタートアップのプロセスを，戦略を検証する実験の連続と捉えるのは適切であるが，その実験回数を制限しておくことは，不適切である。

ウ：不適切である。リーン・スタートアップでは，①構築，②計測，③学習（方向変換）の3つのプロセスで進められるため，不適切である。

エ：不適切である。選択肢のように，いわゆるビジネスプランを詳細に記述してそのプランに従っていくようなものではないため，不適切である。

よって，アが正解である。

第9章　その他経営戦略論に関する事項

家族経営	ランク	1回目	2回目	3回目
	B	/	/	/

■平成 30 年度　第 11 問

　創業家とその一族によって所有，経営されるファミリービジネスの中小企業は多い。
ファミリービジネスのシステムを，互いに重なり合う部分を持つ「オーナーシップ」
「ビジネス」「ファミリー」の３つのサブシステムで表すスリー・サークル・モデルに
関する記述として，最も不適切なものはどれか。

　　ア　スリー・サークル・モデルは，経営理念の核となる家訓の維持を重視するファ
　　　　ミリービジネスに適用でき，ファミリービジネスの限界が何に起因するの
　　　　かを知るなど，個々のファミリービジネスで異なる経営の問題解決に有用で
　　　　ある。

　　イ　スリー・サークル・モデルは，直系血族の経営から従兄弟などを含む広い意
　　　　味でのファミリービジネスへ変化していくようなファミリービジネスの時間
　　　　による変化について，オーナーシップ，ビジネス，ファミリーの３次元から
　　　　分類するモデルへと展開できる。

　　ウ　スリー・サークル・モデルは，ファミリービジネスの３つのサブシステムに
　　　　対する利害関係者の関わり方を表し，ファミリービジネスの中小企業に関わ
　　　　るすべての個人は，自らを３つのサブシステムの組み合わせからなるセクタ
　　　　ーのいずれか１つに位置づけて問題解決に関わる。

　　エ　スリー・サークル・モデルは，ファミリービジネスの合理的経営のための戦
　　　　略計画とファミリー固有のビジョンや目標との間の適合を図り，コンフリク
　　　　ト回避のためにファミリーメンバーの継続的関与と戦略を並行的に計画させ
　　　　るモデルである。

　　オ　スリー・サークル・モデルは，ファミリービジネスの中小企業に内在する複
　　　　雑な相互作用の分析の助けとなり，企業内外の人間関係における対立，役割
　　　　上の困難な問題を理解する際に，それらが何に起因するのかを知るのに役立
　　　　つ。

275

Ⅰ. 経営戦略論

解答	エ

■解説

ファミリービジネスに関する，スリー・サークル（3円）・モデルに関する出題である。ファミリービジネスを，オーナーシップ（所有），ビジネス（経営），ファミリー（家族）の3つの要素からなる複合体として考えるものである。右の図表のように，7つの領域に所属するステークホルダーの立場の違いによって，さまざまなコンフリクトが生じることになる。

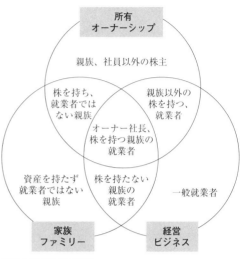

出典：以下を元に作成
"Bivalent Attribubtes of the Family Firm" Renato Tagiuri, John Davis 1996

ア：適切である。選択肢のとおりである。家訓が経営理念の核となるのは，まさに，家族，経営，所有の交わりを示すものである。その中で，ファミリービジネスのどこに限界があるのか分析するのに3円モデルは適している。

イ：適切である。オーナーシップ（所有），ビジネス（経営），ファミリー（家族）の3時点で分類するモデルへ展開できるため，適切である。家族といっても直系から遠いところまでいる。株を持つのか否かを分類して考えていくべきであろう。

ウ：適切である。選択肢のとおり，適切である。図表のとおり，どのセクターに位置づけられるのかを考えて問題解決につなげていく。

エ：不適切である。ファミリーメンバーの継続的関与と戦略を並行的に計画させるモデルとはいえないため，不適切である。3円モデルは，ファミリー・モデルに関するステークホルダーの分析が主眼である。

オ：適切である。3円モデルはファミリービジネスの内外の人間関係における対立などの問題を理解するのに役立つため，適切である。

よって，エが正解である。

第 9 章　その他経営戦略論に関する事項

資金提供	ランク	1回目		2回目		3回目	
	B	/		/		/	

■平成 29 年度　第 9 問
　成長をめざす中小企業にとって外部資金の獲得は欠かせない。中小企業への資金提供に関する記述として，最も不適切なものはどれか。

　　ア　中小企業へ投資する投資事業有限責任組合では，業務執行を伴わない組合員は，その出資額を限度として組合の債務を弁済する責任を負う。

　　イ　中小企業へ投資する投資事業有限責任組合では，組合の業務を執行する者は有限責任組合員である。

　　ウ　ベンチャーキャピタルは，株式を公開していない経営課題を抱える中小企業に対して，新株と引き換えに事業成長のための資金を潤沢に提供することを通じて中小企業の企業価値を高める。

　　エ　ベンチャーキャピタルは，役員派遣や経営のモニタリングをすることによって，有望な中小企業に投資した資金を，新規株式公開や M & A を通じて回収する可能性を高める。

　　オ　ベンチャーキャピタルは，有望な中小企業に対して，本体や他のベンチャーキャピタルが運用するファンドを通じた投資と本体の自己資金を原資とした投資のスタイルで，中小企業の企業価値を高める。

277

Ⅰ．経営戦略論

解答	イ

■解説

中小企業への資金提供に関する出題である。

投資事業組合は，投資事業組合は民法上の組合として組成され，業務執行を行わない投資家も無限責任となり，出資額以上の責任を負うリスクがあり，円滑にベンチャー企業に資金が供給できないという課題があった。そのため，業務執行を行わない組合員が負う責任を出資額にとどめることができる「投資事業有限責任組合」ができた。

ア：適切である。前述のとおり，投資事業有限責任組合では，業務執行を行わない組合員は，その出資額が限度の有限責任となるため，適切である。

イ：不適切である。投資事業有限責任組合では，業務を執行する者は無限責任となるため，不適切である。

ウ：適切である。ベンチャーキャピタルは，株式を公開していない中小企業に対して，新株と引き換えに資金を提供することで，中小企業の企業価値を高める役割があるため，適切である。

エ：適切である。ベンチャーキャピタルは，出資をして終わりではなく，役員派遣や経営のモニタリングによって，中小企業の経営をサポートすることで，成長を促進し，新規株式公開やM&Aを通じて資金を回収する可能性を高めるため，適切である。

オ：適切である。ベンチャーキャピタル単体で投資する場合と，他のベンチャーキャピタルが運用するファンドを通じて投資する場合があり，適切である。

よって，イが正解である。

第9章　その他経営戦略論に関する事項

進捗管理	ランク	1回目		2回目		3回目	
	B	/		/		/	

■平成29年度　第10問

　企業では，新製品開発や新規事業などのプロジェクトが円滑に進むように，さまざまな方法を用いて進捗管理を行っている。そのような進捗管理に関する記述として，最も適切なものはどれか。

　ア　技術開発と市場開拓が並行して事業化が進行すれば，技術開発面の課題を早期に発見して，その解消活動が販売における課題解決に結びつくので，基礎研究成果を応用研究につなぐ際のダーウィンの海と呼ばれる課題の克服に有効である。

　イ　技術や市場が新規の製品の開発に取り組む場合，現場で培った経験や知識の活用が開発時間やコストを節約するキーポイントになる。

　ウ　新製品の事業化では，顧客や市場の評価を早期に把握して，その結果を開発活動にフィードバックして，場合によっては開発段階が後戻りすることを許容する方が新製品の迅速な立ち上げに有利に働く。

　エ　プロジェクトのある段階から次の段階への移行ごとにチェックポイントを設けるステージゲート管理では，移行可否の判断基準の設定や移行可否の権限が各段階に与えられないため，管理が甘くなって見込みの低いプロジェクトを温存することになりやすい。

　オ　プロジェクトの複数の段階の活動を同時に並行して行うと，開発の早い段階からプロジェクト内で情報交換が進むが，情報の複雑性も高くなるので，開発期間が延びたり，開発コストが余計にかかりやすくなる。

279

Ⅰ. 経営戦略論

解答	ウ

■解説

新製品開発や新規事業などのプロジェクトの進捗管理に関する出題である。

ア：不適切である。基礎研究成果を応用研究につなぐ際の課題は，「ダーウィン
　　の海」ではなく，「魔の川」と呼ばれるため，不適切である。「ダーウィンの
　　海」は，事業化されて市場に出された製品やサービスが，競争によって荒波
　　にもまれる状態を指す。

イ：不適切である。製品開発プロセスの「学習モデル」によると，製品開発は，
　　技術や市場ニーズを起点に直線的に進むものではなく，「具体的経験→熟考
　　的観察→抽象的概念化→行動的実験」といったプロセスが重要とされる。新
　　規の技術や市場に対応していく際には，過去の具体的経験や知識は必要にな
　　るが，そこから学習しながら進めていく必要があり，開発時間やコストを節
　　約するキーポイントになるとまではいえないので，不適切である。

ウ：適切である。製品開発において，市場の評価を早めに取り入れるのは重要で
　　ある。完成してからお客様に評価を受けてNGが出るより，早い段階で開発
　　工程を後戻りさせたほうが結果的に製品の開発が迅速に進むこともあり，適
　　切である。

エ：不適切である。ステージゲート管理とは，多数創出されたアイデアを対象に，
　　R&Dや事業化・商品化活動を複数の活動（ステージ）に分割し，次のステー
　　ジに移行する前に評価を行う場（ゲート）を設けて，評価をクリアした事
　　業のみを進める方法である。そのため，移行可否の判断基準の設定や移行可
　　否の権限が各段階に与えられるため，不適切である。また，管理が甘くなっ
　　て見込みの低いプロジェクトは温存されるのでなく，厳しくチェックされる
　　ことになる。

オ：不適切である。プロジェクトの複数の段階の活動を同時に並行して行うと，
　　プロジェクト内で情報交換が進み，むしろ，開発期間が短縮化されたり，コ
　　ストが抑えられたりするため，不適切である。

よって，ウが正解である。

第9章　その他経営戦略論に関する事項

	ランク	1回目	2回目	3回目
事業継続計画	B	／	／	／

■平成29年度　第12問

　自然災害や大事故などの突発的な不測の事態の発生に対応することは，企業にとって戦略的な経営課題であり，停滞のない企業活動の継続は企業の社会的責任の一環をなしている。そのような事態への対応に関する記述として，最も適切なものはどれか。

ア　カフェテリア・プランは，多くの場合，ポイント制によって福利厚生メニューを自主的に，また公平に選択できるようにしているので，突発的な災害などの支援に活用できるメニューは盛り込めない。

イ　クライシス・マネジメントは，想定される危機的事象を予測し，事前にその発生抑止や防止策を検討して危機への対応を図ろうとするものである。

ウ　コンティンジェンシー・プランでは，不測の事態や最悪の事態を想定して，その事態が与える業務間の影響を測るべく，事業インパクト分析を重視して危機対応の計画を策定するのが一般的な方法である。

エ　事業継続計画BCPでは，事業停止の影響度を評価分析して，業務の中断が許される許容期限を把握して業務の復旧優先順位を導くために事業インパクト分析の実施が行われる。

オ　事業継続計画BCPは，災害時のロジスティクスの確保を重視した企業間ネットワークの構築を目指すものとして策定されている。

281

Ⅰ．経営戦略論

解答	エ

■解説

　事業継続計画での，自然災害や大事故などの突発的な不測の事態の発生への対応に関する出題である。

　ア：不適切である。カフェテリア・プランは，社会貢献に関する事業に対するメニューも増えており，ボランティア活動に参加した場合の，参加料や，旅費，宿泊費，傷害保険料なども対象になるケースもある。ボランディア活動は，災害支援や，NPOやNGO活動の参加，チャリティコンサートへの参加なども挙げられるため，不適切である。

　イ：不適切である。クライシス・マネジメントは，「危機」すなわち組織の事業継続や組織の存続を脅かすような不測の非常事態に遭遇した際に，被害を最小限に抑えるための組織の対応手段や仕組みのことであり，事前の防止策を検討できないため，不適切である。

　ウ：不適切である。事業インパクト分析を重視して危機対応の計画を策定するのは，ビジネスインパクト分析であり，不適切である。ビジネスインパクト分析は，事業継続に当たってのボトルネック（事業継続上，重要な箇所・事象）を特定し，事業継続上，ボトルネックを守るための対策検討・実施することである。

　エ：適切である。英国規格協会の定義によると，BCPは，潜在的損失によるインパクトの認識を行い実行可能な継続戦略の策定と実施，事故発生時の事業継続を確実にする継続計画。事故発生時に備えて開発，編成，維持されている手順および情報を文書化した事業継続の成果物のことである。選択肢のとおり，事業インパクト分析を含めて，BCPとなるため，適切である。

　オ：不適切である。選択肢エのとおり，BCPは，災害時のロジスティクスの確保を重視した企業間ネットワークの構築を目指すことだけを指すものではなく，不適切である。

　よって，エが正解である。

第9章　その他経営戦略論に関する事項

アウトソーシング	ランク	1回目	2回目	3回目
	B	／	／	／

■平成 28 年度　第 9 問

　企業は市場の変化に対応するため，限られた経営資源を特定の事業や事業領域に集中特化し，事業活動の一部をアウトソーシングすることがある。企業のそのような戦略対応に関する記述として最も適切なものはどれか。

　ア　アウトソーシングすることによって，自社能力の適用の幅が狭くなり，顧客ニーズへの対応力も弱まるので，新規顧客の開拓が難しくなる。

　イ　アウトソーシングする事業領域と自社で取り組む事業領域を峻別して経営資源を集中特化することによって，特定事業領域で独自能力の構築を目指すことが可能になる。

　ウ　アウトソーシングによって外部の専門能力を利用する傾向が強まると，同種の社内能力を維持強化しようとする能力構築の動きが強まり，企業活動が活性化する。

　エ　アウトソーシングを行い生産から販売まで一貫した事業に統合化することによって，事業の伸縮自在性が高まるので，外部環境の急激な変化に対応することができる。

283

Ⅰ．経営戦略論

解答	イ

■解説

アウトソーシングに関する問題である。

ア：不適切である。付加価値を生まない業務をアウトソーシングすることで，その業務に対する適用の幅は狭くなるが，狭い分野で深い対応をしていくことが可能になるともいえる。そのため，顧客ニーズへの対応力は狭い分野では強まるともいえるため，不適切である。

イ：適切である。アウトソーシングの目的は，自社で取り組む領域と，社外に任す領域を明確にして，自社で取り組む事業領域に経営資源を集中させ，その領域で，独自能力を構築することにあり，適切である。

ウ：不適切である。たとえば，経理分野をアウトソーシングすると，社内における経理の能力は低下するであろう。そのため，アウトソーシングした分野の社内能力構築の動きが強まるとはいえないため，不適切である。

エ：不適切である。生産から販売まで一貫した事業に統合化するということは，アウトソーシングしておらず，不適切である。

よって，イが正解である。

第9章　その他経営戦略論に関する事項

その他経営戦略論に関する事項	ランク	1回目	2回目	3回目
	B	／	／	／

■平成27年度　第10問

　リストラクチャリング（事業構造の再構築）に関する記述として，最も適切なものはどれか。

　　ア　リストラクチャリングの一環として事業売却を行う場合は，対象となる事業の従業員に時間をかけて納得してもらい，ボトムアップで売却ステップを検討していくことが課題となる。

　　イ　リストラクチャリングの一環として事業を子会社として独立させる場合は，各子会社に大幅に権限を委譲し，意思決定の迅速化を図ることが課題となる。

　　ウ　リストラクチャリングを円滑に進めるうえでは，既存の取引先との取引量を増やすことを目的に，リベートや割引販売などの販売促進策を積極的に行うことが課題となる。

　　エ　リストラクチャリングを円滑に進めるうえでは，業務プロセスを抜本的に見直すことによって業務を再設計し，業務の効率化を図ることが課題となる。

　　オ　リストラクチャリングを円滑に進めるうえでは，従業員のモチベーションを上げていくために，ストックオプションを導入していくことが課題となる。

285

Ⅰ．経営戦略論

解答	イ

■解説
　リストラクチャリングに関する問題である。リストラクチャリングとは，不採算部門の事業縮小や撤退，統廃合といった整理とともに，成長事業や高収益事業へ経営資源を集中することを指す。

　ア：不適切である。事業売却を行う場合に，ボトムアップで進めると従業員の合意が得られないケースも多いため，トップダウンで進めることが必要であり，不適切である。

　イ：適切である。事業を子会社として独立させるからには，迅速な事業展開が求められ，大幅な権限移譲による意思決定の迅速化は必要といえるため，適切である。

　ウ：不適切である。リベートや割引販売などの販売促進策も必要な段階はあるが，それがリストラクチャリングのタイミングかといわれると疑問が残る。むしろ取引先の抜本的な見直しなどを行った後に，取り上げるべき課題であるため，不適切である。

　エ：不適切である。業務プロセスを抜本的に見直すことによって業務を再設計し，業務の効率化を図ることは，BPR（ビジネス・プロセス・リエンジニアリング）と呼ばれる。リストラクチャリング段階では業務の効率化のまえに，その業務の選択と集中という判断が必要になるため，不適切である。

　オ：不適切である。ストックオプションは，今後上場を目指すなどの成長段階で有効な施策であり，リストラクチャリング段階での導入が多いとはいえず，重要な課題とまではいえないため，不適切である。

　よって，イが正解である。

第9章　その他経営戦略論に関する事項

その他経営戦略論に関する事項	ランク	1回目	2回目	3回目
	B	／	／	／

■平成 24 年度　第 9 問（設問 1）

　アライアンスやアウトソーシングに関する次の文章を読んで，下記の設問に答えよ。

　企業を取り巻く環境は，グローバル化や先端技術の開発の進展などに伴って，かつてない要因をはらみながら激しく変化している。このような環境の変化に対応すべく，企業は他の企業や関係機関と連携を模索することが多くなり，戦略的にアライアンスを組む事例も報道されるようになっている。しかし，アライアンスが意図した成果を実現するには，相手をどう選ぶかにも増して，①アライアンスのマネジメントが重要であることを見落としてはならない。

　他方，市場を通じて業務の外部化を図るというアウトソーシングも頻繁に実施されるようになった。何をアウトソーシングするかの検討は慎重でなければならないが，②委託者と受託者の関係についても注意しておくべきであることは指摘するまでもない。

（設問 1）

　文中の下線部①のアライアンスのマネジメントとして最も適切なものはどれか。

　　ア　相手を上回る出資比率を維持して，意思決定の権限を確保することに留意して，それができない場合はアライアンスを見送るようにしなければならない。

　　イ　互いに連携によって得られる便益とそのために必要な費用を計算すると，信頼が醸成されなくなるので，アライアンスは期待した効果を生みにくくなることに注意しなければならない。

　　ウ　提携企業間の人事施策，組織の特性，経営上の価値観などの社風の違いは，相手企業を吸収合併して価値観の一体化を促すことによってしか克服できないことに注意しておくべきである。

　　エ　連携が長くなるにつれて互いに心が通い合い信頼が醸成されやすいが，そのことによって取り引きの経済評価が甘くならないように注意しなければならない。

　　オ　連携の中身やお互いの能力について理解しあうことは重要であるが，手の内を見せすぎることになるので，関係が深くなることは避けなければならない。

287

Ⅰ．経営戦略論

解答	エ

■解説

アライアンスのマネジメントに関する出題である。

ア：不適切である。アライアンスの目的により出資比率は異なってくるため，相手を出資比率で上回らない場合には必ずアライアンスを見送るというわけではない。

イ：不適切である。アライアンスによって得られる便益のために必要な費用を計算することは，アライアンスの意思決定のためには必須の内容である。

ウ：不適切である。アライアンスにおいて，必ずしも全体的な社風を統一する必要はなく，連携を組む分野での価値観が統一できればよい。そのため，吸収合併でしか克服できないというのは行きすぎである。

エ：適切である。ビジネス上のアライアンスであり，ビジネスライクに進めるべきところは，ビジネスライクを維持していく必要がある。信頼関係が深まったからといって，経済評価は甘くならないようにしたい。

オ：不適切である。手の内を見せすぎることを避けるために，関係を深めることを避けるのは本末転倒である。選択肢エのような状況は避ける必要があるが，ビジネスの成功に向けて関係性は深めていく必要がある。

よって，エが正解である。

第9章　その他経営戦略論に関する事項

その他経営戦略論に関する事項	ランク	1回目	2回目	3回目
	B	／	／	／

■平成 24 年度　第 9 問（設問 2）

（問題文より抜粋）

　市場を通じて業務の外部化を図るというアウトソーシングも頻繁に実施されるようになった。何をアウトソーシングするかの検討は慎重でなければならないが，②委託者と受託者の関係についても注意しておくべきであることは指摘するまでもない。

（設問 2）

　文中の下線部②のアウトソーシングを戦略的に展開する際に注意すべき点に関する記述として，最も不適切なものはどれか。

　　ア　アウトソーシングの受託者が多くなるにつれて，利害関係や連携方式が複雑
　　　　になるので，アウトソーシングの調整を担当する部署を設けて機敏な対応を
　　　　確保するべきである。

　　イ　アウトソーシングの主たる目的である相乗効果や新規事業の創造に結びつく
　　　　には，実務レベルでの密な意見交換や共同事業を推進するべきである。

　　ウ　自社能力の強化に振り向ける資金とアウトソーシングに伴う費用の負担と便
　　　　益を比較することで，アウトソーシングに踏み切るかどうかの判断をするべ
　　　　きである。

　　エ　受託者の能力不足や非協力的な態度が判明した場合，アウトソーシングの解
　　　　消や違約による損害賠償を視野に入れてアライアンスの解消を検討するべき
　　　　である。

　　オ　独自な能力をもつ受託者からは，共同事業を通じてその能力を学ぶ姿勢をも
　　　　つように連携関係を強化するべきである。

289

Ⅰ. 経営戦略論

解答	イ

■解説

アウトソーシングを戦略的に展開することに関する出題である。

ア：適切である。利害関係者の数や連携方式の複雑さにもよるが，規模が増大し
　　複雑さが増してくれば専任部隊を設けて機敏な対応の確保が求められるであ
　　ろう。また，アライアンス情報は確定するまで情報漏れがないようにする必
　　要があり，専任部隊でセキュリティを確保するという考え方もある。

イ：不適切である。アウトソーシングの主たる目的である相乗効果や新規事業の
　　創造は，自社の戦略的展開に直結する内容であり，実務レベルというより，
　　トップレベルの推進事項である。

ウ：適切である。アウトソーシングを実施する際の意思決定についてである。自
　　社に該当業務を実施する能力がなければ，自社能力の強化が必要となる。そ
　　の際に，強化に伴う費用と，外部にアウトソーシングをする費用を比較する
　　ことで，意思決定されることが多い。

エ：適切である。アウトソーシング受託者の能力不足や非協力的な態度が判明し
　　た場合は，当然，解消することが考えられる。そういった場合に備えて，ア
　　ライアンスの契約内容には十分留意しておく必要がある。

オ：適切である。自社にない独自の能力を持つ受託者からは，共同事業を通じて
　　その能力を学べるというのもアウトソーシングのメリットである。

よって，イが正解である。

Ⅱ．組織論

第1章

経営組織の形態と構造

Ⅱ．組織論

1. 組織形態

▶▶出題項目のポイント

　組織形態に関する項目では，職能制組織，機能別組織，事業部制組織，マトリック
ス組織といった組織形態の特徴やメリット・デメリットに関する事項が問われる。

1）組織構造の種類

①機能別組織

　営業や生産など，各業務機能別に区切った組織のことである。経営環境の変化が小
さい場合に適しており，組織の効率性・専門性を高めることができる。また，事業
形態が単純な事業に適した組織である。

②事業部制組織

　製品別や顧客別といった事業単位で区切った組織のことである。事業を複数運営す
るのに適した組織である。独立採算のプロフィットセンターとして利益責任を持つ。

③マトリックス組織

　機能別と事業部制をマトリックスにした組織である。経営環境の不確実性の高まり
に対応することを目的として組織化された，柔軟で機動的な組織形態のことである。
機能別組織の専門性と事業部制組織の市場対応という両者のメリットを同時に実現
することを企図した組織体制である。

2）組織構造のメリット・デメリット

	メリット	デメリット
機能別組織	役割分担を明確にできる	部門利益を優先してしまう
	部門間での機能重複を防げる	次世代経営者が育ちにくい
	従業員が個々の専門性を高められる	組織間連携が悪くなる
	意思決定権を上位者に集中できる	
事業部制組織	1つの事業部で業務を完結できる	他の事業部との調整が難しい
	意思決定が迅速にできる	事業部間で軋轢を生じやすい
	次世代経営者を育成しやすい	部分最適化が起こりやすい
マトリックス組織	機能別組織の特徴である専門性と事業部制組織の特徴である権限の分権を両立できる	意思決定のメカニズムが不明瞭になる
		内部調整が多く，業務プロセスが複雑になる

第1章　経営組織の形態と構造

▶▶出題の傾向と勉強の方向性

　平成20年度第11問，平成28年度第12問で機能別・事業部制・マトリックスの3種類の組織構造について総合的に問われている。平成14年度第7問ではカンパニー制組織，平成15年度第17問では機能別・事業部制・マトリックス・プロジェクトの各組織に関して問われた。平成17年度第15問，平成18年度第10問などでは企業の戦略に合わせて選択される組織構造についても問われている。さらに，組織構造のデザインのコンティンジェンシー理論については，平成19年度第12問，平成25年度第14問で問われている。

　頻出度は低いが，平成20年度第20問では組織の個体群生態学モデル，平成26年度第15問では組織の環境適応パターン，平成27年度第12問と令和元年度第13問ではガルブレイスの体系的組織デザインについて問われた。

　勉強の方向性としては，組織形態の特徴とメリット・デメリットを把握すること，海外進出の各段階に適応した組織形態を把握することなどが挙げられる。

■取組状況チェックリスト

1. 組織形態					
問題番号	ランク	1回目	2回目	3回目
平成20年度 第11問(設問1/2/3)	A	／	／	／
平成28年度 第12問	A	／	／	／
平成25年度 第14問	B	／	／	／
平成27年度 第12問	B	／	／	／
令和元年度 第13問	C*	／	／	／
平成26年度 第15問	C*	／	／	／

＊ランクCの問題と解説は，「過去問完全マスター」のHP（https://jissen-c.jp/）よりダウンロードできます。

Ⅱ. 組織論

組織形態	ランク	1回目		2回目		3回目	
	A	/		/		/	

■平成 20 年度　第 11 問

　企業の規模や経営戦略，環境条件などさまざまな要因によって，組織が処理すべき情報の量や質が異なるため，それに応じて機能別部門組織（functional organization），事業部制組織（divisional organization），マトリックス組織（matrix organization）など，異なる組織構造をデザインする必要がある。これに関して，下記の設問に答えよ。

（設問 1）

　機能別部門組織に関する記述として，最も適切なものはどれか。

　　ア　機能別部門組織では，各機能部門が専門機能を基礎に編成されているため，全社的なコントロールを担当する次世代のトップマネジメントを養成することが難しい。

　　イ　機能別部門組織では，高度な分権化が進展しているため，トップマネジメントへの集権化の程度は低い。

　　ウ　機能別部門組織では，それぞれの部門が異なる機能を担当しているため，変化する環境でも部門間コンフリクトが発生する可能性は低い。

　　エ　機能別部門組織の利点は，機能部門ごとの専門化の利益を最大限に発揮できる点にあり，その分，規模の経済は犠牲になる。

　　オ　機能別部門組織は，単一製品―市場分野に進出している企業に採用される傾向が高く，あまり大規模な操業には適さない。

（設問 2）

　事業部制組織に関する記述として，最も適切なものはどれか。

　　ア　事業部制組織では，各事業部は独立採算のプロフィットセンターとして管理

第1章　経営組織の形態と構造

されるために，複数の事業部にまたがる統合的な製品の開発などは遅れがちになる。

イ　事業部制組織では，各事業部を評価する統一的な基準がないために，本社機構のオーバーヘッドコストが高くなる傾向がある。

ウ　事業部制組織では，本社と事業部の間に擬似的な資本市場が存在することになり，一般に各事業部の限界利益率に応じて予算配分が行われる。

エ　事業部制組織は，複数の製品―市場分野に進出している企業で採用される傾向が高く，事業部間の高度な連携をとることが容易になる。

オ　事業部制組織は，本社の情報処理負担が軽減されるとともに，事業戦略に関する権限が本社に集中するために，事業部の再編成や既存事業の融合を通じた新規事業を創造しやすくなる。

（設問3）
　機能部門―事業部門からなる恒常的なマトリックス組織に関する記述として，最も適切なものはどれか。

ア　マトリックス組織が有効に機能するためには，複数の命令系統に柔軟に対応し，コンフリクトを創造的に解決する組織文化の裏付けが必要である。

イ　マトリックス組織では，機能マネジャーと事業マネジャーが同じ内容の権限を持つので，従業員は2人の上司の管理下におかれ高いストレスを感じる。

ウ　マトリックス組織では，主要な権限を委譲された事業マネジャーと機能マネジャーのコンフリクトが発生しやすいので，トップマネジメントの情報処理負担は大きくなる。

エ　マトリックス組織は，環境変化の速い複数の非関連事業に多角化した企業が，複数の事業部にまたがる横断的調整機能を導入したものである。

オ　マトリックス組織は，現場での事業感覚が重要である組織に導入すると事業活動を制約してしまうため，主に本社機構に導入される傾向がある。

297

Ⅱ．組織論

（設問 1）

解答	ア

■解説

　機能別組織の特徴が問われている。機能別組織は，単純構造であり，機能別に部門化される。各機能部門長はそれぞれの機能の範囲で管理責任を負い，部門内における規模の経済性を得やすい。トップマネジメントが部門間の調整の役割を果たす。

　ア：適切である。機能別に組織が分かれているため，各部門長は各機能を部分的に担い，次世代のトップマネジメント候補者が経営や事業全体に関する責任を持ち，権限を行使するというトップマネジメントを経験する機会は少ない。したがって，事業部長が事業部に責任と権限を持つ事業部制組織に比べ，トップマネジメントを養成することは困難となる。

　イ：不適切である。機能別組織は，機能別に一定の分権化は進んでいるが，トップマネジメントの意思決定負担を軽減するほどの高度な分権化が進展している組織ではない。逆に，トップマネジメントに対する集権化の程度が高い。

　ウ：不適切である。機能別組織は機能別の専門化を進め効率化を図るため，部門別の独自の文化が形成される。その文化は長い時間で形成され，簡単に変化させることはできないため，その文化を変えなければならないような環境変化への機動的な対応は困難である。たとえば，経営環境の悪化で管理することが目的な管理部門は事業コストを下げるように動くが，売上を上げるためには多少のコストは必要と考える営業部門との間でコンフリクトが発生するなどが挙げられる。

　エ：不適切である。機能別部門組織の利点は，機能部門ごとの専門化の利益を最大限に発揮できる点にある。同じ機能を集め専門性を高め組織の効率が高まる効果は，規模の経済効果である。よって，規模の経済は犠牲にならない。

　オ：不適切である。機能別組織を採用し，単一製品や単一市場に進出している大規模な組織は存在することからも，組織構造が，専門化による規模の経済効果を狙ったものである限り，機能別組織は企業規模にかかわらず採用されるといえる。

　よって，アが正解である。

第 1 章　経営組織の形態と構造

（設問 2）

解答	ア

■解説

事業部制組織の特徴が問われている。

ア：適切である。事業部制組織の各事業部は独立採算のプロフィットセンターと
　　して利益責任を持つ。事業部ごとの独立性を高めることで，複数の事業部に
　　またがる統合的な製品の開発を行うことは困難である。よって適切である。

イ：不適切である。オーバーヘッドコストとは，各事業部を管理するための間接
　　費である。事業部制組織では，各事業部が独立採算で個別に管理組織を持つ
　　ため，本社のオーバーヘッドコストは高くなる。ただし，各部の評価は
　　ROI などの統一基準で行うことが多い。

ウ：不適切である。限界利益率とは売上高に対する限界利益の割合であり，限界
　　利益とは売上高から変動費を引いた利益のことである。擬似的な資本市場が
　　存在する事業部制組織は，事業部に対する投下資本に対して生み出された利
　　益の率，つまり総資本利益率（ROA）などで評価されることが多い。

エ：不適切である。事業部制組織は，複数製品や複数市場に進出している企業で
　　採用される傾向が強い。事業部別に独立採算で管理され，事業部の利益を追
　　求するため，事業部間の連携を図ることは困難となる。

オ：不適切である。事業戦略に関する権限は事業部門に委譲されるため，事業部
　　の再編成や既存事業の融合による新規事業の創造は困難となる。

よって，アが正解である。

299

Ⅱ．組織論

（設問 3）

解答	ア

■解説

　マトリックス組織の特徴が問われた。マトリックス組織は，機能別組織や事業部制組織では克服できない，市場の急速な変化，技術革新の進展，グローバル化など経営環境の不確実性の高まりに対応することを目的として組織化された，柔軟で機動的な組織形態のことである。

　この組織は，機能別組織の専門性と事業部別組織の市場対応という両者のメリットを同時に実現することを企図した組織体制である。1つの部署が2人以上の上長によってコントロールされるツー・ボス・システムであるために，組織原則の命令統一の原則に抵触して組織的混乱を生み出したり，部門間の調整に時間やコストを費やさなければならないといったデメリットが見られる。（『経営をしっかり理解する』岩崎尚人・神田良著　日本能率協会マネジメントセンター　p.100）

　　ア：適切である。ツー・ボス・システムであるマトリックス組織は命令統一の原則に抵触し，命令を2人以上の上長から受けた組織が混乱するデメリットがあるため，採用するためには，組織間のコミュニケーションが闊達で，共通目的に対する強いコミットがあるといった組織文化の裏付けが必要である。

　　イ：不適切である。機能マネジャーには機能に関する権限が付与され，事業マネジャーには事業に関する同等の権限が付与される。しかし，同じ内容の権限を持つわけではない。

　　ウ：不適切である。ツー・ボス・システムのため，命令を受ける組織の混乱が生じやすいので部門間のコンフリクトが発生しやすいといえる。ただし，その部門間調整はマネジャー間で調整するため，トップマネジメントの部門間調整負担が増加するなどの情報処理負担が大きくなるとは限らない。

　　エ：不適切である。複数の事業部にまたがる横断的調整機能が有効になるのは，各事業が「関連」する場合である。非関連事業に多角化するのであれば，横断的機能の必要性は低い。

　　オ：不適切である。マトリックス組織は，現場での事業感覚が重要である組織に導入すれば，迅速な環境変化への対応が可能となる。

　よって，アが正解である。

第1章　経営組織の形態と構造

組織形態	ランク	1回目		2回目		3回目	
	A	/		/		/	

■平成 28 年度　第 12 問

　機能別組織，事業部制組織，マトリックス組織の特徴に関する記述として，最も適切なものはどれか。

　ア　機能別組織は部門間で緊密な調整が必要な場合に有効であるが，安定した環境のもとで官僚制的な組織になるという短所がある。

　イ　事業部制組織が有効に機能するためには，トップマネジメントが業務的意思決定から解放され，戦略的意思決定と管理的意思決定に専念できるようにする必要がある。

　ウ　事業部制組織は複数の製品―市場分野を持つ企業が，範囲の経済を実現するのに適しているが，規模の経済を追求することは難しい。

　エ　マトリックス組織は変化の速い環境で部門間の相互依存が高い場合に有効であるが，コンフリクトや曖昧さを許容する組織文化を持たないと効果的に機能しにくい。

　オ　マトリックス組織を効果的に管理するためには，1 人の部下に対して，機能マネジャーとプロダクトマネジャーが同じ権限を持っていなければならない。

301

Ⅱ. 組織論

解答	エ

■解説

　職能別組織，機能別組織，事業部制組織，マトリックス組織といった組織形態の特徴やメリット・デメリットに関する問題である。

ア：不適切である。機能別組織は専門化を進め効率化を図るため機能別に編成されている。そのため，縦割りになりやすく，組織間連携はトップマネジメントを通じて行われるため悪くなる。安定した経営環境に向いているが，官僚制的な組織になりやすい。

イ：不適切である。事業部制組織が有効に機能するためには，トップマネジメントが業務的意思決定と管理的意思決定から解放され，戦略的意思決定に専念するようにする必要がある。

ウ：不適切である。範囲の経済とは複数の生産物，サービスを1社が生産するほうが費用が安く済むこと，規模の経済とは生産規模を拡大したとき，産出量が生産規模の拡大以上に増大することである。事業部制組織は複数の製品―市場分野を持つ企業が，個別の製品―市場分野をそれぞれの事業部があたかも1つの会社のようにそれぞれの経営資源で対応するため，範囲の経済を実現するのに適しているとはいえない。一方，その事業ごとに管理機能や営業機能などの機能を持つため，規模の経済も追求しにくい。

エ：適切である。マトリックス組織は変化の速い環境で部門間の相互依存が高い場合に有効であるが，ツー・ボス・システムであるため，命令統一の原則に抵触し命令を2人以上の上長から受けた組織が混乱するデメリットがあるため，コンフリクトや曖昧さを許容する組織文化を持たないと効果的に機能しにくい。

オ：不適切である。マトリックス組織を効果的に管理するためには，1人の部下に対して，機能マネジャーには機能に関する権限が付与され，プロダクトマネジャーには製品・事業に関する同等の権限が付与される。しかし，同じ内容の権限を持つわけではない。

　よって，エが正解である。

第1章　経営組織の形態と構造

組織形態	ランク	1回目	2回目	3回目
	B	/	/	/

■**平成 25 年度　第 14 問**

　企業は成長することによって，複数の製品やサービスを提供する事業部など，専門化された複数の組織単位からなる複合組織になっていくことが知られている。複合組織となった企業が，環境変化に対して組織的に適応するために必要な行動として，最も不適切なものはどれか。

　ア　環境分析に専門部署を割り当て，変化の渦中でも持続可能な長期的戦略計画を立てさせる。

　イ　既存の事業部に戦略的な重点課題の遂行を割り当て，責任を持って取り組ませる。

　ウ　通常業務と新たな利益を創出する業務のための予算計画を分けることによって，常に環境変化に反応できるような組織体制と組織文化を醸成する。

　エ　複合組織の経営者は，専門化された組織間の調整を通じて，企業の環境適応を図る。

303

Ⅱ．組織論

解答	ア

■解説

　不確実性下における，組織の分化と統合に関する問題である。平成19年度第12問と類似している。

　ア：不適切である。専門化された複数の組織単位からなる複合組織では，各部署がそれぞれの専門分野における環境変化に対応する必要があるため，環境分析をする専門部署が画一的な戦略計画を立案・実行しても有効ではない。このような場合，各部署に横串を通すタスクフォースやプロジェクトチームなどを編成し，各部署の専門家を集め，環境適応戦略を立案・実行したほうが有効である。

　イ：適切である。本問における既存の事業部は高度に専門化されているため，企業全体の目標を明確化して，その目標を達成するための戦略的な重点課題の遂行を割り当てれば，それぞれの部署が直面する環境と部署の専門性を踏まえて課題の達成方法を考え，責任を持って取り組むようになる。

　ウ：適切である。環境が変化する中では，企業がそれまで培ってきたノウハウで利益を創出してきた通常業務も常に利益が減退する危険性を秘めている。したがって，企業は存続を賭けて新たな利益を創出する業務を生み出さなければならない。そのためには，予算計画を分けることによって，常に環境変化に反応できるような組織体制と組織文化を醸成することが有効である。

　エ：適切である。複合組織の経営者は，専門化された組織間の調整を通じて，企業の環境適応を図る。その方法として，ローレンスとローシュは，公式の統合担当者を置く，公式組織の構造が持つ調整能力を高める，スラック資源を持って不確実性がもたらすショックを和らげるといった3つの方策を提言した（『組織論』桑田耕太郎・田尾雅夫著　有斐閣　p.88）。

　よって，アが正解である。

第 1 章　経営組織の形態と構造

組織形態	ランク	1回目		2回目		3回目	
	B	／		／		／	

■平成 27 年度　第 12 問

　組織を情報処理システムとしてみた場合，組織デザインの手段は，情報処理の必要性と情報処理能力の観点から評価できる。組織デザインに関する記述として，最も適切なものはどれか。

ア　横断的組織の導入は，情報処理の必要性を高くするとともに，組織の情報処理能力を高くする。

イ　階層組織は，情報処理の必要性を高くするとともに，組織の情報処理能力を高くする。

ウ　規則の使用は，情報処理の必要性を減らすが，組織の情報処理能力を低くする。

エ　自己完結的組織は，情報処理の必要性を高くするとともに，組織の情報処理能力を高くする。

オ　垂直的情報処理システムの導入は，情報処理の必要性を高くするが，組織の情報処理能力を低くする。

Ⅱ．組織論

解答	ア

■解説

　組織とは，何かの目的を達成するための手段であり，装置である。人々が集まって，協力関係を構築し，モノやカネを集めることになる。また，それを適正に配分し，有効に使うことになる。組織はそのためのシステムである。組織は相互に支え合う骨組み，つまり，構造を持つことになる。一時的ではなく，永続的にモノをつくりサービスを提供するとすれば，強固なシステムをつくり，強固な構造としなければならない。経営者や管理者は積極的意図的にそのような組織を構築しなければならない。そのような行為を組織デザインという。（参考：『組織論』桑田耕太郎・田尾雅夫著　有斐閣 p.142）

　組織デザインを体系的に示したのは J.R. ガルブレイスである。組織を課業の不確実性（課業の遂行に必要な情報量から組織がすでに持っている情報量を引いた情報量）を処理するメカニズムととらえ，この情報処理の必要性の程度が組織デザインのあり方を決めると考えた。組織は不確実性が増大すると①階層化，②ルール及びプログラムの設定，③下位組織での目標設定を行う。それ以上に不確実性が高まると④スラックの捻出，⑤自律的な課業の統括によって情報処理の必要性を減らしたり，⑥垂直的な情報システムの充実，⑦水平的関係の確立によって情報処理能力の増大を図る。（参考：『経営学説史』岸田民樹，田中政光著　有斐閣　p.208～211）

　以下では，ガルブレイスが体系化した組織デザイン戦略に基づいて解説する。（上記参考書の p.210　図 9-1 参照）

　　ア：適切である。横断的組織は情報の不確実性が一層高まった場合に対応する情報処理能力を増大させる方法である「水平的関係の確立」に属する方策である。一方，水平的関係の確立では組織間の情報処理の必要性は高まることになる。

　　イ：不適切である。階層組織は，組織が情報の不確実性増大に対して行う初期対応策の１つである「階層化」に属する方策であり，初期対応策では対処できない不確実性の増大に対応するための「情報処理の必要性を減らす方法」でも「情報処理能力を高くする方法」でもない。

第1章　経営組織の形態と構造

ウ：不適切である。規則の使用は，組織が情報の不確実性増大に対して行う初期
　　対応策の1つである「ルールやプログラム化」に属する方策であり，初期対
　　応策では対処できない不確実性の増大に対応するための「情報処理の必要性
　　を減らす方法」でも「情報処理能力を高くする方法」でもない。

エ：不適切である。自己完結型組織の導入は組織が初期対応策では対処できない
　　不確実性の増大に対応するための「情報処理の必要性を減らす方法」であり，
　　情報処理の必要性を高くする方法でも情報処理能力を高くする方法でもない。

オ：不適切である。垂直的情報システムの導入は，初期対応策では対処できない
　　不確実性の増大に対応するための「情報処理能力を増大させる方法」であり，
　　情報処理の必要性を高くする方法でも組織の処理能力を低くする方法でもな
　　い。

よって，アが正解である。

Ⅱ. 組織論

2. 組織の構成原理

▶▶出題項目のポイント

組織の構成原理の項では，コミュニケーション，命令の一元性，分業・専門化と調整，権限と責任などが出題される。

特に，権限と責任に関連して職務デザイン・職務設計に関する出題が多い。

1) 組織構造の設計原理

①専門化の原則

職能を同じ種類の仕事に分割して，各構成員が単一の活動に従事できるように配分することで，各構成員が職務遂行に必要な専門的知識を得て，熟練した結果，分業の効果が活かされ，経営効率を高めることができるという原則である。

②権限責任一致の原則

権限とは，組織の中で合法的に認められた他者への影響を行使できる力であり，責任は，立場，行動が及ぼす影響に対し適切に対応できることである。したがって，権限と責任は適切な大きさの権限に相応する責任が与えられることが大切である。

③統制範囲の原則

1人の管理者が直接統制できる部下の数には限界があるという原則である。

④命令一元性の原則

構成員は，常に特定の1人の上司から命令を受けるようにしなければならないという原則である。

2) 頻出用語の定義

①権限とは

組織の中で合法的に認められた他者への影響を行使できる力である。職務を遂行するために，組織内の諸資源（ヒト，モノ，カネ，情報など）を一定の自由裁量の範囲内で使用する権利を意味する。

②責任とは

立場，行動が及ぼす影響に対し適切な対応が取れることである。

③職務エンラージメント（職務拡大）とは

複数の職務について責任権限を持つように職務をデザインする方法である。

④職務エンリッチメント（職務充実）とは

308

第1章 経営組織の形態と構造

仕事の中身をつくりかえることである。言い換えれば，同じ職務範囲でより高度な内容とすることである。

⑤権限委譲（エンパワーメント）とは

部下にやりがいを与えたり，不確実性の高い環境に対して臨機応変に対応することを目的に部下に権限を委譲することである。その権限を行使した結果に対する責任は上司も負わなければならない。

▶▶出題の傾向と勉強の方向性

組織構造の設計原理の各原則については，平成17年度第13問，平成20年度第13問，平成23年度第12問，平成29年度第14問で出題されている。

各原則に属する用語である権限と責任，職務拡大・職務充実については，平成16年度第26問，平成17年度第12問，平成18年度第9問，平成20年度第12問，平成27年度第17問，平成28年度第15問，権限委譲については平成21年度第14問で問われている。

勉強の方向性としては，組織構造の設計原理の各原則を把握すること，権限と責任，職務拡大・職務充実，権限委譲といった用語についても理解を深めておくことが重要である。その他，分業や標準化といったキーワードについても学習しておこう。

309

Ⅱ. 組織論

■取組状況チェックリスト

2. 組織の構成原理

問題番号	ランク	1回目		2回目		3回目	
平成 23 年度 第 12 問	A	/		/		/	
平成 29 年度 第 14 問	A	/		/		/	
平成 27 年度 第 17 問	A	/		/		/	
平成 25 年度 第 11 問	C*	/		/		/	
平成 25 年度 第 12 問	C*	/		/		/	
平成 28 年度 第 15 問	B	/		/		/	
平成 24 年度 第 12 問	C*	/		/		/	
平成 26 年度 第 14 問	C*	/		/		/	
平成 29 年度 第 15 問	C*	/		/		/	
平成 27 年度 第 13 問	C*	/		/		/	

＊ランク C の問題と解説は，「過去問完全マスター」の HP（https://jissen-c.jp/）よりダウンロードできます。

第1章　経営組織の形態と構造

	ランク	1回目	2回目	3回目
組織の構成原理	A	/	/	/

■平成23年度　第12問

　企業組織は，一般に分業と協業のシステムとして階層性という特徴を持っている。この組織編成に関する記述として最も適切なものはどれか。

　　ア　イノベーションを目的とした組織においては指揮命令系統の一元性が確保されていなければならないので，階層組織よりはグループ型のフラットな組織が望ましい。

　　イ　管理者の職務に関する事業の範囲やタイムスパンの責任に応じて，組織は階層を設計する必要がある。

　　ウ　組織における職務の公式化を進めることによって，管理者の統制範囲（span of control）は狭くなるので，階層数は増える傾向にある。

　　エ　組織の階層を構成する中間管理職の職務について，責任と権限が公式に一致しなければならない。

　　オ　不確実性が高い環境下では，分権化をすすめるため，階層のないフラットな構造にすることが望ましい。

311

Ⅱ．組織論

解答	イ

■解説

組織編成における階層性に関する出題である。

ア：不適切である。「イノベーションを目的とした組織においては，階層組織よりはグループ型のフラットな組織が望ましい。」というのは正しい。しかし，イノベーションを目的とした組織は，環境変化に柔軟に対応できることが必要となるので，指揮命令系統の一元性確保は必ずしも必要とされない。

イ：適切である。管理者の管理範囲によって，組織の階層数は決まる。管理範囲は事業の範囲やタイムスパンの責任（求められる意思決定スピード）によって決まる。管理範囲が広くタイムスパンの責任が重くなると，中間管理層が少なくなるため階層数は少なくなり，逆に狭く軽くなると中間管理層を多く配置しなければならないため，階層数は多くなる。

ウ：不適切である。職務の公式化とは職務の標準化を進めることである。職務が標準化されていれば，部下が自ら判断を下すことができるようになり，管理者の意思決定負担が軽減されるため，管理者の統制範囲は広くなり，階層数は減る。

エ：不適切である。管理職の職務に関し，責任と権限が一致しなければならないのは当然であるが，中間管理職は，権限の及ばない他部門へ働き掛けて自らの責任を全うすることもある。つまり，非公式なパワーを使うこともある。したがって，個別的に公式に一致しなければならないわけではない。

オ：不適切である。不確実性が高い環境下では，組織の柔軟性が求められるので，分権化を進めることが望ましいといえる。しかし，分権化を進めたとしても階層がなくなるわけではない。また，フラットな組織＝階層がないわけではない。

よって，イが正解である。

312

第1章　経営組織の形態と構造

組織の構成原理	ランク	1回目	2回目	3回目
	A	／	／	／

■平成 29 年度　第 14 問

組織構造のデザインに関する記述として，最も適切なものはどれか。

ア　異なったタスクを組み合わせて，顧客に提供するサービスとしてまとめる方
　　法を，機能部門化という。

イ　指揮命令系統は，組織のトップからロアーに至る権限の系統であるが，組織
　　横断的なコミュニケーションを可能にする情報ネットワーク技術の発展によ
　　って，指揮命令系統は組織デザインの要素としては必須ではなくなっている。

ウ　仕事を細かく分割された作業ルーティンとしてではなく，トータルなプロセ
　　スとして任せるように割り当てることを，職務の専門化という。

エ　職務の標準業務手続きの公式化が進むほど，職務の進め方に対する個人の自
　　由裁量は小さくなる。

オ　組織の頂点に意思決定を集中する度合いとして集権化と分権化が決められ，
　　集権化するほど環境変化への対応力を高めることができ，分権化するほど迅
　　速な組織的な行動が可能になる。

313

Ⅱ．組織論

解答	エ

■解説

組織構造は，職務がどのように公式的に分化され，まとめられ，調整されているか
についてである。マネージャーが組織構造を設計するときに考慮すべき6つの要素が
ある。それは，具体的には以下のようにまとめられる。（『組織行動のマネジメント』
スティーブン・P・ロビンス著，髙木晴夫訳　ダイヤモンド社　p.344~354）

考慮すべき要素	考慮時の重要なポイント
職務専門化	タスクをどこまで細分化して職務とするか
部門化	どのような基盤に基づいて職務を分けるか
指揮命令系統	各個人やグループは誰に報告するか
管理範囲	マネージャーが効率的かつ有効に指揮下におけるのは何人か
集権化・分権化	意思決定の権限は誰が持っているか
公式化	従業員及びマネージャーに対してどの程度の規則および規制を課すべきか

ア：不適切である。機能（職能別）部門化は上記表の部門化の1つの手法であり，
　　共通のタスクを組み合わせて，顧客に提供するサービスとしてまとめる方法
　　のことである。経理，製造，人事，購買などの機能ごとにタスクをまとめる
　　ことが一般的である。

イ：不適切である。指揮命令系統は，組織のトップからロアーに至る権限の系統
　　である。組織横断的なコミュニケーションを可能にする情報ネットワーク技
　　術の発展によって，ロアーでも意思決定権を持つようになり，指揮権単位の
　　概念の重要性は薄れているが，組織デザインの要素としては考慮すべきであ
　　る。

ウ：不適切である。職務専門化は，仕事を細かく分割された作業ルーティンにし
　　て，その作業ルーティンを従業員各自が別々にやり遂げることである。

エ：適切である。公式化とは組織内の職務がどの程度標準化されているかを示す。
　　職務の標準業務手続きの公式化が進むほど，職務の進め方に対する個人の自
　　由裁量は小さくなる。

オ：不適切である。組織の頂点に意思決定を集中する度合いとして集権化と分権
　　化が決められ，分権化するほど環境変化への対応力を高めることができ，集
　　権化するほど迅速な組織的な行動が可能になる。

よって，エが正解である。

第 1 章 経営組織の形態と構造

組織の構成原理	ランク	1回目	2回目	3回目
	A	/	/	/

■平成 27 年度　第 17 問
　職務再設計とは，職務を通じた動機づけを目的とした管理方法の総称であるが，その方法のひとつである職務拡大に関する記述として，最も適切なものはどれか。

　ア　新たな上司や同僚との調整コストが発生するというデメリットがある。

　イ　個人が行うタスクの数や種類を増やし，職務に多様性を持たせる。

　ウ　仕事のやりがいが感じられなくなった場合，同一レベルで同様のスキルを要する職務に配置換えを行う。

　エ　職務の計画，実施，評価を，自分自身で管理できるようにする。

　オ　複数の職務を横断させることでスキルの拡張を図る。

315

Ⅱ．組織論

解答	イ

■解説

職務拡大とは，作業単位を増やすことである。幅のない，単調な仕事を繰り返すことは，労働者のモチベーションを低下させる。それに対し，作業単位を多くして，繰り返しの動作を少なくするとやる気が起こるようになる。これが職務拡大である。多能工化も職務拡大の１つである。（参考：『モチベーション入門』（田尾雅夫著　日本経済新聞出版社　p.106）

ア：不適切である。職務拡大をしても，上司や同僚が変わることはない。そのため，新たな上司や同僚との調整コストが発生するということは起こらない。

イ：適切である。職務拡大は，個人が行うタスクの数や種類を増やし，職務に多様性を持たせることである。

ウ：不適切である。仕事のやりがいが感じられなくなった場合，同一レベルで同様のスキルを要する職務に配置換えを行うのではなく，既存の職務にさらに同様のスキルを活用できる他の職務を追加することが職務拡大である。

エ：不適切である。職務の計画，実施，評価を，自分自身で管理できるようにするのは職務充実である。

オ：不適切である。複数の職務を横断させることでスキルの拡張を図るのはジョブローテーションであり，職務拡大は個人は異動せず，その場で職務を複数担当するようにさせて，モチベーションを向上させる手法である。

よって，イが正解である。

第1章　経営組織の形態と構造

組織の構成原理	ランク	1回目	2回目	3回目
	B	/	/	/

■平成28年度　第15問

　わが国の自動車産業におけるリーン生産方式への関心の高まりとともに，チームご
とにタスクを振り分け，多能工化した作業員が自律的に職務を行うチーム型作業組織
が注目されてきた。官僚制的統制とは異なる組織原理を持ったチーム型作業組織に期
待される効果に関する記述として，最も適切なものはどれか。

　ア　1人1タスクの原則に基づいて，グローバル化や情報化の進展など，経営環
　　　境の変化に対する迅速かつ適切な対処能力がある。

　イ　自律的な調整のための積極的な参加が求められるため，メンバー間のコミュ
　　　ニケーションが活発になり，互いに助け合いながら共同することによる労働
　　　生活の質（QWL）の向上が期待できる。

　ウ　多能工化した職務は，自律的に働くことを好まない労働者に対して，複数の
　　　技能を獲得することによる職務の充実と，より高度な仕事へコミットするこ
　　　とによる心理的満足をもたらす。

　エ　チーム型作業組織は，経営者の視点から見た企業の競争優位の源泉としてで
　　　はなく，労働者が自主的な管理の権限を取得し職務満足へとつなげていく活
　　　動としてとらえられる。

317

Ⅱ．組織論

解答	イ

■解説
　チーム型作業組織は，1990 年代から，アメリカの自動車産業を中心に導入が進ん
だ組織形態である。開発，製造，販売，流通，コーポレート部門など機能の異なる部
門のメンバーが集まって1つのチームを構成するクロスファンクショナルチームなど
が代表的である。
　チーム型作業組織に期待される効果は，
　①遂行するタスクが多様なスキルや判断，経験を必要とする場合には，メンバーの
　　協調を通じてプラスの相乗効果が働くため，チームのほうが個人より高い業績を
　　上げることができる。
　②従来の部組織やその他の恒久的グループ分けよりも，チームのほうが状況の変化
　　に柔軟かつ迅速に対応できる。
　③チーム組織にすることで，従業員が経営に関する意思決定に参加しやすくなり，
　　動機づけられるため，自律的に働き，スキルを伸ばし，職務により深く関与する
　　ようになる。
　　ア：不適切である。チーム型作業組織では，1人1タスクの原則ではなく，それ
　　　　ぞれ専門能力を持った従業員が相互補完的かつ共同的に職務を遂行するため，
　　　　グローバル化や情報化の進展など，経営環境の変化に対する迅速かつ適切な
　　　　対処能力があるといえる。
　　イ：適切である。チーム型作業組織では従業員が仕事に動機づけられるため，自
　　　　律的に組織に積極的に参加するよう求められるため，メンバー間のコミュニ
　　　　ケーションが活発になり，互いに助け合いながら共同（共調）することによ
　　　　る労働生活の質（QWL）の向上が期待できる。
　　ウ：不適切である。多能工化した職務は，自律的に働くことを好まない労働者に
　　　　対して複数の技能を獲得する職務拡大をもたらす。水平的に職務が拡大し，
　　　　多くの仕事を請け負うことになるので，心理的満足はもたらさない。
　　エ：不適切である。チーム型作業組織は，従業員が経営に関する意思決定に参加
　　　　しやすくなり，動機づけられるため，自律的に働き，スキルを伸ばし，職務
　　　　により深く関与するようになる。そのため，経営者の視点から見た企業の競
　　　　争優位の源泉ととらえることができる。
　よって，イが正解である。

第2章

経営組織の運営

第 2 章　経営組織の運営

▶▶出題項目のポイント

1.　モチベーション

　モチベーションとは，何か目標とするものがあって，それに向けて，行動を立ち上げ，方向づけ，支える力である。働きたいという意欲ともいえる（『モチベーション入門』田尾雅夫著　日本経済新聞出版社　p.37）。この項目では，モチベーション理論とモチベーション管理，モラール管理が問われている。

1)　モチベーション理論
　モチベーション理論は，個人のモチベーションを向上させる要因やプロセスについて研究した理論である。
　個人のモチベーションを向上させる要因について研究したのが「内容理論」であり，モチベーションを向上させるプロセスを研究したのが「過程理論」である。
①内容理論（欲求理論）
　　a．マズローの欲求 5 段階説
　　　　人間の基本的欲求を明示した理論である。人の欲求を①生理的欲求，②安全の欲求，③所属と愛の欲求，④尊厳の欲求，⑤自己実現の欲求の 5 段階で捉えた。①が最も次元の低い欲求であり，⑤が最も高い次元の欲求であるとした。人は①から順に欲求が満たされると次の次元の欲求を満たそうとする。そして，最終的には，自己実現の欲求に到達する。①〜④の欲求は，足りないものを満たすという意味で「欠乏欲求」と呼ばれ，⑤はそれらとは質が異なり，行動そのものを目的とする絶え間のない欲求であり「成長欲求」と呼ばれている。
　　b．アルダファーの ERG 理論
　　　　アルダファーはマズローの欲求 5 段階説を手直しして ERG 理論を提唱した。人間の欲求を①人間の存在に必要なものを求める欲求，②人間関係の維持と発展に関わる欲求，③人間らしく生き，成長したい欲求の 3 次元に分けた。そしてこの 3 つの欲求が同時に存在したり並行することもあり得るとした。（マズローは欲求間の移動は不可逆であるとしていた。）
　　c．マクレランドの達成動機説
　　　　達成の動機づけの強い人は熱心に働き，よく努力するが，この動機づけは個人差があり，すぐに強化できるものでもない。マクレランドは動機づけを達成欲

321

Ⅱ．組織論

求・権力欲求・親和欲求に分類し，権力欲求と親和欲求がモチベーションで重要な働きをするとしている。また，この欲求の程度によって個人それぞれの動機づけが異なるとしている。

d．アージリスの未成熟＝成熟理論

アージリスは，組織の活性化・健全化を図るには，組織構成員の自己実現の欲求を満たすことが有効であるとした。その方法として，組織構成員の職務拡大や感受性訓練の実施を提唱した。

e．マグレガーのX理論・Y理論

人間観をX理論とY理論で説明しようとした。X理論における人間観は「人間は生まれつき仕事嫌いで常にサボりたいと思っている。そのため，命令・統制しないと働かない。」というものである。Y理論における人間観は「人間は生まれつき仕事を嫌いではない。人間は目標を達成したときの報奨次第で献身的に働こうとする。」というものである。組織を活性化・健全化していくには，Y理論の人間観に基づいて動機づけする必要があるとした。そのために，目標管理制度の導入や権限委譲，職務拡大などが有効であるとしている。

f．ハーズバーグの二要因論

ハーズバーグはピッツバーグにおける実験によって，仕事には人に満足をもたらす要因と不満をもたらす要因があることを発見した。前者の要因を「動機づけ要因」と呼び，後者の要因を「衛生要因」と呼んだ。動機づけ要因は，達成感や仕事への責任などであり，衛生要因は給与や人間関係，労働条件などである。組織を活性化・健全化するためには動機づけ要因を積極的に改善していくことが重要であるとしている。具体的には，職務充実などで動機づけ要因が満たされるとしている。

②過程理論

a．期待理論

期待理論では，努力すれば相応の成果が得られそうだという期待と，その成果がその人にとって価値があるという程度を表す誘意性の2つを掛け合わせたものが，モチベーションの強さを表すものと考える。つまり，期待×誘意性＝モチベーションということである。この公式を考えたのはブルームである。ローラーはこれを発展させた。ローラーは期待には2つのプロセスがあり，①努力すれば業績が向上するという期待と②その業績は望ましい成果の入手につながるという期待があると考えた。そして，人は自分が良い業績を上げられると感じ，その良い

第2章　経営組織の運営

業績が自分にとって価値のある成果をもたらすであろうと感じる限りにおいて，良い業績を上げることに動機づけられるという説を展開した。良い業績を上げたのに報酬が少なければ上記②の期待が弱くなり，逆に，適正な報酬は満足感を高める。満足するほどその仕事に対して持つ魅力も大きくなる。そして一層良い業績を上げるようにモチベーションを大きくするとしている。

b．公平説

公平に扱われているかどうかは，モチベーションにとって重要である。公平説では自分の努力に対する報酬の比率と比較して，他者の比率が高いあるいは低いと感じる場合，人はモチベーションを下げるとしている。

2．モラール管理

従業員のモラールを管理する方法についての項目である。モラールは，勤労意欲（労働意欲）や士気のことである。モラールは集団的感情や意識に対して使われる概念であるのに対し，モチベーションは個々人の意識に関する概念といえる。

▶▶出題の傾向と勉強の方向性

モチベーション理論の基礎理論については，平成14年度第11問，平成17年度第14問，平成19年度第15問，平成19年度第17問，平成23年度第13問，平成25年度第13問・第16問，平成26年度第16問，平成29年度第16問，平成30年度第15問，令和元年度第16問・第18問で出題された。

動機づけと評価制度との関係性については，平成22年度第14問，平成23年度第14問，平成26年度第17問，平成28年度第20問，平成30年度第19問で出題された。

モラール管理については，平成20年度第14問で出題された。

勉強の方向性としては，モチベーション理論の各理論の内容をしっかり把握することが中心となる。

323

Ⅱ. 組織論

■取組状況チェックリスト

1. モチベーション							
問題番号	ランク	1回目		2回目		3回目	
平成 29 年度 第 16 問	A	/		/		/	
平成 30 年度 第 15 問	A	/		/		/	
平成 25 年度 第 13 問	A	/		/		/	
令和元年度 第 16 問	A	/		/		/	
平成 25 年度 第 16 問（設問 1）	B	/		/		/	
平成 25 年度 第 16 問（設問 2）	B	/		/		/	
平成 28 年度 第 20 問	B	/		/		/	
平成 23 年度 第 13 問	B	/		/		/	
平成 26 年度 第 16 問	C*	/		/		/	
平成 23 年度 第 20 問	C*	/		/		/	
平成 23 年度 第 14 問	B	/		/		/	
平成 22 年度 第 14 問	B	/		/		/	
平成 26 年度 第 17 問	C*	/		/		/	
平成 24 年度 第 16 問	C*	/		/		/	
平成 27 年度 第 15 問	C*	/		/		/	
平成 27 年度 第 16 問	C*	/		/		/	
平成 28 年度 第 19 問	C*	/		/		/	
平成 29 年度 第 17 問	C*	/		/		/	
平成 30 年度 第 19 問	C*	/		/		/	
令和元年度 第 18 問	C*	/		/		/	

＊ランク C の問題と解説は，「過去問完全マスター」の HP（https://jissen-c.jp/）よりダウンロードできます。

モチベーション	ランク	1回目	2回目	3回目
	A	／	／	／

第2章　経営組織の運営

■平成29年度　第16問

モチベーション理論に関する記述として，最も適切なものはどれか。

ア　A.マズローの欲求段階説は，多様な欲求が同時に満たされることによって，
　　個人のモチベーションが階層的に強まっていくことを提唱した。

イ　D.マクレガーのX理論とY理論は，個人は肯定的側面と否定的側面の両面
　　を併せ持つことを示し，状況に応じてモチベーションを刺激する組み合わせ
　　を変化させる必要性があることを提唱した。

ウ　D.マクレランドの三欲求理論によれば，報酬や社会的な成功よりも個人的
　　な達成感を強く求める人は，自分の能力を超えたチャレンジングな仕事を好
　　み，他者と親和的な関係を結ぶリーダーになろうとする傾向を持つことを提
　　唱した。

エ　F.ハーズバーグの二要因理論では，従業員が不満足を知覚する衛生要因と，
　　満足を知覚する動機づけ要因を独立した要因として捉え，必ずしも不満足を
　　解消せずとも，モチベーションを高めることができることを提唱した。

オ　V.ブルームの期待理論によれば，モチベーションは将来に対する合理的な
　　計算として捉えられ，特定の努力によって実現される目標の期待値と，目標
　　を実現することによって得られる報酬の期待値の総和として把握できること
　　を提唱した。

325

Ⅱ．組織論

解答	エ

■解説

モチベーション理論に関する問題である。

ア：不適切である。A.マズローの欲求段階説は，人間の基本的欲求を明示した
理論である。人の欲求を①生理的欲求，②安全の欲求，③所属と愛の欲求，
④尊厳の欲求，⑤自己実現の欲求の5段階で捉えた。人は①から順に欲求が
満たされると次の次元の欲求を満たそうとする。5つの欲求が同時ではなく，
段階的かつ不可逆的に満たされることによって，個人のモチベーションが階
層的に強まっていくことを提唱した。

イ：不適切である。D.マクレガーのX理論とY理論は，個人は否定的側面（X
理論），肯定的側面（Y理論）の両面を併せ持つことを示したことは正しい
が，組織を活性化・健全化していくには，Y理論の人間観に基づいて動機づ
けする必要があるとした。状況に応じてモチベーションを刺激する組み合わ
せを変化させる必要性があることを提唱したわけではない。

ウ：不適切である。D.マクレランドの三欲求（達成欲求・権力欲求・親和欲求）
理論（達成動機説ともいう）によれば，報酬や社会的な成功よりも個人的な
達成感を強く求める人は，<u>自分の能力に見合った中程度のリスクの仕事を好
み</u>，他者と親和的な関係を結ぶリーダーになろうとする傾向を持つことを提
唱した。

エ：適切である。F.ハーズバーグの二要因理論では，従業員が不満足を知覚す
る衛生要因と，満足を知覚する動機づけ要因を独立した要因として捉え，必
ずしも不満足を解消せずとも，モチベーションを高めることができることを
提唱した。動機づけ要因は，達成感や仕事への責任などであり，衛生要因は
給与や人間関係，労働条件などである。

オ：不適切である。V.ブルームの期待理論によれば，モチベーションは将来に
対する合理的な計算として捉えられ，特定の努力によって実現される目標の
期待値と，目標を実現することによって得られる報酬の期待値の<u>総和ではな
く積（掛け算）</u>として把握できることを提唱した。

よって，エが正解である。

第2章　経営組織の運営

モチベーション	ランク	1回目		2回目		3回目	
	A	/		/		/	

■平成30年度　第15問

　働き方や価値観の多様化とともに，外発的動機づけに加え，内発的な動機づけがいっそう重要になっている。内発的な動機づけに関わる代表的な論者による説明として，最も不適切なものはどれか。

ア　A．マズローの欲求段階説における自己実現欲求は，外発的に動機づけられるものではなく，自分自身の理想を追い求め続けることを通じた内発的な動機づけとも考えられる。

イ　E．メイヨーとF．レスリスバーガーのホーソン実験では，従業員が自分たちの作業条件を決定することによって内発的に動機づけられていたことを発見し，これをホーソン効果と呼んだ。

ウ　M．チクセントミハイは，特定の作業に没頭する中で，自身や環境を完全に支配できているという感覚が生まれることをフロー経験と呼び，そうした経験は他者からのフィードバックも必要とせず，給与などの報酬とも無関係であるとした。

エ　R．W．ホワイトが提唱するコンピテンス（有能性）概念では，環境と相互作用する有機体の能力自体が，「うまくいった」という内発的な動機づけの源泉となる。

オ　内発的動機づけを概念として広く知らしめたE．デシは，報酬のためにやらされているのではなく，自分の好きにやっているという自己決定が重要であるとした。

327

Ⅱ. 組織論

解答	イ

■解説

　モチベーションに関する問題である。「最も不適切なもの」を選択することを求められている。このような問題の各選択肢は今後出題される可能性も高いので，内容をしっかり理解しておく必要がある。

　ア：適切である。A．マズローの欲求段階説における自己実現欲求は，外発的に動機づけられるものではなく，自分自身の理想を追い求め続けることを通じた内発的な動機づけとも考えられる。

　イ：不適切である。E．メイヨーとF．レスリスバーガーのホーソン実験におけるホーソン効果とは，自分たちが観察されていることを意識する時に従業員が業績を上げるために意識的または無意識的に団結し協力する性向のことである。（参考：『経営学大辞典』神戸大学大学院経営学研究室編　中央経済社 p.855）

　ウ：適切である。M．チクセントミハイによれば，フローとは内発的に動機づけられた自己の没入感覚をともなう楽しい体験をいう。特定の作業に没頭する中で，自身や環境を完全に支配できているという感覚が生まれることをフロー経験と呼び，そうした経験は他者からの賞賛のようなフィードバックも必要とせず，給与などの報酬とも無関係であるとした。（参考：『モチベーションをまなぶ12の理論』鹿毛雅治著　金剛出版　p.164）

　エ：適切である。有能感は認知されたコンピテンスともいい，「自分は○○できる」といった何かに対する自信のことである。R．W．ホワイトが提唱するコンピテンス（有能性）概念では，人間は誰でもこの有能感を覚える事によって，環境と相互作用する有機体の能力自体が，「うまくいった」という内発的な動機づけの源泉となる。（参考：『モチベーションをまなぶ12の理論』鹿毛雅治著　金剛出版　p.224）

　オ：適切である。内発的動機づけを概念として広く知らしめたE．デシは，好奇心旺盛な幼児が急速にそれらを失う原因を研究し，教師や親が子供に褒美を約束して勉強させると内発的動機付けが低下し，褒め言葉などによる報酬では内発的動機付けが高まるといった現象を突き止め，報酬のためにやらされているのではなく，自分の好きにやっているという自己決定が重要であるとした。（参考：『モチベーションをまなぶ12の理論』鹿毛雅治著　金剛出版 p.53〜57）

　よって，イが正解である。

第 2 章　経営組織の運営

モチベーション	ランク	1回目	2回目	3回目
	A	/	/	/

■平成 25 年度　第 13 問

　期待理論に基づいたリーダーシップ行動を説明するものとして，最も適切なものは
どれか。

　　ア　与えられた目標にとらわれることがないよう，報酬を目標の達成と切り離し
　　　　て処遇する。

　　イ　結果をあまり気にせず，まず行動を起こしてみるように従業員に働きかける。

　　ウ　どうすれば目標を達成できるかという戦略を，チーム全員で考えさせる支持
　　　　的態度を取る。

　　エ　目標達成のプロセスはともあれ，目標それ自体の社会的意義を共有させる。

　　オ　目標を実現することによって得られる報酬が，いかに魅力的なものであるの
　　　　かを説得する。

329

Ⅱ．組織論

解答	オ

■解説

　目標設定における期待理論と目標設定過程モデルの違いを把握する問題である。

　期待理論では，努力すれば相応の成果が得られそうだという期待と，その成果がその人にとって価値があるという程度を表す誘意性の2つを掛け合わせたものが，モチベーションの強さを表すものと考える。つまり，期待×誘意性＝モチベーションということである。期待理論では，その目標が達成しやすそうかどうかが期待に影響を与える。

　目標設定過程モデルは，E・A・ロックとG・P・ラザムが提唱したモデルであり，目標の明瞭さは，達成した場合の状態を想像させ，困難さは自己効力感（有能感）を醸成されるのを助け，そのことがさらに努力を生む。目標の設定に参加したときのほうが，納得性の面から好ましい結果が生じやすいとされる。

> ア：不適切である。目標を達成したら報酬を得ることができそうだという期待と，報酬という誘意性が掛け合わされてモチベーションが向上するのであり，目標と報酬を切り離せば，目標を達成するというモチベーションを失うことになる。
>
> イ：不適切である。期待理論はあくまでも，目標と報酬の掛け算でモチベーションの強さが決まるという理論である。一方，設問文の内容は，目標の達成度合いである結果を気にしないというのは，目標を無視するのと同様であるため，期待理論に基づいたリーダーシップ行動とはいえない。
>
> ウ：不適切である。目標設定過程モデルの説明である。目標の設定に参加したときのほうが，納得性の面から好ましい結果が生じやすいとされる。
>
> エ：不適切である。期待理論では，目標達成のプロセスによって目標が達成されやすいかどうかがわかり，それがメンバーの期待の大きさにつながる。目標それ自体の社会的意義の共有は重要ではない。
>
> オ：適切である。目標を実現することによって得られる報酬が，いかに魅力的なものであるのかを説得することで，誘意性が高まりモチベーションが向上する。

　よって，オが正解である。

第2章　経営組織の運営

モチベーション	ランク	1回目	2回目	3回目
	A	／	／	／

■**令和元年度　第16問**

　E. ロックや G. レイサムらにより体系化された目標設定理論において指摘されている，組織メンバーの努力や成果を引き出す目標の特徴として，最も適切なものはどれか。

　　ア　目標と報酬（昇給や昇進など）の間の関係が明示されていること。

　　イ　目標の達成困難度が顕著に高いこと。

　　ウ　目標の達成度合いについてのフィードバックが得られること。

　　エ　目標の内容が組織運営上合理的であること。

　　オ　目標の内容が抽象的であること。

Ⅱ．組織論

| 解答 | ウ |

■解説

　目標設定理論に関する問題である。E.A.ロックとG.P.ラザムは，目標がモチベーションに対してもつ意味に関して，下図のような考えをまとめた。彼らは目標の困難さと明瞭さの2つの特性を重視した。困難さとは，目標の達成が難しい程度であり，明瞭さとは，何をどのようにすべきであるかが明らかである程度である。

　目標設定がモチベーションを高揚させるのは，①その人に努力しなければならないと思わせる，②どのように努力すればよいのかその方向や手順を理解させる，③達成できた状態を想像させる，といった①～③によって個人の自己効力感を醸成させるからである。（参考：『モチベーション入門』田尾雅夫著　日本経済新聞出版社）

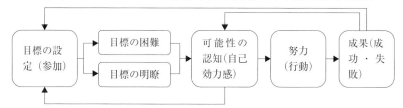

ア：不適切である。目標設定理論では，目標と報酬（昇給や昇進など）の間の関係が明示されていることではなく，何をどのようにすべきであるかを明らかにすることが組織メンバーの努力や成果を引き出す目標であるとされる。

イ：不適切である。目標の達成困難度が顕著に高いと，メンバーはモチベーションを維持できない。組織メンバーの努力や成果を引き出すためには，メンバーにとってやや難しい程度の目標を設定する必要がある。

ウ：適切である。目標の達成度合いについてのフィードバックを得ることができれば，より目標の明瞭性が高まるため，組織メンバーの努力や成果を引き出す目標の特徴といえる。

エ：不適切である。組織メンバーの努力や成果を引き出す目標の内容は，個人に課せられた職務などの目標であり，目標の内容が組織運営上合理的であることは直接的に関係はない。

オ：不適切である。目標の内容が抽象的であると，明瞭性を失うので，組織メンバーの努力や成果を引き出す目標の特徴とはいえない。

　よって，ウが正解である。

第 2 章　経営組織の運営

モチベーション	ランク	1 回目	2 回目	3 回目
	B	/	/	/

■平成 25 年度　第 16 問（設問 1）

次の文章を読んで，下記の設問に答えよ。

　C 社の研究開発部門で働く研究員は，公式に仕事として与えられた研究開発テーマ以外にも，自らの興味や関心に基づき，非公式に新しい研究開発テーマを探索していた。もちろん，公式な仕事として与えられたわけではないので，新しい研究開発テーマを探索する場所や設備などの作業環境は良好なものではなかったし，昼休みや終業後の時間が費やされていた。

　このことをインフォーマルに伝え聞いた経営者は，研究員による自発的活動をより活発なものにするために，新たな研究開発テーマの探索に必要な作業環境を改善するとともに，就業時間外に行った活動にも金銭的報酬を支払う制度を導入することにした。

　ところが，新制度を導入した後には，研究員は昼休みや終業後の時間に，新しい研究開発テーマを探索することがめっきり少なくなってしまった。研究員にアンケートを取ってみると，作業環境の改善によって満足度が上がったわけでもなさそうであった。

（設問 1）

　作業環境が改善されたにもかかわらず，研究員の満足度が改善されなかった理由として，最も適切なものはどれか。

　　ア　経営者の判断によって行われた作業環境の改善内容が，研究員が望んでいたものとは異なっていたから。

　　イ　作業環境に対する不満足の解消と，新たな研究開発テーマの探索を通じて得られる満足は別問題だから。

　　ウ　作業環境の改善内容が，研究員が望んでいた希求水準を下回っていたから。

　　エ　作業環境の改善を通じて低次欲求を充足しても，満足にはつながらないから。

　　オ　作業環境を経営者が改善してくれたこと自体が，研究員に対するホーソン効果を生みだしたから。

333

Ⅱ. 組織論

解答	イ

■解説

　ハーズバーグの二要因論（動機づけ＝衛生理論）に関する問題である。

　衛生要因は，①賃金，②さまざまな付加給付，③作業条件，④経営方針であり，動機づけ要因は，①達成，②承認，③仕事そのもの，④責任，⑤昇進，⑥成長であるとされる。衛生要因はなければ不満を感じるが，あっても満足して納得するわけではない。動機づけ要因は，なくても不満はないが，一度得てしまえば，大きな満足を得る欲求である。

　ア：不適切である。作業環境を改善することは，衛生要因であり，実現しても研究員の満足を向上させるわけではない。

　イ：適切である。本問において，研究員は自ら探索した研究テーマに取り組むことに動機づけされている。これは，研究員たちが動機づけ要因の達成や仕事そのもの，成長に動機づけられているといえる。作業環境の改善は衛生要因であり，作業環境の改善と満足度の向上は別問題である。

　ウ：不適切である。作業環境の改善は衛生要因であり，研究員が望んでいた希求水準の達成によって，研究員たちが満足して納得するわけではない。

　エ：不適切である。作業環境は衛生要因であるが，衛生要因は充足されるということはない点に特徴がある。「充足しても満足につながらない」という点が不適切である。

　オ：不適切である。ホーソン効果は，作業環境を改善しても生産効率は上がらないが，人は注目されたり，期待されたりすると，生産効率を上げようとするという効果である。経営者が研究員の自主的活動に注目したことを研究員が感じれば，モチベーションが上がったかもしれないが，作業環境の改善はホーソン効果を生み出さない。

　よって，イが正解である。

第2章　経営組織の運営

モチベーション	ランク	1回目	2回目	3回目
	B	／	／	／

■平成 25 年度　第 16 問（設問 2）

次の文章を読んで，下記の設問に答えよ。

C 社の研究開発部門で働く研究員は，公式に仕事として与えられた研究開発テーマ以外にも，自らの興味や関心に基づき，非公式に新しい研究開発テーマを探索していた。もちろん，公式な仕事として与えられたわけではないので，新しい研究開発テーマを探索する場所や設備などの作業環境は良好なものではなかったし，昼休みや終業後の時間が費やされていた。

このことをインフォーマルに伝え聞いた経営者は，研究員による自発的活動をより活発なものにするために，新たな研究開発テーマの探索に必要な作業環境を改善するとともに，就業時間外に行った活動にも金銭的報酬を支払う制度を導入することにした。

ところが，新制度を導入した後には，研究員は昼休みや終業後の時間に，新しい研究開発テーマを探索することがめっきり少なくなってしまった。研究員にアンケートを取ってみると，作業環境の改善によって満足度が上がったわけでもなさそうであった。

（設問 2）

昼休みや終業後の時間に，研究員が自発的に新たな研究開発テーマを探索しなくなった。その理由として，最も不適切なものはどれか。

ア　あくまで自らの意志で行っていたということを，金銭的報酬が与えられたことによって見失ってしまったから。

イ　新しい研究開発テーマの探索が，金銭的報酬のためであると知覚されるようになったから。

ウ　困難な仕事内容を考えれば，新しい研究開発テーマの探索の対価としてはふさわしくないと感じられたから。

エ　制度設計をした経営者が，研究員の自発的行動をコントロールするためではなく，研究員に報いるためのものであることをきちんと説明しなかったから。

335

Ⅱ. 組織論

解答	ウ

■解説

ハーズバーグの二要因論（動機づけ＝衛生理論）に関する問題である。

ア・イ：適切である。新制度が導入される前の研究員は達成や成長，仕事そのものといった動機づけ要因によって自ら研究したいテーマを探索していた。しかし，それが新制度導入によって金銭的報酬を与えられる対象となったことで，衛生要因に変化したことで自ら進んで満足を高めようという動機づけを失ったといえる。

ウ：不適切である。研究員たちはこれまでも自発的かつ無償で研究テーマを探して取り組むことで満足を得ていた。したがって，新たな制度導入によってそれが金銭的対価に置きかえられても，その多寡で満足度を上下させることはない。

エ：適切である。人は自らの行動を承認されることでも動機づけられる。経営者は新しい制度の導入が，研究員たちの仕事を承認するためのものであることを説明すれば，新しい研究テーマの探索は動機づけ要因として研究員たちに認知され，継続して取り組まれたはずである。

よって，ウが正解である。

モチベーション	ランク	1回目		2回目		3回目	
	B	/		/		/	

■平成 28 年度　第 20 問

　360 度評価は，上司が部下を評価するだけではなく，自分を取り囲む先輩や同僚，部下，場合によっては関係先の部署や取引先などの，さまざまな関係の人達から評価を受ける手法である。また，多様な評価を被評価者にフィードバックすることによる効果も期待されている。360 度評価の効果として，最も不適切なものはどれか。

　　ア　顧客や取引先が評価者となった場合には，被評価者の顧客志向が高まる。

　　イ　異なった評価を見ることによって，評価者を訓練する機会を提供する。

　　ウ　上司と部下のコミュニケーションの活性化が図られる。

　　エ　中立的な評価を行うことができる評価者を選抜することができる。

　　オ　普段の業務では得られない，さまざまな情報を入手できる。

Ⅱ．組織論

解答	エ

■解説

　360度評価とは，従業員の業績評価制度の1つの手法である。この方法では，従業員が日常接触するすべての方面の人々からのフィードバックを取り入れる。すべての人々とはトップ・マネジメント，マネージャー，部下，同僚またはチームメンバー，他部署の担当者，クライアント，サプライヤーなどである。この方法は，チーム，従業員参加，クオリティ・マネジメント・プログラムを導入した企業によくマッチする。このような組織では，同僚，顧客，部下からのフィードバックを用いることにより，審査プロセスの中に全員が参加しているという感じが高まり，従業員の業績についてもより正確な評価が得られると考えている（『組織行動のマネジメント』スティーブン・P・ロビンス著，髙木晴夫訳　ダイヤモンド社　p.418～420）。

　ア：適切である。顧客や取引先が評価者となった場合には，被評価者は顧客満足や取引先満足の向上を意識せざるを得ないため，顧客志向が高まる。

　イ：適切である。360度評価では，当該被評価者を評価した複数の評価者は他の評価者の評価を見ることができるため，自分に足りない視点に気づくなど，それぞれの評価者を訓練する機会を提供するといえる。

　ウ：適切である。360度評価は多面的な評価がフィードバックされるので，上司と部下はそれに基づき今後の目標設定やスキルアップ方法などを協議しやすくなるため，コミュニケーションの活性化が図られる。

　エ：不適切である。360度評価はさまざまな立場にある人物を評価者に選び，被評価者を多面的に評価し，それをフィードバックすることが目的である。中立的な評価を行うことができる評価者を選抜するために行うわけではない。

　オ：適切である。普段の業務では被評価者に関わる人々は直接的に被評価者を評価することはしない。彼らは被評価者を評価する機会を与えられ，一定の評価項目について評価し，それが被評価者にフィードバックされる。これにより被評価者は普段の業務では得られない，さまざまな情報を入手できる。

　よって，エが正解である。

	ランク	1回目	2回目	3回目
モチベーション	B	／	／	／

■平成 23 年度　第 13 問

　動機づけに関する概念モデルの 1 つに「職務特性モデル」がある。この概念モデルについての記述として，最も不適切なものはどれか。

ア　個人の動機づけは，仕事の業績評価システム，上司や先輩を通じてのフィードバックの程度に影響される。

イ　個人の動機づけは，仕事の出来栄えが社内の人々や顧客に，どれほどのインパクトをもたらすかの程度に影響される。

ウ　個人の動機づけは，仕事の流れの全体像にかかわっている程度に影響される。

エ　個人の動機づけは，仕事をうまく遂行する上で必要なスキル（技能）の多様性の程度に影響される。

オ　個人の動機づけは，担当する仕事の範囲で，自主的に工夫して仕事のやり方を決められる程度に影響される。

Ⅱ．組織論

解答	ア

■解説

　職務特性モデルは，J. R. ハックマンと G. R. オルダムによって提唱された，モチベーション理論の1つであり，モチベーションを高める仕事の特性に関するモデルである。

　モチベーションを高める仕事の特性は以下の5つにまとめられる。

①多様性

　多様性とは，仕事の中で作業をする人に必要とされる操作の多さや幅の大きさ，仕事で用いる道具や手続きの多さの程度である。

②タスク・アイデンティティ

　タスク・アイデンティティとは，作業する人が自らの仕事の全体を見渡し，それの全体を遂行でき，彼らの努力を識別できる程度である。

③有意味性

　有意味性とは，他者に対して意味のある仕事をしている程度である。

④自律性

　自律性とは，作業をする人が，計画を立てたり，道具や方法を選択したり，手続きを決定するに際して自らの意見を反映できる程度である。

⑤フィードバック

　フィードバックとは，どのようにすればどうなるかについて，仕事そのものから有意義な情報が得られる程度である。

　多様性とタスク・アイデンティティと有意味性は仕事の有意味感，自律性は責任の認識，フィードバックは仕事の把握感という心理状態を作業者の心理に生み出すとされる。そして，これらの心理状態が強まれば，作業者に対して，内的な動機づけを強めたり，パフォーマンスや満足度を上げたり，欠勤や離転職の低さにつながるとした。

　イは有意味性，ウはタスク・アイデンティティ，エは多様性，オは自律性の説明である。アはフィードバックを説明しようとしているが，フィードバックは，仕事からのフィードバックのことであり，仕事の業績評価システム，上司や先輩を通じてのフィードバックのことではない。

　したがって，アが不適切であり，正解である。

　（参考：『モチベーション入門』田尾雅夫著　日本経済新聞出版社　p.108～110）

モチベーション	ランク	1回目	2回目	3回目
	B	/	/	/

■平成 23 年度　第 14 問

　日本企業において人事制度の見直しが進んでいる。事業構造の再構築のなかで，成果に応じて格差のある報酬配分を行うことのメリットとデメリットを調和させた導入が重要になる。これに関する記述として，最も不適切なものはどれか。

　ア　新たな評価制度を運用する際には，評価者と被評価者が意見を交わしながら目標管理シートを作成するなど，意思疎通の機会を通して満足感を高めるとよい。

　イ　職場には既存の文化や風土，価値観が存在するため，新たな評価制度を導入する際には，その基準や手続きに関して十分に理解されるための時間が必要である。

　ウ　評価者が被評価者の全般的な要望や意見を説明しながら評価を行ったならば，評価結果が期待したほどではない場合でも，不公正感が抑えられ，動機づけを高めることができる。

　エ　評価に対する納得感は，自己比較とともに他者相対比較の側面もあることから，適切に動機づけを高めるためには，社内の公正な評価制度に関する情報開示が要となる。

　オ　自らが投入した時間・努力量や成果と，それに対する評価・報酬とが見合うならば，人は公正感を感じる。

Ⅱ．組織論

解答	ウ

■解説
　成果に応じて格差のある報酬配分を行うことのメリットとデメリットを調和させた
導入方法に関する出題である。

　　ア：適切である。成果に応じて格差のある報酬配分を行う場合，成果に対する評
　　　　価が報酬の多寡に直接影響を及ぼすことになる。成果は設定した目標の達成
　　　　度合いであるから，従業員にとっては設定された目標に対する納得性が重要
　　　　となり，会社側にとっては，設定された目標とその達成が会社に貢献する妥
　　　　当性が重要となる。そのため，評価者と被評価者が意見を交わしながら目標
　　　　管理シートを作成するなど，意思疎通の機会を通して満足感を高めることが
　　　　必要となる。

　　イ：適切である。成果に応じて格差のある報酬配分を行う制度を導入する場合，職
　　　　場における既存の文化や風土，価値観に対し，評価制度の基準や手続きが馴
　　　　染む必要がある。したがって，新たな評価制度を導入する際には，その基準や
　　　　手続きに関して職場の従業員に十分に理解されるための時間が必要である。

　　ウ：不適切である。被評価者の不公正感は，評価者の評価に公正性が感じられな
　　　　い場合に発生する。評価者が被評価者の全般的な要望や意見を説明しながら
　　　　評価を行っても，被評価者は自分の評価がなぜ低いのかは理解できない。む
　　　　しろ，評価者は評価基準を明確にし，被評価者の成果に対する評価結果の理
　　　　由を説明することは，他の被評価者の評価結果を公表するなど，透明性が重
　　　　要である。

　　エ：適切である。選択肢ウの説明のとおり，評価に対する納得感は，自己比較と
　　　　ともに他者相対比較の側面もあることから，適切に動機づけを高めるために
　　　　は，社内の公正な評価制度に関する情報開示が必要となる。

　　オ：適切である。『組織論』p.217 においては，「グッドマンとフリードマンなど
　　　　は対人関係における公平説を援用して，努力したことが，いわば公平に報わ
　　　　れているかという個人の評価が，モチベーションに影響を与えていると考え
　　　　た。特に，他の人と比較して，努力相応の報酬が，比較的よければ，いっそ
　　　　う働く意欲を大きくするというのである。」との記載がある。

　よって，ウが正解である。

モチベーション	ランク	1回目	2回目	3回目
	B	/	/	/

■平成 22 年度　第 14 問

　従業員の動機づけ理論と，報酬制度との関係についての記述として，最も適切なものはどれか。

　ア　時間給のような固定給制度は，個人の特性による差異を反映した公平理論と整合性が高い。

　イ　職能資格制度のような能力給は，仕事そのものにやりがいを見いだそうとする内発的動機づけ理論と整合性が高い。

　ウ　職務給制度は，その職務をよりよく遂行することを通じて自己実現を達成しようとする欲求階層説と整合性が高い。

　エ　年功給与制度は，年齢の上昇とともにそれに見合った能力を身につけようとする人間の達成動機と整合性が高い。

　オ　利益分配制度のような変動給与制は，個人の業績とモチベーションが最大になったときに受け取る報酬との間に強い関係があるとする期待理論と整合性が高い。

343

Ⅱ. 組織論

解答	オ

■解説

従業員の動機づけ理論と，報酬制度との関係についての出題である。

ア：不適切である。公平理論では，努力したことが，いわば公平に報われている
　　かという個人の評価が，モチベーションに影響を与えていると考えられてい
　　る。特に，他の人と比較して，努力相応の報酬が，比較的よければ，いっそ
　　う働く意欲を大きくするというのである。これに対し，固定給制度は努力を
　　しようとしまいと，同じ報酬となるため，公平理論とは整合性があるとはい
　　えない。

イ：不適切である。職能資格制度は職務遂行能力の高まりを金銭的に評価する制
　　度であり，人は職務遂行能力を高めた結果として得る金銭を動機づけとする。
　　つまり，外的報酬によって動機づけされる（ヴルームが体系づけた外的動機
　　づけの理論）。一方，デシによって体系化された内発的動機づけ理論におい
　　て，内発的に動機づけられた活動とは，当該の活動以外には明白な報酬がま
　　ったくないような活動とされる。外的には何の報酬もないのに，その人が活
　　動それ自体から喜びを引き出しているようなとき，そう呼ばれる。したがっ
　　て，職能資格制度と内発的動機づけ理論とは整合しない（『経営管理』塩次
　　喜代明，高橋伸夫，小林敏男著　有斐閣アルマ　p.172）。

ウ：不適切である。職務給とは社員が従事する職務（ポスト）によって賃金を決
　　定する給与制度であり，職務を単に遂行さえすればよく，よりよく遂行しよ
　　うとする必要はない。したがって，その職務をよりよく遂行することを通じ
　　て自己実現を達成しようとする欲求階層説とは整合しない。

エ：不適切である。年功給与制度は年齢の高まりと比例して給与が増える制度で
　　ある。一方，達成動機は，意欲的に何かを達成したいという欲求を仮定して
　　いる。そしてその欲求の度合いの程度によって個人それぞれの動機づけが異
　　なるとしている。何も達成しなくても年齢が高まれば給与が増える年功給制

344

第2章　経営組織の運営

度とは整合しない。

オ：適切である。期待理論は，努力すれば相応の成果が得られそうだという期待
　　と，その成果がその人にとって価値がある，あるいは，重要であると考える
　　誘意性を掛け合わせたものがモチベーションの強さの関数であるとされる。
　　利益分配制度のような変動給与制は，業績向上に努力すれば給与が上がるとい
　　いう期待報酬によりモチベーションが強くなるので，期待理論との整合性が
　　高い。

よって，オが正解である。

345

Ⅱ. 組織論

3. リーダーシップ

▶▶出題項目のポイント

　この項目では，リーダーシップについて問われている。リーダーシップとはヒトとヒトがその関係を通して影響を与えることである。影響を与えることがリーダーシップであり，受けるほうがフォロワーシップである。モチベーションを向上させようとすればリーダーシップをどのように改善するかを考えなければならない。

　リーダーシップについてはさまざまな理論があるが，大きく特性理論，行動理論，二次元論，状況理論に分類される。特性理論とは，優れた功績を残したリーダーの個性や能力とリーダーシップとの関係性を明らかにしようとしたものである。行動理論は，優れたリーダーの行動パターンを分析して効果的なリーダーシップを類型化しようとしたものである。二次元論は，リーダーの関心を生産への関心（パフォーマンス）と人間（メンテナンス）への関心という2次元で捉えたものである。状況理論は，すべての状況に適応されうる唯一最善の普遍的なリーダーシップ・スタイルは存在しない，という考えに基づいて，リーダーの特性や行動と状況の関係を明らかにしようとした理論である。

1) 行動理論

①システムⅣ理論

　リッカートの提唱した理論である。リーダーシップを権威主義・専制型（システムⅠ），温情・専制型（システムⅡ），参加協調型・相談型（システムⅢ），民主主義型・参加型（システムⅣ）の4つに分類した。民主主義型・参加型リーダーシップでは，リーダーは部下を信頼しており，意思決定は部下に委ねられる。部下は全面的に参画が認められ，動機づけられているため，最も望ましいとされている。

2) 二次元論

①マネジリアル・グリッド論

　ブレークとムートンが提唱した理論である。リーダーへの関心を，「業績への関心」と「人への関心」という2軸で1-9型（人間中心型），9-9型（チームマネジメント型），1-1型（無関心型），9-1型（仕事中心型），5-5型（常識型）の5つの型に分類し，9-9型が望ましいとした。

②PM 理論

　三隅二不二が唱えた理論である。リーダーシップがP（Performance）＝「目標達

成能力」，M（Maintenance）=「集団維持能力」の2つの能力で構成されるとし，「PとMが共に高い状態（PM型）のリーダーシップが望ましい」とする理論である。

3）状況理論

①パス・ゴール理論

リーダーはフォロワーを動機づけ，満足させるために，彼らに対して目標の達成に至る道筋を明確にしなければならないとしている。

②コンティンジェンシー理論

リーダーと集団との人間関係の良好さ（リーダー・メンバー関係），仕事内容の明確化の程度（仕事の構造），権限の強さ（地位パワー）の3つの要素の状況によって，成果を発揮できるリーダーシップは異なるとされる。3つの要素の状況が良いとき・悪いときは，仕事中心型のリーダーシップが高い業績をもたらし，どちらでもないときは，従業員中心型のリーダーシップが高い業績をもたらすとする。

③SL理論

ハーシーとブランチャードが提唱した理論である。部下の成熟度によって有効なリーダーシップ・スタイルは異なるとする。リーダーシップ・スタイルは，委任的，参加的，説得的，教示的で分類され，部下の成熟度が高いほど委任的に，低いほど教示的にすべきとしている。

▶▶出題の傾向と勉強の方向性

リーダーシップの理論については，平成13年度第14問，平成15年度第23問，平成16年度第18問，平成19年度第13問，平成20年度第15問，平成21年度第16問，平成22年度第12問，平成30年度第16問，令和元年度第17問と高頻度で出題されている。

平成15年度第23問と平成16年度第18問，平成19年度第13問はリッカートのシステムⅣ理論とセルズニックの制度的リーダーシップという論点からの出題であり，かなり類似した問題である。

その他，平成14年度第12問はフレンチとイレブンのリーダーのパワーの源泉から，平成27年度第14問はバーナードの権限受容説からの出題である。

勉強の方向性としては，特性理論，行動理論，二次元論，状況理論に属する各理論の特徴をしっかりと把握することが挙げられる。過去問で頻出論点を押さえよう。

Ⅱ．組織論

■取組状況チェックリスト

3. リーダーシップ					
問題番号	ランク	1回目	2回目	3回目	
平成22年度 第12問	A	／	／	／	
平成27年度 第14問	A	／	／	／	
平成30年度 第16問	A	／	／	／	
令和元年度 第17問	A	／	／	／	
平成23年度 第17問	C*	／	／	／	
平成29年度 第19問	C*	／	／	／	

＊ランクCの問題と解説は，「過去問完全マスター」のHP（https://jissen-c.jp/）よりダウンロードできます。

348

第2章　経営組織の運営

リーダーシップ	ランク	1回目	2回目	3回目
	A	／	／	／

■平成 22 年度　第 12 問

リーダーシップの諸学説に関する記述として，最も適切なものはどれか。

ア　ハウスによるパス・ゴール理論は，リーダーの職務は部下の業務目標の達成
　　を助けることであり，そのために必要な方向性や支援を与えることにあると
　　した。

イ　フィードラーによるコンティンジェンシー理論では，環境の不確実性が高い
　　場合には有機的なリーダーシップが，不確実性が低い場合には機械的リーダ
　　ーシップが望ましいとした。

ウ　ブレイクとムートンによるマネジリアル・グリッドは，「構造作り」と「配
　　慮」という二軸でリーダーシップ特性を分類し，9-9 型が最も高い成果を生
　　むとした。

エ　リッカートによる参加型リーダーシップでは，リーダーは部下の意思決定に
　　積極的に参加し，影響力を行使することが重要であるとした。

349

Ⅱ．組織論

解答	ア

■解説

　リーダーシップ論の諸学説についてその特徴を問う問題である。リーダーシップとは，特定の個人の能力や資質によるのではなく，対人的な関係の中で発揮され，場合によっては，集団の機能そのものであるといえる。リーダーを必要とするのではなく，組織がそのリーダーシップを必要とするから，そのリーダーがいるという考え方である（『組織論』p.231）。リーダーシップは，状況によって有効とされる質が相違するとされ，いくつかのモデルや仮説が提示されるようになった（『組織論』p.234）。

　ア：適切である。パス・ゴール理論によれば，リーダーはフォロワーを動機づけ，満足させるために，彼らに対して目標の達成に至る道筋を明確にしなければならないとしている。

　イ：不適切である。コンティンジェンシー理論によれば，リーダーと集団との人間関係の良好さ（リーダー・メンバー関係），仕事内容の明確化の程度（仕事の構造），権限の強さ（地位パワー）の３つの要素の状況によって，成果を発揮できるリーダーシップは異なるとされる。３つの要素の状況が良い時・悪い時は，仕事中心型のリーダーシップが高い業績をもたらし，どちらでもないときは，従業員中心型のリーダーシップが高い業績をもたらすとする。なお，本肢の説明は，組織構造のコンティンジェンシー理論におけるバーンズとストーカーの機械的管理システムおよび有機的管理システムの説明である。

　ウ：不適切である。マネジリアル・グリッド論は，リーダーへの関心を，「業績への関心」と「人への関心」という２軸で1-9型（人間中心型），9-9型（チームマネジメント型），1-1型（無関心型），9-1型（仕事中心型），5-5型（常識型）の５つの型に分類し，9-9型が望ましいとした。「構造作り」と「配慮」ではなく「業績への関心」と「人への関心」が正しい。

　エ：不適切である。リッカートのシステムⅣ理論に関する説明である。参加型リーダーシップでは，リーダーは部下を信頼しており，意思決定は部下に委ねられる。部下は全面的に参画が認められ，動機づけられる。本肢の説明文は，温情的専制型の説明である。

　よって，アが正解である。

リーダーシップ	ランク	1回目	2回目	3回目
	A	/	/	/

■平成27年度　第14問

　バーナードの理論において，組織の権威の根拠を従業員に求めたとき，上意下達の
リーダーシップが維持されると考えられる理由として，最も適切なものはどれか。

ア　従業員が組織の権威を受け入れている場合，組織的なコミュニケーションに
　　従わないことは，自らの利害を損ねることになるから。

イ　組織の権威を受け入れた従業員の間には，組織に反抗する非公式組織が形成
　　されないから。

ウ　組織の権威を伝達するためには，ビジョンを提示し，自ら部下の規範となる
　　行動を行い，その結果を評価することができるカリスマ的リーダーシップが
　　求められるから。

エ　リーダーが何を命令しようが，従業員がそれに従おうとしない限り，命令は
　　実行されないから。

オ　リーダーシップには，単に従業員に命令を下して目的を達成する機能だけで
　　はなく，人間関係に配慮して集団凝集性を高める機能の両方が求められるか
　　ら。

Ⅱ．組織論

解答	ア

■解説

　バーナードの権限受容説に関する問題である。権限は，組織の上位者が下位者に必要な行動をとらせる力であり，公式権限説によれば，上位者から下位者に委譲したから生じると理解されている。これに対してバーナードは「権限は公式組織におけるコミュニケーション（命令）の性格であって，組織構成員がコミュニケーションを自己の貢献する行為を支配するものとして受容するのである」として，上位者の権限は下位者が受け入れたときに成立すると主張した。これが権限受容説である。バーナードは，以下の4つの条件が満たされないと権限は受容されず，命令を発した上位者の権威は失墜するとした。①理解できるコミュニケーション（命令）であること，②組織目的と矛盾しないと信じられる命令であること，③個人的利害全体と両立すると信じられること④精神的にも肉体的にも従いうること，である。

　それにも関わらず，権限が上から下へと下降し，上位者にその源泉があるように見えるのは仮構であり，それを成立させるのが無関心圏である。無関心圏とは下位者が上位者の命令に対し，権限の有無を問題せず無関心に受け入れる心の範囲のことである。(参考：『経営学大辞典』（神戸大学大学院経営学研究室編　中央経済社　p.267)

　　ア：適切である。権威が成立する4条件のうちの③にあたる。従業員が組織の権威を受容する場合，組織的な命令に従わないことは，自らの利害を損ねるから。

　　イ：不適切である。組織の権威の根拠を従業員に求めたとき，上意下達のリーダーシップが維持されると考えられる（見える）のは，上述のとおり，無関心圏があるからである。非公式組織の成立とは無関係である。

　　ウ：不適切である。組織の権威が受容されるには，上記の4条件が満たされる必要があるが，そのために必ずしもカリスマ的リーダーシップが求められていない。

　　エ：不適切である。リーダーが何を命令しようが，従業員がそれに従おうとしない限り，命令は実行されないのは正しいが，それは上位下達のリーダーシップが維持されているとは言えない。

　　オ：不適切である。バーナードの権限受容説では，権威を発揮するにはそれが下位者に受け入れられなければならず，そのためには上記4条件を満たすことが重要であるとの主張であり，人間関係に配慮して集団凝集性を高める機能が求められるとは述べていない。

　よって，アが正解である。

第 2 章　経営組織の運営

リーダーシップ	ランク	1回目	2回目	3回目
	A	／	／	／

■平成 30 年度　第 16 問

　状況ごとに異なるリーダーシップを捉える条件適合理論の 1 つに，パス・ゴール理論がある。パス・ゴール理論が注目する状況要因には，タスク特性や公式の権限体系などリーダーが直接コントロールできない環境と，部下の経験や能力などの個人的特徴がある。パス・ゴール理論が明らかにしたリーダーシップに関する記述として，最も適切なものはどれか。

ア　構造化されたタスクに携わる従業員に対しては，指示型リーダーシップによる職務遂行が有効である。

イ　構造化されたルーチンワークに携わる部下に対しては，支援型リーダーシップが高業績と高い満足度をもたらす。

ウ　行動の決定権が自分にはないと感じている従業員に対しては，参加型リーダーシップによって動機づけを行うことが有効である。

エ　職場内に深刻な価値コンフリクトが生じている場合には，参加型リーダーシップが従業員の高い満足度をもたらす。

オ　複雑なタスクに携わる高い能力を持つ従業員に対しては，より具体的な作業内容を与える指示型リーダーシップが高い満足度をもたらす。

Ⅱ．組織論

解答	イ

■解説

　パス・ゴール理論に関する問題である。パス・ゴール理論によれば，リーダーはフォロワーを目的達成時の報酬によって動機づけ，満足させるために，彼らの状況に応じて目標の達成に至る道筋を明確にしなければならないとしている。

　パス・ゴール理論では4つのリーダーシップ行動を規定し，同じリーダーでも状況によって下記の行動をいずれもとる可能性があるとされる。

■指示型リーダーシップ：何を期待されているかを部下に教え，すべき仕事のスケジュールを設定し，タスクの達成方法を具体的に指導する。

■支援型リーダーシップ：親しみやすく部下のニーズに気遣いを示す。

■参加型リーダーシップ：決定を下す前に部下に相談し，彼らの提案を活用する。

■達成型リーダーシップ：リーダーは困難な目標を設定し，部下に全力を尽くすよう求める。

　　ア：不適切である。構造化されたタスクに携わる従業員に対しては，支援型リーダーシップによる職務遂行が有効である。指示型リーダーシップは，タスクの構造があいまいでストレスが多いときに有効となる。

　　イ：適切である。上記アの解説のとおり，構造化されたルーチンワークに携わる部下に対しては，支援型リーダーシップが高業績と高い満足度をもたらす。

　　ウ：不適切である。行動の決定権（ローカス・オブ・コントロール）が自分にはないと感じている従業員に対しては，参加型リーダーシップではなく指示型リーダーシップが最も満足をもたらす。

　　エ：不適切である。職場内に深刻な価値コンフリクトが生じている場合は，参加型リーダーシップではなく，指示型リーダーシップが従業員の高い満足度をもたらす。

　　オ：不適切である。複雑なタスクに携わる高い能力を持つ従業員に対しては，より具体的な作業内容を与える指示型リーダーシップは，くどすぎて満足度を下げてしまう可能性が高い。

　よって，イが正解である。

（参考：『組織行動のマネジメント』スティーブン・P・ロビンス著，髙木晴夫訳　ダイヤモンド社　p.268〜270）

リーダーシップ	ランク	1回目	2回目	3回目
	A	／	／	／

■**令和元年度　第17問**

状況に即したリーダーシップに関する記述として，最も適切なものはどれか。

ア　F.フィードラーの研究によると，組織が未成熟で管理体制が厳しい場合と，組織が成熟しており管理体制が緩やかな場合においては，人間関係志向型のリーダーシップ行動が集団の業績を高める。

イ　SL（Situational Leadership）理論によると，フォロワーの成熟度が高く，自律的な行動が可能な状態では，リーダーの参加型リーダーシップにより，フォロワーの行動が自然と集団目標に沿うようになる。

ウ　パス・ゴール理論によると，「困難な目標を設定し，部下に全力を尽くすよう求める」という達成志向型のリーダーシップは，タスクが構造化されていないときに，努力すれば高業績につながるというフォロワーの期待を高める。

エ　リーダー・メンバー交換理論によると，リーダーとフォロワーの関係は，①他人的関係，②知人的関係，③成熟した関係，という順序で深まっていく。関係の深まりに応じて，敬意や信頼に根ざしたものになり，取引的・公式的な相互作用が失われていく。

355

Ⅱ．組織論

解答	ウ

■解説

リーダーシップにおける状況理論に関する問題である。

コンティンジェンシー理論（選択肢ア），パス・ゴール理論，SL 理論については，p.347 の解説を参照していただきたい。

選択肢エのリーダー・メンバー交換理論（LMX 理論）は，リーダーはメンバーと緊密な関係を築くために 3 段階のプロセスをたどるとする理論である。①見知らぬ人段階，②知り合い段階，③成熟したパートナーシップ段階である。

ア：不適切である。フィードラーのコンティンジェンシー理論によると，組織が未成熟で管理体制が厳しい場合と，組織が成熟して管理体制が緩やかな場合は 3 つの要素が悪いときにあたるので，人間関係志向型ではなく仕事中心型のリーダーシップ行動が集団の業績を高める。

イ：不適切である。SL（Situational Leadership）理論によると，フォロワーの成熟度が高く，自律的な行動が可能な状態では，リーダーの参加型ではなく，委任型リーダーシップにより，フォロワーの行動が自然と集団目標に沿うようになる。

ウ：適切である。パス・ゴール理論によると，「困難な目標を設定し，部下に全力を尽くすよう求める」という達成志向型のリーダーシップは，タスクが構造化されていないときに，努力すれば高業績につながるというフォロワーの期待を高める。

エ：不適切である。リーダー・メンバー交換理論ではリーダーとフォロワーの関係は，①他人的関係，②知人的関係，③成熟した関係，という順序で深まっていくことは正しい。しかし，関係の深まりに応じて，メンバーはリーダーへの忠誠の見返りとして各種機会を得るといった取引的・公式的な相互作用が強まっていく。

よって，ウが正解である。

4. 組織と文化

▶▶出題項目のポイント
　組織と文化の出題項目では，経営理念や組織風土・組織文化について問われる。特に，組織文化の定義や組織文化の機能，組織文化の形成に貢献するコミュニケーションネットワークについて問われている。

1) 組織文化
　組織文化とは，組織の中で，それを構成する人々の間で共有化された価値や信念，あるいは，習慣となった行動が絡み合って醸しだされたシステムである。組織文化を内面に取り入れて同一化してしまえば，意識的な行動として表出されることはなくなる。また，組織文化は成文化されていないから，目に見えない，具体的な形象を持たないことが，その特徴である（桑田耕太郎・田尾雅夫著『組織論』p.188）。

2) 経営理念
　経営理念は，経営者によって社会に公式に表明された経営の目的や指導原理のことである。その組織が全体社会のために，どこに位置し，社会とどんな関係を持つべきかといった組織の存立の社会的意義に関わる指導原理を表明したものである（『組織論』p.140）。

3) コミュニケーションネットワーク
　コミュニケーションネットワークは，組織内の情報伝達経路の形態のことである。チェーン型，星型，Y字型，サークル型，マルチチャネル型（全チャネル型）がある。マルチチャネル型（全チャネル型）のネットワークが，同質の情報を過不足なく全員に伝達できるので，明瞭な文化が形成され，分散が小さくなるとされる（『組織論』p.192）。詳しくは，平成24年度第13問の解説を参照していただきたい。

▶▶出題の傾向と勉強の方向性
　組織文化の形成や機能，その分析については，平成15年度第20問，平成21年度第13問，平成22年度第17問，平成25年度第10問設問1，平成27年度第21問で問われた。

　また，コミュニケーションネットワークについては，平成24年度第13問と平成16年度第19問で出題された。この2つの問題は非常に類似した問題であり，過去問への取組みの重要性を再認識できる。

Ⅱ．組織論

■取組状況チェックリスト

4. 組織と文化						
問題番号	ランク	1回目		2回目		3回目
平成 22 年度 第 17 問	A	／		／		／
平成 21 年度 第 13 問	A	／		／		／
平成 27 年度 第 21 問	A	／		／		／
平成 25 年度 第 10 問（設問 1）	B	／		／		／
平成 24 年度 第 13 問	A	／		／		／
平成 29 年度 第 21 問	C*	／		／		／
平成 29 年度 第 22 問	C*	／		／		／

＊ランク C の問題と解説は，「過去問完全マスター」の HP（https://jissen-c.jp/）よりダウンロードできます。

第 2 章　経営組織の運営

組織と文化	ランク	1回目	2回目	3回目
	A	/	/	/

■平成 22 年度　第 17 問

　ある程度歴史を持った企業同士が，買収や合併をうまく遂行して高い成果に結びつけていくためには，事前にそれぞれの企業の組織文化，観察可能な人工物や標榜されている価値観レベルだけでなく，とくに暗黙に共有された仮定レベルの文化を明らかにしておく必要がある。このような組織文化を明らかにする方法として，最も適切なものはどれか。

　　ア　社員によるグループを構成し，そのメンバーたちに率直に組織文化について
　　　　語りあってもらう。

　　イ　組織メンバー全員を対象に，どのような価値観を標榜しているかについて，
　　　　質問紙調査法による調査を行う。

　　ウ　その企業で重要な役割を果たしている個人に，どのような組織文化を持って
　　　　いると思うかインタビューする。

　　エ　その企業の具体的な問題解決の場面に，外部のファシリテータを介入させ，
　　　　メンバーが暗黙のうちに前提としている考え方を自ら気づくようにする。

Ⅱ．組織論

解答	エ

■解説

　組織文化の解読に関する出題である。「組織文化とは，組織の中で，それを構成する人々の間で共有化された価値や信念，あるいは，習慣となった行動が絡み合って醸しだされたシステムである。（中略）組織文化を内面に取り入れて同一化してしまえば，意識的な行動として表出されることはなくなる。また，組織文化は成文化されていないから，目に見えない，具体的な形象を持たないことが，その特徴である」（『組織論』p.188）。したがって，組織文化は組織内のメンバーには意識できないことがポイントである。

　　ア・イ・ウ：

　　　　不適切である。上記説明にあるように，組織文化は組織内のメンバーには意識されていないため，組織内部のメンバー同士で話し合ったり，インタビューや質問紙調査法によっても，組織文化を明確化することは難しい。

　　エ：適切である。組織文化は，自組織内のメンバーだけでは明らかにすることはできない。外部からの圧力や部外者との接触時に，組織内メンバーは自らの組織文化を意識するようになる。これは，自組織の文化を比較する対象が得られ，比較した結果，自らの組織文化が明らかになるからである。外部のファシリテータを介入させ，自組織と外部組織との比較をさせる機会を設けるなどの取組みによって，自ら暗黙の文化に気づくことができる。

　よって，エが正解である。

　他に，その組織の文化を読み取るためには以下のような手がかりがある。

　　①儀式やセレモニー：経営者が入社式や年頭の挨拶などで組織の価値の高揚を図るための儀式やセレモニーで組織文化を垣間見ることができる。

　　②シンボルや表象：独自の価値意識の高揚を図るための社旗や制服，バッジのようなものの制定，創立者の語録の編纂・出版などから，組織文化に気づくことができる。

　　③言葉：メンバーでないと理解できない特別な意味を伝えるための特別な言葉などが組織文化を表すことがある。

　　④物語や伝承：創業に関するエピソードの伝承などから組織文化を確認することができる。

第 2 章　経営組織の運営

組織と文化	ランク	1回目		2回目		3回目	
	A	/		/		/	

■平成 27 年度　第 21 問
　組織文化の機能やその変容に適したメカニズムは，組織の発展段階に応じて異なる。組織文化の機能と変容メカニズムに関する記述として，最も適切なものはどれか。

　ア　垂直統合や多角化を通じて組織が成長初期段階に達すると，下位組織文化が
　　　発達し始め，組織文化は組織のアイデンティティーの源泉としての機能を持
　　　つようになる。

　イ　成熟段階の組織において，組織文化がイノベーションを妨げるものに転嫁し
　　　た場合，スキャンダルや神話の構築を使った組織文化の変革手法が有効にな
　　　る。

　ウ　創業者やその家族が支配している創業段階の組織では，組織文化を変革する
　　　ためには，組織開発などの手法が効果的である。

　エ　組織の創業段階では，組織文化はまだ明確ではなく十分機能しないため，組
　　　織構造面での精緻な統制が必要である。

　オ　組織が成熟段階に達し，パラダイム・レベルでの深い組織文化の変革が必要
　　　な場合には，首脳陣の大量交代や組織構造の再編成などの方法が有効である。

361

Ⅱ. 組織論

解答	オ

■解説

　組織文化の変容メカニズムに関する問題である。組織文化とは，その構成員が共有する意味のシステムで，これによってその組織が他の組織から区別されるものである。組織文化の形成・変化に大きな影響を与えるのはリーダーシップであるから，組織の発展段階は誕生・初期成長期，発展段階，成熟段階の3つに整理できる。その各段階で組織文化の変容メカニズムが存在する。

（参考：『組織論』桑田耕太郎・田尾雅夫著　有斐閣　p.281〜290，p.282の表13-1）

　　ア：不適切である。垂直統合や多角化を通じて組織が発達するのは成長初期段階ではなく発達期である。発達段階では，強力な下位文化が発達・多様化し始める。組織文化が組織のアイデンティティーの源泉としての機能を持つようになるのは成長初期段階で正しい。

　　イ：不適切である。組織文化がイノベーションを妨げるものに転嫁した場合，スキャンダルや神話の構築を使った組織文化の変革手法が有効になるのは，発達段階である。

　　ウ：不適切である。創業者やその家族が支配している創業段階の組織では，組織文化を変革するためには，ハイブリッド人材の登用による管理された進化や，外部人材の中枢登用による管理された変革などが挙げられる。組織開発などの手法が効果的であるのは発達段階である。

　　エ：不適切である。組織の創業段階では，組織文化の推進力となるのは，創業者の個人的な思考様式である。組織に植え付けられた組織文化は，その組織の独特の能力となり，メンバーのアイデンティティーの基礎となる。組織は文化を明示的に示している。（『組織論』p.281〜282）

　　オ：適切である。組織が成熟段階に達し，パラダイム・レベルでの深い組織文化の変革が必要な場合には，首脳陣の大量交代や組織構造の再編成などの方法が有効である。

　よって，オが正解である。

362

第2章　経営組織の運営

組織と文化	ランク	1回目	2回目	3回目
	B	／	／	／

■**平成 25 年度　第 10 問（設問 1）**

次の文章を読んで，下記の設問に答えよ。

　中小企業が同族経営である場合，戦略的問題に関する意思決定は創業者と創業者一族が中心となり，外部の利害関係者の影響力は限定的であることが多い。

　老舗と呼ばれる中小企業 B 社は，代々受け継ぐ製法や技法による生産品を中心にリピーターとなる顧客の支持を得ている。株式上場はしていないがその検討をしており，諸外国のガバナンス機構も調査している。

　B 社は，新しい品目や製造プロセスの改良に関して，外部から技術導入や人材の中途採用を実施してきたが，創業者以来の価値観や行動規範の理解を第一に求め，創業者の直系の現社長と役員の過半数を占める創業者一族の同族経営として従業員との一体感を重視してきた。危機的な状況も乗り切ってきたが，最近では，過去に危機から B 社を救った伝統的な考え方に基づく事業戦略の策定がうまくいかなくなってきた。

　老舗の中小企業 B 社の組織文化に関する記述として，最も不適切なものはどれか。

　　ア　創業以来の歴史では，創業者の選択した戦略的な問題の解決法が効果を発揮してきたため，その解決法が常套手段として繰り返し用いられて組み込まれている。

　　イ　創業以来の歴史において，外部から導入した製造プロセスの改良技術に基づき，技術関係部門同士の連携による問題解決が定型化されている。

　　ウ　創業以来の歴史において，外部から招いた人材のほとんどは意思決定プロセスに同化し，創業者一族の戦略を十分に理解するようになった。

　　エ　創業者とその一族の経験した過去の事業戦略の成功が，現在の戦略上の失策の原因になっているのに，誰も認めようとしない。

　　オ　組織として確立した問題解決法は，創業者の意向を大きく反映したものであり，特定の問題解決や特別任務の遂行への対処が求められた創業期に生まれている。

363

Ⅱ. 組織論

解答	イ

■解説

老舗の中小企業の組織文化に関する問題である。

ア：適切である。組織文化を読み取るためには，①儀式やセレモニー，②シンボルあるいは，表象，③言葉，④物語や伝承といった手掛かりがある。また，『組織論』p.45〜47によれば，企業が目標を達成する可能性が高い手段を有効性といい，複数の有効性が高い手段の中から最適だと思われるものを選ぶ基準を「能率」という。以上を踏まえれば，創業者が有効性の高い（顧客の支持を得てきた）手段を選択し成功してきた基準である能率を組織として蓄積・伝承しているという点で本選択肢はB社の組織文化を述べている。

イ：不適切である。B社は外部から技術導入や人材の中途採用を実施してきたが，創業者以来の価値観や行動規範の理解を第一に求めるため，それらの長所を積極的に活用してきたとはいえないと推測できる。

ウ：適切である。設問文にも，「外部から技術導入や人材の中途採用を実施してきたが，創業者以来の価値観や行動規範の理解を第一に求め」とあるため，創業以来の歴史において，外部から招いた人材のほとんどは意思決定プロセスに同化し，創業者一族の戦略を十分に理解するようになったといえる。

エ：適切である。有能さのワナに関して問われている。『組織論』p.310によれば，不満がない状態では，組織に属する人たちは，現状を変更する可能性を探索したり，そうした変革を実行しようとする十分な動機を持たない。また，戦略に対するコミットメントの上昇（『組織論』p.311）によって変化を嫌う組織文化が存在しているといえる。

オ：適切である。『組織論』p.273によれば，企業は企業者的段階，共同体段階，公式化段階，精巧化段階とライフサイクルを持っている。企業者的段階では，企業が市場の中での自らの生存領域を見出すことが重視され，創業者の創造性や革新性が重視され，組織は非公式的・非官僚的となるとある。企業はその後，公式化・官僚化されていくため，確立された問題解決法は，企業の特定の問題解決や特別任務の遂行への対処が求められた創業期に生まれていることが多い。

364

組織と文化	ランク	1回目	2回目	3回目
	A	/	/	/

■平成 24 年度　第 13 問

　小集団におけるコミュニケーションネットワークとして，以下の3つの型を仮定する。

　これらのネットワークの型は，小集団における合意された意思決定への到達速度，伝達の正確さ，リーダーが出現する可能性，メンバーの満足度などに与える効果に差異がある。これらの比較に関する記述として最も適切なものを下記の解答群から選べ。

(A) チェーン型

(B) ホイール型

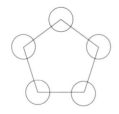

(C) 全チャネル型

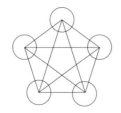

Ⅱ．組織論

〔解答群〕

　　ア　3つの型のうち，全チャネル型のコミュニケーションネットワークが，意思決定への到達速度は最も速く，伝達の正確性は中程度である。また，リーダーが出現する可能性は最も低いが，メンバーの満足度は最も高い。

　　イ　3つの型のうち，チェーン型のコミュニケーションネットワークが，意思決定への到達速度は中程度だが，伝達の正確性は最も高い。また，リーダーが出現する可能性は最も高く，メンバーの満足度は最も低い。

　　ウ　3つの型のうち，チェーン型のコミュニケーションネットワークが，意思決定への到達速度は最も速いが，伝達の正確性は最も低い。また，リーダーが出現する可能性は中程度で，メンバーの満足度は最も高い。

　　エ　3つの型のうち，ホイール型のコミュニケーションネットワークが，意思決定への到達速度は最も速いが，伝達の正確性は最も低い。また，リーダーが出現する可能性は中程度で，メンバーの満足度は最も高い。

　　オ　3つの型のうち，ホイール型のコミュニケーションネットワークが，意思決定への到達速度は最も速く伝達の正確性は最も高い。また，リーダーが出現する可能性は中程度で，メンバーの満足度は最も低い。

第2章　経営組織の運営

解答	ア

■**解説**

　小集団におけるコミュニケーションネットワークに関する出題である。

　コミュニケーションネットワークは組織文化の形成に大きく貢献する。コミュニケーションネットワークには，チェーン型，星型，Y字型，サークル型，マルチチャネル型（全チャネル型）がある。マルチチャネル型（全チャネル型）のネットワークが，同質の情報を過不足なく全員に伝達できるので，明瞭な文化が形成され，分散が小さくなるとされる（『組織論』p.192）。

　チェーン型，サークル型（ホイール型），マルチチャネル型（全チャネル型）を意思決定への到達速度，伝達の正確性，リーダー出現の可能性，メンバーの満足度で分類すると以下のとおりとなる。

- 到達速度はマルチチャネル型（全チャネル型）が最も速く，サークル型（ホイール型）がその次に速い。
- 伝達の正確さはチェーン型が最も正確であり，マルチチャネル型が次に正確である。
- リーダーが出現する可能性が最も高いのはチェーン型であり，次に高いのはサークル型（ホイール型）である。
- メンバーの満足度はマルチチャネル型（全チャネル型）が最も高く，サークル型（ホイール型）が次に高い。

　ア：適切である。マルチチャネル型（全チャネル型）は，意思決定への到達速度は最も速く，伝達の正確性は中程度である。リーダーが出現する可能性は最も低いが，メンバーの満足度は最も高い。

　イ：不適切である。チェーン型は，意思決定への到達速度が最も遅く，伝達の正確性は最も高い。リーダーが出現する可能性が最も高いが，メンバーの満足度は最も低い。

　ウ：不適切である。チェーン型は，意思決定への到達速度が最も遅く，伝達の正確性は最も高い。リーダーが出現する可能性は最も高いが，メンバーの満足

367

Ⅱ．組織論

　　　　　度は最も低い。

　　エ：不適切である。サークル型（ホイール型）は，意思決定への到達速度は中程
　　　　度だが，伝達の正確性は最も低い。リーダーが出現する可能性は中程度で，
　　　　メンバーの満足度も中程度であるである。

　　オ：不適切である。サークル型（ホイール型）は，意思決定への到達速度は中程
　　　　度だが，伝達の正確性は最も低い。リーダーが出現する可能性は中程度，メ
　　　　ンバーの満足度も中程度である。

　　よって，アが正解である。

5. 組織活性化

▶▶出題項目のポイント

組織活性化の項目では，一体化度，無関心，組織開発，小集団活動，ナレッジ・マネジメント／組織学習といった論点が出題範囲となっている。

ただし，一体化度や無関心といった論点は過去には問われておらず，主に小集団活動におけるコンフリクト・マネジメントや集団の凝集性，組織学習について問われている。

1）コンフリクト・マネジメント

コンフリクトとは，組織間の対立や葛藤のことである。桑田耕太郎・田尾雅夫著『組織論』p.264 によれば，コンフリクトの発生原因は「コンフリクトは，互いが意志を疎通させないことに由来する，いわば，誤解に基づくことが多い」との記載がある。そして，その誤解を解消するためには①コミュニケーションの機会を大きくする，②仲介者を設ける，③互いのことが理解できるようにするために人事交流を図る，という方法が有効であるとされる。

2）集団の凝集性

『組織論』p.240 によれば，凝集性とは「集団が何か目的を達成するために，それを効率的にやり遂げるためには，メンバーが互いに好意をもち合い，魅力的でなければならない。互いの魅きあう程度が凝集性である。」とある。

3）集団思考（グループシンク）

集団思考（グループシンク）とは，情報不足のまま結論を急いだりして，妥当な結論を得る機会を逸することである。凝集性の高い集団は，集団内部での情報処理ルールや手続きが明確で，それを守るように互いを牽制し合うので，ルーティンな情報処理能力は高い。しかし，あまり慣れていないタイプの問題解決に直面し，時間的に早く結論を出すようなプレッシャーを受けると，通常の情報処理ルールが使えないため混乱し，集団思考に陥りやすい。

4）集団傾向（グループシフト）

集団傾向（グループシフト）は，リスキーシフトともいわれ，集団のほうが意思決定の責任が分散されるため，個人が意思決定を行うよりも極端でリスクの高い意思決定を行う傾向をいう。

Ⅱ．組織論

5) 組織学習

組織も人と同じように学習し，その能力を高める。組織学習の領域では，以下の2つを覚えておけばよい。

①低次学習と高次学習

低次学習と高次学習は組織学習のレベルに関する論点である。低次学習は日々の活動中で学習する漸次的な学習で，シングルループ学習が代表的である。高次学習は断続的に行われ，組織の価値等を変える革新に結びつく学習で，ダブルループ学習が代表的である。

②組織学習サイクル

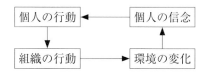

個人が学習したことが，個人の信念を変えた結果，個人の行動に表れ，それが組織の行動に変化をもたらし，組織は新しい行動を行う。そして，その行動が結果に結びつけば，またそれが個人の信念を強化する，というサイクルが組織学習サイクルである。

第 2 章　経営組織の運営

▶▶出題の傾向と勉強の方向性

　コンフリクト・マネジメントについては平成 15 年度第 19 問，平成 16 年度第 16 問，平成 17 年度第 16 問，平成 18 年度第 13 問，令和元年度第 15 問，集団の凝集性やグループシンク，グループシフトは平成 16 年度第 25 問，平成 17 年度第 16 問，平成 19 年度第 13 問で問われた。

　ナレッジ・マネジメントは平成 14 年度第 13 問，平成 29 年度第 20 問で問われた。組織学習は平成 15 年度第 19 問，平成 16 年度第 23 問，平成 20 年度第 19 問，平成 25 年度第 17 問，平成 30 年度第 18 問，令和元年度第 14 問で問われている。

　組織のライフサイクルの段階に合わせた組織変革の方法については，平成 16 年度第 20 問，平成 18 年度第 12 問，平成 28 年度第 17 問，組織開発については平成 17 年度第 17 問，平成 27 年度第 18 問，平成 28 年度第 16 問・第 17 問，平成 30 年度第 21 問で問われた。

　勉強の方向性については，小集団活動に関する知識であるコンフリクト・マネジメント，集団凝集性について，また，組織学習などに関する理解を深めることが重要である。時間が許せば，試験委員が執筆している『組織論』や『経営管理』といった書籍，あるいは，その他の書籍で概要を把握しておきたいところである。

371

Ⅱ．組織論

■取組状況チェックリスト

5. 組織活性化							
問題番号	ランク	1回目		2回目		3回目	
令和元年度 第15問	A	／		／		／	
平成27年度 第18問	A	／		／		／	
平成22年度 第16問（設問1）	C*	／		／		／	
平成22年度 第16問（設問2）	C*	／		／		／	
平成24年度 第18問	A	／		／		／	
平成25年度 第17問	A	／		／		／	
平成30年度 第18問	A	／		／		／	
令和元年度 第14問	A	／		／		／	
平成29年度 第20問	B	／		／		／	
平成28年度 第17問	A	／		／		／	
平成30年度 第21問	A	／		／		／	
平成28年度 第16問	C*	／		／		／	
平成28年度 第18問	C*	／		／		／	
平成28年度 第21問	C*	／		／		／	
平成24年度 第17問（設問1/2）	C*	／		／		／	
平成25年度 第18問	C*	／		／		／	

＊ランクCの問題と解説は，「過去問完全マスター」のHP（https://jissen-c.jp/）よりダウンロードできます。

第 2 章　経営組織の運営

組織活性化	ランク	1回目		2回目		3回目	
	A	／		／		／	

■令和元年度　第 15 問

　コンフリクトは，意思決定の標準メカニズムの機能不全を意味する。組織における部門間コンフリクトの原因，それへの対応に関する記述として，最も適切なものはどれか。

　　ア　組織内のスラックが豊富に存在すると，部門間の目標の独立性が減少し，部門間コンフリクトが発生しやすくなる。

　　イ　組織内の部門間コンフリクトは，共同意思決定の必要性が高ければ高いほど，また予算など限られた資源への依存度が大きければ大きいほど，発生する可能性が高まる。

　　ウ　命令の一元性が確保されていると，部門間の目標や知覚の分化が進むため，部門間コンフリクトが起きる可能性は低下する。

　　エ　目標が共有されている部門間でコンフリクトが生じた場合，その基準を満たす解決策を探索するために，政治的工作やバーゲニングが使用される可能性が高くなる。

373

Ⅱ. 組織論

解答	イ

■解説

　コンフリクトに関する問題である。平成17年度第16問，平成18年度第13問でも
コンフリクトが問われた。

　コンフリクトとは，組織間の対立や葛藤のことである。『組織論』p.264によれば，
コンフリクトの発生原因は「コンフリクトは，互いが意志を疎通させないことに由来
する，いわば，誤解に基づくことが多い」との記載がある。そして，その誤解を解消
するためには①コミュニケーションの機会を大きくする，②仲介者を設ける，③互い
のことが理解できるようにするために人事交流を図る，という方法が有効であるとさ
れる。

　　ア：不適切である。スラックとは，「ゆるみ」あるいは「たるみ」のことである。
　　　　組織スラックは企業の余裕資源のことを意味する。組織内のスラックが豊富
　　　　に存在すると，資源確保のための部門間調整の負担は減少し，コミュニケー
　　　　ションも増えることから，部門間コンフリクトが発生しにくくなる。なお，
　　　　スラックが豊富に存在すると，部門間の目標の独立性が減少するとはいえな
　　　　い。

　　イ：適切である。組織内の部門間コンフリクトは，共同意思決定の必要性が高け
　　　　れば高いほど組織間の利害関係調整が増え，また予算など限られた資源への
　　　　依存度が大きければ大きいほどそれを獲得するための部門間調整が増えるた
　　　　め，発生する可能性が高まる。

　　ウ：不適切である。命令の一元性が確保されていると，部門間の目標や知覚の統
　　　　合が進むため，部門間の資源獲得などの調整が少なくなり，部門間コンフリ
　　　　クトが起きる可能性は低下する。

　　エ：不適切である。目標が共有されている部門間でコンフリクトが生じた場合，
　　　　その基準を満たす解決策を探索するために，政治的工作やバーゲニングでは
　　　　なく，自分の利得も相手の利得も大きくなるような方法を一緒に見つけよう
　　　　と働きかける「協力」が使用される可能性が高くなる。

　よって，イが正解である。

第 2 章　経営組織の運営

組織活性化	ランク	1回目		2回目		3回目	
	A	/		/		/	

■平成 27 年度　第 18 問

　組織の有効性や従業員のウエルネス（心身ともに良好な状態）の改善を目指して，人間的かつ民主的価値観のもとで計画的に組織変革に介入するマネジメント手法として，古くから組織開発が実践されてきた。組織開発が重視している価値観として，最も不適切なものはどれか。

ア　階層的な権威や支配にこだわらない。

イ　信頼関係で結ばれ，他者に対して開かれ，協力的な環境を持った組織が効果的で健全である。

ウ　組織メンバーは，責任感をもち，誠実で思いやりがある存在として尊敬に値する。

エ　変革の影響を受ける人を決定に参加させ，変革の実行に関与させる。

オ　問題解決の結果にはこだわらず，取り組みのプロセスを重視する。

375

Ⅱ．組織論

解答	オ

■解説

　組織開発とは，組織の有効性や従業員の福祉改善を目指した，人間的，民主的価値観の上に築かれる計画的な変革へのインターベンション（介入）全体を含んだ用語である。組織開発への取組みの基礎となる価値観は以下のようにまとめることができる。

①メンバーに対する尊敬：各メンバーは責任感があり，誠実かつ思いやりがあるとみなし，威厳と尊敬の念を持って対応しなければならない。

②信頼と支援：効果的で健全な組織は，信頼，信憑性，開放性，協力的な環境といった特徴を持つ。

③力の平等化：効果的な組織は，階層的な権威や支配に重きを置かない。

④問題に立ち向かう：問題を闇に葬ってはならない。オープンな姿勢で立ち向かうべきである。

⑤参加：変革の影響を受ける人が変革に関する決定に参加する度合いが高まると，そうした決定を実行することに対し，ますます関与するようになる。

　　（参考：『組織行動のマネジメント』髙木晴夫著　ダイヤモンド社 p.445～446）

ア：適切である。上記③に記載のとおり，階層的な権威や支配にこだわらないことは組織開発の取組みの基礎となる価値観である。

イ：適切である。上記②に記載のとおり，信頼関係で結ばれ，他者に対して開かれ，協力的な環境を持った組織が効果的で健全であることは組織開発の取組みの基礎となる価値観である。

ウ：適切である。上記①に記載のとおり，組織メンバーは，責任感をもち，誠実で思いやりがある存在として尊敬に値することは組織開発の取組みの基礎となる価値観である。

エ：適切である。上記⑤に記載のとおり，変革の影響を受ける人を決定に参加させ，変革の実行に関与させることは組織開発の取組みの基礎となる価値観である。

オ：不適切である。上記④に記載のとおり，問題を闇に葬ってはならない。オープンな姿勢で立ち向かうべきである。つまり，問題解決の結果にはこだわるべきである。

　よって，オが正解である。

第 2 章　経営組織の運営

組織活性化	ランク	1回目	2回目	3回目
	A	／	／	／

■平成 24 年度　第 18 問

　現代のように様々な分野で知識創造が行われている社会では，すべての技術的知識を自社内で開発することは困難であり，企業のイノベーションプロセスには外部からの知識が不可欠になっている。この外部の知識を評価し活用する能力は，イノベーションにとって欠かせない能力となっており，この能力は「吸収能力（absorptive capacity）」と呼ばれている。この吸収能力について，技術的機会や知識の占有可能性と，吸収能力や研究開発投資に関する記述として，最も適切なものはどれか。

　　ア　イノベーションが速い分野では，吸収能力の必要性は高くなるため，自社の研究開発投資を低く抑える必要がある。

　　イ　応用科学に関連する技術的機会の増加に比べて，基礎科学に関する技術的機会の増大は，R&D の必要性を低くする。

　　ウ　吸収能力が高くなるにつれて，当該企業は中央研究所のような基礎研究を行う部門を持つ必要性が低くなるので，研究開発投資負担を削減することが可能になる。

　　エ　自社の基礎研究への投資は，吸収能力を高める効果を持ち，急速に進化する科学技術をイノベーションに活かすことに役立つ。

　　オ　知識の占有可能性が高まると，社内外への波及効果が高くなるため，基礎科学分野よりも応用科学分野の方が，吸収能力の必要性は高くなる。

377

Ⅱ．組織論

解答	エ

■解説

　外部の知識を吸収してイノベーションに活かすことができる組織の吸収能力について問われた。

　　ア：不適切である。イノベーションが速い分野では，吸収能力の必要性は高くなる。吸収能力を高くするためには，自社の研究開発投資を多くする必要がある。

　　イ：不適切である。応用科学に関連する技術的機会の増加と基礎科学に関する技術的機会の増大は，共に R&D（研究開発）の必要性を高くする。

　　ウ：不適切である。高い吸収能力を維持するためには，当該企業は中央研究所のような研究開発を行う部門を持つ必要性が高くなる。

　　エ：適切である。基礎研究への投資は，吸収能力を高める効果を持ち，急速に進化する科学技術をイノベーションに活かすことに役立つ。

　　オ：不適切である。応用科学分野も基礎科学分野も，吸収能力の必要性は変わらない。また，知識の占有可能性が高まると，社外への波及効果は低くなるといえる。

　よって，エが正解である。

第 2 章　経営組織の運営

組織活性化	ランク	1回目		2回目		3回目	
	A	／		／		／	

■平成 25 年度　第 17 問

　国際化する企業間競争において競争優位を獲得・維持するには，コスト削減能力だけでなく，知識基盤の裏付けを持ったイノベーションの遂行能力が必要不可欠である。イノベーションそのものを組織学習プロセスとして考えた場合，必要なメカニズムとして，最も不適切なものはどれか。

　　ア　結果の可視化とストーリー性を持ったリッチな分析

　　イ　現場ライン部門への権限委譲・能力開発にともなうスタッフ部門の削減

　　ウ　様々な視点を持った参加者の活用

　　エ　試行・実験を促進するような評価体系の整備

　　オ　成功・失敗経験のデータベース化と情報の共有

379

Ⅱ. 組織論

解答	イ

■解説

　組織活性化の論点における組織学習に関する問題である。イノベーションは，組織による高次学習であり，高次学習をするためには，得た情報をリッチな情報として解釈することが重要である。組織が情報をリッチなものとして解釈する可能性は，①組織の情報探索性向，②データの種類，③コンフリクトに依存している（『組織論』p.319〜322）。

　ア：適切である。結果データを集めて，可視化しても，その情報を見ているだけではイノベーションを起こすことはできない。情報を「イノベーションに使うことができないか？」という観点で分析する（リッチな分析）ことが重要であり，高次学習につながる。

　イ：不適切である。組織が情報をリッチな情報として認知するためにはスラック資源（余裕資源）が必要である。スラック資源がないと，組織は日常業務に関する意思決定を革新よりも優先的に処理するという「プランニングにおけるグレシャムの法則」が作用する。このように組織メンバーが既存の情報処理ルーティンを優先して使用すると，経験をリッチなものとして解釈することはできなくなる（『組織論』p.320）。スタッフ部門は人的なスラック資源であり，これを不用意に削減すると組織はリッチな情報解釈ができなくなる可能性がある。

　ウ：適切である。様々な視点を持った参加者が集まると，コンフリクト（組織的葛藤）が発生する。コンフリクトの発生は，組織の既存の手続きや規則では処理できない問題が発生していることを示すシグナルである。逆にいえば，あえてコンフリクトを起こすことで既存の手続きや規則を壊す，つまりイノベーションにつながる結論を導き出すことが可能となる。

　エ：適切である。試行・実験を促進するような評価体系を整備することにより，組織で働く人々は試行・実験をするようになる。つまり，組織の情報探索性向が試行や実験を行ってイノベーションの可能性を探索する方向に向くのである。

　オ：適切である。データの種類に関する設問である。イノベーションに必要なリッチな情報を獲得するには，データに直接アクセスする必要がある。成功・失敗経験に直接アクセスできるようにするには，実際に成功・失敗経験をした人から直接ヒアリングを行い，インタビュアーの解釈を混在させずに議事録としてデータベース化し，情報を共有化するなどが考えられる。

第2章　経営組織の運営

組織活性化	ランク	1回目		2回目		3回目	
	A	/		/		/	

■平成 30 年度　第 18 問

　変化が激しい環境に適応する組織にとって，組織学習を促進していくことは不可欠である。組織学習に関する記述として，最も適切なものはどれか。

　ア　シングルループ学習とは，ある目的とそれを達成するための行為の因果関係についての知識を，一度見直すことを意味する。

　イ　組織内の人々は役割が規定され，その成果によって評価されるために，環境の変化に対応した新しい知識を獲得しても，それを直ちに個人や組織の行動の変化に反映できないことがある。

　ウ　高い成果をもたらした組織のルーティンは，繰り返し使用することによって，より高い成果を生み出すことにつながるため，慣性の高い組織の方が長期適応する能力は高くなる。

　エ　低次学習よりも高次学習を促進するためには，明確なコンテキストのもとで，ある行為の結果に関する大量の情報を処理し，その行為の有効性を評価する必要がある。

　オ　部門間を緩やかな結合関係にすることによって，傍観者的学習の可能性が低下するため，組織は全体として環境の変化に適応しやすくなる。

Ⅱ．組織論

解答	イ

■解説
　低次学習と高次学習は組織学習のレベルに関する論点である。低次学習は日々の活動中で学習する漸次的な学習で，シングルループ学習が代表的である。高次学習は断続的に行われ，組織の価値等を変える革新に結びつく学習で，ダブルループ学習が代表的である。シングルループ学習とは，既存の考え方や行動の枠組みによって問題解決を図っていくこと。ダブルループ学習とは，既存の枠組みを超えた革新的な考え方や行動の枠組みを取り込むことである。

　ア：不適切である。シングルループ学習とは，既存の考え方や行動の枠組みによって問題解決を図っていくことである。ある目的とそれを達成するための行為の因果関係についての知識を，一度見直すのはダブルループ学習である。

　イ：適切である。組織内の人々は役割が規定され，その成果によって評価されるために，環境の変化に対応した新しい知識を獲得しても，それを直ちに個人や組織の行動の変化に反映できないことがある。

　ウ：不適切である。高い成果をもたらした組織のルーティンは，繰り返し使用することによって，ある一定時期までは高い成果を生み出すことができるが，環境変化などによってそのルーティンが通用しなくなると，慣性の高い組織の場合，組織の長期対応能力は低下する。

　エ：不適切である。低次学習よりも高次学習を促進するためには，曖昧なコンテキストのもとで，結果が不明確なさまざまな問題に取り組み，新たな枠組みや構造構築にチャレンジする必要がある。

　オ：不適切である。部門間を緩やかな結合関係にすることによって，傍観者的学習の可能性が高くなるため，組織は全体として環境の変化に適応しにくくなる。

　よって，イが正解である。

組織活性化	ランク	1回目	2回目	3回目
	A	/	/	/

■**令和元年度　第14問**

　組織学習は，一般に低次学習と高次学習に分けて考えることができる。組織学習に関する記述として，最も適切なものはどれか。

ア　D. マグレガーのいうY理論に基づく管理手法を採用すると，低次学習が促進されるため，組織の業績は悪化する可能性が高まる。

イ　新たに組織に参加した組織メンバーは，組織の周縁にいるために，社会化のプロセスを通じて積極的に高次学習をさせる必要がある。

ウ　高次学習とは組織の上位階層で行われている学習であり，低次学習とは組織の下位階層で行われている学習である。

エ　組織の行動とそれが環境に与える効果の因果関係が分かりにくい場合，迷信的学習といわれる低次学習が起こりやすい。

オ　低次学習とは組織の成果にとって悪い影響を与える学習であり，高次学習とはより高い成果をあげるために不可欠であるため，組織メンバーに高次学習を意識させることが重要である。

Ⅱ．組織論

解答	工

■解説

低次学習と高次学習は組織学習のレベルに関する論点である。

低次学習は日々の活動中で学習する漸次的な学習で，シングルループ学習が代表的である。高次学習は断続的に行われ，組織の価値等を変える革新に結びつく学習で，ダブルループ学習が代表的である。シングルループ学習とは，既存の考え方や行動の枠組みによって問題解決を図っていくこと。ダブルループ学習とは，既存の枠組みを超えた革新的な考え方や行動の枠組みを取り込むことである。

ア：不適切である。D. マグレガーのいう Y 理論に基づく管理手法を採用すると，権限移譲や職務拡大などが行われるので，ダブルループ学習が促進，つまり，高次学習が促進され，革新的な考え方などに基づき組織の業績は向上する可能性が高まる。

イ：不適切である。新たに組織に参加した組織メンバーは，組織の周縁にいるために，社会化のプロセスを通じて，組織のルーティンや考え方，意思決定方式，価値観などが内面化されていくが，このような学習は低次学習である。

ウ：不適切である。低次学習は日々の活動中で学習する漸次的な学習で，高次学習は断続的に行われ，組織の価値等を変える革新に結びつく学習である。組織の階層は関係ない。

エ：適切である。迷信的学習は，安定的な組織では組織の行動が環境の反応とは無関係に展開される状況で発生する。組織の行動とそれが環境に与える効果の因果関係がわかりにくい場合，迷信的学習といわれる低次学習が起こりやすい。

オ：不適切である。高次学習とは，より高い成果をあげるために不可欠であるため，組織メンバーに高次学習を意識させることが重要である。ただし，低次学習は組織がルーティンを処理していくために必要不可欠な学習なので，成果にとって悪い影響を与える学習であるとする点が誤りである。

よって，エが正解である。

第 2 章　経営組織の運営

組織活性化	ランク	1回目	2回目	3回目
	B	/	/	/

■平成 29 年度　第 20 問

　組織的知識創造プロセスとして，野中郁次郎が提唱する SECI モデルに関する記述
として，最も適切なものはどれか。

　　ア　SECI モデルにおける共同化ないし社会化（Socialization）とは，新入社員
　　　　の研修活動を通じて組織文化に適応させることを意味し，組織メンバーとし
　　　　ての自覚を促すことによって社内での行動パターンを身につけさせることを
　　　　促す。

　　イ　SECI モデルにおける表出化（Externalization）とは，新製品のイメージな
　　　　どが具体的な言葉によって新製品コンセプトとして表現されていくような，
　　　　社会化を通じて獲得された暗黙知を形式知に転換するプロセスを意味する。

　　ウ　SECI モデルにおける内面化（Internalization）とは，実践を繰り返すこと
　　　　を通じて，内面化された知識を他者にも伝えていくことを意味する。

　　エ　SECI モデルにおける連結化（Combination）とは，形式知と暗黙知が組み
　　　　合わされることを通じて，すでに言語で表現されている既存の製品コンセプ
　　　　トが，新製品コンセプトへ転換されていくことを意味する。

385

Ⅱ．組織論

解答	イ

■解説

　人間が行う最も知的な営みである知識創造は，暗黙知と形式知がお互いに作用しあい，相互変換し，それがスパイラルに循環していくなかで行われる。この知の循環運動が組織やチームで起きる場合，知識創造理論では次のような4つのモードをたどる。これをSECIモデルと呼ぶ。

①共同化：個人はまわりの世界との相互作用のなかで暗黙知を組織的に共創する。

②表出化：暗黙知を形式知に変換する。

③連結化：形式知を組織内外の他の形式知と組み合わせ，1つの体系としての新たな形式知をつくりだす。

④内面化：体系化された形式知は行動や実践を通して新たな暗黙知としてメンバー全員に吸収され，体化されていく。（形式知から暗黙知に変換）

（参考：『全員経営』野中郁次郎・勝見明著　日本経済新聞出版社　p.42～43）

　　ア：不適切である。SECIモデルにおける共同化ないし社会化（Socialization）とは，身体・五感を駆使して，直接経験を通じた暗黙知の獲得，共有，創出のことである。一方，新入社員の研修活動を通じて組織文化に適応させ，組織メンバーとしての自覚を促すことによって社内での行動パターンを身につけさせることは，組織的に組織文化を形式知化した研修活動を通じて個人に体験させることで個人の暗黙知にしていくという点で内面化であるといえる。

　　イ：適切である。SECIモデルにおける表出化（Externalization）とは，新製品のイメージなどが具体的な言葉によって新製品コンセプトとして表現されていくような，社会化を通じて獲得された暗黙知を形式知に転換するプロセスを意味する。

　　ウ：不適切である。SECIモデルにおける内面化（Internalization）とは，形式知を行動を通じて具現化し，新たな暗黙知として理解・体得することである。実践を繰り返すことを通じて，内面化された知識を他者にも伝えていくのは共同化である。

　　エ：不適切である。SECIモデルにおける連結化（Combination）とは，形式知と形式知が組み合わされることを通じて，すでに言語で表現されている既存の製品コンセプトが，新製品コンセプトへ転換されていくことを意味する。

　よって，イが正解である。

第 2 章　経営組織の運営

組織活性化	ランク	1回目		2回目		3回目	
	A	/		/		/	

■平成 28 年度　第 17 問

　企業は比較的規模が小さい創業段階から成長して規模が大きくなるためには，一般に成長段階に応じて異なる経営上の課題を解決していかなければならない。組織の成長段階と克服すべき課題や有効性に関する記述として，最も不適切なものはどれか。

ア　企業が多数の機能部門を持つような規模に成長すると，経営者は次第に業務的決定から離れ，規則や手続きを整備し官僚制的な組織構造を構築する必要が生じる。

イ　強力なリーダーシップを持つ企業家によって設立された企業は，必要な資源を獲得するために資本家や顧客，労働者，供給業者などから正当性を獲得する必要がある。

ウ　創業段階を経て環境との安定的な関係の構築に成功した企業では，経営者は非公式なコミュニケーションを通じた統制から，次第に権限を委譲しつつ，公式の統制システムを構築しなければならない。

エ　組織の公式化が進み官僚制の逆機能が顕在化した段階では，公式の権限に依拠した規則や手続きをより詳細に設計しなければならない。

オ　単一製品・単一機能で創業した小規模企業が，経営資源を有効に活用するために垂直統合戦略を採用した場合，集権的な機能別組織へ移行する必要がある。

387

Ⅱ. 組織論

解答	エ

■解説

　組織のライフサイクル・モデルに関する問題である。組織の成長・規模の拡大に対して，組織の戦略行動や構造，組織文化，管理システムなどが変化していくパターンを包括的に説明するモデルである。

　クインとキャメロンによれば，組織の発展段階は，①企業者的段階，②共同体段階，③公式化段階，④精巧化段階に分類できる。

　また，チャンドラーの事業部制組織の成立史に基づく企業成長の階層モデルやそれを発展させたガルブレイスとナサンソンによる経営戦略の変化と組織の発展段階のモデルからも出題されている。詳しくは，『組織論』（桑田耕太郎・田尾雅夫著　有斐閣）の p.272～281 を参照するとよい。

　　ア：適切である。公式化段階に関する説明である。企業が多数の機能部門を持つような規模に成長すると，経営者はしだいに業務的決定から離れ，規則や手続きを整備し，官僚制的な組織構造を構築する必要が生じる。

　　イ：適切である。企業者的段階に関する説明である。強力なリーダーシップを持つ企業家によって設立された企業は，必要な資源を獲得するために資本家や顧客，労働者，供給業者などから正当性を獲得する必要がある。

　　ウ：適切である。共同体段階に関する説明である。創業段階を経て環境との安定的な関係の構築に成功した企業では，経営者は非公式なコミュニケーションを通じた統制から，しだいに権限を委譲しつつ，公式の統制システムを構築しなければならない。

　　エ：不適切である。精巧化段階に関する説明である。組織の公式化が進み官僚制の逆機能が顕在化した段階では，公式の権限に依拠した規則や手続きをより詳細に設計するのではなく，部門や機能を横断するチームを形成し，協力関係を導入し，柔軟性を確保しなければならない。

　　オ：適切である。ガルブレイスとナサンソンのモデルによれば，単一製品・単一機能で創業した小規模企業が，既存の経営資源を有効に活用するために垂直統合戦略を採用した場合，複数の機能別部門を持つ集権的な機能別組織へ移行する必要があるとされている。

　よって，エが正解である。

第2章　経営組織の運営

組織活性化	ランク	1回目	2回目	3回目
	A	/	/	/

■平成 30 年度　第 21 問

　組織の成長や変革に介入する経営コンサルタントにとって，企業組織のライフサイクルに応じた課題や特徴についての理解が必要になることがある。組織のライフサイクルを，起業者段階，共同体段階，公式化段階，精緻化段階に分けて考えるとき，それぞれの段階に関する記述として，最も不適切なものはどれか。

　ア　持続的な成長を迎える共同体段階では，従業員は自身が共同体の一員であると強く感じるため，職務の割り当てが専門化され，階層化が進むとともに中間管理職への権限委譲が必要になってくる。

　イ　精緻化段階では，官僚制のもたらす形式主義的な弊害を克服するために，場合によっては公式のシステムを単純化し，チームやタスクフォースを活用して小企業的な価値観や発想を維持するために組織全体に絶えず新しい挑戦や努力を推奨する必要が生じる。

　ウ　創業者が創造力の高い技術志向の経営者の場合，起業者段階では従業員は非公式で非官僚主義的なコミュニケーションで管理されることが多い。初期の市場が成長し，それに伴い従業員が増加すると，財務管理などを含めた，組織全体を統率するリーダーシップを持った経営者が必要になる。

　エ　組織の規模も大きくなり公式化段階になると，規則や手続き，管理システムの公式化が進み，戦略的意思決定や業務的意思決定をトップマネジメントに集権化する必要が生まれ，トップが各事業部門を直接コントロールするようになる。

389

Ⅱ. 組織論

解答	エ

■解説

　組織のライフサイクル・モデルに関する基本的な問題である。組織の成長・規模の拡大に対して，組織の戦略行動や構造，組織文化，管理システムなどが変化していくパターンを包括的に説明するモデルである。

　クインとキャメロンによれば，組織の発展段階は，①企業者的段階，②共同体段階，③公式化段階，④精巧化段階に分類できる。詳しくは，『組織論』（桑田耕太郎・田尾雅夫著　有斐閣）の p.272～281 を参照するとよい。

　ア：適切である。持続的な成長を迎える共同体段階では，組織内の活動が明確な目標に向け統合されていくので従業員は自身が共同体の一員であることに誇りを感じるようになる。また，組織の規模が増大しトップの強力なリーダーシップだけでは組織が有効に機能しなくなるため，職務の割り当てが専門化され，階層化が進むとともに中間管理職への権限委譲が必要になってくる。

　イ：適切である。精緻化（精巧化）段階では，官僚制のもたらす形式主義的な弊害を克服するために，部門や機能を横断するチームを形成し，協力関係を導入することが必要になる。したがって，場合によっては公式のシステムを単純化し，チームやタスクフォースを活用して小企業的な価値観や発想を維持するために組織全体に絶えず新しい挑戦や努力を推奨する必要が生じるという点は正しい。

　ウ：適切である。起業者段階では創業者が創造力の高い技術志向の経営者の場合，管理活動は組織的に軽視される傾向があり，組織は非公式的・非官僚的となる傾向がある。初期の市場が成長し，従業員が増加すると，財務管理などを含めた，経営管理技術を持ち組織全体を統率するリーダーシップを持った経営者が必要になる。

　エ：不適切である。組織の規模も大きくなり公式化段階になると，規則や手続き，管理システムの公式化が進み，組織は次第に官僚制的になっていく。トップは戦略的意思決定に集中するようになり，現場の業務や業務的意思決定はミドル以下の管理者層が責任を負うようになる。トップが各事業部門を直接コントロールするようになるわけではない。

　よって，エが正解である。

第2章 経営組織の運営

6. 組織間関係

▶▶出題項目のポイント

　組織間関係に関する出題領域としては，①組織間関係の類型，②分析モデル（資源依存，組織正当性，エージェンシー，組織エコロジー），③ネットワーク組織，④クラスターが挙げられる。

　主に問われるのは②の分析モデルにおける資源依存，組織正当性である。

1) 資源依存

　資源依存モデルとは，企業はその生存にとって必要な資源を，外部環境を構成する他の組織に依存しているために，そうしたステークホルダーからのコントロールを受け入れる必要があるという組織間関係に関するモデルである。資源依存モデルでは，組織を取り巻く環境を①権力の集中度，②組織間の結合度合い，③必要資源の豊富さという3つの要素で捉える。この3つの要素によって組織間コンフリクトと組織間相互依存度の度合いが決まる関係が環境の構造的特徴となる。組織間コンフリクトが高くなると不確実性は高くなり，組織間コンフリクトが低くなると不確実性が低くなる。

2) 取引コスト

　桑田耕太郎・田尾雅夫著『組織論』p.72 によれば，「『取引コスト』とは，正当な取引契約を結ぶために必要なコストと，その契約を正しく履行させるのに必要なコストの和として定義される。」とある。取引コストアプローチでは，組織は取引コストが低くなるように行動するとされる。また，『組織論』p.73 によると，「複雑性の高い財・サービスの取引は，市場を通じて調整するよりも，階層組織に内部化し，計画と統制によって調整した方が取引コストが低くなるため内部化される。」とある。

3) 正当性

　正当性とは，組織や企業が社会に存続することを社会的に認められることである。正当性を維持するには組織に関係する参加者からの要求に応える必要がある。『組織論』p.109 によると「外部環境からの正当性の要求が組織に慣性をもつことを要求する。組織と参加者は組織均衡論で示したような資源取引を行っている。各参加者は誘因―貢献が正になることを第一義的に要求するが，それとともに誘因の信頼性と貢献に関する広義の会計責任を組織に要求する。」とある。

391

Ⅱ．組織論

4）組織均衡論と５つの公準

①組織均衡論

　組織均衡論とは，組織が存立・存続していくために必要な条件を明らかにした理論である。均衡とは，組織がその参加者に対して，継続的な参加を動機づけるのに十分な支払いを整えることに成功していること，すなわち組織が生存に必要な経営資源の獲得・利用に成功していることを意味している。

②中心的公準（『組織論』p.42〜43）

　組織均衡論の中心的公準は以下のとおりである。

　・組織は，組織の参加者と呼ばれる多くの人々の相互に関連した社会的行動の体系である。

　・参加者それぞれ，および参加者の集団それぞれは，組織から誘因を受け，その見返りとして組織に対して貢献を行う。

　・それぞれの参加者は，彼の提供される誘因が，彼が行うことを要求されている貢献と，（彼の価値意識に照らして，また彼に開かれた代替的選択肢に照らして測定して）等しいかあるいはより大である場合だけ，組織への参加を続ける。

　・参加者のさまざまな集団によって供与される貢献が，組織が参加者に提供する誘因を作り出す源泉である。

　・したがって，貢献が十分にあって，その貢献を引出すのに足りるほどの量の誘因を供与している限りにおいてのみ，組織は「支払い能力」があり，存在し続ける。

▶▶出題の傾向と勉強の方向性

　資源依存モデル（取引コスト含む）は，平成16年度第21問，平成20年度第18問，平成19年度第14問，平成19年度第16問，平成23年度第19問，平成25年度第15問，平成26年度第18問で出題された。正当性は平成17年度第11問，平成19年度第16問で出題された。

　組織均衡論については，平成24年度第14問で出題されている。

　クラスターについては，平成26年度第19問で出題されている。

　勉強の方向性としては，資源依存モデルと取引コストについて理解を深めておこう。

第 2 章　経営組織の運営

■取組状況チェックリスト

6. 組織間関係					
問題番号	ランク	1 回目	2 回目	3 回目	
平成 23 年度 第 19 問（設問 1）	A	／	／	／	
平成 23 年度 第 19 問（設問 2）	A	／	／	／	
平成 26 年度 第 18 問	A	／	／	／	
平成 25 年度 第 15 問	B	／	／	／	
平成 24 年度 第 14 問	B	／	／	／	
平成 26 年度 第 19 問	C＊	／	／	／	
平成 28 年度 第 13 問	C＊	／	／	／	

＊ランク C の問題と解説は，「過去問完全マスター」の HP（https://jissen-c.jp/）よりダウンロードできます。

393

第 2 章 経営組織の運営

組織間関係	ランク	1回目	2回目	3回目
	A	/	/	/

■平成 23 年度　第 19 問（設問 1）

　企業はその生存にとって必要な資源を，外部環境を構成する他の組織に依存しているために，そうしたステイクホルダーからのコントロールを受け入れる必要があるという「資源依存モデル」がある。

　資源依存モデルに関する以下の設問に答えよ。

（設問 1）

　資源依存モデルによれば，環境の構造的特徴によって，焦点組織が直面する不確実性は異なってくるという。このことに関する記述として最も適切なものはどれか。

　　ア　組織間相互依存度が高くても，重要な資源が豊かにある場合，組織間コンフリクトの可能性は低くなるため，焦点組織が直面する不確実性は低くなる。

　　イ　組織間で権力の集中度が高くなると，組織間コンフリクトの可能性が高くなるため，焦点組織が直面する不確実性は高くなる。

　　ウ　組織間で権力の集中度が低くなると，組織間の相互依存度が高くなり，組織間コンフリクトの可能性が高くなるため，焦点組織が直面する不確実性は高くなる。

　　エ　組織間の連結の度合いが高く，組織間で権力の集中度が低い場合，組織間コンフリクトの可能性が低くなるため，焦点組織が直面する不確実性は低くなる。

　　オ　組織間の連結の度合いが高いと，組織間の相互依存度が高くなり，組織間コンフリクトの可能性が低くなるため，焦点組織が直面する不確実性は低くなる。

395

Ⅱ．組織論

解答	ア

■解説
　資源依存モデルに関する出題である。資源依存モデルとは，企業はその生存にとって必要な資源を，外部環境を構成する他の組織に依存しているために，そうしたステークホルダーからのコントロールを受け入れる必要があるという組織間関係に関するモデルである。資源依存モデルでは，組織を取り巻く環境を①権力の集中度，②組織間の結合度合い，③必要資源の豊富さという3つの要素で捉える。この3つの要素によって組織間コンフリクトと組織間相互依存度の度合いが決まる関係が環境の構造的特徴となる。組織間コンフリクトが高くなると不確実性は高くなり，組織間コンフリクトが低くなると不確実性が低くなる。

　ア：適切である。重要な資源が豊かにある場合，組織間コンフリクトの可能性は低くなるため，焦点組織が直面する不確実性は低くなる。また，組織間相互依存度が高い場合は，片方が一方的にパワーを行使されることもないので不確実性は低くなる。
　イ：不適切である。組織間で権力の集中度が高くなるということは，一方の組織のパワーが強くなり，もう片方の組織は相手に従うことになるため，組織間コンフリクトの可能性が低くなり，焦点組織が直面する不確実性も低くなる。
　ウ：不適切である。組織間で権力の集中度が低くなると，双方が対等の立場になるため，組織間コンフリクトの可能性も高くなる。組織間の相互依存度が高い場合，焦点組織が直面する不確実性は低くなる。
　エ：不適切である。組織間で権力の集中度が低い場合，組織間コンフリクトの可能性が高くなるが，組織間の連結の度合いが高ければ，組織間の一体化が進むため焦点組織が直面する不確実性も低くなる。
　オ：不適切である。組織間の連結の度合いが高いと，組織間の一体化が進むため，組織間の相互依存度が高くなる。組織間の相互依存度が高くなると，組織間コンフリクトの可能性が高くなる。相互依存度が高い場合は，相手組織のパワーを一方的に行使されることはないので，焦点組織が直面する不確実性は低くなる。

　よって，アが正解である。

第 2 章　経営組織の運営

組織間関係	ランク	1回目	2回目	3回目
	A	／	／	／

■平成 23 年度　第 19 問（設問 2）

　企業はその生存にとって必要な資源を，外部環境を構成する他の組織に依存しているために，そうしたステイクホルダーからのコントロールを受け入れる必要があるという「資源依存モデル」がある。

　資源依存モデルに関する以下の設問に答えよ。

（設問 2）

　資源依存モデルによれば，環境コンテキストは，組織の行動や構造の変化，経営者の継承や交代，組織内の権力関係の変化などをもたらすという。このことに関する記述として最も適切なものはどれか。

ア　環境コンテキストが組織内の権力関係に影響を与えることを通じて，誰が経営者として選任されるかに影響を与え，組織の行動や構造の変化をもたらし，その結果，環境コンテキストに変化を与えようとする。

イ　環境コンテキストが組織内の権力関係に影響を与え，組織の行動や構造の変化をもたらすので，誰が経営者として選任されるかを決めることを通じて，その結果，環境コンテキストに変化を与えようとする。

ウ　環境コンテキストが組織の行動や構造の変化をもたらし，組織内の権力関係に影響を与えることを通じて，誰が経営者として選任されるかに影響を与え，その結果，環境コンテキストに変化を与えようとする。

エ　環境コンテキストが誰が経営者として選任されるかに影響を与えることを通じて，組織内の権力関係に影響を与え，組織の行動や構造の変化をもたらし，その結果，環境コンテキストに変化を与えようとする。

オ　環境コンテキストが誰が経営者として選任されるかに影響を与えることを通じて，組織の行動や構造の変化をもたらし，組織内の権力関係に影響を与え，その結果，環境コンテキストに変化を与えようとする。

397

Ⅱ．組織論

解答	ア

■解説

　環境コンテキストとは，組織を取り巻く環境の状況や背景のことである。環境コンテキストは組織内の権力関係に影響を与え，その結果，経営者の選任に影響を与える。選ばれた経営者が組織の行動や構造を変革する結果，環境コンテキストに影響を与える。

　　ア：適切である。環境コンテキストが組織内の権力関係に影響を与えることを通じて，誰が経営者として選任されるかに影響を与え，組織の行動や構造の変化をもたらし，その結果，環境コンテキストに変化を与えようとする。

　　イ：不適切である。環境コンテキストが組織内の権力関係に影響を与えた結果，組織の行動や構造の変化をもたらすのではなく，誰が経営者として選任されるかを決めることを通じて，組織の行動や構造の変化をもたらし，環境コンテキストに変化を与えようとするのである。

　　ウ：不適切である。環境テキストは組織内の権力関係に影響を与えるのであって，組織の行動や構造の変化をもたらすのは，権力関係の変化によって選ばれた経営者である。

　　エ：不適切である。環境コンテキストが影響を与えるのは組織内の権力関係である。その結果として，誰が経営者として選任されるかに影響を与える。

　　オ：不適切である。環境コンテキストが影響を与えるのは組織内の権力関係であり，その結果として，誰が経営者として選任されるかが決まる。そして，その経営者が組織の行動や構造の変化をもたらし，環境コンテキストに変化を与えようとする，という流れが正しい。

　よって，アが正解である。

第 2 章 経営組織の運営

組織間関係	ランク	1回目	2回目	3回目
	A	/	/	/

■平成 26 年度　第 18 問

　企業組織はオープンシステムであり，その存続は環境からの資源獲得ができるか否かにかかっている。この資源制約は，企業組織が環境からコントロールされる可能性を意味するとともに，企業自身も自由裁量を確保するために環境を操作しようとすることを意味している。企業組織の環境操作戦略に関する記述として，最も適切なものはどれか。

ア　技術革新を通じて代替的な原材料などを開発することにより，既存の資源依存関係を変えることなく交渉を有利に進めることができる。

イ　経営者と労働者が将来の行動について双方が満足できるように折衝するのは，取引される財やサービスについての合意を意図する交渉戦略である。

ウ　財務的資源を必要とする企業が金融機関の代表を自社の取締役会に招くなどの結託戦略は，資源依存関係を変えることなく，環境からの脅威を小さくすることができる。

エ　市場浸透戦略を進めて，新たな顧客層を獲得することで，顧客に対する資源依存関係を変えることが可能になる。

オ　新製品に複数の製品規格が存在すると，消費者が買い控えをする可能性があるので，企業間であらかじめ業界標準を決めてしまう包摂戦略は，新規市場の成長率を高めることができる。

399

II．組織論

解答	イ

■解説

　企業または組織は，環境から資源をインプットし，それを消費することを通じて，再び環境に何らかの資源をアプトプットする。これをオープンシステムという。

　企業または組織は，取り巻く環境を構成する利害関係者からの圧力を受け，その自由裁量を制約されることがある。しかし，一方で組織または企業は彼らからの圧力に対抗して，できるだけの自由裁量を確保しようとする。

　そのために企業または組織がどのような環境戦略を採るかは，環境や他組織との依存関係の在り方による。組織間のパワー行使の可能性は，重要な資源取引に対する焦点組織の依存性とその資源取引に対する他組織の支配力によって決まる。

　したがって，資源依存を回避したり，管理しようとする組織の戦略は，①資源依存関係そのものを回避しようとする戦略と，②資源依存を認めつつも他組織からの支配を回避する戦略とに分けられる。①の戦略には代替的取引関係の開発と多角化，②の戦略には，交渉，包摂，結託といった方法がある。（参考：『組織論』桑田耕太郎・田尾雅夫著　有斐閣　p.102～103）

　　ア：不適切である。上記解説文中の戦略①の代替的取引関係の開発に関する説明であるが，代替的原材料の開発は既存の資源依存関係を大きく変えることになる。

　　イ：適切である。上記解説文中の戦略②の交渉に関する説明である。交渉とは直接組織間の財・サービスの取引に関する合意を意図した折衝である。経営者と労働者の団体交渉のように，折衝を通じて将来の行動に関する双方が満足しうる決定に到達しようとすることである。

　　ウ：不適切である。上記解説文中の戦略②の包摂に関する説明である。包摂とは，環境からの脅威を回避するために，組織のリーダーシップ構造に利害関係者の代表を参加させることを意味する。結託としている点が不適切である。

　　エ：不適切である。上記解説文中の戦略①の多角化に関する説明である。既存製品で既存市場に浸透する市場浸透戦略ではなく，多角化戦略によって新製品を新市場に投入し新たな顧客を開発することで既存の資源依存関係を変える。

　　オ：不適切である。上記解説文の戦略②の結託に関する説明である。結託とは共通目的のために2つ以上の組織が連合することを意味する。

　よって，イが正解である。

第 2 章　経営組織の運営

組織間関係	ランク	1回目		2回目		3回目	
	B	/		/		/	

■平成 25 年度　第 15 問

　企業間取引関係は，それぞれの企業の渉外担当者（boundary personnel）の行動に
よって担われている。この渉外担当者の役割に関する記述として，最も不適切なもの
はどれか。

　ア　渉外担当者は，外部環境の情報に接することができるため，組織内の各部門
　　　に対し不確実性を削減する機能を持っており，しばしば組織変革にとって重
　　　要な誘導者となる。

　イ　渉外担当者は，外部組織が自らの組織に対して影響力を行使する際にターゲ
　　　ットとなるため，それに対応するのに十分な交渉力を持つ必要がある。

　ウ　渉外担当者は，外部組織との連結環としての役割を持つとともに，外部組織
　　　の脅威から自らの組織を防衛する境界維持的機能を果たしている。

　エ　渉外担当者は，外部に対して組織を代表する顔であるため，組織内部の価値
　　　観や規範，組織文化などからは自由に，外部組織の要請にあわせて臨機応変
　　　に行動しなければならない。

　オ　渉外担当者は，組織内部でなされた組織的意思決定を，具体的な環境適応行
　　　動として実行する重要な役割を担っている。

401

Ⅱ．組織論

解答	エ

■解説
　ア：適切である。渉外担当者は，その組織と外部環境との境界において，自らの
　　　組織に有効な資源を調達する役割を担う。外部環境の情報に接することがで
　　　きるため，組織内の各部門に対し不確実性を削減する機能を持っており，し
　　　ばしば組織変革にとって重要な誘導者となる。

　イ：適切である。組織間の取引において，渉外担当者は，外部組織が自らの組織
　　　にとって有効な資源を獲得しようとして影響力を行使する際にターゲットと
　　　されるため，それに対応するのに十分な交渉力を持つ必要がある。

　ウ：適切である。渉外担当者は，外部組織との資源を交換する連結環としての役
　　　割を持つとともに，外部組織の脅威から自らの組織を防衛する境界維持的機
　　　能を果たしている。

　エ：不適切である。渉外担当者は，外部に対して組織を代表する顔であるととも
　　　に，自組織の利益拡大のために行動する。そのため，その行動は組織内部の
　　　価値観や規範，組織文化などに影響を受けている。

　オ：適切である。渉外担当者は，外部環境との境界において，組織内部でなされ
　　　た組織的意思決定を，具体的な環境適応行動として外部組織と交渉を行うな
　　　どして実行し，実現する重要な役割を担っている。

　よって，エが正解である。

第2章　経営組織の運営

組織間関係	ランク	1回目	2回目	3回目
	B	/	/	/

■平成 24 年度　第 14 問

　組織が成立・存続していくためには，その協働体系が有効かつ能率的に機能する条件がある。この条件を明らかにした「組織均衡（organizational equilibrium）」の考え方には，5つの中心的公準がある。

　この中心的公準に関する記述として，<u>最も不適切なもの</u>はどれか。

　ア　貢献が十分にあって，その貢献を引き出すのに足りるほどの量の誘因を提供しているかぎりにおいてのみ，組織は「支払い能力がある」すなわち存続する。

　イ　参加者それぞれ，および参加者の集団それぞれは，組織から誘因を受け，その見返りとして組織に対する貢献を行う。

　ウ　参加者のさまざまな集団によって提供される貢献が，組織が参加者に提供する誘因を作り出す源泉である。

　エ　組織は，組織の参加者と呼ばれる多くの人々の相互に関連した社会的行動の体系である。

　オ　それぞれの参加者は，提供される誘因と要求されている貢献の差し引き超過分が正の場合にだけ，組織への参加を続ける。

403

Ⅱ．組織論

解答	オ

■解説

　組織均衡論の5つの中心的公準が問われた。組織均衡論とは，組織が存立・存続していくために必要な条件を明らかにした理論である。均衡とは，組織がその参加者に対して，継続的な参加を動機づけるのに十分な支払いを整えることに成功していること，すなわち組織が生存に必要な経営資源の獲得・利用に成功していることを意味している。組織均衡論の中心的公準は以下のとおりである。

①組織は，組織の参加者と呼ばれる多くの人々の相互に関連した社会的行動の体系である。

②参加者それぞれ，および参加者の集団それぞれは，組織から誘因を受け，その見返りとして組織に対して貢献を行う。

③それぞれの参加者は，彼の提供される誘因が，彼が行うことを要求されている貢献と，（彼の価値意識に照らして，また彼に開かれた代替的選択肢に照らして測定して）等しいかあるいはより大である場合だけ，組織への参加を続ける。

④参加者のさまざまな集団によって供与される貢献が，組織が参加者に提供する誘因を作り出す源泉である。

⑤したがって，貢献が十分にあって，その貢献を引出すのに足りるほどの量の誘因を供与している限りにおいてのみ，組織は「支払い能力」があり，存在し続ける。（『組織論』p.42〜43）

ア：適切である。第5の公準である。貢献が十分にあって，その貢献を引き出すのに足りるほどの量の誘因を提供している限りにおいてのみ，組織は「支払い能力がある」，すなわち存続する。

イ：適切である。第2の公準である。参加者それぞれ，および参加者の集団それぞれは，組織から誘因を受け，その見返りとして組織に対する貢献を行う。

ウ：適切である。第4の公準である。参加者のさまざまな集団によって提供される貢献が，組織が参加者に提供する誘因を作り出す源泉である。

エ：適切である。第1の公準である。組織は，組織の参加者と呼ばれる多くの人々の相互に関連した社会的行動の体系である。

オ：不適切である。第3の公準である。それぞれの参加者は，提供される誘因と要求されている貢献の等しい場合も，組織への参加を続ける。

7. 企業統治

▶▶出題項目のポイント

コーポレートガバナンスは企業統治のことである。企業のマネジメントが企業の目的を達成するための方法や手段の選択の問題であるのに対し，企業のガバナンスは企業の目的や経営方針そのものの決定に関する制度の問題であり，マネジメントが適切に行われているか否かをチェックする制度のことを意味している。

企業のガバナンスに当たっては２つの観点から取り組む必要があると指摘している。

①株主から委託を受けた取締役が企業の経済的効果を高めていくための経営をモニターする：経済的効率性基準

②多様なステークホルダーが企業活動の社会的公正性や社会的責任を高めていくために企業をモニターする：社会的公正性基準

また，企業のガバナンスは利害調整の機能，経営者任免機能，経営者の権力牽制機能という３つの機能を果たすことが期待されているといえる。

企業のガバナンスが有効に機能するためには，次のような条件が必要である。

①企業の主権者がガバナンスの意思を持つこと。

②企業の主権者がガバナンスを行えるだけの情報と知識を持っていること。

③ガバナンスが無責任にならないためには，主権者は誤った統治による損失を負担できる集団でなければならない。

④主権者は，非主権者集団の利害にも配慮しなければならない。したがって，企業に対して長期的なコミットメントを持つ集団が，統治者として望ましい。

⑤主権者は，企業の経営者に対して強制力を持っていること。

（『経営戦略』大滝精一・金井一頼・山田英夫・岩田智著　有斐閣アルマ　p.310）

▶▶出題の傾向と勉強の方向性

平成13年度以降で企業統治について問われたのは，平成23年度第18問，平成25年度第10問設問２と第19問だけである。勉強の方向性は，基礎的知識を把握し時事問題などに対応する程度で十分である。

Ⅱ．組織論

■取組状況チェックリスト

7．企業統治						
問題番号	ランク	1回目		2回目		3回目
平成23年度 第18問	B	／		／		／
平成25年度 第10問（設問2）	B	／		／		／
平成26年度 第20問	B	／		／		／
平成25年度 第19問	B	／		／		／

企業統治	ランク	1回目	2回目	3回目
	B	/	/	/

■平成 23 年度　第 18 問

　企業経営者が，損失を隠す粉飾決算を行い，投資を呼び込むために株価をつり上げ，そのことが公表されて倒産するに至るという事件が起きることがある。このような場合，投資家，顧客，従業員，地域社会の他，利害関係者に大きな損害を与える可能性があるとともに，資本主義経済システムへの信頼そのものを失わせてしまう可能性がある。有効なコーポレートガバナンスの仕組みに関する記述として最も適切なものはどれか。

　ア　株式市場に上場し，より多くの株主に株式を分散して保有してもらい，多様な株主による株主総会でのチェック機構を強化する。

　イ　企業の会計基準を時価会計にあらため，外部監査会社による積極型会計（aggressive accounting）を法的に義務づけ積極的に情報の開示を促進させる。

　ウ　内部統制と内部統制報告書の作成を促進し，情報の開示や説明責任の明確化などを図る必要がある。

　エ　万一こうした損害が発生した場合，その被害を最小限に抑えるために，一定以上の資産をデリバティブなどの管理資産として留保しておくよう義務づける。

Ⅱ．組織論

解答	ウ

■解説

　コーポレートガバナンスに関する出題である。コーポレートガバナンスは企業統治のことであり，トップマネジメント組織を通じて行われる組織型コーポレートガバナンス，証券市場を通じて行われる市場型コーポレートガバナンスなどがある。また，コーポレートガバナンスの目的は，①企業不祥事を防ぐ，②企業の収益力を強化することなどである。コーポレートガバナンスは経営者が企業を統治するのであるから，基本的には企業の内部的取り組みである。法規制や外部からのチェックは，あくまでも経営者に企業を適切に統治させるためのものである。

　　ア：不適切である。株式を上場している企業でも粉飾決算による不祥事は発生していることからわかるとおり，企業が意図的に粉飾している場合，株主総会に提出される決算書類は既に粉飾されている。その場合，株主総会でチェックすることは難しい。粉飾決算を防ぐには，企業内部で粉飾決算をしないようなルール制定やチェック方法，業務プロセスを構築する必要がある。

　　イ：不適切である。大手外部監査会社に会計監査を依頼している企業であっても，過去に粉飾決算事件を起こしている企業はある。また，会計基準を時価会計に改めることは，資産総額などを簿価上の価格ではなく実態の価格で表示することはできるが，その適正さを担保することはできない。粉飾決算を防ぐには，企業内部で粉飾決算をしないようなルール制定やチェック方法，業務プロセスを構築する必要がある。なお，「積極型会計」とは，過去に粉飾決算に使用された法的にグレーな手法である。

　　ウ：適切である。内部統制と内部統制報告書の作成を促進し，情報の開示や説明責任の明確化などを図ることは，内部で統制することを外部に対して約束することになり，結果として企業は組織内部のルールや業務プロセスを整備するといった内部的な取り組みを行い，業務の適正さを確保する。つまり，内部統制が強化されることになる。

　　エ：不適切である。損害が発生した場合，その被害を最小限に抑えるために，一定以上の資産をデリバティブなどの管理資産として留保しておくよう義務付けることは，リスク軽減策であり，コーポレートガバナンスとはいえない。

　よって，ウが正解である。

第 2 章　経営組織の運営

企業統治	ランク	1回目	2回目	3回目
	B	／	／	／

■平成 25 年度　第 10 問（設問 2）

次の文章を読んで，下記の設問に答えよ。

中小企業が同族経営である場合，戦略的問題に関する意思決定は創業者と創業者一族が中心となり，外部の利害関係者の影響力は限定的であることが多い。

老舗と呼ばれる中小企業 B 社は，代々受け継ぐ製法や技法による生産品を中心にリピーターとなる顧客の支持を得ている。株式上場はしていないがその検討をしており，諸外国のガバナンス機構も調査している。

B 社は，新しい品目や製造プロセスの改良に関して，外部から技術導入や人材の中途採用を実施してきたが，創業者以来の価値観や行動規範の理解を第一に求め，創業者の直系の現社長と役員の過半数を占める創業者一族の同族経営として従業員との一体感を重視してきた。危機的な状況も乗り切ってきたが，最近では，過去に危機からB 社を救った伝統的な考え方に基づく事業戦略の策定がうまくいかなくなってきた。

文中の下線部に関して，コーポレートガバナンスとその改革に関する記述として，最も不適切なものはどれか。

ア　B 社のような同族経営では，株式公開によって事業規模の拡大とともに株式の分散化が生じ，創業者一族の影響力が低下し，機関投資家などの比重が高まることを懸念する場合が多い。

イ　アメリカ型のガバナンスにならった改革では，社長の権限の分散と牽制が鍵であり，指名委員会，報酬委員会，監査委員会の設置などが企図されている。

ウ　多くの株主が株式を手放すことで経営者責任を問い，経営者を交代へ追い込むウォールストリートルールは機関投資家が多くの株を所有する現実の下ではほとんど期待できない。

エ　現在の会社法の委員会設置会社制度で業務遂行を委ねられる執行役員は，代表取締役の指揮下で業務執行の一部を担当する。

オ　ドイツ型のガバナンスでは，株主総会で選出された株主と労働者の代表からなる監査役会が最高決定機関として取締役の任免と監督を行うが，形式的には株主と労働者が主権を分かち合っている。

409

Ⅱ．組織論

解答	エ

■解説

ア：適切である。B社では，戦略的問題に関する意思決定は創業者と創業者一族
が中心となり行ってきた。株式公開によって事業規模の拡大とともに株式の
分散化が生じ機関投資家などの比重が高まることで，創業者一族の影響力が
低下し，これまでの創業者一族による意思決定ができなくなる一方，短期的
利益獲得を目指す機関投資家などの発言力が強くなるため，企業の弱体化な
どを懸念する場合が多い。

イ：適切である。アメリカ型のガバナンスでは，社長に権限が集中したことによ
って不適切な経営を行うことを防止するため，社長の権限の分散と牽制を行
う仕組みとして，指名委員会，報酬委員会，監査委員会の設置を行っている。
日本では，経営と執行の分離を行うことで，権限の分散を図ることを企図し，
会社法に規定されることで，アメリカ型のガバナンスを取り入れ，委員会等
設置会社を選択することができるようになった。

ウ：適切である。多くの株主が株式を手放すことで経営者責任を問い，経営者を交
代へ追い込むことをウォールストリートルールという。株主が株式を手放すこ
とは株価の下落を誘発し，多くの株式を所有している機関投資家は多くの損害
を被ることになるため，ウォールストリートルールの発動を選択するよりも，株
式所有数に応じた権限で経営の改善を提案する方法を選ぶほうが多い。

エ：不適切である。委員会設置会社には，取締役会が1人以上の執行役を選任し，
執行役の中から代表執行役を選定するが，「執行役員」を置くことは規定さ
れていない。また，執行役が数人いる場合，取締役会によって執行役の中か
ら代表権を行使する代表執行役を選任しなければならない。執行役が1人の
場合には，その執行役が代表執行役となるが，「代表取締役」は設置しない。

オ：適切である。ドイツ型のガバナンスでは，監査役会が経営の最高意思決定機
関であり，経営の監督と執行役を任命する。執行役は，監査役会の方針に従
い，業務を執行する。また，共同決定法により，従業員が2,000人を超える
大企業では，監査役の半分を株主が，残り半分を労働者が選出することとな
っている。

第 2 章　経営組織の運営

	ランク	1回目		2回目		3回目	
企業統治	B	／		／		／	

■平成 26 年度　第 20 問

　企業経営における意思決定の不正を防止したり，企業価値の向上を目指すために企業統治（コーポレート・ガバナンス）の重要性が高まっている。企業統治を強化するために有効な方法として，最も不適切なものはどれか。

ア　業務に関係して違法行為や背任行為を起こさないよう内部統制制度を導入する。

イ　取締役会に社外取締役を，監査役会に社外監査役を導入する。

ウ　取締役会の中に指名委員会，監査委員会，報酬委員会を設置する。

エ　取締役のほかに執行役員をおき，取締役会に参加させる。

オ　倫理憲章や行動規範などを作成周知し，社員の意思決定における判断基準として制度化する。

411

Ⅱ. 組織論

解答	エ

■解説

　コーポレート・ガバナンスは，企業統治ともいわれ，企業の統治構造をめぐる多様なステークホルダーの間の関係である。

　　ア：適切である。内部統制制度を導入することは，業務に関係して違法行為や背任行為を抑制する効果があり，企業統治の強化にとって有効である。

　　イ：適切である。取締役会に社外取締役を，監査役会に社外監査役を導入することは，その企業の生え抜きだけで構成される取締役会や監査役会に比べて，馴れ合いや上下関係などを排することができる点や外部の価値観で経営を監督できるということから企業統治の強化にとって有効である。

　　ウ：適切である。取締役会の中に指名委員会，監査委員会，報酬委員会を設置することで，取締役は経営能力とそれに対する報酬，さらには経営判断の適切性を客観的に評価され，常に緊張感を持つことになるため，企業統治の強化にとっては有効な策である。

　　エ：不適切である。執行役員は法律上の役職ではなく，業務執行と監督の分離が図られていない取締役会制度を採用する従来型の企業において，米国のような分離の要素を取り入れるべく導入された制度である。したがって，執行役員は取締役会には参加できない。

　　オ：適切である。倫理憲章や行動規範などを作成周知し，社員の意思決定における判断基準として制度化することは，社員が不適切な判断や行動をすることを抑制するため，企業統治の強化にとっては有効な策である。

　よって，エが正解である。

第2章　経営組織の運営

企業統治	ランク	1回目	2回目	3回目
	B	/	/	/

■平成 25 年度　第 19 問

　今日，雇用者である専門経営者や管理者が様々な理由で企業を支配するようになり，経営者の独走を制するためのガバナンスが求められるようになっている。専門経営者や管理者による企業の支配に関する記述として，<u>最も不適切なものはどれか</u>。

　ア　株価による経営評価が行き過ぎることで，CSR が果たしにくくなった。

　イ　企業規模の拡大に伴う株式の分散によって，経営者が企業の法的所有者である株主から直接的な影響を受けにくくなった。

　ウ　企業で使用される技術の高度化によって，技術者集団ないし専門家に対する依存が大きくなった。

　エ　様々な生産技術に精通する管理者が，企業全体の生産プロセスに対して大きな影響力を持つようになった。

　オ　新製品やサービスを市場に提供し，競争を通じて利潤を追求する企業家的な行動が一般的なものとなった。

413

Ⅱ．組織論

解答	オ

■解説

経営の所有と支配に関する問題であり，経済学・経済政策のプリンシパル・エージェント概念と関係の深い問題である。

経営の所有と支配が一致していたころは，オーナー経営者の独裁によって，不適切な経営が行われたことなどから，経営の所有は株主が，支配は経営の専門家に任せることで，企業経営の適切化が図られるようになった。

しかし，一方で，経営環境が複雑化，不確実化することで経営の専門性が高まり，株主と経営者の間で情報の非対称性が起こり，経営者の行動すべてを監視・牽制することが困難となり，結果として，雇用経営者が暴走することも散見されるようになった。

ア：適切である。CSR は，企業の社会的責任のことである。企業が利益を追求するだけでなく，その活動が社会へ与える影響に責任を持ち，その利害関係者（消費者，投資家，地域など社会全体）からの要求に対して適切な意思決定をすることを指す。株価による経営評価は経営者に短期的な利益追求を強いるため，経営者が CSR に配慮することができなくなる。

イ：適切である。企業規模の拡大に伴い，多くの株主から資金を調達するようになる。すると，株式は多数の株主によって分散保有されるため，株主１人当たりの影響力は小さくなる。そのため，経営者が企業の法的所有者である株主から直接的な影響を受けにくくなった。

ウ：適切である。企業で使用される技術（生産技術や経営技術など）が高度化することによって，経営の所有者である株主は経営に口出しをできなくなり，結果として，技術者集団ないし専門家に対する依存が大きくなった。

エ：適切である。組織内の各管理者が様々な生産技術に精通することによって，企業全体の生産プロセスに対して大きな影響力を持つようになったため，専門知識を持たない株主は経営に関与することが難しくなった。

オ：不適切である。新製品やサービスを市場に提供し，競争を通じて利潤を追求するのは企業の基本的な活動であり，それが経営者と株主との間の情報の非対称性を生む原因ではない。

第2章　経営組織の運営

8. 組織のパワーとポリティクス

▶▶出題項目のポイント

　組織のパワーとポリティクスの出題項目は，組織間関係の出題項目に属する資源依存関係やコンフリクト・マネジメントの一部であると考えてもよい。

1) パワー

　組織間では少しでも相手より優位な立場に立とうとする。そして，少しでも優位な立場を得たものは，そうでないものを従えようとする。

　この際に発生する支配と応諾，反発の関係は，パワーの有無あるいは程度の相違こそあれ，なくなることはない。

　パワーとは，ある個人や集団が他のある個人や集団に何かをさせたり，何かをさせない力である。パワーを多く持っている人や集団はそれだけ他の人や集団を，思うように従わせられる。このパワーを多く持つこと，あるいは，パワーの資源を多く確保することが，それぞれの個人，部門，組織の目標になる。確保することによって多くの利得を得ることができる。

　パワーの大きさは，その人，その部門が，他の人，他の部門が必要でありながら持っていない資源をどの程度持っているかによって決められる。このように，資源の多少に関して成り立つパワー関係は，資源依存関係となる。

　パワーの5つの源泉とは，強制，報酬，正当，専門，同一化の5つである。

　　①専門化パワー：相手が必要とする知識・スキル・経験を持っているというパワーである。

　　②報償パワー：昇進・昇格などのように相手が望むことが与えられる能力からくるパワーである。

　　③正当パワー：公式的な権限を持っているという相手側の信念からくるパワーである。

　　④同一化パワー：パワーを有さないものがパワーを有するものを高く評価して，そのようになりたいという欲求から生じるパワーである。

　　⑤強制パワー：降格・解雇などのように相手が嫌がることができる能力によるパワーである。

2) ポリティクスと経営管理

　誰もがパワーを多く得ようとすると，人も部門も政治的に行動し，パワー・ゲーム

415

Ⅱ．組織論

が横行するため組織は混乱に至る。この混沌状態に秩序を与え，安定に至らしめるのが経営管理である。

▶▶出題の傾向と勉強の方向性

平成 15 年度第 18 問，平成 16 年度第 21 問ではパワーという用語が出現しているが，直接的に問われたのは，平成 24 年度第 15 問，平成 30 年度第 17 問，令和元年度第 19 問であった。

勉強の方向性としては，資源依存関係やコンフリクト・マネジメントについての理解を深めておくことと，パワーの 5 つの源泉について理解しておく程度でよい。

■取組状況チェックリスト

8. 組織のパワーとポリティクス						
問題番号	ランク	1 回目		2 回目		3 回目
平成 24 年度　第 15 問（設問 1）	B	／		／		／
平成 30 年度　第 17 問	B	／		／		／
平成 24 年度　第 15 問（設問 2）	B	／		／		／
令和元年度　第 19 問	B	／		／		／

第 2 章　経営組織の運営

組織のパワーと ポリティクス	ランク	1 回目	2 回目	3 回目
	B	／	／	／

■平成 24 年度　第 15 問（設問 1）

次の文章を読んで，下記の設問に答えよ。

組織におけるパワーは，目的達成の鍵となることが多い。①パワー現象には本質的に持つ者と持たざる者の間に相互依存関係があり，使い方も異なる。パワーの行使は，組織内外の②政治的行動を伴うものである。

（設問 1）

文中の下線部①のパワーを説明する記述として，最も不適切なものはどれか。

ア　相手が高く評価し範例となることからくる同一化パワー

イ　相手が必要とする知識・スキル・経験からくるエキスパート・パワー

ウ　降格・解雇などのように相手がいやがることができる能力からくる強制的パワー

エ　公式的な権限を持っているという相手側の信念からくる合法パワー

オ　昇進・昇格などのように相手が望むことが与えられる能力からくる報償パワー

417

Ⅱ．組織論

解答	ア

■解説

　組織におけるパワーに関する出題である。

　パワーとは，ある個人や集団が他のある個人や集団に何かをさせたり，何かをさせない力である。パワーを多く持っている人や集団はそれだけ他の人や集団を，思うように従わせられる。このパワーを多く持つこと，あるいは，パワーの資源を多く確保することが，それぞれの個人，部門，組織の目標になる。確保することによって多くの利得を得ることができる。パワーの5つの源泉とは，強制，報酬，正当，専門，同一化の5つである。

　　ア：不適切である。本肢は同一化パワーに関するものであるが，同一化パワーは，パワーを有さないものがパワーを有するものを高く評価して，そのようになりたいという欲求から生じる。片方からの一方的な欲求によるパワーなので，相互依存関係にある者同士で生じるパワーではない。

　　イ：適切である。本肢は専門化パワーに関するものである。相手が必要とする知識・スキル・経験からくる専門化パワーは，相互依存関係にある者同士で生じるパワーである。

　　ウ：適切である。降格・解雇などのように相手が嫌がることができる能力からくる強制的パワーは，相互依存関係にある者同士で生じるパワーである。

　　エ：適切である。公式的な権限を持っているという相手側の信念からくる正当パワーであり，これも相互依存関係にある者同士で生じるパワーである。

　　オ：適切である。昇進・昇格などのように相手が望むことが与えられる能力からくる報償パワーも相互依存関係にある者同士で生じるパワーである。

　よって，アが正解である。

第 2 章　経営組織の運営

組織のパワーと ポリティクス	ランク	1 回目		2 回目		3 回目	
	B	／		／		／	

■平成 30 年度　第 17 問

　集団のリーダーには，メンバーが集団目標を自身の目標として達成しようとするように働きかけることが求められるが，その手段としてメンバーを追従させるためのパワーが必要である。個人や集団を追従させるパワーの源泉に関する記述として，<u>最も不適切なもの</u>はどれか。

ア　技術が高度化するにつれ，リーダーが専門的な知識やスキルを有している，あるいは専門家からのサポートを得ていることが，メンバーを従わせる専門力（expert power）となる。

イ　職位権限など，組織から公式に与えられた地位は，それ自体が人々を従わせる正当権力（legitimate power）となる。

ウ　メンバーが自身と同じような資質や個性を備えたリーダーに同一化する同一視力（referent power）が生まれる。

エ　リーダーがメンバーの昇給や昇進，その他の好意的な労働条件を与えることができる権限を持っている場合，メリットを求めて指示に従う報酬力（rewardpower）が生まれる。

オ　リーダーがメンバーに集団内での不利益を与える場合，恐怖心に裏付けられた強制力（coercive power）が生まれる。

419

Ⅱ．組織論

解答	ウ

■解説

　パワーとは，ある個人や集団が他のある個人や集団に何かをさせたり，何かをさせ
ない力である。パワーを多く持っている人や集団はそれだけ他の人や集団を，思うよ
うに従わせられる。このパワーを多く持つこと，あるいは，パワーの資源を多く確保
することが，それぞれの個人，部門，組織の目標になる。確保することによって多く
の利得を得ることができる。

　パワーの大きさは，その人，その部門が，他の人，他の部門が必要でありながら持
っていない資源をどの程度持っているかによって決められる。このように，資源の多
少に関して成り立つパワー関係は，資源依存関係となる。

　パワーの5つの源泉とは，専門，報償，正当，同一化，強制の5つである。

①専門化：相手が必要とする知識・スキル・経験を持っているというパワー。

②報償：昇進・昇格等のように相手が望むことが与えられる能力からくるパワー。

③正当：公式的な権限を持っているという相手側の信念からくるパワー。

④同一化：パワーを有さないものがパワーを有するものを高く評価して，そのように
　　　　なりたいという欲求から生じるパワー。

⑤強制：降格・解雇などのように相手が嫌がることができる能力によるパワー。

　　ア：適切である。技術が高度化するにつれ，リーダーが専門的な知識やスキルを
　　　　有している，あるいは専門家からのサポートを得ていることが，メンバーを
　　　　従わせる専門力（expert power）となる。（専門化パワー）

　　イ：適切である。職位権限など，組織から公式に与えられた地位は，それ自体が
　　　　人々を従わせる正当権力（legitimate power）となる。（正当パワー）

　　ウ：不適切である。メンバーが自身よりも高い資質や個性を備えたリーダーのよ
　　　　うになりたいという欲求から同一化パワー（referent power）が生まれる。

　　エ：適切である。リーダーがメンバーの昇給や昇進，その他の好意的な労働条件
　　　　を与えることができる権限を持っている場合，メリットを求めて指示に従う
　　　　報酬力（報償パワー　reward　power）が生まれる。

　　オ：適切である。リーダーがメンバーに集団内での不利益を与える場合，恐怖心
　　　　に裏づけられた強制力（coercive power）が生まれる。

　よって，ウが正解である。

第 2 章　経営組織の運営

組織のパワーと ポリティクス	ランク	1回目		2回目		3回目	
	B	/		/		/	

■平成 24 年度　第 15 問（設問 2）

次の文章を読んで，下記の設問に答えよ。

組織におけるパワーは，目的達成の鍵となることが多い。①パワー現象には本質的に持つ者と持たざる者の間に相互依存関係があり，使い方も異なる。パワーの行使は，組織内外の②政治的行動を伴うものである。

（設問 2）

文中の下線部②の組織内外の「政治的行動」を説明する記述として，最も適切なものはどれか。

ア　政治的行動は，影響を受けた個人の権利を尊重したものであるかどうかの倫理基準が優先される。

イ　政治的行動は，課題達成の機会ではなく脅威とみなされると防御的行動につながるが，仕事や職場環境への否定的感情に結びつかない。

ウ　政治的行動は，公正かつ公平なものであると印象を管理することで正当化され，倫理的ジレンマを回避できる。

エ　政治的行動は，不確実性が高く組織目標間の優先順位について意見の不一致があるときに合意形成をつくるメカニズムである。

オ　政治的行動は，倫理的には個人の自己利益と組織目標の双方に合致していることが条件である。

421

II. 組織論

解答	エ

■解説

政治的行動に関する設問である。

ア：不適切である。政治的行動は，影響を受けた個人の権利を尊重したものであ
　　るかどうかの倫理基準が優先されるとは限らない。

イ：不適切である。政治的行動は，課題達成の機会ではなく脅威とみなされると
　　防御的行動につながり，仕事や職場環境への否定的感情に結びつく。

ウ：不適切である。政治的行動は，公正かつ公平なものであると印象を管理する
　　ことで正当化されるが，それが実際には公正かつ公平でなかった場合，倫理
　　的ジレンマが増加する。

エ：適切である。政治的行動は，不確実性が高く組織目標間の優先順位について
　　意見の不一致があるときに合意形成をつくることができるメカニズムである。

オ：不適切である。政治的行動は，倫理的には個人の自己利益と組織目標の双方
　　に合致している必要はない。組織目標と合致していればよい。個人の自己利
　　益を犠牲にして組織目標のために政治的行動をとることもある。

よって，エが正解である。

422

第2章　経営組織の運営

組織のパワーと ポリティクス	ランク	1回目		2回目		3回目	
	B	/		/		/	

■令和元年度　第19問

　現代の企業は，規模の大小にかかわりなく，さまざまなステイクホルダーの社会的ネットワークの中に埋め込まれている。企業は利害の異なるこうしたステイクホルダーから正当性を獲得するために，ステイクホルダーと協調戦略を採る場合がある。

　以下のa〜dの行動について，こうした協調戦略に関する記述の正誤の組み合わせとして，最も適切なものを下記の解答群から選べ。

　a　企業とステイクホルダーとの間の資源交換をめぐって協定を締結すること。

　b　ステイクホルダーの代表を，企業の一員として政策決定機関に参加させること。

　c　組織間の共通目標を達成するために，複数の組織が資源やリスクを共有しながら，共同事業を行うこと。

　d　特定の目標を達成するために，複数の組織間で，公式の調整機関を設置すること。

〔解答群〕

　ア　a：正　　b：正　　c：正　　d：正

　イ　a：正　　b：正　　c：正　　d：誤

　ウ　a：誤　　b：正　　c：誤　　d：誤

　エ　a：誤　　b：誤　　c：正　　d：正

　オ　a：誤　　b：誤　　c：誤　　d：正

423

Ⅱ．組織論

解答	ア

■解説

　ステイクホルダーは利害関係者と定義され，企業にとってのステイクホルダーは，株主，従業員，取引先，顧客，地域住民などが挙げられる。

　各ステイクホルダーはそれぞれの利害に基づき要求するが，企業は円滑に運営するため，そういったステイクホルダーから正当性を獲得する必要がある。

　正当性を獲得する方法の1つとして，ステイクホルダーと協調戦略を採る方法がある。以下，a～dがさまざまなステイクホルダーに対する企業の協調戦略として適切なのかを検討していく。

　　a：適切である。企業とステイクホルダーとの間の資源交換をめぐって協定を締結することを具体例で考えると，企業と株主の関係がある。企業は株主の投資に対するリターンとして配当を払うといった資源交換によって協調することができる。

　　b：適切である。ステイクホルダーの代表を，企業の一員として政策決定機関に参加させることを具体例で考えると，株主のうち機関投資家などから取締役を派遣してもらい，経営意思決定に参画させることで，協調することができる。

　　c：適切である。組織間の共通目標を達成するために，複数の組織が資源やリスクを共有しながら，共同事業を行うことを具体例で考えると，企業業績の達成等共通目標を持つ各部門が，新規事業のプロジェクトに参加し，各部門の利害を超えて，企業の資源やリスクを共有化してプロジェクトの成功に向けて協力することが挙げられる。

　　d：適切である。特定の目標を達成するために，複数の組織間で，公式の調整機関を設置することを具体例で考えると，会社内でコスト削減プロジェクトを立ち上げ，各部門が自部門のコスト予算の正当性を主張するなか，プロジェクト事務局が全体最適を踏まえながら調整を図ることなどが挙げられる。

　よって，アが正解である。

424

第2章　経営組織の運営

9. 組織変革

▶▶出題項目のポイント

　組織変革では，コミットメント，組織慣性，変革マネジメントといったポイントが出題されている。

　経営環境が不連続な変化を起こし，既存の戦略が通用しなくなったとき，業績が悪化し，組織は組織変革の必要性に迫られる。しかし，業績が悪化しても組織変革は進まないことがある。

　それは，①組織変革を行う際にかかる労力や金銭的費用といったコスト，つまり，埋没コストが発生する，②組織が組織変革に活用できるリッチな情報を解釈できる能力を持っていない，③既存のプログラムや戦略を継続しようとする強い慣性が働くといった理由が挙げられる。

1) コミットメント

　コミットメントとは，一般に組織と個人の心理的距離や関係を規定する概念である。桑田耕太郎・田尾雅夫著『組織論』p.220 によると，「個人も組織の中で独自の期待をもつことになる。何を得たいか，何をしたいのかを考えるようになる。これは組織によって公式に表明された目標に対して，私的ともいえる目標であるが，互いに合致しない場合，個人と組織は対立することになる。それはよくあることとされている。この組織と個人の目標の相違，あるいは溝ともいうべきものを埋めるのがコミットメントといわれるものである。」とある。

2) 組織慣性

　『組織論』p.107 によると，組織慣性とは組織の形態について働く強い慣性のことである。つまり，組織の形態は生まれながらのものであり，その形態はずっと維持される（慣性が働く）ことになるということである。組織が強い慣性を持つのは，組織内部および外部環境から，組織が変化することに対して制約が課されるからである。組織慣性が作用しているということは，環境適応のために自身を変化させる能力が低いことを意味する。

3) 有能さのワナ

　不満がない状況では，組織を構成する要員は現状を変更する可能性を探索したり，そうした変革を実行しようとする十分な動機を持たない。これはレビットとマーチによって「有能さのワナ」と名付けられた現象である。その結果，組織は現在の能力で

425

Ⅱ．組織論

求められる業績水準を越えることができるならば，もっとすぐれた能力をあえて学習しようとはしない。この有能さのワナは組織の行動に強力な慣性を与えることになる。

4）**組織変革マネジメント**（『組織論』p.328〜329）

　組織変革を実施していく移行過程において生じうる問題は，3つある。第1は変化に対する「抵抗」であり，第2は変化に際しての「混乱」であり，第3は変化を利用しようとする「対立」の問題である。

　　①抵抗：変化に直面する人間は，未知の状況への不安，自分の能力が新しい状況で適応できない不安，既得権が失われる苦痛といった理由から変革に抵抗を示す。抵抗問題への対処方法は，組織メンバーの行動が新組織に向け変化していくよう動機づけることである。

　　②混乱：変革が組織構造や文化に及ぶ場合に，組織内に制度化されていた既存の秩序が破壊されることによって混乱が発生する。その際，一時的に日常業務を管理統制することが困難になる場合がある。混乱問題への対処は，組織の移行期に生ずる各種の不均衡を統制していくことである。

　　③対立：変革にともなって組織中のパワーバランスが変化し，パワーを獲得しようとする対立が発生するである。対立問題への対処は，利害・パワーの緊張関係を移行の促進に利用することである。

　これらの問題全般に対処するには，①移行状態のマネジメントを専門に担当する管理者およびチームを編成すること，②トップマネジメントがこの移行管理チームを全面的にサポートし，彼らが職務を完遂できるように支援することが必要である。詳細は『組織論』p.328〜332を参照のこと。

▶▶出題の傾向と勉強の方向性

　コミットメントについては，平成23年度第16問，平成17年度第9問，平成21年度第15問，組織慣性については，平成18年度第14問，平成22年度第13問，組織変革マネジメントについては，平成15年度第15問，平成16年度第20問，平成18年度第15問，平成19年度第19問で出題されている。戦略と組織の関係性については，平成18年度第11問，平成22年度第15問，平成24年度第19問，平成26年度第21問，平成27年度第19問・第20問，平成30年度第14問，令和元年度第20問で出題されている。

　勉強の方向性としては『組織論』p.328〜332をよく読み，過去問を繰り返し解くことで組織変革に対するマネジメントの方法を把握することが挙げられる。

第2章 経営組織の運営

■取組状況チェックリスト

9. 組織変革					
問題番号	ランク	1回目	2回目	3回目	
平成 26 年度 第 21 問（設問 1/2）	A	／	／	／	
平成 27 年度 第 19 問	A	／	／	／	
平成 27 年度 第 20 問	A	／	／	／	
平成 23 年度 第 16 問	C＊	／	／	／	
平成 28 年度 第 14 問	A	／	／	／	
平成 22 年度 第 13 問（設問 1/2/3）	A	／	／	／	
令和元年度 第 20 問（設問 1/2）	A	／	／	／	
平成 22 年度 第 15 問	C＊	／	／	／	
平成 24 年度 第 19 問	C＊	／	／	／	
平成 30 年度 第 14 問	C＊	／	／	／	

＊ランク C の問題と解説は，「過去問完全マスター」の HP（https://jissen-c.jp/）よりダウンロードできます。

Ⅱ．組織論

組織変革	ランク	1回目		2回目		3回目	
	A	／		／		／	

■平成 26 年度　第 21 問

　変化する環境に効果的に適応していくためには，組織を戦略的に変革することが必要となることがある。一般に戦略的に組織変革を進めていくプロセスを，①組織変革の必要性を認識すること，組織変革案の創造，②組織変革の実施・定着という段階に分けて考えることができる。戦略的な組織変革のプロセスについて，以下の設問に答えよ。

（設問 1）

　文中の下線部①の組織変革の必要性を認識することに関する記述として，最も適切なものはどれか。

　　ア　組織の現状を客観的に診断するために，組織内の情報に頼らず，外部環境の調査機関やコンサルタントなどから情報を収集する。

　　イ　組織変革を進めている間にも現在の業務を遂行しなければならないため，中間管理職や現場管理者を巻き込まないよう配慮し，大局観をもったトップマネジメントが現状を診断する必要がある。

　　ウ　組織メンバー間やコンサルタントとの間で，フェイス・ツー・フェイスのコミュニケーションを通じて，できるだけ問題が生じている現場の生のデータを収集し，予期されなかった事態についての情報にも耳を傾ける必要がある。

　　エ　変革の認識を共有する場面では，様々なコンフリクトが顕在化した場合，円滑な変革プロセスを妨害する可能性があるため，速やかに政治的な処理をしていく必要がある。

428

第2章　経営組織の運営

（設問 2）
　いかに優れた変革案が作成されても，実際にその変革を実施し，定着させる過程で
様々な混乱や抵抗が生じることがある。文中の下線部②の組織変革の実施・定着段階
に関する記述として，最も適切なものはどれか。

　　ア　既存の組織内で権力を持っていた集団が新しい組織案ではその権力を失って
　　　しまうことに抵抗を示す可能性があるので，そのような権力集団を排除する
　　　必要がある。

　　イ　望ましい組織変革案を支持するメンバーに対して，ボーナス，給与，昇進な
　　　どの報酬を与え動機づける必要がある。

　　ウ　変革の実施段階では，非公式のコミュニケーションルートを様々なうわさや
　　　妨害情報が流れるので，非公式な情報ルートを遮断し，公式なコミュニケー
　　　ションを徹底することが重要となる。

　　エ　変革を自己に有利な形で利用して権力を握ろうとする集団が登場することが
　　　あるため，混乱が収まるまで新しい組織案を提示しないようにしなければな
　　　らない。

429

Ⅱ．組織論

（設問1）

| 解答 | ウ |

■解説

　『組織論』（桑田耕太郎・田尾雅夫著　有斐閣　p.318）によれば，戦略的組織変革プロセスは，以下の3つのプロセスである。

①変革の必要性の認識：組織は，組織内外の新しい現実に気づき，既存の方法ではもはや適応できなくなることを認識する必要がある。

②変革案の創造：経営戦略，組織構造，組織文化，組織プロセスなどをどのようなものに変革していくのか，その目標，ビジョン，具体案を作り出すプロセスである。

③変革の実施・定着：実際に組織を変革するために，実行計画を作成し，移行過程を適切に管理し，その変革の成果を確実に定着させ，維持していくプロセスである。

　　ア：不適切である。上記①にあるように，組織の現状を客観的に診断するためには，組織外部の情報だけでなく，内部の情報も収集する必要がある。そして，経営者はその多様な情報の中からリッチな情報を察知し，変革の必要性を認識することが必要である。

　　イ：不適切である。組織がリッチな経験・情報を獲得できるかは，第1に組織がそのために利用できるスラック（余裕）資源を持っていることに依存する。中間管理職や現場管理者が日常業務に追われている状況では，組織は日常業務を革新よりも優先して処理するという「プランニングにおけるグレシャムの法則」が作用するため，経験を革新に必要なものとして解釈することができなくなる。

　　ウ：適切である。組織がリッチな経験・情報を獲得できるかは，第2に収集されるデータの種類に依存する。組織メンバー間やコンサルタントとの間で，フェイス・ツー・フェイスのコミュニケーションを通じて，できるだけ問題が生じている現場の生のデータを収集し，予期されなかった事態についての情報にも耳を傾ける必要がある。

　　エ：不適切である。組織がリッチな経験・情報を獲得できるかは，第3にコンフリクトに依存する。コンフリクトは組織革新の契機となる場合がある。コンフリクトの発生は組織の既存の手続きや規則が機能障害を起こしているシグナルである。そのコンフリクトを経営者がリッチな情報として認識し，根本

第2章　経営組織の運営

的な原因を探索することを通じて戦略的組織変革の必要性を認識する可能性
がある。

よって，ウが正解である。

（設問2）

解答	イ

■解説

　組織を現在の状態から将来の望ましい状態にシフトさせていく変革実施のプロセス
は「移行状態」と呼ばれ，固有の不安定な問題が発生する。移行状態に発生しうる問
題は，①抵抗：変化に対する抵抗，②混乱：変化に対する混乱，③対立：変化を利用
とする対立の3つである。変革を進めるためには，この時期の組織管理に特別の注意
を払い，上記3つの問題を解決する必要がある。（参考：『組織論』桑田耕太郎・田尾
雅夫著　有斐閣　p.327～328）

　　ア：不適切である。抵抗問題への対処は，①現行組織の問題点のメンバーへの周
　　　　知徹底，②変革過程へのメンバーの参加，③変革支持に対する報酬配分，④
　　　　現状脱却のための時間と機会の提供，⑤新組織に向けての教育・訓練である。
　　　　抵抗する集団を排除するのではなく，参加を促す必要がある。

　　イ：適切である。上記アの解説のとおり，抵抗問題への対処として，抵抗する組
　　　　織メンバーに対して，変革支持に対して，ボーナス，給与，昇進など報酬を
　　　　配分して動機づけする方法は正しい。

　　ウ：不適切である。混乱問題への対処は，①望ましい新組織像の具体的な明示，
　　　　②関係者間の緊密かつ継続的な情報伝達，③迅速な問題解決とその支持体制
　　　　である。混乱には正しい情報をメンバーに流す必要があるため，情報の途絶
　　　　が起きないよう，定常状態とは別の非公式コミュニケーションルートを活用
　　　　することも必要になる。

　　エ：不適切である。上記ウの解説のとおり，混乱問題への対処として，望ましい
　　　　新組織像の具体的な明示を迅速に行うことが，変革を自己に有利な形で利用
　　　　して権力を握ろうとする集団が登場するといった逸脱や混乱を抑止すること
　　　　になる。

　よって，イが正解である。

431

Ⅱ. 組織論

組織変革	ランク	1回目		2回目		3回目	
	A	／		／		／	

■平成 27 年度　第 19 問

組織スラックに関する記述として，最も不適切なものはどれか。

ア　組織スラックは，イノベーションを遂行するための資源となりうる。

イ　組織スラックは，緊急事態に対応するための余裕資源として，組織の安定に
寄与する。

ウ　組織スラックは，新規行動案の探索をリスク回避的にする傾向にある。

エ　組織スラックは，複数の利害関係者の組織に対する要求を調整する機能を持
つ。

オ　組織スラックは，利害関係者が組織に対して求める要求が，満足水準に基づ
くことから生じる傾向にある。

第 2 章　経営組織の運営

解答	ウ

■解説

　スラックとは,「ゆるみ」あるいは「たるみ」のことである。組織スラックは企業
の余裕資源のことを意味する。戦略的に組織変革を行っていく場合,経営者や組織は
ルーティンを繰り返す低次学習から高次学習への切り替え,すなわち「認知ギアの切
り替え」をする必要がある。そのためにはリッチな情報を獲得し,経営者は自身の責
任でそれの意味するところを解釈しなければならない。リッチな経験・情報を獲得で
きるかは,第1に組織がそのために利用できるスラック資源を持っていること,第2
に「生のデータ」にコミットできることが必要である。そして,組織が情報をリッチ
に解釈できるかどうかは,組織の情報収集・探索の態度にも依存する。組織の探索モ
ードには問題主導型探索とスラック探索があるが,スラック探索は,成果が目標水準
を超過し,スラック資源がある時に行われる。スラック探索のほうが,より高いリス
クを許容したり,多様な解釈の可能性を試してみる「遊び」が許される傾向が強い。
このようにスラックの存在は,経営者の遊びやリスク・テイキングな行動をし,予期
しなかった情報に直面したり,新しい問題を創出する可能性を高める。(参考:『組織
論』桑田耕太郎・田尾雅夫著　有斐閣　p.319～321)

　　ア:適切である。組織スラックがあることにより,組織はリッチな経験・情報を
　　　　獲得でき,高いリスクを許容することができるようになる。その結果,イノ
　　　　ベーションを遂行することができるようになる。

　　イ:適切である。組織スラックは,緊急事態に対応するための余裕資源として,
　　　　組織の安定に寄与する。

　　ウ:不適切である。組織スラックがあることにより,組織はリッチな経験・情報
　　　　を獲得でき,高いリスクを許容することができるようになる。その結果,新
　　　　規行動案の探索をリスク選好的にする傾向にある。

　　エ:適切である。組織スラックがあれば,複数の利害関係者の組織に対する要求
　　　　に対し,資源を分配することで,それぞれの満足を満たすことができるため,
　　　　結果的に利害関係者間の要求を調整することができる。

　　オ:適切である。組織スラックは組織の余剰資源である。利害関係者が組織に対
　　　　して求める要求の満足水準を満たした場合に資源は余ることになる。

　よって,ウが正解である。

II．組織論

	ランク	1回目		2回目		3回目	
組織変革	A	／		／		／	

■平成27年度　第20問

　組織は，ときに環境変化に対して抵抗することがある。組織が変化へ抵抗する理由として，最も不適切なものはどれか。

ア　個人が変革を志向していたとしても，グループの規範がこれを抑制する慣性をもつから。

イ　組織が有する公式化されたルールが，既存のルールに従うよう組織メンバーを社会化するから。

ウ　組織固有の特殊スキルを持つグループが，組織の外部へと専門家ネットワークを広げているから。

エ　組織内で大きな予算を有し決定権限を持つグループが，自らの利益や権力を守ろうとするから。

オ　組織を構成するサブシステムが存在するため，変化が部分的なものにとどまりがちになるから。

第 2 章　経営組織の運営

| 解答 | ウ |

■解説
　本問では，組織が変化へ抵抗する理由について問われている。組織が変化に抵抗する理由は，以下の 6 つが挙げられる。

①構造的慣性：組織内には組織を安定化するためのメカニズム（採用・昇格基準や社内研修の方法，公式されたルールや手順など）が作用している。そのメカニズムの変更圧力に対して組織は，安定を乱す要素として認知し抵抗する。

②変革の限られた焦点：組織は独立したサブシステムから構成されるがそのサブシステムを変更しようとしても他のサブシステムが変更されなければ難しい。

③グループの慣性：個人がその行動を変えたいと思っても，グループの規範がそれを拘束する力として作用することがある。

④専門性への脅威：組織パターンの変革は特別なグループの専門性に対する脅威となる。業務のアウトソーシングなどは，それまでその業務を専門的に行っていた部門は抵抗を示す。

⑤既存の権力関係に対する脅威：決定権限の再配分という変革は組織内に長期的に確立された既存の件局関係にとって脅威になるため抵抗を示す。

⑥既存の資源配分：組織内でかなりの資源を管理するグループは現状に満足しているため，変革を脅威とみなす。
（参考：『組織行動のマネジメント』髙木晴夫著　ダイヤモンド社　p.440～442）

　ア：適切である。上記③グループの慣性に関する説明である。個人が変革を志向していたとしても，グループの規範がこれを抑制する慣性を持つからである。

　イ：適切である。上記①構造的慣性に関する説明である。組織が有する公式化さ

435

Ⅱ．組織論

れたルールが，既存のルールに従うよう組織メンバーを社会化するからである。

ウ：不適切である。上記④の専門性への脅威に関する説明であるが，組織固有の特殊スキルを持つグループが，業務のアウトソースに抵抗するなどが挙げられる。

エ：適切である。上記⑥既存の資源配分に関する説明。組織内で大きな予算を有し決定権限を持つグループが，自らの利益や権力を守ろうとするからである。

オ：適切である。上記②変革の限られた焦点に関する説明である。組織を構成するサブシステムが存在するため，変化が部分的なものにとどまりがちになるからである。

よって，ウが正解である。

第 2 章 経営組織の運営

組織変革	ランク	1回目		2回目		3回目	
	A	/		/		/	

■平成 28 年度　第 14 問

官僚制の逆機能といわれる現象に関する説明として，最も不適切なものはどれか。

ア　革新的な計画に抵抗するために，日常のルーティン対応を探し求める，グレシャムの法則。

イ　規則や手続きそのものを絶対視するような態度が，杓子定規な画一的対応を生み出す，形式主義。

ウ　組織全体の利益よりも，自分が所属する部局の利益を優先する，セクショナリズム。

エ　膨大な手続きと書類作成に煩わされる，繁文縟礼。

オ　本来は手段にすぎない規則や手続きが目的に転じてしまう，目的置換。

437

Ⅱ．組織論

解答	ア

■解説

　官僚制の逆機能とは，組織がより大きく複雑になるに従って，それを有効かつ能率的に管理するために導入された官僚制的な規則・手続き，専門スタッフが弊害となって現れることである。規則は本来，組織目標を達成する手段であるが，組織メンバーにとって，規則を固守する「目標の置換」が起こり，環境の変化に対応できなくする。メンバーは自分が所属する下位組織の目標に一体化し，組織全体の成果に関心を持たなくなったり，あらゆる問題を規則に頼って解決しようとするため，メンバー間の人間的結びつきに緊張感をもたらす結果を生むといった弊害である（『組織論』桑田耕太郎・田尾雅夫著　有斐閣　p.275）。

　　ア：不適切である。グレシャムの法則とは品位の劣る鋳貨が流通に投ぜられると，流通中の高品位の鋳貨が退蔵される現象のことであるが，本選択肢に記載のグレシャムの法則は，「プランニングにおけるグレシャムの法則」である。プランニングにおけるグレシャムの法則は，組織に十分なスラック（余裕）資源がない場合に，組織は日常業務に関する意思決定を革新よりも優先的に処理するという法則のことである。革新的な計画に抵抗するために，日常のルーティン対応を探し求めることではない上，官僚制の逆機能に関する法則ではない（『組織論』桑田耕太郎・田尾雅夫著　有斐閣，p.320）。

　　イ：適切である。規則や手続きそのものを絶対視するような態度が，杓子定規な画一的対応を生み出す形式主義は官僚制の逆機能に関する説明である。

　　ウ：適切である。官僚制によって，メンバーは組織全体の利益よりも，自分が所属する下位組織（部局）の利益を優先するようになるセクショナリズムは官僚制の逆機能に関する説明である。

　　エ：適切である。組織全体が官僚制による規則や手続きを重要視するようになるため，組織メンバーは膨大な手続きと書類作成に煩わされてしまう繁文縟礼の現象は官僚制の逆機能に関する説明である。

　　オ：適切である。本来は組織を効率的に運営するための手段にすぎない規則や手続きが，本来の目的達成を阻害してでもそれを守ることが目的に転じてしまう目的置換の現象は官僚制の逆機能に関する説明である。

　よって，アが正解である。

第2章　経営組織の運営

組織変革	ランク	1回目	2回目	3回目
	A	／	／	／

■平成22年度　第13問

　あなたがコンサルタントとしてアドバイスしている家庭用品メーカーA社には，以下のような特徴がある。これを読んで下記の設問に答えよ。

　A社は40年の歴史があり，主力事業は既に成熟期に入っていて，その事業を展開する部門では安定的な利益率を確保していた。社員は部品レベルでの品質改善に取り組んでおり，皆忙しいと言っているが，市場シェアはほとんど変わらない。全体的に現状に満足している社員が多く，職場は比較的和気あいあいとしている。

　社長が主力事業部の従業員を活性化しようと，工場やマーケティング部門に権限を委譲し，生産コストや市場シェアによって評価する人事管理システムを導入した。しかし，①その結果，市場シェアは増大したが，歩留りが悪化し，利益率は低下してしまった。

　その一方で，トップマネジメントは②新規事業に対して積極的に取り組むことを指示したが，部門管理者たちは最初は綿密な計画を立てるものの，実行段階になると業務がスムーズに運ばなくなり，いつのまにか撤退を余儀なくされてしまうことを繰り返してきた。

（設問1）

　文中の下線部①のような結果は，なぜ生まれたのか。考えられうる可能性として最も適切なものを選べ。

　　ア　この事業部が扱う家庭用品市場がすでに成熟しており，価格競争でしかシェア拡大が難しくなっていたため，コスト削減をトップが指示した可能性があるから。

　　イ　事業部によって異なる目標管理制度が導入されたため，当該事業部の従業員が公平性を欠くと認識しこれに反発した可能性があるから。

　　ウ　市場シェア目標やコスト管理目標が，事業部の投資利益率目標とは連携していても，A社全体の利益率目標と合理的に連携していなかった可能性があるから。

439

Ⅱ．組織論

エ　市場シェア目標を達成するために，マーケティング部門は価格を低く設定し，その結果，販売数量が増加し，生産部門はコスト管理を徹底したために品質を犠牲にすることになった可能性があるから。

オ　市場シェアや生産コスト管理のような，成果主義による管理方針に対して，従業員が反発した可能性があるから。

（設問 2）

A社が下線部②のような組織になってしまう理由として考えられうる可能性として，最も不適切なものはどれか。

ア　従業員の間で意思決定権限が細分化されており，多くの管理者の同意を得なければならない可能性があるから。

イ　従業員の業績評価システムが，ミスや失敗による減点方式になっている可能性があるから。

ウ　従業員の職務と責任・権限が，会社の利益と関係づけて理解されていない可能性があるから。

エ　主力事業部の規模や資産等のスラックが大きく，従業員が市場における変化や競争圧力を感じにくくなっている可能性があるから。

オ　新規事業開発についてミドルマネジメントに十分な権限を委譲していないため，彼らの知識創造力を十分活用できていない可能性があるから。

（設問 3）

A社の組織全体が抱えている問題点を改善する方策として，最も適切なものはどれか。

ア　市場の動向に関する情報をもつ現場の従業員に権限を与え，ボトムアップで変革案を作成させる。

イ　従業員に業績連動型の報酬制度を導入し，企業の利益と職務の関係を明確にする。

ウ　中間管理職に権限を委譲し，彼らの自主性を重視したチーム運営ができるようにする。

エ　中間管理職を横断する組織を作って，合議による変革プランを作成させる。

オ　トップマネジメントによる方針決定と執行担当管理者の意思決定権限の所在を明確に定義する。

第2章　経営組織の運営

（設問1）

解答	エ

■解説

　組織変革に関する事例形式の問題であり，本問は主力事業の活性化が失敗に終わった理由について問われている。

ア：不適切である。与件文より，「社長が主力事業部の従業員を活性化しようと，工場やマーケティング部門に権限を委譲し，生産コストや市場シェアによって評価する人事管理システムを導入した。」とある。つまり，トップは既に現場に権限委譲し，生産部門の評価指標を生産コストとしているので，自律的にコスト管理（主には削減）が図られることを期待しているため，改めてコスト削減指示を出すとは考えにくい。

イ：不適切である。経営者は市場シェア拡大とコスト削減による利益向上を狙い，マーケティング部にはシェア拡大，工場部門にはコスト削減を実現させるためにそれぞれの部門に権限委譲を行い，目標設定を行った。当然，マーケティング部はシェア拡大，工場はコスト削減と，異なった目標設定となる。ただし，根本の目的は利益向上であるので，矛盾もしていないし，目標達成難易度が大きく異なるともいえないため，不公平な目標とはいえない。

ウ：不適切である。事業部の投資利益率は事業部に投下された投資額に対して生み出された利益の率である。市場の特性や製品の位置づけによって，社内において各事業部が求められる利益率は異なることもあり得るが，それが歩留り率の低下による利益率低下の原因とはいえない。

エ：適切である。各部はトップから与えられた目標を遂行した。その結果，マーケティング部門は価格を低く設定し，販売数量を増加させたが，生産部門はコスト管理を徹底したために品質を犠牲にすることになった可能性がある。これは，目標設定時にその目標設定がどのような影響を及ぼすかを想定しなかったことと，目標の進捗管理を各部門に任せすぎてしまい，部門間のすり

441

Ⅱ. 組織論

合わせを行わなかったことが原因と考えられる。

オ：不適切である。当初の目標設定どおり，シェアは拡大し，生産コストは削減
　　された。つまり，従業員は目標を受け入れ，懸命に実行したに過ぎない。目
　　標設定時にその目標設定がどのような影響を及ぼすかを想定しなかったこと
　　と，目標の進捗管理を各部門に任せすぎてしまい，部門間のすり合わせを行
　　わなかったため，品質管理がおろそかになり，歩留りが悪化したと考えられ
　　る。

　よって，エが正解である。

（設問 2）

解答	オ

■解説

　組織慣性と変革に関する設問であり，新規事業が実行段階で頓挫する理由について
問われている。

ア：適切である。意思決定権限が多くの管理者に委譲されている場合，管理者単
　　位では相互に相反する組織目標を持っている可能性もある。新規事業の計画
　　段階では顕在化しない問題が，いざ実行しようとして詳細を詰めていくと顕
　　在化し，解決のための部門間調整が必要になる。同意を得る必要のある管理
　　者の数が多ければ多いほど，部門間調整に時間も労力もかかる。解決ができ
　　ない問題も発生するであろう。その結果，新規事業そのものの新規性が失わ
　　れ，いつの間にかプランそのものが消滅してしまうことは推察できる。

イ：適切である。従業員の業績評価システムが，ミスや失敗による減点方式にな
　　っている場合，部門管理者は新規事業に挑戦して失敗して減点されることを
　　恐れ，新たな取り組みを避ける傾向が強くなる。

ウ：適切である。従業員は既存主力事業に安穏としているため，新規事業に取り

442

第2章　経営組織の運営

組む必要性を理解していない可能性が高い。新規事業を実行するには，従業員に対して，新事業が会社の利益にどのようにつながるか，また，その実現のために従業員の職務がどのように関わるかを理解・浸透させることが必要になる。

エ：適切である。既存主力事業は，市場シェアも変わらず，安定的な利益率を計上している。つまり，スラックが大きい状態と考えられる。スラックが大きい場合，外的環境が変わっていても，スラックがその変化を吸収してくれるため，内的環境が変化するほどの影響は受けない。したがって，従業員は市場における変化や競争圧力を感じず，危機感は希薄であるため，新規事業に取り組む必要性を感じない。

オ：不適切である。新規事業に関して，部門管理者が綿密な計画を立てられる状況にあるということは，ミドルマネジメントは計画を立てる知識創造力は十分持っているといえる。また，実行段階でその実行に関して部門管理者の許可が必要な状況は，部門管理者に十分権限が委譲されていると考えられる。

よって，オが正解である。

（設問3）

解答	オ

■解説

慣性が働き，変革がなかなか進まない組織における組織変革の方法についての設問である。設問文中の「A社の組織全体が抱えている問題点」は，現時点において主力事業が安泰なため，従業員が組織変革の必要性を感じず，新規事業開発などの主力事業衰退時に対する対応準備が進まないことである。

ア：不適切である。現場は市場の動向に関する情報を持っているが，主力事業は危機に瀕しているわけではなく，市場シェアも維持され，利益率も確保できているため，従業員は全体的に現状に満足している。そのため，従業員は変

443

Ⅱ．組織論

革の必要性を感じていない。このような状況で現場に変革案を策定させよう
としても，現状を変えたくないという組織慣性が働くため，既存の枠組み以
上のアイデアは出にくいといえる。

イ：不適切である。Ａ社の問題点は，既存事業依存の状態から脱する取り組み
　　が進まないことであり，Ａ社の目標は，組織改革により新規事業開発など
　　が進み，既存事業衰退時にも収益が確保できる状態にすることである。その
　　ために業績連動型の報酬制度を導入する場合，新規事業開発件数や新規事業
　　売上高などの目標を設定し，その達成度に応じて報酬を支払うことになるが，
　　現状に満足した従業員に組織変革の必要性が浸透していない現状で導入して
　　も従業員の理解を得られず，むしろ不満が蓄積される可能性が高い。

ウ：不適切である。主力事業は危機に瀕しているわけではなく，市場シェアも維
　　持され，利益率も確保できているため，従業員は全体的に現状に満足してい
　　る。そのため，従業員は変革の必要性を感じていない。このような状況で中
　　間管理職に権限委譲を行い，自主性を重視しても主力事業衰退時への対応準
　　備は進まない。

エ：不適切である。選択肢ウと同様であり，中間管理職も従業員であるため，現
　　状に満足してしまっている。彼らを横断的に組織し，合議制による変革案策
　　定の機会をつくっても，策定される案は現状から脱却する内容にはならない。

オ：適切である。従業員が変革の必要性を感じていない場合，従業員が構成する
　　組織に対する外的な刺激と変革を推進する推進者が必要になる。したがって，
　　トップマネジメントによる方針決定と執行担当管理者の意思決定権限の所在
　　を明確に定義する方策は問題点の改善に有効に作用する。

よって，オが正解である。

第2章　経営組織の運営

組織変革	ランク	1回目		2回目		3回目	
	A	／		／		／	

■令和元年度　第20問

次の文章を読んで，下記の設問に答えよ。

　メーカー A 社では，経営陣が「次世代の主力製品」と鳴り物入りで導入した製品
X について，累積損失が膨らんだため，市場から撤退する決定がなされた。実は5年
ほど前から，製品 X には深刻な問題があると気づいていた現場管理者が数人いた。
生産上のトラブルが続き，そのコストを価格に転嫁すれば競争力を失うことに気づい
ていたのである。しかしこの情報が，経営陣に伝わるには時間がかかりすぎた。その
原因を探求すると，以下のような状況であったことが分かった。

　生産現場の管理者たちは，改善運動で成功してきた実績と有能感を持っていた。

　当初は，改善運動で問題が処理できると考えていたが，マーケティング面の問題が
より深刻であることが分かった。そこで彼らは，製品 X のプロジェクトマネジャー
（以下，「ミドル」という）に問題の深刻さを伝える報告書を作成した。A 社では，
こうした報告書には改善提案を付けることが当然視されていたため，時間をかけて詳
細なデータを付けた。

　しかしこの精緻な報告書は，製品 X の導入決定の際に，トップ主導で行った生産
やマーケティングの調査を根底から覆すような内容を含んでいた。そこでミドルは，
まず現場管理者たちに，その報告書に記載されたデータが正しいのか詳しく調べるよ
う指示した。報告書が正しそうだと分かると今度は，経営陣に悲観的な情報を小出し
に流し始めた。経営陣からはいつも「説明資料が長すぎる」と叱られていたので，資
料のデータを大幅に割愛し，問題の深刻さをオブラートに包み，現場では事態を十分
掌握しているように表現していた。そのため経営陣は製品 X について，引き続き「次
世代の主力製品」と熱い期待を語り続け，必要な財務的資源も保証していったのであ
る。

　現場の管理者たちは問題点を指摘したにもかかわらず，経営陣は製品 X への期待
を語り，ミドルからは再検討の要請がなされたため混乱した。そのうち彼らは，製品
X に悲観的な資料を作ることを控え，責任はミドルにあると考えるようになった。や
がて，納得したわけではなかったが，あまり気に留めることもなくなった。

445

Ⅱ. 組織論

（設問 1）

　あなたがコンサルタントとして A 社の問題を分析するとしたら，A 社の組織メンバーが持つ行動モデルに当てはまるものはどれか。最も適切なものを選べ。

　　ア　自分たちの考え方を頻繁に検証する。
　　イ　情報の妥当性を重視する。
　　ウ　積極的にリスクを取ろうとする。
　　エ　全社的な観点から自己の責任を果たそうとする。
　　オ　問題の論理的な部分を重視し，感情的な部分は排除しようとする。

（設問 2）

　あなたがコンサルタントとして A 社の組織を変革する際に，その方針や手段として，最も適切なものはどれか。

　　ア　Off-JT のワークショップやセミナーを活用し，真実を明らかにしたからといって不利な立場に立たされることはない，という態度を経営者が率先して組織メンバーに身に付けさせる。
　　イ　与えられた目標について利得の可能性を最大化し，損失の可能性を最小化するよう，組織のメンバーを動機づける。
　　ウ　管理職には自らの役割を明確にさせ，それを強化するために，他者に指示を出したり，他者を傷つけることのないよう，伝える情報の範囲を自身でコントロールするよう訓練する。
　　エ　組織のメンバーは個人の責任と業績に応じて適切に報酬を得ることができる，という理念を定着させる。
　　オ　組織の和を重視し，組織メンバーや既存の制度を脅かすような言動は慎むよう訓練する。

第 2 章　経営組織の運営

（設問 1）

解答	オ

■解説

　組織メンバーの行動モデルに関する問題である。経営陣以外のミドルや生産現場の管理者たちを組織メンバーとして扱い，製品 X に関する深刻な問題が経営陣に伝わるには時間がかかりすぎた「問題を分析」して，その問題の原因となっている行動モデルはどれか？を選択する問題である。

　　ア：不適切である。組織メンバーは，製品 X の問題が改善運動で処理できると考えていたが，マーケティング面の問題がより深刻であることがわかったため，製品 X の詳細なデータを集め，自分たちの考え方を頻繁に検証する行動を行っていたことは事実であり必要なことでもあるため，問題が経営陣に伝わるのに時間がかかった原因とはいえない。

　　イ：不適切である。現場管理者は妥当性から経営陣にとって耳の痛い情報についても伝えようとしたが，ミドルが情報の妥当性よりも，経営陣のご機嫌を伺ってしまい，情報を小出しにしたことなどが，問題が経営陣に伝わる時間がかかった原因であるといえる。

　　ウ：不適切である。選択肢イでも述べたが，情報に妥当性があれば，たとえ経営陣のご機嫌を害そうとも，問題を迅速に伝えるリスクを取るべきところ，ミドルが経営陣に忖度して情報を小出しにした。また現場管理者もその後，諦めてしまったので，組織メンバーが積極的にリスクをとっているとはいえない。

　　エ：不適切である。ミドルも現場管理者も製品 X の問題が全社的な問題であると認識していたにもかかわらず，最終的にはそれを経営陣に伝えることを諦めたことから，全社的な観点から自己の責任を果たそうしていない。むしろ，全社的な観点から自己の責任を果たすべきであった。

　　オ：適切である。ミドルも現場管理者も製品 X の問題について論理的に経営陣に伝えることを重視し，感情的な部分は排除した結果，論理的伝達手法では経営陣に問題意識が生まれないとわかった時点で経営陣への説得を諦めてしまった。本ケースの場合は，論理的部分に加え，「この問題が A 社の存亡にかかわる」という危機感，熱意のような感情的な部分で経営陣を説得すべきであった。

　よって，オが正解である。

447

Ⅱ．組織論

（設問 2）

解答	ア

■解説

　設問1で特定したA社の組織的な問題点は，A社の存亡にかかわる問題を経営陣
への忖度や，論理的な部分を重視しすぎるといった風土であった。本問では，その風
土を改革していくためにはどのような手法が望ましいかという点が問われている。

ア：適切である。忖度が起こる原因は，上長に対して耳の痛いことを述べると評
　　価が下がるのではないかなど，不利益を被るという恐れから発生する。その
　　恐れを排除するためには，Off-JTのワークショップやセミナーを活用し，
　　真実を明らかにしたからといって不利な立場に立たされることはない，とい
　　う態度を経営者が率先して組織メンバーに身につけさせることが有効である。
イ：不適切である。与えられた目標について利得の可能性を最大化し，損失の可
　　能性を最小化するよう，組織のメンバーを動機づけることは，損失が発生す
　　る可能性がある問題点を隠ぺいするなどの組織風土を醸成する可能性がある。
ウ：不適切である。管理職には自らの役割を明確にさせ，それを強化するために，
　　他者に指示を出したり，他者を傷つけることのないよう，伝える情報の範囲
　　を自身でコントロールするよう訓練すると，ミドルや現場管理者は部門横断
　　的な問題による会社の不利益発生が明らかになっても，自分の管理範疇を超
　　えてまで伝える必要はないと判断し，問題を積極的に経営陣へ伝えようとす
　　ることはしなくなる可能性がある。
エ：不適切である。組織のメンバーは個人の責任と業績に応じて適切に報酬を得
　　ることができる，という理念を定着させた場合，各個人は自分の責任範疇の
　　業績向上に固執し，部門間協力や全社最適に興味を持たなくなり，全社的な
　　問題が経営陣に上程されることがなくなる可能性が高まる。
オ：不適切である。組織の和を重視し，組織メンバーや既存の制度を脅かすよう
　　な言動は慎むよう訓練すると，上長や同僚に対する忖度が横行し，問題が発
　　生しても摩擦を避けるために，それを指摘する可能性は低下する。

　よって，アが正解である。

第 3 章

人的資源管理

第3章　人的資源管理

1.　労働関連法規

▶▶出題項目のポイント

労働関連法規は，企業の経営資源である「ヒト」に関連する事項のうち，労務管理上必要な法律について問われる。法律は最低限の基準を示したものであり，人事労務施策も法令遵守が前提となることから，知らないでは済まされない。労働関連法規を学ぶ場合，労働関連法規は「労働者保護」が背景にあることを知っておくと理解が深まる。企業と労働者は対等な関係で雇用契約を結ぶが，実際の力関係は企業のほうが大きいため，法律で労働者を保護することでバランスを取ろうとしているのである。

これを前提に，まずは労働基準法の理解を進めることが重要となる。労働基準法は憲法25条「すべての国民は，健康で文化的な最低限度の生活を営む権利を有する」（生存権）を体現する一手段として規定された法律であり，民法の特別法として位置づけられている。そのため，労働条件の最低基準を細かく規定しており，それらを理解し，覚えておく必要がある。

▶▶出題の傾向と勉強の方向性

労働関連法規は，具体的には「労働基準法」と「労働基準法以外の関連法規」に分かれる。「労働基準法以外の関連法規」とは，労働契約法，労働安全衛生法，労働者災害補償保険法，雇用保険法，健康保険法，厚生年金保険法，労働組合法，労働者派遣法，高年齢者雇用安定法など幅広い。最近は，社会保険労務士試験レベルの出題がされることもあり，難問化している。

すべての分野を網羅しようと勉強するのは得策ではない。特に平成29年度，平成30年度と全問が労働基準法のみからの出題になっており，今後も，労働基準法を中心に出題される傾向は続くと考えられる。そのため，勉強の方向性としては，まずは，労働基準法にターゲットを絞り，過去問を参考にしながら，何度も出題されている項目については，特に，時間，日数，年数，比率，人数などの数字の情報に着目して覚えておくことが重要である。そのうえで，ほかの法規については，各種参考書等で基本とされる分野について学習していくとよい。

平成27年度第25問で労働保険，社会保険の目的が出題されており，各法律の目的（第1条に書かれている内容）は最低限押さえておきたい。

また，平成30年以降，国が推進している「働き方改革」に関する法整備が進んで

451

Ⅱ．組織論

おり，それに関する改正点に関する問題が出されることが予想されるため，厚生労働省のホームページなどで改正点のポイントを確認しておくとよい。

　最終的に，5問中2問程度の正解を目指したい。

　その他の分野については，「深み」にはまる危険性もあるので，過去問の出題事項と参考書の基本事項を押さえるにとどめ，深入りはしないことが肝要である。ここに時間を費やすのであれば，他項目の学習を優先すべきであろう。

■取組状況チェックリスト

1．労働関連法規

労働基準法（労働時間）

問題番号	ランク	1回目		2回目		3回目	
令和元年度　第22問	A	/		/		/	
平成29年度　第27問	A	/		/		/	
平成28年度　第23問	A	/		/		/	
平成25年度　第20問	A	/		/		/	
平成23年度　第21問	A	/		/		/	

労働基準法（割増賃金）

問題番号	ランク	1回目		2回目		3回目	
平成30年度　第25問	A	/		/		/	
平成28年度　第24問	A	/		/		/	
平成23年度　第25問	C*	/		/		/	
平成22年度　第19問	A	/		/		/	

労働基準法（解雇制限）

問題番号	ランク	1回目		2回目		3回目	
平成29年度　第25問	A	/		/		/	
平成24年度　第24問	A	/		/		/	
平成23年度　第24問	A	/		/		/	
平成22年度　第20問	A	/		/		/	

第 3 章　人的資源管理

労働基準法（就業規則）

問題番号	ランク	1 回目		2 回目		3 回目	
平成 30 年度　第 26 問	A	／		／		／	
平成 30 年度　第 27 問	B	／		／		／	
平成 29 年度　第 24 問	C*	／		／		／	
平成 27 年度　第 23 問	C*	／		／		／	
平成 26 年度　第 23 問	B	／		／		／	
平成 22 年度　第 22 問	C*	／		／		／	

労働基準法（その他）

問題番号	ランク	1 回目		2 回目		3 回目	
令和元年度　第 24 問	A	／		／		／	
平成 30 年度　第 24 問	A	／		／		／	
平成 29 年度　第 26 問	A	／		／		／	
平成 28 年度　第 22 問	A	／		／		／	
平成 25 年度　第 21 問	C*	／		／		／	
平成 25 年度　第 22 問	B	／		／		／	
平成 24 年度　第 22 問	C*	／		／		／	

労働安全衛生法，労働者災害補償保険法

問題番号	ランク	1 回目		2 回目		3 回目	
令和元年度　第 23 問	B	／		／		／	
平成 28 年度　第 25 問	B	／		／		／	
平成 27 年度　第 24 問	B	／		／		／	
平成 23 年度　第 23 問	B	／		／		／	

労働保険・社会保険

問題番号	ランク	1 回目		2 回目		3 回目	
令和元年度　第 25 問	C*	／		／		／	
平成 27 年度　第 25 問	B	／		／		／	
平成 26 年度　第 24 問	B	／		／		／	
平成 24 年度　第 21 問	C*	／		／		／	
平成 22 年度　第 18 問	C*	／		／		／	

Ⅱ．組織論

その他の法規

問題番号	ランク	1回目		2回目		3回目	
平成 26 年度 第 25 問	C *	/		/		/	
平成 24 年度 第 20 問	C *	/		/		/	
平成 24 年度 第 23 問	C *	/		/		/	
平成 23 年度 第 22 問	C *	/		/		/	
平成 22 年度 第 21 問	C *	/		/		/	

＊ランク C の問題と解説は，「過去問完全マスター」の HP（https://jissen-c.jp/）よりダウンロードできます。

第3章　人的資源管理

労働基準法 （労働時間）	ランク	1回目	2回目	3回目
	A	/	/	/

■令和元年度　第22問

「働き方改革」の一環として改正された労働基準法の第39条に定められた年次有給休暇に関する記述として，最も適切なものはどれか。

ア　使用者は，年次有給休暇を10労働日以上付与される労働者に，付与した基準日から1年以内に5日について，時季指定して年次有給休暇を取得させなければならないが，既に5日以上の年次有給休暇を請求・取得している労働者に対しては，時季指定をする必要はない。

イ　使用者は，雇入れの日から起算して6か月間継続勤務し，全労働日の8割以上出勤した週所定労働日数が5日である労働者に10労働日の年次有給休暇を付与しなければならないが。8割未満である者に対してはその出勤日数に比例した日数の年次有給休暇を付与しなければならない。

ウ　使用者は，要件を満たした労働者に年次有給休暇を付与しなければならないが，労働基準法第41条に定められた監督若しくは管理の地位にある者又は機密の事務を取り扱う者は，この対象から除かれる。

エ　使用者は，労働者本人が時季を指定して年次有給休暇の取得を請求した場合，事業の正常な運営を妨げる場合であっても，これを変更することができない。

455

Ⅱ．組織論

解答	ア

■解説

「働き方改革」における年次有給休暇に関する問題である。

「働き方改革」は，働く人がそれぞれの事情に応じた多様な働き方を選択できる社会を実現するために国が推進している。長時間労働の是正，多様で柔軟な働き方の実現，雇用形態にかかわらない公正な待遇の確保のための措置を講じている。

ア：適切である。「働き方改革」に伴う労働基準法の改正（2019年4月1日施行）により，使用者は，法定の年次有給休暇付与日数が10労働日以上付与されている労働者に対し，年次有給休暇を付与した日（基準日）から1年以内に5日について，「労働者自らの請求・取得」，「計画年休」および「使用者により時季指定」のいずれかの方法で労働者に5日以上の年次有給休暇を取得させる必要がある。ただ，労働者が自ら請求・取得した年次有給休暇の日数や，労使協定で計画的に取得日を定めて与えた年次有給休暇の日数（計画年休）については，その日数分を時季指定義務が課される年5日から控除するとしているため，既に5日以上の年次有給休暇を請求・取得している労働者に対しては，時季指定をする必要はない。

イ：不適切である。労働基準法第39条第1項において「使用者は，その雇入れの日から起算して6か月間継続勤務し全労働日の8割以上出勤した労働者に対して，継続し，又は分割した10労働日の有給休暇を与えなければならない」としており，8割未満である者に対しては付与する必要はない。

ウ：不適切である。労働基準法第41条において，「事業の種類にかかわらず監督若しくは管理の地位にある者又は機密の事務を取り扱う者は労働時間，休憩及び休日に関する規定は，適用しない」としているため，対象となる労働者についても，年次有給休暇に関する規定は適用される。

エ：不適切である。労働基準法第39条第5項において，「使用者は，前各項の規定による有給休暇を労働者の請求する時季に与えなければならない。ただし，請求された時季に有給休暇を与えることが事業の正常な運営を妨げる場合においては，他の時季にこれを与えることができる」としており，使用者は，労働者本人が時季を指定して年次有給休暇の取得を請求した場合，事業の正常な運営を妨げる場合は，これを変更することができる。

よって，アが正解である。

第3章　人的資源管理

労働基準法 （労働時間）	ランク	1回目	2回目	3回目
	A	／	／	／

■平成 29 年度　第 27 問

　労働基準法に定める変形労働時間制および裁量労働制に関する記述として，最も適切なものはどれか。

ア　使用者は，1 か月単位の変形労働時間制を採用した場合において，変形期間が開始した後に，労働基準監督署に届け出た労働日並びに始業及び終業の時刻と異なる日時に労働させた場合であっても，結果として，変形期間を平均して週 40 時間の範囲内で労働させていれば，残業代を支払う必要はない。

イ　使用者は，1 年単位の変形労働時間制を採用した場合において，対象期間が開始した後に，労使協定で定めた労働日並びに始業及び終業の時刻と異なる日時に労働させた場合であっても，結果として，1 日 10 時間，1 週 52 時間の範囲内で労働させていれば，残業代を支払う必要はない。

ウ　専門業務型裁量労働制については，適用される労働者の個別の同意を得ることは要件とされていないが，企画業務型裁量労働制については，適用される労働者の個別の同意を得なければならない。

エ　フレックスタイム制は，始業及び終業の時刻の両方を労働者の決定に委ねることを要件としておらず，始業時刻又は終業時刻の一方についてのみ労働者の決定に委ねるものも含まれる。

457

Ⅱ. 組織論

解答	ウ

■解説

労働基準法における変形労働時間制および裁量労働制に関する問題である。

ア：不適切である。使用者は，1か月単位の変形労働時間制を採用する場合，労使協定，就業規則などであらかじめ労働時間を決めておくことが義務付けられており，たとえ変形期間を平均して週40時間の範囲内で労働させていたとしても，労働基準監督署に届け出た労働日並びに始業及び終業の時刻と異なる日時で労働させた場合は，その分の残業代を支払わなくてはならない。

イ：不適切である。使用者は，1年単位の変形労働時間制を採用した場合においても，労使協定，就業規則などであらかじめ労働時間を決めておくことが義務付けられており，たとえ1日10時間，1週52時間の範囲内で労働させていても，労使協定で定めた労働日並びに始業及び終業の時刻と異なる日時に労働させた場合は，その分の残業代を支払わなくてはならない。

ウ：適切である。専門業務型裁量労働制とは，業務の性質上，業務を大幅に労働者の裁量にゆだねる必要がある場合に，厚生労働省令及び厚生労働大臣告示によって定められた業務の中から，対象となる業務を労使で定め，労働者を実際にその業務に就かせた場合，労使であらかじめ定めた時間働いたものとみなす制度である。この制度が適用される労働者の個別の同意を得ることは要件とされていない。企画業務型裁量労働制とは，企画，立案，調査，分析の業務において，時間配分を労働者にゆだねることができる。ただし，この制度の導入には，適用される労働者の個別の同意を得なければならない。

エ：不適切である。フレックスタイム制は，始業及び終業の時刻の両方を労働者の決定に委ねることを要件としている。始業時刻又は終業時刻の一方についてのみ労働者の決定に委ねるものは，フレックス制度として導入はできない。

よって，ウが正解である。

第 3 章　人的資源管理

労働基準法 （労働時間）	ランク	1回目	2回目	3回目
	A	／	／	／

■平成 28 年度　第 23 問

労働基準法における労働時間，休憩・休日に関する記述として，最も適切なものは
どれか。

ア　使用者は，労働時間が連続 8 時間を超える場合においては少なくとも 1 時間
　　の休憩時間を労働時間の途中に与えなければならず，労働時間が連続 12 時
　　間を超える場合には少なくとも 1 時間 30 分の休憩時間を労働時間の途中に
　　与えなければならない。

イ　使用者は，所定労働時間が 5 時間である労働者に 1 時間の時間外労働を行わ
　　せたときは，少なくとも 45 分の休憩時間を労働時間の途中に与えなければ
　　ならない。

ウ　使用者は，労働者に対して，4 週間を通じ 4 日以上の休日を与え，その 4 週
　　間の起算日を就業規則その他これに準じるものにおいて明らかにしていると
　　きには，当該労働者に，毎週 1 回の休日を与えなくてもよい。

エ　労働時間に該当するか否かは，労働者の行為が使用者の指揮命令下に置かれ
　　たものと評価することができるか否かにより客観的に定まるものではなく，
　　労働契約，就業規則，労働協約等の定めのいかんにより決定されるべきもの
　　である。

459

Ⅱ．組織論

解答	ウ

■解説

労働基準法における，労働時間，休憩，および，休日に関する問題である。

ア：不適切である。労働基準法第34条では，「使用者は，労働時間が6時間を超える場合においては少くとも45分，8時間を超える場合においては少くとも1時間の休憩時間を労働時間の途中に与えなければならない」とされている。したがって12時間を超える場合では，休憩時間は1時間である。

イ：不適切である。使用者が所定労働時間5時間である労働者に1時間の時間外労働を行わせたとき，その労働者の総労働時間は6時間となり，労働時間が6時間を超えていないため，前述のとおり労働基準法上は，休憩時間を与えなくてもよい。

ウ：適切である。労働基準法第35条第1項では，「使用者は，労働者に対して，毎週少くとも一回の休日を与えなければならない」と定めているが，第35条第2項では，「前項の規定は，四週間を通じ四日以上の休日を与える使用者については適用しない」としている。また，労働基準法施行規則の第12条の2の第2項では，「使用者は，法第35条第2項の規定により労働者に休日を与える場合には，就業規則その他これに準ずるものにおいて，四日以上の休日を与えることとする四週間の起算日を明らかにするものとする」としており，設問の内容は正しい。

エ：不適切である。労働基準法第32条でいう労働時間は，客観的に見て労働者の行為が使用者の指揮命令下に置かれたものを評価できるか否かによって定まるものである。労働契約，就業規則，労働協約などである行為を指揮命令下にある状況で労働時間に含めないと定めても，その定めのいかんで決定されるものではない。したがって，不適切である。

よって，ウが正解である。

460

第3章　人的資源管理

労働基準法 （労働時間）	ランク	1回目		2回目		3回目	
	A	／		／		／	

■平成 25 年度　第 20 問

　昭和 63 年の労働基準法の改正時に大幅な労働時間の弾力化が図られたが，その後，経済社会の発展に対応して，弾力的な労働時間制度が拡充されてきた。弾力的な労働時間制度に関する記述として，最も適切なものはどれか。

ア　企画業務型裁量労働制は，重要な事業方針等を決定する事業場において，事業運営に係る企画，立案，調査及び分析の業務に従事するホワイトカラー労働者に適用されるが，対象者が一定の年収以上の者に限定されているため，あまり普及していない。

イ　専門業務型裁量労働制を新たに導入するためには，事業場の労働者の過半数で組織された労働組合又は労働者の過半数を代表する者との間で労使協定を締結し，かつ，対象業務に従事する労働者の同意を得ることが必要である。

ウ　フレックスタイム制は，就業規則等で 1 カ月以内の一定の期間の総労働時間を定めておき，労働者はその総労働時間の範囲内で，各日の始業又は終業の時刻を選択して働くという労働時間制度であり，時差出勤（時差勤務）もその一種である。

エ　労働者が自宅で情報通信機器を用いて業務を行う，いわゆる「在宅勤務」についても，当該業務が起居寝食等私生活を営む自宅で行われ，かつ当該通信機器が使用者の指示によって常時通信可能な状態におかれておらず，また，当該業務が随時使用者の具体的な指示に基づいて行われていない場合には，事業場外のみなし労働時間制を適用することができる。

461

Ⅱ．組織論

解答	エ

■解説

　経済社会の発展に伴って，多種多様な働き方が行われるようになってきた。そのため，それに合わせて，労働時間制度の弾力的な改正が行われている。本問題で出題されている用語について意味を押さえておきたい。

ア：不適切である。企画業務型裁量労働制は，重要な事業方針等を決定する事業場において，事業運営に係る企画，立案，調査及び分析の業務に従事するホワイトカラー労働者に適用されるが，対象者が一定の年収以上の者に限定されてはいない。

イ：不適切である。専門業務型裁量労働制を新たに導入するためには，事業場の労働者の過半数で組織された労働組合又は労働者の過半数を代表する者との間で労使協定を締結する必要はあるが，対象業務に従事する労働者の同意を得る必要はない。なお，企画業務型裁量労働制は労働者の同意が必要である。

ウ：不適切である。フレックスタイム制は，就業規則等で1カ月以内の一定の期間の総労働時間を定めておき，労働者はその総労働時間の範囲内で，各日の始業又は終業の時刻を選択して働くという労働時間制度である。しかし，時差出勤（時差勤務）は，「勤務時間選択制」のひとつであり，企業が決めた標準の勤務時間帯の枠内で，出勤・退社の時間を働く人が決めることができる制度である。フレックスタイム制との大きな違いは1日の実働時間が決められている点である。

エ：適切である。労働者が自宅で情報通信機器を用いて業務を行う，いわゆる「在宅勤務」について，厚生労働省は，「在宅勤務での適正な労働時間管理の手引」の中で，(1)当該業務が起居寝食等私生活を営む自宅で行われる。(2)当該通信機器が使用者の指示によって常時通信可能な状態におかれていない。(3)当該業務が随時使用者の具体的な指示に基づいて行われていない。以上の3条件を満たす場合には，事業場外のみなし労働時間制を適用することができる。とした。設問の内容がこれらの条件と合致しているため，適切である。

　よって，エが正解である。

462

第3章　人的資源管理

労働基準法 （労働時間）	ランク	1回目		2回目		3回目	
	A	／		／		／	

■平成 23 年度　第 21 問

　時間外・休日労働に関する労使協定（以下「三六協定」という。）に関する記述と
して，最も不適切なものはどれか。

　ア　三六協定（労働協約による場合を除く。）の有効期間に関する法令上の定め
　　　はないが，行政通達では，有効期間を 1 年間とすることが望ましいとされて
　　　いる。

　イ　三六協定の有効期間中に労使いずれかから一方的な協定破棄の申し入れをし
　　　ても，他方がこれに応じないときは，当該協定の効力には影響がない。

　ウ　事業場の労働者の過半数で組織された労働組合との間で締結された三六協定
　　　に，労使両当事者の署名又は記名押印があればその協定は労働協約となるが，
　　　その効力は，当該組合の組合員だけでなく，当該事業場の全労働者に及ぶ。

　エ　特別条項付き三六協定を定める場合，特別の事情があるときは限度時間を超
　　　えて労働させることができるが，その長さと回数には上限が定められている。

463

Ⅱ. 組織論

解答	エ

■解説

　労働基準法では，原則として労働時間は1日8時間，1週間40時間を超えて労働させること（いわゆる「残業」）を禁止している（違反した場合，刑罰がある）。しかし，三六協定を労使で締結した場合，残業をさせても刑罰が免罪されるのである。本問は，その三六協定に関する難易度の高い問題である。今後は，ここで出題されたことは押さえ，それ以上は深追いしないことが重要である。

ア：適切である。三六協定を締結する際は，有効期間の定め（労働協約による場合を除く）について定めなければならない。ただし，有効期間の長さについては法令上の定めがなく，その長さは労使間で決めることになっている。ただし，長い間同じ内容で拘束させることは望ましくないため，行政通達では「有効期間を1年間とすることが望ましい」としている（平11.3.31基発169号）。

イ：適切である。本肢の内容は，行政通達に定めがある（昭23.9.20基収2640号，昭63.3.14基発150号，平11.3.31基発168号）。そもそも，労使協定は労使の合意で締結されるものであり，労使協定に特別の定めがなければ，一方的に破棄はできないと解さなければならない。

ウ：適切である。三六協定は，労働者の過半数で組織する労働組合がある場合には，その労働組合と締結しなければならない。その場合，その労働組合は全従業員の立場を代表することになるので，その効力は組合員以外の当該事業場の全労働者に及ぶ。

エ：不適切である。原則として，三六協定では，労働時間の延長についての「限度時間」が定められている（平成10年労働省告示154号）。ただし，「特別な事情」がある場合，その限度時間を超えた労働時間の延長をすることができる。その際は，事前に特別条項付き三六協定を締結する必要があるが，その長さと回数には上限がなく，労使間で定めることになっている。なお，「特別の事情」は一時的または突発的であること，全体として1年の半分を超えないことが見込まれることが必要であり，具体的にその内容を定める必要がある。

　よって，エが正解である。

464

第 3 章　人的資源管理

労働基準法 （割増賃金）	ランク	1 回目	2 回目	3 回目
	A	／	／	／

■平成 30 年度　第 25 問

労働基準法に定める割増賃金に関する記述として，最も適切なものはどれか。

ア　管理監督者を深夜に労働させた場合，通常の労働時間の賃金の計算額の 2 割
　　5 分以上の率で計算した割増賃金を支払わなければならない。

イ　契約社員を年俸制で雇用する場合，年俸額が通常の労働時間の賃金に相当す
　　る部分と時間外労働による割増賃金に相当する部分とに明確に区分されてい
　　るケースでは，時間外労働の時間にかかわらず，年俸の月割額とは別に割増
　　賃金を支払う必要はない。

ウ　毎週日曜日と土曜日を休日とする完全週休 2 日制の企業の場合，日曜日と土
　　曜日のどちらの休日労働についても割増賃金率を 3 割 5 分以上としなければ，
　　労働基準法違反となる。

エ　割増賃金の算定基礎から除外される賃金は，①家族手当，②通勤手当，③別
　　居手当，④子女教育手当，⑤住宅手当，⑥臨時に支払われた賃金，⑦ 1 カ月
　　を超える期間ごとに支払われる賃金の 7 種類のみであり，実際に支払われて
　　いる手当がこの 7 種類に該当するかどうかは，その名称により判断すること
　　になる。

465

Ⅱ．組織論

解答	ア

■解説

労働基準法に定める割増賃金に関する問題である。

ア：適切である。労働基準法第37条では，「使用者が，第33条又は前条第1項の規定により労働時間を延長し，又は休日に労働させた場合においては，その時間又はその日の労働については，通常の労働時間又は労働日の賃金の計算額の二割五分以上五割以下の範囲内でそれぞれ政令で定める率以上の率で計算した割増賃金を支払わなければならない」としている。また，管理監督者に関しては，労働基準法第41条で，「この章，第6章及び第6章の2で定める労働時間，休憩及び休日に関する規定は，次の各号の一に該当する労働者については適用しない」となっており，また，その第2項では，「事業の種類にかかわらず監督若しくは管理の地位にある者又は機密の事務を取り扱う者」となっているため，適用されないとも読めるが，管理監督者であっても，深夜業（22時から翌日5時まで）の割増賃金の支払い，年次有給休暇については一般労働者と同様に与える必要がある，とされており，その部分は一般労働者と同様に適用される。

イ：不適切である。年俸制であろうとも，前述した労働基準法第41条に規定する管理監督者などを除いて，労働基準法で定める労働時間を超えて労働させるときは同法第37条に基づき，時間外労働として割増賃金を支払わなければならない。したがって，年俸額が通常の労働時間の賃金に相当する部分と時間外労働による割増賃金に相当する部分とに明確に区分されているケースでも，法定労働時間を超えている場合には，割増賃金を支払う必要がある。

ウ：不適切である。労働基準法第37条第1項の時間外及び休日の割増賃金に係る率の最低限度を定める政令において，「内閣は，労働基準法（昭和22年法律第49号）第37条第1項の規定に基づき，この政令を制定する。労働基準法第37条第1項の政令で定める率は，同法第33条又は第36条第1項の規定により延長した労働時間の労働については2割5分とし，これらの規定に

より労働させた休日の労働については3割5分とする」とされており、法定休日に関しては、割増賃金率を3割5分以上としなければならない。ただ、労働基準法第35条の第1項では、「使用者は、労働者に対して、毎週少なくとも一回の休日を与えなければならない」また、第2項では、「前項の規定は、四週間を通じ四日以上の休日を与える使用者については適用しない」とされているため、毎週日曜日と土曜日を休日とする完全週休2日制の企業の場合、日曜日と土曜日のうち、1日の割増賃金率を3割5分以上にする必要はあるものの、もう1日については、労働基準法上では3割5分以上にする必要はない。

エ：不適切である。割増賃金の算定基礎から除外される賃金は、①家族手当、②通勤手当、③別居手当、④子女教育手当、⑤住宅手当、⑥臨時に支払われた賃金、⑦1カ月を超える期間ごとに支払われる賃金の7種類のみである、という記述は正しい。ただ、実際に支払われている手当がこの7種類に該当するかどうかは、その名称により判断するのではなく、その実質によって取り扱うべきものとされている（昭和22年9月13日基発第17号）。たとえば、家族手当に該当する手当を別の名称（たとえば「生活手当」）で呼んでいたとしても、その手当が実質的に家族手当に該当するのであれば、割増賃金の算定基礎から除外される。

よって、アが正解である。

Ⅱ．組織論

労働基準法 (割増賃金)	ランク	1回目		2回目		3回目	
	A	/		/		/	

■平成 28 年度　第 24 問

　X 社では，営業所員の雇用管理について，営業所長に一定の権限を委ねている。以下は，人事部が複数の営業所長から報告を受けた案件処理である。労働法規上，<u>最も不適切なもの</u>はどれか。

　ア　営業所で新たにアルバイトを採用することにしたが，人件費予算も限られているため，日本よりも物価水準の低い国から来日している留学生を採用することにし，時給は 600 円と定めた。

　イ　営業所では，繁忙期の業務処理をパートタイマーやアルバイトで賄っているが，所定労働時間 1 日 8 時間，所定労働日数週 5 日勤務を契約内容とするアルバイト（変形労働時間制，変形休日制はいずれも採用していないものとする）を，1 日 8 時間，週 6 日間働かせた場合，所定労働日数を超えた日の労働時間について割増賃金を支払った。

　ウ　月末退職予定の営業所員が，「引継ぎ等があるために，有給休暇を消化できないから，残存有給休暇を買い上げてほしい」と言ってきた。実際，この者の業務引継ぎは営業所としても重要であり，この期間に休まれては困るので，この申し出には応じることにした。

　エ　先日，地元のハローワークに同業種の営業職経験者の求人を出したが，同業種経験者は採用できず，異業種の若手営業経験者を採用内定した。その者が勤務開始後に，「内定時に示された給与額が求人票の額を下回っているのは違法だ」と言ってきたが，本人に提示額の根拠説明をし，求人票の額を下回る給与を支払った。

468

第3章　人的資源管理

解答	ア

■解説

　雇用管理に関する問題である。労働基準法とその関連法に関する知識を問われている。

ア：不適切である。最低賃金法4条において，「使用者は，最低賃金の適用を受ける労働者に対し，その最低賃金額以上の賃金を支払わなければならない」と定めている。労働者とは労働基準法第9条において，「職業の種類を問わず，事業又は事務所（以下「事業」という）に使用される者で，賃金を支払われる者をいう」と定義されており，日本よりも物価水準の低い国から来日している留学生も最低賃金法における労働者として扱われる。最低賃金の額は，平成27年度において都道府県によって違いはあるが，最低でも地域別最低賃金が時給693円，特定最低賃金が時給678円となっており，600円はそのいずれより金額が低いので，最低賃金法違反となる。

イ：適切である。労働基準法第37条第1項において，「使用者が，第33条又は前条第1項の規定により労働時間を延長し，又は休日に労働させた場合においては，その時間又はその日の労働については，通常の労働時間又は労働日の賃金の計算額の2割5分以上5割以下の範囲内でそれぞれ政令で定める率以上の率で計算した割増賃金を支払わなければならない。ただし，当該延長して労働させた時間が1箇月について60時間を超えた場合においては，その超えた時間の労働については，通常の労働時間の賃金の計算額の5割以上の率で計算した割増賃金を支払わなければならない」としており，所定労働時間1日8時間，所定労働日数週5日勤務を契約内容とするアルバイトを，1日8時間，週6日間働かせた場合，所定労働日数を超えた日の労働時間について割増賃金を支払わなくてはならない。

ウ：適切である。行政解釈（昭和30年11月30日基収第4718号）において，「年次有給休暇の買上げの予約をし，これに基づいて法第39条の規定により請求し得る年次有給休暇の日数を減じ，ないし請求された日数を与えないこ

469

Ⅱ．組織論

とは，法第39条の違反である」としており，有給休暇の買取は労働基準法違反である。ただし，定年や辞職などによって退職する人については，退職後に年休の権利を行使できないと考えられるため，退職時に未消化である年休を買い上げることは差し支えないとされている。

エ：適切である。労働基準法の第15条において，「使用者は，労働契約の締結に際し，労働者に対して賃金，労働時間その他の労働条件を明示しなければならない」とされているが，厚生労働省のHPに掲載されている「労働基準法に関するQ＆A」には，「この条文で言う労働条件の明示とは労働者個々人に対して書面で明示される労働条件のことです。つまり，求人誌やハローワークに掲載されている求人票はあくまでも募集の際に提示する労働条件の目安であり，労働基準法第15条で定める労働条件の明示には該当しません」と書かれており，求人票の内容は個別の労働条件の明示とはみなさないため，違法とはいえない。

よって，アが正解である。

第 3 章　人的資源管理

労働基準法 （割増賃金）	ランク	1回目	2回目	3回目
	A	／	／	／

■平成 22 年度　第 19 問

割増賃金に関する記述として，最も不適切なものはどれか。

ア　休憩時間を除き，1 日 8 時間を超えて労働させた場合には，2 割 5 分増以上
　　の割増賃金を支払わなければならない。

イ　法定休日を上回って設けられた所定休日に労働させた場合には，3 割 5 分増
　　以上の割増賃金を支払わなければならない。

ウ　法定時間外労働が午後 10 時以降（翌午前 5 時まで）に及んだときは，その
　　時間に対して 5 割増以上の割増賃金を支払わなければならない。

エ　労働者を 1 カ月に 60 時間を超えて法定時間外労働をさせた場合には，その
　　超えた時間について，5 割増以上の割増賃金を支払わなければならない。

Ⅱ. 組織論

解答	イ

■解説

　割増賃金に関する出題であるが，かなり細かい論点が問われており，難問といえよう。

　ア：適切である。法定労働時間（8時間）を超えて労働させた場合には，2割5分増以上の割増賃金を支払わなければならない。

　イ：不適切である。法定休日とは，労働基準法で定められた休日をいい，使用者は労働者に対して最低でも週に1回，もしくは4週間に4回休日を取得させなければならないと規定されている。所定休日とは，使用者が定める休日をいう。たとえば，週休2日制であれば，1日は法定休日，あとの1日は所定休日となる。3割5分増以上の割増賃金を支払わなければならないのは，法定休日に労働させた場合であり，本問のように法定休日を上回って設けられた所定休日に労働させた場合は通常の時間外労働と同じ扱いとなり，2割5分増以上の割増賃金を支払えばよい。

　ウ：適切である。法定時間外労働が午後10時以降（翌午前5時まで）に及んだときは，その時間に対して5割増以上（時間外労働の割増賃金率2割5分以上＋深夜労働の割増賃金率2割5分以上）の割増賃金を支払わなければならない。

　エ：適切である。労働者保護の観点から労働基準法が改正され，平成22年4月1日より施行された規定である。労働者を1カ月に60時間を超えて法定時間外労働をさせた場合には，その超えた時間について，5割増以上の割増賃金を支払わなければならないこととなった。なお，中小企業（中小企業基本法の定義と同義）に該当する場合は，当分の間，この適用は猶予されている。

　よって，イが正解である。

第3章　人的資源管理

労働基準法 （解雇制限）	ランク	1回目	2回目	3回目
	A	／	／	／

■平成 29 年度　第 25 問

解雇に関する記述として，最も適切なものはどれか。

ア　会社が定める試用期間中の労働者については，労働基準法第 20 条に定める
　　解雇予告に関する規定は適用されることはない。

イ　使用者は，労働者を解雇しようとする場合においては，少なくとも 30 日前
　　の予告をしなければならないが，労働者側からする任意退職についても，就
　　業規則その他に別段の定めがない場合には，少なくとも 30 日前の予告が必
　　要である。

ウ　日々雇い入れられる者については，その後引き続き使用されるに至った場合
　　でも，労働基準法第 20 条に定める解雇予告に関する規定が適用されること
　　はない。

エ　労働者の責に帰すべき事由により，使用者が労働者を即時解雇する意思表示
　　をし，当日所轄労働基準監督署長に解雇予告除外認定の申請をして翌日以降
　　その認定を受けたときでも，その即時解雇の効力は，使用者が即時解雇の意
　　思表示をした日に発生する。

473

Ⅱ. 組織論

解答	エ

■解説

解雇に関する問題である。

ア：不適切である。労働基準法第21条4号では，「試の使用期間中の者」には，
労働基準法第20条に定める解雇予告に関する規定は適用されることはない
としているが，「第4号に該当する者が十四日を超えて引き続き使用される
に至った場合においては，この限りでない」とも書かれており，試用期間中
のすべての労働者に適用されないわけではない。

イ：不適切である。労働基準法第20条では，「使用者は，労働者を解雇しようと
する場合においては，少なくとも30日前にその予告をしなければならない」
とされており，前半部分は正しい。ただし，民法第627条では，「当事者が
雇用の期間を定めなかったときは，各当事者は，いつでも解約の申入れをす
ることができる。この場合において，雇用は，解約の申入れの日から二週間
を経過することによって終了する」としており，労働者側からする任意退職
については，就業規則その他に別段の定めがない場合には，30日前の予告
は必要ない。

ウ：不適切である。労働基準法第21条1号では，「日々雇い入れられる者」には，
労働基準法第20条に定める解雇予告に関する規定は適用されることはない
としているが，「第1号に該当する者が1箇月を超えて引き続き使用される
に至った場合においては，この限りでない」とも書かれており，日々雇い入
れられる者のすべての労働者に適用されないわけではない。

エ：適切である。昭和63年3月14日の基発150号労働基準法関係解釈例規によ
ると，労働者の責に帰すべき事由により，使用者が労働者を即時解雇する意
思表示をし，当日所轄労働基準監督署長に解雇予告除外認定の申請をして翌
日以降その認定を受けたときでも，その即時解雇の効力は，使用者が即時解
雇の意思表示をした日に発生するとしている。

よって，エが正解である。

474

第 3 章 人的資源管理

労働基準法 （解雇制限）	ランク	1 回目		2 回目		3 回目	
	A	／		／		／	

■平成 24 年度 第 24 問

試用期間と解雇に関する記述として，最も不適切なものはどれか。

ア 契約期間を 1 年間とする有期労働契約においても，最初の 3 カ月間を試用期間と定めた場合に，本採用にふさわしくないと認められるときは，試用期間満了時に本採用しないこととすることができる。

イ 試用期間中であっても，雇入れから 14 日を超えた後に解雇する場合には，解雇予告除外認定を受けた場合を除き，少なくとも 30 日前にその予告をするか，30 日分以上の平均賃金を支払わなければならない。

ウ 試用期間満了時の本採用拒否は，解雇に当たる。

エ 労働基準法上の「試の使用期間」（試用期間）は 14 日間とされているが，この期間中は，解雇権濫用法理は適用されず，労働者を自由に解雇することができる。

475

Ⅱ．組織論

解答	エ

■解説
　試用期間と解雇に関する出題である。労働基準法，労働契約法，判例の理解が問われている。

　ア：適切である。試用期間は解約（解雇）権付きの労働契約が成立しているとされ，通常の解雇より広い範囲における解雇の自由が認められる。そこで，どのような場合に解雇できるかが問題となるが，解約権の行使は，試用期間中の勤務状態等により引き続き企業に雇用しておくことが適当でないと判断することに合理的な理由がある場合に限られる（三菱樹脂事件，最高裁大法廷昭和 48 年 12 月 12 日判決）。有期労働契約においても同様であり，本問では「本採用にふさわしくないと認められる」ときであるので，試用期間満了時に本採用しないこととすることができると解される。

　イ：適切である。通常，普通解雇をするときは，少なくとも 30 日前にその予告（解雇予告）をするか，30 日分以上の平均賃金（解雇予告手当）を支払うが，試用期間中の者は雇入れから 14 日以内であれば解雇予告もしくは解雇予告手当の支払いは不要である。したがって，雇入れから 14 日を超えた後に解雇する場合には，通常の解雇予告手続が必要である。

　ウ：適切である。試用期間は解約（解雇）権付きの労働契約が成立している。したがって，試用期間満了時の本採用拒否は解約（解雇）権が行使されたものとされるので，解雇に当たる。

　エ：不適切である。労働基準法上の「試の使用期間（試用期間）」は 14 日間であるが，その期間中は解約（解雇）権付きの労働契約が成立している。通常の解雇より広い範囲における解雇の自由が認められているが，完全に自由に解雇できるわけではない。解約権の行使は，試用期間中の勤務状態等により引き続き企業に雇用しておくことが適当でないと判断することに合理的な理由がある場合に限られる。解雇に合理的な理由が無い場合は，解雇権を濫用したものとしてその解雇は無効となる（労働契約法第 16 条）。

　よって，エが正解である。

476

第3章　人的資源管理

労働基準法 （解雇制限）	ランク	1回目	2回目	3回目
	A	／	／	／

■平成 23 年度　第 24 問　改題

解雇（雇止めを含む。）に関する記述として，最も不適切なものはどれか。

ア　期間の定めのある労働契約を締結した場合は，やむを得ない事由がある場合でなければ，その労働契約が満了するまでの間は労働者を解雇することができない。

イ　65 歳定年制の場合に，定年退職者を再雇用しない場合には，解雇予告が必要になる。

ウ　有期労働契約（30 日未満の有期契約を除く。）を 3 回以上更新し，又は雇入れの日から起算して 1 年を超えて継続勤務している場合に，当該契約を更新しないこととしようとするときは，使用者は，少なくとも当該契約の期間の満了する日の 30 日前までに，当該労働者にその旨予告しなければならない。ただし，あらかじめ更新しない旨が明示されている場合はこの限りではない。

エ　労働契約で試用期間を 3 か月間と定めた場合にも，解雇予告なしに即時解雇することができるのは，行政官庁の認定を受けた場合を除き，雇入れの日から 2 週間以内に限られる。

477

Ⅱ. 組織論

解答	イ

■解説

　雇止めを含む解雇についての出題であるが，厚生労働省告示など細かな部分が問われており，社会保険労務士試験レベルの難問である。

　　ア：適切である。契約期間に定めのある労働者については，やむを得ない事由がある場合でなければ，契約期間が満了するまでの間において労働者を解雇することができない。なお，裁判例によれば，契約の形式が有期労働契約であっても，期間の定めのない契約と実質的に異ならない状態に至っている契約である場合や，反復更新の実態，契約締結時の経緯等から雇用継続への合理的期待が認められる場合は，解雇に関する法理の類推適用等がされる場合があるとされている。

　　イ：不適切である。一般的に定年制は，定年に達したときに労働契約が自動的に終了する制度であり，「解雇」（契約の解除）にあたらない。したがって，解雇予告も不要である。ただし，65歳未満の定年制の場合などは，解雇予告が必要な場合もある。

　　ウ：適切である。「有期労働契約の締結，更新及び雇止めに関する基準」（平成20年厚生労働省告示第12号）に定められている。有期労働契約（期間を定めて締結された労働契約）については，契約更新の繰り返しにより，一定期間雇用を継続したにもかかわらず，突然，契約更新をせずに期間満了をもって退職させる等の，いわゆる「雇止め」をめぐるトラブルが大きな問題となっていたため，設けられた基準である。なお，労働契約法の改正により，5年間を超える反復更新で労働者の申し出により，期間の定めのない労働契約に転換されることも併せて押さえておきたい。

　　エ：適切である。試用期間中の労働者については，雇入れから14日以内であれば解雇予告は必要ない（労働基準法第21条第4号）。なお，行政官庁の認定とは，①天災事変その他やむを得ない事由のために事業の継続が不可能となった場合，②労働者の責に帰すべき事由に基づいて解雇する場合に，そのことについて所轄労働基準監督署長が認定することをいい，認定を受けた場合は解雇予告なしに即時解雇することができる。

　よって，イが正解である。

478

第3章 人的資源管理

労働基準法 (解雇制限)	ランク	1回目		2回目		3回目	
	A	／		／		／	

■平成 22 年度　第 20 問

雇用調整に関する記述として，最も適切なものはどれか。

ア　雇用調整のために希望退職を募集する場合には，平均賃金の 30 日分以上の
　　割増退職金を支払わなければならない。

イ　雇用調整のために新規学卒者の内定取消しを行う場合には，公共職業安定所
　　に届け出て許可を受けなければならない。

ウ　雇用調整のために操業を短縮し，労働者を一時的に休業（一時帰休）させた
　　ときは，公共職業安定所から助成金が支給されるが，支給要件や支給額は企
　　業規模による区別はない。

エ　雇用調整のために操業を短縮し，労働者を一時的に休業（一時帰休）させた
　　ときは，その休業期間中，当該労働者に平均賃金の 60％以上の休業手当を
　　支払わなければならない。

479

Ⅱ．組織論

解答	エ

■解説

雇用調整に関する総合問題であり，幅広い知識が要求されている。

ア：不適切である。「平均賃金の 30 日分以上の割増退職金を支払わなければならない」という規定はない。一般的に希望退職の場合は割増退職金を支払うことが多いが，退職金制度そのものがない企業もあり，対応は企業によって異なる。

イ：不適切である。新規学卒者の内定取消しを行う場合，公共職業安定所（ハローワーク）等に所定の様式で通知しなければならない（職業安定法施行規則第 35 条第 2 項）。あくまで「通知」で足り，「許可」までは規定されていない。なお，一定の要件に該当するときは，内定取消しを行った企業名を厚生労働大臣が公表できる（職業安定法施行規則第 17 条の 4）。

ウ：不適切である。雇用調整のために操業を短縮し，労働者を一時的に休業（一時帰休）させたときに，公共職業安定所から支給される助成金として，「雇用調整助成金」と「中小企業緊急雇用安定助成金」がある。このうち，「中小企業緊急雇用安定助成金」は中小事業主（中小企業基本法の中小企業者の定義と同じ）のみに支給される助成金であり，「雇用調整助成金」より支給率が高い。ゆえに，支給要件や支給額は企業規模による区別はある。

エ：適切である。労働基準法第 26 条では，使用者の責めに帰すべき事由により，労働者を休業させた場合は，休業させた所定労働日について，平均賃金の 6割以上の休業手当を支払わなければならないと規定している。

よって，エが正解である。

480

第3章　人的資源管理

労働基準法 （就業規則）	ランク	1回目	2回目	3回目
	A	／	／	／

■平成 30 年度　第 26 問

就業規則の作成や届け出，周知等に関する記述として，最も適切なものはどれか。

ア　常時 10 人以上の労働者を使用する事業場の使用者は，就業規則を作成した
　　場合，もしくはすでにある就業規則を変更した場合，14 日以内に所轄の労
　　働基準監督署長に届け出て，その承認を得なければならない。

イ　常時 10 人以上の労働者を使用する事業場の使用者は，その労働者のうち大
　　半がパートタイマーであっても，就業規則を定めて所轄の労働基準監督署長
　　に届け出なければならない。

ウ　使用者は，就業規則を作成した場合，常時事業場の見やすい場所に掲示する
　　方法では足りず，全労働者に配布する方法によって周知させなければならな
　　い。

エ　使用者は，就業規則を作成した場合，もしくはすでにある就業規則を変更し
　　た場合，労働者の過半数で組織する労働組合がある場合はその労働組合，な
　　い場合は労働者の過半数を代表する者の同意を得なければならない。

481

Ⅱ．組織論

解答	イ

■解説

就業規則の作成や届け出，周知等に関する問題である。

ア：不適切である。労働基準法第 89 条において，「常時 10 人以上の労働者を使用する使用者は，次に掲げる事項について就業規則を作成し，行政官庁に届け出なければならない」とされており，届け出る必要はあるが，特に期限は決まっていない。また，届け出のみであり，承認を得る必要もない。

イ：適切である。常時 10 人以上の労働者を使用する事業場の使用者は，その労働者のうち大半がパートタイマーであっても，常時使用しているとみなされる場合は就業規則を定めて所轄の労働基準監督署長に届け出なければならない。

ウ：不適切である。労働基準法第 106 条において，「使用者は，この法律及びこれに基づく命令の要旨，就業規則，（途中省略）を，常時各作業場の見やすい場所へ掲示し，又は備え付けること，書面を交付することその他の厚生労働省令で定める方法によって，労働者に周知させなければならない」としており，労働者に周知する必要がある。その方法については，労働基準法施行規則第 52 条の 2 において，「法第 106 条第 1 項の厚生労働省令で定める方法は，次に掲げる方法とする。1.常時各作業場の見やすい場所へ掲示し，又は備え付けること。2.書面を労働者に交付すること。3.磁気テープ，磁気ディスクその他これらに準ずる物に記録し，かつ，各作業場に労働者が当該記録の内容を常時確認できる機器を設置すること」とされているが，そのうちいずれかの方法で周知すればよく，常時事業場の見やすい場所に掲示する方法で周知されていれば，全労働者に配布する方法によって周知する必要はない。

エ：不適切である。労働基準法第 90 条において，「使用者は，就業規則の作成又は変更について，当該事業場に，労働者の過半数で組織する労働組合がある場合においてはその労働組合，労働者の過半数で組織する労働組合がない場合においては労働者の過半数を代表する者の意見を聴かなければならない」とされている。意見を聴く必要はあるが，同意を得なければならない，ということではない。

よって，イが正解である。

482

第 3 章　人的資源管理

労働基準法 （就業規則）	ランク	1 回目	2 回目	3 回目
	B	／	／	／

■平成 30 年度　第 27 問

　懲戒に関する記述として，最も適切なものはどれか。なお，本問におけるいずれの処分も，就業規則において明確に規定されている懲戒事由および処分内容に則してなされるものであることとする。

ア　過去に懲戒の対象となった行為について，重ねて懲戒することができる。

イ　自己都合によって退職した直後に，解雇に相当する懲戒事由が発覚した元従業員に対し，懲戒解雇基準を準用して退職金を不支給とすることは，いかなる場合でも認められない。

ウ　就業規則で，労働者に対して減給の制裁を定める場合においては，その減給は，1 回の額が平均賃金の 1 日分の額を超え，総額が 1 賃金支払期における賃金の総額の 20 分の 1 を超えてはならない。

エ　懲戒処分によって出勤停止を命じた従業員に対する賃金は，出勤停止期間が適切な範囲内のものである限り，その出勤停止期間に対応する分は支給しなくてもよい。

483

Ⅱ．組織論

解答	エ

■**解説**

　懲戒に関する出題である。労働基準法第89条の第9項に，常時十人以上の労働者を使用する使用者は，「表彰及び制裁の定めをする場合においては，その種類及び程度に関する事項」について就業規則を作成するとなっており，懲戒処分を行う際には，原則的に就業規則に，その種類および程度に関する事項を記載する必要がある。

　　ア：不適切である。同一の事件に関して，再度の審理を行うことができない，という一事不再理の原則が存在し，過去の判例からも，使用者が労働者に懲戒処分を行う場合でも，この一事不再理の原則が該当するとされている。

　　イ：不適切である。原則として退職して雇用関係が終了している者に対する懲戒処分は認められない。ただ，退職金規定等に懲戒解雇時の返還規定が定められている場合は，退職金を不支給にすることができる。

　　ウ：不適切である。労働基準法第91条において「就業規則で，労働者に対して減給の制裁を定める場合においては，その減給は，1回の額が平均賃金の1日分の半額を超え，総額が1賃金支払期における賃金の総額の10分の1を超えてはならない」とされている。したがって，問題の「1日分の額を超え」「総額が1賃金支払期における賃金の総額の20分の1を超えて」という部分が不適切である。

　　エ：適切である。就業規則に基づき懲戒対象者に対し，出勤停止の措置を実施している場合，その期間は，対象者からの労働提供はなされていないため，ノーワーク・ノーペイの原則に基づいて，従業員に対する賃金は，出勤停止期間が適切な範囲内のものである限り，その出勤停止期間に対応する分は支給しなくてもよい。

　よって，エが正解である。

第3章　人的資源管理

労働基準法 （就業規則）	ランク	1回目	2回目	3回目
	B	/	/	/

■平成 26 年度　第 23 問

就業規則の記載事項に関する記述として，最も不適切なものはどれか。

ア　育児休業は，労働基準法に定められたものではないが，就業規則の絶対的必
　　要記載事項のひとつである「休暇」に該当するので，対象となる労働者の範
　　囲等の付与要件及び休業取得に必要な手続き並びに休業期間について，就業
　　規則に記載する必要がある。

イ　退職金制度を設ける場合には，適用される労働者の範囲，退職金の決定，計
　　算及び支払の方法並びに退職金の支払の時期について，就業規則に記載しな
　　ければならない。

ウ　パートタイマー等，勤務態様，職種，本人の希望等によって始業及び終業の
　　時刻が異なる労働者については，就業規則に基本となる始業及び終業の時刻
　　を記載するとともに，具体的な各人ごとの始業及び終業の時刻については，
　　個別の労働契約等で定める旨の委任規定を設けることでも差し支えない。

エ　労働基準法第 89 条第 1 号から第 3 号までの絶対的必要記載事項の一部，又
　　は同条第 3 号の 2 以下の相対的必要記載事項中，当該事業場が適用を受ける
　　べき事項を記載していない就業規則は，他の要件を具備していてもその全部
　　が無効である。

485

Ⅱ. 組織論

解答	エ

■解説

労働基準法では就業規則の作成に際し，第89条第1号から第3号までに絶対的必要記載事項として，始業・終業の時刻，休憩時間，休日，休暇，賃金，昇給，退職等を必ず記載しなければならないとしている。

ア：適切である。育児・介護休業法による育児・介護休業，子の看護休暇及び介護休暇は絶対的必要記載事項の「休暇」に該当する。そのため，就業規則には，対象となる労働者の範囲等の付与要件及び休業取得に必要な手続き並びに休業期間について記載する必要がある。

イ：適切である。就業規則に記載する事項として労働基準法第89条の第3号の2に，「退職手当の定めをする場合においては，適用される労働者の範囲，退職手当の決定，計算及び支払の方法並びに退職手当の支払の時期に関する事項」が掲げられている。

ウ：適切である。パートタイマー等，勤務態様，職種，本人の希望等によって始業及び終業の時刻が異なる労働者については，正社員の就業規則の適用を除外することは可能である。ただし，この場合は就業規則の本則において，別個の規則の適用対象労働者に関する適用除外規定や別規則への委任規定が必要である。

エ：不適切である。労働基準法第89条第1号から第3号までの絶対的必要記載事項の一部，又は同条第3号の2以下の相対的必要記載事項中，当該事業場が適用を受けるべき事項を記載していない就業規則について，一部の要件が未記載であっても，記載してある要件については有効であり，全部が無効にはならない。

よって，エが正解である。

第3章　人的資源管理

労働基準法（その他）	ランク	1回目	2回目	3回目
	A	／	／	／

■令和元年度　第24問

労働者の妊娠，出産，育児休業に関する記述として，最も適切なものはどれか。

ア　あらかじめ就業規則に女性労働者が妊娠したことを退職理由として定め，かつ採用の際にその旨の労働契約を締結している場合は，当該事実の到来をもって自然退職となる。

イ　事業主が雇用する女性労働者に講じなければならない「職場における妊娠，出産等に関する言動に起因する問題に関する雇用管理上の措置」について，派遣先事業主は，派遣労働者に対して，そのような雇用管理上及び指揮命令上の措置を講じなければならない。

ウ　妊娠・出産・育児休業等に関するハラスメントの防止措置のうち，育児休業制度の利用を阻害するものについては，当該育児休業制度を利用しようとする，又は利用している女性労働者にのみ適用される。

エ　妊娠中及び出産後1年を経過しない女性労働者に対してなされた解雇は，無効とされる。ただし，当該解雇が妊娠又は出産に起因する症状により労務の提供ができないこと若しくはできなかったこと又は労働能率が低下したことを理由とする解雇であることを事業主が証明したときは，この限りでない。

487

Ⅱ．組織論

解答	イ

■解説
　労働者の妊娠，出産，育児休業に関する問題である。

ア：不適切である。男女雇用機会均等法の第9条において「事業主は，女性労働者が婚姻し，妊娠し，又は出産したことを退職理由として予定する定めをしてはならない」としている。この中の「予定する定め」とは，平成27年厚生労働省告示458号に，「女性労働者が婚姻，妊娠又は出産した場合には退職する旨をあらかじめ労働協約，就業規則又は労働契約に定めることをいうほか，労働契約の締結に際し労働者がいわゆる念書を提出する場合や，婚姻，妊娠又は出産した場合の退職慣行について，事業主が事実上退職制度として運用しているような実態がある場合も含まれる」とされており，あらかじめ就業規則に女性労働者が妊娠したことを退職理由として定め，かつ採用の際にその旨の労働契約を締結している場合でも自然退職とはならない。

イ：適切である。男女雇用機会均等法の第11条の2において，「事業主は，職場において行われるその雇用する女性労働者に対する当該女性労働者が妊娠したこと，出産したこと，労働基準法第65条第1項の規定による休業を請求し，又は同項若しくは同条第2項の規定による休業をしたことその他の妊娠又は出産に関する事由であって厚生労働省令で定めるものに関する言動により当該女性労働者の就業環境が害されることのないよう，当該女性労働者からの相談に応じ，適切に対応するために必要な体制の整備その他の雇用管理上必要な措置を講じなければならない」としている。また，派遣先事業主についても，労働者派遣法第47条の2において，「労働者派遣の役務の提供を受ける者がその指揮命令の下に労働させる派遣労働者の当該労働者派遣に係る就業に関しては，当該労働者派遣の役務の提供を受ける者もまた，当該派遣労働者を雇用する事業主とみなして，雇用の分野における男女の均等な機会及び待遇の確保等に関する法律（昭和47年法律113号）第9条第3項，第11条第1項，第11条の2第1項，第12条及び第13条第1項の規定を適用する。この場合において，同法第11条第1項及び第11条の2第1項中

第3章　人的資源管理

『雇用管理上』とあるのは，『雇用管理上及び指揮命令上』とする」となっており，上記の事業主と同じ扱いとなる。

ウ：不適切である。育児・介護休業法の第25条において，「事業主は，職場において行われるその雇用する労働者に対する育児休業，介護休業その他の子の養育又は家族の介護に関する厚生労働省令で定める制度又は措置の利用に関する言動により当該労働者の就業環境が害されることのないよう，当該労働者からの相談に応じ，適切に対応するために必要な体制の整備その他の雇用管理上必要な措置を講じなければならない」となっており，妊娠・出産・育児休業等に関するハラスメントの防止措置を行う必要がある。また，これらの育児休業制度の利用を阻害するものについては，当該育児休業制度を利用しようとする，又は利用している女性労働者にのみ適用されるのではなく，非正規雇用労働者を含む事業主が雇用する男女すべての労働者に適用される。

エ：不適切である。男女雇用機会均等法の第9条第4項において，「妊娠中の女性労働者及び出産後1年を経過しない女性労働者に対してなされた解雇は，無効とする。ただし，事業主が当該解雇が前項に規定する事由を理由とする解雇でないことを証明したときは，この限りでない」としており，当該解雇が妊娠又は出産に起因する症状により労務の提供ができないこと若しくはできなかったことを理由とする解雇は，事業主がそうでないことを証明できない限りは無効になる。

よって，イが正解である。

489

第3章　人的資源管理

労働基準法（その他）	ランク	1回目		2回目		3回目	
	A	／		／		／	

■平成30年度　第24問

　労働契約の期間に関する記述として，最も適切なものはどれか。なお，一定の事業の完了に必要な期間を定める労働契約については考慮しないものとする。

　ア　期間の定めのない労働契約を締結している労働者については，いかなる場合でも定年年齢まで解雇することはできない。

　イ　期間の定めのない労働契約を除き，1年を超える労働契約は締結できない。

　ウ　期間の定めのない労働契約を除き，満60歳以上の労働者との間に締結される労働契約の期間は，最長5年である。

　エ　期間の定めのない労働契約を除き，薬剤師の資格を有し，調剤業務を行う者との間に締結される労働契約の期間は，最長3年である。

491

Ⅱ．組織論

解答	ウ

■解説

労働契約の期間に関する問題である。

ア：不適切である。労働契約法第16条において，「解雇は，客観的に合理的な理由を欠き，社会通念上相当であると認められない場合は，その権利を濫用したものとして，無効とする」とあり，解雇の自由が使用者に全面的に認められているわけではない。ただし，正当な理由がある場合に，労働基準法で定められた手続きを行うことで，解雇することは可能である。したがって，いかなる場合でも定年年齢まで解雇することはできない，というのは誤りである。

イ：不適切である。労働基準法第14条において，「労働契約は，期間の定めのないものを除き，一定の事業の完了に必要な期間を定めるもののほかは，3年を超える期間について締結してはならない」とされており，問題の「1年を超える労働契約は締結できない」というのは誤りである。

ウ：適切である。労働基準法第14条において，「労働契約は，期間の定めのないものを除き，一定の事業の完了に必要な期間を定めるもののほかは，3年（次の各号のいずれかに該当する労働契約にあっては，5年）を超える期間について締結してはならない。1.専門的な知識，技術又は経験であって高度のものとして厚生労働大臣が定める基準に該当する専門的知識等を有する労働者（当該高度の専門的知識等を必要とする業務に就く者に限る。）との間に締結される労働契約，2.満60歳以上の労働者との間に締結される労働契約」とされており，満60歳以上の労働者との間に締結される労働契約の期間は，最長5年である。

エ：不適切である。上記で記載した「厚生労働大臣が定める基準に該当する専門的知識等を有する労働者」には，博士の学位を有する者，公認会計士，医師，歯科医師，獣医師，弁護士，一級建築士，税理士などが含まれており，薬剤師も該当する。したがって，労働契約の期間は，最長5年である。

よって，ウが正解である。

第3章　人的資源管理

労働基準法（その他）	ランク	1回目		2回目		3回目	
	A	／		／		／	

■平成 29 年度　第 26 問

労働基準法に基づく賃金の支払いに関する記述として，最も適切なものはどれか。

ア　使用者が賃金を労働者の銀行口座への振込みによって支払うためには，当該
　　労働者の同意を得なければならない。

イ　使用者は，年俸制で年俸額が 600 万円の労働者に対しては，毎月一定の期日
　　を定めて月 50 万円ずつ賃金を支払わなければならない。

ウ　賃金は，直接労働者に支払わなければならないが，未成年者の親権者または
　　後見人は，その賃金を代わって受け取ることができる。

エ　毎月の第 4 金曜日というような特定された曜日に定期賃金を支払うことを，
　　就業規則で定めることができる。

493

Ⅱ．組織論

解答	ア

■解説

労働基準法に基づく賃金の支払いに関する問題である。

ア：適切である。労働基準法第24条第1項には，「賃金は，通貨で，直接労働者に，その全額を支払わなければならない。ただし，法令若しくは労働協約に別段の定めがある場合又は厚生労働省令で定める賃金について確実な支払の方法で厚生労働省令で定めるものによる場合においては，通貨以外のもので支払い，また，法令に別段の定めがある場合又は当該事業場の労働者の過半数で組織する労働組合があるときはその労働組合，労働者の過半数で組織する労働組合がないときは労働者の過半数を代表する者との書面による協定がある場合においては，賃金の一部を控除して支払うことができる」とある。また，労働基準法施行規則第7条の2項には，「使用者は，労働者の同意を得た場合には，賃金の支払について次の方法によることができる」とあり，その1に「当該労働者が指定する銀行その他の金融機関に対する当該労働者の預金又は貯金への振込み」とあることから，使用者が賃金を労働者の銀行口座への振込みによって支払うためには，当該労働者の同意を得なければならない。

イ：不適切である。労働基準法第24条第2項には，「賃金は，毎月1回以上，一定の期日を定めて支払わなければならない」とあり，毎月1回以上の支払いは義務付けられているが，支払額までを細かく義務付けられているわけではない。

ウ：不適切である。労働基準法第24条第1項に，直接労働者に支払わなければならない，としているため正しい。しかし，労働基準法第59条には，「未成年者は，独立して賃金を請求することができる。親権者又は後見人は，未成年者の賃金を代わって受け取ってはならない」とあるため，未成年者の親権者または後見人は，その賃金を代わって受け取ることはできない。

エ：不適切である。労働基準法第24条第2項に，賃金は一定の期日を定めて支払わなければならないとあり，毎月の第4金曜日というような特定された曜日では，月ごとに期日が代わってしまうため認められない。

よって，アが正解である。

494

第 3 章　人的資源管理

労働基準法（その他）	ランク	1回目		2回目		3回目	
	A	／		／		／	

■平成 28 年度　第 22 問

労働契約に関する記述として，最も適切なものはどれか。

ア　使用者が，労働者との間で，労働基準法で定める基準に達しない労働条件を
　　定める労働契約を結んだ場合，労働基準法で定める基準より労働者に有利な
　　部分も含めて，当該労働契約は無効となる。

イ　使用者は，満 60 歳以上の労働者との間で，5 年の契約期間の労働契約を締
　　結することができる。

ウ　使用者は，労働契約の締結において，労働契約の不履行について違約金を定
　　めることはできないが，労働者が使用者に損害を被らせる事態に備えて，損
　　害賠償額を予定することはできる。

エ　労働基準法は，使用者が労働者に金銭を貸すこと，及び貸金債権と賃金を相
　　殺することを一律に禁止している。

495

Ⅱ．組織論

解答	イ

■解説

労働契約に関する問題である。

ア：不適切である。労働基準法第13条において，「この法律で定める基準に達し
ない労働条件を定める労働契約は，その部分については無効とする。この場
合において，無効となった部分は，この法律で定める基準による」としてお
り，使用者が，労働者との間で，労働基準法で定める基準に達しない労働条
件を定める労働契約を結んだ場合，その部分は無効になるが，労働基準法で
定める基準より労働者に有利な部分については，無効になるわけではない。
よって不適切である。

イ：適切である。労働基準法第14条において，「労働契約は，期間の定めのない
ものを除き，一定の事業の完了に必要な期間を定めるもののほかは，三年
（次の各号のいずれかに該当する労働契約にあっては，五年）を超える期間
について締結してはならない」としており，そのあとの2号において「満
六十歳以上の労働者との間に締結される労働契約（前号に掲げる労働契約を
除く。）」としている。よって適切である。

ウ：不適切である。労働基準法第16条において，「使用者は，労働契約の不履行
について違約金を定め，又は損害賠償額を予定する契約をしてはならない」
としており，使用者は，労働契約の締結において，労働者が使用者に損害を
被らせる事態に備えて，損害賠償額を予定することはできない。よって不適
切である。

エ：不適切である。労働基準法第17条において，「使用者は，前借金その他労働
することを条件とする前貸の債権と賃金を相殺してはならない」としており，
貸金債権と賃金を相殺することは禁止している。しかし，使用者が労働者に
金銭を貸すことを禁止しているわけではない。よって不適切である。

よって，イが正解である。

労働基準法（その他）	ランク	1回目	2回目	3回目
	B	/	/	/

第3章　人的資源管理

■平成 25 年度　第 22 問

労働契約に関する記述として，最も適切なものはどれか。

ア　使用者が，就業規則を変更し，変更後の就業規則を労働者に周知させ，かつ
　　その就業規則の変更が，労働者の受ける不利益の程度等の事情に照らして合
　　理的なものであるときは，労働契約の内容である労働条件は，当該変更後の
　　就業規則の定めるところによる。

イ　使用者は，労働者と有期労働契約を締結したときは，その契約期間が終了す
　　るまでは，客観的に合理的な理由があり，社会通念上相当であると認められ
　　る場合でなければ解雇することができない。

ウ　有期労働契約が2回以上繰り返され，同一の使用者との間で締結された通算
　　契約期間が5年を超える労働者が，労働契約が満了する日までの間に，無期
　　労働契約への転換の申込みをしたときは，使用者は当該申込みを承諾したも
　　のとみなされるが，この場合，転換後の労働条件は，当該事業場における無
　　期労働契約で働く同種の労働者と同一のものとしなければならない。

エ　労働者を定年後に子会社に転籍させ，当該子会社で有期労働契約によって継
　　続雇用する場合，当該労働者の業務内容及び当該業務に伴う責任の程度に変
　　更がないときは，継続雇用後の労働条件は，労働契約の期間を除き，当該子
　　会社の無期労働契約の労働者の労働条件と相違することは認められない。

497

Ⅱ．組織論

解答	ア

■解説

　平成 24 年 8 月 10 日に公布された労働契約法の改正に伴い，「有期労働契約に関する新しいルールが決められた。以下の 3 点をポイントとして押さえておきたい。①無期労働契約への転換，②「雇止め法理」の法定化，③不合理な労働条件の禁止。

ア：適切である。労働契約法第 10 条において，「使用者が就業規則の変更により労働条件を変更する場合において，変更後の就業規則を労働者に周知させ，かつ，就業規則の変更が，労働者の受ける不利益の程度，労働条件の変更の必要性，変更後の就業規則の内容の相当性，労働組合等との交渉の状況その他の就業規則の変更に係る事情に照らして合理的なものであるときは，労働契約の内容である労働条件は，当該変更後の就業規則に定めるところによるものとする」としている。

イ：不適切である。労働契約法第 17 条 1 項において，有期労働契約の途中解雇について「使用者は，期間の定めのある労働契約について，やむを得ない事由がある場合でなければ，その契約期間が満了するまでの間において，労働者を解雇することができない」としているが，客観的に合理的な理由があり，社会通念上相当であると認められる場合までは，求められてはいない，と解釈できる。

ウ：不適切である。有期労働契約が 2 回以上繰り返され，同一の使用者との間で締結された通算契約期間が 5 年を超える労働者が，労働契約が満了する日までの間に，無期労働契約への転換の申込みをしたときは，使用者は当該申込みを承諾したものとみなされる，という部分までは正しいが，転換後の労働条件については，現に締結している有期労働契約の内容である労働条件と同一の労働条件とする，とされ，当該事業場における無期労働契約で働く同種の労働者と同一のものとしなければならないわけではない。

エ：不適切である。高年齢者雇用安定法の改正により，労働者を定年後に子会社に転籍させ，当該子会社で有期労働契約によって継続雇用することは可能になったが，ここに記載されている制限は存在しない。

　よって，アが正解である。

498

第3章　人的資源管理

労働安全衛生法，労働者災害補償保険法	ランク	1回目	2回目	3回目
	B	/	/	/

■令和元年度　第23問

　労働安全衛生法に定められた長時間労働に対する医師による面接指導（問診その他の方法により心身の状況を把握し，これに応じて面接により必要な指導を行うこと）に関する記述として，最も不適切なものはどれか。

　なお，本問中，事業者は中小事業主とし，労働基準法第41条に規定された管理監督者等の「適用除外者」及び同法第41条の2に規定されたいわゆる高度プロフェッショナル制度の「対象労働者」については考慮に入れないものとする。

　ア　医師による面接指導に係る事業者の義務は，産業医を選定する義務のない，常時50人未満の労働者を使用する事業場においても適用される。

　イ　事業者は，医師による面接指導の結果に基づき，当該労働者の疲労の蓄積の状況等の厚生労働省令に定められた事項及び医師の意見を記載した当該面接指導の結果の記録を作成して，これを所定期間保存しなければならない。

　ウ　事業者は，医師による面接指導を実施するため，タイムカードによる記録，パーソナルコンピュータ等の電子計算機の使用時間の記録等の客観的な方法その他の適切な方法により，労働者の労働時間の状況を把握しなければならない。

　エ　事業者は，その使用する労働者について，週40時間を超えて労働させた時間が1月当たり45時間を超え，かつ疲労の蓄積が認められる者であって，当該労働者が申し出た場合，医師による面接指導を行わなければならない。

Ⅱ．組織論

解答	エ

■解説

労働安全衛生法の長時間労働に対する医師による面接指導に関する問題である。

ア：適切である。労働安全衛生法第13条第1項において，「業者は，政令で定める規模の事業場ごとに，厚生労働省令で定めるところにより，医師のうちから産業医を選任し，その者に労働者の健康管理その他の厚生労働省令で定める事項（以下「労働者の健康管理等」という）を行わせなければならない」としている。また，労働安全衛生法施行令第5条において，「法第13条第1項の政令で定める規模の事業場は，常時50人以上の労働者を使用する事業場とする」としているため，常時50人未満の事業場に関しては，産業医を選定する義務はない。ただ，労働安全衛生法第66条の8の第1項において，「事業者は，その労働時間の状況その他の事項が労働者の健康の保持を考慮して厚生労働省令で定める要件に該当する労働者に対し，厚生労働省令で定めるところにより，医師による面接指導（問診その他の方法により心身の状況を把握し，これに応じて面接により必要な指導を行うことをいう。以下同じ）を行わなければならない」としており，常時50人未満の労働者を使用する事業場においても医師による面接指導に係る事業者の義務は生じる。

イ：適切である。労働安全衛生法第66条の8の第3項において，「事業者は，厚生労働省令で定めるところにより，第1項及び前項ただし書の規定による面接指導の結果を記録しておかなければならない」とされており，事業者は，医師による面接指導の結果に基づき，当該労働者の疲労の蓄積の状況等の厚生労働省令に定められた事項及び医師の意見を記載した当該面接指導の結果の記録を作成する必要がある。また，労働安全衛生規則第52条の6の第1項において，「事業者は，法第66条の8の面接指導の結果に基づき，当該法第66条の8の面接指導の結果の記録を作成して，これを5年間保存しなければならない」とあるため，所定期間は5年間とされている。

500

第3章　人的資源管理

ウ：適切である。労働安全衛生法第66条の8の3において，「事業者は，第66条の8第1項又は前条第1項の規定による面接指導を実施するため，厚生労働省令で定める方法により，労働者の労働時間の状況を把握しなければならない」としている。この方法とは，労働安全衛生規則第52条の7の3において，「法第66条の8の3の厚生労働省令で定める方法は，タイムカードによる記録，パーソナルコンピュータ等の電子計算機の使用時間の記録等の客観的な方法その他の適切な方法とする」とされている。

エ：不適切である。労働安全衛生規則の第52条の2の第1項において，「法第66条の8第1項の厚生労働省令で定める要件は，休憩時間を除き1週間当たり40時間を超えて労働させた場合におけるその超えた時間が1月当たり80時間を超え，かつ，疲労の蓄積が認められる者であることとする」としている。そのため，「1月当たり45時間を超え」という部分は誤りである。なお，労働安全衛生規則の第52条の3の第1項において，「法第66条の8の面接指導は，前条第1項の要件に該当する労働者の申出により行うものとする」としており，後半部分は正しい。

よって，エが正解である。

501

第3章　人的資源管理

労働安全衛生法，労働者災害補償保険法	ランク	1回目	2回目	3回目
	B	／	／	／

■平成 28 年度　第 25 問

労働安全衛生，労災保険に関する記述として，最も適切なものはどれか。

ア　事業場の常時使用労働者数にかかわらず，事業者は，常時使用する労働者を雇い入れた際に健康診断を実施しなければならない。ただし，雇い入れ日以前3カ月以内に医師による健康診断を受けた労働者が，その診断結果の証明書類を提出した場合には実施を省略できる。

イ　事業場の常時使用労働者数にかかわらず，事業者は，毎月1回以上衛生委員会を開催しなければならない。

ウ　社員食堂のランチタイム時に1日3時間，調理業務に従事するパートタイマーが，調理中に火傷を負った。この場合において，事業主が労災保険の保険関係成立届の提出を怠っていたときは，このパートタイマーは，労災保険の保険給付を受けることができない。

エ　労働者が通常の通勤経路上での出勤途上，駅の階段を下りているときに足首をひねって捻挫した。このケガは，自らの不注意によるものであるため，通勤災害とはならない。

503

Ⅱ. 組織論

解答	ア

■解説

労働安全衛生法，労働者災害補償保険法に関する問題である。

ア：適切である。労働安全衛生規則の第43条第1項に「事業者は，常時使用する労働者を雇い入れるときは，当該労働者に対し，次の項目について医師による健康診断を行わなければならない。ただし，医師による健康診断を受けた後，3月を経過しない者を雇い入れる場合において，その者が当該健康診断の結果を証明する書面を提出したときは，当該健康診断の項目に相当する項目については，この限りでない」と書かれている。よって適切である。

イ：不適切である。労働安全衛生法第18条第1項には，「事業者は，政令で定める規模の事業場ごとに，次の事項を調査審議させ，事業者に対し意見を述べさせるため，衛生委員会を設けなければならない」とあり，労働安全衛生施行令の第九条には，「法第18条第1項の政令で定める規模の事業場は，常時50人以上の労働者を使用する事業場とする」とされている。したがって，「事業者の常時使用労働者数にかかわらず」というのは誤りである。

ウ：不適切である。労働者災害補償保険法の第3条第1項において「この法律においては，労働者を使用する事業を適用事業とする」とされている。したがって，労災保険の保険関係成立届の提出の有無にかかわらず労災保険は適用になる。労働保険の保険料の徴収等に関する法律の第3条には，「労災保険法第3条第1項の適用事業の事業主については，その事業が開始された日に，その事業につき労災保険に係る労働保険の保険関係（以下「保険関係」という）が成立する」とあるので，設問のパートタイマーは，労災保険の保険給付を受けることができる。

エ：不適切である。労働者災害補償保険法第7条第1項「この法律による保険給付は，次に掲げる保険給付とする」の2号に「労働者の通勤による負傷，疾病，障害又は死亡（以下「通勤災害」という。）に関する保険給付」とある。したがって，通常の通勤経路上での出勤途上の負傷であれば，保険給付対象となる。負傷の原因が労働者の過失の場合に給付対象外にする，という規定はないため不適切である。

よって，アが正解である。

第3章　人的資源管理

労働安全衛生法, 労働者災害補償保険法	ランク	1回目	2回目	3回目
	B	／	／	／

■平成27年度　第24問

労働安全衛生法第66条の8に定める「医師による面接指導」に関する記述として，最も不適切なものはどれか。

ア　事業者は，休憩時間を除き1週間当たり40時間を超えて労働させた場合におけるその超えた時間が1カ月当たり100時間を超え，かつ，疲労の蓄積が認められる労働者に対しては，本人の申出の有無にかかわらず，面接指導を実施しなければならない。

イ　事業者は，面接指導の結果に基づき，当該面接指導の結果の記録を作成して，これを5年間保存しなければならない。また，その記録は，医師の意見を記載したものでなければならない。

ウ　事業者は，面接指導の結果に基づき，当該労働者の健康を保持するために必要な措置について，医師の意見を聴かなければならない。この医師からの意見聴取は，面接指導が行われた後，遅滞なく行わなければならない。

エ　事業者は，面接指導を行う労働者以外の労働者であって，健康への配慮が必要なもの（時間外・休日労働が1カ月あたり80時間を超える者等）については，面接指導や面接指導に準ずる措置などを講ずるよう努めなければならない。

505

Ⅱ．組織論

解答	ア

■解説

　労働安全衛生法では，第66条の8に，「事業者は，その労働時間の状況その他の事項が労働者の健康の保持を考慮して厚生労働省令で定める要件に該当する労働者に対し，厚生労働省令で定めるところにより，医師による面接指導（問診その他の方法により心身の状況を把握し，これに応じて面接により必要な指導を行うことをいう。以下同じ）を行わなければならない」と定め，労働者への医師の面接を義務付けている。

ア：不適切である。平成18年施行の改正労働安全衛生法において，「事業者は，労働者の週40時間を超える労働が1月当たり100時間を超え，かつ，疲労の蓄積が認められるときは，労働者の申出を受けて，医師による面接指導を行わなければならない」とされた。したがって，設問の「本人の申出の有無にかかわらず」という部分は正しくない。

イ：適切である。労働安全衛生規則の中で「事業者は，面接指導の結果に基づき，当該面接指導の結果の記録を作成して，これを五年間保存しなければならない。前項の記録は，医師の意見を記載したものでなければならない」とされている。

ウ：適切である。労働安全衛生法の第66条において，「事業者は，面接指導の結果に基づき，当該労働者の健康を保持するために必要な措置について，医師の意見を聴かなければならない」としている。また，労働安全衛生規則の中で，「面接指導の結果に基づく医師からの意見聴取は，面接指導が行われた後，遅滞なく行わなければならない」とされている。

エ：適切である。労働安全衛生規則の中で，「事業者は，面接指導を行う労働者以外の労働者であって長時間（時間外・休日労働時間が1月当たり80時間を超える）の労働により疲労の蓄積が認められ，又は健康上の不安を有しているため，健康への配慮が必要なものについては面接指導の実施又は面接指導に準ずる措置を講ずるように努める」とされている。

　よって，アが正解である。

第3章　人的資源管理

労働安全衛生法，労働者災害補償保険法	ランク	1回目		2回目		3回目	
	B	/		/		/	

■平成23年度　第23問

安全衛生管理体制に関する記述として，<u>最も不適切なものはどれか</u>。

　ア　衛生管理者は，少なくとも毎週1回作業場を巡視し，設備，作業方法又は衛生状態に有害のおそれがあるときは，直ちに，労働者の健康障害を防止するために必要な措置を講じる義務がある。

　イ　産業医及び衛生管理者は，ともに原則として選出すべき事由が発生してから14日以内に選任し，それぞれ選任したときは，遅滞なく選任報告書を所轄労働基準監督署長に提出しなければならない。

　ウ　常時10人以上50人未満の労働者を雇用する事業場では，業種を問わず，衛生推進者を選任することとされている。

　エ　常時50人以上の労働者を雇用するすべての事業場で設置が義務づけられている衛生委員会の委員には，必ず衛生管理者と産業医を指名しなければならない。

507

II．組織論

解答	ウ

■解説

　安全衛生管理体制に関する出題であり，かなり細かい事項が問われている。今後の学習は本問ベースでの理解にとどめることが肝要である。

　ア：適切である。衛生管理者とは，事業場の衛生に係る技術的事項について管理する者である。衛生管理者は，すべての業種において常時50人以上の労働者を使用する事業場において選任が義務付けられている。業務として，少なくとも毎週1回作業場を巡視し，設備，作業方法または衛生状態に有害のおそれがあるときは，直ちに，労働者の健康障害を防止するために必要な措置を講じる義務がある。

　イ：適切である。産業医は事業場の労働者の健康管理等を行わせるために選任する者で，必ず医師から選任される。そして衛生管理者と同じく，常時50人以上の労働者を使用する事業場において選任が義務付けられている。産業医及び衛生管理者は，ともに原則として選出すべき事由が発生してから14日以内に選任し，それぞれ選任したときは，遅滞なく選任報告書を所轄労働基準監督署長に提出しなければならない。

　ウ：不適切である。使用する労働者の数が常時10人以上50人未満の事業場のうち，建設業，運送業，製造業等の一定の業種においては安全衛生推進者を選任することが義務付けられ，それ以外の業種は衛生推進者を選任することが義務付けられている。

　エ：適切である。衛生委員会は労働者の健康障害を防止するため等に運営され，常時50人以上の労働者を使用するすべての業種の事業場に設置が義務付けられている。委員会の委員には，必ず衛生管理者と産業医を指名しなければならない。なお，労働者の労働災害を防止するために運営される委員会として安全委員会があり，常時50人以上の労働者を使用する一定の建設業，運送業，製造業等で設置が義務付けられており，衛生委員会は業種を問わず常時50人以上の労働者を雇用（使用）する事業場に設置が義務付けられている。

　よって，ウが正解である。

第3章　人的資源管理

労働保険・社会保険	ランク	1回目	2回目	3回目
	B	／	／	／

■平成 27 年度　第 25 問

各社会保険の目的に関する記述として，最も不適切なものはどれか。

ア　健康保険は，労働者の疾病，負傷，死亡に関して保険給付を行い，国民の生活の安定と福祉の向上に寄与することを目的とするが，出産は保険給付の対象とならない。

イ　厚生年金保険は，労働者の老齢，障害，死亡について保険給付を行い，労働者及びその遺族の生活の安定と福祉の向上に寄与することを目的とするが，疾病，負傷は保険給付の対象とならない。

ウ　雇用保険は，労働者が失業した場合，労働者について雇用の継続が困難となった場合及び教育訓練を受けた場合に，生活及び雇用の安定と就職の促進のために失業給付等を支給することにより労働者の生活及び雇用の安定を図るとともに，失業の予防・雇用状態の是正・雇用機会の増大，労働者の能力の開発，労働者の福祉の増進を図ることを目的とする。

エ　労働者災害補償保険は，労働者が業務上の災害や通勤による災害を受けた場合に，被災労働者やその遺族を保護するために必要な給付を行う制度であるが，老齢は保険給付の対象とならない。

509

II. 組織論

解答	ア

■解説

　社会保険とは，病気や，失業，労働災害，介護などのリスクに備えて，事前に雇用者，雇用主が供出した保険による対応を行う仕組みである。日本では，医療，年金，介護，雇用，労災の5種類の社会保険制度が存在する。

　ア：不適切である。健康保険法の第1条において，「この法律は，労働者又はその被扶養者の業務災害（労働者災害補償保険法に規定する業務災害をいう）以外の疾病，負傷若しくは死亡又は出産に関して保険給付を行い，もって国民の生活の安定と福祉の向上に寄与することを目的とする」と定めており，出産も保険給付の対象となる。

　イ：適切である。厚生年金保険法の第1条において，「この法律は，労働者の老齢，障害又は死亡について保険給付を行い，労働者及びその遺族の生活の安定と福祉の向上に寄与することを目的とする」とある。疾病や負傷に関して，障害が残った場合はその障害に対して障害厚生年金の制度が利用できるが，疾病や負傷そのものが給付対象となるわけではないため正しい。

　ウ：適切である。雇用保険法の第1条において，「雇用保険は，労働者が失業した場合及び労働者について雇用の継続が困難となる事由が生じた場合に必要な給付を行うほか，労働者が自ら職業に関する教育訓練を受けた場合に必要な給付を行うことにより，労働者の生活及び雇用の安定を図るとともに，求職活動を容易にする等その就職を促進し，あわせて，労働者の職業の安定に資するため，失業の予防，雇用状態の是正及び雇用機会の増大，労働者の能力の開発及び向上その他労働者の福祉の増進を図ることを目的とする」と定めており，正しい。

　エ：適切である。労働者災害補償保険法の第1条において，「労働者災害補償保険は，業務上の事由又は通勤による労働者の負傷，疾病，障害，死亡等に対して迅速かつ公正な保護をするため，必要な保険給付を行い，あわせて，業務上の事由又は通勤により負傷し，又は疾病にかかった労働者の社会復帰の促進，当該労働者及びその遺族の援護，労働者の安全及び衛生の確保等を図り，もって労働者の福祉の増進に寄与することを目的とする」と定めており，老齢は業務上の事由または通勤によるものではないため，給付対象とならないため，正しい。

　よって，アが正解である。

第 3 章　人的資源管理

労働保険・社会保険	ランク	1回目	2回目	3回目
	B	／	／	／

■平成 26 年度　第 24 問
　労働者災害補償保険（以下「労災保険」という。）に関する記述として，最も適切なものはどれか。

ア　国内の事業場に所属する労働者が，当該事業場の使用者の指揮に従って海外の業務に従事する場合に，海外で遭遇した保険事故について労災保険の給付を受けるためには，海外派遣者の特別加入手続きをしなければならない。

イ　事業主が労災保険の保険関係成立の手続きをしていない場合に，その期間中に生じた保険事故に対しては，国（政府）からは保険給付が行われないので，事業主が災害補償義務を負う。

ウ　労災保険の保険給付には，労働者の業務上の負傷，疾病，障害又は死亡に関する保険給付及び労働者の通勤による負傷，疾病，障害又は死亡に関する保険給付並びに二次健康診断等給付の3つがある。

エ　労災保険は，労働者が業務上の災害等に遭遇したときに，事業主に代わって国（政府）が保険給付を行うものであるが，一定の数以下の労働者を使用する事業（いわゆる中小企業）の事業主は，中小事業主等の労災保険に係る労働保険関係成立届を所轄の労働基準監督署に届け出ることによって，当該事業主は労災保険に特別加入することができる。

511

Ⅱ．組織論

解答	ウ

■解説

労働者災害補償保険，いわゆる労災保険について，その内容を問う問題である。

ア：不適切である。国内の事業場に所属し，当該事業場の使用者の指揮に従って海外の業務に従事する労働者は「海外出張者」であり，この場合は，特別加入手続きをしなくても，所属する事業場の労災保険により給付を受けられる。しかし，海外の事業場に所属し，当該事業場の使用者の指揮に従って勤務する場合は，「海外派遣者」となり，特別加入の手続きを行っていなければ，労災保険による給付が受けられない。

イ：不適切である。事業主が労災保険の保険関係成立の手続きをしていない場合でも，その期間中に生じた保険事故に対しては，国（政府）からは保険給付は行われる。事業主が成立手続きを行うよう指導を受けたにもかかわらず，自主的に成立手続きを行っていない場合，行政庁の職権による成立手続き及び労働保険料の認定決定を行う。その際は，遡って労働保険料を徴収するほか，併せて追徴金を徴収される。

ウ：適切である。労災保険の保険給付には，労働者の業務上の負傷，疾病，障害又は死亡に関する保険給付及び労働者の通勤による負傷，疾病，障害又は死亡に関する保険給付並びに二次健康診断等給付の3つがある。

エ：不適切である。労災保険は，労働者が業務上の災害等に遭遇したときに，事業主に代わって国（政府）が保険給付を行うものであるが，一定の数以下の労働者を使用する事業（いわゆる中小企業）の事業主は，所轄の労働監督基準所に「特別加入申請書（中小事業主等）」を届け出ることで労災保険に特別加入できる。申請書が「中小事業主等の労災保険に係る労働保険関係成立届」ではないため不適切である。

よって，ウが正解である。

512

第 3 章　人的資源管理

2.　人的資源管理

▶▶出題項目のポイント

　本出題領域では，能力開発（特にキャリア開発）に関する理解がポイントとなる。特に CDP（キャリア・ディベロップメント・プログラム）は，企業ニーズに合致した能力を持つ人材の育成と，社員のキャリアプランの実現を目指して行われる長期的，計画的な職務開発および能力開発をいい，多くの場合，教育・研修制度とジョブローテーションなどの異動・配置制度等の諸施策を組み合わせて実施される。

　その他の論点として，人事評価（人事考課），賃金管理，が主に挙げられる。人事制度は，適切な採用・退職と配置の管理，企業ニーズと個人ニーズを適切に反映するための能力開発，公正な人事評価とそれに基づく報酬への反映，とそれぞれの制度が密接に関連していることを理解することが重要である。

　これらを大きく理解した上で，個別論点にあたっていただきたい。

▶▶出題の傾向と勉強の方向性

　人的資源管理は，学習範囲が広いわりには，毎年，出題されても 1 題から 2 題程度である。また，出題内容も，従来の勤務経験などから正解に導きやすい傾向にある。したがって，個別の項目の基本的事項を押さえることにとどめ，深入りしないことが重要である。

　個別論点としては，能力開発に関して，CDP（キャリア・ディベロップメント・プログラム），OJT（On The Job Training），OFF-JT（Off the Job Training）など，過去の問題に出た関連する用語の意味は最低限押さえておきたい。

513

Ⅱ．組織論

■取組状況チェックリスト

2．人的資源管理

雇用管理

問題番号	ランク	1回目	2回目	3回目
令和元年度 第21問	C*	/	/	/
平成29年度 第23問	C*	/	/	/

能力開発

問題番号	ランク	1回目	2回目	3回目
平成30年度 第22問	C*	/	/	/
平成29年度 第18問	C*	/	/	/
平成26年度 第26問	C*	/	/	/
平成23年度 第15問	C*	/	/	/

賃金管理

問題番号	ランク	1回目	2回目	3回目
平成27年度 第22問	C*	/	/	/
平成25年度 第23問	C*	/	/	/

作業条件管理

問題番号	ランク	1回目	2回目	3回目
平成30年度 第23問	C*	/	/	/

経営戦略と人的資源管理の適合性

問題番号	ランク	1回目	2回目	3回目
平成26年度 第22問	C*	/	/	/

＊ランクCの問題と解説は，「過去問完全マスター」のHP（https://jissen-c.jp/）よりダウンロードできます。

Ⅲ．マーケティング論

第1章

マーケティングの基礎概念

Ⅲ．マーケティング論

1．マーケティングの定義

▶▶出題項目のポイント

　本出題領域では，アメリカ・マーケティング協会による，マーケティングの定義を繰り返し問われている。具体的に問題文で触れられている定義は，下記のものである。

　1960 年の定義は，「生産者から消費者もしくは利用者への財の流れを方向付ける企業活動の遂行」である。

　2004 年の定義は，「マーケティングとは，顧客価値を創造・伝達・提供し，組織とそのステークホルダーの双方を利する形で顧客との関係性を管理するための組織機能と一連のプロセスのことを指す」である。

　2007 年の定義は，「マーケティングとは，顧客やクライアント，パートナー，さらには広く社会一般にとって価値のあるオファリングスを創造・伝達・提供・交換するための活動とそれに関わる組織・機関，および一連のプロセスのことを指す」である。

▶▶出題の傾向と勉強の方向性

　アメリカ・マーケティング協会による，マーケティングの定義そのものを問う問題が，平成 28 年度第 30 問設問 1，平成 22 年度第 28 問に出題されているが，5 〜 6 年に一度の出題であり，上記ポイントの 2 つの定義を覚えておけば十分に対応可能である。

　なお，これらの定義の変遷を見るとわかるとおり，近年の定義になるほど，マーケティングの定義がカバーする範囲が，特定の商品，ブランド，技術，顧客だけではなく，ステークホルダーおよび社会一般との関係性などに広がるという大きな流れがある。この流れを把握することで，定義を思い出せない場合や，応用問題が出題された場合に活用できる知識となるため，意識して取り込んでいただきたい。

518

第1章　マーケティングの基礎概念

■取組状況チェックリスト

1. マーケティングの定義						

マーケティングの定義						
問題番号	ランク	1回目		2回目		3回目
平成28年度 第30問（設問1）	C*	／		／		／
平成22年度 第28問（設問1）	C*	／		／		／
平成22年度 第28問（設問2）	C*	／		／		／
平成22年度 第28問（設問3）	C*	／		／		／

＊ランクCの問題と解説は，「過去問完全マスター」のHP（https://jissen-c.jp/）よりダウンロードできます。

Ⅲ．マーケティング論

2. ソーシャル・マーケティング

▶▶出題項目のポイント

ソーシャル・マーケティングとは，営利組織である企業が従来行ってきた利益追求中心のマーケティングと異なり，社会貢献や社会的存在価値を示すために行うマーケティング活動である。

また，営利組織による社会問題への働き掛けだけではなく，非営利組織や政府機関が実施するマーケティング活動もソーシャル・マーケティングと呼ばれる。

▶▶出題の傾向と勉強の方向性

本出題領域の1次試験における出題頻度は比較的低い。しかし，平成24年度の2次筆記試験において，事例企業が取り組んでいるコーズ・リレーテッド・マーケティング（ソーシャル・マーケティングの1つ）について問う問題が出題されている。コーズ・リレーテッド・マーケティングは，平成21年度第30問（設問1）で問われているため，この問題を十分に理解している受験生は取り組みやすい問題であった。また，今後，中小企業の社会貢献に対する取組み意識が高まることが予想されるため，この問題で問われている事項について，正確に理解していただきたい。

■取組状況チェックリスト

2. ソーシャル・マーケティング						
ソーシャル・マーケティング						
問題番号	ランク	1回目		2回目		3回目
平成30年度 第33問	B	／		／		／
平成28年度 第30問（設問3）	B	／		／		／

520

ソーシャル・マーケティング	ランク	1回目	2回目	3回目
	B	/	/	/

■平成 30 年度　第 33 問

マーケティング概念に関する記述として，最も適切なものはどれか。

ア　近年では様々なソーシャルメディアが普及しており，とくに SNS を活用し
た顧客関係性の構築に基づくマーケティングのあり方は，ソーシャル・マー
ケティングと呼ばれている。

イ　ソサイエタル・マーケティング・コンセプト（societal marketing concept）
では，標的市場のニーズや欲求，利益を正しく判断し，消費者と社会の幸福
を維持・向上させる方法をもって，顧客の要望に沿った満足を他社よりも効
果的かつ効率的に提供することが営利企業の役割であるとしている。

ウ　マーケティングは営利企業の市場創造においてだけでなく，美術館や病院，
NPO などの非営利組織にも適用されているが，非営利組織のマーケティン
グにおいてはマーケティング・ミックスのうちの価格要素の持つ相対的重要
性は低い。

エ　マーケティング・ミックスの 4 つの P は買い手に影響を与えるために利用
できるマーケティング・ツールを売り手側から見たものであるが，これらを
買い手側から見ると 4 つの C としてとらえることができる。4Ps の Place に
対応するものは，Customer cost，つまり顧客コストである。

オ　マーケティング・ミックスは企業が設定した標的市場においてそのマーケテ
ィング目標を実現するための一貫したツールとしてとらえられるが，そのう
ちの販売促進の修正は，他のマーケティング・ミックス要素の修正と比べて
長期間を要するものである。

521

Ⅲ．マーケティング論

解答	イ

■解説

マーケティング概念に関する問題である。

ア：不適切である。ソーシャル・マーケティングとは民間企業が社会貢献を行ったり，行政機関や NGO などが従来のマーケティング手法を導入したりするために用いる。社会との関わりの中で，考え方や理念を浸透していくための手法である。したがって，ソーシャルメディアを使用したマーケティングという意味でない。

イ：適切である。ソサイエタル・マーケティング・コンセプト（societal marketing concept）とは，営利企業の役割は標的市場のニーズや欲求，利益を正しく判断して，営利を追求するだけではなく，顧客である消費者と顧客のいる社会の幸福を維持・向上させることである，というマーケティングの考え方である。顧客の要望に沿う満足を，他社よりも効果的かつ効率的に提供することを意味する。

ウ：不適切である。マーケティング・ミックスとは，企業が製品を効率的・効果的に販売するために必要な戦略を作り出すためにミックスされる 4 つの要素の組み合わせである。マーケティング要素は，製品（Product），価格（Price），流通（Place），プロモーション（Promotion）の 4 つであり，それぞれの頭文字をとって "4P" と呼ばれる。美術館や病院，NPO などの非営利組織にも適用されるが，たとえば，病院などがプロモーションを行うことは，法律上や社会通念上，自由にならない部分があるなど，4 つのそれぞれの要素で，民間企業に比べ制約を受けることは多い。したがって，必ずしも価格要素（プライス）が 4 つの要素の中で相対的に重要度が低いということはいえない。

エ：不適切である。マーケティング・ミックスの 4 つの P は買い手に影響を与えるために利用できるマーケティング・ツールを売り手側から見たものであ

第1章　マーケティングの基礎概念

るが，これらを買い手側から見ると顧客価値（Customer Value），顧客コスト（Cost），利便性（Convenience），コミュニケーション（Communication）という4つのCとしてとらえることができる。これらは，4Pとそれぞれ以下のように対応する。

　　　　・製品（Product）→顧客価値（Customer Value）
　　　　・価格（Price）→顧客コスト（Cost）
　　　　・流通（Place）→利便性（Convenience）
　　　　・プロモーション（Promotion）→コミュニケーション（Communication）
したがって，4PsのPlaceに対応するものは，Convenience，つまり利便性である。

オ：不適切である。マーケティング・ミックスは企業が設定した標的市場においてそのマーケティング目標を実現するための一貫したツールとしてとらえることは正しい。販売促進は，4Pの中のプロモーションの一部であるが，他のマーケティング要素に比べ，たとえば，店頭におけるPOP広告の改善や，チラシの発行など他の要素に比べ比較的短期間で修正をすることが可能である。

よって，イが正解である。

523

第1章　マーケティングの基礎概念

ソーシャル・マーケティング	ランク	1回目		2回目		3回目	
	B	／		／		／	

■平成 28 年度　第 30 問（設問 3）

次の文章を読んで，下記の設問に答えよ。

　①マーケティング概念は，今日に至るまで複数の②段階を経て発展してきたとフィリップ・コトラーは指摘している。近年のマーケティングを取り巻く環境は，私たちが暮らす社会における問題解決が強く求められている点に特徴づけられる。③複雑化する世界における社会・経済的な適切さとは何か。環境面における望ましさとは何か。現代におけるマーケティング活動の実践においては，こうした点を事業のミッションやビジョン，価値の中核に据えることがますます重要になってきていると考えられている。

　文中の下線部③と関連する記述として，最も適切なものはどれか。

　ア　CSR は，法令遵守を中核とする受動的な考え方であり，その中において企業の社会的責任が，本業と関連性のないチャリティとして遂行されるとする考え方である。

　イ　かつて近江商人の間で実践されていた「三方よし」（売り手よし，買い手よし，世間よし）の考え方は，CSV（Creating Shared Value）の基本コンセプトであるポジショニング概念の基礎となった。

　ウ　ソサイエタル・マーケティング（societal marketing）の考え方に従うと，マーケターは企業の利益を最大化することで，地域社会や国民経済への貢献を図ることが求められている。

　エ　マイケル・ポーターが提唱する CSV（Creating Shared Value）の考え方は，社会的価値と経済的価値の両立をうたうものであり，高い収益性の実現を重視するものである。

525

Ⅲ．マーケティング論

解答	エ

■解説

社会的な課題解決とマーケティングの関連性に関する問題である。

ア：不適切である。CSR とは，Corporate Social Responsibility の略称であり，企業が事業活動を行う上で，自主的に社会，あるいは，企業にとってのステークホルダーの要求に対して，適切な事業活動を実施していく責任を果たすことである。法令遵守は社会的な責任を果たすためには必要であるが，それが CSR の中核とまではいえない。また，あくまでも企業価値の向上のために実施するものであると考えると，受動的な考え方ともいえないし，本業と関係のないチャリティとして実施されるものでもない。よって不適切である。

イ：不適切である。ポーターが提唱した CSV の概念は，あくまでも企業が競争優位性と確保するために，価値を創造していく取組みと定義されている。したがって，ポジショニングというのは，あくまでも，企業が競争優位性を確保するために，どのような場所（ポジション）で勝負をするか，という概念である。一方，「三方よし」というのは，売り手と買い手がともによし（満足し），しかも世間（社会）への貢献もできるのがよい商売である，という近江商人の心得であり，経験的にこのようなことを実施すると価値があとからついてくる，ということでポジショニングの概念とは異なる概念である。よって不適切である。

ウ：不適切である。ソサイエタル・マーケティングとは，企業の社会的な影響を考慮してマーケティング活動を行うことである。したがって，社会に悪い影響を与えるような事業の場合，企業の利益の最大化する事業であっても行うべきではない。地域社会や国民経済への貢献を考えつつ，うまく，折り合いをつけながら企業活動を行うことが求められる。よって不適切である。

エ：適切である。CSV の考え方は，企業が競争優位を獲得するために，社会的価値と経済的価値の両方の価値の実現をうたうものである。あくまでも高い収益性の確保が前提となる。よって適切である。

よって，エが正解である。

第2章

マーケティング計画と市場調査

Ⅲ．マーケティング論

1．マーケティング計画と市場調査

▶▶出題項目のポイント

　本出題領域では，マーケティングの目標設定，市場細分化の基準，要件，留意点に関する理解と市場調査手法に関する知識，留意点の理解がポイントとなる。

　まず，目標となる売上高，利益をもとに，市場の占有率を考慮に入れてマーケティングの目標を設定する。その標的市場を細分化して，対象となる市場を決定する。

　では，なぜ市場を細分化するかであるが，背景として消費者の価値観の多様化がある。以前は消費者ニーズは単一と捉えて単一の製品を大量生産して販売するマスマーケティングが主流であった。しかし，それでは多様化する消費者ニーズに対応できなくなり，また経営環境が不透明となっている昨今，経営資源を有効活用する必要性から，市場を細分化して標的（ターゲット）を絞るターゲットマーケティングが注目されるようになったのである。ターゲットマーケティングでは，①細分化する基準を明確にする→②細分化した市場が適正か評価する→③細分化した市場から，標的市場を選択する→④標的市場におけるポジショニングを分析する→⑤標的市場のマーケティング・ミックスを策定する，というステップを踏む。

　市場調査手法については，一次データの収集方法が問われる。データ収集方法としては，大きく質問法，観察法，実験法があり，それぞれにまた細かく手法が分類されている。調査目的や課題に応じてどの手法がよいかを見極める視点を中小企業診断士として持つことが求められているといえよう。

第2章　マーケティング計画と市場調査

▶▶出題の傾向と勉強の方向性

令和元年度第27問で，BtoBマーケティングにおける市場細分化に関する問題が出題された．BtoBマーケティングに関しては，令和元年度第29問でも出題されており，今後も出題されることが予想されるため，BtoCマーケティングとの違いを押さえておきたい．

また，平成25年度の第24問，第26問において，今まで出題されていなかった，マーケティング目標設定に関する問題が出題された．第24問については，問題を読めばその場で解答は可能であるが，第26問の市場占有率の計算については，押さえておきたい．

ターゲットマーケティングでは，市場細分化の基準の具体的内容，要件（細分化した市場の評価基準），標準市場の考え方（コトラー，エイベルの理論の考え方）がよく出題されている．市場調査手法については，各調査手法の名前と内容，長所，短所が出題されている．

比較的，知識的なことが問われることが多い論点であるので，過去問をベースに記憶と理解を定着させていくことが望ましい．

529

Ⅲ．マーケティング論

■取組状況チェックリスト

1．マーケティング計画と市場調査

マーケティング目標設定

問題番号	ランク	1回目	2回目	3回目
平成30年度 第30問	C*	/	/	/
平成25年度 第24問（設問1）	B	/	/	/
平成25年度 第24問（設問2）	B	/	/	/
平成25年度 第26問（設問1）	B	/	/	/
平成25年度 第26問（設問2）	B	/	/	/

標的市場の設定と接近（市場細分化）

問題番号	ランク	1回目	2回目	3回目
令和元年度 第27問	A	/	/	/
令和元年度 第28問	A	/	/	/
平成30年度 第28問	A	/	/	/
平成29年度 第30問（設問1）	A	/	/	/
平成29年度 第30問（設問2）	A	/	/	/
平成22年度 第23問	A	/	/	/

マーケティング・ミックス

問題番号	ランク	1回目	2回目	3回目
平成26年度 第31問	B	/	/	/

市場調査の意義と方法

問題番号	ランク	1回目	2回目	3回目
令和元年度 第32問（設問2）	A	/	/	/
令和元年度 第32問（設問3）	A	/	/	/
平成28年度 第29問（設問1）	A	/	/	/
平成28年度 第29問（設問2）	A	/	/	/
平成26年度 第27問（設問2）	A	/	/	/
平成23年度 第28問	A	/	/	/
平成24年度 第28問（設問1）	C*	/	/	/
平成24年度 第28問（設問2）	C*	/	/	/

第 2 章　マーケティング計画と市場調査

マーケティング 目標設定	ランク	1回目	2回目	3回目
	B	／	／	／

■平成 25 年度　第 24 問（設問 1）

次の文章を読んで，下記の設問に答えよ。

　企業は，その利益実現のための要素のひとつとして売上高の変化に関心を持つ。そして，売上高の変化にどのように戦略的に対応していくかを意思決定することが求められる。

　ここで，

　　企業の売上高＝対象市場規模×市場シェア

という定義式を用いることにする。この式の内容を図式化すると下図でとらえることができる。これを見ると，①企業の売上高は対象とする市場全体の成長率だけでなく，市場シェアの変化によっても多様に変動することが分かる。また，このことは②企業の戦略適応の方法が異なることも示している。

対象市場の成長率

		減　　少	増　　加
企業の市場シェア	減少	A	B
	増加	C	D

（設問 1）

　文中の下線部①に示す「売上高の多様な変動」について，図の各象限における売上高の変動パターンを検討した場合，最も適切なものはどれか。

　　ア　象限 A では，売上高は微減の方向へと向かっていく。

　　イ　象限 B では，売上高に変化が見られないことがある。

　　ウ　象限 C では，売上高は減少することになる。

　　エ　象限 D では，売上高が減少するケースも起こりうる。

531

Ⅲ. マーケティング論

解答	イ

■解説

　対象市場の成長率の増減と，企業の市場シェアの増減に対して，売上高の変動を問う問題である。

　象限 A ～象限 D の売上高の増減は以下のようになる。

		対象市場の成長率	
		減少	増加
企業の市場シェア	減少	【象限 A】 必ず減少する。	【象限 B】 増加，減少，変化しない，のいずれの可能性もある。
	増加	【象限 C】 増加，減少，変化しない，のいずれの可能性もある。	【象限 D】 必ず増加する。

したがって，各選択肢については，以下のようになる。

　ア：不適切である。象限 A では，対象市場の成長率，企業の市場シェアがどちらも減少するため，売上高が必ず減少する。売上高が微減で済むかどうかは不明なため，この記述は不適切である。

　イ：適切である。象限 B では，企業の売上高に変化が見られないこともある，と考えられる。

　ウ：不適切である。象限 C では，売上高は減少するか，増加するか，あるいは，変化しない，のいずれになるかは，企業の市場シェアの増加，対象市場の成長率の減少の程度により，いずれの場合も考えられるためである。

　エ：不適切である。象限 D では，売上高は必ず増加するため，売上高が減少するケースも起こりえない。

　よって，イが正解である。

第2章　マーケティング計画と市場調査

マーケティング 目標設定	ランク	1回目		2回目		3回目	
	B	/		/		/	

■**平成 25 年度　第 24 問（設問 2）**

次の文章を読んで，下記の設問に答えよ。

　企業は，その利益実現のための要素のひとつとして売上高の変化に関心を持つ。そして，売上高の変化にどのように戦略的に対応していくかを意思決定することが求められる。
　ここで，

　　　企業の売上高＝対象市場規模×市場シェア

という定義式を用いることにする。この式の内容を図式化すると下図でとらえることができる。これを見ると，①企業の売上高は対象とする市場全体の成長率だけでなく，市場シェアの変化によっても多様に変動することが分かる。また，このことは②企業の戦略適応の方法が異なることも示している。

対象市場の成長率

		減　少	増　加
企業の市場シェア	減少	A	B
	増加	C	D

（設問 2）

　文中の下線部②に示す「異なる戦略適応」のパターンとそれらの特徴に関する記述として，最も適切なものはどれか。

　　ア　象限 A では，対象市場の適否についての分析を早急に進めるとともに競争戦略の再検討が求められる。

　　イ　象限 B では，対象市場の再選択が優先順位の高い作業となる。

　　ウ　象限 B と象限 C の状態でそれぞれ同じ程度の売上増を目標として設定した場合，B の方がより多くのマーケティング費用が必要となる。

　　エ　象限 D では，市場が飽和に達しつつあり，現状の戦略をさらに推進することにはリスクが伴う。

533

Ⅲ．マーケティング論

解答	ア

■解説

　各象限における，「異なる戦略適応」のパターンとそれらの特徴に関する問題である。

　ア：適切である。象限Ａでは，対象市場の成長率は減少しているため，その市場で活動を続けるかどうかの分析を早急に進める必要がある。また，企業の市場シェアも減少しているため，その市場における，競争戦略の再検討も併せて行う必要がある。

　イ：不適切である。象限Ｂでは，対象市場の成長率が増加しているにもかかわらず，企業の市場シェアが減少しているということは，まずは，競争戦略の再検討を行う必要がある。

　ウ：不適切である。象限Ｃでは，対象市場の成長率が減少しているにもかかわらず，企業の市場シェアが増加している，ということは，市場シェアの減少を防ぎ，維持を行うためのマーケティング活動が必要になる。したがって，事象Ｂと事象Ｃでそれぞれ同じ程度の売上増を目標として設定した場合，事象Ｃのほうがより多くのマーケティング費用が必要となると考えられる。

　エ：不適切である。象限Ｄでは，市場の成長率が増加しているため，市場が飽和に達しつつある，とはいえない。

よって，アが正解である。

第 2 章　マーケティング計画と市場調査

マーケティング目標設定	ランク	1回目		2回目		3回目	
	B	／		／		／	

■平成 25 年度　第 26 問（設問 1）

次の文章を読んで，下記の設問に答えよ。

清涼飲料水の中のあるカテゴリは，年間を通して様々な機会に私たちが楽しむ飲み物としてすっかり定着している。その生産量もこの 10 年あまりの期間に 10 倍以上にも増加した。他の主要な飲料カテゴリと比較しても群を抜く伸びである。飲料メーカー X 社は 2 年後を目途にこのカテゴリへの新規参入を検討している。

それに先駆けて，X 社のマーケティング部門では，①このカテゴリの製品市場における市場占有率（金額ベース）についてのデータ分析を行った。それをもとに，②この市場の上位メーカーへの集中度がどのような状態になっているのかを検討することにした。この時のデータを簡易的に整理したものが下表である。表中の「その他」を分解してみると，30 社がそれぞれ 1％ずつの市場占有率を持つ構図が見られる。

順位	メーカー名	市場占有率（％）（金額ベース）
1	A 社	25
2	B 社	15
3	C 社	15
4	D 社	10
5	E 社	5
	その他	30
合計		100

（設問 1）

文中の下線部①に示す「市場占有率」に関する記述として，最も適切なものはどれか。

ア　X 社が参入を検討している製品市場での上位 5 社による累積占有率は 70％に達している。この市場で第 4 位に位置する D 社の占有率は 10％である。これをいわゆるプロダクト・ポートフォリオ・マネジメントでの相対シェアとして換算すると 0.55 となる。

イ　寡占度が高い市場では，追随者（フォロワー）としての新規参入が比較的容易である。

ウ　国内のある製品市場においての個別メーカーによる金額ベースの市場占有率を算出するためには，a：「自社の当該製品の国内向け出荷額」，b：「当該製品に関する国内の全事業者による出荷額」，c：「当該製品に関する海外への輸出額」を用いる。算出式は，市場占有率（％）＝ $\{a/(b+c)\} \times 100$ となる。

エ　表中の E 社はこのカテゴリにおいて極めて差別化水準の高い新製品を開発し，高価格の小売形態を中心とする販売経路政策を通じて，価格プレミアム化に成功した。このことから，出荷数量ベースでの同社の占有率は，売上高ベースのそれと比べて低い値となっている。

535

Ⅲ. マーケティング論

解答	エ

■解説

市場占有率に関する問題である。

ア：不適切である。プロダクト・ポートフォリオ・マネジメントでの相対シェア
　　は，自社の占有率を業界 1 位企業の占有率で割った値となる。したがって，
　　第 4 位に位置する D 社の占有率は 10％，業界 1 位企業の A 社の占有率が
　　25％であることから，プロダクト・ポートフォリオ・マネジメントでの相対
　　シェアとして換算すると 10 ÷ 25 ＝ 0.4 となるため，不適切である。

イ：不適切である。寡占度が高い市場は，少数の企業が市場の大半を占有してい
　　る状況である。つまり参入の難しい（参入障壁の高い）市場であり，そのよ
　　うな市場では，追随者（フォロワー）としての新規参入は困難である。

ウ：不適切である。国内のある製品市場においての個別メーカーによる金額ベー
　　スの市場占有率を算出するためには， a ：「自社の当該製品の国内向け出荷
　　額」， b ：「当該製品に関する国内の全事業者による出荷額」， c ：「当該製品
　　に関する海外からの輸入額」を用いる。算出式は，市場占有率（％）＝ |a／(b
　　＋c)| ×100 となる。 c は「輸出額」ではなく，「輸入額」で算出する。

エ：適切である。価格プレミアム化に成功した，ということは，E 社のこのカテ
　　ゴリにおける新製品が，全企業の平均価格より高いことになる。このことか
　　ら，出荷数量が他社と同じである場合に，売上高が他社に比べ高くなること
　　から，売上高ベースの占有率が出荷数量ベースの占有率に比べて高くなるこ
　　とになる。

よって，エが正解である。

第2章　マーケティング計画と市場調査

マーケティング目標設定	ランク	1回目	2回目	3回目
	B	／	／	／

■平成25年度　第26問（設問2）

次の文章を読んで，下記の設問に答えよ。

　清涼飲料水の中のあるカテゴリは，年間を通して様々な機会に私たちが楽しむ飲み物としてすっかり定着している。その生産量もこの10年あまりの期間に10倍以上にも増加した。他の主要な飲料カテゴリと比較しても群を抜く伸びである。飲料メーカーX社は2年後を目途にこのカテゴリへの新規参入を検討している。

　それに先駆けて，X社のマーケティング部門では，①このカテゴリの製品市場における市場占有率（金額ベース）についてのデータ分析を行った。それをもとに，②この市場の上位メーカーへの集中度がどのような状態になっているのかを検討することにした。この時のデータを簡易的に整理したものが下表である。表中の「その他」を分解してみると，30社がそれぞれ1%ずつの市場占有率を持つ構図が見られる。

順位	メーカー名	市場占有率（%）(金額ベース)
1	A社	25
2	B社	15
3	C社	15
4	D社	10
5	E社	5
	その他	30
合計		100

（設問2）

　文中の下線部②に示されているように，X社のマーケティング部門はこの飲料水カテゴリの製品市場への新規参入に向けた検討を重ねている。その一環としてハーフィンダール指数の算出を行った。その算出結果として，最も近いものはどれか。

　　ア　約0.05

　　イ　約0.12

　　ウ　約0.33

　　エ　約0.50

Ⅲ．マーケティング論

解答	イ

■解説

　ハーフィンダール指数（ハーシュマン＝ハーフィンダール指数：HHI）に関する問題である。ある産業の市場における企業の競争状態を表す指標の１つで，市場が寡占状態か競争状態かを見分けるのに効果的である。

　すべての企業の市場占有率の２乗和で計算される。

　本設問の場合は以下で計算できる。

$$0.25^2 + 0.15^2 + 0.15^2 + 0.1^2 + 0.05^2 + 0.01^2 \times 30 = 0.123$$

　よって，イが正解である。

第2章　マーケティング計画と市場調査

標的市場の設定と接近	ランク	1回目		2回目		3回目	
	A	/		/		/	

■令和元年度　第27問

市場細分化に関する記述として，最も適切なものはどれか。

　ア　BtoB マーケティングで企業規模に基づき市場細分化を行った場合，各セグ
　　　メント内の企業は企業規模以外の基準においても均一となる。

　イ　BtoB マーケティングではさまざまな変数に基づいた市場細分化が行われる
　　　が，突発的な注文が多い企業や小口の注文が多い企業などは対象セグメント
　　　として望ましくない。

　ウ　BtoB マーケティングにおいては組織的な購買が行われることが多いが，購
　　　買担当者の個人的特性に基づく市場細分化が有効な場合がある。

　エ　市場細分化によって製品・サービスの種類が増えるため，企業のコストも増
　　　加せざるを得ない。

539

Ⅲ．マーケティング論

解答	ウ

■解説

市場細分化に関する問題である。

ア：不適切である。BtoB マーケティングで企業規模に基づき市場細分化を行った場合，各セグメント内の企業は企業規模が同一規模の企業になるが，それ以外の基準は細分化の際に考慮されていないため，均一にはならない。

イ：不適切である。突発的な注文が多い企業や小口の注文が多い企業は，独自のビジネス展開を行う特徴的な企業が多いと考えられるため，BtoB マーケティングにおいてこれらの変数に基づいた市場細分化を行う意義はある。

ウ：適切である。BtoB マーケティングにおいては組織的な購買が行われることが多いが，購買担当者が購買決定を行うための専門的知識や大きな権限を持つ場合もあり，担当者の個人的特性に基づく市場細分化が有効な場合がある。

エ：不適切である。市場細分化によってターゲットとなった市場に，どのようにして，製品・サービスを提供するのかを考えた場合，最終的に投入すべき製品やサービスの種類を絞る場合も考えられるため，必ずしも種類やコストが増えるわけではない。

よって，ウが正解である。

第2章　マーケティング計画と市場調査

標的市場の設定と接近	ランク	1回目	2回目	3回目
	A	／	／	／

■令和元年度　第28問
　製品ライフサイクルの各段階に対応したマーケティングに関する記述として，最も適切なものはどれか。

　ア　成熟期に入ると市場はより多くの消費者に支えられるようになるため，技術的に，より複雑で高度な製品の人気が高まる。

　イ　導入期に他社に先駆けていち早く市場の主導権をとることが重要なので，投資を抑えつつ競合他社から明確に差別化された製品やサービスを導入期に投入することが望ましい。

　ウ　導入期の主要顧客は市場動向や他者の行動を見ながら製品・サービスの購入を決める追随型採用者なので，このような消費者が抱える問題を解決できる製品・サービスを投入することが望ましい。

　エ　導入期や成長期において市場の業界標準が成立する場合，これに準拠する，または対抗するなど，成立した業界標準に対応したマーケティングを実行することが望ましい。

541

Ⅲ. マーケティング論

解答	エ

■解説

製品ライフサイクルの各段階に対応したマーケティングに関する問題である。

ア：不適切である。成熟期に入ると市場はより多くの消費者に支えられるように
　　なるため，最新の技術などに対するこだわりのない消費者も購入するように
　　なる。よって，技術的に，より複雑で高度な製品であることが人気の要因に
　　なるわけではない。

イ：不適切である。導入期はまだ市場が確立しておらず，ライバルも少ない状況
　　なので，他社に先駆けていち早く市場の主導権をとることは可能であるが，
　　リスクも大きいため投資を抑えていくことは重要である。ただ，競合他社と
　　の本格的な競争が始まる前の段階であるため，その状況下では，明確に差別
　　化された製品やサービスを投入する必要性に乏しい。

ウ：不適切である。導入期の主要顧客は市場動向や他者の行動を見ながら製品・
　　サービスの購入を決める追随型採用者ではなく，他者に先駆けて製品・サー
　　ビスを購入しようとする革新型採用者である。

エ：適切である。導入期や成長期において市場の業界標準が成立する場合，この
　　業界標準自体を変えていくことはコストがかかる。したがって，これに準拠
　　するようなマーケティングを行うか，または標準を意識したうえでその標準
　　との対比を明確にしたマーケティングを行う必要がある。したがって，成立
　　した業界標準に対応したマーケティングを実行することが望ましい。

よって，エが正解である。

第 2 章　マーケティング計画と市場調査

標的市場の設定と接近	ランク	1 回目	2 回目	3 回目
	A	／	／	／

■平成 30 年度　第 28 問

　企業のマーケティング・チャネルに関する意思決定として，最も適切なものはどれか。

　ア　A 氏は，自ら経営するメーカーが生産する LED デスクライトの大量生産のテスト稼働が始まったことから，新たに直販の EC サイトを開設し，消費者の持ち込んだデザインを反映した完全オーダーメードのデスクライトの受注生産に乗り出した。

　イ　希少な天然繊維を用いた原料を独占的に調達することができ，その素材を用いたシャツを最大年間 2,000 枚程度供給することのできるメーカー B 社は，少数の取引相手に販売を集約する目標を設定し，先端ファッション雑誌に広告を出稿するとともに，国内に 250 店舗を有する総合スーパーでの全店取り扱いを目指してバイヤーとの交渉に着手した。

　ウ　携帯通信端末の修理に長年携わってきた C 社は，大手端末メーカーと変わらない品質の部品調達が可能になったため，格安 SIM カードによる音声通話・データサービスを提供する通信事業者と提携し，業務用オリジナル端末と通信サービスを組み合わせたパッケージ商品の提案を開始した。

　エ　手作りの知育玩具の製造卸 D 社の商品 X は，テレビのビジネス番組で報道されたことがきっかけとなり，現在では受注から納品まで 1 年以上を要するほどの大人気ブランドになっている。そこで，同社は商品 X の普及モデル Y を開発し，海外の大規模メーカーへの仕様書発注による商品調達を行い，100 円ショップで商品 Y を同一ブランド名で販売することを検討し始めた。

543

Ⅲ．マーケティング論

解答	ウ

■解説

企業のマーケティング・チャネルに関する意思決定の問題である。

ア：不適切である。A氏は，大量生産のテスト稼働が始まったLEDデスクライトのマーケティングに注力すべきである。新たに直販のECサイトを開設し，消費者の持ち込んだデザインを反映した完全オーダーメードのデスクライトの受注生産に乗り出すことは，この大量生産のLEDデスクライトの生産と戦略的な整合性があるとは考えづらく，意思決定としては不適切である。

イ：不適切である。希少な天然繊維を用いた原料を独占的に調達することができ，その素材を用いたシャツを最大年間2,000枚程度供給することのできるメーカーB社が，少数の取引相手に販売を集約する目標を設定しているにもかかわらず，国内に250店舗を有する総合スーパーでの全店取り扱いを目指すことは，戦略的な整合性が取れていない。そのため，意思決定としては不適切である。

ウ：適切である。携帯通信端末の修理に長年携わってきたC社は，大手端末メーカーと変わらない品質の部品調達が可能になったということは，部品調達や端末の組み立てに関する強みを持っている。そこで，格安SIMカードによる音声通話・データサービスを提供する通信事業者と提携し，業務用オリジナル端末と通信サービスを組み合わせたパッケージ商品の提案を開始することは，それぞれの会社の商品とサービスの強みを活かすことができると考えられるため，意思決定として正しい。

エ：不適切である。手作りの知育玩具の製造卸D社の商品Xは，テレビのビジネス番組で報道されたことがきっかけとなり，現在では受注から納品まで1年以上を要するほどの大人気ブランドになっているということは，消費者には，「手作り」で「手に入りにくい」商品というブランドと認知されているということである。その状況で，100円ショップで，仕様書発注で生産した商品Yを同一ブランド名で販売することは，手作りでない，どこででも入手可能な商品を同じブランドで販売することになることから，消費者のブランドに対する評価を低下させることにつながると考えられるため，意思決定としては正しくない。

よって，ウが正解である。

第 2 章　マーケティング計画と市場調査

標的市場の設定と接近（市場細分化）	ランク	1回目		2回目		3回目	
	A	/		/		/	

■平成 29 年度　第 30 問（設問 1）

次の文章を読んで，下記の設問に答えよ。

　マーケターがその活動の場として選択する市場は，①ターゲット・マーケット・セグメントあるいは対象市場，標的市場などと呼ばれる。どのような市場セグメントをターゲットとするかは，企業の戦略や資源・能力の多様性に関連している。また，②ターゲットとする市場セグメントの選択パターンは，マーケターが対象とする製品と市場，あるいはそのいずれかの選択に依存する。

（設問 1）

　文中の下線部①に関する記述として，最も適切なものはどれか。

ア　A 社は，面や胴，小手，剣道着，はかまといった剣道用品を総合的に企画・生産するメーカーである。同社は，幼児・小学生，中高生，大学生・一般といった年齢を変数とした市場セグメントのそれぞれに適した製品群を生産している。これは，選択的専門化によるターゲティングの代表例である。

イ　老舗の豆腐製造業者 B 社は 4 代にわたって，家族従業者だけで豆腐の生産に携わっている。豆腐の販売先は，大都市に立地する日本酒バー数店舗のみである。これは，製品専門化によるターゲティングの典型例である。

ウ　タオルメーカーの C 社は，同社のランドマーク商品である，手触りのよいハンドタオルシリーズのブランドによって，高級ホテルやレストラン，スポーツジム，贈答品専門店など幅広いターゲットに対する働きかけを行っている。これは市場専門化によるターゲティング・アプローチである。

エ　ハンドメイドのスポーツ自転車を製造・小売する D 社は，小さな製造小売事業所 S 店舗を通じて，ファッション性と堅牢度の高い製品を提供している。製品は洗練されたデザインを持つが，競技指向や機能性指向とは対照的な，ファッション性を求める市場セグメントがターゲットである。これは，集中によるターゲティングである。

545

Ⅲ．マーケティング論

解答	エ

■解説

D.F.エイベルの提唱した標的市場の選定に関する問題である。

D.F.エイベルは標的となる市場の選定を，標的となる市場と投入する製品の2つの軸でとらえ，以下の5つに分類した。

分類	内容
単一セグメント集中化	単一の市場に対し，単一の製品を集中する。
製品専門化	ある単一の製品を複数の市場で販売する。
市場専門化	ある単一の市場に対し，複数の製品を投入する。
選択的専門化	複数の市場に投入するが，それぞれの市場で製品の共通性がない。セグメント間のシナジーは期待できない。
全市場浸透化	全市場，全製品をカバーする。すべての製品をすべての市場に投入する。

ア：不適切である。A社の扱う製品は，剣道用品という単一のカテゴリー製品である。それを，幼児・小学生，中高生，大学生・一般といった年齢を変数として多様な市場に投入していることから，製品専門化によるターゲティングである。それぞれの市場で製品の共通性があることから，選択的専門化によるターゲティングではない。

イ：不適切である。B社は豆腐という単一製品を，大都市に立地する日本酒バー数店舗のみで販売していることから，ターゲットは単一の市場である。したがって，これは，単一セグメント集中化によるターゲティングとなる。

ウ：不適切である。C社は，「手触りのよいハンドタオル」という単一の製品を，高級ホテルやレストラン，スポーツジム，贈答品専門店など幅広いターゲット市場で投入している。これは，製品専門化によるターゲティング・アプローチである。

エ：適切である。D社は，ハンドメイドでファッション性と堅牢度の高いスポーツ自転車という単一の製品を，ファッション性を求める特定の市場セグメントをターゲットにして投入している。これは，集中によるターゲティング（単一セグメント集中化）である。

よって，エが正解である。

第2章　マーケティング計画と市場調査

標的市場の設定と設計（市場細分化）	ランク	1回目		2回目		3回目	
	A	／		／		／	

■平成 29 年度　第 30 問（設問 2）

次の文章を読んで，下記の設問に答えよ。

　マーケターがその活動の場として選択する市場は，①ターゲット・マーケット・セグメントあるいは対象市場，標的市場などと呼ばれる。どのような市場セグメントをターゲットとするかは，企業の戦略や資源・能力の多様性に関連している。また，②ターゲットとする市場セグメントの選択パターンは，マーケターが対象とする製品と市場，あるいはそのいずれかの選択に依存する。

（設問 2）

　文中の下線部②について，下表の空欄 A ～ D に当てはまる語句の組み合わせとして，最も適切なものを下記の解答群から選べ。

		市場	
		既存	新規
製品	既存	A	C
	新規	B	D

〔解答群〕

　ア　A：競争相手の顧客奪取
　　　B：新製品で顧客深耕
　　　C：顧客内シェアの向上
　　　D：フルライン化による結合効果

　イ　A：顧客層拡大
　　　B：新製品で顧客深耕
　　　C：顧客内シェアの向上
　　　D：製品系列の縮小

　ウ　A：顧客内シェアの向上
　　　B：新製品で顧客深耕
　　　C：既存製品の新用途開発
　　　D：新製品で市場開拓

　エ　A：新製品で顧客深耕
　　　B：新・旧製品の相乗効果
　　　C：顧客内シェアの向上
　　　D：フルライン化による結合効果

547

Ⅲ．マーケティング論

解答	ウ

■解説

ターゲットとする市場セグメントの選択パターンに関する問題である。

		市場	
		既存	新規
製品	既存	A	C
	新規	B	D

A：「既存製品」を「既存市場」に投入する場合の選択である。投入済みの製品を既存の市場に投入する。選択肢としては，「競争相手からの顧客奪取」や，「顧客内のシェアの向上」があてはまる。

B：「新規製品」を「既存市場」に投入する場合の選択である。新しい製品を既存の市場に投入する。選択肢としては，「新製品で顧客深耕」「新・旧製品の相乗効果」があてはまる。

C：「既存製品」を「新規市場」に投入する場合の選択である。投入済みの製品を新規の市場に投入する。選択肢としては，「既存製品の新用途開発」があてはまる。

D：「新規製品」を「新規市場」に投入する場合の選択である。新しい製品を新しい市場に投入する。選択肢としては，「フルライン化による結合効果」「新製品で市場開拓」があてはまる。

以上から組み合わせを考慮すると，A：顧客内シェアの向上，B：新製品で顧客深耕。C：既存製品の新用途開発，D：新製品で市場開拓となる。よって，ウが正解である。

548

第2章　マーケティング計画と市場調査

標的市場の設定と接近（市場細分化）	ランク	1回目	2回目	3回目
	A	╱	╱	╱

■平成22年度　第23問

　地方銀行のA銀行は，リテール・バンキングの顧客基盤を全国規模に拡大するために，インターネット・バンキングのシステム整備を他行に先駆けて完了した。次に，製品・ブランド開発やプロモーション計画に着手しなければならない。A銀行の今後の市場細分化（セグメンテーション）と標的市場設定（ターゲティング）に関する記述として，<u>最も不適切なものはどれか</u>。

ア　銀行の製品・サービスに対する需要の異質性は確実に存在するので，それらをうまく見いだして対応することができればブランド化の実現は十分可能である。

イ　行動による細分化変数のひとつに購買決定に関する役割がある。それは，「発案者」，「影響者」，「決定者」，「購買者」，「使用者」の5つに類型化される。

ウ　市場細分化（セグメンテーション）と製品差別化はブランド化シナリオの中核にある考え方で，両者はしばしば代替的な関係に置かれる。

エ　市場細分化（セグメンテーション）を通じた競争は，競争相手に対して正面から挑戦していく性格をもつ。

オ　デモグラフィクスによる細分化変数には，年齢，ライフステージ，性別，所得，社会階層などが含まれる。

549

Ⅲ．マーケティング論

解答	エ

■解説

　市場細分化（セグメンテーション）と標的市場設定（ターゲティング）に関する出題である。銀行が取り上げられているが，銀行業界の知識は問われておらず，ターゲットマーケティングに関する理解が問われている。

　ア：適切である。需要の異質性とは，製品，サービスについて顧客は異なる欲求を持っているということである。そして，顧客ニーズを的確に見いだして対応すればブランド化は十分可能といえよう。

　イ：適切である。消費者購買の役割は，その役割別に，「発案者」（購買提案者），「影響者」（意思決定に大きな影響を与える者），「決定者」（最終意思決定者），「購買者」（実際に買いに行く者），「使用者」（その製品・サービスを使用する者）の5つに類型化される。

　ウ：適切である。企業が競争優位に立つためにブランド化による差別化があるが，その差別化を行う切り口として，顧客嗜好・ニーズ対応，性能・機能性，価格，流通経路などによる差別化が考えられる。市場細分化は顧客嗜好・ニーズ対応による差別化を主に志向するのに対し，製品差別化は性能・機能性の差別化を主に志向するといえ，その意味で，両者はしばしば代替的な関係に置かれるといえる。

　エ：不適切である。市場細分化を実施する理由として，自社にとって最も適切な市場を標的として自社が優位に立てるポジションを確保することにある。もちろん，ポジションによっては競争相手と正面衝突することもあるであろうが，ポジショニングの基本は競争回避を志向することから始まる。

　オ：適切である。デモグラフィック基準の説明である。なお，地域，気候など地理的な基準で細分化する基準をジオグラフィック基準といい，デモグラフィック基準とジオグラフィック基準を合わせて「デモグラフィック変数」と称することもある。

　よって，エが正解である。

マーケティング・ミックス	ランク	1回目	2回目	3回目
	B	／	／	／

■平成 26 年度　第 31 問

以下の図は，マーケティング・ミックスにおける価格の位置付けを示したものである。この図に関する記述として，最も不適切なものを下記の解答群から選べ。

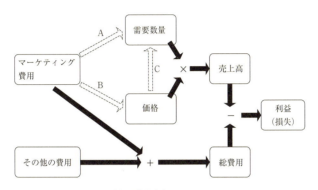

・図中の ====▷ は，市場関係を表す。
・図中の ━━▶ は，組織内部の意思決定による定義関係を表す。
・図中の ×，＋，− は，演算記号である。

〔解答群〕

　ア　図中の点線 A に示す関係からは，広告や営業などの形で投下するマーケティング費用が需要数量の増加を意図していることが分かる。

　イ　図中の点線 B に示すマーケティング費用と価格との関係からは，特定の製品の価格水準が，製品差別化の程度や販売経路の特徴といった他のマーケティング・ミックス属性の影響を受けていることが分かる。

　ウ　図中の点線 C に示す関係からは，設定した価格によって需要数量が変動することが分かる。ブランド化した製品では需要の価格弾力性が大きくなり，高価格でも多くの販売数量の実現が可能となる。

　エ　マーケティング費用は，管理費用などの間接費の製品配賦額や製造原価という直接費とは区別される，マーケティング活動に固有の費用として識別される。

Ⅲ. マーケティング論

| 解答 | ウ |

■解説

マーケティング・ミックスにおける価格の位置づけについて問う問題である。

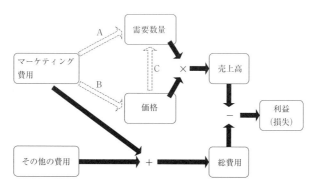

・図中の====▷は，市場関係を表す。
・図中の──▶は，組織内部の意思決定による定義関係を表す。
・図中の ×，＋，－は，演算記号である。

ア：適切である。広告や営業などの形で投下するマーケティング費用は，より多くのお客様に買ってもらうこと，つまり，需要数量の増加を意図している。

イ：適切である。特定の製品の価格水準は，広告による製品差別化の程度や営業展開における販売経路の特徴といった他のマーケティング・ミックス属性の影響を受ける。

ウ：不適切である。需要の価格弾力性が大きいと価格競争になり低価格商品の需要が伸びる。また，ブランド化した製品は価格ではなく価値を追求するため，高価格で需要が増えるとは限らない。

エ：適切である。マーケティング費用は投資費用とみなされ，一般的な経費や原価とは区別する。また，投資対効果を図るために，マーケティング活動に固有の費用として識別される。

よって，ウが正解である。

第 2 章　マーケティング計画と市場調査

市場調査の意義と方法	ランク	1回目	2回目	3回目
	A	／	／	／

■令和元年度　第 32 問（設問 2）

次の文章を読んで，下記の設問に答えよ。

　製品開発を効果的に行うために，多くの場合，企業担当者は①製品開発プロセスを段階的に管理・実行している。それぞれの段階において，②調査や実験を行い，③それぞれの分析結果に基づき意思決定を繰り返すことで，新製品の成功確率を高めるよう努めている。

（設問 2）

　文中の下線部②の調査や実験におけるデータ収集方法に関する記述として，最も適切なものはどれか。

　ア　観察法には，実験的条件下の調査対象者の行動を観察する方法や，調査者自らが体験しその体験自体を自己観察する方法が含まれる。

　イ　グループインタビューの司会者は，複数の参加者と均一な距離を保つことが求められる。共感を示したり，友好的関係を築こうとしたりしないほうがよい

　ウ　デプスインタビューでは，考え方や価値観，行動スタイル，嗜好などを聞くことが可能である。また，グループインタビューと比較すると，他の参加者の影響を受けにくく，一人当たりの調査コスト（金銭および時間）は低い。

　エ　リード・ユーザー法は，例えば，市場の規模や競合に対する競争力を確認するために，主として検証的調査で用いられる。

553

Ⅲ．マーケティング論

解答	ア

■解説

　製品開発プロセスの各段階における調査や実験におけるデータ収集方法に関する問題である。

　ア：適切である。観察法とは，調査対象者の行動や反応を観察することでデータを収集する方法である。たとえば，小売店舗の店内における顧客の動線，行動などを観察して，記録して分析するなどがある。また，たとえば，調査員自らが店を訪問して，その店のサービスや商品を体験し，その行動を自らが観察することでデータを収集する方法もある。

　イ：不適切である。グループインタビューは司会者の進行のもと，複数の参加者がテーブルを囲んでテーマに沿った話をすることで情報を収集する方法である。司会者はモデレーターとも呼ばれ，冷静に複数の参加者と均一な距離を保ちながら分析者として全体を見渡していくことが求められる。ただ，グループ全体の動きをコントロールしながらテーマに沿った意見が出やすい雰囲気をつくることも重要な役割になることから，参加者の意見に共感を示したり，参加者との友好的関係を築いたりすることが必要になる場合もある。

　ウ：不適切である。デプスインタビューとは，対象者に対しモデレーターが1対1でインタビューを行う方法である。1つのテーマに対しじっくりと話を聞くことになり，対象者の考え方や価値観，行動スタイル，嗜好などを聞くことが可能である。1対1のため，グループインタビューと比較すると，他の参加者の影響を受けにくい。ただ，1回の調査で1人の話しか聞けないため，1人当たりの調査コスト（金銭および時間）は高くなる。

　エ：不適切である。マーケティングリサーチは，その目的に応じて探索的調査と検証的調査の2種類に分けることができる。探索的調査とは，新商品の開発など新たな販売機会の創造の際などに，顧客ニーズを探るために探索的に行う調査である。たとえば，顧客の深層心理まで踏み込んだインタビュー調査などで潜在しているニーズを探り出すような調査方法である。一方，検証的調査は，探索的調査をもとに立てた仮説について，アンケートなどの定量的な調査を行い，統計的手法で検証を行っていく方法である。リード・ユーザーとは，市場で将来一般的になる前に認識をして，自らが工夫することで実現を図っているユーザーであり，リード・ユーザー法とは，そのような特徴を持つリード・ユーザーから情報を得る方法である。したがってリード・ユーザー法は検証的調査ではなく，探索的調査で用いられる。

　よって，アが正解である。

554

第2章　マーケティング計画と市場調査

市場調査の意義と方法	ランク	1回目		2回目		3回目	
	A	╱		╱		╱	

■令和元年度　第32問（設問3）

次の文章を読んで，下記の設問に答えよ。

　製品開発を効果的に行うために，多くの場合，企業担当者は①製品開発プロセスを段階的に管理・実行している。それぞれの段階において，②調査や実験を行い，③それぞれの分析結果に基づき意思決定を繰り返すことで，新製品の成功確率を高めるよう努めている。

（設問3）

　文中の下線部③の分析方法に関する記述として，最も適切なものはどれか。

　　ア　2つの要素間の因果関係は，相関係数を算出することによって確認できる。

　　イ　異なる性質を持つ対象が混在しているとき，クラスター分析を用いて，似ている対象から構成される相互に排他的なグループに分類することがある。

　　ウ　順序尺度で測定された回答の集計では，一般的に，中央値と平均値が算出される。

　　エ　例えば，特定店舗での消費金額に男女で差があるのかを確認したいときには，男女それぞれが消費する金額の平均値を求め，それらの平均値の間に統計的有意差があるといえるのかを，カイ二乗検定を用いて調べるとよい。

555

Ⅲ．マーケティング論

解答	イ

■解説

調査結果の分析に関する問題である。

ア：不適切である。相関係数とは2つの値の関係性を示す係数である。−1から1の値を取り，絶対値が1に近いほど関係性は強く，0に近いほど関係性は弱い。つまり，正の相関の場合は相関係数が1に，負の相関の場合は相関係数が−1に，無相関の場合は0にそれぞれ近づく。因果関係とは，2つの出来事が原因と結果で結びついている関係のことである。2つの要素間の相関関係があるとしても，一方の値の原因が，もう一方の値になるとは限らない，したがって，因果関係が認められたとしても，相関係数を算出することによってそれを確認することはできない。

イ：適切である。クラスター分析とは，異なる性質を持つ対象が混在しているとき，似ているものを集めてグループに分ける統計手法である。したがって，クラスター分析を用いると，似ている対象から構成される相互に排他的なグループに分類することが可能になる。

ウ：不適切である。データは性別や成績順位などの質的データと，温度や長さなどの量的データの2種類に分類される。また，さらに，質的データは性別などの大小関係のない名義尺度と，成績順位などの大小関係のある順序尺度に，量的データは温度など値の間隔が意味をなし絶対的な原点を持たない間隔尺度と，長さや重さのように絶対的な原点が存在する比例尺度にそれぞれ分類される。中央値とは，複数の値を順番に並べた場合の中央に位置する値である。順序尺度は，その順番が重要であり，各値の間隔などは意味を持っていないため，中央値や平均値を出しても意味はない。

エ：不適切である。カイ二乗検定とは，観測した値と理論上期待される値がどの程度一致するのかを調べるための方法である。したがって，特定店舗での消費金額に男女で差があるのかを確認したいときに，男女それぞれが消費する金額の平均値を求め，それらの平均値の間に統計的有意差があるといえるのかを調べるということは，測定値同士の比較となるため，カイ二乗検定は適さない。

よって，イが正解である。

第2章　マーケティング計画と市場調査

市場調査の意義と方法	ランク	1回目		2回目		3回目	
	A	／		／		／	

■平成28年度　第29問（設問1）

次の文章を読んで，下記の設問に答えよ。

　顧客が求める価値を提供し，継続的な関係を築くために，多くの企業は①マーケティング・リサーチを行い，得られたデータから顧客についての深い洞察を得ている。その手法は多様化している。例えば，②顧客の生活に入り込むなどして観察を行ったり，マーケティング刺激に対する眼球の動きや脳内の血流を測定したりするなど，文化人類学や脳科学の手法も積極的に取り入れている。

（設問1）

　文中の下線部①の「マーケティング・リサーチ」に関する記述として，最も適切なものはどれか。

　　ア　売上高，利益やGRP（グロス・レイティング・ポイント）などのマーケティング変数は，間隔尺度に含まれる。

　　イ　顧客の意見や市場のニーズを抽出するために，コールセンターやWebサイトなどに寄せられるユーザーの意見を用いてデータマイニングを行うことは，一般的に有効である。

　　ウ　質問票の作成に際し，例えば「新しい清涼飲料水には，あと味がすっきりしていることや健康促進効果があることが望ましい」という詳細な選択項目を用意することが必要である。

　　エ　調査対象とする課題が明確になったら，製造業の場合，担当者は自社に適した最新のデータを獲得するために一次データ（プライマリーデータ）の収集から始めるのが一般的である。

557

Ⅲ．マーケティング論

解答	イ

■解説

マーケティング・リサーチに関する問題である。

ア：不適切である。間隔尺度とは，数値の差にのみ意味のある尺度である。たとえば，温度の場合，10℃から20℃に上昇した場合に，2倍の温度上昇とはいわず，10℃の温度上昇という表現を用いる。これは，2倍になったことに意味があるのではなく，10℃という間隔に意味があるからである。GRPとは，テレビコマーシャルの投資規模や効果を考えるときに参考にする指標で，一定期間の間に流したコマーシャルの1本ごとの視聴率の合計値で表される。したがって，売上高，利益，GRPともに，数値の規模が重要なため，間隔尺度とはいえない。よって不適切である。

イ：適切である。データマイニングとは多量に蓄積されたデータから分析を実施して，傾向や動向などを見出す手法である。コールセンターやWEBサイトに寄せられるユーザーの意見を，データマイニングの手法で分析することは，顧客動向や市場ニーズをつかむために有益な方法である。よって適切である。

ウ：不適切である。質問票の作成には，詳細な選択項目を書くと正確に情報を取得することができない。設問の例の場合，「新しい清涼飲料水には，あと味がすっきりしていることや健康促進効果があることが望ましい」としてしまうと，たとえば，「健康促進効果があることは望ましいが，あと味がすっきりしていないほうがよい」という考えの人の情報を正確に拾うことができない。1つの質問項目には，1つの論点で回答が明確にできるものにすべきである。よって不適切である。

エ：不適切である。1次データとは，アンケートやインタビューなどによって得られたデータであり，2次データとは，すでに収集されたデータ，たとえば，統計データやレポートとしてまとめられているデータである。調査対象に対する課題がはっきりした段階では，収集コストなどを考えて，まずは，2次データの探索から開始すべきである。2次データで自社に適した最新のデータが得られた場合には，あえてコストをかけて1次データを収集する必要はない。よって不適切である。

よって，イが正解である。

第 2 章　マーケティング計画と市場調査

市場調査の意義と方法	ランク	1回目		2回目		3回目	
	A	╱		╱		╱	

■平成 28 年度　第 29 問（設問 2）

次の文章を読んで，下記の設問に答えよ。

　顧客が求める価値を提供し，継続的な関係を築くために，多くの企業は①マーケティング・リサーチを行い，得られたデータから顧客についての深い洞察を得ている。その手法は多様化している。例えば，②顧客の生活に入り込むなどして観察を行ったり，マーケティング刺激に対する眼球の動きや脳内の血流を測定したりするなど，文化人類学や脳科学の手法も積極的に取り入れている。

（設問 2）

　文中の下線部②の「顧客の生活に入り込むなどして観察」を行う調査法として，最も適切なものはどれか。

　　ア　エスノグラフィーによる調査

　　イ　セントラル・ロケーション・テスト

　　ウ　ニューロ・マーケティングによる調査

　　エ　フォーカス・グループ・インタビュー

Ⅲ．マーケティング論

解答	ア

■解説

調査手法に関する問題である。

ア：適切である。エスノグラフィーとは，文化人類学や心理学，社会学などで使
　　用される手法の1つで，対象となる民族の文化を調査するために対象者と一
　　緒に生活を行うなどして，実際に感覚的に理解する手法である。したがって，
　　「顧客の生活に入り込むなどして観察」を行う調査手法はエスノグラフィー
　　による調査である。

イ：不適切である。セントラル・ロケーション・テストとは，会場テストのこと
　　である。街頭の人を特設会場に誘導して，テストに参加してもらい，質問用
　　紙などに記述してもらうことなどで調査を行う。新製品の使用評価などで利
　　用される方法である。

ウ：不適切である。ニューロ・マーケティングとは，脳科学の知見を活用して，
　　人間の脳の活動を計測することで消費者の行動や消費者心理の仕組みを解明
　　することで，マーケティングに応用しようとするものである。

エ：不適切である。フォーカス・グループ・インタビューは，特定の目的のため
　　に会議室に集められたメンバーに対し，訓練された聞き手が誘導することで，
　　商品や与えられた課題に対し集中的にインタビューを行う手法である。

よって，アが正解である。

第2章　マーケティング計画と市場調査

市場調査の意義と方法	ランク	1回目	2回目	3回目
	A	／	／	／

■平成 26 年度　第 27 問（設問 2）

次の文章を読んで，下記の設問に答えよ。

　家業の果物農家を継いだ S 氏は，父親の代から取り組んできた大手小売チェーンへの完全直販体制をさらに強化するために，地域の若手農家とともに，この小売チェーンとの間で自らが生産する果物の①ブランド化を図る準備を進めている。各種の調査結果からは，消費者の年齢と果物の消費量との間には強い正の相関があることが明らかにされている。そこで，S 氏はこの取り組みのメンバーと②マーケティング・リサーチ検討会を立ち上げ，今後とるべき方策の判断材料を集めることにした。

　文中の下線部②に示す「マーケティング・リサーチ」に関する記述として，最も適切なものはどれか。

　　ア　S 氏らは，果物を購買し消費する人々の行動原理がどうなっているのか，そしてそれらの行動の背景にはどのような気持ちがあるのかを知りたいと思っている。そうした「消費者の潜在意識的な部分」のことをコンシューマー・マインドマップと呼ぶ。

　　イ　S 氏らは，取引先小売チェーンの協力のもと，果物の消費量の異なる複数のセグメントに属する消費者を集めてデプス・インタビューを継続的に実施している。グループダイナミクスの効果によって，思いもかけない果物の消費体験例を知ることができる。

　　ウ　S 氏らは，取引先の小売チェーンに POS データの分析を依頼している。その中でもとくに陳列情報，販促情報やその他果物の販売量に影響を与えるコーザルデータの分析を重視している。この種のデータは POS データから直接，簡単に取得できるものであり，迅速な意思決定を支援する。

　　エ　S 氏らは，年齢と果物消費量の関係をさらに深掘りして把握するために，調査設計において被験者の「年齢」，「時代」，「世代」からなる 3 つの要因を分解して分析可能なアプローチを設計した。これは，有効な方法である。

561

Ⅲ．マーケティング論

解答	エ

■解説

マーケティング・リサーチに関する問題である。

ア：不適切である。「消費者の潜在意識的な部分」の洞察を行うことを「コンシューマー・インサイト」と呼ぶ。マインドマップとはトニー・ブザンが提唱した，思考を目に見えるようにしたツールのことである。

イ：不適切である。デプス・インタビューは1対1のインタビュー形式の調査手法である。グループで行うインタビューはグループインタビューと呼ばれる。グループインタビューではグループダイナミクスの効果によって，思いもかけない意見を引き出せる場合がある。

ウ：不適切である。前半部分は正しい。コーザルデータとは販売に影響を与える，天候・気温，競合店やチラシ配布の有無や休日，地域の行事などの要因を指す。しかし，この種のデータはPOSデータから得られるデータではなく，各要因に合わせたそれぞれの情報源から取得する。

エ：適切である。蓄積した時系列データから，その変化要因を「時代変化」「加齢変化」「世代の違いによる変化」の3つの要因に分解して分析する方法をコウホート分析と呼ぶ。この方法を使用すると時代とともに変化する消費者の特性を把握することができる。

よって，エが正解である。

第 2 章　マーケティング計画と市場調査

市場調査の意義と方法	ランク	1回目		2回目		3回目	
	A	/		/		/	

■平成 23 年度　第 28 問

　市場調査において一次データを収集するための調査方法に関する記述として，最も不適切なものはどれか。

　　ア　インターネットによるサーベイ調査は低コストで短期間にデータを回収できるが，面接法や電話法ほど正直な回答が得られない。

　　イ　観察調査は客観性と正確性に優れているが，収集できるデータのタイプには制約がある。

　　ウ　グループ・インタビューでは，回答者の反応に応じて機動的な質問ができるが，調査の成否がインタビュアーの力量に大きく左右される。

　　エ　実験法によって，特定の要因間の因果関係を明らかにすることができるが，その他の要因の影響を統制できなければ実験結果を信頼することはできない。

　　オ　留置法によってサーベイ調査を行うことによって質問票の回収率と調査結果の信頼性を高めることができるが，調査コストは高くなってしまう。

563

Ⅲ．マーケティング論

解答	ア

■解説

市場調査における一次データの収集のための調査方法に関する出題である。

ア：不適切である。インターネットによるサーベイ調査は低コストで短期間にデータを回収できる。また，誰に気兼ねなく回答できるので，正直な回答が得られやすい。その点，面接法や電話法は，質問相手に対して回答者が自分をよく見せようという心理が働くなど実際とは異なる回答をすることがあり，正直な回答が得られにくい面がある。

イ：適切である。観察調査（観察法）とは，調査対象者の行動や反応を直接観察することで一次データを収集する方法である。商店街の通行量調査などをイメージするとよい。直接観察するので，客観性と正確性に優れているが，調査対象者の内面などは行動に出ない場合もあり，収集できるデータのタイプには制約がある。

ウ：適切である。面接法の手法の1つであるグループ・インタビューは，質問者1人に対して複数の調査対象者を面接する。消費者座談会をイメージするとよい。グループで場の雰囲気が和みやすく，回答者の内面的な部分なども引き出しやすくなるが，調査の成否がインタビュアーの力量に大きく左右される側面もある。

エ：適切である。実験法とは，価格，広告などマーケティングの要素（変数）を操作して，売上，購買意欲など別の変数への影響度を調査する一次データ収集方法である。同じ店舗で陳列方法を変えて，反応を見るといった例がある。データは統計学的に評価され，特定の要因間の因果関係を明らかにすることができるが，外部要因の影響を受けやすく，誤った結論を導きやすい。

オ：適切である。留置法とは，調査員が調査票をもって対象者を面接して調査の目的を説明し，調査票への記入を依頼し，後日訪問して記入済みの調査票を回収する方法である。国勢調査をイメージするとよい。質問票の回収率と調査結果の信頼性を高めることができるが，人件費など調査コストは高くなってしまう。

よって，アが正解である。

第 3 章

消費者行動

Ⅲ．マーケティング論

1. 消費者行動

▶▶出題項目のポイント

　中小企業診断協会発表の「試験科目設置の目的と内容」においては，「消費者行動」として，「消費者行動の決定要素とプロセス（基本的決定要素と環境的決定要素，消費者行動のモデル）」，「心理的決定要素（ニーズ，動機付け，態度，学習，パーソナリティ）」，「社会的決定要素（家族，準拠集団，社会階層，文化）」，「意思決定（評価基準，ブランド選定の規則）」に分けられている項目である。本書では，基本的にこの分類に沿っているが，「その他消費者行動に関する問題」として買回品などに関する問題を分類している。

　本出題領域では，「関与」や「購買決定プロセス」が重要である。なかでも，「問題認識」→「情報探索」→「代替品評価」→「選択」→「結果の評価」の5段階のプロセスによる購買行動が頻出となっている。研究が進むにつれて明らかになってきた消費者の購買行動であるが，購買行動の各段階における頻出用語をきちんと理解して，解答できるかがポイントとなる。

▶▶出題の傾向と勉強の方向性

　繰り返し出題されている用語については，記憶が定着するまで繰り返し過去問に取り組むことが望ましい。たとえば，平成29年度には，消費者行動に関していろいろな角度から4問出題されており，また，「関与」という言葉に関する問題は，平成24年度第26問（設問1）や令和元年度第34問にその意味を問う問題が出題されている。過去問を解くことで，それらの言葉の定着を図ってもらいたい。

　また，購買時における消費者心理に関する問題が平成27年度に3問，平成28年度にも1問出題されているので，しっかり押さえておきたい。

　ランクB，ランクCとなっていても，ランクの高い論点を深掘りしたような内容であったり頻出用語が登場したりする問題も多いので，きちんと取り組み，理解を高めたい。

第 3 章　消費者行動

■取組状況チェックリスト

1. 消費者行動

消費者行動の決定要素とプロセス

問題番号	ランク	1回目		2回目		3回目	
令和元年度　第 34 問	A	／		／		／	
平成 29 年度　第 29 問（設問 1）	A	／		／		／	
平成 28 年度　第 33 問	A	／		／		／	
平成 27 年度　第 30 問	A	／		／		／	
平成 27 年度　第 31 問（設問 1）	A	／		／		／	
平成 27 年度　第 31 問（設問 2）	A	／		／		／	
平成 26 年度　第 30 問（設問 1）	A	／		／		／	
平成 26 年度　第 30 問（設問 2）	A	／		／		／	
平成 26 年度　第 30 問（設問 3）	A	／		／		／	
平成 25 年度　第 25 問（設問 2）	A	／		／		／	
平成 22 年度　第 27 問（設問 1）	B	／		／		／	
平成 22 年度　第 27 問（設問 2）	A	／		／		／	
平成 24 年度　第 26 問（設問 1）	A	／		／		／	
平成 24 年度　第 26 問（設問 2）	C*	／		／		／	
平成 24 年度　第 33 問（設問 2）	A	／		／		／	

心理的決定要素

問題番号	ランク	1回目		2回目		3回目	
平成 29 年度　第 34 問（設問 1）	C*	／		／		／	

社会的決定要素

問題番号	ランク	1回目		2回目		3回目	
平成 29 年度　第 35 問	A	／		／		／	
平成 25 年度　第 25 問（設問 1）	A	／		／		／	
平成 24 年度　第 27 問	A	／		／		／	

Ⅲ．マーケティング論

その他消費者行動に関する問題							
問題番号	ランク	1回目		2回目		3回目	
平成29年度 第33問	A	／		／		／	
平成25年度 第27問（設問1）	A	／		／		／	
平成25年度 第27問（設問2）	A	／		／		／	
平成23年度 第31問（設問1）	A	／		／		／	
平成23年度 第31問（設問2）	A	／		／		／	

＊ランク C の問題と解説は，「過去問完全マスター」の HP（https://jissen-c.jp/）よりダウンロードできます。

第 3 章　消費者行動

消費者行動の決定要素とプロセス	ランク	1回目	2回目	3回目
	A	／	／	／

■令和元年度　第 34 問

消費者の情報処理や購買意思決定に影響をもたらす関与に関する記述として，最も適切なものはどれか。

ア　関与とは製品カテゴリーに限定した消費者の関心度，重要度の程度のことである。

イ　関与の水準は，消費者によって異なるが，当該消費者においては変動せず，安定的である。

ウ　高関与な消費者に対して，商品の金銭的・社会的リスクや専門性を知覚させることで，企業は自社が行うマーケティング・コミュニケーション活動への反応を高めることができる。

エ　低関与である場合，消費者は購買したり，利用したりする前に，製品に対する慎重な評価を行う。

Ⅲ．マーケティング論

解答	ウ

■解説

消費者の情報処理や購買意思決定に影響をもたらす関与に関する問題である。

ア：不適切である。関与とは製品やサービスに対する消費者の関心やこだわり，想いなどを表した用語である。たとえば，アニメが好きな人はアニメへの関与の水準が高いし，エステが好きな人はエステへの関与の水準が高い。広く製品やサービスに関して使われるため，製品カテゴリーに限定しているわけではない。

イ：不適切である。関与の水準は，消費者によって異なるというのは正しい。ただ，当該消費者においては置かれている環境や，対象となる製品やサービスのカテゴリーにより変化する。

ウ：適切である。商品の金銭的・社会的リスクや専門性を知覚させることにより，高関与な消費者はその製品やサービスに興味，関心を持っているため情報を収集し始める。そのため，それにより，企業は自社が行うマーケティング・コミュニケーション活動への反応を高めることができる。

エ：不適切である。低関与である場合，そもそもその消費者はその製品やサービスに対し，関心や興味が低い。そのため，購買したり，利用したりする前に製品に対する評価に時間を取ることをしない。

よって，ウが正解である。

第3章 消費者行動

消費者行動の 決定要素とプロセス	ランク	1回目		2回目		3回目	
	A	／		／		／	

■平成29年度　第29問（設問1）

　次の文章を読んで，下記の設問に答えよ。

　高性能オーディオ製品を生産しているメーカーA社は，B地区にそれぞれ店舗を
構える小売業のX社とY社に卸売を行っている。かつてはX社とY社の小売店舗
はともに，丁寧な対面販売と手厚いサービスを重視していた。ここ数年の間，X社が
従来の方向性を強化する一方，Y社は販売員を減らし，店舗への投資を削減して販管
費を節約し，それを低価格に反映させるディスカウント戦略をとるようになっていた。
①その結果，多くの消費者がX社の店舗で情報探索し，Y社の店舗で実際の商品の
購買を行うという傾向が顕著化した。②X社はY社の行動の影響による売上不振を
打開するため，自らもY社と同様の戦略をとるようになっていった。

　文中の下線部①に示すような状況を表す語句として，最も適切なものはどれか。

　　ア　クロスバイイング

　　イ　ダンピング

　　ウ　ブラウジング

　　エ　フリーライディング

571

Ⅲ. マーケティング論

解答	エ

■解説

フリーライディングに関する問題である。

ア：クロスバイイングとは，ある製品やサービスを受けた顧客が，また，同じ企業の追加の製品やサービスを購入する，といった購買行動である。

イ：ダンピングは，不当廉売のことで，採算を度外視して，仕入価格よりも不当に低い価格で販売することで，公正な市場競争を破壊してしまう活動を指す。

ウ：ブラウジングとは，明確な検索意図のないまま，偶然の発見を期待した情報検索のことを指し，最近では，インターネット上でブラウザなどを使って情報を探す動作を指すようになった。

エ：フリーライディングはただ乗りを意味し，利益は享受するが，そこでかかった費用は負担しない，という行為である。X社では消費者に購買を促すための情報提供を対面販売と手厚いサービスというコストをかけて行っているにもかかわらず，消費者はその分を省いていることで価格を安くできるY社で商品を購入している。つまり，情報分のコストを支払わないで，安い商品を購入するという便益を得ていることになる。

よって，エが正解である。

第3章　消費者行動

消費者行動の 決定要素とプロセス	ランク	1回目		2回目		3回目	
	A	/		/		/	

■**平成 28 年度　第 33 問**

消費者の購買行動に関する記述として，最も適切なものはどれか。

ア　精緻化見込みモデルに基づけば，人が時間や労力をかけた購買意思決定プロ
　　セスをとるのは，以下のいずれかの条件が満たされた場合である。それは，
　　「製品やサービスの購買に対する動機づけレベルが高い場合」，「情報処理の
　　能力を有する場合」，あるいは，「利用可能な情報に接する機会や時間がある
　　場合」である。

イ　多属性態度理論に基づけば，人は，製品が有するある属性のマイナス面を他
　　の属性のプラス面で相殺することをしない。

ウ　特定の製品カテゴリーに対する関与が高い場合，知識が少ない人より多い人
　　のほうが，満足の最大化を目指して，限定的な意思決定プロセスをとりやす
　　い。

エ　「見せかけのロイヤルティ」の顧客とは，対象製品やサービスに対して好ま
　　しい態度や高い購買意向を持ちながら，購買行動に移さない人のことをいう。

573

Ⅲ．マーケティング論

解答	ウ

■解説

消費者の購買行動に関する問題である。

ア：不適切である。精緻化見込みモデルに基づくと，人は広告などに対し，2通りの反応を示すとされている。1つは中心ルートと呼ばれ，情報を処理する動機や能力を有している消費者の反応，そして，もう1つは周辺ルートと呼ばれ，動機や能力を欠く消費者の反応である。本設問の場合，人が時間や労力をかけた購買意思決定プロセスをとる消費者は，中心ルートの反応をとると考えられるため，設問の「製品やサービスの購買に対する動機づけレベルが高い場合」，「情報処理の能力を有する場合」，という部分は正しい。しかし，3つめの「利用可能な情報に接する機会や時間がある場合」については，当てはまらないため不適切である。

イ：不適切である。多属性態度モデルとは，対象となる製品やサービスへの態度は，価格や品質，デザインなどの主要な属性についての総和で表される，という理論である。総和をとる場合に各属性の重要性を加味することから，ある属性のマイナス面を，重要度が同じか，よりの高い属性であれば，プラス面で相殺することはありうる。

ウ：適切である。特定の製品カテゴリーに対する関与が高い場合，知識が少ない人は情報収集を図ろうとするため拡大的な意思決定プロセスを採用し，知識の多い人はすでに情報をある程度得ていることから，満足の最大化を目指して，限定的な意思決定プロセスをとりやすい。

エ：不適切である。「見せかけのロイヤルティ」の顧客とは，態度と行動が必ずしも一致しておらず，好ましいわけではないが，結果的にリピートしている顧客のことである。設問の，対象製品やサービスに対して好ましい態度や高い購買意向を持ちながら，購買行動に移さない人は，「潜在的ロイヤルティ」の顧客のことである。いずれにしても，態度も行動も一致した「真のロイヤルティ」に導いていくことが重要である。

よって，ウが正解である。

574

第 3 章　消費者行動

消費者行動の決定要素とプロセス	ランク	1回目	2回目	3回目
	A	／	／	／

■平成 27 年度　第 30 問

消費者心理に関する記述として，最も適切なものはどれか。

ア　近年，ブランド関連商品をおまけに付けた雑誌が売上を伸ばしているが，その要因は「道具的条件づけ」で説明することができる。

イ　消費者の知覚リスクは，商品知識が乏しい場合や複雑な商品の場合に高まるが，商品に対する関与が高い場合や多くの選択肢から選べる場合には低下する。

ウ　消費者の認知や好意的評価を得ていない新しい商品やサービスの場合には，一般的に，自社ブランドの強みとなる一点を集中的に訴求することが有効である。

エ　プロモーション活動において，たとえば紫外線が肌にもたらす悪影響を示すメッセージが化粧品に用いられることがある。通常，恐怖喚起が強ければ強いほど商品効能に対する説得効果は高まる。

575

Ⅲ．マーケティング論

解答	ア

■解説

消費者行動の意思決定とプロセスにおける消費者心理に関する問題である。

ア：適切である。道具的条件づけ（オペラント条件づけ）は相手に刺激を与えて希望する反応を引き出した後に報酬を与え，その反応を強化し，これを繰り返すことでさらに強化するという考え方である。雑誌におまけがついていることで消費者に満足を与え，さらに，それがブランド関連商品にも関わらずおまけ（無料）で手に入ったという報酬があったことで，さらに次の購買も促進する，という効果を狙っているのである。

イ：不適切である。知覚リスクとは消費者が商品やサービスを購入する時に感じる不安や懸念のことある。商品知識が乏しい場合や複雑な商品の場合，その商品に関する説明が十分になされないと消費者は安心して購入することができず知覚リスクは高まる。また，商品に関する関与（関わり合いの程度）が高まれば，その商品のことがよくわかり安心して購入できるので知覚リスクは低下する。ただ，多くの選択肢が存在する場合，消費者はどの製品を選択するかを迷うことになり，不安を感じることで知覚リスクは高まる。そのため，知覚リスクを低下させるためには，商品提供の際に，「おすすめ」などを指定して選択肢を狭くすることが必要である。

ウ：不適切である。新商品や新サービスの場合，その商品の認知，評価を高めるためには，消費者が注目することが重要である。ただ，その商品が出たばかりの状況では，その商品の何が消費者をひきつけ，評価されるかがわからない。したがって，一般的には，その商品の魅力を多面的にアピールして消費者に注目してもらうことが大切である。

エ：不適切である。恐怖喚起とは恐怖訴求とも呼び，人間の漠然とした不安や恐怖に対して，その商品を購入することで，解決，軽減されることを喚起（訴求）するプロモーション活動である。ただ，恐怖喚起が強すぎる場合，購入時に消費者に悪い印象を持たれ，最悪，その商品のブランドイメージや販売する企業のイメージに対する嫌悪感につながる可能性もある。したがって，必ずしも説得効果が高まるとはいえない。

よって，アが正解である。

第 3 章　消費者行動

消費者行動の 決定要素とプロセス	ランク	1 回目		2 回目		3 回目	
	A	／		／		／	

■平成 27 年度　第 31 問（設問 1）
次の文章を読んで，下記の設問に答えよ。

　人は，一般的に，自分にとって最良と思われる商品を購入する。しかし，購入後に「本当にこの選択でよかったのか」，「迷ったもうひとつの商品のほうがよかったのではないか」と思い悩むことは，決して珍しいことではない。購入した商品は最良と思う一方で，他の商品のほうがよかったのではないかとも考える。人は，こうした 2 つの認識の矛盾から，心理的な緊張を高める。

（設問 1）
　文中の下線部の「心理的な緊張」状態を表す語句として，最も適切なものはどれか。

　　ア　サイコグラフィックス

　　イ　認知的不協和

　　ウ　バラエティシーキング

　　エ　ブランドスイッチング

577

Ⅲ．マーケティング論

解答	イ

■解説

消費者の購買時における心理的緊張に関する問題である。

ア：不適切である。サイコグラフィックスとは，マーケットの顧客の分類を行う
　　際の分類軸のひとつである。価値観，ライフスタイル，性格，好みなど，心
　　理学的な特性で顧客を分類する。他の属性として，自宅や勤務地など，地理
　　的な特性によるジオグラフィックや，年齢，収入，職業など社会的な特性で
　　分類するデモグラフィックがある。

イ：適切である。認知的不協和とは，消費者が矛盾する２つの認知をした場合に
　　不協和と呼ばれる心理的な緊張状態を作り出すことである。購買後に自分の
　　選択が間違っているのではないか，他にも良い商品があったのではないか，
　　という心理的なストレスを感じる場合に生じる。

ウ：不適切である。バラエティシーキングとは，消費者が商品を購入する場合に，
　　特定のブランドのみを購入するのではなく，さまざまなブランドを購入しよ
　　うとする行動特性のことである。消費者がブランド変更を行うことに対する
　　心理的な抵抗力は低い。

エ：不適切である。ブランドスイッチングとは，何かの理由で消費者がある商品
　　カテゴリー内で今までに購入してきた商品とは違う競合のブランド商品を購
　　入し始めることである。ブランドスイッチングを防ぐためには，ブランドロ
　　イヤリティ（ブランドへの愛顧）を高めたり，他社の商品への乗り換えの際
　　の心理的，物理的なコスト（スイッチングコスト）を高めたりすることが有
　　効である。

よって，イが正解である。

第3章　消費者行動

消費者行動の決定要素とプロセス	ランク	1回目		2回目		3回目	
	A	／		／		／	

■平成 27 年度　第 31 問（設問 2）

次の文章を読んで，下記の設問に答えよ。

　人は，一般的に，自分にとって最良と思われる商品を購入する。しかし，購入後に「本当にこの選択でよかったのか」，「迷ったもうひとつの商品のほうがよかったのではないか」と思い悩むことは，決して珍しいことではない。購入した商品は最良と思う一方で，他の商品のほうがよかったのではないかとも考える。人は，こうした 2 つの認識の矛盾から，心理的な緊張を高める。

（設問 2）

　文中の下線部の「心理的な緊張」状態に関する記述として，最も適切なものはどれか。

　　ア　この状態が生じると，好ましい情報を求めて，当該企業のホームページや広告を見る傾向がある。

　　イ　この状態が生じると，当該購買行動が非常に重要な出来事であったかのように過大に感じる。

　　ウ　この状態は関与が低くブランド間知覚差異が小さいと生じやすい。

　　エ　この状態は信頼財よりも探索財や経験財において生じやすい。

579

Ⅲ．マーケティング論

解答	ア

■解説

　消費者の購買時における心理的緊張（認知的不協和）に関する問題である。認知的不協和とは消費者が矛盾する2つの認知をした場合に不協和と呼ばれる心理的な緊張状態を作り出すことである。購買後に自分の選択が間違っているのではないか，他にも良い商品があったのではないか，という心理的なストレスを感じる場合に生じる。

ア：適切である。認知的不協和が生じた場合，不協和を低減させるために自分の決断の正当性を証明する情報の収集を図ろうとする。自分の購入したものが他の顧客も使っているすばらしい商品であるというような情報をHPや広告を見て確認するのである。

イ：不適切である。認知的不協和が発生した場合，当該購買行動が重要な出来事であったかのように過大に感じるのではなく，逆に，自分の行動が正しかったのかを不安に感じる。

ウ：不適切である。商品に関する関与が低く，ブランド間知覚差異が小さい場合，選択肢の中からどの商品を選んでもよい状況にあるため，自分の選択に対して心理的な緊張は少ないと考えられ，この場合，認知的不協和は生じにくい。

エ：不適切である。商品は消費者が行う品質評価の視点で3つに分類できる。商品の使用前に品質がある程度評価できるものを探索財，使ってみて初めて評価できるものを経験財，使っても評価できないものを信頼財と呼ぶ。たとえば，家電製品などはカタログなどである程度品質がわかるので探索財，レストランなどは実際に入って食べてみればわかる，という意味で経験財，化粧品など，人により効果が違い，効果が出るまで時間がかかり，すぐには評価できない商品なので信頼財と考えられる。信頼財は効果がすぐに実感できないことから，探索財や経験財に比べて，購入後に本当によかったのかの心理的な緊張（認知的不協和）を生じやすい。

　よって，アが正解である。

第 3 章　消費者行動

消費者行動の 決定要素とプロセス	ランク	1回目		2回目		3回目	
	A	／		／		／	

■平成 26 年度　第 30 問（設問 1）

次の文章を読んで，下記の設問に答えよ。

消費行動の分析においては，一般的に消費者個人ではなく，家族という　Ａ　単位，あるいは家計という　Ｂ　単位が基本的な分析の単位として用いられる。その理由は，

　Ｃ　の選択や　Ｄ　の配分において，家族人数に代表される規模的要因が大きく影響するため，個人ベースでの分析よりも家計単位での分析が適しているからである。

　Ｄ　の配分としての消費行動は，生活様式や　Ｃ　によって規定されるが，消費行動を分析する視点には，3つの代表的アプローチがある。それらは，①ライフサイクル・アプローチ，ライフスタイル・アプローチ，ならびに②ライフコース・アプローチである。いずれも，生活主体としての家族ないし個人の生活構造上の特徴に着目し，その集約的指標と消費行動とを関連付けて分析するための視点である。

（設問 1）

文中の空欄 Ａ 〜 Ｄ に入る語句の組み合わせとして，最も適切なものはどれか。

ア　Ａ：社会　　Ｂ：経済　　Ｃ：消費様式　　Ｄ：支出

イ　Ａ：社会　　Ｂ：契約　　Ｃ：購買様式　　Ｄ：支出

ウ　Ａ：生活　　Ｂ：経済　　Ｃ：購買行動　　Ｄ：権限

エ　Ａ：生活　　Ｂ：契約　　Ｃ：購買行動　　Ｄ：権限

オ　Ａ：文化　　Ｂ：社会　　Ｃ：購買様式　　Ｄ：資源

Ⅲ. マーケティング論

解答	ア

■解説

消費者行動の分析単位に関する問題である。

空欄 A：消費行動の分析においては，一般的に消費者個人ではなく，家族という社会単位で分析を行う。

空欄 B：経済学においては，需要（消費）側の最小単位として，消費者ではなく家計を使用する。したがって消費者行動の分析においても経済単位として家計を使用する。

空欄 C：消費において，家族単位の各要因が影響する。したがって消費様式も家族の影響を強く受ける。

空欄 D：支出に関しても家族単位ので収入や生活が影響するため，消費行動分析においても家族単位で実施するのである。

　よって，A：社会　　B：経済　　C：消費様式　　D：支出，となり，アが正解である。

第3章　消費者行動

消費者行動の決定要素とプロセス	ランク	1回目	2回目	3回目
	A	／	／	／

■平成26年度　第30問（設問2）

次の文章を読んで，下記の設問に答えよ。

　消費行動の分析においては，一般的に消費者個人ではなく，家族という　A　単位，あるいは家計という　B　単位が基本的な分析の単位として用いられる。その理由は，

　　C　の選択や　D　の配分において，家族人数に代表される規模的要因が大きく影響するため，個人ベースでの分析よりも家計単位での分析が適しているからである。

　　D　の配分としての消費行動は，生活様式や　C　によって規定されるが，消費行動を分析する視点には，3つの代表的アプローチがある。それらは，①ライフサイクル・アプローチ，ライフスタイル・アプローチ，ならびに②ライフコース・アプローチである。いずれも，生活主体としての家族ないし個人の生活構造上の特徴に着目し，その集約的指標と消費行動とを関連付けて分析するための視点である。

（設問2）

　文中の下線部①に示す「ライフサイクル・アプローチ，ライフスタイル・アプローチ」に関する記述として，最も適切なものはどれか。

　ア　近年の家計調査によれば，家族ライフサイクルの終点近くに位置する後期高齢者による耐久消費財支出の増加傾向が読み取れる。

　イ　ライフサイクル・アプローチに示されるフルネスト（full nest）段階におかれた家計の消費支出をみると，医療，外食，ファッションといった項目の構成比が高まることが分かる。

　ウ　ライフサイクル・アプローチは，家族という集団を人の一生に例え，「家族のライフサイクル」の普遍的な共通性に着目したアプローチである。個別の家族に固有な出来事の影響を反映した分析を行う点に最も大きな特徴がある。

　エ　ライフスタイル・アプローチは，モチベーション・リサーチやパーソナリティ研究から発展したサイコグラフィクスを源流とするとされる。

583

Ⅲ. マーケティング論

解答	エ

■解説

「ライフサイクル・アプローチ，ライフスタイル・アプローチ」に関する問題である。

ア：不適切である。家族ライフサイクルの終点近くに位置する後期高齢者においては，旅行や医療への支出が増え，さらに進むと，購買意欲も減少し，消費支出が急速に減少していく，したがって，他のステージと比較して耐久消費財への支出は多くならない。

イ：不適切である。ライフサイクル・アプローチに示されるフルネスト（full nest）段階におかれた家計の場合，まず，家族が暮らすために持ち家を購入し，次に子供の誕生に伴って，玩具類の購入や，学校，習い事のために教育費が増加する。

ウ：不適切である。ライフサイクル・アプローチは，家族という集団を人の一生にたとえ，家族のライフサイクルの普遍的な共通性に着目したアプローチである。人々は皆同じ形でライフサイクル上のステージ（段階）を経験し，各段階においては同質的である，ということを前提にしているため，個別の家族に固有な出来事の影響を反映した分析を行うわけではない。

エ：適切である。ライフスタイル・アプローチは，モチベーション・リサーチやパーソナリティ研究から発展したサイコグラフィクスを源流とするとされる。

よって，エが正解である。

第3章　消費者行動

消費者行動の決定要素とプロセス	ランク	1回目	2回目	3回目
	A	/	/	/

■平成 26 年度　第 30 問（設問 3）

次の文章を読んで，下記の設問に答えよ。

消費行動の分析においては，一般的に消費者個人ではなく，家族という　A　単位，あるいは家計という　B　単位が基本的な分析の単位として用いられる。その理由は，

　C　の選択や　D　の配分において，家族人数に代表される規模的要因が大きく影響するため，個人ベースでの分析よりも家計単位での分析が適しているからである。

　D　の配分としての消費行動は，生活様式や　C　によって規定されるが，消費行動を分析する視点には，3つの代表的アプローチがある。それらは，①ライフサイクル・アプローチ，ライフスタイル・アプローチ，ならびに②ライフコース・アプローチである。いずれも，生活主体としての家族ないし個人の生活構造上の特徴に着目し，その集約的指標と消費行動とを関連付けて分析するための視点である。

（設問 3）

文中の下線部②に示す「ライフコース・アプローチ」に関する記述として，最も適切なものはどれか。

ア　Fさんは，アメリカ人の夫とともに英会話による学童保育施設を開業した。これは DINKS 型ライフコースを選択する家族の増加を受けてのことである。

イ　ライフコース・アプローチでは，近年着目される「絆」の重視や「家族回帰」を通じた家族や友人グループの中での合意に基づいた集団的な意思決定の影響が尊重されている。

ウ　ライフコースの概念では，ライフイベントごとの選択のあり方が個々の人生の道筋の多様化を生み出すとされている。これら選択の多様化によって，社会人教育や婚活（結婚活動）など新たな消費機会が生まれる。

エ　ライフコースの複雑化により，年齢別労働力率曲線にみる女性の年齢階級別の就労状況は「V字曲線」と呼ばれるようになっている。

585

Ⅲ．マーケティング論

解答	ウ

■解説

「ライフコース・アプローチ」に関する問題である。

ア：不適切である。DINKS は（Double Income No Kids）の略であり，子供の
ない共働き夫婦のライフコースである。英会話による学童保育施設は，子供
を持つ共働き夫婦である DEWKS（Double Employed With Kids）に向けて
の事業である。

イ：不適切である。ライフコース・アプローチは家族の中での個人の生き方（人
生）に着目するアプローチである。離婚，再婚の増加，晩婚化や晩産化で，
生涯独身である人や，子供のいない夫婦が増加しており，家族のライフサイ
クルの多様化，複線化したため出てきたアプローチである。

ウ：適切である。ライフコースの概念では，結婚，就職，出産後や定年退職後の
再就職，などのライフイベントごとの選択のあり方が個々の人生の道筋の多
様化を生み出すとされている。これら選択の多様化によって，社会人教育や
婚活（結婚活動）など新たな消費機会が生まれると考えられる。

エ：不適切である。女性の年齢階級別に就労状況は，20 代半ばにピークを迎え，
その後，30 代後半まで落ち込み，再び，上昇して 50 代前後に次のピークを
迎えるいわゆる「M 字カーブ」を描く。これは，出産・育児を機にいった
ん離職して無職になり，育児終了後に再度働き出す女性が多いためである。

よって，ウが正解である。

586

第3章　消費者行動

消費者行動の決定要素とプロセス	ランク	1回目	2回目	3回目
	A	／	／	／

■平成25年度　第25問（設問2）

次の文章を読んで，下記の設問に答えよ。

消費者の<u>購買意思決定</u>プロセスにおいては，特定の情報発信型消費者が他の消費者に対して強い影響力を持つことがある。このように情報源としてとくに重視される人々は　A　集団と呼ばれる。この種の集団には憧れや分離の対象といった個々の消費者が直接的な接点を持たない対象だけでなく，学校や職場，サークルなどのように実際に消費者自身が所属している集団も含まれる。

ロジャースによる普及理論は，　B　が特定の製品を採用することが新製品普及の最初のステップであるとしている。ハイテク技術を観察対象としたムーアの研究では，この次の段階にくる初期多数派への普及がいかに速やかに行われるかが製品普及の分かれ道であるという結論が導かれている。この分かれ道は　C　と名付けられた。

これに対してオピニオンリーダー理論では特定の製品分野についての深い専門知識を持った人々が，新しい製品に関する情報を収集し，自ら編集したメッセージで情報発信することの重要性が示されている。

オピニオンリーダーとは対照的に製品カテゴリ横断的な幅広い知識を持ち，さらには知識を伝える方法も幅広く持っていることに特徴づけられる情報発信型消費者は　D　と呼ばれている。このタイプの消費者は，インターネット上のコミュニティやソーシャルメディア上で情報を拡散させるコミュニケーション機能を果たす極めて現代的な情報発信者といえるだろう。

文中の下線部に示す「購買意思決定」についての消費者または企業の行動に関連する記述として，最も適切なものはどれか。

ア　ある小売が店頭で靴下の「よりどり3点600円」の販促を実施した。多くの消費者は売れ筋の商品だけでなく，単独の販売ランキング下位の商品も購買していた。これは，バラエティ・シーキング論の主張と一致する。

イ　個々の消費者による購買行動はその人物の文化的，社会的，個人的，心理的な特性の強い影響を受けるが，マーケターに与えられた役割はこれらの特性を変容させることである。

ウ　消費者がある製品に対して高い製品関与水準を持つとき，この消費者は自らが蓄積した豊かな製品知識を容易に参照できるため，購買意思決定プロセスは単純化する。これは精緻化見込みモデルによる見解である。

エ　生産財の購買は組織内の異なる部門や複数の階層から構成される購買センターを通じて行われるため，購買主体は十分な知識を持って迅速な意思決定を下すことができる。

587

Ⅲ. マーケティング論

解答	ア

■解説

購買意思決定についての消費者または企業の行動に関連する問題である。

ア：適切である。バラエティ・シーキングとは，何かものを選ぶ際に，特定のブランドだけではなく，さまざまなブランドを購入しようとする消費者の行動特性を指す。消費者が頻繁にブランド・スイッチを行うような，清涼飲料やお菓子などのこだわりのあまりない製品を購買するケースに見られる。靴下を3点購入するような場合にも，多くの消費者は，こだわりなく，いろいろなものを試そうと思うことから，売れ筋の商品だけでなく，単独の販売ランキング下位の商品もあわせて購入したと考えられ，バラエティ・シーキング論の考え方と一致する。

イ：不適切である。個々の消費者による購買行動はその人物の文化的，社会的，個人的，心理的な特性の強い影響を受ける，という部分は正しいが，マーケターに与えられた役割は，これらの特性を変容させることではなく，消費者個人の特性を分析し，その特性に合わせてマーケティング活動を行うことである。

ウ：不適切である。関与とは，製品に対する「思い入れ」「こだわり」といったものである。関与水準の高い消費者は，商品の購入にあたって情報を収集し，慎重に評価する。したがって，より多くの情報処理が必要になり，購買意思決定プロセスは複雑化する。精緻化見込みモデルとは，消費者は，広告などによる「説得」に対し，内容を理解し，詳細に検討する場合と，見た目のイメージによって対応を決める，という2通りの反応（情報処理）を行うと考える理論であり，関与に関する見解ではない。

エ：不適切である。生産財の購買は組織内の異なる部門や複数の階層から構成される購買センターを通じて行われるため，購買主体は十分な知識を持っている。しかし，異なる部門や複数の階層から構成されるがゆえに，意思決定は複雑になり，迅速な意思決定は図りにくい。

　よって，アが正解である。

第3章　消費者行動

消費者行動の 決定要素とプロセス	ランク	1回目		2回目		3回目	
	B	/		/		/	

■平成 22 年度　第 27 問（設問 1）

次の文章を読んで，下記の設問に答えよ。

　消費者行動論の領域では，購買プロセスは，消費者が内部および外部からの刺激によって問題やニーズを認識した時に始まるとされている。こうした視点から消費者の購買行動をとらえると，消費者は一回一回の購買において，「問題認識」→「情報探索」→「代替案の評価」→「選択」→「結果の評価」からなる 5 段階の意思決定プロセスのすべて（または一部）を経由することになる。

（設問 1）

　情報探索段階において消費者は，次のような情報源に依拠した探索行動を行う。空欄 A と B にあてはまる語句の組み合わせとして最も適切なものを下記の解答群から選べ。

　　　商業的情報源—広告，ウェブサイト，販売員，商品パッケージ，店頭の実物展示
　　　　　　　　　　など
　　　　A　　情報源—マスメディア，製品評価を行う消費者団体など
　　　個人的情報源—家族，友人，隣人，職場の同僚，知人など
　　　　B　　情報源—製品の操作，検討，使用など

〔解答群〕

　　ア　A：公共的　　　B：経験的

　　イ　A：社会的　　　B：行動的

　　ウ　A：社会的　　　B：実物的

　　エ　A：操作的　　　B：行動的

　　オ　A：操作的　　　B：能動的

589

Ⅲ．マーケティング論

解答	ア

■解説

　消費者の購買意思決定に関する理論における問題であるが，設問1，2ともに細かい論点が登場するため，自信を持って解答できた受験生は少なかったであろう。

　下記，5段階の購買意思決定プロセスはP．コトラーによって提唱された（日常的な購買では5段階のステップを踏まないこともある）。

$$\boxed{問題認知} \Rightarrow \boxed{情報探索} \Rightarrow \boxed{代替品評価} \Rightarrow \boxed{購買決定} \Rightarrow \boxed{購買後の行動}$$

　　出所：フィリップ・コトラー／ゲイリー・アームストロング（和田充夫／青井倫一訳）『新版マーケ
　　　　　ティング原理』，ダイヤモンド社，1995，p.194

　本問では，上図の2段階目の「情報探索」に関して問われている。問題認知とは，消費者がニーズを認知することである。当該製品を認識し，その製品に関する情報に敏感になった消費者は，友人に相談する，ネットで商品情報を検索する，店舗へ実際の商品を見に行く，などさまざまな情報収集を開始する。その際の情報源には，

　　①個人的情報源（家族，友人，隣人，職場の同僚，知人など）
　　②商業的情報源（広告，ウェブサイト，販売員，商品パッケージ，店頭の実物展
　　　示など）
　　③公共的（空欄A）情報源（マスメディア，製品評価を行う消費者団体など）
　　④経験的（空欄B）情報源（製品の操作，検討，使用など）
の4種類があるとされる。

　なお，「個人的情報源」が最も影響が大きいとされる。

　よって，A：公共的，B：経験的の組み合わせとなり，アが正解である。

第3章　消費者行動

消費者行動の決定要素とプロセス	ランク	1回目	2回目	3回目
	A	/	/	/

■平成 22 年度　第 27 問（設問 2）

次の文章を読んで，下記の設問に答えよ。

　消費者行動論の領域では，購買プロセスは，消費者が内部および外部からの刺激によって問題やニーズを認識した時に始まるとされている。こうした視点から消費者の購買行動をとらえると，消費者は一回一回の購買において，「問題認識」→「情報探索」→「代替案の評価」→「選択」→「結果の評価」からなる 5 段階の意思決定プロセスのすべて（または一部）を経由することになる。

（設問 2）

　消費者の購買意思決定に関する理論の諸仮説の記述として，最も不適切なものはどれか。

ア　消費者は聞いたことのない小売業者のウェブサイトから製品を購買する際，しばしば意思決定の内容を変更したり，延期したりすることがあるが，その一因は，さまざまな知覚リスクを回避しようという行動にあるといえる。

イ　消費者は購買意思決定プロセスの中で，完全情報の獲得に基づいて行動するわけではなく，情報処理や意思決定は経験則，つまりヒューリスティクスに左右されることがある。

ウ　精緻化見込みモデルによると，十分な「動機」，「能力」，「機会」をもたない消費者は，製品・サービスやブランドに対して，あまり深い考察を伴わずに態度を形成したり，変容させたりする。

エ　低関与製品を高関与製品に転換するためのひとつの手法は，製品を関与度の高い問題と関連付けることである。

オ　バラエティ・シーキングとは，低関与製品のうち，ブランド間の差異が小さい場合にみられる頻繁なブランド・スイッチングのことをいう。

Ⅲ．マーケティング論

解答	オ

■解説

ア：適切である。知覚リスクとは，消費者が商品やサービスを購入したり使用したりする際に，生じる不安や懸念のことである。企業は消費者がどのような不安を持っているのかを把握し，少しでも解消することにより，安心して購入に踏み切れるように促す。知覚リスクには，①機能的リスク（品質や機能は適切だろうか），②心理的リスク（購入により恥ずかしい思いをするのではないか），③社会的リスク（他人から見たら似合っていないと思われないか，他人や所属集団から除外されはしないか），④経済的リスク（無駄遣いではないか，明日には値引きされないだろうか），⑤身体的リスク（製品の使用によりケガ等をしないだろうか），⑥時間的リスク（購入で時間を損失しないだろうか）など，さまざまな種類がある。「聞いたことのない小売業者のウェブサイト」であれば，消費者は情報の不足から大きな知覚リスクを感じ，回避しようとするだろう。

イ：適切である。ヒューリスティクスとは，「経験則」のことで，正しいと思われる選択肢を順に試行錯誤しながら正解にたどり着こうとする問題解決法を指す。本肢のとおり消費者は完全な合理性のもとで情報処理や意思決定を行っているわけではなく，自身の経験や周囲の限定的な情報等に基づき行動する。

ウ：適切である。精緻化見込みモデルとは，広告メッセージなどの「説得」によって消費者の態度が変化するまでの経路には２種類あり，知識の有無や，個人の情報処理能力によって左右されるとするモデルである。個人の情報処理能力が高いか低いかということは，広告メッセージを理性的に処理できるかどうかに関わる。経路は以下の２パターンである。

　　１：中心ルート：消費者に情報を処理する能力と動機がある場合。広告の内容について，理解して情報収集するなど詳細に検討する対応。

　　２：周辺ルート：中心ルートが形成されない場合。広告の詳細な内容よりも，

592

パッケージの見た目，広告に起用されている人物などのイメージ（＝製品の本質的な部分ではなく周辺的な部分）によって形成される対応。

本肢にある「十分な『動機』，『能力』，『機会』をもたない」消費者とは，低関与であまり知識を持たない消費者であり，あまり深い考慮もせずに周辺的ルートをたどる，すなわちイメージによって態度が変化する。

エ：適切である。自社製品への関与を高める手法には，製品をターゲット顧客の関心事と関連させる，具体的に使用場面や使用例をアピールする等がある。

オ：不適切である。バラエティ・シーキングとは，消費者が購買をする際に，特定のブランドだけではなく，いろいろなブランド間をスイッチする現象のことで，アメリカのヘンリー・アサエルが提唱した購買行動に関するモデルに登場する言葉である。アサエルは，製品のタイプによって消費者の購買行動が異なるとし，「関与水準（＝消費者と製品の関わり合いの程度）」と「ブランド間の知覚差異（＝消費者がその商品カテゴリーの各ブランドの違いがわかる程度）」という２つの軸により，４タイプに製品を分けている。そして，それぞれの製品に適したマーケティングを行うと効果的だとする。バラエティ・シーキングは関与水準が低く，ブランド間の知覚差異が大きい場合に発生するため本肢は不適切である。菓子類や飲料などの比較的低価格で反復的に購買される製品において発生しやすく，前回購買した製品が不満なわけではないが，目新しさなどから新製品や異なる味の商品などへのブランド・スイッチが行われる。これを防ぐための対策としては，ロイヤリティの形成を図る，期間限定商品の導入などがある。

よって，オが正解である。

Ⅲ．マーケティング論

〈参考〉アサエルの購買行動類型のその他3つのタイプと，適したマーケティングとして次のようなものがある。

購買行動類型
高い←関与水準→低い

複雑な 購買行動型	バラエティ・ シーキング型
不協和低減型	習慣購買型

大←ブランド間の知覚差異→小

・複雑な購買行動型…自動車やパソコンなどの製品。製品，ブランドの特徴を明確に示す必要がある。

・不協和低減型…家具や白物家電等。類似製品間の違いがわかりにくいため，購入後に不安や迷いを覚えやすい。よって，広告などによって不安等の「不協和」を引き下げるとよい。

・習慣購買型…ティッシュペーパー等。最初に目についた等の理由で深く比較検討されずに購買することが多い製品。店頭で目につきやすい売場を確保するよう努める。

第3章　消費者行動

消費者行動の 決定要素とプロセス	ランク	1回目		2回目		3回目	
	A	／		／		／	

■平成 24 年度　第 26 問（設問 1）

次の文章を読んで，下記の設問に答えよ。

　<u>関与</u>と知識は消費者行動，とりわけ購買意思決定に大きな影響を及ぼす。たとえば，消費者が重視する情報源は，関与と知識の水準によって表のように異なっている。

<table>
<tr><th></th><th colspan="2">関与</th></tr>
<tr><th></th><th>高</th><th>低</th></tr>
<tr><th>高</th><td>A</td><td>B</td></tr>
<tr><th>低</th><td>C</td><td>D</td></tr>
</table>

知識

文中の下線部の「関与」に関する記述として最も適切なものはどれか。

　ア　感情的関与によって形成された態度は変化しにくい。

　イ　関与が高まってくると消費者の情報処理は単純化される。

　ウ　関与が高まってくると消費者の注意や情報探索の量が増加する。

　エ　ブランドに対する関与の水準は，そのブランドを含む製品カテゴリーに対する関与に規定される。

Ⅲ．マーケティング論

解答	ウ

■解説

平成 22 年度第 27 問の解説でもふれた「関与」と「知識」に関する出題である。

「関与」とは，消費者行動論における定義は非常に多くさまざまあるが，簡単にいうと消費者と財・サービスなどの結び付きや，消費者の製品に対するこだわり等を指す。高関与とは，消費者が製品に対し関心が高く，積極的に製品の情報を収集し，情報処理をしようとする状況を指す。低関与とは，その逆である。

ア：不適切である。「感情的関与」とは，精緻化見込みモデル（平成22年度第27 問（設問2）選択肢ウ解説参照）において，周辺ルートを取るときに生じる関与の状態である。消費者が製品やサービスに対してあまり知識を持っておらず，商品の見た目やイメージなどの「周辺的な手がかり」によって，感情的に意思決定を行うパターンである。この場合，ちょっとしたイメージの変化（たとえばCM に起用されているタレントの変更や，パッケージ変更など）によって，購買行動が簡単に変化してしまう。

イ：不適切である。関与が高まると，消費者のこだわりや情報収集にかける努力も高まり，情報処理は複雑になる。

ウ：適切である。本肢のとおりである。

エ：不適切である。関与はブランドそのものに対するものと，製品カテゴリーに対するものに分けられる。消費者がその製品カテゴリー全般に対しては関与が高くないが，特定ブランドに対しては特別な関心を示すということはあり得るし，逆にブランドに興味はないがその製品カテゴリー全般には関与が高い，ということもあり得る。たとえば，A 社の B ブランドのネクタイについて考えると，普段ネクタイを使用しない消費者は製品カテゴリーとしてのネクタイには興味がないが，B ブランド自体には関与，関心が高い，という状況は十分に考えられる。よって，関与の度合いは製品カテゴリーのみに規定されず，不適切である。

よって，ウが正解である。

第 3 章　消費者行動

消費者行動の 決定要素とプロセス	ランク	1回目	2回目	3回目
	A	／	／	／

■平成 24 年度　第 33 問（設問 2）
次の文章を読んで，下記の設問に答えよ。

2000 年代に入ったころから，インターネットにおいて，ブログをはじめとする　A　が消費者の間で爆発的に普及した。　A　は消費者間での情報のやり取りを促進し，CtoC コミュニケーションを強力なクチコミの場へと成長させた。

その後，2000 年代後半になると，SNS や動画共有サービスなど，新たなツールが目覚ましく発達し，　A　はソーシャル・メディアと呼ばれることが多くなった。

現在では，ソーシャル・メディアは「信頼や評判を稼ぐメディア」（Earned Media）の主要な一部として，広告やスポンサーシップのような　B　，自社サイトや販売員のような　C　と並ぶ，重要なマーケティング・コミュニケーション・ツールと考えられるようになっている。

文中の下線部の「クチコミ」に関する記述として，最も不適切なものはどれか。

ア　インターネット上のクチコミは対面でのクチコミよりも，広く速く情報が伝播する。

イ　クチコミをマーケティング・コミュニケーションのツールとして利用する場合，倫理ガイドラインを整備・遵守する必要がある。

ウ　購買意思決定においてクチコミが重視される原因のひとつに，消費者の情報過負荷がある。

エ　コメント書き込みやトラックバックといった強力なリンク機能によってブログは情報伝播を促進した。

オ　消費者の購買意思決定段階の後半になるほどクチコミの影響は小さくなる。

Ⅲ．マーケティング論

解答	オ

■解説

　インターネットを活用したクチコミに関する知識を問う問題である。なお，（設問
1）は第8章「広告」に収録している。

　　ア：適切である。インターネット上のクチコミは，インターネットを介して即時
　　　　的に世界中に向けた情報発信が可能であるため，対面でのクチコミよりも，
　　　　広く速く情報が伝播する。

　　イ：適切である。本来，クチコミは，営利に基づかない情報発信であるという特
　　　　性があるため，広告よりも信頼感を持って受け入れられる。そのため，その
　　　　信頼感を逆手に取って，営利活動を目的とした意図的なクチコミを伝播させ
　　　　た場合に，企業イメージを損なう恐れがあるため，倫理ガイドラインを整
　　　　備・遵守する必要がある。実際に，商品・サービスを提供する店舗を経営す
　　　　る事業者が，口コミ投稿の代行を行う事業者に依頼して，口コミサイトの口
　　　　コミ情報コーナーに，口コミを多数書き込ませるという行為があったことが
　　　　問題化した。現在，消費者庁では「インターネット消費者取引に係る広告表
　　　　示に関する景品表示法上の問題点及び留意事項」（平成23年）において，口
　　　　コミを悪用して著しく優良又は有利であると一般消費者に誤認されることの
　　　　ないようにする必要がある，としている。

　　ウ：適切である。営利活動を目的としているメーカーや広告による，過剰な情報
　　　　提供ではなく，営利活動を目的としていないと思われる消費者からもたらさ
　　　　れるクチコミ情報を，消費者は重視するようになったという背景がある。

　　エ：適切である。ブログの記事に対するコメントや，トラックバック（ブログに
　　　　リンクを掲載する際に，リンク元に自動的にリンクしたことを伝える機能）
　　　　により，ブログは情報伝播を促進した。

　　オ：不適切である。購買意思決定段階の前半は，メーカーによる情報発信や広告
　　　　による情報収集であり，セールスポイントやカタログスペックなどの情報が
　　　　中心である。購買意思決定段階の後半は，実際の使用者による感想などのク
　　　　チコミ情報の影響が大きくなる。

　よって，オが正解である。

598

社会的決定要素	ランク	1回目		2回目		3回目	
	A	／		／		／	

■平成 29 年度　第 35 問

他者や他者集団が消費者行動に与える影響に関する記述として，最も適切なものは
どれか。

ア　準拠集団とは，消費者の態度や行動の形成に影響を与える所属集団のことで
ある。

イ　消費者間ネットワークを用いて広くマーケティング情報を伝えたいと考える
とき，消費者間の弱いつながりが重要な役割を果たす。

ウ　他者の購買に影響を与えるオピニオンリーダーは，新製品をいち早く購入す
るイノベーターと呼ばれる人々であることが多い。

エ　人の目に触れる場で使用される製品より，人の目に触れない場で使用される
製品の方が，ブランド選択における他者集団の影響が大きい。

Ⅲ．マーケティング論

解答	イ

■解説

他者や他者集団が消費者行動に与える影響に関する問題である。

ア：不適切である。準拠集団とは，消費者個人がそこから価値基準や行動規範を得ている集団のことである。個人の判断はその人が何を準拠集団としているのかに依存する。準拠集団は，所属集団の場合だけではなく，集団に限らず特定の個人の場合もある。

イ：適切である。従来は直接のつながりがない消費者同士でのつながりでは，広くマーケティング情報を伝えることができなかったが，近年のインターネットの発展により，SNSや口コミサイトなどで，弱いつながりで広くマーケティング情報を伝えることが可能になっている。

ウ：不適切である。イノベーター（革新者）は，アメリカの社会学者であるエベレット・ロジャースが提唱したイノベーター理論によって分類した5段階の「採用者」の最初の段階である。イノベーターは，主に商品やサービスが新しいという理由で未知の商品やサービスに自ら進んで手を伸ばす者である。イノベーターが注目しても，その商品やサービスが広く受け入れられるとは限らない。商品が広く受け入れられるかどうかは，次に行動するアーリーアダプター（早期採用者）の判断によって左右されるとされている。したがって，他者の購買に影響を与えるオピニオンリーダーは，アーリーアダプターと呼ばれる人々であることが多い。

エ：不適切である。ブランド選択における他者集団の影響が大きいのは，たとえば自動車やゴルフクラブなど，それぞれについて人の目に触れる場で使用される製品である。これは，人の目がどのブランドを選ぶかに影響するためである。反対に，人の目に触れない場で使用される製品，たとえば家の中で使用する冷蔵庫などの電化製品は，人の目を気にする必要がないためブランド選択における他者集団の影響は小さい。

よって，イが正解である。

第3章　消費者行動

社会的決定要素	ランク	1回目		2回目		3回目	
	A	／		／		／	

■**平成 25 年度　第 25 問（設問 1）**

　次の文章を読んで，下記の設問に答えよ。

　消費者の購買意思決定プロセスにおいては，特定の情報発信型消費者が他の消費者に対して強い影響力を持つことがある。このように情報源としてとくに重視される人々は　A　集団と呼ばれる。この種の集団には憧れや分離の対象といった個々の消費者が直接的な接点を持たない対象だけでなく，学校や職場，サークルなどのように実際に消費者自身が所属している集団も含まれる。

　ロジャースによる普及理論は，　B　が特定の製品を採用することが新製品普及の最初のステップであるとしている。ハイテク技術を観察対象としたムーアの研究では，この次の段階にくる初期多数派への普及がいかに速やかに行われるかが製品普及の分かれ道であるという結論が導かれている。この分かれ道は　C　と名付けられた。

　これに対してオピニオンリーダー理論では特定の製品分野についての深い専門知識を持った人々が，新しい製品に関する情報を収集し，自ら編集したメッセージで情報発信することの重要性が示されている。

　オピニオンリーダーとは対照的に製品カテゴリ横断的な幅広い知識を持ち，さらには知識を伝える方法も幅広く持っていることに特徴づけられる情報発信型消費者は　D　と呼ばれている。このタイプの消費者は，インターネット上のコミュニティやソーシャルメディア上で情報を拡散させるコミュニケーション機能を果たす極めて現代的な情報発信者といえるだろう。

　文中の空欄 A～D に入る語句の組み合わせとして，最も適切なものはどれか。

　　ア　A：参照　　B：イノベーター　　　C：キャズム　　D：リードユーザー

　　イ　A：参照　　B：インキュベーター　C：ディバイド　D：マーケットメーカー

　　ウ　A：準拠　　B：イノベーター　　　C：キャズム　　D：マーケットメイブン

　　エ　A：準拠　　B：リードユーザー　　C：ディバイド　D：マーケットメーカー

　　オ　A：ミラー　B：リードユーザー　　C：ディバイド　D：マーケットメイブン

601

Ⅲ．マーケティング論

解答	ウ

■解説

消費者の購買意思決定プロセスにおける情報発信型消費者に関する問題である。

空欄A：人の価値観，態度，行動などに影響を与える集団のことを準拠集団と呼ぶ。準拠集団は，必ずしも当人が所属している集団とは限らない。人々は所属していない準拠集団の影響を受ける。

空欄B：ロジャースが提唱した普及理論（イノベーター理論とも呼ぶ）では，商品購入時の消費者の態度を新商品購入の早い順に以下の5つに分類した。
①イノベーター：冒険心にあふれ，新しいものを進んで採用する人
②アーリーアダプター：流行に敏感で，情報収集を自ら行い判断する人
③アーリーマジョリティ：比較的慎重な人
④レイトマジョリティ：比較的懐疑的な人
⑤ラガード：最も保守的な人

空欄C：米国のジェフリー・ムーアは，イノベーターとアーリーアダプターで構成される初期市場と，アーリーマジョリティとレイトマジョリティによって構成されるメジャー市場のあいだには，容易には越えがたい「キャズム（深いミゾ）」あり，これを越えないと，新製品やサービスは市場に登場しても，成熟期を迎えることなく導入期や成長期といった初期市場で消えて行くことになる，と唱えた。

空欄D：準拠集団に販売を行う場合は，その集団に影響を与える人を見つけることが大切である。影響力のある人は，その特性から，オピニオンリーダーとマーケットメイブンに分かれる。オピニオンリーダーは，情報の収集，処理能力が高く，特定の商品分野に深い専門知識を持って，自らが編集した情報を発信する人である。マーケットメイブンは，オピニオンリーダーに比べ，広くて浅い情報を求めて，人々と積極的にコミュニケーションを取ることで，情報を拡散させる役割を持つ人である。近年のソーシャルメディアでの情報発信の中心的な存在である。

よって，A：準拠　B：イノベーター　C：キャズム　D：マーケットメイブン，となり，ウが正解である。

602

第3章　消費者行動

社会的決定要素	ランク	1回目		2回目		3回目	
	A	／		／		／	

■平成 24 年度　第 27 問

　消費者行動に影響を及ぼす社会的要因のひとつである準拠集団に関する記述として，最も不適切なものはどれか。

　　ア　近年家族の個人化が進んでおり，家族の消費者行動への影響を分析する際には，ライフサイクルだけでなく，ライフコースにも注目する必要がある。

　　イ　準拠集団とは，家族，職場，世代など，個人が直接・間接に所属している集団のことである。

　　ウ　準拠集団は消費者にとって，情報源となるだけでなく，価値観や規範の形成要因ともなる。

　　エ　プライベートな場面で使用される製品よりも，パブリックな場面で使用される製品の方がそのブランド選択において準拠集団の影響は大きくなる。

603

Ⅲ．マーケティング論

解答	イ

■解説

　準拠集団とは，消費者個人の価値観，信念，行動等に影響を与える集団である。準拠集団は，その性質によってさまざまに細分化される。

　たとえば，一次集団（気兼ねなく話せる家族，友人などの身近な集団）と二次集団（会社などの社会的生活における集団）や，公式集団（会社などのオフィシャルな集団）と非公式集団（友人グループなどオフィシャルでない集団），願望集団（実際に自身が所属しているわけではないが憧れている集団で，その集団に属する人の行動を参考にする）と分離集団（拒否，嫌悪している集団で判断の参考にしない，逆にその集団のとる行動はとらない）などである。マーケティングにおける準拠集団の活用ポイントとしては，実際に対象の人（マーケティングの場合は消費者）が所属していない集団も，準拠集団となりうる，という点である（なお，実際に所属している集団は帰属集団という）。つまり，芸能人やスポーツ選手などの憧れの対象などが使っている，ということが消費者にとって重要な意味を持つことがある。また，事前に顧客の準拠集団がわかれば，その顧客にとって魅力的なものがわかり，製品や広告，セールストークに生かすことができる。準拠集団に関しては，本書に収録されている平成19年度第32問のほかに，古い問題であるが平成13年度第24問などがある。

　　ア：適切である。ライフコースとは人が一生の間にたどる道筋であり，経歴などを意味する。

　　イ：不適切である。既に述べたように，実際に所属していない集団も準拠集団となり得るため，「所属している集団」という記述は誤りである。

　　ウ：適切である。本肢のとおりである。

　　エ：適切である。本肢のとおりである。なお，準拠集団の影響力は製品の種類によって右図のように変化する。

参考文献：フィリップ・コトラー／ゲイリー・アームストロング（和田充夫／青井倫一訳）『新版マーケティング原理』，ダイヤモンド社，1995，pp.163-166

ブランド選択への準拠集団の影響力

製品選択に対する準拠集団の影響力		強	弱
	強	パブリック／贅沢品	プライベート／贅沢品
	弱	パブリック／必需品	プライベート／必需品

第 3 章　消費者行動

その他消費者行動に関する問題	ランク	1回目	2回目	3回目
	A	／	／	／

■平成 29 年度　第 33 問

消費者の購買意思決定に関する記述として，最も適切なものはどれか。

ア　原材料や味に特徴がある多様なドレッシングが販売されている。アサエルの
　　購買行動類型によれば，商品間の差を理解しやすく，低価格で特にこだわり
　　もなく購入できる商品に対して，消費者は多くを検討することなく，慣習的
　　な購買行動をとりやすい。

イ　テレビを買い替える場合，過去の使用経験から特定ブランドに好ましい態度
　　を有している消費者の多くは，他ブランドを詳しく検討することなく，当該
　　ブランドを選ぶことがある。こうした決定方略は連結型と呼ばれる。

ウ　特別な人に贈る宝石の購入は重要性の高い買い物であるが，一般の消費者は
　　宝石の良し悪しを正確に判断できない。アサエルの購買行動類型によれば，
　　こうした場合に，一般の消費者は複雑な情報処理を伴う購買行動をとりやす
　　い。

エ　パソコンの購入に際して，消費者は最も重視する属性で高評価な候補製品を
　　選び，その属性で候補製品が同評価であれば，次に重視する属性で選ぶ場合
　　がある。こうした決定方略は辞書編纂型と呼ばれる。

オ　マンション購入に際して，消費者は価格，立地，間取り，環境や建設会社な
　　ど，検討すべき属性を網羅的にあげ，候補物件において全属性を評価し，総
　　合点が高い選択肢を選ぶことがある。こうした決定方略は EBA 型と呼ばれ
　　る。

605

Ⅲ．マーケティング論

解答	エ

■解説

　消費者の購買意思決定に関する問題である。「アサエルの購買行動」と「消費者の意思決定方略」の2つの類型について問うている。

(1)　アサエルの購買行動類型

　アメリカの学者であるヘンリー・アサエルが提唱した，製品に対する関与の水準と製品の特徴の相違への認識の2軸で製品に対する購買行動を4つのカテゴリーに分類したものである。

	製品への関与が高い	製品への関与が低い
製品の相違を理解できる	情報処理型	バラエティ・シンキング型
製品の相違を理解しにくい	不協和解消型	習慣型

(2)　消費者の意識決定方略の類型

　製品の属性に応じて意思決定は影響を受ける。それを類型化したものである。

類型名	説　明
感情依拠型	属性の比較ではなく，ロイヤルティ，好意の高いものを選択する。
辞書編纂型	評価基準を重要度で順位付けし，順位の高いものを選択する。
加算型	評価の得点を加算して，合計得点の高いものを選択する。
EBA型	評価上，許容できないものを排除して，残ったもので評価の高いものを選択する。
連結型	それぞれの評価基準に最低限満たすべき水準を置き，それを満たせば選択する。

　　ア：不適切である。商品間の差を理解しやすく低価格で特にこだわりもなく購入できる商品に対して，消費者は多くを検討することなく製品への関与が少なくすむことから，バラエティ・シンキング型の購買行動をとる。

　　イ：不適切である。特定ブランドに好ましい態度を有している消費者の多くは，他ブランドを詳しく検討することなく当該ブランドを選ぶことがある。この場合，属性の比較は行わず好みで製品を選択することから，感情依拠型の意思決定方略を選択する。

第3章　消費者行動

ウ：不適切である。宝石の良し悪しを正確に判断できないことから，製品間の相違を理解しにくく特別の人に贈ることから製品への関与は高い。したがって，アサエルの購買行動類型によれば，こうした場合に，一般の消費者は不協和解消型の購買行動をとりやすい。

エ：適切である。パソコンの購入に際して，消費者は最も重視する属性で高評価な候補製品を選び，その属性で候補製品が同評価であれば次に重視する属性で選ぶ場合がある。属性を重要度で順位付けして行う決定方略は辞書編纂型と呼ばれる。

オ：不適切である。全属性を評価し，総合点が高い選択肢を選ぶことがある。こうした決定方略は加算型と呼ばれる。

よって，エが正解である。

607

Ⅲ．マーケティング論

その他消費者行動に関する問題	ランク	1回目	2回目	3回目
	A	／	／	／

■平成 25 年度　第 27 問（設問 1）

次の文章を読んで，下記の設問に答えよ。

　ある金曜日の夕方，機械部品メーカーの 2 代目経営者の Y さんは取引先とのミーティングを終えると足早に家電専門店チェーンの大型店舗に立ち寄った。この店舗は駅に隣接したショッピング・センター（SC）のテナントとして出店している。Y さんは，取引先が国際展開をしていることがきっかけで自社の創業以来はじめて海外市場へのアプローチに着手した。海外のエージェントとのリアルタイムの会議を円滑に行うために，翻訳機能付きの電子手帳の購入を検討している。

　いくつかの商品を比較している最中に，Y さんのスマートフォンに e メールが送られてきた。この家電専門店チェーンのウェブ店舗からのものだった。メールをあけてみると，数日前に Y さんがスマートフォンを使ってこの小売業者のウェブ店舗で検索し，「お気に入り（bookmark）」に登録していた電子手帳の詳細情報が記載されている。また，この SC 内店舗での売場の位置と①実際にこの商品を購入し，使用している消費者によるレビューが紹介されている。メールを見ながら売場に移動し，この電子手帳を手に取ってみると Y さんが今必要としている機能が満載の商品であることが分かった。

　Y さんはおもむろにこの商品の型番をスマートフォンに入力し，検索をかけてみた。すると，別の家電専門店のウェブ店舗では全く同じ商品が 5,000 円安い価格で販売されていることが分かった。Y さんは，早速この電子手帳をスマートフォンサイト経由で注文し，クレジットカードで決済した。また，このネットショッピングで②Y さんは購入額の 10％のポイントを獲得した。日曜日の朝，Y さんは電子手帳を受け取り，あれこれ操作を試し，海外エージェントとのミーティングで想定されるフレーズを学習した。

608

第 3 章　消費者行動

（設問 1）

文中に示す Y さんの行動に関する記述として，最も適切なものはどれか。

ア　Y さんは SC 内の家電専門店チェーンの店舗に立ち寄った際にこのチェーンのウェブ店舗から e メールを受け取ったことで，AIDMA でいえば M（Memory）にあたる内容を活性化することができた。

イ　Y さんは金曜日の夕方に SC 内の家電専門店チェーンの店舗に立ち寄る前に，このチェーンのウェブ店舗で翻訳機能付きの電子手帳を網羅的に検索していたので，買い物出向前に明確なブランドの選好マップが形成されていたといってよい。

ウ　Y さんは店頭で受け取った e メールを読むとすぐさま商品関連情報を検索し，電子手帳の購買にいたる意思決定を行った。この一連の流れの中で Y さんはコミュニケーションに対する消費者の反応（購買）プロセスモデルのひとつである AISAS に含まれるすべてのステップを踏んでいたといえる。

エ　今回の Y さんの電子手帳の購買プロセスの一部にも見られたような，「実際の店舗で商品の実物展示を体験してから，より低い商品価格と消費者費用で同じ商品を購入することのできるウェブ店舗を探してそこで購買を行う」タイプの行為は一般にブラウジング（browsing）といわれている。

609

Ⅲ．マーケティング論

解答	ア

■解説

購買に関する意思決定についての問題である。

ア：適切である。AIDMA は，購買の意思決定が，注目（Attention），興味（Interest），欲求（Desire），記憶（Memory），行動（Action）の 5 段階で行われるとしたモデルである。Y さんはウェブ店舗から e メールを受け取ったことで，記憶が呼び戻されるため，記憶（Memory）にあたる内容を活性化することができた，と考えられる。

イ：不適切である。Y さんは店舗に立ち寄る前に，このチェーンのウェブ店舗で翻訳機能付きの電子手帳を網羅的に検索していたとはいえ，実際に店舗で手に取って検討を行っていることから，買い物に出向く前に明確なブランドの選好マップが形成されていたとはいえない。

ウ：不適切である。AISAS モデルとは，消費者の購買意思決定が，注目（Attention），興味（Interest），検索（Search），購買（Action），共有（Share），の 5 段階で行われるとした理論である。この中で，共有はブログや SNS などの Web サイトで，製品やサービスについての感想などの情報を共有するプロセスを指す。Y さんは，注目から購買までの行動をしているが，まだ，共有はしていない。

エ：不適切である。「実際の店舗で商品の実物展示を体験してから，より低い商品価格と消費者費用で同じ商品を購入することのできるウェブ店舗を探してそこで購買を行う」タイプの行為は一般にショールーミング（showrooming）と呼ぶ。ブラウジングは，一般的に Web ページを閲覧して，情報を探す行為を指す。

よって，アが正解である。

第 3 章　消費者行動

その他消費者行動に関する問題	ランク	1回目	2回目	3回目
	A	／	／	／

■平成 25 年度　第 27 問（設問 2）
次の文章を読んで，下記の設問に答えよ。

　ある金曜日の夕方，機械部品メーカーの 2 代目経営者の Y さんは取引先とのミーティングを終えると足早に家電専門店チェーンの大型店舗に立ち寄った。この店舗は駅に隣接したショッピング・センター（SC）のテナントとして出店している。Y さんは，取引先が国際展開をしていることがきっかけで自社の創業以来はじめて海外市場へのアプローチに着手した。海外のエージェントとのリアルタイムの会議を円滑に行うために，翻訳機能付きの電子手帳の購入を検討している。

　いくつかの商品を比較している最中に，Y さんのスマートフォンに e メールが送られてきた。この家電専門店チェーンのウェブ店舗からのものだった。メールをあけてみると，数日前に Y さんがスマートフォンを使ってこの小売業者のウェブ店舗で検索し，「お気に入り（bookmark）」に登録していた電子手帳の詳細情報が記載されている。また，この SC 内店舗での売場の位置と①実際にこの商品を購入し，使用している消費者によるレビューが紹介されている。メールを見ながら売場に移動し，この電子手帳を手に取ってみると Y さんが今必要としている機能が満載の商品であることが分かった。

　Y さんはおもむろにこの商品の型番をスマートフォンに入力し，検索をかけてみた。すると，別の家電専門店のウェブ店舗では全く同じ商品が 5,000 円安い価格で販売されていることが分かった。Y さんは，早速この電子手帳をスマートフォンサイト経由で注文し，クレジットカードで決済した。また，このネットショッピングで②Y さんは購入額の 10% のポイントを獲得した。日曜日の朝，Y さんは電子手帳を受け取り，あれこれ操作を試し，海外エージェントとのミーティングで想定されるフレーズを学習した。

611

Ⅲ. マーケティング論

（設問 2）

　文中の下線部①に示す「消費者によるウェブ上のレビュー」は，情報化時代におけるある種の口コミ（クチ）としてとらえることができる。顧客満足と口コミに関する記述として，最も適切なものどれか。

　　ア　Ｙさんが最終的に電子手帳を購入した家電専門店のウェブ店舗では，購入後
　　　　の返品・交換時の送料や手数料を無料にするサービスを提供している。この
　　　　サービスは消費者の認知的不協和をできる限り軽減・解消することを意図し
　　　　たものであるといえる。

　　イ　一般に消費者は満足時よりも不満足時に多くの口コミを行うといわれている。
　　　　とくに消費者による熟知性が高いブランドでは，ネガティブな口コミによっ
　　　　て消費者の購買意図が顕著に低下する効果が見られるため注意が必要である。

　　ウ　高水準の顧客満足が実現すると既存顧客の忠誠顧客化による反復購買が行わ
　　　　れるようになるだけでなく，満足顧客による口コミが新規顧客の獲得を支援
　　　　するようになる。新規顧客獲得費用は既存顧客の維持費用よりも一般的に低
　　　　いため，企業は積極的に優良顧客による口コミの影響を活用することが望ま
　　　　しい。

　　エ　顧客満足の理論によれば，顧客満足・不満足の程度は事前の期待度とは関係
　　　　なく，対象商品の品質の良しあしの水準によるという点が強調されている。

第3章 消費者行動

解答	ア

■解説

顧客満足と口コミに関する問題である。

ア：適切である。認知的不協和とは，矛盾する認知が同時に生じた場合のストレス状態を，自己の認知を変化させることで回避し，納得しようとする心理過程を指す。購買プロセスにおいては，購買後の評価段階で，「自分が良いと思って購入した商品ではあるが，もっと優れた商品があるかもしれない」という不満足な状態を抱えてしまった場合などに生じることがある。商品の優れた点や良い評価を見つけると，認知的不協和は解消され，購買者は安心感を得ることができる。今回のウェブ店舗は，購入後のサービスで，「買ってよかった」という安心感を伝えることできることから，消費者の認知的不協和をできる限り軽減・解消することを意図したものであるといえる。

イ：不適切である。一般に消費者は満足時よりも不満足時に多くの口コミを行うとされており，前半は正しい。しかし，消費者による熟知性が高いブランドでは，消費者が自分の判断で購買の意思決定を行うため，口コミによって消費者の購買意図が顕著に低下することは考えにくい。

ウ：不適切である。高水準の顧客満足が実現することで，既存顧客の忠誠顧客化による反復購買や，満足顧客による口コミが新規顧客の獲得を支援するようになる，ということで前半は正しい，しかし，新規顧客獲得費用は既存顧客の維持費用よりも一般的に高くなる。

エ：不適切である。顧客は事前の期待どおり，あるいは，それ以上の場合は，満足を得るが，期待を裏切られた場合には不満足を感じる。したがって，顧客満足・不満足の程度は事前の期待度と関係がある。

よって，アが正解である。

613

第3章　消費者行動

その他消費者行動に関する問題	ランク	1回目	2回目	3回目
	A	／	／	／

■平成23年度　第31問（設問1）

次の文章を読んで，下記の設問に答えよ。

　品揃えの中心が　A　であるスーパーマーケットでの購買行動の多くは　B　の　C　であるため，消費者が購買するブランドの決定にインストア・マーチャンダイジングが大きな影響を及ぼす。インストア・マーチャンダイジングとは，小売業の店頭活動であり，店内のフロア・レイアウト，商品陳列，店内プロモーションを内容とする。

（設問1）

　文中の空欄A～Cにあてはまる語句の組み合わせとして最も適切なものはどれか。

　　ア　A：買回品　　B：高関与　　C：非計画購買

　　イ　A：買回品　　B：低関与　　C：計画購買

　　ウ　A：最寄品　　B：高関与　　C：条件購買

　　エ　A：最寄品　　B：低関与　　C：計画購買

　　オ　A：最寄品　　B：低関与　　C：非計画購買

615

Ⅲ．マーケティング論

解答	オ

■解説

　インストア・マーチャンダイジング（ISM）に関する用語の問題で，他の科目においても出題されるためランク A とした。ISM に関する定義はさまざまあるが，簡単にいうと「マーチャンダイジング部門において決定された計画と戦略を，店頭において実現しようとする活動」のことである。具体的には，計画された商品構成と，それに基づき選定された商品を，実際の店頭で陳列・演出し，消費者に提示して効率的・効果的な方法で販売を促進しようとする活動を指す。売上高＝客数×客単価であるが，ISM では来店客数自体を増やすというよりも，主に店内にいる客に働きかけるため「客単価の向上」を目標にすることが多い。客単価＝商品単価×買上点数であるため，客単価の向上は，主に買上商品点数の増加（衝動買いを促す）によって実現できると考えられる。よって，買上点数増加のために，動線を考えた店舗レイアウト，魅力的な陳列，フェイス管理，POP，デモンストレーションなどの技術が導入される。

　さて，本問はスーパーマーケットに関する問題であるが，スーパーマーケットでは最寄品（空欄 A）が品揃えの中心である。最寄品と買回品の特徴は次のようになる。

	最寄品	買回品
購買頻度	高い	低い
価格	低価格	高め
計画性	小さい	高め
比較購買への努力	小さい	高め
販売方法	幅広い	少数店舗で選択的に販売
具体例	一般食料品，日用雑貨など	大型家電，家具など

　空欄Bの「関与」とは，消費者行動論における定義は非常に多くさまざまあるが，簡単にいうと，消費者と財・サービスなどの結び付きや，消費者の製品に対するこだわりを指す。「高関与」の場合，消費者は商品に関心を抱き積極的に情報を収集するが，「低関与」の場合には，消費者はあまり積極的に情報収集をしない。一般的に製品等の価格が高いほど，また購買頻度が低いほど，関与の度合いは高まるとされる。最寄品は食品などの，価格が安く，購買頻度が高い商品であるため，相対的に低関与（空欄 B）とされる。また，衝動買いを促す仕組み＝非計画購買（空欄 C）を促すことが客単価を上げるため，ISM において重要である。

　よって，オが正解である。

第3章 消費者行動

その他消費者行動に関する問題	ランク	1回目		2回目		3回目	
	A	／		／		／	

■平成 23 年度　第 31 問（設問 2）

次の文章を読んで，下記の設問に答えよ。

　品揃えの中心が　A　であるスーパーマーケットでの購買行動の多くは　B　の
　C　であるため，消費者が購買するブランドの決定にインストア・マーチャンダ
イジングが大きな影響を及ぼす。インストア・マーチャンダイジングとは，小売業の
店頭活動であり，店内のフロア・レイアウト，商品陳列，店内プロモーションを内容
とする。

（設問 2）

　インストア・マーチャンダイジングの手法のひとつであるクロス・マーチャンダイ
ジング（クロス MD）に関する記述として，最も不適切なものはどれか。

　　ア　クロス MD によって，買物における消費者の情報処理負荷を軽減すること
　　　　ができる。

　　イ　クロス MD によって消費者の購買点数を増加させることができる。

　　ウ　クロス MD の有効性は，他商品との組み合わせ購買が生じる確率（条件付
　　　　き購買確率）を通常の購買確率で除したリフト値によって判断することがで
　　　　きる。

　　エ　クロス MD は，小売業者の商品部門間のコンフリクトを低下させる。

　　オ　メーカーが小売業者にクロス MD を提案する場合には，自社製品だけでな
　　　　く他社製品の売上増にも寄与する提案が望ましい。

Ⅲ．マーケティング論

解答	エ

■解説

　クロス MD は他の科目でも出題されるため，ランク A とした。クロス MD とは，関連商品を並べて陳列することで関連購買や非計画購買を促し，客単価を上げる手法のことである。単一カテゴリーだけでは伝わりにくい商品の価値や利用法などを訴求する。たとえば，バーベキューというテーマで，肉，焼き肉のたれ，紙皿等を 1 か所に集めて陳列する。

　　ア：適切である。買い物において消費者はさまざまな情報を取捨選択し，商品の選択を行っている。商品購入において製品の情報を取集することが必要だが，これには非常に負荷がかかる。適切なクロス MD を行うことで，消費者はたくさんある商品の中から，何を，どれと組み合わせ，どれくらい買うとよいのかがわかりやすく明確になり，情報処理の負担を減らすことができる。

　　イ：適切である。前述のようにクロス MD は，非計画購買を促し，商品買上点数（客単価）を増やす手法である。

　　ウ：適切である。リフト値は，商品 A をいきなり買う確率に比べて，商品 B に関連して商品 A を同時購入する確率が何倍あるかを示す。本肢の記述のとおり，他商品との組み合わせ購買が生じる確率（条件付き購買確率）を通常の購買確率で除した値となる。たとえば，牛乳を買った人がどれくらいココアを購買しているか分析する際に，リフト値が 3 というのは「ココアだけしか買わない確率に比べて，牛乳を買った人がココアを同時に購入する確率が 3 倍ある」という意味である。リフト値が 1 以上ということは，その商品は売場で単体販売するよりも，もう一方の商品と組み合わせてクロス MD を行ったほうが，より売れる可能性が高くなるという意味も持つ。逆に，リフト値が 1 以下ということは，クロス MD を行うと，逆に売れなくなってしまう恐れがあるため注意が必要である。

　　エ：不適切である。クロス MD は，従来異なる売場が取り扱っていた商品をまとめて陳列するため，商品補充，販売体制などさまざまな調整が必要となる。よって，商品部門間のコンフリクトは高まる傾向がある。

　　オ：適切である。自社商品だけではクロス MD の効果が不十分なケースも考えられる。他社商品も含めたより効果的な陳列・演出をすることによって，関連商品の購買が促され，小売業者の売上増加に貢献でき，それによる関係強化も望める。

第4章

製品計画

Ⅲ．マーケティング論

1. 製品の意義

▶▶出題項目のポイント

「製品計画」は，中小企業診断協会発表の「試験科目設置の目的と内容」においては，製品の意義（製品の定義，製品の種類：消費者用品（最寄り品，買回り品，専門品）・産業用品（原材料，主要設備品，補助設備品，構成部品，加工材料，業務用消耗品，業務サービス）），プロダクト・ミックス（定義，プロダクト・ラインの幅と深さ），ブランド計画（ブランドの利点，種類，ブランド・ネーム，マルチブランド，ブランド・ポジション），パッケージング計画（意義，目的，開発）に分けられ，本書も基本的に，これに沿った分類を行っているが該当する問題がない項目もある。

「1. 製品の意義」については，平成22年度以降出題されていない。

▶▶出題の傾向と勉強の方向性

特に頻出の項目ではないが，「買回品」などの定義については運営管理などでも出題される。本書の第3章の平成23年度第31問（設問1）は併せて必ずチェックしてほしい。この問題はこちらに分類してもよいくらいの類似問題である（本書では，基本用語解説を事前に行ったほうがよいと考えたため第3章に入れている）。

第4章　製品計画

2.　ブランド計画

▶▶出題項目のポイント

　中小企業診断協会発表の「試験科目設置の目的と内容」において，「製品計画」の中の1つであるブランド計画は「ブランドの利点，種類，ブランド・ネーム，マルチブランド，ブランド・ポジション」に分けられている。本書では，近年の出題傾向を踏まえ，ブランドの定義，ブランドの利点，ブランド・ポジション，ブランド戦略という分類に整理した。

　次の用語については，ここでの解説は省略するが，すべての問題を解き終わった後で覚えているか，理解できているかを確認してほしい。

　□ブランドの定義　　　　　　□ブランドの機能

　□ブランド・エクイティ　　　□ブランド・ロイヤルティ

　□ブランド連想　　　　　　　□プライベート・ブランド（PB）

　□ブランド・エクステンション（ブランド拡張／ライン拡張など）

　□先発ブランドの優位性…併せて後発の優位性も確認

▶▶出題の傾向と勉強の方向性

　まずはブランドとは一体何なのかを「ブランドの定義」に関する問題で理解し，次に「ブランドの利点」に分類した問題で，ブランドの機能や各種用語の定義などを把握してほしい。その後に，「ブランド・ポジション」と「ブランド戦略」に分類した実際の企業を事例にした問題に挑戦し，理解を深めるとよいだろう。本書の順に沿って解けば，上記のような流れで学習できる。

　本出題領域では，「ブランド」に関する用語の定義を覚えるだけでなく，実際の企業の戦略に応用するところまできちんと理解することがポイントとなる。すなわち，単にこのような製品・状況ではこういったブランド戦略をとる，という暗記だけでは高得点に結び付かず，問題文から事例となっている企業は現在どのような経営状況であるか等を把握し，こういったケースではこのような戦略をとるべきである，という実際の診断・アドバイスに近い思考をしなければならない。2次試験においても必修の項目であるので，繰り返し取り組むことが望ましい。

621

Ⅲ．マーケティング論

■取組状況チェックリスト

2. ブランド計画				
ブランドの定義				
問題番号	ランク	1回目	2回目	3回目
平成28年度 第31問（設問1）	A	／	／	／
平成28年度 第32問	A	／	／	／
平成26年度 第32問	A	／	／	／
ブランドの利点				
問題番号	ランク	1回目	2回目	3回目
平成27年度 第26問（設問1）	A	／	／	／
平成27年度 第26問（設問2）	B	／	／	／
平成27年度 第26問（設問3）	B	／	／	／
平成23年度 第27問（設問1）	A	／	／	／
平成23年度 第27問（設問2）	A	／	／	／
平成24年度 第30問	A	／	／	／
平成23年度 第27問（設問3）	B	／	／	／
ブランド・ポジション				
問題番号	ランク	1回目	2回目	3回目
平成22年度 第29問（設問1）	C*	／	／	／
平成22年度 第29問（設問2）	C*	／	／	／
平成22年度 第29問（設問3）	C*	／	／	／
ブランド戦略				
問題番号	ランク	1回目	2回目	3回目
平成30年度 第37問	A	／	／	／
平成30年度 第38問	A	／	／	／
平成28年度 第31問（設問2）	A	／	／	／
平成28年度 第31問（設問3）	A	／	／	／
平成26年度 第27問（設問1）	A	／	／	／
平成25年度 第29問	C*	／	／	／
平成22年度 第30問	C*	／	／	／

＊ランクCの問題と解説は，「過去問完全マスター」のHP（https://jissen-c.jp/）よりダウンロードできます。

622

第 4 章　製品計画

ブランドの定義	ランク	1回目		2回目		3回目	
	A	／		／		／	

■平成 28 年度　第 31 問（設問 1）

次の文章を読んで，下記の設問に答えよ。

　多くの消費者の支持を得ることができた①ブランドをどのように管理し，成長させ
ていくかは，企業収益を左右する重要な課題である。②ブランド開発戦略として説明
されているように，例えば，同じブランド名を用いて，同じカテゴリーに形，色，サ
イズ，フレーバーなどを変えた製品を導入する　　　A　　　や異なるカテゴリーの新製
品を導入する　　　B　　　がとられる。

　同一ブランドでのさらなる市場浸透策が難しいと判断される場合には，同じカテゴ
リーに新ブランドを展開する　　　C　　　や，他社との共同開発という形をとり，自社
のブランド名と他社の人気ブランド名の 2 つを同一製品で用いる　　　D　　　が検討さ
れる。

　文中の空欄 A ～ D に入る語句の組み合わせとして，最も適切なものはどれか。

　　ア　A：ブランド拡張　　　　　　　　B：マルチ・ブランド
　　　　C：ライセンス・ブランド　　　　D：ライン拡張

　　イ　A：マルチ・ブランド　　　　　　B：ブランド拡張
　　　　C：ライン拡張　　　　　　　　　D：コ・ブランディング

　　ウ　A：マルチ・ブランド　　　　　　B：ライン拡張
　　　　C：コ・ブランディング　　　　　D：ブランド拡張

　　エ　A：ライン拡張　　　　　　　　　B：コ・ブランディング
　　　　C：マルチ・ブランド　　　　　　D：ブランド拡張

　　オ　A：ライン拡張　　　　　　　　　B：ブランド拡張
　　　　C：マルチ・ブランド　　　　　　D：コ・ブランディング

Ⅲ．マーケティング論

解答	オ

■解説

ブランド開発戦略に関する問題である。

コトラーは，製品カテゴリーとブランド名それぞれの既存と新規でマトリックスを作り，ブランド開発戦略に関する4つの戦略を示した。

製品カテゴリー

		既存	新規
ブランド名	既存	ライン拡張	ブランド拡張
	新規	マルチ・ブランド	新ブランド

出所：フィリップ・コトラー，ゲイリー・アームストロング著，恩藏直人監修，月谷真紀翻訳『コトラーのマーケティング入門』ピアソン・エデュケーション

空欄A：「同じカテゴリーに形，色，サイズ，フレーバーなどを変えた製品を導入する」場合，ブランド名も既存のものになることから，ライン拡張である。

空欄B：「異なるカテゴリーの新製品を導入する」場合は，ブランド名は既存のものであると考えると，ブランド拡張である。

空欄C：「同じカテゴリーに新ブランドを展開する」場合は，マルチ・ブランドである。

空欄D：「自社のブランド名と他社の人気ブランド名の2つを同一製品で用いる」場合を，コ・ブランディングと呼ぶ。

よって，オが正解である。

第 4 章　製品計画

ブランドの定義	ランク	1回目	2回目	3回目
	A	／	／	／

■平成 28 年度　第 32 問

　顧客が製品やサービスに求める価値は，基本価値，便宜価値，感覚価値と観念価値
の 4 つに分けられる。これらの価値に関する記述として，最も適切なものはどれか。

　　ア　すべての価値を一度に高められない場合，基本価値のレベルにかかわらず，
　　　　ターゲットに応じて他の価値のいずれかを強化することが得策である。

　　イ　製品やサービスが顧客にもたらす基本価値や便宜価値は，普遍性や安定性が
　　　　高く，顧客は価値を理解しやすい。したがって，顧客の満足を得るために企
　　　　業担当者は，常に，機能を増やし，効用を高め続けることを強いられている。

　　ウ　製品やサービスの感覚価値は，顧客の客観的な優劣判断を困難にする。その
　　　　ため，この価値を高めることで，企業は一般的に価格競争に巻き込まれやす
　　　　くなる。

　　エ　入手の難しい高価なブランドにおいては，観念価値の作用する割合が大きく，
　　　　ブランドの歴史や物語などの訴求を通じて，ブランドの高い価値を支えてい
　　　　る。

625

Ⅲ．マーケティング論

解答	エ

■解説
　製品やサービスに対して顧客の求める価値に関する問題である。

　顧客が製品やサービスに求める価値は，基本価値，便宜価値，感覚価値と観念価値の4つに分けられる。
①基本価値
　製品が存在するために必要な価値である。たとえば自動車の場合は，「動くこと」が基本価値である。
②便宜価値
　消費者にとって，便利であったり，使いやすかったり，買いやすかったりする価値である。たとえば自動車の場合は，「燃費のよさや，運転のしやすさ」が便宜価値である。
③感覚価値
　消費者の五感に訴えたり，楽しさを与えたりするような価値である。たとえば自動車の場合は，「デザインのよさや乗り心地のよさ」が感覚価値である。
④観念価値
　その製品に付けられる意味や解釈といった世界での価値である。たとえば自動車の場合は，「ベンツやフェラーリといったブランドのステータス性や，歴史」が観念価値である。

　　　ア：不適切である。基本価値のレベルが低い場合に他の価値をいかに高めても購買に結びつかない。まずは，基本価値を高めることに注力すべきである。よって不適切である。

　　　イ：不適切である。製品やサービスが顧客にもたらす基本価値や便宜価値は，普遍性や安定性が高く，顧客は価値を理解しやすい，というのは正しい。ただ，機能を増やし，効用を高め続けるだけでは，顧客の満足を継続することは難しいため，感覚価値や観念価値を高めることが必要である。よって不適切である。

第 4 章　製品計画

ウ：不適切である。製品やサービスの感覚価値は，顧客ごとの主観的な価値であ
　　るため，顧客の客観的な優劣判断を困難にする。ただ，この価値を高めるこ
　　とで，顧客が価格以外の価値に優位性を感じることになるため，一般的に価
　　格競争に巻き込まれにくくなる。よって不適切である。

エ：適切である。入手の難しい高価なブランドは，観念価値の作用する割合が大
　　きい。したがって，ブランドの歴史や物語などを顧客に訴求し続けることに
　　より，ブランドの高い価値を維持しているのである。よって適切である。

よって，エが正解である。

出所：和田充夫（2002）『ブランド価値共創』同文舘出版

第 4 章　製品計画

ブランドの定義	ランク	1回目		2回目		3回目	
	A	／		／		／	

■平成 26 年度　第 32 問

ブランドに関する記述として，最も不適切なものはどれか。

　ア　競争関係にある企業の技術水準が高い位置で平準化している状況では，同じ
　　　価格帯の商品であれば機能的・品質的な違いを認めることが難しくなる。こ
　　　のような状態をパリティ（parity）と呼ぶ。それはコモディティ化の原因の
　　　ひとつでもある。

　イ　ブランド・エクイティとは，ブランド名やシンボルなどと結び付いて形成・
　　　蓄積された無形の正味資産を指す。

　ウ　ブランド・エクステンション（ブランド拡張）とは，ある製品カテゴリーに
　　　おいて確立されたブランド名を同種の製品カテゴリー内の新しい製品に活用
　　　することである。

　エ　ブランドの機能に従った分類を行うと，企業ブランドと製品ブランド（個別
　　　ブランド）に分けることができる。これらのブランドには，品質保証の役割
　　　（エンドーサーとしての役割）や購買駆動機能（ドライバーとしての役割）
　　　がある。

629

Ⅲ．マーケティング論

解答	ウ

■解説

ブランドに関する問題である。

ア：適切である。競争関係にある企業の技術水準が高い位置で平準化している状況では，同じ価格帯の商品であれば機能的・品質的な違いを認めることが難しくなる。このような状態を同質化（パリティ）と呼ぶ。同質化によってブランド間に差異がなくなるため，それが一次産品化，低価格化（コモディティ化）を招く場合があるのである。

イ：適切である。ブランド・エクイティとは，ブランドの価値のことである。ブランド名やシンボルなどと結び付いて形成・蓄積された無形の正味資産を指す。ブランド・エクイティを高めることで消費者の支持を得られ，販売を拡大することが可能になる。

ウ：不適切である。ブランド・エクステンション（ブランド拡張）とは，ある製品カテゴリーにおいて確立されたブランド名を新しいカテゴリーに属する新製品に活用することである。ブランド名を同種の製品カテゴリー内の新しい製品に活用するのは，ライン・エクステンション（ライン拡張）と呼ぶ。

エ：適切である。ブランドの機能に従った分類を行うと，企業ブランドと製品ブランド（個別ブランド）に分けることができる。これらのブランドには，品質保証の役割（エンドーサーとして企業ブランドが製品ブランドの品質を保証する役割）や購買駆動機能（ドライバーとして企業ブランドが製品ブランドの購買を促する機能）がある。

よって，ウが正解である。

第 4 章　製品計画

ブランドの利点	ランク	1回目	2回目	3回目
	A	／	／	／

■平成 27 年度　第 26 問（設問 1）

次の文章を読んで，下記の設問に答えよ。

　A さんはアウトドア・グッズを品揃えする専門店を営んでいる。単独店舗による経営で，従業者は A さんを含む 3 名である。開業時からスポーツ自転車を取り扱ってきたが，ここ数年の自転車ブームを受けて，「この小売店オリジナルの自転車や関連雑貨を用意してほしい」という顧客の声が目立っている。A さんは，「①PB 商品の品揃えは，大きな小売業者でなければ難しいのではないか」と思い込んでいたが，様々な事例を参考にすべく，関連するテーマの本や雑誌を読んだり，各地の小売業者に話を聞きに行ったりしながら，②自店の PB 商品導入を検討している。

（設問 1）

　文中の下線部①に示す「PB」に関する記述として，最も適切なものはどれか。

　ア　PB 商品は，その登場から現代に至るまで，一貫して劣等財として消費者の間で普及している。

　イ　PB 商品を販売することができるのは，小売業者に限られた特権である。

　ウ　PB は，パーソナル・ブランドの略称であり，ヨーロッパでは，オウン・ブランドと呼ばれることもある。

　エ　品揃えにおける PB 商品の構成比が高まると，消費者の不満を招くことがある。

631

Ⅲ. マーケティング論

解答	工

■解説

PB（プライベート・ブランド）に関する問題である。PB とは，小売業者や卸売業者が独自に企画し，販売するオリジナルのブランド（商標）の名前をつけた商品である。それに対して，メーカーの提供するブランドを NB（ナショナル・ブランド）と呼ぶ。

ア：不適切である。劣等財とは，所得が増加すると需要が減少する財のことである。当初は，ナショナル・ブランドとほぼ同品質の製品を，より安価に購入できる，という点で価格の安さを売りにする製品が多かったが，近年は，ナショナル・ブランドの商品よりも高価格で，高品質な商品も登場している。

イ：不適切である。小売業者だけではなく，卸売業者や商社のように，自分自身は製造や小売の機能を持たない企業が，メーカーから仕入れた商品に自社のブランド名をつけて小売業者に卸す，という形態も存在する。したがって，小売業者に限られた特権とはいえない。

ウ：不適切である。PB はパーソナル・ブランドではなく，プライベート・ブランドの略称である。オウン・ブランドはストア・ブランドとも呼ばれ，小売業者が独自に作ったブランドであり，PB の一形態である。

エ：適切である。PB 商品の構成比が高まると，その分，皆が良く知っている NB（ナショナル・ブランド）の商品の品揃えが少なくなり，同じカテゴリーの商品の選択の幅が狭くなるため，消費者の不満を招くことがある。

よって，エが正解である。

ブランドの利点	ランク	1回目	2回目	3回目
	B	/	/	/

第4章　製品計画

■平成27年度　第26問（設問2）

次の文章を読んで，下記の設問に答えよ。

　Aさんはアウトドア・グッズを品揃えする専門店を営んでいる。単独店舗による経営で，従業者はAさんを含む3名である。開業時からスポーツ自転車を取り扱ってきたが，ここ数年の自転車ブームを受けて，「この小売店オリジナルの自転車や関連雑貨を用意してほしい」という顧客の声が目立っている。Aさんは，「①PB商品の品揃えは，大きな小売業者でなければ難しいのではないか」と思い込んでいたが，様々な事例を参考にすべく，関連するテーマの本や雑誌を読んだり，各地の小売業者に話を聞きに行ったりしながら，②自店のPB商品導入を検討している。

（設問2）

　文中の下線部②に関連して，小売業者のPB商品の一部導入に関する記述として，最も適切なものはどれか。

ア　PB商品の導入によって，NB商品の一部が小売業者の店頭から姿を消すため，小売業者の独立性が低下する。

イ　PB商品の導入によって，消化仕入れの取引条件を活用することが可能となり，在庫保有に起因する危険負担を軽減することができる。

ウ　PB商品の導入によって，商圏内の競争関係にある店舗との間で，自らの店舗が独占的状況を作り出しやすくなる。

エ　PB商品の導入によって，自らが価格設定を行う必要がなくなるので，仕入れに関する多くの業務を削減することができる。

633

Ⅲ．マーケティング論

解答	ウ

■解説

　小売業者における PB（プライベート・ブランド）商品導入に関する問題である。

　ア：不適切である。PB 商品の導入により，自分で商品の企画の変更，価格の設定ができるため，消費者の声を反映したきめ細かな対応が可能になる。そのため，独立性はむしろ高まると考えられる。

　イ：不適切である。消化仕入れとは，小売業者が仕入れる商品の所有権を卸業者やメーカーが持ち，小売店側で商品が売れたと同時に仕入が計上されるという取引の形態である。自分の店の在庫のリスクを軽減する効果がある。しかし，PB 商品の場合は，自社で企画，開発した商品なので，消化仕入れの形態は活用できない。

　ウ：適切である。PB 商品は，商圏内の競争関係にある店舗にはない商品を販売することができるため，その商品が売れることで，独占的状況を作ることが可能になる。

　エ：不適切である。PB 商品は自分で企画，価格の設定を行う必要がある。商品の製造を委託するメーカーとの仕入価格の業務など，むしろ煩雑な業務が増加する可能性が大きい。

　よって，ウが正解である。

第 4 章　製品計画

ブランドの利点	ランク	1回目		2回目		3回目	
	B	／		／		／	

■平成 27 年度　第 26 問（設問 3）
　次の文章を読んで，下記の設問に答えよ。

　A さんはアウトドア・グッズを品揃えする専門店を営んでいる。単独店舗による
経営で，従業者は A さんを含む 3 名である。開業時からスポーツ自転車を取り扱っ
てきたが，ここ数年の自転車ブームを受けて，「この小売店オリジナルの自転車や関
連雑貨を用意してほしい」という顧客の声が目立っている。A さんは，「①PB 商品の
品揃えは，大きな小売業者でなければ難しいのではないか」と思い込んでいたが，
様々な事例を参考にすべく，関連するテーマの本や雑誌を読んだり，各地の小売業者
に話を聞きに行ったりしながら，②自店の PB 商品導入を検討している。

（設問 3）
　文中の下線部②に示す，A さんの自店での PB 商品導入に向けた検討内容に関する
記述として，最も適切なものはどれか。

　　ア　A さんの店舗での PB 商品の品揃えに協力を行う意思決定をした大手自転車
　　　　メーカーの動機は，単品当たりのより高い粗利益額を得ることである。

　　イ　A さんの店舗では大量の PB 商品を販売することは当面難しいが，有名メー
　　　　カーのパーツを用いた PB 商品や，ダブルチョップ方式で，実現可能であり，
　　　　一定の売上を期待することができる。

　　ウ　A さんの店舗は小規模であるが，PB 商品の自転車や関連商品を品揃えする
　　　　ことで，有名メーカーに対する強い交渉力を短期間で形成することができる。

　　エ　A さんの店舗は単独店舗での経営であるが，近隣に立地する複数の異業種
　　　　の町工場と連携すれば，独自の PB 自転車を低コストで容易に開発すること
　　　　ができる。

635

Ⅲ．マーケティング論

解答	イ

■解説

PB 商品を導入した場合の店舗経営に関する問題である。

ア：不適切である。メーカーとしては，小売店から直接顧客の声を聞けるなど商
　　品開発や企画に生かせるというメリットがある一方，NB 商品に比べ販売台
　　数が少ないことから製造コストはむしろ高くなり，粗利益額はむしろ減少す
　　ると考えられる。

イ：適切である。ダブルチョップ方式とは，メーカーと小売業者が共同開発を行
　　うことでブランドを確立する方式である。すべて自社で行う PB 商品ではな
　　く，有名メーカーのパーツの活用やダブルチョップ方式の採用で，有名ブラ
　　ンドの品質や知名度を生かした販売を行うことで，一定の売上が期待できる。

ウ：不適切である。PB 商品の販売が好調に推移した場合に，メーカーに対する
　　交渉力を高めることは可能である。しかし，小規模店舗の場合，商品開発や
　　広告宣伝などに費用をかけられないことから，短期間で PB 商品の構成比を
　　高めることが難しいため，短期間でそのような状況を作り出すことは不可能
　　である。

エ：不適切である。複数の異業種の町工場と連携した場合，個々の向上との交渉
　　や，調整に時間がかかり，開発は容易ではない。また，1つ1つのパーツの
　　値段が高くなることで，製造コストも高くなることが考えられ低コストでの
　　開発は難しい。

よって，イが正解である。

第 4 章　製品計画

ブランドの利点	ランク	1回目		2回目		3回目	
	A	／		／		／	

■平成 23 年度　第 27 問（設問 1）

次の文章を読んで，下記の設問に答えよ。

　多くの製品がコモディティ化している今日の成熟市場では，消費者にとって価値ある①ブランドを創造・提供することが重要である。顧客ベースのブランド・エクイティという概念によれば，ブランドの強さは消費者の　A　によって決まる。
　A　は，　B　と　C　という 2 つの次元から構成される。強いブランドを構築するためには，②ブランド要素の選択，支援的マーケティング・プログラムの開発，二次的な連想の活用によって，深く広い　B　と，強く，好ましく，ユニークな　C　を獲得する必要がある。

（設問 1）

文中の空欄 A〜C にあてはまる語句の組み合わせとして最も適切なものはどれか。

　　ア　A：ブランド・アイデンティティ　　B：ブランド知識
　　　　C：ブランド・イメージ

　　イ　A：ブランド・イメージ　　B：ブランド知識
　　　　C：ブランド・ロイヤルティ

　　ウ　A：ブランド・ロイヤルティ　　B：ブランド認知
　　　　C：ブランド知識

　　エ　A：ブランド知識　　B：ブランド認知
　　　　C：ブランド・イメージ

　　オ　A：ブランド認知　　B：ブランド・アイデンティティ
　　　　C：ブランド・ロイヤルティ

637

Ⅲ. マーケティング論

| 解答 | エ |

■解説

ブランド・エクイティに関する出題である。

ブランド・エクイティの定義に関してはさまざまあるが，簡単にいうと「ブランドが持つ資産価値」のことで，ブランドは信頼感や知名度などの「無形の価値」を持っている。その無形の価値を企業資産として評価したものをブランド・エクイティという。ブランドとしての資産価値を高めるためには，そのブランドのイメージを明確にすることが必要であるが，それには企業として，当該ブランドのイメージを顧客に対してどのように伝えたいか，当該ブランドとは一体どういうものなのか，ということを明確にしなければならない。このような顧客に伝えたい内容を表現したものを「ブランド・アイデンティティ」という。

さて，選択肢に登場する用語を整理したい。「ブランド知識」とは，消費者の頭の中に形成された当該ブランドに関する知識のことであり，①「ブランド認知」と，②「ブランド・イメージ」から構成される。

①ブランド認知：ブランド知識のうち，そのブランドを知っているという部分に当たる。さらに認知の仕方によりブランド再認とブランド再生に分かれる。
　　ⅰ）ブランド再認…ニーズ，ブランドロゴなどの手がかりをもとに，そのブランドに過去接したかどうかを確認できること。
　　ⅱ）ブランド再生…ロゴなどの手がかりがない場合（製品カテゴリー程度の手がかりの場合）に，当該ブランドを想起できること。ブランド再認よりもレベルが高い。たとえば，「炭酸飲料といえば○○」といった想起。

第4章　製品計画

〈参考〉ブランド認知は，「深さ」と「幅」で表現されることがある。ブランド認知の「深さ」とは，そのブランドを簡単に思い出せるかということである。一方，ブランド認知の「幅」とは，当該ブランドが思い浮かべられる購買状況や消費状況の多様性のことであり，より多くの状況下で思い出されるブランドは，ブランド認知の幅が広いということになる。たとえば「○○パン」というブランドを持つパンメーカーがあったとする。朝はパン，夕食はご飯，というイメージから夕食にも「○○パン」を食べよう，と提案することで夕食という異なる状況下でも「○○パン」ブランドをイメージしてもらうようにする手法は，ブランド認知の幅を広げるものである。

②ブランド・イメージ：あるブランドに対する消費者の知覚であり，消費者の記憶の中にあるさまざまなタイプのブランド連想の反映である。ブランド連想とは，当該ブランドについて考えたときに消費者の心に浮かぶいろいろな連想のことである。たとえば，「コカ・コーラ」を考えた時に浮かぶ「爽快さ」「おいしさ」「手軽さ」などである。なお，ブランド・イメージを構築するためには，当該ブランドと消費者が期待するとおりのブランド連想を結び付ける必要がある。たとえば，翌日配送をアピールする「フェデラル・エクスプレス社」について消費者が「特徴ある封筒」「迅速さ」「便利さ」「信頼感」などの連想をしたとしよう。封筒の色などのパッケージの色は重要なブランド認知の機能を果たすが，消費者にとって重要な締切があり，「迅速に確実に届ける」ことを重視している場合は，封筒の色はさほど重要ではない。この場合は，信頼感，迅速に届けるといったブランド連想が，配達業者を選択する消費者にとって重要となる。

まとめると，ブランドの強さは消費者のブランド知識（空欄A）によって決まり，ブランド知識（空欄A）は，ブランド認知（空欄B）とブランド・イメージ（空欄C）という2つの次元から構成される。

639

Ⅲ．マーケティング論

　よって，エが正解である。

参考文献：一般財団法人ブランド・マネージャー認定協会 HP ／ブランド用語集
　　　　　　　http://www.brand-mgr.org/knowledge/word.html

　　　　　American Marketing Association HP/MarketinguPower dictionary
　　　　　　http://www.marketingpower.com/_layouts/Dictionary.aspx ? dLetter＝B

　　　　　日本ブランド戦略研究所　HP ／用語集　http://japanbrand.jp/dic/

　　　　　野村総合研究所「経営用語の基礎知識」（第 3 版）
　　　　　　http://www.nri.co.jp/opinion/r_report/m_word/index.html

　　　　　ケビン・レーン・ケラー『戦略的ブランド・マネジメント』（恩蔵直人／亀井昭宏訳）東急エー
　　　　　ジェンシー，2000，pp.76-132

第4章　製品計画

ブランドの利点	ランク	1回目	2回目	3回目
	A	／	／	／

■平成23年度　第27問（設問2）

次の文章を読んで，下記の設問に答えよ。

　多くの製品がコモディティ化している今日の成熟市場では，消費者にとって価値ある①ブランドを創造・提供することが重要である。顧客ベースのブランド・エクイティという概念によれば，ブランドの強さは消費者の　A　によって決まる。

　A　は，　B　と　C　という2つの次元から構成される。強いブランドを構築するためには，②ブランド要素の選択，支援的マーケティング・プログラムの開発，二次的な連想の活用によって，深く広い　B　と，強く，好ましく，ユニークな　C　を獲得する必要がある。

（設問2）

文中の下線部①に関する記述として，最も不適切なものはどれか。

ア　成功している既存ブランドを利用することで，迅速かつ低コストで新製品を導入することができる。

イ　製品ミックスの整合性が低下するほど，企業ブランドによって製品の意味を明確化する必要がある。

ウ　プライベート・ブランドは，ナショナル・ブランドと比べて，売上高に占める販売管理費が低いため，相対的に高い粗利益率を確保できる。

エ　ブランドによって，製品に対する消費者の知覚が変化することがある。

オ　ブランドの最も基本的な機能は，ある企業の製品を他の企業の製品から区別する識別機能である。

641

Ⅲ．マーケティング論

解答	イ

■解説

ア：適切である。ブランド戦略における「ブランド拡張」に当たる。詳しくは前掲平成 21 年度第 28 問（設問 2）の解説を参照のこと。

イ：不適切である。製品ミックスとは，製品の最適な組み合わせのことや，企業がラインアップしている製品の組み合わせの集合のことを指す。製品ミックスの整合性が低下しているとは，製品（ライン）間での特徴がはっきりしない，または関連性が薄いということと予想できる。企業は各製品のコンセプトを明確にし，製品ライン全体を整理する必要があるが，「製品の意味を明確化する」＝製品や製品ラインのコンセプトを明確化するのは，企業ブランド」ではなく個別の製品や製品ラインに与えられたブランド（個別ブランド）である。

ウ：適切である。やや悩ましい記述であり迷った受験生もいるかもしれない。プライベート・ブランド（PB）とは，小売業者等の流通業者がオリジナル製品を生産し（実際にはメーカー等に製造依頼を行うことが多い），所有・管理するブランドのことである。メーカー製造の商品が各流通業者への営業活動，積極的な広告などを行っているのに対し，PB はすでに販売ルートを確保できていることなどから販管費を安く抑えることが可能である。その分，ナショナルブランドよりも販売価格を下げて展開できる，利益率が高くなることが多い。よって，PB は「売上高に占める販売管理費が低いため」という記述は正しい。だが，「粗利益率」が高くなるかはわからない。粗利益率＝売上高総利益率＝（売上高−売上原価）÷売上高であり，販管費を考慮しない。販管費が低いために高くなるのは売上高営業利益率などである。しかし，明らかに選択肢イが不適切であり，ここでの粗利益率とは，マージン率やいわゆる「利ざや」等をイメージしているとすると，記述は適切であると判断できる。

エ：適切である。知覚とは，客観的なものでなく，ブランドや広告，個人の体験等の影響を受けて主観的に変化するものである。

オ：適切である。ブランドの機能については次問平成 24 年度第 30 問を参照のこと。

642

第 4 章　製品計画

ブランドの利点	ランク	1回目	2回目	3回目
	A	／	／	／

■平成 24 年度　第 30 問

　次の文章は，ブランドの機能について記述したものである。空欄 A〜D に入る語句の組み合わせとして最も適切なものを下記の解答群から選べ。

　ブランドは製品やその販売者を識別する印として　A　の基礎となると同時に，製品に関する責任の所在を明確にすることで品質や機能を保証する役割を果たす。これがブランドの基本機能であるが，優れたブランドが有する機能はこれだけにとどまらない。

　たとえば，これまでに食品や飲料のブラインド・テストでたびたび示されてきたように，ブランドが消費者の　B　を変化させることがある。また，「○○ならば耐久性は心配ないだろう」というように，購買行動における消費者の情報処理をブランドが単純化することもある。

　こうしたブランドの諸機能によって，競合他社に対して個別市場を形成することで　C　が可能になる。また，消費者の　D　を形成することで，流通組織化の基盤をつくることができる。

〔解答群〕

　ア　A：差別化　　　　　B：態度　　　　C：プレミアム価格
　　　D：ブランド・アイデンティティ

　イ　A：差別化　　　　　B：知覚　　　　C：プレミアム価格
　　　D：ブランド・ロイヤルティ

　ウ　A：市場細分化　　　B：態度　　　　C：価格競争
　　　D：ブランド・アイデンティティ

　エ　A：市場細分化　　　B：知覚　　　　C：価格競争
　　　D：ブランド・ロイヤルティ

643

Ⅲ．マーケティング論

解答	イ

■解説

　ブランドの機能に関する出題である。

　ブランドの機能というと，①出所表示機能：製造，提供等に関わっている企業が識別できる，②品質保証機能：（品質レベルはブランドによって異なるが）ある一定程度の品質が判断できる，③情報伝達機能（または広告宣伝機能）：ブランド名がメーカー等に対するイメージを向上させる，製品等に対する情報を与え消費意欲を喚起する，④資産価値機能：ブランド・エクイティ（詳しくは平成23年度第27問（設問1）を参照），などをいうことが多い。

　出所表示機能として，ブランドは製品やその販売者を識別する印として「差別化」（空欄Aに該当）の基礎となると同時に，製品に関する責任の所在を明確にすることで品質や機能を保証する役割を果たす。

　次に，空欄Bだが，「ブラインド・テスト」とは，目隠しをした状態や商品名，製品名，ブランド名がわからない状態で，消費者に食品等を実際に口にしたり，においをかいでもらって他の製品と識別できるか試すものである。「○○ブランドだからおいしいはずだ」と感じることもあり，ブランドがわかっている状態で「おいしい」と感じたものが，ブラインド・テスト（＝ブランドがわからない状態でのテスト）での「おいしい」と感じたものとは異なる場合がある，ということである。よって，空欄Bには「知覚」が入る。

　競合他社に対して個別市場を形成するということは，競合市場から抜け出し個別の価格をつけられるということである。よって，空欄Cには「プレミアム価格」が入る。

　最後の空欄Dであるが，ブランド・アイデンティティは「消費者」が作るものではないので，「ブランド・ロイヤルティ」が入る。ブランド・ロイヤルティは，特定のブランドに対する忠誠心や執着心のことである。ブランド・ロイヤルティを形成できれば，多少価格が代替品よりも高くても選んでもらえる，消費者が他のブランドに乗り換えにくくなるため，企業は新規顧客獲得のコストを節約することができる，確固たる販路を持てる，などの利点があり，流通組織化の基盤形成に役立つ等，安定的な収益につながるといえる。

　よって，イが正解である。

644

第4章　製品計画

ブランドの利点	ランク	1回目		2回目		3回目	
	B	／		／		／	

■平成23年度　第27問（設問3）
次の文章を読んで，下記の設問に答えよ。

　多くの製品がコモディティ化している今日の成熟市場では，消費者にとって価値ある①ブランドを創造・提供することが重要である。顧客ベースのブランド・エクイティという概念によれば，ブランドの強さは消費者の　A　によって決まる。
　　A　は，　B　と　C　という2つの次元から構成される。強いブランドを構築するためには，②ブランド要素の選択，支援的マーケティング・プログラムの開発，二次的な連想の活用によって，深く広い　B　と，強く，好ましく，ユニークな　C　を獲得する必要がある。

（設問3）
　文中の下線部②に関する以下の文章の空欄A～Cにあてはまる語句の組み合わせとして最も適切なものを下記の解答群から選べ。

　ブランドは様々な要素から構成され，それらによって消費者はブランドを知覚する。
　　A　は視覚と聴覚に訴求することができるとともに，言語的な意味性も備えることができる。　B　は聴覚のみへの訴求だが，言語的な意味性は高い。　C　は，視覚だけでなく触覚にも訴求できる点に特徴がある。

〔解答群〕
　　ア　A：キャラクター　　　　B：パッケージ　　　C：スローガン
　　イ　A：ジングル　　　　　　B：キャラクター　　C：ロゴ
　　ウ　A：パッケージ　　　　　B：スローガン　　　C：ジングル
　　エ　A：ブランド・ネーム　　B：ジングル　　　　C：スローガン
　　オ　A：ブランド・ネーム　　B：スローガン　　　C：パッケージ

645

Ⅲ．マーケティング論

解答	オ

■解説

　ブランド要素についての出題である。

　ブランド要素（ブランドエレメント）とは，他社の商品またはサービスとの違いを明確にするための要素のことである。ブランド・アイデンティティを表すブランド・ネーム，ロゴ，シンボル，キャラクター，スローガン，ジングル，パッケージ等がある。

　・ブランド・ネーム：ブランドの名前である。企業名＝特定ブランド名・製品名の場合もあれば（例／BMW：各製品は BMW ○○といった命名方式，カルピス等），企業名とは無関係なブランド名（例／P&G の「パンパース」，アップル社の「mac」等）もある。どちらの場合も，ブランド連想が，ブランド・ネームと強く結び付いた形で記憶されている。ブランド・ネームには，ブランド・ネームを見た時の視覚的役割と，ブランドネームを聞いた時の聴覚的役割がある。…空欄 A に該当

　・ロゴ：企業名，商標，意匠などをデザインしたマークのこと。ブランド名をデザインして表記したもの（HERMES，コカ・コーラ等）や，1つの図として，非言語的なもの（花王の月マーク，アップル社のリンゴ）などがある。視覚的なものである。

　・キャラクター：架空あるいは実在の人物や動物などを題材にしたシンボルのこと。視覚的に訴えるものであり，たとえば，ケンタッキーフライドチキンのカーネルサンダース，キユーピー社によるキユーピー人形の採用などがある。

　・スローガン：ブランドの伝えたい特徴を端的に表したフレーズのことで聴覚的に訴える。消費者のブランドの認知を強めたいときなどにも使われ，インテル社の「Intel inside」，吉野家「うまい，安い，早い」などが該当する。なお，「キャッチフレーズ」との使い分けは，比較的長期にわたり，また企業姿勢，ブランドのコンセプトなど全般的に利用されるものがスローガンと呼ばれ，製品そのものの購買意欲を高める場合にキャッチフレーズと呼ばれる傾向がある。…空欄 B に該当

　・ジングル：音楽によるスローガンで聴覚的に訴えるものである。セブン－イレブンの「セブンイレブン，いい気分」，カルピスの「カルピース」という，それぞれのCM における独特な節回しなどがそうである。

　・パッケージ：製品の容器や包装のこと。パッケージは，視覚的だけでなく，ブランド要素の中で唯一触覚的にも訴えることができるものである。…空欄 C に該当

　よって，オが正解である。

646

第 4 章　製品計画

	ランク	1回目		2回目		3回目	
ブランド戦略	A	／		／		／	

■平成 30 年度　第 37 問

ブランドマネジメントに関する記述として，最も適切なものはどれか。

ア　これまでに製品を投入したことのないカテゴリーにおいて，すでに他のカテ
　　ゴリーで実績のあるブランド名を用いて新製品を投入することを「ブラン
　　ド・リポジショニング戦略」と呼ぶ。

イ　ターゲットとする性別・年代，価格帯やイメージが異なる複数の製品ライン
　　を展開する場合，メーカー名などを冠した統一的なブランドと個々のブラン
　　ドを組み合わせた「ダブルチョップ戦略」が適切である。

ウ　ブランド間の知覚差異は大きいが製品自体やその購買への関与度は低い，と
　　いう状況でのブランド展開においては，「マルチ・ブランド戦略」が採用さ
　　れやすい。

エ　ブランドには，メーカー名がつけられる場合や独自の商品名がつけられる場
　　合がある。前者をプライベート・ブランドと呼ぶ。

647

Ⅲ．マーケティング論

解答	ウ

■解説

ブランドマネジメントに関する問題である。

ア：不適切である。「ブランド・リポジショニング戦略」とは，ブランドはそのままにして市場を変える戦略である。既存ブランドの製品を新たな市場に展開するための戦略である。

イ：不適切である。「ダブルチョップ戦略」とは，メーカーと小売が共同で商品を開発し，販売時に小売のブランドを前面に出すものの，メーカーの名前も併記して表示する，という戦略である。ターゲットとする性別・年代，価格帯やイメージが異なる複数の製品ラインを展開する場合，メーカー名などを冠した統一的なブランドと個々のブランドを組み合わせた戦略は，「ダブルブランド戦略」と呼ばれる。

ウ：適切である。「マルチ・ブランド戦略」とは，同じ製品カテゴリーに複数のブランドを展開する戦略である。ブランド間の知覚差異とは消費者がそのカテゴリー内のブランドの違いをどの程度知覚できるのかを表す。知覚差異が大きく，製品自体やその購買への関与度が低い場合，消費者は別のブランドへスイッチすることにほとんどリスクを感じない。その場合，「マルチ・ブランド戦略」を採用し，同じカテゴリーに自社の製品を複数のブランドで展開することにより自社の同一カテゴリー内のシェアを確保できる，というメリットがある。

エ：不適切である。プライベート・ブランドとは，小売業者や流通業者が企画，販売する際のブランドである。製造するメーカーがつけるブランドをナショナル・ブランドと呼び，メーカー名や独自の商品名がつけられる場合がある。

よって，ウが正解である。

第4章　製品計画

ブランド戦略	ランク	1回目		2回目		3回目	
	A	／		／		／	

■平成30年度　第38問

ブランドカテゴライゼーションに関する記述として，最も適切なものはどれか。

ア　消費者の長期記憶の中で，ブランド情報は構造化され，保持されている。購
　　買意思決定プロセスにおいて，消費者は，保持するすべてのブランド情報を
　　均等に検討し，1つのブランドに絞り込む。

イ　「想起集合」とは，消費者が購入を真剣に検討する対象のことであり，「考慮
　　集合」と呼ばれることもある。

ウ　「想起集合」に入るためには，当該製品カテゴリーの中で際立った異質性を
　　もたせることが重要である。

エ　「保留集合」とは，判断に必要な情報が不足しているため，購買の意思決定
　　が先送りされているブランドのことである。

649

Ⅲ．マーケティング論

解答	イ

■解説

ブランドカテゴライゼーションに関する問題である。

ア：不適切である。消費者の長期記憶の中で，ブランド情報は構造化され，保持されているというのは正しい。ただ，購買意思決定プロセスにおいて，消費者は，保持するすべてのブランド情報を均等に検討はせずに，購入したいブランドの候補の中から１つのブランドを絞り込む。

イ：適切である。「想起集合」とは，消費者が購買する際に，自身の頭の中に思い浮かぶ（想起する）商品やサービスのことであり，消費者が購入を真剣に検討する対象のことである。「考慮集合」と呼ばれることもある。

ウ：不適切である。「想起集合」に入るためには，他のブランドと差別化すること（異質性を持っていること）は利点になる場合は多いが，当該製品カテゴリーの中で際立った異質性をもたせることが，必ずしも重要ではない。多くの人に受け入れられない異質性がある場合には，購入を検討しない集合（拒否集合）の対象となることも考えられる。

エ：不適切である。購買を検討する「想起集合」と，購買を検討しない「拒否集合」の間で購買の意思決定が先送りになっている場合を「保留集合」と呼ぶ。消費者がどれを選択するのかについて考慮している段階であるため，この段階で，判断に必要な情報が揃っている必要がある。

よって，イが正解である。

650

第4章　製品計画

ブランド戦略	ランク	1回目	2回目	3回目
	A	／	／	／

■平成28年度　第31問（設問2）

次の文章を読んで，下記の設問に答えよ。

　多くの消費者の支持を得ることができた①ブランドをどのように管理し，成長させていくかは，企業収益を左右する重要な課題である。②ブランド開発戦略として説明されているように，例えば，同じブランド名を用いて，同じカテゴリーに形，色，サイズ，フレーバーなどを変えた製品を導入する　　A　　や異なるカテゴリーの新製品を導入する　　B　　がとられる。

　同一ブランドでのさらなる市場浸透策が難しいと判断される場合には，同じカテゴリーに新ブランドを展開する　　C　　や，他社との共同開発という形をとり，自社のブランド名と他社の人気ブランド名の2つを同一製品で用いる　　D　　が検討される。

（設問2）

　文中の下線部①の「ブランド」に関する記述として，最も適切なものはどれか。

　　ア　自社ブランドが「拒否集合」に入っている場合，消費者は購買か非購買かの判断に必要な情報を持っていない。

　　イ　製品ライフサイクルの考えに基づけば，成長期に入ったブランドは，急速に市場に受け入れられ，その売上・利益ともに増えるため，企業はセールス・プロモーション活動を抑制してもよい。

　　ウ　人は自分のパーソナリティに合うブランドを選ぶ傾向があるため，多くの有名ブランドは，「洗練」，「興奮」，「誠実」など，明確なブランド・パーソナリティの構築に努めている。

　　エ　ブランド担当者は，顧客獲得を巡り，同じカテゴリーにおいて他社とのブランド間競争に，集中して対処する必要がある。

651

Ⅲ．マーケティング論

解答	ウ

■解説

ブランドに関する問題である。

ア：不適切である。自社ブランドが「拒否集合」に入っているとは，消費者は，まず，そのブランドの商品を知っており，その上で，商品を評価している前提で，購買する候補から外している状態である。したがって，消費者は購買か非購買かの判断に必要な情報を持っている。よって不適切である。

イ：不適切である。製品ライフサイクルの考えに基づけば，成長期に入ったブランドは，急速に市場に受け入れられ，その売上・利益ともに増える。その状況では，競合相手も増えていくため，企業はセールス・プロモーション活動を抑制すると，競合に対し負けてしまう事態に陥る。よって不適切である。

ウ：適切である。人は自分のパーソナリティに合うブランドを選ぶ傾向があるため，多くの有名ブランドは，「洗練」，「興奮」，「誠実」など，明確なブランド・パーソナリティの構築に努めることで，その人がそのブランドを選択することを促す効果を狙っている。よって適切である。

エ：不適切である。ブランド担当者は，顧客獲得をめぐり，同じカテゴリーにおいて他社とのブランド間競争に対処する必要はある。ただ，ブランド戦略を考える上で，別のカテゴリーのブランドにも常に注意を向ける必要があるため，集中して対処する必要があるとはいえない。よって不適切である。

よって，ウが正解である。

第 4 章　製品計画

ブランド戦略	ランク	1回目	2回目	3回目
	A	／	／	／

■平成 28 年度　第 31 問（設問 3）

次の文章を読んで，下記の設問に答えよ。

　多くの消費者の支持を得ることができた①ブランドをどのように管理し，成長させ
ていくかは，企業収益を左右する重要な課題である。②ブランド開発戦略として説明
されているように，例えば，同じブランド名を用いて，同じカテゴリーに形，色，サ
イズ，フレーバーなどを変えた製品を導入する　　A　　や異なるカテゴリーの新製
品を導入する　　B　　がとられる。

　同一ブランドでのさらなる市場浸透策が難しいと判断される場合には，同じカテゴ
リーに新ブランドを展開する　　C　　や，他社との共同開発という形をとり，自社
のブランド名と他社の人気ブランド名の 2 つを同一製品で用いる　　D　　が検討さ
れる。

（設問 3）

　文中の下線部②の「ブランド開発戦略」に関する記述として，最も適切なものはど
れか。

　　ア　既存のブランド名を用いて，異なるカテゴリーの新製品を導入することは，
　　　　当該ブランド名が元の製品カテゴリーと強い結びつきを有している場合には，
　　　　容易である。

　　イ　同一製品カテゴリーにおいて新しいブランド（群）を適正規模で展開するこ
　　　　とは，顧客セグメントごとの細かなニーズへの対応を可能にする。それは，
　　　　製品特徴を際立たせるための有効な手段となる。

　　ウ　同一ブランド名で形，色，サイズ，フレーバーなどを変えた製品を同じカテ
　　　　ゴリーに導入することにより，小売店頭でより大きなシェルフスペースを確
　　　　保できたり，バラエティを望む消費者のニーズに応えられたりするので，一
　　　　般的に，リスクのない新製品導入の方法といえる。

　　エ　ブランドは顧客からの長期的な愛顧を目指すものであるため，同一製品カテ
　　　　ゴリーであれ，異なる製品カテゴリーであれ，積極的な新ブランドの開発は
　　　　一般的に，経営資源の効率的な活用につながる。

653

Ⅲ．マーケティング論

解答	イ

■解説

ブランド開発戦略に関する問題である。

ア：不適切である。既存のブランド名を用いて，異なるカテゴリーの新製品を導入する（ブランド拡張）を行う場合，当該ブランド名が元の製品カテゴリーと強い結びつきを有している場合には，元の製品カテゴリーのイメージを消費者が強く感じてしまい，新製品の展開が容易でない場合もある。よって不適切である。

イ：適切である。同一製品カテゴリーにおいて新しいブランド（群）を展開することは，同一製品カテゴリーの中でさまざまな特徴を持つ商品を展開することで，顧客セグメントごとの細かなニーズへの対応を可能にする。ただ，ブランドが氾濫することで商品の差別化が曖昧になり，ブランド離れを招くこともあるため，適正な規模で実施することが重要である。よって適切である。

ウ：不適切である。同一ブランド名で形，色，サイズ，フレーバーなどを変えた製品を同じカテゴリーに導入することは，バラエティを望む消費者のニーズに応えられたりするので，一般的に，リスクのない新製品導入の方法といえる。ただ，小売店とすれば，同一ブランドの商品が大きなシェルフスペースを確保すると，顧客の選択肢を減らす可能性があるため，このような場合，確保できないことも考えられる。よって不適切である。

エ：不適切である。ブランドは顧客からの長期的な愛顧を目指すものであるため，同一製品カテゴリーであれ，異なる製品カテゴリーであれ，特定のブランドを長期間にわたって育成していく必要がある。また，積極的な新ブランドの開発は一般的に，開発コストや育成コストがかかるため，経営資源の効率的な活用につながるとはいえない。よって不適切である。

よって，イが正解である。

654

第 4 章　製品計画

ブランド戦略	ランク	1回目	2回目	3回目
	A	／	／	／

■平成 26 年度　第 27 問（設問 1）

次の文章を読んで，下記の設問に答えよ。

　家業の果物農家を継いだ S 氏は，父親の代から取り組んできた大手小売チェーンへの完全直販体制をさらに強化するために，地域の若手農家とともに，この小売チェーンとの間で自らが生産する果物の①ブランド化を図る準備を進めている。各種の調査結果からは，消費者の年齢と果物の消費量との間には強い正の相関があることが明らかにされている。そこで，S 氏はこの取り組みのメンバーと②マーケティング・リサーチ検討会を立ち上げ，今後とるべき方策の判断材料を集めることにした。

　文中の下線部①に示す「ブランド化」に関する記述として，最も適切なものはどれか。

ア　一般的に果物の成分効用は明確に識別することが可能である。おのおのの果物の成分効用という情緒的属性をベースとしたブランド・アイデンティティをデザインすれば，大きな効果を得ることができる。

イ　果物のブランド化においては，取引先小売チェーンの顧客データや販売データを分析し，より廃棄ロスの少ない形でのブランド育成の方法を探索することが望まれる。

ウ　この果物のブランド化の取り組みは，少なからず作柄の影響を受ける。作柄に応じて，生産者側が出荷制限を行ったり，小売チェーン側が卸売市場を通した機動的な仕入れを行ったりすることが商品の安定的供給の上で不可欠である。

エ　取引相手となる小売チェーンの店頭で展開する果物商品を通じて消費者の欲求理想点に近いポジションを獲得することができれば，このブランド化の構想は，強力なプッシュ効果による指名買い行動を生み出すことが可能となる。

655

Ⅲ．マーケティング論

解答	イ

■解説

ブランド化のための戦略に関する問題である。

ア：不適切である。おのおのの果物の成分効用は商品本来の機能によって得られる効用なので機能的属性になる。情緒的属性は果物の場合，原産地など消費者に心理的な満足感を与える効用である。

イ：適切である。果物のブランド化においては，取引先小売チェーンの顧客データや販売データを分析し，より廃棄ロスの少ない形でのブランド育成の方法を探索することが望まれる。

ウ：不適切である。ブランド化の取り組みは，果物の本体の持つ効用をいかに消費者に訴求するかが重要であり，作柄の影響と直接には関係はない。

エ：不適切である。取引相手となる小売チェーンの店頭で展開する果物商品を通じて消費者の欲求理想点に近いポジションを獲得することができれば，このブランド化の構想は，指名買い行動を生み出すことが可能となると考えられるが，この場合の効果はプッシュ効果ではなくプル効果である。

よって，イが正解である。

第4章　製品計画

3. パッケージング計画

▶▶出題項目のポイント

　中小企業診断協会発表の「試験科目設置の目的と内容」においては，パッケージング計画（意義，目的，開発）とされている分野である。パッケージングは製品の包装や，容器のデザインなどに対する活動であり，特にブランドにおいて特徴あるパッケージングは他の製品との区別に役立つ，製品の情報を提供するなどの機能のほか，内容物の保護などの基本的機能がある。

▶▶出題の傾向と勉強の方向性

　平成27年度に出題されたが，他には，平成15年度第46問と平成19年度第29問の出題程度である。それほど難しい問題が出るわけではないので確実に得点したい。なお，平成15年度の問題は，ブランド戦略における包装に関する問題であるので，余裕のある方は一度チェックするといいだろう。

■取組状況チェックリスト

3. パッケージング計画							
問題番号	ランク	1回目		2回目		3回目	
平成27年度 第32問	C*	/		/		/	

＊ランクCの問題と解説は，「過去問完全マスター」のHP（https://jissen-c.jp/）よりダウンロードできます。

第 5 章

製品開発

第 5 章　製品開発

1.　市場性評価・マーチャンダイジング

▶▶出題項目のポイント

　平成 17 年度以降の出題傾向においてはこの項目そのものをテーマにした出題は少なく，平成 28 年度までは，1 問のみの分類となっていた。しかし，平成 29 年度第 32 問において，製品開発の前提となるマーケティングにおける競争の次元について，平成 29 年度第 31 問に市場性評価，および，マーチャンダイジングに関しては，複数の問題が出題され，平成 30 年度第 31 問，令和元年度第 32 問設問 1 に製品開発に関する知識を問う問題が出題された。

▶▶出題の傾向と勉強の方向性

　平成 29 年度以降，製品開発に関する問題が毎年出題されている。まずは，これらの問題をしっかりと勉強して押さえておきたい。そのうえで，製品デザインなどを含め，「試験科目設置の目的と内容」において製品開発に分類されている論点がテーマになっている問題は，平成 13 年度第 26 問（製品のデザイン），同年第 27 問（テストマーケティング），平成 15 年度第 44 問（市場性評価など），平成 16 年度第 4 問設問 2（製品開発に関する対応策），同年第 37 問（ユニバーサル・デザイン）などで出題されている。余裕のある方はこちらの過去問にもあたるとよいだろう。

　何度も述べてきたように，製品開発は各フェーズにおいて多岐にわたる論点を含む。組織論やマーケティングの項目でも，「製品開発」における注意事項や言葉の定義などが問われているため，そのような問題にあたったときにしっかり覚えていくことが大切である。製品開発に関して勉強する，というよりもそれまでに学習してきたさまざまな論点をきちんと踏まえて，応用させることで選択肢を絞れるようになるとよいだろう。

Ⅲ．マーケティング論

■取組状況チェックリスト

1. 市場性評価・マーチャンダイジング

市場性評価・マーチャンダイジング

問題番号	ランク	1回目		2回目		3回目	
令和元年度 第32問（設問1）	A	／		／		／	
平成30年度 第31問	A	／		／		／	
平成29年度 第31問（設問1）	A	／		／		／	
平成29年度 第31問（設問2）	B	／		／		／	
平成29年度 第31問（設問3）	B	／		／		／	
平成29年度 第32問	B	／		／		／	

第5章　製品開発

市場性評価・マーチャンダイジング	ランク	1回目	2回目	3回目
	A	／	／	／

■令和元年度　第32問（設問1）

次の文章を読んで，下記の設問に答えよ。

　製品開発を効果的に行うために，多くの場合，企業担当者は①製品開発プロセスを段階的に管理・実行している。それぞれの段階において，②調査や実験を行い，③それぞれの分析結果に基づき意思決定を繰り返すことで，新製品の成功確率を高めるよう努めている。

（設問1）

文中の下線部①に関する記述として，最も適切なものはどれか。

ア　「アイデア・スクリーニング」において，新製品アイデアが多い場合でも取捨選択は十分に時間をかけて慎重に行うべきである。

イ　「市場テスト」では，実験用仮設店舗を用いて消費者の反応を確認するよりも，実際の市場環境で十分な時間や予算を投入して製品やマーケティング施策をテストするべきである。

ウ　開発中の製品および当該製品と競合する既存製品を対象に，消費者の「知覚マップ」を作成した場合，開発中の製品が空白領域に位置づけられたとしても，その製品に消費者ニーズや市場性があるとは限らない。

エ　新製品アイデアのスクリーニングの次に，アイデアを具現化させるための試作品開発段階である「プロトタイピング」に移る。製品アイデアを具体的な製品属性に落とし込む作業であるため，通常，技術担当者に全権が委ねられる。

オ　新製品開発に際して，市場規模を推定することは，製品開発の実現に投じる費用を誤って算定することにつながるため，不要である。

663

Ⅲ. マーケティング論

| 解答 | ウ |

■解説

製品開発プロセスに関する問題である。

ア：不適切である。新製品の開発において，まず，「アイデアの探索，収集」で自社の内外の情報を探索，収集する。次に，「アイデア・スクリーニング」において，コストや自社のリソースなどを考慮して，アイデアを取捨選択していく。優れたアイデアを採用できるように慎重に進めることは正しいが，市場環境の変化も速くなっており，競合の動きなどもにらんで開発のスピードが求められているため，十分に時間をかければよい，というわけではない。

イ：不適切である。「市場テスト」は，完成した製品が，市場に受け入れられるのかを，まず小さな市場で迅速に試し，実際の市場環境で販売した際の失敗のリスクを低減させることを目的に実施される。したがって，実験用仮設店舗を用いて消費者の反応を確認するような手法が取られる。この段階で，一般的には，実際の市場環境で十分な時間や予算を投入して製品やマーケティング施策をテストすることはしない。

ウ：適切である。知覚マップとは，ポジショニングマップとも呼ばれ，自社の商品やサービスの市場におけるポジションを把握するために作成する下記のような図である。独立した2軸で，市場におけるポジションを把握することができる。

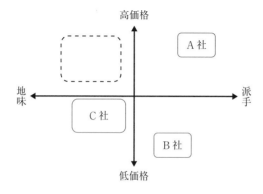

第5章　製品開発

開発中の製品が空白領域に位置づけられた場合でも，その製品が実際に消費者ニーズや市場性があるとは限らない。（上図の場合，「高価格で地味」の領域は，競合他社が市場性はないと判断し，その領域の製品を出していないこともありうる。）

エ：不適切である。新製品アイデアのスクリーニングの次に，アイデアを具現化させるための試作品開発段階である「プロトタイピング」に移る。製品アイデアを具体的な製品属性に落とし込む作業であるため，この段階では，機能面や市場性など多面的な確認を行う必要がある。よって，技術担当者に全権が委ねられるわけではない。

オ：不適切である。新製品開発に際して，その製品が市場に出た場合の売上，コスト，利益を検証する必要がある。そのためには市場規模を推定し，製品開発の実現に投じる費用を算定することは重要であり，必要である。

よって，ウが正解である。

665

第 5 章　製品開発

市場性評価・マーチャンダイジング	ランク	1回目		2回目		3回目	
	A	／		／		／	

■平成 30 年度　第 31 問

製品開発に関する記述として，最も適切なものはどれか。

ア　「製品アイデア」とは企業が市場に提供する可能性のある製品を指すが，「製品コンセプト」といった場合には，これを顧客の立場から捉え，その製品が誰にとって，どのような時に，どのような問題解決をするものであるかを表現したものである。

イ　製品開発においては，顧客の潜在的な欲求や期待についての情報を様々なリサーチ手法を用いて捕捉し，そうしたニーズに基づいた開発を行うことが革新的な製品アイデアを導くための定石である。

ウ　製品開発の出発点は，新製品のアイデアを創出する過程であるが，そこでは社内外双方での情報収集が行われる。そのうち，社内におけるアイデアの源泉は研究開発部門と経営トップの 2 者に集約化されている。

エ　製品ライフサイクルの成熟期に差し掛かった製品のマーケティングにおいては，ユーザー数の拡大によって製品の売上向上を図る「市場の修正」と製品価格の値下げによる需要喚起を狙った「価格の修正」の 2 つの組み合わせによるリポジショニングを実施する必要がある。

667

Ⅲ．マーケティング論

解答	ア

■解説

　製品開発に関する問題である。

ア：適切である。「製品アイデア」とは企業が市場に提供する可能性のある製品
　　を指す。これを顧客の立場から捉え，その製品が誰にとって，どのような時
　　に，どのような問題解決をするものであるかを表現したものを「製品コンセ
　　プト」と呼ぶ。「製品アイデア」を顧客が欲しい製品にするために，「製品コ
　　ンセプト」を確立するプロセスが必要なのである。

イ：不適切である。製品開発において，顧客の潜在的な欲求や期待についての情
　　報をさまざまなリサーチ手法を用いて捕捉し，そうしたニーズに基づいた開
　　発を行うことは，ユーザーニーズを満たした製品を開発するためには重要で
　　ある。ただ，革新的な製品は，まだニーズが顕在化していない場合が多く，
　　必ずしも，さまざまなリサーチで顕在化できるかどうかはわからないため，
　　定石とはいえない。

ウ：不適切である。製品開発の出発点は，新製品のアイデアを創出する過程であ
　　るが，そこでは社内外双方での情報収集が行われるのは正しい。ただ，社内
　　におけるアイデアの源泉は研究開発部門と経営トップの2者に集約化するの
　　ではなく，アイデアを集めるために，広く社内のあらゆる部門が協力し，顧
　　客の潜在的なニーズを探し出すことが重要である。

エ：不適切である。ポジショニングとは，消費者の頭に，自社製品に関する独自
　　のポジションを築き，他の製品とは違うというイメージを植えつけるための
　　活動である。リポジショニングとは，ターゲットとしている市場の変化など
　　によってブランドのポジショニングが最適でなくなった場合にそのポジショ
　　ニングの見直しと再活性化を図る活動である。製品ライフサイクルの成熟期
　　に差し掛かった製品の場合，マーケティング活動によるユーザー数の拡大は
　　難しく，また，製品価格の値下げによって一次的に需要が増えても，価格競
　　争になり，独自のポジショニングが築けなくなる可能性があるため，リポジ
　　ショニングは戦略としては有益ではない。製品の改良など，他社との差別化
　　につながる戦略を考えていくべきであろう。

　よって，アが正解である。

第 5 章　製品開発

市場性評価・マーチャンダイジング	ランク	1回目	2回目	3回目
	A	／	／	／

■**平成 29 年度　第 31 問（設問 1）**

次の文章を読んで，下記の設問に答えよ。

　長年にわたり，羽毛布団の製造小売を行ってきた Y 社は，近年，拡大を続ける全国チェーンのインテリア専門店に羽毛布団の顧客を奪われてしまったため，新社長の P 氏は羽毛を原材料とした新製品の開発を通じて，新たな顧客を創造するという構想を練り始めている。所有する生産設備もうまく活用する形での新製品開発に向け，P 氏は中小企業診断士である Q 氏から基本的な①製品開発のプロセスについてアドバイスを受けている。

　その結果，いくつかの②コンセプト案がリストアップされた。ここから一年間を費やしてそれらからいくつかの製品を市場投入段階まで到達させることを念頭に置いて，P 氏はそのための準備に取り組んでいる。P 氏は，まず③市場動向を把握し，競合となりうる製品・企業を特定するための作業に着手している。

（設問 1）

　文中の下線部①に関する記述として，最も適切なものはどれか。

　　ア　近年では，有体の製品とそれらの使用価値を高めるための無体財を組み合わせて提供し，顧客の囲い込みを図る，レッドオーシャン戦略と呼ばれるアプローチが顕著になっている。

　　イ　新製品を開発する際には，製品系列のラインの幅と奥行きの全体的な構成のバランスを保つ必要がある。そのための一連の分析をクロスセル分析という。

　　ウ　幅が広く，奥行きも深い製品系列を有する消費財メーカーは，それを経営資源として活用し，流通業者から有利な取引条件を引き出せる可能性をもっている。

　　エ　マーケティング指向の立場をとる企業は，いわゆるシーズ（seeds）を出発点とした新製品・新サービスの開発は行わない。

669

Ⅲ．マーケティング論

解答	ウ

■解説

製品開発に関する問題である。

ア：不適切である。近年，有体である製品単体の差別化が難しくなっており，その使用価値を高めるためのサービスなどの無体財と組み合わせることで，顧客価値を増大させ囲い込みを図ることが行われている点は正しい記述である。しかし，レッドオーシャン戦略とは，多くの企業や製品が参入する市場において価格，機能でまさに「血みどろ」の戦いを強いられる市場（レッドオーシャン）における戦略である。したがって，今回のアプローチの用語としては不適切である。

イ：不適切である。製品系列のラインの幅と奥行きの全体的なバランスを考慮して製品開発を行うことは必要である，という点は正しい記述である。しかし，クロスセル分析とは，顧客が購入を検討している商品と別の商品を提案したり，購入しようとする商品と関係のある商品の購入を促したりするクロスセルという販売手法を実施するために，どのような製品開発が必要なのかを分析することである。したがって，今回の分析の説明としては不適切である。

ウ：適切である。幅が広く，奥行きも深い製品系列を有する消費財メーカーの商品は，流通業者にとって消費者のさまざまなニーズに対応することが可能になるという意味で，消費財メーカーのほうが強い交渉力を持つ可能性が高い。したがって，流通業者から有利な取引条件を引き出せる可能性をもっている。

エ：不適切である。マーケティング指向とは，消費者のニーズを満たし，満足度を向上させることを目的にマーケティングを実施することである。商品として販売するためには，消費者のニーズを常に捉える必要があるという意味で重要である。しかしマーケティング指向の立場をとる企業にとって，新しい市場を創出し，その市場の中でシェアを拡大するためには，いわゆるシーズ（seeds）を出発点とした新製品・新サービスの開発も必要である。したがって，シーズを出発点とした新製品・新サービスの開発を行わない，わけではない。

よって，ウが正解である。

670

第5章　製品開発

市場性評価・マーチャンダイジング	ランク	1回目	2回目	3回目
	B	／	／	／

■平成 29 年度　第 31 問（設問 2）

次の文章を読んで，下記の設問に答えよ。

　長年にわたり，羽毛布団の製造小売を行ってきた Y 社は，近年，拡大を続ける全
国チェーンのインテリア専門店に羽毛布団の顧客を奪われてしまったため，新社長の
P 氏は羽毛を原材料とした新製品の開発を通じて，新たな顧客を創造するという構想
を練り始めている。所有する生産設備もうまく活用する形での新製品開発に向け，P
氏は中小企業診断士である Q 氏から基本的な①製品開発のプロセスについてアドバイ
スを受けている。

　その結果，いくつかの②コンセプト案がリストアップされた。ここから一年間を費
やしてそれらからいくつかの製品を市場投入段階まで到達させることを念頭に置いて，
P 氏はそのための準備に取り組んでいる。P 氏は，まず③市場動向を把握し，競合と
なりうる製品・企業を特定するための作業に着手している。

（設問 2）

　文中の下線部②に関する記述として，最も適切なものはどれか。

　　ア　新製品のコンセプト開発においては，既存顧客や顕在顧客に対象を絞り，そ
　　　　の中での市場セグメンテーションを行うことが重要である。

　　イ　新製品のコンセプト策定に当たっては，組織内部の部門間での伝わりやすさ
　　　　を第一とし，顧客を含む，企業の外部に対する分かりやすさは事後的に検討
　　　　される。

　　ウ　製品コンセプトとは，ある製品が顧客に提供しうる価値を端的に示すもので
　　　　ある。それによって，買い手が製品やサービスを購買したいと思うようにな
　　　　る。

　　エ　製品コンセプトの開発に先駆けて探索的調査が実施されることが多いが，観
　　　　察法はその段階で有用でないとされている。

671

Ⅲ．マーケティング論

解答	ウ

■解説

新製品のコンセプトに関する問題である。

製品のコンセプトとは，新製品を開発する際に，顧客のニーズや，自社の持つ資源を考慮して出たアイディアを，企業の方向性，市場性，実現性などを考慮して検討したうえで，誰にどのような便益（ベネフィット）を与えるものなのかを示したものである。

ア：不適切である。新製品のコンセプトの開発においては，既存顧客や顕在顧客に対象を絞るわけではなく，誰にどのようなベネフィットを与えるのかを考えたうえで，それに合わせて対象顧客を設定し，その中での市場セグメンテーションを行うものである。

イ：不適切である。新製品のコンセプト策定に当たっては，組織内部の部門間での伝わりやすさを考慮することが重要であるが，製品を購入する顧客にとってもわかりやすいものにする必要がある。したがって，製品のコンセプトを検討する際に，顧客を含む，企業の外部に対するわかりやすさも，あわせて検討する必要がある。

ウ：適切である。製品コンセプトとは，誰にどのようなベネフィットを与えるのかを示したものであり，それによって，買い手が製品やサービスを購買したいと思うようになる製品の価値を端的に示すものである。

エ：不適切である。観察法とは，消費者の心理状態を知るために，消費者の行動を観察，記録，分析して行うマーケティング調査の手法である。コンセプトの開発に先駆けて探索的調査が実施されることになるが，その際に，消費者の製品に対する認識を把握できる観察法はコンセプトの方向性の正しさを知る意味で有効である。

よって，ウが正解である。

第 5 章　製品開発

市場性評価・マーチャンダイジング	ランク	1回目	2回目	3回目
	B	／	／	／

■平成 29 年度　第 31 問（設問 3）

次の文章を読んで，下記の設問に答えよ。

　長年にわたり，羽毛布団の製造小売を行ってきた Y 社は，近年，拡大を続ける全国チェーンのインテリア専門店に羽毛布団の顧客を奪われてしまったため，新社長の P 氏は羽毛を原材料とした新製品の開発を通じて，新たな顧客を創造するという構想を練り始めている。所有する生産設備もうまく活用する形での新製品開発に向け，P 氏は中小企業診断士である Q 氏から基本的な①製品開発のプロセスについてアドバイスを受けている。

　その結果，いくつかの②コンセプト案がリストアップされた。ここから一年間を費やしてそれらからいくつかの製品を市場投入段階まで到達させることを念頭に置いて，P 氏はそのための準備に取り組んでいる。P 氏は，まず③市場動向を把握し，競合となりうる製品・企業を特定するための作業に着手している。

（設問 3）

　文中の下線部③に関する記述として，最も適切なものはどれか。

　　ア　PEST 分析は，組織の外部環境を捉えるための方法である。これは，政治的環境，企業文化的環境，社会的環境，技術的環境という 4 つの側面から外部環境を把握することを支援する。

　　イ　SWOT 分析は，組織の内部環境の把握に限定した方法であるが，自社の強みと弱み，機会と脅威のそれぞれを構成する要素を整理するために有用である。

　　ウ　相対的市場シェアとは，最大の競争相手の市場シェアで自社の市場シェアを割る（除する）ことで算出される数値である。この値が 50％を超えていれば，自社はその市場のリーダー企業である。

　　エ　有効市場とは，ある製品・サービスに対する十分な関心をもち，購買に必要な水準の収入を有しており，かつその製品・サービスにアクセスすることができる消費者の集合のことである。

673

Ⅲ．マーケティング論

解答	エ

■解説

市場や競合の分析に関する問題である。

ア：不適切である。PEST 分析とは，自社を取り巻く環境（外部環境）が，自社
にどのような影響を与えるのかを把握するための手法である。「Political（政
治的）」，「Economical（経済的）」，「Social（社会的）」，「Technological（技
術的）」という４つの側面から分析するため，それぞれの頭文字をとり
PEST 分析と呼ばれる。したがって，企業文化的環境ではなく経済的環境が
正しい。

イ：不適切である。SWOT 分析は，組織の内部環境である強み（Strengths），
弱み（Weaknesses），外部環境である機会（Opportunities），脅威（Threats）
の４つのカテゴリーに分けて分析を行う手法である。したがって，組織の内
部環境の把握に限定した方法ではない。

ウ：不適切である。相対的市場シェアとは，最大の競争相手の市場シェアで自社
の市場シェアを割る（除する）ことで算出される数値であるというのは正し
い。しかし，自社がその市場のリーダー企業であるためには，この値が100
％を超えている必要がある。

エ：適切である。市場は，①潜在市場（ある製品・サービスに対する十分な関心
を持ち，購買に必要な水準の収入を有している消費者の集合），②有効市場
（①を満たし，かつその製品・サービスにアクセスすることができる消費者
の集合），③有資格有効市場（購入に法的な資格が必要な場合（たとえば，
酒やタバコの購入などがそれに当たる）にその資格を持ち，かつ，①，②を
満たす消費者の集合），④浸透市場（過去に商品を購入した消費者の集合），
⑤対象市場（①〜④を満たし，企業が顧客化することを狙っている（ターゲ
ットとしている）消費者の集合）に分かれる。設問は有効市場の説明である。

よって，エが正解である。

674

第 5 章　製品開発

市場性評価・マーチャンダイジング	ランク	1回目		2回目		3回目	
	B	／		／		／	

■平成 29 年度　第 32 問

　次の文章は，マーケティングにおける競争の次元について例を示したものである。文中の空欄 A～C に入る語句の組み合わせとして，最も適切なものを下記の解答群から選べ。

　缶コーヒーの製品カテゴリーでは，毎年，多くの製品が投入されている。異なるメーカー間では，缶コーヒー製品をめぐり　A　競争を繰り広げている。また缶コーヒーは，緑茶や紅茶，炭酸飲料とも顧客を奪いあっており，この競争は産業競争と呼ばれる場合がある。

　さらに，缶コーヒーは，コンビニエンスストアやファーストフードチェーンが提供する安価な淹れたてコーヒーとも　B　競争をしている。また，給料日前に節約のため缶コーヒーを我慢して，新聞やスイーツを購入するといったケースがあるように，缶コーヒーは消費支出をめぐり多くの製品と　C　競争をしている。

〔解答群〕

　　ア　　A：一般　　　B：機能　　C：便益

　　イ　　A：一般　　　B：形態　　C：機能

　　ウ　　A：形態　　　B：機能　　C：一般

　　エ　　A：ブランド　B：一般　　C：便益

　　オ　　A：ブランド　B：形態　　C：一般

675

Ⅲ. マーケティング論

解答	オ

■解説

　マーケティングにおける競争の次元に関する問題である。

　マーケティングに関する競争には，以下の4つの分類がある。
①ブランド競争
　自社と他者で，同じ製品やサービス，同じ顧客をターゲットにして競争している場合である。
②産業競争
　同じ産業間の競争である。飲料業界という意味では同じでも，違う製品やサービスでの競争である。
③形態競争
　消費者や同じ便益（ベネフィット）を得られる商品，サービスの間の競争である。最終的に得られるものが同じでも，その提供形態が違う場合である。
④一般競争
　①～③にあてはまらない競争である。

空欄Ａ：缶コーヒーという同一の製品カテゴリーの異なるメーカー間の競争は「ブランド競争」である。
空欄Ｂ：コーヒーという最終的な製品は同じでも，その提供形態が缶コーヒーと，コンビニエンスストアやファーストフードチェーンの提供するコーヒーであるという違いがあるため，両者の競争は，「形態競争」である。
空欄Ｃ：給料日前に節約のため缶コーヒーを我慢して，新聞やスイーツを購入するといったケースは，上記の①～③の競争に当てはまらない「一般競争」である。

　よって，オが正解である。

第 6 章

価格計画

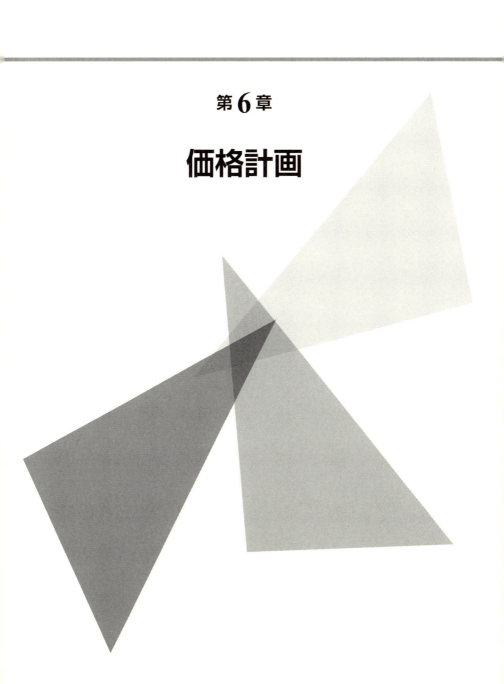

第6章　価格計画

1. 価格政策

▶▶出題項目のポイント

　本出題領域では，価格設定に関する基本的な考え方の理解がポイントとなる。

　まず，価格設定方法は，大きく以下の3種類に分かれる。

　(1)　コスト基準型価格設定

　自社のコストを基準に考える方法で，①コスト・プラス法（費用に一定の利益を加算して価格を設定），②損益分岐点法（目標販売数量，その時の変動費・固定費，目標利益率から価格を設定）がある。

　(2)　競争基準型価格設定

　競合との競争を重視する方法で，①市場価格追随法（実勢価格に基準を置いて価格を決定），②プライス・リーダー追随法（リーダー企業の価格に従って価格を設定），③慣習価格法（業界の伝統的価格帯に従って価格を設定）がある。

　(3)　マーケティング戦略基準型価格設定

　顧客の知覚を重視し，価格と需要の関係，顧客の心理状態・イメージ等を考慮したうえで，いかに市場シェアの獲得や早期投資回収などの目標を達成するか，戦略的に考えて価格設定する方法である。

　さらに，顧客，製品，場所などの差異による「差別的価格設定」（顧客セグメント別，イメージ別，場所別，時期別など），複数製品に関する「プロダクト・ミックス価格設定」（価格ライン，キャプティブ製品，抱き合わせなど）の検討が必要となる。

▶▶出題の傾向と勉強の方向性

　本試験で頻繁に出題されるのは，上記の(3)マーケティング戦略基準型価格設定に含まれる，市場浸透価格と上澄み吸収価格，価格ライン政策，価格感度測定法（PSM）などである。それぞれについて，どのような場面で，いかなる目的で使用するのか，またどのようなメリット・デメリットがあるのかを押さえておきたい。

　特に，市場浸透価格と上澄み吸収価格については複数回出題されており，基本的な事項ゆえミスは許されない。価格弾力性との関係など，過去問を材料にしっかり復習しておき，確実に得点できるようにしたい。

679

Ⅲ．マーケティング論

■取組状況チェックリスト

1. 価格政策						
価格政策						
問題番号	ランク	1回目		2回目		3回目
令和元年度 第31問（設問1）	B	／		／		／
令和元年度 第31問（設問2）	A	／		／		／
平成30年度 第34問	A	／		／		／
平成29年度 第28問	A	／		／		／
平成28年度 第27問	A	／		／		／
平成27年度 第28問	A	／		／		／
平成26年度 第28問（設問1）	A	／		／		／
平成23年度 第26問（設問1/2）	A	／		／		／
平成22年度 第24問	B	／		／		／

第6章　価格計画

価格政策	ランク	1回目	2回目	3回目
	B	/	/	/

■令和元年度　第31問（設問1）
次の文章を読んで，下記の設問に答えよ。

　原油や原材料価格の低下，あるいは革新的技術の普及は，製造ならびに製品提供に
かかる変動費を減少させるため，販売価格の引き下げが検討されるが，価格を下げる
ことが需要の拡大につながらないケースもある。企業は，需要の①価格弾力性や交差
弾力性を確認したり，②競合他社の動向や顧客の需要を分析，考慮したりして，価格
を決定する。

（設問1）
　文中の下線部①に関する記述として，最も適切なものはどれか。

　　ア　企業は，製品Aの価格変化が製品Bの販売量にもたらす影響について，交
　　　　差弾力性の値を算出し確認する。具体的には，製品Aの価格の変化率を，
　　　　製品Bの需要量の変化率で割った値を用いて判断する。

　　イ　牛肉の価格の変化が豚肉や鶏肉の需要量に，またコーヒー豆の価格の変化が
　　　　お茶や紅茶の需要量に影響することが予想される。これらのケースにおける
　　　　交差弾力性は負の値になる。

　　ウ　消費者が品質を判断しやすい製品の場合には，威光価格が有効に働くため，
　　　　価格を下げることが需要の拡大につながるとは限らない。

　　エ　利用者層や使用目的が異なるため，軽自動車の価格の変化は，高級スポーツ
　　　　カーの需要量には影響しないことが予想される。こうしたケースの交差弾力
　　　　性の値は，ゼロに近い。

681

Ⅲ．マーケティング論

解答	エ

■解説

　需要の価格弾力性や交差弾力性に関する問題である。

　需要の価格弾力性とは，価格の変化が需要にどのような影響を及ぼすのかを示す数値である。数値が大きくなるほど，価格の変化によって需要が大きく変動するといえる。具体的には，価格が1％変化したときに需要が何％変化するのかで計算され，需要の変化率を価格の変化率で割ることで求められる。

　価格の交差弾力性とは，ある財の価格の変化が他の財の需要にどのような影響を及ぼすのかを示す数値である。具体的には，X財に対するY財の価格の交差弾力性は，X財の価格が1％変化したときにY財の需要が何％変化するのかで計算され，Y財の需要変化率をX財の価格変化率で割ることで求められる。

　　ア：不適切である。企業は，製品Aの価格変化が製品Bの販売量にもたらす影響について，交差弾力性の値を算出し確認する場合，具体的には，製品Bの需要量の変化率を製品Aの価格の変化率で割った値を用いて判断する。

　　イ：不適切である。牛肉の価格は上昇した場合，豚肉や鶏肉の需要量が増え，またコーヒー豆の価格が上昇した場合，お茶や紅茶の需要量は増えると考えられる。したがって，上述したとおり交差弾力性は，X財の価格が1％変化したときにY財の需要が何％変化するのかで計算されるため，価格が上昇した場合に，需要量が増える場合には価格の交差弾力性は正になる。

　　ウ：不適切である。威光価格とは，価格の高さが品質の良さを連想させ，それを購入することで優越感などが得られる価格のことであり，価格を下げることが需要の拡大につながるとは限らない，というのは正しい。しかし，消費者が品質を判断しやすい製品の場合には，価格で品質を判断することがなくなるため，威光価格が有効に働くとはいえない。

　　エ：適切である。軽自動車と高級スポーツカーでは，利用者層や使用目的が異なるため，軽自動車の価格の変化は，高級スポーツカーの需要量には影響しないことが予想される。こうしたケースの交差弾力性の値は，軽自動車の価格が変化しても，高級スポーツカーの需要の変化がほとんどないことから，ゼロに近くなる。

　よって，エが正解である。

第 6 章　価格計画

価格政策	ランク	1回目		2回目		3回目	
	A	/		/		/	

■令和元年度　第 31 問（設問 2）

次の文章を読んで，下記の設問に答えよ。

　原油や原材料価格の低下，あるいは革新的技術の普及は，製造ならびに製品提供に
かかる変動費を減少させるため，販売価格の引き下げが検討されるが，価格を下げる
ことが需要の拡大につながらないケースもある。企業は，需要の①価格弾力性や交差
弾力性を確認したり，②競合他社の動向や顧客の需要を分析，考慮したりして，価格
を決定する。

（設問 2）

　文中の下線部②に関する記述として，最も適切なものはどれか。

　ア　ウイスキー，ネクタイ，スーツなどの製品では，低価格の普及品から高価格
　　　の高級品までのバリエーションを提供することがある。このように，複数の
　　　価格帯で製品展開することを「プライス・ライニング戦略」と呼ぶ。

　イ　短期間で製品開発コストを回収することを目指して設定された高い価格を
　　　「スキミング価格」と呼ぶ。このような価格設定は，模倣されやすい新製品
　　　に最適である。

　ウ　発売当日に CD や DVD を入手することに強いこだわりを持ち，価格に敏感
　　　ではない熱狂的なファンがいる。新製品導入にあたり，こうした層に対して
　　　一時的に設定される高価格を「サブスクリプション価格」と呼ぶ。

　エ　若者にスノーレジャーを普及させるために，多くのスキー場は，往復交通費
　　　にウェアやスノーボードのレンタル料やリフト券を組み合わせた「キャプテ
　　　ィブ価格」を設定し，アピールしている。

683

Ⅲ．マーケティング論

解答	ア

■解説

価格の決定に関する問題である。

ア：適切である。「プライス・ライニング戦略」とは，普及品から高級品までいくつかのランクを設定して，そのランクごとに同一価格とする価格戦略である。たとえば，ネクタイなどを販売する場合に，1,000円，3,000円，5,000円などと設定することである。この戦略を実施する場合，消費者が，自身の価値に応じた価格帯での商品選択をしやすくなる。

イ：不適切である。スキミングとは上澄みをすくうという意味を持ち，「スキミング価格」戦略は，対象市場全体の上位層である富裕層などの「高い価格でも買ってくれる消費者」を狙った戦略である。短期間で製品開発コストを回収することを目指して設定される。この場合，模倣されやすい製品では，すぐに低価格の模倣製品が市場に出てくるため，この価格戦略を維持することができない。したがって，この戦略を採用する場合は，模倣されにくい製品の場合が最適である。

ウ：不適切である。発売当日にCDやDVDを入手することに強いこだわりを持ち，価格に敏感ではない熱狂的なファンがいる，という部分は正しい。しかし，サブスクリプションとは，一定期間，消費者が商品やサービスを利用し，その期間に応じた料金を払うことであり，その際に設定される価格を「サブスクリプション価格」と呼ぶため，新製品導入にあたり，こうした層に対して一時的に設定される高価格の呼び名としては適切ではない。

エ：不適切である。「キャプティブ価格」戦略とは，主となる製品やサービスの価格を安く設定し，それに付随する製品・サービスの価格を高くすることで利益を確保するという戦略である。たとえば，家庭用のプリンターなどは，本体価格を安くして，インクなどの価格を高く設定して最終的な利益を確保する戦略を採用している。若者にスノーレジャーを普及させるために，多くのスキー場が，往復交通費にウェアやスノーボードのレンタル料やリフト券を組み合わせているのは，利便性を訴求したセット販売の例であり，「キャプティブ価格」戦略とはいえない。

よって，アが正解である。

684

第 6 章　価格計画

価格政策	ランク	1回目		2回目		3回目	
	A	／		／		／	

■平成 30 年度　第 34 問

価格に対する消費者の反応に関する記述として，最も適切なものはどれか。

ア　2つの価格帯を用意した場合と，それらにさらなる高価格帯を追加し3つの
　　価格帯を用意した場合のいずれにおいても，金銭的コストが最小となる低価
　　格帯の商品が選択されやすい。

イ　健康効果が期待される菓子について，一般的に価格が高いとされる健康食品
　　として購入者が認識する場合のほうが，嗜好品として認識する場合よりも高
　　い価格帯で受容されやすい。

ウ　消費者は，切りの良い価格よりも若干低い価格に対して反応しやすい。これ
　　をイメージ・プライシングと呼ぶ。

エ　マンションを購入した人は，家具や家電品をあわせて購入することが多い。
　　高額商品を購入した直後の消費者は，一般的に，支出に対して敏感になり，
　　値頃感のある商品を求めやすいことが心理的財布という考えで示されている。

685

Ⅲ．マーケティング論

解答	イ

■解説

価格に対する消費者の反応に関する問題である。

ア：不適切である。2つの価格帯を用意した場合は，金銭的コストが最小となる
価格帯の商品が選択されやすい。ただ，それらにさらなる高価格帯を追加し
3つの価格帯を用意した場合は，人間の心理状態として，3つの選択肢があ
る場合，多くの人が真ん中のモノを選択する傾向がある。これを松竹梅の法
則，あるいは，極端の回避性と呼ぶ。したがって，3つの価格帯を用意した
場合，真ん中の価格帯の商品を選択しやすいと考えられる。

イ：適切である。健康効果が期待される菓子を，一般的に価格が高いとされる健
康食品として購入者が認識する場合は高い価格帯で受容されやすい。ただ，
嗜好品として認識される場合は，健康効果が期待される場合でも，嗜好品に
お金を払う抵抗感が出ることから高い価格帯で受容されにくくなる。

ウ：不適切である。切りの良い価格よりも若干低い価格に対して消費者が反応し
やすくする場合の価格は端数価格である。イメージ・プライシングとは，同
一のカテゴリーの製品を，より高級な別ブランドで販売することで，イメー
ジを高めて高価格で販売する，という戦略である。

エ：不適切である。心理的財布とは，一人の消費者が所持している財布が実際に
は1つであっても，購入する商品ごとに心理的に複数の財布を所持している
という概念である。同じ1万円でも，重要な品物を購入する場合は，大きな
出費と考えないが，重要でないと考える場合は，大きな出費と考えるという
ことである。スーパーで売られている野菜がいつもより10円高い場合に購
入を控える人でも，デパートで売っている数万円の服が通常よりも1万円く
らい高くなっていても平気で買ったりすることがその例である。したがって，
マンションを購入した人は，家具や家電品をあわせて購入する場合に，価格
に対して許容範囲が広くなる（高くても購入する）ことが考えられる。

よって，イが正解である。

686

第 6 章　価格計画

価格政策	ランク	1回目		2回目		3回目	
	A	/		/		/	

■平成 29 年度　第 28 問
マーケティングにおける価格に関する記述として，最も適切なものはどれか。

ア　価格には，品質のバロメーターとしての役割や，プレステージ性を顕示する
　　機能も含まれている。後者に関しては威光価格の考え方があるが，これは消
　　費者の価格感度を高め，需要の価格弾力性を低下させるうえで重要な手法で
　　ある。

イ　コモディティ化に陥っていた製品のブランドイメージをマーケティング努力
　　によって向上させることに成功すると，その製品の需要曲線は上方に移動し，
　　数量プレミアム，価格プレミアム，またはその両方が発生する機会が生じる。

ウ　高い市場占有率をもつ企業は，しばしば同種製品市場での競争相手となる他
　　の上位企業と相談し，それぞれの製品の価格に関する意思決定を行うことが
　　ある。これによって市場における競争の公正性が担保され，非価格競争が促
　　される。

エ　マーケティング・コンセプトでは，顧客指向が最優先課題であるため，新製
　　品の市場導入期においては利益指向を追求しないことが強調されている。

687

Ⅲ．マーケティング論

解答	イ

■解説

価格に関する問題である。

ア：不適切である。価格には，「安かろう悪かろう」というように，価格の高低
　　で品質の良し悪しを判断する機能がある。また，プレステージ性とは，企業
　　や商品の社会的地位を表すものであり，価格が高いものを持っていると社会
　　的な地位が向上するといった心理的効果を狙った価格政策である。そして，
　　威光価格は，プレステージ性を顕示する機能が含まれている。需要の価格弾
　　力性とは，価格の変化に対し需要がどれほど変化するかの比率を指したもの
　　であり，今回の場合，高価なときにステータスを感じる場合は，弾力性（変
　　化率）が低くなる。しかし，価格の変化に消費者はあまり反応しないという
　　ことになるため，価格感度は低くなる。

イ：適切である。コモディティ化に陥っていた製品のブランドイメージをマーケ
　　ティング努力によって向上させることに成功した場合，その製品の需要曲線
　　は上方に移動する。そして，数量，および価格に対するプレミアム感（それ
　　以上の価値を感じる）機会が生じる。

ウ：不適切である。高い市場占有率をもつ企業が，同種製品市場での競争相手と
　　なる他の上位企業と相談し，それぞれの製品の価格に関する意思決定を行う
　　ことは独占禁止法で禁じられている。これは，市場における競争の公正性が
　　担保されなくなり，価格競争がなくなることで最終的に消費者は高価な価格
　　で購入することになる。

エ：不適切である。近年は，マーケティング・コンセプトにおいて，消費者ニー
　　ズと消費者利益が重要であるという顧客指向を重視すべき，という考え方が
　　主流ではあるが，最優先課題であるとは言い切れない。また，新製品の市場
　　導入期において，顧客に受け入れられるのであれば，利益指向のマーケティ
　　ングを実施することも間違いではない。

　よって，イが正解である。

第 6 章　価格計画

価格政策	ランク	1回目		2回目		3回目	
	A	／		／		／	

■平成 28 年度　第 27 問

価格に関する記述として，最も適切なものはどれか。

ア　A さんは，ある家電専門店の店頭で 5,000 円のスマートフォンを目にした時，
　　価格の安さに大きな驚きを感じた。その製品の詳細なスペック（仕様）を販
　　売員に尋ね，購買に至った。これは「品質のバロメーター」としての価格が，
　　消費者の購買意思決定を後押しした例である。

イ　一物一価の原則は常に存在するわけではない。購買の行われるタイミングや
　　季節，地域，顧客区分，あるいは需要の動向によって，価格はある程度柔軟
　　に変更される。

ウ　演奏家向けのバイオリンの製作者である B さんは，この数年，効率的に製
　　作に取り組める工房を手に入れ，バイオリン 1 丁の生産に要する時間を 1 割
　　程度削減した。そこで販売価格を 1 割下げたところ，受注が殺到している。
　　これは価格のもつ「プレステージ」効果による。

エ　消費者にとって，価格には複数の意味があるとされる。そのうちのひとつが
　　「支出の痛み」である。どんなに価格を引き下げても消費者が購買に踏み切
　　ることのできない状況を示すものである。

689

Ⅲ．マーケティング論

解答	イ

■解説

価格に関する問題である。

ア：不適切である。消費者は，どうしても「安かろう悪かろう」という意識を持ってしまう。なので，価格は品質のバロメーターとも考えられる。特に，高価格なものの場合はこのバロメーターとしての機能が有効になる。本来，スマートフォンとは品質のよいものが高価格である，という認識を消費者は持っている。5,000円のスマートフォンは，「品質のバロメーター」で考えると，あまり品質のよいものとは判断できない。店員の説明で品質を納得したとはいえ，「品質のバロメーター」としての価格が，消費者の購買意思決定を後押ししたわけではない。よって不適切である。

イ：適切である。経済学では自由競争社会においては，必ず同一の財は同じ価格になる，と定義される。しかし，現実の社会においては，一物一価の原則は常に存在するわけではない。購買の行われるタイミングや季節，地域，顧客区分，あるいは需要の動向によって，価格はある程度柔軟に変更される。よって適切である。

ウ：不適切である。価格のもつ「プレステージ」効果とは，価格が高いこと自体に消費者がステータスや価値を認めることである。この例においては，販売価格を下げることで受注が殺到していることから，価格のもつ「プレステージ」効果が表れたとはいえない。よって不適切である。

エ：不適切である。「支出の痛み」とは，消費者が財布からお金が出ていくことに対する痛みである。価格が低いほうが痛みは少ないともいえるが，状況により，痛みの程度は変化する。どんなに価格を引き下げても消費者が購買に踏み切ることのできない状況を示す，という意味ではない。よって，不適切である。

よって，イが正解である。

第 6 章　価格計画

価格政策	ランク	1回目		2回目		3回目	
	A	/		/		/	

■平成 27 年度　第 28 問

価格政策に関する記述として，最も適切なものはどれか。

　　ア　EDLP を実現するためには，メーカーとの交渉を通じて一定期間の買取り数
　　　　量を決め，納入価格を引き下げ，価格を固定し，自動発注化や物流合理化な
　　　　どを促進する必要がある。

　　イ　キャプティブ（虜）・プライシングは，同時に使用される必要のある 2 つの
　　　　商品のマージンを各々高く設定する価格政策である。

　　ウ　ターゲット・コスティングによる価格決定は，ある製品に要する変動費と固
　　　　定費の水準をもとにして，そこにマージンを付加する方法である。

　　エ　日本の小売業では，チラシを用いた特売を活用したロスリーダー方式が採用
　　　　される場合が多い。その主な狙いは消費者による単品大量購買を喚起するこ
　　　　とである。

691

Ⅲ. マーケティング論

解答	ア

■解説

価格政策に関する問題である。

ア：適切である。EDLP とは，Everyday Low Price の略であり，各商品の価格
　　について特売期間を設けず，常に同じ低価格で販売する価格政策である。メ
　　ーカーとの交渉により一定期間の仕入量を決めることで，仕入価格を引き下
　　げ，価格を固定化する。また，低価格を実現しつつ利益を確保するためには，
　　自動発注化や物流の合理化により仕入コストを低減する必要がある。

イ：不適切である。キャプティブ・プライシングとは，まず主要製品の価格を安
　　く設定して消費者に購入させ，付随製品の価格を相対的に高く設定すること
　　で利益の確保を狙う価格政策である。プリンター本体の価格は安く設定し，
　　交換インクの価格を相対的に高く設定するなどがその例である。

ウ：不適切である。ターゲット・コスティング製品の持つ訴求力や競合製品の価
　　格などを考慮して，売れる価格を決定し，その価格から望ましい利益分をマ
　　ージンとして差し引くことである。それにより設定された原価を目標に商品
　　開発から製造，販売までを行う価格政策である。

エ：不適切である。ロスリーダー方式とは，採算度外視の極めて単価の安い商品
　　を特売で販売することをチラシで宣伝することで集客をはかり，他の利幅の
　　高い商品を併せて購買させることで，特売品の赤字を補填する，という価格
　　政策である。単品多量購買ではなく，複数の商品を購買させることを目的に
　　している。

よって，アが正解である。

第 6 章　価格計画

価格政策	ランク	1回目	2回目	3回目
	A	／	／	／

■**平成 26 年度　第 28 問（設問 1）**

次の文章を読んで，下記の設問に答えよ。

　Y 氏は，国内外の生産者への特別発注で仕入れたカジュアル衣料品と雑貨を品揃えする小売店 15 店舗を，地方都市の商店街やショッピングセンター（SC）の中で，チェーンストア・オペレーションによって経営している。近年，自店舗で取り扱う商品カテゴリーにおける e- コマース比率が上昇していることを受け，Y 氏はオンライン・ショッピングモールへの出店を行っている。実店舗の商圏ではなかなか売り切ることのできなかった商品も遠隔地の消費者が購買してくれるケースが目立ち，今やインターネット店舗事業の販売額が実店舗の販売額を上回るようになっており，顧客の購買履歴を活用した商品提案も好評である。

　今後の課題は，各シーズンの在庫を適切な時期に望ましい価格で販売し，常に新鮮な品揃えを提供することである。そのための手段として Y 氏は各種の①価格・プロモーション施策を試み，その効果測定を通じた今後の展開の検討を行っている。もうひとつの課題は，②買い物の目的・状況によって特定の実店舗で購買したり，インターネット店舗で購買したりする顧客の増加が顕著になってきていることである。この点についても今後，有効な対策を講じたいと Y 氏は考えている。

　文中の下線部①に示す「価格・プロモーション施策」に関する記述として，最も適切なものはどれか。

　　ア　Y 氏の小売チェーンでは毎年夏，ヨーロッパのメーカーとの製販連携の取り組みを通して仕入れた高品質のポロシャツの販売強化を行っている。例年，3,500 円から 4,500 円の範囲で価格設定をしていたが，需要数量に大きな差はなかった。今年，これを 5,200 円に設定すると需要数量は激減した。このような効果を，端数価格効果という。

　　イ　Y 氏の店舗の品揃えの多くは「こだわりの特注品」であるため，Y 氏は過度

Ⅲ. マーケティング論

の値引き販売は極力避けるようにしているが，過去3シーズンにおいては，商品ごとに大幅な値引き価格を表示したセールをしている。これらのセールによる消費者の内的参照価格の低下は起こりにくい。

ウ　Y氏は以前，消費者吸引を意図して世界各国から仕入れた雑貨を100円均一で販売するキャンペーンを継続的に実施していた。日本ではほとんどみられない商品ばかりだったため，買い物客の多くは価格を品質判断の手段として用い，「これらは安かろう，悪かろうだろう」という結論に至る場合が目立った。これは，価格の品質バロメーター機能である。

エ　Y氏は顧客ひとりあたりの購買単価を上げるための施策として，キャンペーン期間中に一定数量（点数）以上の買い物を行った顧客に対して，次回以降に使用可能なバンドル販売型買い物クーポンを配布した。この種のバンドル販売の欠点は，消費者の内的参照価格が下がることである。

第6章　価格計画

解答	ウ

■解説

価格・プロモーション戦略に関する問題である。

ア：不適切である。顧客がその商品に対して認識している価格帯をプライスゾーンと呼ぶ。Y氏の小売チェーンでは，ポロシャツを例年，3,500円から4,500円のプライスゾーンで販売し，需要数量に大きな差はなかったということは，顧客はポロシャツのプライスゾーンがこの価格の範囲が適正と判断していたと考えられる。そのため，今年，これを5,200円に設定すると需要数量は激減したのである。なお，端数価格効果とは，9とか8とかの端数を価格に設定することで大台に乗らない安い価格であることを演出した結果の効果である。

イ：不適切である。過去3シーズンにおいて，商品ごとに大幅な値引き価格を表示したセールをしているため，消費者の内的参照価格（消費者がその商品の価格が高いか安いかと感じる価格）は安いものだと感じていると考えられる。

ウ：適切である。一般的に，100円均一で販売する商品は，他の店で販売していない場合，価格のみで品質を判断し，「これらは安かろう，悪かろうだろう」という結論に至ると考えられる。これは，価格の品質バロメーター機能である。

エ：不適切である。バンドル販売を促進するために実施されるバンドル販売型買い物クーポンは各商品の価格については割引しないで販売していると考えられる。したがって，消費者の各商品に対する内的参照価格は下がることはない。

よって，ウが正解である。

第 6 章　価格計画

価格政策	ランク	1回目	2回目	3回目
	A	/	/	/

■平成 23 年度　第 26 問
次の文章を読んで，下記の設問に答えよ。

近年，具体的な製品価格の決定に当たり，PSM（Price Sensitivity Measurement）調査という方法が利用されるようになっている。PSM の基本的な考え方は以下のとおりである。
まず，消費者の受容価格に関する次の 4 つの質問がなされる。
① どの価格で，その製品があまりにも安いので品質に不安を感じ始めますか。
② どの価格で，品質に不安はないが，安いと感じますか。
③ どの価格で，その品質ゆえ，買う価値があるが，高いと感じ始めますか。
④ どの価格で，その製品があまりにも高いので品質が良いにもかかわらず，買う価値がないと感じますか。

下図の曲線 a〜d は，この 4 つの質問に対する回答を示しており，a と b は価格の低い方からの，c と d は価格の高い方からの累積回答率でグラフ化されている。

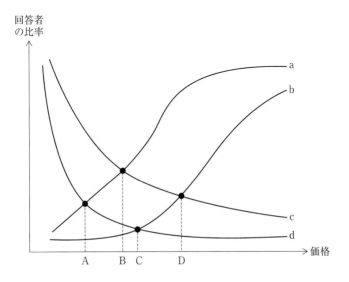

697

Ⅲ．マーケティング論

（設問 1）

　調査の質問①〜④と，それぞれの回答率を示した図中の曲線 a 〜 d の組み合わせとして最も適切なものはどれか。

　　ア　①：a　　　②：b　　　③：c　　　④：d

　　イ　①：a　　　②：c　　　③：b　　　④：d

　　ウ　①：b　　　②：a　　　③：d　　　④：c

　　エ　①：c　　　②：d　　　③：b　　　④：a

　　オ　①：d　　　②：c　　　③：a　　　④：b

（設問 2）

　この図から読み取ることのできる消費者の受容価格帯として最も適切なものはどれか。

　　ア　AB

　　イ　AC

　　ウ　AD

　　エ　BC

　　オ　BD

第 6 章　価格計画

（設問 1）

解答	オ

■解説

　製品価格の決定に用いる「価格感度測定法（PSM）」についての出題である。

　価格感度測定法（PSM）とは，ある商品に対する消費者の心理的反応を測定する手法である。消費者が製品やサービスを購入する場合，ある程度は柔軟な予算の幅があるため，その幅を把握した上で価格を決定する目的で使用する。

　価格感度測定法（PSM）では，問題文にあるように，調査対象に 4 つの質問をする。

① どの価格で，その製品があまりにも安いので品質に不安を感じ始めますか。

② どの価格で，品質に不安はないが，安いと感じますか。

③ どの価格で，その品質ゆえ，買う価値があるが，高いと感じ始めますか。

④ どの価格で，その製品があまりにも高いので品質が良いにもかかわらず，買う価値がないと感じますか。

　①の結果から「安すぎて買わない価格」，②の結果から「安いと感じる価格」がわかる。この 2 つは，高価格帯から低価格帯への累積回答率（右下がりのグラフ）で表すので，①・②と対応するのは c・d である。

　③の結果から「高いと感じる価格」，④の結果から「高すぎて買わない価格」がわかる。この 2 つは，低価格帯から高価格帯への累積回答率（右上がりのグラフ）で表すので，③・④と対応するのは a・b である。

　そして，一般的には，

①「安すぎて買わない価格」＜②「安いと感じる価格」

③「高いと感じる価格」＜④「高すぎて買わない価格」

という関係が成り立つ。

　よって，オが正解である。

699

Ⅲ．マーケティング論

（設問2）

解答	ウ

■解説

　価格感度測定法（PSM）では，調査結果から問題文のグラフにおける4つの評価指標を得ることができる。

A　下限価格

　　①「安すぎて買わない価格」と③「高いと感じる価格」の交点に着目する。

　この価格を下回ると，単に「高いと感じる」人より「安すぎて買わない」と明言している人のほうが多くなるため，これが下限価格となる。

B　無差別価格

　　②「安いと感じる価格」と③「高いと感じる価格」の交点に着目する。

　消費者全体から見て，「高いとも安いとも感じない価格」といえるため，無差別価格と呼ばれる。

C　最小抵抗価格

　　①「安すぎて買わない価格」と④「高すぎて買わない価格」の交点に着目する。

　交点の価格が，両者を合わせた購入への抵抗が最も少ないため，最小抵抗価格と呼ばれる。

D　上限価格

　　②「安いと感じる価格」と④「高すぎて買わない価格」の交点に着目する。

　この価格を上回ると，単に「安いと感じる」人より「高すぎて買わない」と明言している人のほうが多くなるため，これが上限価格となる。

　そして，消費者の受容価格帯は，上記の下限価絡と上限価絡によって決定されるので，グラフのAからDまでとなる。

　よって，ウが正解である。

第6章 価格計画

価格政策	ランク	1回目	2回目	3回目
	B	/	/	/

■平成 22 年度　第 24 問

　現代においては，価格政策が他のマーケティング・ミックス要素（小売業者の場合
は小売ミックス要素）と統合的に作用することで，企業の競争優位性が左右されるよ
うになっている。現代の価格政策に関する記述として，最も不適切なものはどれか。

　　ア　小売業者が Hi-Lo 政策を導入し，フォワード・バイイングを行う場合，保
　　　　管スペースが多く必要になったり，商品の鮮度が低下したりする。

　　イ　小売業者による EDLP 政策は，キャンペーンなどによる一時的な値引きを
　　　　行わず，日常的に低価格で商品を販売する方法である。

　　ウ　情報化社会の進展に伴い，消費者のもつ製品知識水準が向上したため，価格
　　　　の品質バロメーター機能が作用しにくい状況が目立つようになっている。

　　エ　伝統的な価格設定方法のひとつにコスト・プラス法がある。この手法は，消
　　　　費者の価格感度や製品市場での競争状況を価格設定に反映させている。

　　オ　プレステージ（Prestige）商品では，価格が低下するといったん需要が増加
　　　　するが，さらなる低価格化が進むと需要は減少することも多い。

701

Ⅲ. マーケティング論

解答	エ

■解説

　各種の価格政策について，他のマーケティング・ミックスとの関係を絡めて問う問題である。

ア：適切である。Hi-Lo政策とは，期間限定の特売などにより価格を変動させることで消費者を集めること，また，フォワード・バイイングとは，有利な時期にその時に必要な量を超える商品を購入する行為をいう。このような方針で臨むと，在庫管理コストの増大，商品の鮮度低下などのデメリットが生ずる。

イ：適切である。EDLP政策とは，Hi-Lo政策とは逆に，キャンペーンなどによる一時的な値引きを行わず，日常的に低価格で商品を販売することである。EDLP政策には，小売業者・消費者の両者ともに価格の上下の繰り返しによるリスクを回避でき，消費者に対するプロモーション費用を削減できるメリットがある。

ウ：適切である。品質判断基準が少ない場合には，「価格の高いものは品質も高い」という価格のバロメーター機能が強く働く。しかし，情報化社会の進展により，消費者の知識水準が向上したため，価格の品質バロメーター機能が作用しづらくなっている。

エ：不適切である。コスト・プラス法とは，コストに一定の利益を上乗せして価格を決定する方法である。消費者の価格感度から価格を設定するのは「価格感度測定法（PSM）」，競争状況から価格を設定するのは「競争基準型価格設定」である。

オ：適切である。プレステージ（Prestige）商品とは，宝飾品など，価格の高さが品質を示す商品をいう。価格が低下するといったん需要が増加するが，さらなる低価格化が進むと需要は減少することも多い。

よって，エが正解である。

第7章

流通チャネルと物流

第7章　流通チャネルと物流

1. 流通チャネルと物流

▶▶出題項目のポイント

　本出題領域では，代表的なチャネル政策（開放的チャネル政策，選択的チャネル政策，専属的チャネル政策），垂直的マーケティングシステム（特に企業型 VMS と契約型 VMS）に関する理解がポイントとなる。

　代表的なチャネル政策には，どのような特徴があるかを押さえよう。開放的チャネル政策は，最寄品販売に多く見られ，幅広く消費者に製品を販売しようとするチャネル政策であるが，価格維持などメーカーのコントロールが効きづらい。選択的チャネル政策は，買回品販売に多く見られ，チャネルを限定して製品を販売するため，メーカーのコントロールは効きやすい。専属的チャネル政策は，チャネルを大幅に限定したチャネル政策であり，一定地域での独占的販売権を付与したりする政策である。

　企業型 VMS と契約型 VMS の最大の違いは，資本関係の有無である。企業型 VMS は，メーカー，卸，小売の各流通段階が1つの資本により所有されている（メーカーとメーカーの直営店をイメージするとよい）。一方，契約型 VMS は，各流通段階が契約によって結び付けられた流通システムであり，資本的に各流通段階の企業は独立しているのが特徴である。

　これらを大きく理解した上で，個別論点に当たっていただきたい。

▶▶出題の傾向と勉強の方向性

　特に選択的チャネル政策，契約型 VMS（フランチャイズチェーン，ボランタリーチェーンなど）については，繰り返し出題されており，内容，特徴を押さえておく必要がある。特に最近は事例形式で問われる傾向が続いており，設問文をよく読んで，与件を漏れなく押さえることを意識しなければならない。ただし，繰り返し過去問を取り組むことで対応は可能であるので，本書以外で別段の対策をする必要はない。

　また，物流用語そのものの出題については，最近の傾向では見られなくなったが，過去問をベースに内容を理解しておきたい。出題実績のある用語については，本書の解説以上に深入りする必要はない。ただし，選択肢の設問文に用語がそのまま使用されることも考えられるので，出題されたときは戸惑わないようにしていただきたい。

705

Ⅲ．マーケティング論

■取組状況チェックリスト

1. 流通チャネルと物流						

流通チャネルの機能と種類						
問題番号	ランク	1回目		2回目		3回目
平成 30 年度 第 32 問（設問 1）	A	／		／		／
平成 26 年度 第 29 問（設問 1）	A	／		／		／
平成 25 年度 第 28 問	A	／		／		／

流通チャネル政策						
問題番号	ランク	1回目		2回目		3回目
平成 30 年度 第 29 問	A	／		／		／
平成 30 年度 第 32 問（設問 2）	A	／		／		／
平成 28 年度 第 26 問（設問 1）	A	／		／		／
平成 28 年度 第 26 問（設問 2）	A	／		／		／
平成 23 年度 第 29 問	A	／		／		／
平成 22 年度 第 25 問	A	／		／		／

物流						
問題番号	ランク	1回目		2回目		3回目
平成 27 年度 第 29 問（設問 1）	C＊	／		／		／
平成 27 年度 第 29 問（設問 2）	C＊	／		／		／

＊ランク C の問題と解説は，「過去問完全マスター」の HP（https://jissen-c.jp/）よりダウンロードできます。

第 7 章　流通チャネルと物流

流通チャネルの機能と種類	ランク	1回目		2回目		3回目	
	A	/		/		/	

■平成 30 年度　第 32 問（設問 1）
次の文章を読んで，下記の設問に答えよ。

　D 氏が所有・経営するギョーザレストランは，現在 20 店舗を①チェーンストア・オペレーションで独立運営している。ランチタイムもディナータイムも毎日盛況な状況が続いており，商圏の 1 人暮らしの顧客からのリクエストに応える形で持ち帰りサービスも始めている。そのような背景から，②D 氏はさらなる顧客満足の向上を目指している。

　文中の下線部①に関する記述として，最も適切なものはどれか。

　　ア　D 氏のレストラン・チェーンの店舗は，立地特性に応じて若干の違いをもたせているが，基本的に同形であり，チェーン本部が相当程度の中央統制を行っている。

　　イ　D 氏のレストラン・チェーン本部と契約し，加盟店としてこのレストランを経営したいと申し出る企業が目立っている。この種の契約型チェーンはコーポレート・チェーンと呼ばれる。

　　ウ　D 氏のレストランは同一の所有の下で経営されている。この種のチェーンはフランチャイズ・チェーンと呼ばれる。

　　エ　D 氏はレストランをチェーンストア化するにあたって，業務マニュアルの作成やスタッフの研修を行わないことにした。サービスを工業化・標準化することが不可能であることがその理由である。

Ⅲ．マーケティング論

解答	ア

■解説

チェーンストア・オペレーションに関する問題である。

ア：適切である。チェーンストア・オペレーションとは，出店から扱う商品の計
画や仕入れ，宣伝や採用などを本部で集中的あるいは部分的に管理する経営
手法である。したがって，D氏のレストラン・チェーンの店舗は，立地特性
に応じて若干の違いをもたせているが，基本的に同形であり，チェーン本部
が相当程度の中央統制を行っており，チェーンストア・オペレーションによ
る経営手法を採用している。

イ：不適切である。コーポレート・チェーンとは，自社の資本と人材を使った経
営形態である。D氏のレストラン・チェーン本部と契約し，加盟店としてこ
のレストランを経営する契約型チェーンはフランチャイズ・チェーンと呼ば
れる。

ウ：不適切である。D氏のレストランはフランチャイズ・チェーンであり，レス
トランが同一の所有の下で経営されているコーポレート・チェーンではない。

エ：不適切である。D氏が所有・経営するギョーザレストランは，上述したとお
りチェーン本部が相当程度の中央統制を行う手法で経営している。したがっ
て，チェーンストア化するにあたっては，業務マニュアルの作成やスタッフ
の研修を行い，サービスを工業化・標準化することが必要不可欠である。

よって，アが正解である。

第7章　流通チャネルと物流

流通チャネルの機能と種類	ランク	1回目		2回目		3回目	
	A	／		／		／	

■平成 26 年度　第 29 問（設問 1）

次の文章を読んで，下記の設問に答えよ。

　美容院を営む一家で育った P 氏は，美容専門学校に進学して美容師になった兄・姉とは異なり，高校卒業後，ある大学で企業経営理論を学んだ。大学卒業後，P 氏は消費財メーカーでの営業やマーケティング調査部署などにおける数年間の勤務を経て，両親が経営する①フランチャイズ方式による美容院の成長を支援するために基幹スタッフとして入社した。そこで，P 氏は将来の美容院チェーン経営者にとって不可欠な②サービスやサービス・マーケティングについて，フランチャイズ方式での事業拡大の構想と関連付けながら学ぶことにした。

　文中の下線部①に示す「フランチャイズ方式」に関する記述として，最も適切なものはどれか。

　　ア　P 氏の兄と姉はともに美容師であり，資格取得後，家業の美容院に勤務していたが，法人を設立して独立するにあたってこの美容院とフランチャイズ契約を結び，第一号のフランチャイザー，つまり加盟店となった。

　　イ　P 氏は将来的に美容院事業の国際展開も視野に入れているが，国境を越えたフランチャイズ・システムの導入はサービス業においては先例がみられないため，代替的な参入様式を検討している。

　　ウ　加盟店から確実に一定額のロイヤルティを徴収するためには，粗利益分配方式を導入することが適切である。

　　エ　フランチャイズ方式とは，一般的に一定の資金の制約のもとでのスピーディーな多店舗化を達成するための手段のひとつである。

709

Ⅲ．マーケティング論

解答	エ

■解説

フランチャイジングに関する問題である。

ア：不適切である。フランチャイザーは本部であり，加盟店はフランチャイジー
　　と呼ぶ。

イ：不適切である。サービス業の海外フランチャイズ展開は既に実施されており，
　　今後，海外展開は伸長していくと考えられている。

ウ：不適切である。加盟店が本部に支払うロイヤルティ額の算出方法に定額方式
　　と歩合方式の2種類がある。歩合方式には売上に対して何パーセントという
　　売り上げ歩合方式と粗利金額に対して何パーセントという粗利益分配方式が
　　ある。粗利益分配方式では，加盟店の粗利益に連動するため，粗利益が減少
　　するとロイヤルティも減少する。したがって，加盟店から確実に一定額のロ
　　イヤルティを徴収するためには，定額方式を導入することが適切である。

エ：適切である。店舗を自力で開設して運営していくためには資金をはじめ，土
　　地，建物，人材など，さまざまな資源が必要である。フランチャイズ方式で
　　他人の経営資源を活用することで，短期間のうちに数多くの店舗を展開する
　　ことが可能になる。

よって，エが正解である。

第7章　流通チャネルと物流

流通チャネルの機能と種類	ランク	1回目	2回目	3回目
	A	/	/	/

■平成 25 年度　第 28 問

　Z 氏はラーメン店のチェーン経営を行う人物であり，現在フランチャイジングを用いた海外市場への進出を計画している。「フランチャイジング」に関する記述として，最も適切なものはどれか。

ア　Z 氏の海外市場への進出においては，現地企業と合弁で現地本部を設立し，まずはこの現地本部との間でマスター・フランチャイジング契約を結び，そして，現地本部と他の事業者との間でサブ・フランチャイジング契約を結ぶ方法も選択肢のひとつである。

イ　Z 氏のラーメン店チェーンの国内の本部が進出先国でフランチャイジング参加の募集をかけ，現地事業者と直接フランチャイジング契約を締結する形態も Z 氏がとりうる進出方法のひとつである。この方法はダイレクト・マーケティングと呼ばれる。

ウ　フランチャイジングとはフランチャイジーと呼ばれる事業者がフランチャイザーと呼ばれる他の事業者との間に契約を結び，フランチャイザーに対して同一のイメージのもとに事業を行う権利をフランチャイジーが有償で与えるものである。

エ　フランチャイジングを用いたチェーンストアオペレーションは，コーポレートチェーンと呼ばれており，一般的に事業の国際化にあたって積極的に活用されている。

711

Ⅲ．マーケティング論

解答	ア

■解説

フランチャイジングに関する問題である。

ア：適切である。マスター・フランチャイジング契約とは，フランチャイザーが，
特定の地域において加盟店を開発する事業者に対して，フランチャイザーに
代わり，その特定地域内でフランチャイズ加盟店を募集する権利を与える契
約のことである。サブ・フランチャイジング契約は，フランチャイザーがそ
のフランチャイズ権を別の事業者へ許諾（ライセンス）する運営方式をいう。
Ｚ氏の海外市場への進出においては，この両契約を結ぶことが選択肢として
考えられる。

イ：不適切である。本部と進出先国でフランチャイジング契約を締結する形態は，
ストレート・フランチャイジングと呼ばれる方法である。ダイレクト・マー
ケティングとは，見込客や購入者に対して，個人的なプロモーションを通し
て商品やサービスを販売することを指し，フランチャイジング契約に関する
用語ではない。

ウ：不適切である。フランチャイジングとは，フランチャイジー（加盟店）に対
して，同一のイメージをもとに事業を行う権利を有償でフランチャイザー
（本部）が与えるものである。

エ：不適切である。フランチャイジングを用いたチェーンストアオペレーション
は，フランチャイズ・チェーンである。コーポレートチェーンとは，事業展
開を行う企業が直接社員を雇用し，経営・運営を行う店舗である。

よって，アが正解である。

第7章　流通チャネルと物流

流通チャネル政策	ランク	1回目		2回目		3回目	
	A	/		/		/	

■平成 30 年度　第 29 問

近年の流通チャネルの潮流に関する記述として，最も適切なものはどれか。

　　ア　インターネット上の仮想ショッピング・モールでは，テナント店舗数が増加
　　　　し，取扱商品の幅と奥行きが拡大すると，購入者数と流通総額（取扱高）が
　　　　増加する効果が見られるが，消費者の探索効率が高まらない限り，その効果
　　　　には限界がある。

　　イ　オムニ・チャネル・リテイリングとは，小売業者が複数の業態のチェーンス
　　　　トアを経営することを通じて性格の異なる消費者クラスターごとに別々のチ
　　　　ャネルで対応するための考え方である。

　　ウ　電子商取引のプラットフォームのうち，「商人型プラットフォーム」と呼ば
　　　　れる形態がとられる場合，プラットフォームのユーザー数の増加がサービス
　　　　の利便性を高めるという意味でのネットワーク外部性が発生しにくい。

　　エ　電子商取引のプラットフォームのうち，「マーケットプレイス型プラットフ
　　　　ォーム」と呼ばれる形態がとられる場合，プラットフォームを介した流通総
　　　　額（取扱高）がその経営主体の会計上の売上高として計上される。

Ⅲ．マーケティング論

解答	ア

■解説

近年の流通チャネルの潮流に関する問題である。

ア：適切である。インターネット上の仮想ショッピング・モールでテナント店舗数が増加し，取扱商品の幅と奥行きが拡大することで，さまざまな顧客ニーズに対応することが可能になり，購入者数と流通総額（取扱高）が増加する効果が見られる。ただ，それにより多数の商品の中から消費者は自分の購入したい商品を探索する必要性が増すことになり，消費者の探索効率が高まらない限り，その効果には限界がある。

イ：不適切である。オムニ・チャネル・リテイリングとは，あらゆる販売，および，流通のチャネルを統合することである。それにより，顧客がどの販売チャネルにおいても同じように商品を購入できる環境を提供できる。オムニ・チャネル・リテイリングは，実店舗やオンラインでの販売サイト，通販などが注文や購入に関して同様の利便性を顧客に提供することであり，小売業者が複数の業態のチェーンストアを経営することを通じて性格の異なる消費者クラスターごとに別々のチャネルで対応する，という考え方ではない。

ウ：不適切である。「商人型プラットフォーム」とは，ユーザー同士が商人となって物を販売し合う，いわゆる CtoC（Consumer to Consumer）を提供するインターネット上のプラットフォームである。したがって，プラットフォームのユーザー数の増加がサービスの利便性を高める，という記述は正しい。また，ネットワーク外部性とは，サービスの利用者数が増加することで，そのサービスのメリットや利便性が利用者に還元されることを意味する。したがって，「商人型プラットフォーム」は，上述したとおり，ネットワークの外部性が発生すると考えられる。

エ：不適切である。「マーケットプレイス型プラットフォーム」とは，インターネット上のモールと呼ばれるマーケットプレイス上に商品のみを出品して販売する形態である。この場合，プラットフォームを介した流通総額から，そのマーケットプレイスに出品するための手数料を引いた額が，経営主体の会計上の売上高として計上される。

よって，アが正解である。

第 7 章　流通チャネルと物流

流通チャネル政策	ランク	1回目		2回目		3回目	
	A	／		／		／	

■平成 30 年度　第 32 問（設問 2）

次の文章を読んで，下記の設問に答えよ。

　D 氏が所有・経営するギョーザレストランは，現在 20 店舗を①チェーンストア・
オペレーションで独立運営している。ランチタイムもディナータイムも毎日盛況な状
況が続いており，商圏の 1 人暮らしの顧客からのリクエストに応える形で持ち帰りサ
ービスも始めている。そのような背景から，②D 氏はさらなる顧客満足の向上を目指
している。

　文中の下線部②に関する記述として，最も適切なものはどれか。

　　ア　D 氏のレストラン・チェーンでは顧客の満足度を測定するために，このチェ
　　　　ーンが提供するスマホアプリを活用して顧客へのアンケートを実施し，顧客
　　　　のリクエストをすべて実現することを最優先している。

　　イ　D 氏のレストラン・チェーンは，低成長の市場環境での厳しい競争に打ち勝
　　　　つためにサービス・マーケティングの 7Ps の充実に努めているが，そのう
　　　　ちの 1 つであるサービスが提供される “Physical Evidence（フィジカル・エ
　　　　ビデンス）” には，店舗のロゴやサービスマークも含まれる。

　　ウ　D 氏はレストラン・チェーンの従業員の動機づけを行うために自社の行動規
　　　　範を分かりやすくまとめた “CREDO（クレド）” と呼ばれるカードを全従業
　　　　員に配布し，毎日の始業時にその内容を相互に確認しているが，これはとく
　　　　に調理・接客技術の向上に直接的に有効である。

　　エ　D 氏はレストラン・チェーンの店舗網拡大に先駆けて，大手のレストラン予
　　　　約サイトと契約して，顧客が所定の日時にお得なコース料理を事前に予約す
　　　　ることのできるバウチャーの販売を始めたが，これは直接流通の経路の拡張
　　　　によるサービス拡販の典型例である。

715

Ⅲ．マーケティング論

解答	イ

■解説

　チェーンストア・オペレーションにおける顧客満足度向上策に関する問題である。

　ア：不適切である。顧客の満足度を測定するために，何らかの方法で顧客へのアンケートを実施し，その結果をもとに改善を進めることは重要なことである。ただ，店舗ごとに顧客のニーズの違いがあることから，全店舗で共通にリクエストをすべて実現することは，必ずしもすべての顧客満足度向上につながらない場合も考えられる。

　イ：適切である。7Psとは，従来のマーケティングの4P（製品（Product），価格（Price），場所（Place），プロモーション（Promotion））に加え，特にサービスに必要な3つの要素，人（Personnel），業務プロセス（Process）フィジカル・エビデンス（Physical Evidence）を加えたものである。このうち，フィジカル・エビデンスとは，顧客に見えないものへの不安を払拭するために可視化するものを指しており，店舗のロゴやサービスマークが含まれる。

　ウ：不適切である。自社の行動規範をわかりやすくまとめた"CREDO（クレド）"と呼ばれるカードを全従業員に配布し，毎日の始業時にその内容を相互に確認することは，従業員の動機づけを行うことに貢献することである。ただ，これは特に調理・接客技術のスキル向上に直接的に有効であるとはいえない。

　エ：不適切である。大手のレストラン予約サイトと契約して，顧客が所定の日時にお得なコース料理を事前に予約することのできるバウチャーの販売は，顧客との接点を増加させる策としては有効である。ただ，これは，直接流通（レストランと顧客が直接やりとりをする）経路を拡張しているわけではない。

　よって，イが正解である。

第 7 章　流通チャネルと物流

流通チャネル政策	ランク	1回目		2回目		3回目	
	A	／		／		／	

■平成 28 年度　第 26 問（設問 1）

マーケティング・チャネルに関する下記の設問に答えよ。

（設問 1）

マーケティング・チャネルの構造に関する記述として，最も適切なものはどれか。

　　ア　オーケストラの演奏者が用いるような高価な楽器を揃える店舗の商圏は狭小
　　　　であるため，広くて長いチャネルを構築することが有効性を発揮する。

　　イ　卸売業者や小売業者にチャネル費用の一部を転嫁することができるため，広
　　　　くて長いチャネルは，カバレッジ確保の上で有効であることが多い。

　　ウ　希少性の高い高級ブランドの衣料品や雑貨などでは，ブランドイメージのコ
　　　　ントロール度を高く保つことを目的のひとつとして，選択的チャネルが採用
　　　　されることが多い。

　　エ　チャネルの広狭水準は，メーカーが販路として設定する地理的な市場の大き
　　　　さによって規定される。

717

Ⅲ. マーケティング論

解答	イ

■解説

マーケティング・チャネルに関する問題である。

ア：不適切である。オーケストラの演奏者が用いるような高価な楽器を揃える店舗は広範囲から顧客を集めるため，商圏は広大になる。また，商品を置く店舗は限られるため，狭いチャネルで，店舗数も少ないことから短いチャネルを構築することが有効である。よって不適切である。

イ：適切である。カバレッジとは，どのくらい広く商品や範囲をカバーできているかの程度のことである。そのためには，より広い範囲に商品を流通させる必要がある。卸売業者や小売業者にチャネル費用の一部を転嫁することができると，自社だけで行う場合に比べ，広くて長いチャネルの確保が容易になることから，カバレッジ確保の上で有効であることが多いといえる。よって適切である。

ウ：不適切である。チャネルは，その開放度の強さの強い順に，開放的チャネル，選択的チャネル，排他的チャネルの3つに分類される。希少性の高い高級ブランドの衣料品や雑貨などでは，ブランドイメージを守るために，しっかりとコントロールする必要があり排他的チャネルを採用することが多い。よって不適切である。

エ：不適切である。チャネルの広狭水準は，メーカーが販路として設定する地理的な市場の大きさによって規定されるわけではなく，その商品のもつ特性によって決定される。たとえば，日用品は開放的チャネルで，バイオリンや高級ブランド品などは排他的チャネルを採用する。よって，不適切である。

よって，イが正解である。

第7章　流通チャネルと物流

流通チャネル政策	ランク	1回目		2回目		3回目	
	A	／		／		／	

■平成 28 年度　第 26 問（設問 2）

　マーケティング・チャネルに関する下記の設問に答えよ。

（設問 2）

　マーケティング・チャネルの管理に関する記述として，最も適切なものはどれか。

　　ア　チャネル構成員との間でメーカーが相互浸透戦略を実行することは，チャネ
　　　　ル・コンフリクトの抑制に寄与する。

　　イ　チャネル構成員の動機づけと統制の手段には，大別すると，物理的パワー，
　　　　情報的パワー，組織的パワーの3種がある。

　　ウ　チャネル構成員を動機づけたり，統制したりするための手段となる経営資源
　　　　のことをチャネル・スチュアードシップと呼ぶ。

　　エ　取引依存度モデルでは，メーカーが特定のチャネル構成員への販売依存度を
　　　　高めるにつれて，そのチャネル統制力が上昇することが示されている。

719

Ⅲ. マーケティング論

解答	ア

■解説

マーケティング・チャネルに関する問題である。

ア：適切である。チャネル・コンフリクトとは，チャネルの間で発生する対立の
    ことである。たとえば，あるチャネルを通さずに，あるチャネルのみで販売
    を始めた場合に，通さなかったチャネルとの間での対立を招く場合がある。
    そのような場合，各チャネルの構成員との間でメーカーが相互浸透戦略を実
    行することで対立を防ぎ，チャネル・コンフリクトの抑制に寄与すると考え
    られる。よって，適切である。

イ：不適切である。チャネル・コンフリクトを防ぐためには，チャネル構成員の
    動機づけと統制を行う必要がある。そのための手段には，大別すると，物理
    的パワー，情報的パワー，組織的パワーの３種がある。また，強制（制裁），
    報酬，正当性，専門性，関係性（一体性）などでパワーを分類する場合もあ
    る。ただ，パワーが有効になるためには，チャネル構成員との信頼性の醸成
    が不可欠である。よって不適切である。

ウ：不適切である。チャネル・スチュアードシップとは，チャネル構成員の１社
    がリーダーとなり，顧客，および，チャネル構成員双方が利益を享受できる
    ようにすることである。したがって，チャネル構成員を動機づけたり，統制
    したりするための手段となる経営資源のことではない。よって，不適切であ
    る。

エ：不適切である。取引依存度モデルにおいて，メーカーが特定のチャネル構成
    員への販売依存度を高めたとしても，チャネル構成員からみると，そのメー
    カー以外との取引もあることから，そのメーカーの依存度が高いとは必ずし
    もいえない。したがって，販売依存度を高めたとしても，そのチャネル統制
    力が上昇するとはいえない。よって不適切である。

よって，アが正解である。

第7章　流通チャネルと物流

流通チャネル政策	ランク	1回目	2回目	3回目
	A	／	／	／

■平成23年度　第29問

　ある地方都市の小規模菓子メーカーA社（資本金3,000万円）は，クッキー，ビスケットを中心に安心，安全な菓子作りに取り組んできた。低カロリーのクッキーは同社の主力商品であるが，健康志向の高まりによって大手メーカーも同様のクッキーを製造・販売するようになっており，売上は伸び悩んでいた。また，低カロリーのクッキーは，カロリーを抑えるために砂糖を使わず，乳脂肪分も控えているため，従来のクッキーに比べてどうしても甘みや口当たりに劣っており，その購買者は限られていた。

　しかし最近A社は長年の努力の結果，低カロリーながら従来のクッキーに勝るとも劣らない味を実現する新技術の開発に成功した。同社ではこの画期的な技術による新製品を今後の存続・成長の柱として育てるために，慎重にその市場導入の方法を検討している。この新製品の「低カロリーでおいしい」というベネフィットは，十分に消費者に知覚されるものであることが調査によって確認されていたので，価格は1箱380円（20枚，80グラム）と従来製品よりも150円ほど高い価格を設定し，これを堅持したいと考えていた。

　この新製品の流通経路政策として，最も不適切なものはどれか。

　なお，現時点での同社の売上は9割が地元スーパーチェーン，1割が自社のホームページによるものである。

　　ア　インターネットによる直接販売を強化するために，自社ホームページに加え，インターネット上のショッピングモールに出店する。

　　イ　カロリー摂取に敏感な人が多くいると考えられる病院やホテルの売店で販売する。

　　ウ　新製品の付加価値をアピールするために，地元の洋菓子店を新たな販路として開拓する。

　　エ　販売量を拡大するために，全国チェーンの大手スーパーにプライベート・ブランドとして供給する。

721

Ⅲ．マーケティング論

解答	エ

■解説

チャネル政策に関する出題である。

本問は事例形式となっており，与件からA社に適したチャネル政策を考えなければならない。与件として，以下をチェックしよう。

・小規模な菓子メーカーである　→　経営資源が限られる。
・画期的な技術による新製品の開発に成功　→　今後の存続・成長の柱としたい
・その新製品は従来よりも高い価格　→　価格を堅持したい
・売上比率は地元スーパーチェーンが9割，ホームページが1割

　ア：適切である。インターネットであれば，コストも多くはかからないため，経営資源が限られる小規模な菓子メーカーでも対応可能である。また，現段階で1割程度の売上高であることから，今後強化できるチャネルと考えることもできよう。

　イ：適切である。価格を堅持するためには，選択的チャネル政策が有効である。また，病院やホテルであれば，「低カロリーでおいしい」というベネフィットに敏感に反応する消費者が多くいるものと推定されることからも，有効なチャネル政策である。

　ウ：適切である。価格を堅持するためには，選択的チャネル政策が有効である。また，地元の洋菓子店はスーパーマーケット等と異なり，新製品のベネフィットを消費者へ説明する機会も多いと考えられる。

　エ：不適切である。一般にプライベート・ブランドはナショナル・ブランドより低価格で販売されることが多く，価格を堅持したいA社の意向に反する。また，プライベート・ブランドにしてしまったら，自社のブランド向上には寄与せず，今後の存続・成長の柱としたい当社の意向にも反することになる。

よって，エが正解である。

第7章　流通チャネルと物流

流通チャネル政策	ランク	1回目		2回目		3回目	
	A	／		／		／	

■平成22年度　第25問

　ある地方都市の，手作りの折りたたみ式マウンテンバイクを製造する，小さな町工場の社長Y氏は，高視聴率を誇るテレビのビジネス情報番組で自社の製品が紹介されたことがきっかけとなり，全国から対応しきれないほどの数の引き合いを受けるようになった。昨今の健康ブームも相まって，自転車通勤に切り替えたり，週末にサイクリングで名所めぐりをする消費者が全国的に増加していることもあり，Y氏はこの機会に自社で手作りする自転車を全国市場で販売することを決心した。その販売経路政策として，最も不適切なものはどれか。ちなみにY氏の町工場が生産する自転車の価格帯は，12万円から20万円程度であり，テレビ報道を機に商標名の認知度も高まってきている。

ア　大手自転車メーカーと販売に関する提携をして，適切な小売店に納入していく。

イ　各々の地域市場において有力な自動車ディーラーの営業担当者を介した販売を進めていく。

ウ　自社製品の露出をできる限り高めるために，開放型チャネル戦略を展開する。

エ　全国市場でのテスト販売を兼ねて，まずは有力なインターネット・ショッピング・モールに出店し，売上の動向や収益性の判断を，相応の時間をかけて行う。

オ　大都市圏のみに数店舗を構えるライフスタイル型の専門店小売企業に取引先を限定し，高性能・高級ブランド自転車として販売していく。

723

Ⅲ．マーケティング論

解答	ウ

■解説

　チャネル政策に関する出題である。

　本問は事例形式となっており，与件から事例企業に適したチャネル政策を考えなければならない。与件として，以下をチェックしよう。

・小さな町工場である　→　経営資源が限られる。

・自社で手作りする自転車を全国市場で販売することを決心

・Ｙ氏の町工場が生産する自転車の価格帯は，12万円から20万円程度　→　一般の自転車と比較して高価格帯

・テレビ報道を機に商標名の認知度も高まってきている。

　ア：適切である。Ｙ氏は全国市場で販売することを決心したが，小さな町工場であり，全国的な販売チャネルを持っていない。ゆえに，大手自転車メーカーと販売提携することは，短期間で効率的に全国市場で販売する政策として有効である。

　イ：適切である。自動車と自転車で競合するので不適切と考えることもできるが，自動車ディーラーが積極的に事例企業の商品を扱ってくれるということであれば，販路拡大に寄与することになるので，有効と判断できる。

　ウ：不適切である。すでにテレビ報道を機に商標名の認知度も高まってきていることから，露出を高めるために開放的チャネル政策を採用する必要性は高くない。また，事例企業は高価格帯の手作りのマウンテンバイクを製造していることから，価格維持のためには選択的チャネル政策を採用するほうが望ましいといえよう。

　エ：適切である。インターネットであれば，コストも多くはかからないため，経営資源が限られる小さな町工場でも対応可能である。

　オ：適切である。「大都市圏のみに」とあることから，全国市場での販売を考えているＹ氏に意向に反するようにみえるが，大都市圏は全国に複数あることから，特段，Ｙ氏の意向に反するわけでもない。また，ライフスタイル型の専門店小売企業は，事例企業の扱う製品と親和性が高く，価格維持のためにも選択的チャネル政策を採用するほうが望ましいといえよう。

　よって，ウが正解である。

724

第8章

プロモーション

Ⅲ．マーケティング論

1. プロモーション政策

▶▶出題項目のポイント

この出題領域では，プロモーションに関する各種用語の意味や背景について問われている。具体的には，下記の用語について問う問題が繰り返し出題されているため，正確に理解していただきたい。

・統合マーケティング・コミュニケーション（IMC）

統合マーケティング・コミュニケーションとは，マーティングコミュニケーションを統合する考え方である。現代のマーケティング・コミュニケーションでは，企業メッセージを発信する手段が，広告，WEB，セールスプロモーション，ダイレクトマーケティングなど多様化する中，継続的で一貫したメッセージを発信することの重要性が高まっている。これらの企業メッセージの発信手段について，使い分けと管理（計画，開発，実施，評価）を行うために用いる戦略的なビジネス・プロセスが，統合マーケティング・コミュニケーションである。

・消費者購買行動モデル

消費者購買行動モデルとは，消費者が商品を購買する際のモデルである。代表的なものに，AIDMA と，AISAS がある。従来，用いられていたモデルが AIDMA で，近年のインターネットの普及に伴い，AISAS に変化しているとされる。

AIDMA とは,

Attention 注目→ Interests 興味→ Disire 欲求→ Memory 記憶→ Action 購買

の略語である。

AISAS とは,

Attention 注目→ Interests 興味→ Search 検索→ Action 行動→ Share 共有

の略語である。

・プッシュ政策, プル政策

プル政策とは, 生産者が消費者に対してブランドや性能などを訴求することにより需要喚起を図る政策である。

プッシュ政策とは, 生産者が卸売業者に対して, 人的販売により売上増大を図る政策である。

▶▶出題の傾向と勉強の方向性

類似の問題の出題頻度は比較的低い出題領域であるが, 出題項目のポイントに記載した, 統合マーケティング・コミュニケーションや消費者購買行動モデルなどの出題頻度の高い用語については正確に記憶し, 類題が出題された際に確実に解答したい。

なお, 仮想的な企業を設定し, その事例に沿ったプロモーション政策を問うなど, 応用に近い形式の出題があるが, 十分な知識がなくとも, 問題文をよく読み, 冷静に対応すれば正解が導き出せるレベルの問題が多い。90 分の企業経営理論の終盤に出題される領域であるため, 集中力が落ちても正解にたどり着くスキルを身につけるよう心がけたい。

Ⅲ．マーケティング論

■取組状況チェックリスト

1. プロモーション政策						

プロモーション政策						
問題番号	ランク	1回目		2回目		3回目
平成30年度 第35問（設問1）	A	／		／		／
平成30年度 第35問（設問2）	A	／		／		／
平成29年度 第29問（設問2）	A	／		／		／
平成29年度 第34問（設問2）	A	／		／		／
平成27年度 第33問	A	／		／		／
平成26年度 第28問（設問2）	A	／		／		／
平成25年度 第27問（設問3）	A	／		／		／
平成22年度 第26問	A	／		／		／
平成24年度 第29問	C*	／		／		／
平成24年度 第31問	C*	／		／		／

人的販売						
問題番号	ランク	1回目		2回目		3回目
平成27年度 第27問	C*	／		／		／
平成25年度 第30問（設問1）	C*	／		／		／
平成25年度 第30問（設問2）	C*	／		／		／

＊ランクCの問題と解説は，「過去問完全マスター」のHP（https://jissen-c.jp/）よりダウンロードできます。

第 8 章　プロモーション

プロモーション政策	ランク	1回目		2回目		3回目	
	A	／		／		／	

■平成 30 年度　第 35 問（設問 1）

次の文章を読んで，下記の設問に答えよ。

　プロモーションの役割は，①広告，販売促進，人的販売，パブリックリレーションズ（PR）の 4 つの手段を用いて，製品やサービスに関する情報を伝達し，魅力をアピールし，販売を促進することである。プロモーション効果を高めるためには，その目的や，対象となる②製品・サービスの特性および知名，理解，好意・選好，購買，再購買といった購買プロセスの段階に応じて，4 つのプロモーション手段を使い分けたり，適切に組み合わせたりすることが重要である。

（設問 1）

　文中の下線部①に関する記述として，最も適切なものはどれか。

　　ア　2016 年度の日本の広告費に関する注目点は，製作費を含むインターネット広告費が，はじめて，テレビメディア広告費を上回ったことである。

　　イ　従業員と家族を対象にした運動会や部署旅行および従業員の家族を対象にした職場見学会を実施する企業が出てきている。これらの活動は PR の一環と捉えることができる。

　　ウ　人的販売は，テレビ広告と比較して，到達する消費者 1 人当たりの情報伝達コストが小さい。

　　エ　パブリシティは，企業や製品に関する情報の公表を通じて，新聞や雑誌などのメディアに取り上げてもらうための広告活動の 1 つである。

729

Ⅲ．マーケティング論

解答	イ

■解説

プロモーションにおける4つの手段に関する問題である。

ア：不適切である。電通の調査によると，2016年度の日本の広告費は，総額62,880億円のうち，テレビメディア広告費が，19,657億円，インターネット広告費は，13,100億円で，この年の統計では，まだ，テレビメディア広告費がインターネット広告費を上回っている。

イ：適切である。パブリック・リレーションズとは，企業などの団体組織が，パブリック（公衆）の理解や共感，そして，協力を得て，これを持続，発展させるために組織的に行う活動である。パブリックとは，広い関係者（ステークホルダー，利害関係者）を指しており，従業員と家族を対象にした運動会や部署旅行および従業員の家族を対象にした職場見学会などの活動はPRの一環と捉えることができる。

ウ：不適切である。人的販売とは，営業担当者が，顧客に対して直接的に販売を行う活動のことである。テレビ広告は，多くの人に一度に伝達するのに比べ，人的販売では，1対1のコミュニケーションとなる。そのため，情報伝達コストは人的販売のほうがテレビ広告に比べ多くかかる。

エ：不適切である。パブリシティとは，広告料金を支払うことなく，結果として広告の効果が得られるように，企業や製品に関する情報の公表を通じて，新聞や雑誌などのメディアに取り上げてもらうための活動である。無料であることから，広告活動の1つとはいえない。

よって，イが正解である。

第8章　プロモーション

プロモーション政策	ランク	1回目	2回目	3回目
	A	／	／	／

■平成30年度　第35問（設問2）

次の文章を読んで，下記の設問に答えよ。

　プロモーションの役割は，①広告，販売促進，人的販売，パブリックリレーション<u>ズ（PR）の4つの手段を用いて</u>，製品やサービスに関する情報を伝達し，魅力をアピールし，販売を促進することである。プロモーション効果を高めるためには，その目的や，対象となる②<u>製品・サービスの特性および知名，理解，好意・選好，購買，再購買といった購買プロセスの段階に応じて，4つのプロモーション手段を使い分けたり，適切に組み合わせたりする</u>ことが重要である。

（設問2）

　文中の下線部②に関する記述として，最も適切なものはどれか。

　　ア　4つのプロモーション手段の重要性は，対象が消費財か生産財かによって変わるが，いずれの場合も，広告が最も重要である。

　　イ　企業が広告を作成する狙いには，再購買時のブランド想起を促進したり，購買後に消費者が感じる認知不協和を減らしたりする効果を生み出すことが含まれる。

　　ウ　製品やサービスに対する知名率や理解率が高いものの購買に至らない場合，買い手の当該製品やサービスに対する関与の高低にかかわらず，短期的なインセンティブを提供する販売促進が最も有効である。

　　エ　プッシュ戦略と比較して，プル戦略の場合，一般的に，人的販売が重要視される。

731

Ⅲ．マーケティング論

解答	イ

■解説

　購買プロセスの段階に応じた，4つのプロモーション手段の使い分け，組み合わせに関する問題である。

ア：不適切である。消費財とは消費者が自身で使用するために購入する製品，生産財とは製品を生産する際に必要な材料や原料などである。4つのプロモーション手段の重要性は，対象が消費財か生産財かによって変わる。消費財については，消費者にその商品の内容や名前を知ってもらい，選択を促進するための広告が最も重要である。ただ，生産財の場合は，その物の品質や仕様が重要であり，個別に説明することが必要になるため人的販売がもっとも重要であると考えられる。

イ：適切である。ブランド想起とは，その商品を見たり，聞いたりした場合に，そのブランドを思い出すことであり，再購買時にブランド想起の促進を狙うために，広告を作成することが重要である。また，認知不協和とは，自分の中で矛盾した2つの考えが浮かんだ場合に，不快な感情を抱くことである。自分が商品を購買した後に，広告を見聞きすることが，自分を納得させることにつながり，認知的不協和を軽減する効果を生み出すことが考えられる。

ウ：不適切である。製品やサービスに対する知名率や理解率が高いものの購買に至らない場合，買い手はその製品に関して購買に必要な知識を十分に持っていると考えられる。それにもかかわらず購買しない状況では，短期的なインセンティブを提供する販売促進を実施しても効果は期待できない。この場合，購買者のニーズを十分に把握したうえで，そのニーズに合った商品を提供できるように改良，改善することが重要である。

エ：不適切である。プッシュ戦略とは消費者に対して売り手側から積極的にアピールして販売する戦略である。4つの手段の中では販売促進や人的販売が重要視される。一方，プル戦略は，消費者に買いたいと思わせるようにする仕組みを作って販売する戦略である。4つの手段の中では広告とPRが重要視される。

　よって，イが正解である。

第8章　プロモーション

プロモーション政策	ランク	1回目		2回目		3回目	
	A	／		／		／	

■平成 29 年度　第 29 問（設問 2）

次の文章を読んで，下記の設問に答えよ。

　高性能オーディオ製品を生産しているメーカー A 社は，B 地区にそれぞれ店舗を構える小売業の X 社と Y 社に卸売を行っている。かつては X 社と Y 社の小売店舗はともに，丁寧な対面販売と手厚いサービスを重視していた。ここ数年の間，X 社が従来の方向性を強化する一方，Y 社は販売員を減らし，店舗への投資を削減して販管費を節約し，それを低価格に反映させるディスカウント戦略をとるようになっていた。①その結果，多くの消費者が X 社の店舗で情報探索し，Y 社の店舗で実際の商品の購買を行うという傾向が顕著化した。②X 社は Y 社の行動の影響による売上不振を打開するため，自らも Y 社と同様の戦略をとるようになっていった。

　文中の下線部②に示す X 社および Y 社の行動がメーカー A 社にもたらすであろう結果として，最も適切なものはどれか。

　　ア　A 社は X 社と Y 社に対して，自らの製品の小売段階における価格を設定し，それを厳守することを両社に約束させた。

　　イ　X，Y 両社による価格競争の結果，A 社の製品は高い市場シェアを実現するとともに，ブランドの強化を図ることができた。

　　ウ　X 社と Y 社が同じ商圏の中で価格競争を通じて顧客の奪い合いを行うようになったため，A 社は両社に対する卸売価格の引き上げに成功した。

　　エ　X 社と Y 社が価格競争を展開することによって，A 社が長年をかけて築いてきたブランドイメージが毀損された。

733

Ⅲ. マーケティング論

解答	エ

■解説

小売業のプロモーション戦略の変化がメーカーにもたらす影響に関する問題である。

ア：不適切である。メーカーが，小売業に対して商品の小売価格を指定することは，独占禁止法上は原則として禁止されているため，行われる可能性が高いとはいえない。

イ：不適切である。X，Y両社による価格競争の結果，A社の製品は高い市場シェアを実現することは十分に考えられる。しかし，A社の製品は，高性能オーディオ製品であるため，価格の低下はA社のブランド強化には必ずしも寄与しない。

ウ：不適切である。X社とY社が同じ商圏の中で価格競争を通じて顧客の奪い合いを行うようになることで，販売価格の低下を招くため，両者からA社に対しては卸売価格の引き下げの圧力がかかる。

エ：適切である。X社とY社が価格競争を展開することによって，製品の価格低下が発生することで，A社が長年をかけて築いてきた高性能オーディオ製品のブランドイメージは毀損されることになる。

よって，エが正解である。

734

第 8 章　プロモーション

プロモーション政策	ランク	1回目		2回目		3回目	
	A	/		/		/	

■**平成 29 年度　第 34 問（設問 2）**

次の文章を読んで，下記の設問に答えよ。

今日の消費者は，マーケティング情報に対して知覚的過重負担に陥っている。コストに見合ったコミュニケーション効果を消費者から引き出すために，企業の担当者は，次の点に注意を払っている。①消費者が受け入れる情報や注意を向ける刺激がどのようなものであるかを理解すること，プロモーションの構成要素を適切にミックスさせること，さらには②新たなコミュニケーションツールの活用や，統合型マーケティングコミュニケーションを実現することである。

文中の下線部②に関する記述として，最も適切なものはどれか。

ア　消費者生成型の映像コンテンツを広告コミュニケーションに活用すれば，一般的に，金銭的・時間的負担はかからない。

イ　消費者は製品のデザインやパッケージなどから多くの情報を得て，ブランドイメージを形成する。統合型マーケティングコミュニケーションは，消費者とブランドとのこうした多様な接点の統合的な管理を目指す。

ウ　テレビ広告で「詳細は翌日の新聞折り込みをご覧ください」とメッセージを送る手法が増えているが，それぞれのコミュニケーションの影響力は割り引かれる。

エ　統合型マーケティングコミュニケーションにおいては，発信されるメッセージは，企業視点で綿密に練り上げられ，統合される。

735

Ⅲ. マーケティング論

解答	イ

■解説

　コミュニケーションツールや統合型マーケティングコミュニケーションに関する問題である。

　ア：不適切である。消費者生成型のメディアは，Consumer Generated Media
　　　（CGM）と呼ばれ，口コミサイト，ソーシャル・ネットワーキング・サービ
　　　ス（SNS），動画共有サービスなどユーザーの投稿したコンテンツで形成さ
　　　れるメディアである。意図したような広告を出すために，それらを活用する
　　　ためには，金銭的，時間的なコストをかける必要がある。

　イ：適切である。統合型マーケティングコミュニケーションは，Integrated
　　　Marketing Communications（IMC）と呼ばれ，1990年代初頭に米国ノース
　　　ウェスタン大学のドン・E・シュルツ教授らによって提唱された，消費者の
　　　視点で企業が発信するあらゆるマーケティングコミュニケーション活動を再
　　　構築し，戦略的に統合する，という考え方である。消費者とブランドとの多
　　　様な接点の統合的な管理を目指すものである。接点の中には，製品のデザイ
　　　ンやパッケージも含まれる。

　ウ：不適切である。テレビ広告で「詳細は翌日の新聞折り込みをご覧ください」
　　　とメッセージを送る手法では，各々の広告への露出を抑えることで，それぞ
　　　れのコミュニケーションの影響力に対する相乗効果が期待できる。

　エ：不適切である。統合型マーケティングコミュニケーションにおいては，企業
　　　のメッセージを消費者がどのように受け止めているのかを常に把握すること
　　　が必要であり，それによって，メッセージを変更する柔軟性（マーケットイ
　　　ン志向）が必要とされる。したがって，企業視点で綿密に練り上げられ，統
　　　合されたメッセージでは，企業目線（プロダクトアウト志向）となり，消費
　　　者の動向に対応できない。

　よって，イが正解である。

第8章 プロモーション

プロモーション政策	ランク	1回目		2回目		3回目	
	A	╱		╱		╱	

■平成 27 年度　第 33 問

プロモーションに関する記述として，最も適切なものはどれか。

ア　コーズリレーテッド・マーケティングは，一般的に，当該企業の事業収益と
　　関連づけない。

イ　パブリシティについては，原則として，ニュース性の高い情報であれば，企
　　業がコントロールすることができる。

ウ　パブリックリレーションズでは，製品，人，地域，アイデア，活動，組織，
　　さらには国家さえも対象としてコミュニケーションを実施する。

エ　プロモーションミックスとは，広告，セールスプロモーション，パブリック
　　リレーションズ，インベスターズリレーションズの 4 つの活動を，マーケテ
　　ィング目標に応じて適切に組み合わせることをいう。

737

Ⅲ．マーケティング論

解答	ウ

■解説

プロモーション政策に関する問題である。

ア：不適切である。コーズリレーテッド・マーケティングとは，企業が社会貢献
　　を行っている NGO などの組織に，利益の一部を寄付することで売上増加を
　　目指すマーケティング手法である。企業側は社会貢献事業に積極的であるこ
　　とを示すことで，資金確保だけでなく，企業のイメージ向上が期待でき，
　　NGO 側は資金獲得と活動の認知度向上が期待できる。企業側として事業収
　　益と関連した活動である。

イ：不適切である。パブリシティとは，企業側から商品やサービス，事業などの
　　情報をプレスリリースなどを通じてマスコミに提供し，報道されるように働
　　きかける広報活動である。情報を掲載するかどうかは，マスコミ側の判断に
　　なるため，それを見た消費者の信頼度の向上につながる。ただ，あくまでも
　　マスコミ側主体となるため，基本的に企業側で掲載の有無や内容などのコン
　　トロールをすることはできない。

ウ：適切である。パブリックリレーションズとは，各企業が一般大衆に対して情
　　報を発信したり，情報や意見を受け入れたりすることである。自社への理解
　　や信頼を得ようとする目的で行われる広報活動である。対象は消費者，従業
　　員やその他のステークフォルダーだけでなく，広くは政府も含めてコミュニ
　　ケーションの対象となりうる。

エ：不適切である。プロモーションミックスとは，企業が広告活動を行う場合に，
　　メディア，コミュニケーション，パブリシティ，セールスの 4 つの活動を目
　　標に応じて適切に組み合わせることである。

よって，ウが正解である。

第 8 章　プロモーション

プロモーション政策	ランク	1回目	2回目	3回目
	A	／	／	／

■平成 26 年度　第 28 問（設問 2）

次の文章を読んで，下記の設問に答えよ。

　Y 氏は，国内外の生産者への特別発注で仕入れたカジュアル衣料品と雑貨を品揃え
する小売店 15 店舗を，地方都市の商店街やショッピングセンター（SC）の中で，チ
ェーンストア・オペレーションによって経営している。近年，自店舗で取り扱う商品
カテゴリーにおける e‐コマース比率が上昇していることを受け，Y 氏はオンライ
ン・ショッピングモールへの出店を行っている。実店舗の商圏ではなかなか売り切る
ことのできなかった商品も遠隔地の消費者が購買してくれるケースが目立ち，今やイ
ンターネット店舗事業の販売額が実店舗の販売額を上回るようになっており，顧客の
購買履歴を活用した商品提案も好評である。

　今後の課題は，各シーズンの在庫を適切な時期に望ましい価格で販売し，常に新鮮
な品揃えを提供することである。そのための手段として Y 氏は各種の①価格・プロ
モーション施策を試み，その効果測定を通じた今後の展開の検討を行っている。もう
ひとつの課題は，②買い物の目的・状況によって特定の実店舗で購買したり，インタ
ーネット店舗で購買したりする顧客の増加が顕著になってきていることである。この
点についても今後，有効な対策を講じたいと Y 氏は考えている。

　文中の下線部②に示す状況に対する Y 氏の対応策に関する記述として，最も適切
なものはどれか。

　　ア　インターネット小売事業と実店舗による小売事業との間の明確な線引きが今
　　　　後より必要となってくる。そのため，顧客対応のための組織体制づくりにお
　　　　いても両者の相乗り状況を排除して，それぞれの形態固有のサービス品質の
　　　　向上に取り組んでいくことが望まれる。

　　イ　同じ顧客であっても，実店舗で購買する場合とインターネット店舗で購買す
　　　　る場合とでは買い物目的は大きく異なるので，顧客データ上の扱いとしては

Ⅲ. マーケティング論

別々の個人として認識する方が有効である。

ウ　顧客データ分析の基盤がかなり整ってきている場合には，オムニ・チャネル化の推進が望ましい。そのプロセスでは，インターネット店舗とすべての実店舗を横断する形での顧客情報の統合や在庫データの共有によって，従来難しかったサービスの提供が視野に入ってくる。

エ　消費者費用の観点から判断すると，インターネット店舗で購買した方が，顧客にとってより負担の少ないことが明らかである。したがって，今後はインターネット販売をさらに重視することが望ましい。

第8章　プロモーション

解答	ウ

■解説

実店舗とインターネット店舗のプロモーションに関する問題である。

ア：不適切である。買い物の状況や目的に応じて顧客がインターネット店舗と実店舗を使い分けていることを考えると，インターネット小売事業と実店舗による小売事業との間で顧客の管理を一元化して相互に連携できる組織体制づくりが重要である。

イ：不適切である。同じ顧客で同じ購買目的でも，状況に応じて実店舗とインターネット店舗を使い分けている場合が考えられる。たとえば実店舗で購入したいが，時間がないので，インターネット店舗で購入している場合などである。したがって，顧客データ上では同一顧客として一元的に管理したほうがよい。

ウ：適切である。オムニ・チャネルとは，インターネット店舗と実店舗のあらゆる顧客との接点を連携させて拡販することをねらったマーケティング戦略のことである。顧客データ分析の基盤がかなり整ってきている場合には，オムニ・チャネル化を推進し，インターネット店舗と実店舗を横断する形での顧客情報の統合や在庫データの共有し，従来難しかったサービスの提供を目指していくべきである。

エ：不適切である。顧客の購買の目的や購買時の状況によってインターネット店舗で購買したほうがよい場合と，実店舗で購買したほうがよい場合がある。したがって，インターネット販売だけを重視していくことは望ましい選択ではない。

よって，ウが正解である。

第8章　プロモーション

プロモーション政策	ランク	1回目	2回目	3回目
	A	╱	╱	╱

■平成 25 年度　第 27 問（設問 3）

次の文章を読んで，下記の設問に答えよ。

　ある金曜日の夕方，機械部品メーカーの2代目経営者のYさんは取引先とのミーティングを終えると足早に家電専門店チェーンの大型店舗に立ち寄った。この店舗は駅に隣接したショッピング・センター（SC）のテナントとして出店している。Yさんは，取引先が国際展開をしていることがきっかけで自社の創業以来はじめて海外市場へのアプローチに着手した。海外のエージェントとのリアルタイムの会議を円滑に行うために，翻訳機能付きの電子手帳の購入を検討している。

　いくつかの商品を比較している最中に，Yさんのスマートフォンにeメールが送られてきた。この家電専門店チェーンのウェブ店舗からのものだった。メールをあけてみると，数日前にYさんがスマートフォンを使ってこの小売業者のウェブ店舗で検索し，「お気に入り（bookmark）」に登録していた電子手帳の詳細情報が記載されている。また，このSC内店舗での売場の位置と①実際にこの商品を購入し，使用している消費者によるレビューが紹介されている。メールを見ながら売場に移動し，この電子手帳を手に取ってみるとYさんが今必要としている機能が満載の商品であることが分かった。

　Yさんはおもむろにこの商品の型番をスマートフォンに入力し，検索をかけてみた。すると，別の家電専門店のウェブ店舗では全く同じ商品が 5,000 円安い価格で販売されていることが分かった。Yさんは，早速この電子手帳をスマートフォンサイト経由で注文し，クレジットカードで決済した。また，このネットショッピングで②Yさんは購入額の 10％のポイントを獲得した。日曜日の朝，Yさんは電子手帳を受け取り，あれこれ操作を試し，海外エージェントとのミーティングで想定されるフレーズを学習した。

　文中の下線部②は，セールス・プロモーション（SP）に関連する記述である。
SP に関する記述として，最も適切なものはどれか。

　　ア　1970 年代までは日本のメーカーにおいて SP 費が広告費を上回る状況が続いていたが，この 30 年間に数多くの企業がグローバル企業へと成長したこともあり，両者の比率が逆転している。

　　イ　Yさんが以前に同じ家電専門店チェーンの実店舗でスマートフォンを購入した際，専用ケースをおまけとして受け取った。この種の SP は長期的なブランド忠誠の醸成を支援する効果を持つ。

　　ウ　購買金額の一定割合が付与されるポイントサービスは，主として将来の値引きを約束する SP であり，顧客の再来店を促す役割を果たしている。

　　エ　メーカーによるインセンティブは消費者のみをターゲットとしており，具体的な活動には特売価格の提供，景品コンテスト，サンプリング，POP 広告などがある。

743

Ⅲ．マーケティング論

解答	ウ

■解説

セールスプロモーション（SP）に関する問題である。

ア：不適切である。従来は，新聞，雑誌，テレビ，ラジオなどのマス媒体による広告が主要であったが，近年，インターネットなどの普及により様々なプロモーション手法が登場している。しかし，1970年代までは日本のメーカーにおいてSP費が広告費を上回る状況が続いていたとはいえない。

イ：不適切である。「専用ケースをおまけとした受け取った」というのは，プレミアムというセールスプロモーションの手法である。プレミアムは，短期的な購買を促進する効果はあるが，長期的なブランド忠誠の醸成を支援する効果を持たない。

ウ：適切である。購買金額の一定割合が付与されるポイントサービスは，次回以降の来店時に値引きを約束するセールスプロモーションの手法であり，顧客の再来店を促す役割を果たしている。

エ：不適切である。メーカーによるインセンティブは消費者のみではなく，流通業者をターゲットにしたものが存在する。具体的な活動には，売上数量に応じた報奨金，展示会の開催，情報の提供，などがある。

よって，ウが正解である。

744

第 8 章　プロモーション

プロモーション政策	ランク	1回目		2回目		3回目	
	A	/		/		/	

■**平成 22 年度　第 26 問**

　インターネット上で各種カテゴリの製品に対する膨大な数の消費者からの評価やコメントを収集し，分析結果を販売するＣ社は，いち早く現代におけるマーケティング・コミュニケーションの変化に着目した企業のひとつとして知られている。Ｃ社の事業活動をとりまく，現代のマーケティング・コミュニケーション環境に関する記述として，最も不適切なものはどれか。

　ア　4 大マス媒体には，テレビ，新聞，雑誌，ラジオが挙げられるが，インターネット広告は，すでにその広告費において，4 大マス媒体のうちの 3 つを凌いでいる。

　イ　広告の効果は伝統的に AIDMA（注目→興味→欲求→記憶→購買）モデルによって説明されてきたが，インターネットの普及にともなって，AISAS（注目→興味→検索→行動→共有）モデルの妥当性が提唱されるようになった。

　ウ　標的とするオーディエンスに対して長期的に，バランスがよく，測定可能で，説得力の高いブランド・コミュニケーション・プログラムを計画，開発，実施し，さらにそれを評価するために用いる戦略的なビジネス・プロセスのことを統合マーケティング・コミュニケーションと呼ぶ。

　エ　プロモーション・ミックスとは，メッセージの送り手によってコントロールされるマーケティング・コミュニケーション要素のことであり，広告，販売促進，PR，対面販売などが含まれる。

　オ　マーケティング・コミュニケーションの主な役割のひとつは，同一カテゴリの製品・サービスの中から特定のものを購入してもらえるよう消費者（ないし最終使用者）に対するプッシュ活動を遂行することである。

745

Ⅲ．マーケティング論

解答	オ

■解説

現代のマーケティング・コミュニケーション環境についての知識を問う問題である。

ア：適切である。広告費の総額が多い順に，テレビ，インターネット広告，新聞，雑誌，ラジオである。したがって，インターネット広告は，すでにその広告費において，4大マス媒体のうち，テレビ以外の3つを凌いでいるという記述は適切である。

イ：適切である。インターネットの普及にともない，消費者が商品を購買する際のモデルとして，従来型のAIDMA（Attention 注目 → Interests 興味 → Disire 欲求 → Memory 記憶 → Action 購買）の消費者購買行動モデルから，AISAS（Attention 注目 → Interests 興味 → Search 検索 → Action 行動 → Share 共有）に遷移していることについて説明している。

ウ：適切である。統合マーケティング・コミュニケーションとは，マーティングコミュニケーションを統合する考え方である。現代のマーケティング・コミュニケーションでは，企業メッセージを発信する手段が，広告，WEB，セールスプロモーション，ダイレクトマーケティングなど多様化する中，継続的で一貫したメッセージを発信することの重要性が高まっている。これらの企業メッセージの発信手段について，使い分けと管理（計画，開発，実施，評価）を行うために用いる戦略的なビジネス・プロセスが，統合マーケティング・コミュニケーションである。

エ：適切である。プロモーション・ミックスとは，メッセージの送り手によってコントロールされるマーケティング・コミュニケーション要素のことである。具体的には，広告，販売促進，PR，対面販売を組み合わせることで，製品の訴求効果を高めることを目的として実行される。

オ：不適切である。プッシュ活動とは，メーカーが流通・小売業者に対して自社製品やサービスを積極的に販売してもらうように促す戦略である。マーケティング・コミュニケーションの主な役割は，消費者（ないし最終使用者）との双方向のコミュニケーションである。

よって，オが正解である。

第8章　プロモーション

2. 広告

▶▶出題項目のポイント

　この出題領域では，広告に関する各種用語の意味や背景について問われている。具体的には，下記の用語について問う問題が過去に出題されているため，正確に理解いただきたい。

・マスコミ4媒体
　マスコミ4媒体とは，テレビ，ラジオ，新聞，雑誌である。

・Earned media，Paid media，Owned media
　　下記の3つのメディアが，重要なマーケティング・コミュニケーション・ツールと考えられるようになっている。
　　　・Earned Media：信頼や評判を得るメディア。ソーシャル・メディアなど
　　　・Paid media：広告やスポンサーシップのように，媒体を買って情報発信を行うメディア
　　　・Owned media：自社のウェブサイトや販売員などのように，自社で所有して情報を発信するメディア
　　また，消費者同士がオンライン上で交換したクチコミ情報の重要性が増しており，それに伴い，ステルス・マーケティングなど新たな問題も出題されている。

▶▶出題の傾向と勉強の方向性

　インターネットを活用した広告が広く普及し，ソーシャルメディアや，消費者自身による情報発信，消費者同士の情報交換の位置付けが急速に拡大している。今後，新たな論点が問われることも考えられるため，インターネット上での広告手段について，常に意識して情報収集しておくことも重要である。

747

Ⅲ．マーケティング論

■取組状況チェックリスト

2．広告						
広告						
問題番号	ランク	1回目		2回目		3回目
令和元年度 第30問（設問2）	A	／		／		／
平成23年度 第30問（設問2）	A	／		／		／
平成24年度 第33問（設問1）	A	／		／		／
平成23年度 第30問（設問1）	C＊	／		／		／

＊ランクCの問題と解説は，「過去問完全マスター」のHP（https://jissen-c.jp/）よりダウンロードできます。

第8章　プロモーション

	ランク	1回目	2回目	3回目
広告	A	/	/	/

■令和元年度　第30問（設問2）

次の文章を読んで，下記の設問に答えよ。

マスメディアとさまざまなプロモーショナル・メディアを組み合わせたコミュニケーションを前提としてきた伝統的なマーケティングから，近年急速に①デジタル・マーケティングへのシフトが進んでいる。このシフトは，②消費者同士の情報交換がソーシャルメディアなどを介して盛んに行われるようになっていることに対応した動きでもある。

（設問2）

文中の下線部②に関する記述として，最も適切なものはどれか。

　　ア　クチコミには，経験しないと判断できない「経験属性」に関する情報が豊富に含まれている。

　　イ　クチコミの利便性を向上するために，クチコミを集約したランキングや星評価などが導入されたことにより，かえってクチコミの利便性が低下している。

　　ウ　消費者同士がオンライン上で交換したクチコミ情報が蓄積される場所は，蓄積される情報や場の運営に関して消費者が主導権を持っているという意味で「オウンドメディア」と呼ばれる。

　　エ　マーケターが，企業と無関係な消費者であるかのように振る舞って情報を受発信することは，当該企業にとっての長期的利益につながる。

749

Ⅲ．マーケティング論

解答	ア

■解説

消費者同士の情報交換に関する問題である。

ア：適切である。消費者が製品やサービスを評価する際に基準となる属性は以下
　　の3つに分類される。
　　①探索属性
　　　購買前に情報を探索して判断する属性。
　　②経験属性
　　　実際に購入／経験しなければ評価することが難しい属性
　　③信頼属性
　　　実際に購入／経験しても判断が難しい属性
　　クチコミは，その製品を実際に購入／経験したうえで発信される情報である
　　ので，経験しないと判断できない「経験属性」に関する情報が豊富に含まれ
　　ている。
イ：不適切である。クチコミの利便性を向上させるために，クチコミを集約した
　　ランキングや星評価などが導入されたことにより，製品やサービスの比較を
　　行うことが容易になったため，クチコミの利便性が向上している。
ウ：不適切である。「オウンドメディア」とは，自社ホームページ，ブログ，電
　　子メールなど宣伝主体が自らコントロールできるコミュニケーションのチャ
　　ネルを指す。消費者同士がオンライン上で交換したクチコミ情報の中から，
　　自社の宣伝目的に合うものを蓄積，発信するという意味で，企業側が主導権
　　を持っている。
エ：不適切である。マーケターが，企業と無関係な消費者であるかのように振る
　　舞って情報を受発信することを「ステルス・マーケティング」と呼ぶ。一般
　　的にモラルに反する行為であり，行っていることが発覚した場合は，当該企
　　業が非難の対象となる場合が多い。よって，長期的な利益につながるとはい
　　えない。

　　よって，アが正解である。

第8章　プロモーション

広告	ランク	1回目		2回目		3回目	
	A	／		／		／	

■平成23年度　第30問（設問2）

次の文章を読んで，下記の設問に答えよ。

　電通『2009年日本の広告費』によれば，日本の2009年の総広告費は2年連続で減少し，5兆9,222億円となった。特に①マスコミ4媒体の広告費は5年連続の減少を記録した。こうした状況のなか，企業のマーケティングにおける②コミュニケーション戦略の新たな考え方が登場してきている。

　文中の下線部②に関する記述として，最も不適切なものはどれか。

ア　CGM（Consumer Generated Media：消費者生成型メディア）の普及に伴って，消費者が企業のマーケティング活動の成果に及ぼす影響は大きくなっている。

イ　インターネット広告は，成果に応じた報酬を支払う取引が行われるため，費用対効果を追求する広告主のニーズに適合している。

ウ　検索サイトで検索されたときに，検索結果の上位に表示されるよう自社のウェブページの内容を調整することをアフィリエイト・プログラムという。

エ　ニュースサイトやブログ，マスコミ報道や消費者のクチコミなどは，企業やブランドに対する信用や評判を得ることができるため，「アーンド・メディア（earned media）」と呼ばれている。

オ　複数の広告媒体を活用し，パソコンや携帯電話を通じてインターネットでの検索や購買といった効果を発揮させることを目的とした媒体戦略は，クロス・メディアと呼ばれる。

751

Ⅲ．マーケティング論

解答	ウ

■解説

　企業のマーケティングにおける，コミュニケーション戦略の新たな考え方に関する知識を問う問題である。

　ア：適切である。たとえば，新製品の発表会を行う際に，ブログ（インターネット上の日記）上で有名な消費者を招待し，クチコミの誘発を狙うなどの新たなマーケティング活動が試みられている。

　イ：適切である。インターネット広告は，クリックや閲覧数などの成果を，従来のマスコミ4媒体より正確に把握することができるため，成果に応じた報酬を支払う取引が行われる。そのため，費用対効果を追求する広告主のニーズに適合している。

　ウ：不適切である。検索サイトで検索されたときに，検索結果の上位に表示されるよう自社のウェブページの内容を調整することは，アフィリエイト・プログラムではなく，SEO（search engine optimization）である。アフィリエイト・プログラムとは，個人が公開しているインターネットのホームページなどに広告設置してもらい，その広告を経由して商品を購入した場合に，一定額の報酬を与える広告の形態を指す。

　エ：適切である。アーンド・メディア（earned media）とは，ニュースサイトやブログ，マスコミ報道や消費者のクチコミなどのように，企業やブランドに対する信用や評判を得ることができるメディアのことである。メディアのその他の分類は paid media（例：広告），owned media（例：自社のウェブサイト）などがある。

　オ：適切である。たとえば，テレビ広告で関心を持った消費者を自社のウェブサイトに誘導して，より詳しい情報提供を行うことなどが，クロス・メディアに該当する。

　よって，ウが正解である。

第8章　プロモーション

広告	ランク	1回目	2回目	3回目
	A	／	／	／

■平成 24 年度　第 33 問（設問 1）

次の文章を読んで，下記の設問に答えよ。

2000 年代に入ったころから，インターネットにおいて，ブログをはじめとする　A　が消費者の間で爆発的に普及した。　A　は消費者間での情報のやり取りを促進し，CtoC コミュニケーションを強力なクチコミの場へと成長させた。

その後，2000 年代後半になると，SNS や動画共有サービスなど，新たなツールが目覚ましく発達し，　A　はソーシャル・メディアと呼ばれることが多くなった。

現在では，ソーシャル・メディアは「信頼や評判を稼ぐメディア」（Earned Media）の主要な一部として，広告やスポンサーシップのような　B　，自社サイトや販売員のような　C　と並ぶ，重要なマーケティング・コミュニケーション・ツールと考えられるようになっている。

文中の空欄　A　～　C　にあてはまる語句の組み合わせとして最も適切なものはどれか。

ア　A：CGM　　　　B：Owned Media　　C：Paid Media

イ　A：CGM　　　　B：Paid Media　　　C：Owned Media

ウ　A：CRM　　　　B：Owned Media　　C：Paid Media

エ　A：CRM　　　　B：Paid Media　　　C：Owned Media

753

Ⅲ．マーケティング論

解答	イ

■解説

　インターネットの発達にともない注目されるソーシャル・メディアに関する知識を問う問題である。

　　空欄A：CGM（Consumer Generated Media）が適切である。視聴者自身がコンテンツを作成するメディアのことである。CRM とは，Customer Relationship Management の略で，日本語では顧客関係管理と訳される。商品やサービスを提供する企業が顧客との間に信頼関係を構築し，顧客と企業のメリットを最大化する活動を指す。

　　空欄B：Paid Media が適切である。

　　空欄C：Owned Media が適切である。近年のマーケティングでは，Earned Media，Paid Media，Owned Media の3つのツールを組み合わせて，マーケティング・コミュニケーションを行うことが重要視されている。

　よって，イが正解である。

754

第8章　プロモーション

3.　販売促進

▶▶出題項目のポイント

　中小企業診断協会発表の「試験科目設置の目的と内容」において，販売促進は，
「目的，種類，消費者向け：サンプリング・プレミアム・クーポン・教育・コンテス
ト・スタンプ，流通業者向け：ディーラーコンテスト・ヘルプス・販売助成・報奨
金・プレミアム・特別出荷，社内向け：実施プログラム，関係法規：景品表示法
等」として細かくその手法が記載されている。

　本書では，これに基づき平成17年度から平成20年度の出題傾向から「消費者向け
販売促進」，「社内向け販売促進」，「流通業者向け販売促進」，「関連法規：景品表示法」
に分類している。

▶▶出題の傾向と勉強の方向性

　販売促進に関する問題は平成20年度までは毎年出題されていたが，平成21年以降
1問も出題されていない，そのため，勉強の優先順位としては極めて低いと判断して
もよいであろう。

755

第9章

応用マーケティング

第 9 章　応用マーケティング

1.　関係性マーケティング

▶▶出題項目のポイント

　本出題領域では，1990 年代以降に発達した，関係性マーケティング（リレーショ
ンシップ・マーケティング）に関連するマーケティング手法や理論を取り上げる。

　関係性マーケティングとは，企業が長期的に存続・発展するために，顧客と良好な
関係を構築・維持しようという考え方である。コトラーは，「顧客や他の関係者との
間に，強力で価値あるリレーションシップを構築し，維持し，促進するプロセス」と
定義する。その登場の背景は，経済低成長時代においては新規顧客の獲得が困難であ
るため，既存顧客を維持する重要性が高まったことである。

　関係性マーケティングでは，市場シェアよりも「顧客内シェア」を高めることに力
点が置かれ，顧客一人ひとりから長きにわたって利益を得ることを目指す。そのため
に，企業と顧客が対話型のコミュニケーションを行い，両者の相互作用によって信頼
関係を構築していく。

　また，上記の関係性マーケティングに関連する理論として，顧客資産価値，マーケ
ティング・パラダイムなどがある。

▶▶出題の傾向と勉強の方向性

　関係性マーケティングに関する問題が，平成 30 年度に引き続き出題されている。
過去の問題を通じて，顧客関係性の構築や維持に関する考え方を理解しておくとよい。

　また，マーケティング概念の変遷に関しては，コトラーの「マーケティング 3.0」
が平成 24 年度と平成 28 年度に出題されているため，両問を通じて各段階の概念につ
いて理解しておくとよい。

759

Ⅲ．マーケティング論

■取組状況チェックリスト

1. 関係性マーケティング							
関係性マーケティング							
問題番号	ランク	1回目		2回目		3回目	
令和元年度 第26問	A	／		／		／	
平成30年度 第36問（設問1）	A	／		／		／	
平成30年度 第36問（設問2）	A	／		／		／	
平成28年度 第28問	A	／		／		／	
平成28年度 第30問（設問2）	B	／		／		／	
平成24年度 第25問（設問2）	B	／		／		／	
平成24年度 第32問	C*	／		／		／	
平成24年度 第25問（設問1）	C*	／		／		／	

＊ランクＣの問題と解説は，「過去問完全マスター」のHP（https://jissen-c.jp/）よりダウンロードできます。

第9章　応用マーケティング

関係性 マーケティング	ランク	1回目		2回目		3回目	
	A	／		／		／	

■令和元年度　第26問

　マーケティングにおける顧客との関係構築に関する記述として，最も適切なものはどれか。

　　ア　顧客が企業に対して持つロイヤルティには，再購買率で測定される行動的ロイヤルティと態度に関わる心理的ロイヤルティがある。これらのうち前者が高ければ後者も高いが，前者が低くても後者は高いこともある。

　　イ　顧客との関係構築を重要視するマーケティングの考え方はBtoCのサービス・マーケティングにルーツがあるが，近年はBtoBマーケティングにも応用されるようになってきた。

　　ウ　顧客を満足させるには，顧客の事前の期待値を上回るパフォーマンスを提供する必要があるが，次回購買時には前回のパフォーマンスのレベルが期待値になるため，さらに高いパフォーマンスを提供することが望ましい。

　　エ　優良顧客を識別するための指標の1つである顧客生涯価値とは，顧客が今回または今期に購入した金額だけでなく，これまでに購入した全ての金額に等しい。

761

Ⅲ．マーケティング論

解答	ウ

■解説

マーケティングにおける顧客との関係構築に関する問題である。

ア：不適切である。顧客が企業に対して持つロイヤルティには，行動的ロイヤル
ティと心理的ロイヤルティがある。行動的ロイヤルティは，顧客が企業と関
わる際に繰り返し購買する，他人に積極的に薦める，など具体的な行動を示
すロイヤルティである。したがって，再購買率で測定ができる。一方，心理
的ロイヤルティは，顧客が企業に対し潜在的に持っている感情や認識のこと
であり，信頼できる，愛情を感じるなど心理的なロイヤリティを持っている
ことである。心理的ロイヤルティが高いにもかかわらず，実は，お金がない，
家族が購入に反対しているなどで，行動的ロイヤルティが低い場合がある。
一方，行動的ロイヤルティが高くても，他に変わる商品がない，近所でこれ
しか売っていない，など消極的な理由で再購買している場合もあるため，行
動的ロイヤルティが高くても，心理的ロイヤルティが高いとは限らない。

イ：不適切である。顧客との関係構築を重要視するマーケティングの考え方は，
お互いの顔が見える取引が多いことから，企業間での関係性である BtoB の
サービス・マーケティングにルーツがある。BtoC の場合，一企業が相手に
する顧客数が多く，個々の顧客との関係構築の難易度が高かったが，近年の
技術進歩などで関係性を構築するコストが下がっていることなどから，
BtoC マーケティングにも応用されるようになってきた。

ウ：適切である。顧客を満足させるには，顧客の事前の期待値に左右される。顧
客の事前の期待値を上回るパフォーマンスを提供できなければ，顧客の満足
度は減少する。また，たとえ顧客の期待を上回るパフォーマンスを提供でき
たとしても，次回購買時には前回のパフォーマンスのレベルがその顧客の次
の期待値になるため，さらに高いパフォーマンスを提供することが望ましい。

エ：不適切である。顧客生涯価値は，顧客1人が企業にもたらした利益の総計の
ことである。その顧客を獲得し，維持するためのコストを顧客の購買額の総
額から引いた値である。利益なので，購入総額に対し，かかったコストを引
く必要がある。

よって，ウが正解である。

第9章　応用マーケティング

関係性マーケティング	ランク	1回目		2回目		3回目	
	A	／		／		／	

■平成 30 年度　第 36 問（設問 1）
　次の文章を読んで，下記の設問に答えよ。

　顧客リレーションシップのマネジメントにおいて，企業は，①収益性の高い優良顧客を識別し，優れた顧客価値を提供することで関係性の構築，維持，強化に努め，②ブランド・ロイヤルティなどの成果を獲得することを目指している。

（設問 1）
　文中の下線部①に関する記述として，最も適切なものはどれか。

　　ア　初めて購入した顧客がリピート顧客，さらには得意客やサポーターになるように，関係性にはレベルがある。自分のすばらしい経験を，顧客が他者に広めているかどうかは，関係性レベルの高さを判断するための手段となる。

　　イ　パレートの法則をビジネス界に当てはめると，売上の 50％が上位 50％の優良顧客によって生み出される。

　　ウ　優良顧客の識別には，対象製品の購買においてクロスセルやアップセルがあったか否かは重視されない。

　　エ　優良顧客の識別のために用いられる RFM 分析とは，どの程度値引きなしで購買しているか（Regular），どの程度頻繁に購買しているか（Frequency），どの程度の金額を支払っているのか（Monetary）を分析することである。

763

Ⅲ．マーケティング論

解答	ア

■解説
顧客リレーションシップのマネジメントに関する問題である。

ア：適切である。顧客には，新規顧客（初めて購入した顧客），リピート顧客（複数回購入する顧客），得意客（継続的に何度も購入する顧客）サポーター（口コミで他者に紹介してくれる顧客）というように，関係性にレベルがある。自分のすばらしい経験を，他者に広めている顧客は，関係性レベルが高いと判断できる。

イ：不適切である。パレートの法則とは，「80：20の法則」とも呼ばれる。これをビジネス界に当てはめると，売上の80％が上位20％の優良顧客によって生み出される，ということができる。

ウ：不適切である。クロスセルとは，ある商品を購入する消費者に対して，それに関連する商品の購入を促進する販売方法である。たとえば，スーパーなどの精肉売場で，その商品のそばで，焼肉のタレも販売する，という場合である。また，アップセルとは，ある商品の購入を検討している消費者にさらに高額な商品の購入を促進する方法である。たとえば，4万円のプリンタの購入を考えている消費者に対し，新しい機能を説明することで，6万円のプリンタを購入させる，という場合である。クロスセルやアップセルはどちらも客単価を向上させることができるため，これらに反応するかどうかは，優良顧客の判断材料になる，と考えられる。

エ：不適切である。優良顧客の識別のために用いられるRFM分析のRはRecencyで，もっとも最近に購入された年月日，FはFrequencyで過去1年などの一定期間の購入回数，MはMonetaryで一定期間の間の購買金額を意味する。Rが，どの程度値引きなしで購買しているか，というのは誤りである。

よって，アが正解である。

第 9 章 応用マーケティング

関係性マーケティング	ランク	1回目		2回目		3回目	
	A	／		／		／	

■平成 30 年度　第 36 問（設問 2）

次の文章を読んで，下記の設問に答えよ。

　顧客リレーションシップのマネジメントにおいて，企業は，①収益性の高い優良顧
客を識別し，優れた顧客価値を提供することで関係性の構築，維持，強化に努め，
②ブランド・ロイヤルティなどの成果を獲得することを目指している。

（設問 2）

　文中の下線部②に関する記述として，最も適切なものはどれか。

　　ア　関係性が構築され，それがさらに維持，強化されることで，特定顧客におけ
　　　る同一製品カテゴリーの購買全体に対して自社製品が占める割合，つまり市
　　　場シェアの拡大が見込める。

　　イ　関係性が構築されると，同一製品を再購買する傾向である「行動的ロイヤル
　　　ティ」が高まる。それはブランド・コミットメントと言い換えられる。

　　ウ　消費者は，惰性，サンクコストや所有効果により，現在利用している製品や
　　　サービスを変更しない傾向がある。こうした傾向が，真のロイヤル顧客の識
　　　別を難しくする。

　　エ　製品やサービスの購入および利用に対してポイントを付与することにより再
　　　購入を促し，継続的な取引の維持を目指そうとする「ロイヤルティ・プログ
　　　ラム」は，多くの企業が採用可能な，経済効率の非常に高い施策とみなされ
　　　ている。

765

Ⅲ．マーケティング論

解答	ウ

■解説
顧客との関係性が構築された後の，成果に関する問題である。

ア：不適切である。「市場シェア」とは，市場の中で，自社製品が占める割合のことである。それに対し，関係性が構築され，それがさらに維持，強化されることで，特定顧客における同一製品カテゴリーの購買全体に対して自社製品が占める割合を，「顧客シェア」と呼ぶ。成熟した市場となり，市場シェアの拡大は難しい状況においては，個々の顧客における自社製品の占める割合を増やすことが重要である。

イ：不適切である。「行動的ロイヤルティ」とは，商品に対する関係性を顧客が行動で示すことである。たとえば，気に入った商品を繰り返し購入したり，積極的に人に勧めたりする行動である。「ブランド・コミットメント」とは，特定のブランドに対する愛着やこだわりの強さを示す言葉である。愛着はあるが，何かしらの制約，たとえば，経済的な事情などで，行動的ロイヤルティに結びつかない場合が考えられる。

ウ：適切である。「サンクコスト」とは，すでに消費して途中で回収できない費用のことである。また，「所有効果」とは，自身が所有しているものの価値が上昇し，手放したくないという心理状態のことである。惰性，サンクコストや所有効果のいずれも，現在の状況を変えたくない，という状態を示している。したがって，これらの状態のとき，現在利用している製品やサービスを変更しない傾向がある。そして，その場合に，その顧客が商品に愛着を感じていても，購買行動に結びつかないという意味で，真のロイヤル顧客の識別を難しくする。

エ：不適切である。「ロイヤルティ・プログラム」とは，優良顧客に対して，ある特典を提供する方法であり，製品やサービスの購入および利用に対してポイントを付与するなどの方法が考えられる。比較的容易に導入できるため多くの企業で採用可能な施策である。ただ，前述した「行動的ロイヤルティ」を高める効果はあるものの，その施策自体は「ブランド・コミットメント」を強めることには直接つながらないことから，必ずしも，経済効率の非常に高い施策とはいえない。

よって，ウが正解である。

第9章 応用マーケティング

関係性マーケティング	ランク	1回目	2回目	3回目
	A	／	／	／

■平成 28 年度　第 28 問

売り手とその顧客との関係性に関する記述として，最も適切なものはどれか。

ア　航空会社やホテル，スーパーやドラッグストアなどにおける CRM プログラム導入事例に触発された大規模飲料メーカー A 社は，一般的に低コストでできる仕組みであるため，最終消費者を対象とした顧客関係管理システムを導入した。

イ　地域スーパーの経営者 B 氏は，ロイヤルティ・カードを通じて収集した顧客の購買データを見て驚いた。既存顧客の下位 1 割は，特売商品ばかり購入しており，損失をもたらしているのだ。この種の顧客はとくに，ミルクスキマーと呼ばれる。

ウ　ファストフードチェーンの C 社は，ID-POS の導入にあたって，「リレーションシップ・マーケティングは，顧客との関係性を深め，継続・拡大する考え方だから，個々の顧客を特定するための有用なデータを集めていく必要がある」という発想を持っていた。

エ　訪問販売による小売業者 D 社は，ここ数年，既存顧客の高齢化とともに顧客数の減少に悩まされている。そこで，一般的に既存顧客の維持よりも費用がかからないことから，新規顧客の獲得にシフトしていく意思決定を行った。

767

Ⅲ．マーケティング論

解答	ウ

■解説

売り手とその顧客との関係性に関する問題である。

ア：不適切である。CRM プログラムは最終消費者を対象とするため，顧客との
　　関係性構築に時間も手間もかかる。したがって，低コストでの導入は難しい。
　　よって不適切である。

イ：不適切である。特売商品ばかり購入する顧客はチェリーピッカー（おいしそ
　　うなサクランボだけを摘んでしまう人）と呼ばれる。よって不適切である。

ウ：適切である。ID-POS とは，従来の POS に，誰が買ったのかという顧客情
　　報も取得できる POS である。したがって，導入にあたって「顧客との関係
　　性を深め，継続・拡大する考え方だから，個々の顧客を特定するための有用
　　なデータを集めていく必要がある」という発想で導入することは重要である。
　　よって，適切である。

エ：不適切である。顧客数の減少に対し，新規顧客の獲得にシフトしていくこと
　　は必要である。ただ，新規顧客の獲得は一般的に既存顧客の維持よりも費用
　　がかかる。よって不適切である。

よって，ウが正解である。

第 9 章　応用マーケティング

マーケティング 概念の変遷	ランク	1回目	2回目	3回目
	B	／	／	／

■平成 28 年度　第 30 問（設問 2）
　次の文章を読んで，下記の設問に答えよ。

　①マーケティング概念は，今日に至るまで複数の②段階を経て発展してきたとフィリップ・コトラーは指摘している。近年のマーケティングを取り巻く環境は，私たちが暮らす社会における問題解決が強く求められている点に特徴づけられる。③複雑化する世界における社会・経済的な適切さとは何か。環境面における望ましさとは何か。現代におけるマーケティング活動の実践においては，こうした点を事業のミッションやビジョン，価値の中核に据えることがますます重要になってきていると考えられている。

　文中の下線部②に示す段階に関する記述として，最も適切なものはどれか。

　　ア　Marketing 1.0 とも呼ばれる第 1 段階では，経済の高度化にともなって，多品種・小ロットを重視する柔軟な市場対応が重要視された。

　　イ　Marketing 1.0 とも呼ばれる第 1 段階では，生産者の生産能力と需要を整合するために，市場指向の考え方が採用されるようになった。

　　ウ　Marketing 2.0 と呼ばれる第 2 段階では，情報技術の進展に後押しされる形での展開が見られ，より優れた製品をターゲット市場セグメントに投入することの重要性が高まった。

　　エ　Marketing 3.0 とも呼ばれる第 3 段階では，デジタル技術によるオートメーションがマーケティング戦略策定における支配的なツールになることが強調されている。

　　オ　マーケティングは，国や地域，機関の境界線を超えて共通の段階を経て，発展してきている。

769

Ⅲ．マーケティング論

解答	ウ

■解説

コトラーのマーケティングのコンセプトに関する問題である。

ア：不適切である。Marketing 1.0 とも呼ばれる第1段階では，製品開発が重要
　　視され，生産コストを下げることで，多量の低価格な製品を販売することに
　　重点がおかれた。経済の高度化にともなって，多品種・小ロットを重視する
　　柔軟な市場対応が重要視されたのは，Marketing 2.0 と呼ばれる第2段階で
　　ある。よって不適切である。

イ：不適切である。Marketing 1.0 とも呼ばれる第1段階では，製品志向であり，
　　生産者の生産能力と需要を整合するために，市場指向の考え方が採用される
　　ようになったのは，Marketing 2.0 と呼ばれる第2段階である。よって不適
　　切である。

ウ：適切である。Marketing 2.0 と呼ばれる第2段階は，市場志向であり，情報
　　技術の進展に後押しされる形で展開し，より優れた製品をターゲット市場セ
　　グメントに投入することの重要性が高まった。よって適切である。

エ：不適切である。Marketing 3.0 とも呼ばれる第3段階では，価値志向であり，
　　消費者は企業によってコントロールされる受動的な存在ではなく，自発的に
　　世界をより良い場所にしようと活動し，製品やサービスもそのことを基準に
　　選択されるとした。デジタル技術が背景になっていることは間違いないが，
　　オートメーションがマーケティング戦略策定における支配的なツールになる
　　ことが強調されているのは，Marketing 2.0 と呼ばれる第2段階である。よ
　　って不適切である。

オ：不適切である。確かにグローバル化が進み，世界のさまざまな情報，商品を
　　入手することが可能になっている。しかし，マーケティングは，国や地域，
　　機関の境界線を超えて共通の段階を経るところまでには到達しておらず，国
　　や地域，機関による違いはまだまだ多いのが現状である。よって不適切であ
　　る。

　よって，ウが正解である。

770

第9章　応用マーケティング

マーケティング 概念の変遷	ランク	1回目	2回目	3回目
	B	／	／	／

■平成24年度　第25問（設問2）

次の文章を読んで，下記の設問に答えよ。

マーケティングについての共通認識であるマーケティング・パラダイムは時代とともに変化している。1990年代には，それまでの A パラダイムに変わって， B パラダイムに注目が集まるようになった。その主要な背景として C によって新規顧客獲得のためのコストが非常に大きくなったことが挙げられる。

さらに最近では，P. コトラーらが，製品中心の「マーケティング1.0」，消費者志向の「マーケティング2.0」に代わる新たなマーケティングとして「マーケティング3.0」を提唱して大きな注目を集めている。

文中の下線部の「マーケティング3.0」固有の特徴として，最も不適切なものはどれか。

　　ア　企業理念の重視

　　イ　協働志向・価値共創の重視

　　ウ　顧客満足の重視

　　エ　社会貢献・社会価値の重視

　　オ　精神的価値の重視

771

Ⅲ．マーケティング論

（設問2）

解答	ウ

■解説

　「マーケティング3.0」に関する知識を問う問題である。

　「マーケティング3.0」とは，製品中心の「マーケティング1.0」，消費者志向の「マーケティング2.0」に代わる新たなマーケティング概念であり，フィリップ・コトラーらにより提唱されている。

ア：適切である。「マーケティング3.0」では，消費者を，自発的に世界をよりよい場所にしようと活動し，自分たちの問題を解決しようとする存在と捉える。そして，消費者は自分たちの問題について，ミッションやビジョンを持って対応しようとしている企業を支持すると考える。よって，企業理念は重視される。

イ：適切である。「マーケティング3.0」では，マーケティングの役割を，消費者をコントロールすることではなく，消費者との協働によってあらゆる人間活動の高みを目指し，世界をよりよい場所にしていくことと捉える。よって，協働志向・価値共創は重視される。

ウ：不適切である。顧客満足は，「マーケティング3.0」でも重視されるが，主に「マーケティング2.0」の特徴であって，「マーケティング3.0」固有の特徴とはいえない。

エ：適切である。「マーケティング3.0」では，社会の問題に対するソリューションを提供することを目指しており，社会貢献・社会価値を重視している。

オ：適切である。「マーケティング3.0」では，消費者を企業によってコントロールされる受動的な存在ではなく，マインドとハートを持つ全人的な存在と位置づける。よって，精神的価値は重視される。

　よって，ウが正解である。

第9章　応用マーケティング

2. サービス・マーケティング

▶▶出題項目のポイント

　本出題領域では，有形財と比較したサービス財の特色と，それをふまえたサービス・マーケティングに関する考え方の理解が求められる。

　まず，有形財と比較したサービス財の特色として，以下の5点を押さえたい。

　　(1)無形性＝形がなく目に見えないこと

　　(2)品質の変動性＝提供する人によって品質が変化すること

　　(3)生産と消費の不可分性＝生産と消費を時間的・空間的に分離できないこと

　　(4)消滅性＝あらかじめ生産して在庫することができないこと

　　(5)需要の変動性＝季節などによる需要の変動が大きいこと

　このサービス財の特性から，企業と顧客の間の接客要員（コンタクト・パーソネル）の重要性が浮かび上がる。企業と顧客の間のマーケティングを「エクスターナル・マーケティング」，企業と接客要員の間のそれを「インターナル・マーケティング」，接客要員と顧客の間のそれを「インタラクティブ・マーケティング」と呼ぶ。顧客満足度の向上には，従来の顧客向けのマーケティングだけでなく，「インターナル・マーケティング」を重視し，接客要員の満足度を向上させることが大切である。

　また，サービス業のマーケティング・ミックスにおいては，有形財において一般的な「4P」（製品，価格，流通，プロモーション）に，参加者（Participants），物的な環境（Physical Evidence），サービスの組み立てのプロセス（Process of Service Assembly）の3つのPを加えた「7P」でマーケティング戦略を組み立てるべきだ，という考え方もある。

　さらに，市場の成熟化への対応策として，顧客の経験を意識的にデザインすることにより，総合的な顧客価値を高める「経験価値マーケティング」が登場している。

▶▶出題の傾向と勉強の方向性

　上記のサービスの特色は，一問一答から事例に形式を変えつつ，何度も出題されている。また，サービス業のマーケティング戦略において，「経験価値マーケティング」など，近年の動向に基づく出題が増加している。これらについて，過去問を丁寧に学習し，確実に得点できるようにしておきたい。

Ⅲ．マーケティング論

■取組状況チェックリスト

2．サービス・マーケティング					
サービス・マーケティング					
問題番号	ランク	1回目		2回目	3回目
令和元年度 第33問（設問1）	A	／		／	／
令和元年度 第33問（設問2）	A	／		／	／
平成29年度 第36問	A	／		／	／
平成27年度 第34問	A	／		／	／
平成27年度 第35問	A	／		／	／
平成26年度 第29問（設問2）	A	／		／	／
平成26年度 第29問（設問3）	A	／		／	／
平成23年度 第32問（設問1）	A	／		／	／
平成23年度 第32問（設問2）	A	／		／	／

第 9 章　応用マーケティング

サービス・マーケティング	ランク	1回目	2回目	3回目
	A	／	／	／

■**令和元年度　第 33 問（設問 1）**
次の文章を読んで，下記の設問に答えよ。

　サービス財には，①無形性，品質の変動性，不可分性，消滅性，需要の変動性といった特徴がある。②サービス組織やサービス提供者は，これらの特徴を踏まえた対応が求められる。

（設問 1）
　文中の下線部①に関する記述として，最も適切なものはどれか。

　　ア　「品質の変動性」の対応として，企業には慎重な従業員採用や教育の徹底が
　　　　求められる。しかしながら，それに代わる機械の導入はサービスの均一化に
　　　　つながり，必然的に顧客の知覚品質は低下する。

　　イ　「不可分性」といった特性により，サービス財の流通において，中間業者を
　　　　活用することができない。そのため，サービス業のチャネルは，有形財と比
　　　　較して，短く単純なものになる。

　　ウ　情報管理システムや AI 技術を用いることで，需要に応じてフレキシブルに
　　　　価格を変動させることが容易になった。「消滅性」「需要の変動性」の対応策
　　　　として，サービス業者は，これらの仕組みを用いて思い切った値引きを行う
　　　　べきである。

　　エ　美容室のように人が顧客に提供するサービスは，「無形性」「不可分性」を有
　　　　するため，在庫を持つことや生産場所から他の場所に移動させることが困難
　　　　である。

775

Ⅲ．マーケティング論

解答	エ

■解説

サービス財の特徴に関する問題である。

ア：不適切である。サービスにおける「品質の変動性」とは，サービスをいつ，誰が提供するのかによりサービスの品質が変わってしまうことである。したがって従業員の質が提供品質に影響することから，企業には慎重な従業員採用や教育の徹底が求められる。さらに，それに代わる機械の導入はサービスの均一化につながり，安定した品質の提供が可能になることから，必然的に顧客の知覚品質は向上する。

イ：不適切である。サービスにおける「不可分性」とは，サービスは生産と消費が同時でなくてはならない，つまり，サービスを提供される側と受ける側が同時に同じ場所にいなくてはいけないといった特性である。したがって，サービス業のチャネルは，有形財と比較した場合，短く単純なものになる。しかし，たとえば代理店の活用など，サービス財の流通において中間業者を活用することは可能である。

ウ：不適切である。サービスにおける「消滅姓」とは，サービスは生産と消費が同時に発生するため，在庫や貯蔵ができないということである。また，サービスにおける「需要の変動制」とは，サービスの需要量が季節，月，週，さらに１日の時間帯で異なることである。「消滅姓」や「需要の変動制」に対応するため，情報管理システムやAI技術を用いて需要に応じてフレキシブルに価格を変動させることが容易になった。しかし，需要予測などの正確性が向上するのであれば，需要に応じた供給も可能になる。したがって，需要の変動に対し，価格で調整する以外の方法も考えられる。

エ：適切である。サービスにおける「無形性」とは，有形でないためサービス開始前に確認できないことをいう。美容室のように人が顧客に提供するサービスは，形がなく，消費と生産が同時に行われるため，在庫を持つことや生産場所から他の場所に移動させることが困難である。

よって，エが正解である。

第9章　応用マーケティング

サービス・マーケティング	ランク	1回目		2回目		3回目	
	A	／		／		／	

■令和元年度　第33問（設問2）

次の文章を読んで，下記の設問に答えよ。

　サービス財には，①無形性，品質の変動性，不可分性，消滅性，需要の変動性といった特徴がある。②サービス組織やサービス提供者は，これらの特徴を踏まえた対応が求められる。

（設問2）

　文中の下線部②に関する記述として，最も適切なものはどれか。

　　ア　「サービス・トライアングル」は，顧客・サービス提供者・企業の3者の関係性を図示している。中でも顧客とサービス提供者の関係をより密接なものにすることの重要性を説いている。

　　イ　「サービス・プロフィット・チェーン」は，顧客満足が顧客ロイヤルティにつながることで事業の収益性が高まることに注目し，企業が顧客に目を向けることの重要性を強調している。

　　ウ　「逆さまのピラミッド」の図では，マネジャーは現場スタッフを支援する立場にあり，両者の権限関係が製造業と逆転していることが示されている。

　　エ　「真実の瞬間」とは，適切なサービスを，顧客が望むタイミングで提供することの重要性を示す概念である。

　　オ　サービス品質の計測尺度である「サーブクォル（SERVQUAL）」では，サービス利用前と利用後の2時点で評価を計測し，それらの差を確認することが推奨されている。

777

Ⅲ. マーケティング論

| 解答 | オ |

■解説

サービス組織やサービス提供者に関する問題である。

ア：不適切である。「サービス・トライアングル」は，下図のように，顧客・サービス提供者・企業の3者の関係性を図示している。企業は顧客に商品やサービスを提供し（エクスターナル・マーケティング），サービス提供者は顧客と接点を持って実際のサービスを提供する（インタラクティブ・マーケティング），そして，企業はサービス提供者を従業員として雇用する（インターナル・マーケティング）。これら3つの関係性をバランスよくすることが良いサービスを提供するためには重要である。したがって，なかでも顧客とサービス提供者の関係をより密接なものにすることの重要性を説いているわけではない。

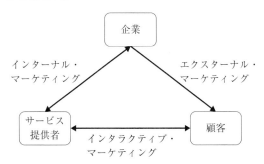

イ：不適切である。「サービス・プロフィット・チェーン」は，下図のように，従業員の満足度向上が，サービスの品質の向上につながり，それが，顧客の満足度向上につながることで，最終的に業績向上につながることを示したものである。企業が従業員に目を向けることの重要性を強調している。

第9章　応用マーケティング

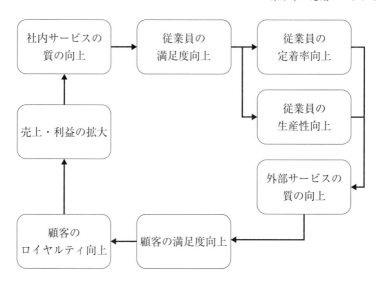

ウ：不適切である。「逆さまのピラミッド」は，下図のように一般的に経営者を
トップにしたピラミッド構造の組織の図を逆にしたものである。

　経営者が底辺にいて，管理者を支え，管理者は現場の従業員を支え，そして
現場の従業員が顧客に対応する，という考え方を図にしたものである。マネ
ジャーは現場スタッフを支援する立場にあるというのは正しいが，両者の権
限関係については，権限移譲は進めるもののマネジャーのほうが現場スタッフ
よりも権限が大きいことについては製造業と同じである。

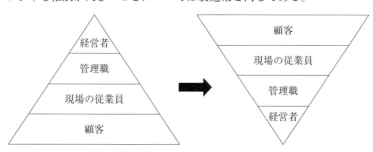

Ⅲ．マーケティング論

　エ：不適切である。「真実の瞬間」は，スカンジナビア航空をわずか１年で再建
　　　したヤン・カールソンによって提唱された，顧客が企業の提供する製品や
　　　サービスに接するすべての瞬間が「真実の瞬間」になり，顧客は，そのわず
　　　かな瞬間に，その企業のサービス全体の評価を行う，という考え方である。
　　　従業員が顧客に接するほんのわずかな時間に，たとえば，無愛想な表情をし
　　　た，などのちょっとした行動で，大事な顧客を逃してしまう，ということが
　　　ありうるのである。したがって，適切なサービスを，顧客が望むタイミング
　　　で提供することの重要性を示す概念ではない。

　オ：適切である。「サーブクォル（SERVQUAL）」は，サービス（service）と品
　　　質（quality）を合成した用語で，サービス品質の計測尺度である。従業員
　　　から提供されるサービスの品質を顧客がどう知覚するのかを評価したもので
　　　ある。信頼性，反応性，確実性，共感性，有形性の５つの基準から構成され
　　　る。サービス利用前の品質を事前期待品質と呼び，それと利用後の知覚品質
　　　の評価をそれぞれ計測し，それらの差を確認することが推奨されている。

よって，オが正解である。

第9章　応用マーケティング

サービス・マーケティング	ランク	1回目	2回目	3回目
	A	／	／	／

■平成 29 年度　第 36 問

製品やサービスに関する記述として，最も適切なものはどれか。

ア　快適なドライブを楽しむことができた，子供の最高の表情を撮影できたといった消費体験を通じて，顧客は各製品に対する価値を見出す。このことを踏まえると，製品やサービス自体には価値の一部しか埋め込まれていないと考えられる。

イ　消費者は，製品が提供する便益やそれらがもたらす満足に消費の価値を見出す。ただし消費者が実際に手にするのは物的な製品自体である。そのため，企業は製品の提供価値よりデザイン，品質，特徴の検討を重視すべきである。

ウ　ホテル業および鉄道業は，部屋あるいは列車（座席）といった有体財を顧客に提供しているため，これらはサービス業と言い難い。

エ　マーケティング視点での製品開発におけるコスト設計では，製造コストと販売コストの低減がすべてにおいて優先課題となる。

781

Ⅲ．マーケティング論

解答	ア

■解説

製品とサービスに関する問題である。

ア：適切である。消費者は，その製品を使うことで，問題解決を図ったり，ニーズを実現したり，といった体験をする。このときに製品に対する価値を見出す。企業の提供する商品はあくまでも，この体験を行うための手段ともいえる。したがって，製品やサービス自体には価値の一部しか埋め込まれていないと考えることができる。

イ：不適切である。消費者は，製品が提供する便益やそれらがもたらす満足に消費の価値（提供価値）を見出す。したがって，企業は製品の提供価値をまず高めることが重要である。消費者に対しての感覚価値であるデザイン，品質，特徴の検討は重要であるが，提供価値に優先するわけではない。

ウ：不適切である。ホテルの部屋に泊まるということや，列車の座席に座っていることで移動ができる，というサービスに対価を払っており，利用者は部屋や座席そのものに対価を払っているわけではない。したがって，ホテル業や鉄道業はサービス業といえる。

エ：不適切である。マーケティング視点での製品開発においては，ニーズを探索し，そのニーズを満たすためにどうすればよいのかについて考えることが重要である。したがって，コスト設計において，製造コストと販売コストの低減がすべてにおいて優先課題となるわけではなく，ニーズを満たすために，どこにコストをかけるのかが重要になる。

よって，アが正解である。

第9章 応用マーケティング

サービス・マーケティング	ランク	1回目	2回目	3回目
	A	/	/	/

■平成27年度　第34問

サービスと，その品質評価や顧客満足に関する記述として，最も適切なものはどれか。

ア　SERVQUALでは，信頼性，対応性，確実性，共感性，有用性の5つの側面からサービス品質を評価する。

イ　顧客が，直接，サービスを提供される場面をサービス・スケープといい，重要性から「真実の瞬間」と称されることがある。

ウ　サービス・プロフィット・チェーンは，従業員の満足を高めることが顧客満足や顧客ロイヤルティの向上につながるという考え方を示している。

エ　提供するサービスが顧客の期待水準に達すれば，確実に顧客は高い満足を得る。

783

Ⅲ. マーケティング論

解答	ウ

■解説

　サービスと，その品質評価や顧客満足に関する問題である。

　　ア：不適切である。SERVQUAL とは，サービス（Service）と品質（Quality）を組み合わせた造語で，サービス品質の評価をするための枠組として提唱された。以下の5つの側面で評価を行う。

　　　　・　信頼性：約束されたサービスを確実に提供する。

　　　　・　対応性：迅速に顧客にサービスを提供する。

　　　　・　確実性：従業員の確実な知識，態度を示す。

　　　　・　共感性：顧客とのコミュニケーションを図る。

　　　　・　有形性：設備，従業員といった見た目部分。

　　　　設問では，「有形性」が「有用性」となっており，不適切である。

　　イ：不適切である。真実の瞬間とは，顧客が企業からサービスを提供される瞬間を指し，顧客はその瞬間にそのサービスの価値判断を行う。その瞬間に顧客が不満を感じると，一瞬にして顧客を失うことになる，なので，それを意識したサービス提供が必要であるという考え方である。サービス・スケープとは，サービスを提供する物理的環境すべてを指し，真実の瞬間とは別の概念である。

　　ウ：適切である。サービス・プロフィット・チェーンとは，サービスにおける従業員満足，顧客満足，企業の利益の間の因果関係を示したフレームワークである。従業員満足度（ES）を高めると，サービスの品質が向上し，それが，顧客満足度（CS）の向上につながり，最終的に企業が利益を確保できるというものである。

　　エ：適切である。サービスに関して顧客の満足度がどのように形成されるかを説明するモデルとして期待不一致モデルがある。このモデルでは，顧客の期待に応える（期待水準に達する）だけでは，顧客は満足や喜びを得られない。顧客が満足するためには，顧客の期待以上のサービスを与える必要がある，としている。したがって，期待水準に達しただけでは確実に顧客は高い満足を得られるとはいえないのである。

　よって，ウが正解である。

第9章 応用マーケティング

サービス・マーケティング	ランク	1回目	2回目	3回目
	A	/	/	/

■平成 27 年度　第 35 問

サービスのマーケティング策に関する記述として，最も適切なものはどれか。

ア　家事代行の利用権をカードなどの形態で販売することは，当該サービス需要
　　拡大のための有効策となりうる。

イ　ドリンクバーのように顧客自身にサービス提供者が行う活動を代替してもら
　　うことはコスト削減につながるなどメリットもあるが，顧客満足の視点から
　　は避けたほうがよい。

ウ　ファーストフード店においては，サービスを提供する空間が，顧客にとって
　　居続けたいと感じる環境になるよう最大限の努力を払うべきである。

エ　旅行会社が，目的地の空を覆うオーロラの神秘性を強くアピールすることは，
　　不確実性をともなうとしても顧客満足を高めることになる。

Ⅲ．マーケティング論

解答	ア

■解説
　サービスのマーケティング策に関する問題である。

　ア：適切である。家事代行サービスなどはサービスを頼みたい時にすぐに来ても
　　　らいたいサービスである。その際，あらかじめカードなどの形態で回数分の
　　　購入をしておけば，サービスの提供を受ける際に，申し込みの手続きや支払
　　　いなどの面倒な作業が省略でき，サービスの利用拡大が期待できる。

　イ：不適切である。ドリンクバーは顧客が自分で飲み物を入れることで，従業員
　　　がその分の作業を省略できるため，人件費の削減につながる効果がある。ま
　　　た，顧客が自分で飲みたいときに，飲みたいものを，飲みたい量だけ飲むこ
　　　とが可能なため顧客満足度の向上につながる場合もある。

　ウ：不適切である。ファーストフード店は短時間で調理，あるいは注文してから
　　　すぐ食べられる商品を提供する店である。商品単価が安価であることから，
　　　顧客の回転率を高めることで利益を確保しなければならない。従って，店内
　　　を顧客が居続けたいという環境にした場合に顧客の回転率が悪くなり，店の
　　　売上の低下を招いてしまうことにつながる。したがってファーストフード店
　　　の場合は，顧客の回転率が向上するような店作りを行うべきである。

　エ：不適切である。オーロラは自然現象のためツアーの実施の際に確実に発生す
　　　るとは限らず，期待して参加したツアー客がオーロラを見られなかった場合
　　　に，顧客満足度の低下を招く可能性がある。

　よって，アが正解である。

第9章　応用マーケティング

サービス・マーケティング	ランク	1回目	2回目	3回目
	A	／	／	／

■平成 26 年度　第 29 問（設問 2）
　次の文章を読んで，下記の設問に答えよ。

　美容院を営む一家で育った P 氏は，美容専門学校に進学して美容師になった兄・姉とは異なり，高校卒業後，ある大学で企業経営理論を学んだ。大学卒業後，P 氏は消費財メーカーでの営業やマーケティング調査部署などにおける数年間の勤務を経て，両親が経営する①フランチャイズ方式による美容院の成長を支援するために基幹スタッフとして入社した。そこで，P 氏は将来の美容院チェーン経営者にとって不可欠な②サービスやサービス・マーケティングについて，フランチャイズ方式での事業拡大の構想と関連付けながら学ぶことにした。

（設問 2）
　文中の下線部②に示す「サービスやサービス・マーケティング」に関する記述として，最も適切なものはどれか。

　　ア　P 氏は加盟店を募集するにあたって，事前の生産と在庫ができないというサービス固有の問題を，本部による継続的なカット・シャンプーの技能講習を通して有効に解決できる点を訴求している。
　　イ　サービス・マーケティングのマネジメントでは，有形財の 4Ps に people を加えた 5Ps で考えることが通常である。
　　ウ　サービス・マーケティングをめぐる課題のひとつはサービスの無形性に対して可視的な属性を付加していくことであるが，フランチャイズ方式の導入によってこの問題の解決を図ることは極めて難しい。
　　エ　フランチャイズ方式を通じて大学のキャンパスや空港など新たなタイプの立地における加盟店の獲得を目指す場合には，チェーン全体の中で価格やサービス内容の柔軟性を獲得することが可能となる。

787

Ⅲ．マーケティング論

解答	エ

■解説

サービスとサービス・マーケティングに関する問題である。

ア：不適切である。サービスは事前の生産と在庫ができず生産と消費が同時に発生するという不可分性の特性を持つ。つまり顧客にその場に来てもらう必要があるため，来店を促すように店の雰囲気をよくする，あるいは，交通の便のよいところに出店する，などによって解決を図る。また，サービスはサービスを提供する人によってサービスが均一にならない，という非均質性の特性を持つ。Ｐ氏の美容院チェーンの場合は本部による継続的なカット・シャンプーの技能講習などでサービスの均一化を図る必要がある。

イ：不適切である。コトラーは，サービス・マーケティングのサービスの特性を考慮したマーケティング・ミックス要素として，4P に People だけではなく，Physical Evidence，Process，を加えた 7P を提唱している。

ウ：不適切である。サービス・マーケティングをめぐる課題の１つはサービスの無形性に対して可視的な属性を付加していくことである。フランチャイズ方式では導入を早めるためノウハウ部分を可視化しているため，導入によってこの問題の解決を図ることが可能になる。

エ：適切である。フランチャイズ方式を通じて大学のキャンパスや空港など新たなタイプの立地における加盟店の獲得を目指す場合は，新たな顧客層への対応になるため，他店と違う価格，サービスが必要になる。それに伴ってチェーン全体の中で価格やサービス内容の柔軟性を獲得することが可能となる。

よって，エが正解である。

第9章　応用マーケティング

サービス・マーケティング	ランク	1回目	2回目	3回目
	A	／	／	／

■平成 26 年度　第 29 問（設問 3）
　次の文章を読んで，下記の設問に答えよ。

　美容院を営む一家で育ったＰ氏は，美容専門学校に進学して美容師になった兄・姉とは異なり，高校卒業後，ある大学で企業経営理論を学んだ。大学卒業後，Ｐ氏は消費財メーカーでの営業やマーケティング調査部署などにおける数年間の勤務を経て，両親が経営する①フランチャイズ方式による美容院の成長を支援するために基幹スタッフとして入社した。そこで，Ｐ氏は将来の美容院チェーン経営者にとって不可欠な②サービスやサービス・マーケティングについて，フランチャイズ方式での事業拡大の構想と関連付けながら学ぶことにした。

（設問 3）
　文中の下線部②に示す「サービスやサービス・マーケティング」に関する記述として，最も適切なものはどれか。

　　ア　サービス業においては，従業員が顧客に対して全力で尽くすことはもちろん，顧客こそが価値を共につくるパートナーであるという認識をもつことが重要である。

　　イ　サービスの特性のひとつに「非均質性」がある。この問題を解決するための適切な方法が，顧客に対する来店ポイント付与制度である。

　　ウ　従業員の組織に対する当事者意識の水準が高い企業の間では，顧客が知覚する価値が低くなる傾向が，近年の研究によって明らかにされている。

　　エ　美容院の顧客から寄せられる主な不満は「カットした後，しばらくすると，髪型が崩れてしまう」というものである。このような消費による価値の消滅はサービスに固有の性格であり，有形財には当てはまらない。

789

Ⅲ．マーケティング論

解答	ア

■解説

　サービスとサービス・マーケティングに関する問題である。

　　ア：適切である。サービス業においては，従業員が顧客に対して全力で尽くすことはもちろん，顧客こそが価値を共につくるパートナーであるという認識を持つ。顧客と従業員が双方向のコミュニケーションを持つマーケティング手法をインタラクティブ・マーケティングと呼ぶ。

　　イ：不適切である。サービスの特性のひとつに「非均質性」がある。この問題を解決するためには，サービス提供者のスキル向上が必要になる。美容院の場合は，技能講習などで従業員の技能向上を図る。

　　ウ：不適切である。従業員の組織に対する当事者意識の水準が高い企業の間では，従業員のモラールが向上するため接客態度が良好になる。そのため，顧客が知覚する価値は高くなる。

　　エ：不適切である。消費による価値の消滅はサービスに固有の性格ではなく，有形財にも当てはまる。たとえば，有形財を購入した後の使用によって劣化することにより，性能の低下や故障などが発生し商品の価値の低下を招く。

　よって，アが正解である。

第 9 章　応用マーケティング

サービス・マーケティング	ランク	1回目		2回目		3回目	
	A	／		／		／	

■平成 23 年度　第 32 問（設問 1）

次の文章を読んで，下記の設問に答えよ。

　ある地方の山間部の温泉地で旅館を経営している B 社は，当該温泉地を代表する老舗高級旅館で，高サービス・高価格を特徴としている。その主要な顧客層は比較的裕福な中高年層であるが，景気の悪化の影響もあり，ここ数年来客数が減少しており，客室稼働率の低下に悩まされている。このような状況への対策として，同社は顧客満足度の向上に取り組もうとしていた。

（設問 1）

　物財と比べたときのサービス財の一般的特徴に関する記述として，<u>最も不適切なものはどれか</u>。

　　ア　サービス財の場合，買い手がその生産に関与し成果に影響を及ぼす。

　　イ　サービス財は需要の変動が大きいため，物財よりも多くの在庫をもたなければならない。

　　ウ　サービス財は生産と消費を時間的・空間的に分離して行うことができない。

　　エ　サービス財は物財と比べて品質を標準化することが困難である。

　　オ　サービス財は無形であるため，物財に比べ，利用前にその品質水準を評価することが難しい。

791

Ⅲ．マーケティング論

解答	イ

■解説

　旅館経営をしている企業の事例形式により，サービスの特性に関する基本的な知識を問う問題である。

　一般に，サービスには，①無形性，②品質の変動性，③生産と消費の不可分性，④消滅性，⑤需要の変動性，の5つの特徴があるとされる。

ア：適切である。サービス財では生産と消費が同時になされるため，両者を分離できない（③不可分性）。このため，サービスにおいては，売り手のみならず買い手もサービスの結果に影響を及ぼす。たとえば，美容業において，顧客が望むヘアスタイルにするためには，顧客の希望を美容師に的確に伝えてもらう必要がある。

イ：不適切である。サービス財では需要の変動が大きい点は正しい（⑤需要の変動性）。しかし，サービスはあらかじめ生産して在庫することはできず（④消滅性），「多くの在庫を持たなければならない」という後半の記述は誤りである。

ウ：適切である。サービス財では生産と消費が同時になされるため，両者を時間的・空間的に分離して行うことはできない（③生産と消費の不可分性）。

エ：適切である。サービス財では提供する人によって品質が変化する（②品質の変動性）。このため物財と比べて品質を標準化することが困難であり，教育・研修などによってサービス品質のばらつきを小さくすることが求められる。

オ：適切である。サービス財は無形であるため（①無形性），利用前にその品質水準を評価することが難しい。このため，サービス品質を有形化することが求められる。たとえば，学習塾のチラシに合格実績を掲載することは，利用前に教育の品質水準を有形化し，標的顧客に評価の材料を与える。

　よって，イが正解である。

第9章　応用マーケティング

サービス・マーケティング	ランク	1回目		2回目		3回目	
	A	/		/		/	

■平成 23 年度　第 32 問（設問 2）

次の文章を読んで，下記の設問に答えよ。

　ある地方の山間部の温泉地で旅館を経営している B 社は，当該温泉地を代表する老舗高級旅館で，高サービス・高価格を特徴としている。その主要な顧客層は比較的裕福な中高年層であるが，景気の悪化の影響もあり，ここ数年来客数が減少しており，客室稼働率の低下に悩まされている。このような状況への対策として，同社は顧客満足度の向上に取り組もうとしていた。

（設問 2）

B 社の顧客満足度向上に向けた具体的施策として，最も不適切なものはどれか。

ア　従業員の研修を徹底し，接客技術・知識の向上を図る。

イ　従業員の表彰制度などを導入して，従業員のモチベーションを高める。

ウ　接客のマニュアル化を徹底してサービスの標準化を図る。

エ　料理，客室の調度品や寝具，温泉施設などに関する顧客の苦情やリクエストなどをデータベース化する。

オ　料理の特徴・楽しみ方や温泉の効能・利用方法などを顧客に分かりやすく説明する。

793

Ⅲ. マーケティング論

解答	ウ

■解説

　表面的には顧客満足度向上策を尋ねているが，背景として，コロンビア・ビジネススクールのバーンド・H・シュミット教授らにより提唱された「経験価値マーケティング」を知っておきたい。

　経験価値マーケティングとは，顧客価値の範囲を広く捉え，顧客が商品・サービスを購入し利用する際の経験を意識的にデザインすることにより，総合的な顧客価値の提供を図るという考え方である。商品・サービスがコモディティ化し，価格・機能・性能などでは差別化が困難な場合に，経験から生まれる満足により差別化しようとする。

　　ア：適切である。従業員の研修を徹底し，接客技術・知識の向上を図ることにより，経験価値が高まり，顧客満足度の向上につながる。

　　イ：適切である。従業員の表彰制度などを導入し，従業員のモチベーションを高めることにより，経験価値が高まり，顧客満足度の向上につながる。

　　ウ：不適切である。(設問 1)・選択肢エの解説で述べたように，一般的には，サービスの標準化は品質の変動性を少なくし，顧客満足度を高める効果がある。しかし，B社のように高サービス・高価格を特徴とする場合には，標準化よりも，個々の従業員に裁量を与え，臨機応変にきめ細かなサービスを提供できるようにしたほうが，より経験価値を高め，顧客満足度を高める。

　　エ：適切である。顧客の苦情やリクエストなどをデータベース化することは，個々の顧客に関する情報共有と，次回以降の利用時におけるきめ細かな対応に役立つため，経験価値が高まり，顧客満足度の向上につながる。

　　オ：適切である。料理の特徴・楽しみ方や温泉の効能・利用方法などを顧客にわかりやすく説明することは，経験価値を高め，顧客満足度の向上につながる。

　よって，ウが正解である。

第 10 章

その他マーケティング論に関する事項

第 10 章　その他マーケティング論に関する事項

1.　その他のマーケティング論

▶▶出題項目のポイント

その他のマーケティング論として，以下のような論点で出題されている。

1)　海外進出時のマーケティング

中小企業の海外進出に伴い，企業の国境を超えたマーケティング活動の重要性が増している。そのプロセスは以下の5つの段階に分かれている。

第1段階：国内マーケティング（Domestic marketing）

多くの企業はこの段階では国際的な事業環境への注視は行わない。

第2段階：輸出マーケティング（Export marketing）

輸出を行うことで国際化の第一歩を開始する。

第3段階：国際マーケティング（International marketing）

海外事業は進出先の市場ごとに異なる文化，社会経済的背景を考慮に入れたうえで，各進出先に合わせた経営形態をとることになる。

第4段階：多国籍マーケティング（Multinational marketing）

製品開発，生産，マーケティング活動などを主要地域の中で統合的に実施することがもたらす規模の経済の重要性が高まる。

第5段階：グローバルマーケティング（Global marketing）

マーケティング・ミックス標準化によるグローバル顧客の創出や，事業活動全体の国境を越えた統合性の強化などを実施することで，地域に依存しないグローバルな環境を創出する。

2)　BtoB マーケティング

従来の一般消費者を対象にした BtoC のマーケティングだけでなく，企業間の取引（BtoB）においてもマーケティングの重要性が高まっている。BtoB マーケティングでは専門的な知識を要する取引が多く，関与する企業数が限られることから，複数の寡占企業と取引できる場合などに極めて高い市場シェアを獲得し維持することも可能であることなど，BtoB と BtoC の取引の違いを理解しておくことが重要である。

797

Ⅲ．マーケティング論

3) デジタル・マーケティング

インターネットを通じた取引，価格設定，あるいは，クラウド上で提供されているさまざまなサービスが短期間の間に多く出現している。新聞やテレビ，インターネット上でそのような新しいマーケティングに関する用語を目にした際は，その意味を都度調べておくことが重要である。

▶▶出題の傾向と勉強の方向性

上記に記載したように，グローバル化の進展やインターネットの普及に伴い，新たなマーケティング概念が短期間で多く登場している。問題として出された場合は，その用語の意味を知っていることで解答が可能な場合が多いため，日常から，このような新しい用語や概念を目にした段階で，その意味や登場の背景などを押さえておくことが重要である。

■取組状況チェックリスト

1．その他のマーケティング論							
海外進出時のマーケティング，BtoB マーケティング，デジタル・マーケティング							
問題番号	ランク	1回目		2回目		3回目	
令和元年度 第29問	B	／		／		／	
令和元年度 第30問（設問1）	C*	／		／		／	
平成26年度 第33問	C*	／		／		／	

＊ランクＣの問題と解説は，「過去問完全マスター」のHP（https://jissen-c.jp/）よりダウンロードできます。

第 10 章　その他マーケティング論に関する事項

BtoB マーケティング	ランク	1回目		2回目		3回目	
	B	/		/		/	

■令和元年度　第 29 問

BtoB マーケティングに関する記述として，最も適切なものはどれか。

　ア　BtoB マーケティングでは，BtoC マーケティングに比べて特定少数の顧客を
　　　対象とすることが多いため，ブランディングは不要である。

　イ　BtoB マーケティングでは，顧客第一主義に立脚し，専ら既存顧客の要望に
　　　応えることに集中するべきである。

　ウ　BtoB マーケティングでは，常に，購買に関する意思決定は当該購買に関す
　　　る意思決定者の技術的専門知識に基づいて行われるため，このような購買者
　　　を想定したマーケティングが求められる。

　エ　BtoC マーケティングでは，極めて高い市場シェアを獲得し長期的に維持す
　　　ることは困難な場合が多いが，BtoB マーケティングでは複数の寡占企業と
　　　取引できる場合などに極めて高い市場シェアを獲得し維持することも可能で
　　　ある。

Ⅲ．マーケティング論

解答	エ

■解説

BtoB マーケティングに関する問題である。

ア：不適切である。BtoB マーケティングでは，BtoC マーケティングに比べて特定少数の顧客を対象とすることが多いというのは正しい。また，BtoB マーケティングでは，BtoC マーケティングに比べて取引する商品やサービス固有の価値が重要であるため，感覚的なイメージに訴えるようなブランディングについては BtoC に比べ重要度が低い。ただ，グローバル化などの進展により，新規顧客の開拓に向けて，技術の優位性や信頼性などを目に見える形で訴求する必要が高まっており，BtoB においてもブランディングの重要性が高まってきている。

イ：不適切である。BtoB マーケティングでは，顧客第一主義に立脚し，既存顧客の要望に応えることで顧客とともに成長していくことは重要である。しかし，グローバル化の進展などにより，既存顧客との取引だけでは経営を維持できないことも考えられる。よって，新規顧客の獲得を狙っていくことも必要である。

ウ：不適切である。BtoB マーケティングでは，購買に関して専門的な知識が求められることも多く，当該購買に関する意思決定者の技術的専門知識を参考にすることは重要である。しかし，最終的にはそれ以外の関係者の判断を踏まえた組織的な意思決定が行われる場合も多く，これらのことを想定したマーケティングが求められる。

エ：適切である。BtoC マーケティングでは，対象となる顧客数も多く，多くの顧客に対して極めて高い市場シェアを獲得し長期的に維持することは困難な場合が多い。BtoB マーケティングでは専門的な知識を要する取引が多く，関与する企業（顧客）の数が限られることから，複数の寡占企業と取引できる場合などに極めて高い市場シェアを獲得し維持することも可能である。

よって，エが正解である。

800

■企業経営理論　出題範囲と過去問題の出題実績対比

Ⅰ．経営戦略論

大分類	中分類	ページ	H22	H23	H24
第1章 経営計画と経営管理	経営計画	13～14			
	意思決定プロセス	15～16			
第2章 企業戦略	環境分析	21～22		第3問	
	ドメイン	23～36		第1問	第1問
	組織と戦略	37～44			第8問
第3章 成長戦略	経済性	49～56		第7問	
	多角化とM&A	57～74		第2問	第2問
第4章 経営資源戦略	経営資源	79～94	第3問		第3問,第4問
	PPM（SBU,製品ライフサイクル,経験曲線,市場占有率　等）	95～112			第7問
第5章 競争戦略	競争要因分析	117～146	第2問, 第9問,第10問	第4問,第8問	第5問,第6問
	競争優位の戦略	147～164		第5問,第6問	
第6章 技術経営 （MOT）	技術戦略	169～206	第7問,第8問	第9問	
	研究開発管理	207～218	第4問,第6問		
	イノベーションのマネジメント	219～238		第10問	第11問
第7章　国際経営（グローバル戦略）		243～260		第11問	第10問
第8章　企業の社会的責任（CSR）		263～268	第1問,第5問		
第9章　その他経営戦略論に関する事項		271～290	第11問		第9問

H25	H26	H27	H28	H29	H30	R1
第1問						
						第3問
第5問		問題2	問題1	第1問		第1問
第3問	第5問			第5問		
	第7問			第8問		第7問
第4問	第4問			第4問, 第6問	問題1, 問題4	第5問
		問題3	問題3	第3問	問題2, 問題3	
第2問	第1問, 第3問, 第6問	問題1	問題2	第2問		第2問
第6問設問1, 第6問設問2	第2問	問題4	問題8		問題5, 問題6	第6問
		問題5	問題5, 問題6, 問題7	第7問	問題12	第4問
第7問設問1, 第7問設問2, 第8問	第8問, 第11問	問題6　問題7	問題10 問題11設問1, 問題11設問2		問題7, 問題10	第8問設問1, 設問2 第11問
	第9問	問題8設問1, 問題8設問2	問題4設問2			
	第10問	問題9	問題4設問1	第11問	問題8, 問題9, 問題20	第9問
第9問	第12問	問題11設問1, 問題11設問2		第13問	問題13	
	第13問					
		問題10	問題9	第9問, 第10問, 第12問	問題11	第10問 第12問

Ⅱ．組織論

大分類	中分類	ページ	H22	H23	H24
第1章 経営組織の 形態と構造	組織形態	296〜307			
	組織の構成原理	311〜318		第12問	第12問
第2章 経営組織の 運営	モチベーション	325〜345	第14問	第13問, 第14問, 第20問	第16問
	モラール管理				
	リーダーシップ	349〜356	第12問	第17問	
	組織と文化	359〜368	第17問		第13問
	組織活性化	373〜390	第16問		第17問, 第18問
	組織間関係	395〜404		第19問	第14問
	企業統治	407〜414		第18問	
	組織のパワーとポリティクス	417〜424			第15問
	組織変革	428〜448	第13問, 第15問	第16問	第19問
第3章 人的資源 管理	労働関連法規 （労働基準法−労働時間）	455〜464		第21問	
	労働関連法規 （労働基準法−割増賃金）	465〜472	第19問	第25問	
	労働関連法規 （労働基準法−解雇制限）	473〜480	第20問	第24問	第24問
	労働関連法規 （労働基準法−就業規則）	481〜486	第22問		
	労働関連法規 （労働基準法−その他）	487〜498			第22問
	労働関連法規 （労働安全衛生法，労 働者災害補償保険法）	499〜508		第23問	
	労働関連法規 （労働保険・社会保険）	509〜512	第18問		第21問
	労働関連法規 （その他の法規）	電子版	第21問	第22問	第20問, 第23問
	人事・労務情報				
	雇用管理	電子版			
	能力開発	電子版		第15問	
	賃金管理	電子版			
	作業条件管理	電子版			
	経営戦略と人的資 源管理の適合性	電子版			

H25	H26	H27	H28	H29	H30	R1
第14問	第15問	第12問	第12問			第13問
第11問, 第12問	第14問	第13問・第17問	第15問	第14問・第15問		
第13問, 第16問	第16問, 第17問	第15問, 第16問	第19問・第20問	第16問・第17問	第15問・第19問	第16問・第18問
		第14問		第19問	第16問	第17問
第10問設問1		第21問				
第17問, 第18問		第18問	第16問・第17問・第18問・第21問	第20問	第18問・第21問	第14問・第15問
第15問	第18問, 第19問		第13問			
第10問設問2, 第19問	第20問					
					第17問	第19問
	第21問	第19問・第20問	第14問		第14問	第20問
第20問			第23問	第27問		第22問
			第24問		第25問	
				第25問		
	第23問	第23問		第24問	第26問, 第27問	
第21問, 第22問			第22問	第26問	第24問	第24問
		第24問	第25問			第23問
	第24問	第25問				第25問
	第25問					
				第23問		第21問
	第26問			第18問	第22問	
第23問		第22問				
					第23問	
	第22問					

805

Ⅲ．マーケティング論

大分類	中分類	ページ	H22	H23	H24
第1章 マーケティングの基礎概念	マーケティングの定義	電子版	第28問設問1, 第28問設問2, 第28問設問3		
	ソーシャル・マーケティング	521〜526			
第2章 マーケティング計画と市場調査	マーケティング目標設定	531〜538			
	標的市場の設定と接近	539〜550	第23問		
	マーケティング・ミックス	551〜552			
	市場調査の意義と方法	553〜564		第28問	第28問設問1, 第28問設問2
第3章 消費者行動	消費者行動の決定要素とプロセス	569〜598	第27問設問1, 第27問設問2		第26問設問1, 第26問設問2, 第33問設問2
	心理的決定要素	電子版			
	社会的決定要素	599〜604			第27問
	その他消費者行動に関する問題	605〜618		第31問設問1, 第31問設問2	
第4章 製品計画	製品の意義				
	ブランド計画（ブランドの定義）	623〜630			
	ブランド計画（ブランドの利点）	631〜646		第27問設問1, 第27問設問2, 第27問設問3	第30問
	ブランド計画（ブランド・ポジション）	電子版	第29問設問1, 第29問設問2, 第29問設問3		
	ブランド計画（ブランド戦略）	647〜657	第30問		
	パッケージング計画	電子版			
第5章 製品開発	市場性評価・マーチャンダイジング	663〜676			
第6章 価格計画	価格政策	681〜702	第24問	第26問	

H25	H26	H27	H28	H29	H30	R1
			第30問設問1			
			第30問設問3		第33問	
第24問設問1, 第24問設問2, 第26問設問1, 第26問設問2					第30問	
				第30問設問1 第30問設問2	第28問	第27問 第28問
	第31問					
	第27問設問2		第29問設問1, 第29問設問2			第32問設問2 第32問設問3
第25問設問2	第30問設問2 第30問設問3	第30問, 第31問設問1, 第31問設問2	第33問	第29問設問1		第34問
				第34問設問1		
第25問設問1				第35問		
第27問設問1, 第27問設問2				第33問		
	第32問		第31問設問1, 第32問			
		第26問設問1, 第26問設問2, 第26問設問3				
第29問	第27問設問1		第31問設問2, 第31問設問3		第37問, 第38問	
		第32問				
				第31問設問1 第31問設問2 第31問設問3 第32問	第31問	第32問設問1
	第28問設問1	第28問	第27問	第28問	第34問	第31問設問1 第31問設問2

	流通チャネルの機能と種類	707〜712			
第7章 流通チャネルと物流	流通チャネル政策	713〜724	第25問	第29問	
	物流	電子版			
第8章 プロモーション	プロモーション政策	729〜746	第26問		第29問, 第31問
	人的販売	電子版			
	広告	749〜755		第30問設問1, 第30問設問2	第33問設問1
	販売促進 (消費者向け販売促進)				
	販売促進 (社内向け販売促進)				
第9章 応用マーケティング	関係性マーケティング	761〜772			第25問設問1, 第25問設問2, 第32問
	サービス・マーケティング	775〜794		第32問設問1, 第32問設問2	
第10章 その他マーケティング論に関する事項	その他のマーケティング論	799〜800			

第28問	第29問設問1				第32問設問1	
			第26問設問1, 第26問設問2		第29問, 第32問設問2	
		第29問設問1, 第29問設問2				
第27問設問3	第28問設問2	第33問		第29問設問2 第34問設問2	第35問設問1, 第35問設問2	
第30問設問1, 第30問設問2		第27問				
						第30問設問2
			第28問, 第30問設問2		第36問設問1, 第36問設問2	第26問
	第29問設問2 第29問設問3	第34問, 第35問		第36問		第33問設問1 第33問設問2
	第33問					第29問 第30問設問1

参考文献

Ⅰ．経営戦略論

ジェイ・B・バーニー著，岡田正大訳『企業戦略論』ダイヤモンド社

大滝精一・金井一頼・山田英夫・岩田智著『経営戦略』有斐閣アルマ

塩次喜代明・高橋伸夫・小林敏男著『経営管理』有斐閣アルマ

M・E・ポーター著，土岐坤・中辻萬治・服部照夫訳『新訂　競争の戦略』ダイヤモンド社

延岡健太郎著『MOT［技術経営］入門』日本経済新聞社

「製造基盤白書（ものづくり白書）」経済産業省

Ⅱ．組織論

桑田耕太郎・田尾雅夫著『組織論』有斐閣アルマ

大滝精一・金井一頼・山田英夫・岩田智著『経営戦略』有斐閣アルマ

塩次喜代明・高橋伸夫・小林敏男著『経営管理』有斐閣アルマ

田尾雅夫著『モチベーション入門』日本経済新聞出版社

岩崎尚人・神田良著『経営をしっかり理解する』日本能率協会マネジメントセンター

岸田民樹・田中政光著『経営学説史』有斐閣アルマ

スティーブン・P・ロビンス著，髙木晴夫訳『組織行動のマネジメント』ダイヤモンド社

リチャード・L・ダフト著，髙木晴夫訳『組織の経営学』ダイヤモンド社

神戸大学大学院経営学研究室編『経営学大辞典第2版』中央経済社

友野典男著『行動経済学』光文社新書

石嵜信憲他編『新改訂　人事労務の法律と実務』厚有出版

厚生労働省『労働契約法のあらまし』（パンフレット）

厚生労働省『有期労働契約の締結，更新及び雇止めに関する基準について』（パンフレット）

厚生労働省『平成20年7月1日から最低賃金法が変わりました』（パンフレット）

厚生労働省HP

独立行政法人労働政策研究・研修機構HP　http://www.jil.go.jp/

公益財団法人労災保険情報センターHP　http://www.rousai-ric.or.jp/

エドガー・H・シャイン著，金井壽宏訳『キャリア・アンカー――自分のほんとうの価値を発見しよう』白桃書房

神田良・岩崎尚人著『老舗の教え』日本能率協会マネジメントセンター

厚生労働省『働き方改革～一億総活躍社会の実現に向けて～』（パンフレット）

厚生労働省『男女雇用機会均等法のあらまし』（パンフレット）

厚生労働省『労働者に対する性別を理由とする差別の禁止等に関する規定に定める事項に関し，事業主が適切に対処するための指針』平成27年厚生労働省告示458号

Ⅲ．マーケティング論

フィリップ・コトラー／ゲイリー・アームストロング著，和田充夫監訳『マーケティング原理
　第9版』ダイヤモンド社／ピアソン・エデュケーション

フィリップ・コトラー／ケビン・レーン・ケラー著，恩蔵直人監修，月谷真紀訳『コトラー＆ケ
　ラーのマーケティング・マネジメント　第12版』ピアソン・エデュケーション

恩蔵直人「ブランド・カテゴライゼーションの枠組み」『早稲田商学364号』，1995
　（http://dspace.wul.waseda.ac.jp/dspace/bitstream/2065/4328/1/92892_364.pdf）

JRM 総合研究所 HP（http://www.jmrlsi.co.jp）

一般財団法人ブランド・マネージャー認定協会 HP（http://www.brand-mgr.org）

American Marketing Association HP（http://www.marketingpower.com/）

マネー辞典（http://m-words.jp/）

ケビン・レーン・ケラー著，恩蔵直人／亀井昭宏訳『戦略的ブランド・マネジメント』東急エー
　ジェンシー

日本ブランド戦略研究所 HP　用語集（http://japanbrand.jp/dic/）

野村総合研究所「経営用語の基礎知識」（第3版）
　（http://www.nri.co.jp/opinion/r_report/m_word/index.html）

Globis.jp HP「MBA経営辞書」（http://www.globis.jp/ct4）

朝野熙彦／山中正彦著『シリーズ　マーケティング・エンジニアリング4　新製品開発』朝倉書
　店

田中洋編著／リサーチ・ナレッジ研究会著『課題解決！マーケティング・リサーチ入門』ダイヤ
　モンド社，2010

日本弁理士会 HP　ヒット商品を支えた知的財産権　Vol.36
　（http://www.jpaa.or.jp/activity/publication/hits/hits36.html）

日本貿易振興機構 HP（http://www.jetro.go.jp）

アンダーソン・毛利・友常法律事務所「資金決済法に関する実務上の留意点」
　（http://www.amt-law.com/pdf/bulletins2_pdf/100809.pdf）

アンダーソン・毛利・友常法律事務所「資金決済に関する法律の制定について」
　（http://www.amt-law.com/pdf/bulletins2_pdf/090818.pdf）

金融庁「新たな資金決済サービス　イノベーションと利用者保護に向けて」
　（http://www.fsa.go.jp/common/about/pamphlet/shin-kessai.pdf）

社団法人中小企業診断協会愛媛県支部（現・一般社団法人愛媛県中小企業診断士協会）「『商店街
　活動におけるスタンプ事業再生方策』に関する調査研究報告書」平成17年
　（http://www.j-smeca.jp/attach/kenkyu/shibu/h16/ehime.pdf）

消費者庁「表示対策　景品表示法」（http://www.caa.go.jp/representation/index.html＃m01-1）

公正取引委員会「景品表示法」
　（http://warp.ndl.go.jp/info:ndljp/pid/286894/www.jftc.go.jp/keihyo/index.html）

フィリップ・コトラー／ヘルマワン・カルタジャヤ／イワン・セティアワン著，恩藏直人監訳，藤井清美訳『コトラーのマーケティング3.0　ソーシャル・メディア時代の新法則』朝日新聞出版

ロバート・ブラットバーグ／ゲイリー・ゲッツ／ジャクリーン・トーマス著，小川孔輔／小野譲司監訳『顧客資産のマネジメント—カスタマー・エクイティの構築』ダイヤモンド社

クリストファー・ラブロック／ヨッヘン・ウィルツ著，白井義男監修，武田玲子訳『ラブロック＆ウィルツのサービス・マーケティング』ピアソン・エデュケーション

近藤隆雄著『サービスマネジメント入門［第3版］—ものづくりから価値づくりの視点へ』生産性出版

和田充夫，日本マーケティング協会編『マーケティング用語辞典』日本経済新聞社

フィリップ・コトラー／ゲイリー・アームストロング著，恩藏直人監修，月谷真紀訳『コトラーのマーケティング入門』ピアソン・エデュケーション

一般社団法人日本フランチャイズチェーン協会HP（http://www.jfa-fc.or.jp/）

青木幸弘著『消費者行動の知識』日本経済新聞社（日経文庫）

小田部正明／K.ヘルセン著，栗木契監訳『国際マーケティング』碩学舎

電通HP　2016年　日本の広告費｜媒体別広告費

（http://www.dentsu.co.jp/knowledge/ad_cost/2016/media.html）

■編著者

過去問完全マスター製作委員会

中小企業診断士試験第1次試験対策として，複数年度分の過去問題を論点別に整理して複数回解くことで不得意論点を把握・克服し，効率的に合格を目指す勉強法を推奨する中小企業診断士が集まった会。

「過去問完全マスター」ホームページ

https://jissen-c.jp/

頻出度ランクCの問題と解説は，ホームページから
ダウンロードできます（最初に，簡単なアンケートがあります）。
また，本書出版後の訂正（正誤表），重要な法改正等も
こちらでお知らせします。

2020年3月1日　第1刷発行

2020年版　中小企業診断士試験
論点別・重要度順 過去問完全マスター
3 企業経営理論

編著者　過去問完全マスター製作委員会
発行者　脇　坂　康　弘

発行所　株式会社　同友館

東京都文京区本郷3-38-1
郵便番号　113-0033
電話　03(3813)3966
FAX　03(3818)2774
https://www.doyukan.co.jp/

落丁・乱丁本はお取替えいたします。
ISBN978-4-496-05449-5

藤原印刷
Printed in Japan

本書の内容を無断で複写・複製（コピー），引用することは，特定の場合を除き，著作者・出版者の権利侵害となります。また，代行業者等の第三者に依頼してスキャンやデジタル化することは，いかなる場合も認められておりません。

同友館 中小企業診断士試験の参考書・問題集

2020年版 ニュー・クイックマスターシリーズ

1 経済学・経済政策 ……………………………… 定価（1,800円＋税）
2 財務・会計 ………………………………………… 定価（1,800円＋税）
3 企業経営理論 …………………………………… 定価（1,900円＋税）
4 運営管理 ………………………………………… 定価（1,900円＋税）
5 経営法務 ………………………………………… 定価（1,800円＋税）
6 経営情報システム ……………………………… 定価（1,800円＋税）
7 中小企業経営・政策 …………………………… 定価（1,900円＋税）

2020年版 過去問完全マスターシリーズ

1 経済学・経済政策 ……………………………… 定価（2,800円＋税）
2 財務・会計 ………………………………………… 定価（2,800円＋税）
3 企業経営理論 …………………………………… 定価（3,300円＋税）
4 運営管理 ………………………………………… 定価（3,300円＋税）
5 経営法務 ………………………………………… 定価（2,800円＋税）
6 経営情報システム ……………………………… 定価（2,800円＋税）
7 中小企業経営・政策 …………………………… 定価（2,800円＋税）

中小企業診断士試験１次試験過去問題集 ……… 定価（3,300円＋税）
中小企業診断士試験２次試験過去問題集 ……… 定価（3,200円＋税）
【財務会計・事例Ⅳ】２ヵ月で合格レベルになる本 … 定価（2,000円＋税）
診断士２次試験 事例問題攻略マスター ………… 定価（2,400円＋税）
診断士２次試験 事例Ⅳの全知識＆全ノウハウ … 定価（3,000円＋税）
診断士２次試験 事例Ⅳ合格点突破 計算問題集 … 定価（2,400円＋税）
診断士２次試験 ふぞろいな合格答案10年データブック … 定価（4,500円＋税）
診断士２次試験 ふぞろいな答案分析５(2018～2019年度) …………… 4月発売
診断士２次試験 ふぞろいな再現答案５(2018～2019年度) …………… 4月発売
診断士２次試験 ふぞろいな合格答案エピソード13 …………………… 6月発売
2020年版 ２次試験合格者の頭の中にあった全知識 ………………… 7月発売
2020年版 ２次試験合格者の頭の中にあった全ノウハウ …………… 7月発売

https://www.doyukan.co.jp/

〒113-0033　東京都文京区本郷 3-38-1
Tel. 03-3813-3966　Fax. 03-3818-2774